抗日战争时期陕甘宁边区财政经济史料摘编

第二编 农业

中国财政科学研究院◎主编

陕甘宁边区财政经济史编写组 编
陕西省档案馆

长江出版传媒 | 长江文艺出版社

新出图证（鄂）字 03 号
图书在版编目（CIP）数据

抗日战争时期陕甘宁边区财政经济史料摘编. 第2编，农业 / 中国财政科学研究院主编；陕甘宁边区财政经济史编写组，陕西省档案馆编. -- 武汉：长江文艺出版社，2016.5
ISBN 978-7-5354-8366-9

Ⅰ. ①抗…　Ⅱ. ①中…　②陕…　③陕…　Ⅲ. ①陕甘宁抗日根据地-地方财政-财政史　②陕甘宁抗日根据地-农业史　Ⅳ. ① F812.96

中国版本图书馆 CIP 数据核字（2015）第213022号

责任编辑：吴　双　张　婷　　责任校对：周　杨
封面设计：壹诺设计　　责任印制：张　涛

出版：长江出版传媒 | 长江文艺出版社
地址：武汉市雄楚大街 268 号　　邮编：430070
发行：长江文艺出版社
　　　北京时代华语图书股份有限公司　（电话：010-83670231）
http：//www.cjlap.com
印刷：北京中科印刷有限公司

开本：710毫米 ×1000毫米　1/16　　印张：42
版次：2016 年5月第1版　　2016 年5月第1次印刷
字数：623千字

定价：168.00 元

编者说明

一、本编是抗日战争时期陕甘宁边区农业方面的历史资料摘录。全书共分五章：第一章，边区农业生产的基本条件；第二章，边区农业发展概况；第三章，减租减息政策的执行情况；第四章，边区的农业劳动互助；第五章，发展农业的几项政策和措施。

二、农业生产是边区全盘生产工作的中心，所以关于农业方面的资料较多。为了避免与其他编重复，在编辑时，将有关土地政策转变的资料，编入总论；有关农贷的资料，编入金融编；有关农业统一累进税的资料，编入财政编；有关农村主要副业的民间妇女纺织的资料，编入工业编。以上资料，本编从略，未予收录。

三、毛泽东同志在边区高干会议上作的《经济问题与财政问题》的报告中，提出了发展农业的八项政策：（一）减租减息，（二）增开荒地，（三）推广植棉，（四）不违农时，（五）调剂劳动力，（六）增加农贷，（七）提高技术，（八）实行累进税。这八项政策的执行情况，因为“减租减息”和“农业劳动互助”已设专章，第五章不再重复。农业战线开展的劳动英雄和模范工作者运动及组织与领导农民制订农户计划，是当时领导农业生产的重要措施，有关资料也在第五章作了介绍。

四、本编摘录的抗日战争时期陕甘宁边区关于农业生产的资料，反映了党领导边区农业建设的丰富经验，是研究边区经济史的重要资料，其中许多重要政策和领导方法对现在实现农业现代化仍然有其现实意义。

引言

边区的农业，在土地革命时期是下降的。那时的延安、安塞、保安、甘泉、华池以及东三县等，均有许多荒地。华池、保安两县交界地方有个长200余里的二家川，只住有二三十户人家。保安的乌鸦寺、张家岔，在同治年间已无人烟。甘泉的傅村川，延安的金盆湾及马市川一大半，皆成荒地。边区棉花完全停止了种植。牲口破坏更大：羊子只剩四五万头，牛、驴只剩10余万头。纺织、驮盐等副业，亦同样被破坏了，尤其纺织几乎完全停顿了。食盐的输出，到1938年才有7万驮。由此可见，边区的农业在那个时期是衰落的时期。只在中央红军来到边区，内战停止，土匪肃清，使农民得以安居乐业；“左”的经济政策被纠正，休养生息的税收政策被提出以及党政号召发展农业的影响，使农民的生产情绪大大地提高，才使农业迅速地恢复和发展起来。

下面是近四年来开荒、种植与牲畜发展的统计：

年别	开荒亩数	植棉亩数	牲畜		
			牛	驴	羊
1939	1002774	3767	150892	124935	1171366
1940	698989	15177	192238	135054	1723037
1941	390087	39087	202914	137001	1024203
1942	281413	94405			
合计	2373263				

说明：（1）牲口的统计，葭、米二县未计入；1939年的牲口数，清涧等七县是将1940年的数目加在里面的。

（2）开荒是逐年所开数目。植棉与牲口是逐年统计之全边区所有数。

这个统计指明：边区的耕地是逐年扩大，植棉亩数是逐年加多，牲畜是逐年发展，并且实际有的数目比统计表上的数目还要多些。因此，从前许多荒地，现在变成了熟地。如二家川现有100余户居民，全川荒地都变成了熟地。乌鸦寺、张家岔现在也住满了。延安县过去11个区均有荒地，现在只有金盆、柳林两个区，中区半个区，姚店区一个乡有荒地。延安在1939年还只有耕地30万亩左右，1942年就有耕地699356亩。安塞、安定、延川、延长等县过去均有许多荒地，现在很少了。1940年以前，边区还从洛川及河东买粮。现在则不但不要从外边买粮，且有部分余粮向榆林一带输出。一部分人口从外地移来，牲畜也增加了，并不感到粮缺。从这种种事实看来，边区粮食已能自给，是无疑问的了。

植棉不但恢复了革命前的最盛时期，而且发展了。例如：延川的永坪、永胜、禹居等区，从前是不种棉的，现在均种起来了。延安从前不种棉，现在也种起来了。因为种棉比种粮利大，一亩地的棉花，平均收成可值700元以上，如种粮食则只值200余元，是三与一之比。1939年种棉面积还仅3700余亩，至1942年就有9.4万余亩，产量已达140万斤，这个成绩是很大的。但全边区需要量是300万斤这就是今后的任务。

牲畜的发展也很快。例如：延安在1937年只有羊8000多，现有6万以上。华池在1937年只有羊7万左右，现有12万多。延川东阳区三乡张家河，在土地革命前只有羊五群（那里没有牧场，每群只能有三五十头），现有13群。牛驴的发展比内战时差不多增加了三分之一。因此，1940及1941两年能输出食盐50万驮。假如没有牛驴的增加，这项食盐是很难运出的。

但农业的发展是不平衡的。发展较普遍、成绩较多的要算直属各县及陇东，特别是延安、安塞、甘泉、华池、曲子和东三县。因为这里土地多，人口少，气候也不错。以运盐为副业也是这些县份多。同时，公家消费最多的也在这一带。没有发展的要算警备区，因为那里人口多，土地少，扩大耕地不可能。那里多少有些成绩的，是逐渐恢复了家庭纺织业；并向延安一带有些移民，相当地调剂了人口与土地的配备。

另一方面，发展的速度也不同。在1940年以前，发展是快些，特别是1939年和1940年有很大发展。例如：开荒在这两年有170万亩。1940年，羊增加近60万，牛驴增加5万多。但在1941年和1942年的开荒，只有60余万亩，仅及前两年的三分之一强。1941年的羊比1940年还减少了，牛驴只增加一万余头（实际是减少了）。但在这两年，棉花和纺织又往前发展了。

以上是边区农业发展的概况。

（毛泽东：《经济问题与财政问题》，《毛泽东选集》，东北书店版，第752–754页）

我们经济建设的地域是边区：地广人稀，宜农宜牧，有煤、油、盐、碱、铁，以及森林、药材等富源。缺点：天然方面，“三年一旱、五年再旱”，有时又患多雨；地高气寒，地冻时期有五六个月。人事方面：劳动力少（但绥、米等处又患人稠），生产技术异常落后。这地区的历史：革命以前，军阀等封建势力和帝国主义勾结一起，土地牲畜集中在地主手里，苛捐杂税达80多种，利息每月每元高到一角五分（还有什么“小黑驴打滚”），农民终岁所入，不够完纳粮、捐、息，加上灾荒连年，农民只有卖身卖子女或者冻饿死。革命以后，帝国主义和军阀等封建势力一串儿赶跑了，租、债、捐、税一律取消了，但农民并不就得到喘息，连年的反“围剿”，忙于打仗，不能生产；敌人入侵，又总是放火抢粮抢牲畜，企图以饿冻扼死我们。那些流血奋斗高唱战歌的农民，冬天还穿着破单裤，没有毯子，居民把所有贡献给军队，还不过是几升小米、包谷，或者剩下的几头羊子。如果跑到农民家一看，一间破窑，两只破缸，缸里什么也没有，炕就是一堆土，靠煤火过夜。

（《陕甘宁边区政府工作报告》，1941年4月）

边区主要经济是农业，农业中主要成分是自给的、稍许有点剩余的个体农民。要把所有农民都提高到能自给有剩余。所以我们对于贫雇农特别予以帮助，如耕牛、种子的发给与互助，减免捐税负担等。当然能自给有剩余的个体农民天天在向富农地位爬，但我们并不害怕，我们只加以最合理的即累进的税率，以资调节。

……

边区因为在新民主主义政治下，广大工农知道劳动是为着自己、为着自己的国家，而不是供人剥削，做人牛马。因此，妇女老人小孩都自动参加生产；工厂工人自动增加工时，提前完成生产计划。社会上尊重劳动英雄，游手好闲的人很少了。过去有人没事做，现在只感得有事没人做。政府号召春耕运动、开荒运动、秋收运动，开工农业展览会，奖励劳动英雄以推动人民劳动的积极性。又采用劳动互助社、犁牛合作社及欢迎移民入境等以补救劳动力与牲畜力的不足。又其次，从来“食于人”的政府人员部队学生，都挖地、种菜、打柴、纺毛、缝衣、做生意，打破劳心和劳力的界限，“工农商学兵聚之于一身”。

（《陕甘宁边区政府工作报告》，1941年4月）

目录
CONTENTS

第二章　边区农业发展概况

第三章　减租减息

第四章　边区的农业劳动互助

第五章　发展农业的几项政策和措施

第一章

边区农业生产的基本条件

第一节　自然条件

一、边区的地形和耕地面积

（一）边区的地形

边区位置在中国有名的黄土高原的中北部，北面和鄂尔多斯沙漠相连，南面伸到渭河流域的边缘，西面紧接着甘宁高原和六盘山山麓，东面则以黄河与山西分界。边区地势是一个西北高而东南低的倾斜面。边区平均海拔高度为1000余米，延长一带濒黄河地区，约为800米，延安平均高度为900米，陇东分区平均为1500米，三边的白于山最高处为2400米。

边区的地形很复杂。有所谓“塬地”，望去是一目平坦，但却为无数湾乱的深沟所割切。这种塬地占庆阳、合水、镇原、淳耀、赤水、新正、新宁、郿县诸县的各一部分（边区的西南边境）。濒黄河的绥德、吴堡等县，也有一小部分。在三边白于山以北高原，塬已属于半沙漠高原性质了。

边区绝大部分地形是圆形黄土高阜所构成的“山地”。这些山的高度差不多是一致的，它的形成是黄土高原积年冲蚀而成的。边区的山岳一般地理上分为白于山山脉（即横山山脉）、梁山山脉、桥山山脉。据另外一种意见，边区的山都没有经过地质学上所谓“造山运动”，除了白山以外，皆无走向、络脉可寻，是不能称为山脉的。

在诸山之间有河流冲积的平地，即所谓“川地”。它们狭长如带，最广处不过一公里。边区并没有真正的冲积平原。

边区除东境的黄河之外，主要河流有无定河、大理河（无定河支流）、洛河、芦葫河（洛河支流）、延水、环水（即马连河）、秀延水等。最长的是无定河，在边区境内部分达250公里。除黄河外，皆不通舟楫。边区遍地山丘峡谷，沿河流的平坦地带，自然构成交通道路。因此边区的大路、公路，大部是与诸河流平行的。沿河川地土质肥沃，有的地方可以引水灌溉修成水田，有的地方可以修成小规模水力动力。边区土质松散，雨量不平均，加以森林缺乏，在河水暴涨季节含泥沙量很大，此时沿河川地带常遭淹没，且地形遭其冲刷，水利道路亦常受破坏。

（《边区经济情况简述》，西北局调查研究室，1945年1月30日）

（二）边区的土地面积和人口状况

陕甘宁边区的土地面积是92710平方公里。若按区分述，则为：延属分区23234平方公里，绥德分区10997平方公里，陇东分区25391平方公里，关中分区7169平方公里，三边分区25919平方公里。东西最宽处420公里，南北最长处421公里。边界线长2140公里。边区面积若按本来界线为126820平方公里，“双十二”事变后，被国民党侵占者达34110平方公里（据建设厅的统计，神府分区不在内，下同）。

（《边区经济情况简述》，西北局调查研究室，1945年1月30日）

边区的总人口据1944年3月民政厅数字是1424786人。各分区的人口是：延属分区374297人，绥德分区521552人，陇东分区262184人，关中分区121200人，三边分区145553人。……

根据以上计算，边区人口的密度是每平方公里15.2人（全国人口密度39.54人，陕西省人口密度60.5人）。各分区人口的分布很不平均，绥德分区每平方公里达47.4人，关中分区为16.5人，延属分区为16人，陇东分区只10.3人，三边分区则少到5.4人。

（《边区经济情况简述》，西北局调查研究室，1945年1月30日）

（三）边区的耕地面积

整个边区包括陕北、陇东、宁东南，北起府谷、横山，南达淳化、旬邑，西至固原、豫旺，东临黄河，南北约900里，东西约800里。北丘陵盆地，南有关中平原，可耕之地约4000万亩。因为人口稀少，荒地甚多，大约西区荒地占五分之三，东区荒地占三分之一，甚至有些地方荒地占五分之四以上的。现有耕地约900万亩（1936年仅840万亩）。

群众所有土地表（估计单位为亩——编者）

	水地		川地		山地	
	荒	熟	荒	熟	荒	熟
延安	3	206	2193	17784	455945	64594
安塞	8	343	3127	32242	64069	48867
延川	10	529	11	112735	27953	2053275
安定		1705	30	33285	19289	453975
延长	241	2188	24673	25195	59118	13712
甘泉	75	1267	22400	10555	8357	4573
固临	71	319	850	8866	39545	279434
靖边		152	1740	14857	335009	104814
志丹	14	14	1325	15095	116610	58919
神府						
新正		538246	188317	12725	47212	462
新宁		33383	20180	3518	15357	
赤水		11152	62916	3815	20799	
淳耀	1597	13948	58198	2305	85675	2147
曲子						
环县						
华池	1	13595	56115	53676	37566	6848
定边						
盐池						
延市		270	150	1095	800	920

（《边区民政》第五章《土地行政》，估计1940年）

陕甘宁边区四年来耕地面积比较

年　　份	耕地面积
1940年	11742082亩
1941年	12223344亩
1942年	12486937亩
1943年	13774473.5亩

说明：1.不包括机关部队的耕地。

2.1943年数字系根据各分区1943年工作总结报告较林主席年初报告稍有增加。

	8431006亩	（抗战前）
1944年	15205553亩	较战前增加79.4%

陕甘宁边区1943年各分区耕地面积比较

项别 \ 分区	延属分区	陇东分区	关中分区
耕地面积（亩）	4193151	2619215	853745

项别 \ 分区	绥德分区	三边分区	合计
耕地面积（亩）	4231002	1877310.5	13774473.5

说明：1.本表数字系根据各分区1943年工作总结报告。

2.修正了去年生产展览会发表之13357055亩的数字。

（《边区农业统计表（1940—1943）》，1944年）

据建设厅统计，全边区已耕地1500万亩，每人平均耕地10亩左右。但由于人口分布的密度不同，延属分区每人平均11亩，三边分区十四亩八，关中分区九亩四，陇东分区九亩三，绥德分区只有八亩一。

边区可耕地有3000余万亩，已耕地只及可耕地40%左右。

全边区已耕地面积如以1939年为100，1940年增为106.7，1941年111.1，1942年113.5，1943年125.2，1944年增为138.2。

改良耕地办法，一是灌溉，如以1940年的灌溉面积为100，1941年增为109，1942年增为117，1943年激增为174.5。

三边分区用打坝法，把天雨冲下的泥水漫到地上，变成肥沃的水漫地，每亩可增收细粮二斗（30斤斗）。现已修成5万亩，还可扩大。关中分区用这种办法，把坡地塬地修成所谓“埝地”9000亩，每亩年可增收细粮一斗五升。此外各地采用修地畔、溜崖、打水窖、多锄、多耕、施肥等办法，使地力得以保持和改进。但目前由于地力、人力和技术条件限制，改进的程度还是有限的。

（《边区经济情况简述》，西北局调查研究室，1945年1月30日）

陕甘宁边区1942年为各县已耕地面积统计说明表（见下页表）。

二、边区的土壤

（一）边区的地质

边区的岩石露出地面来的几乎都是各种页岩、砂岩和沙页岩。这三种岩石都是互相交错的，组成厚的岩层。它们大部是石炭纪至第三纪先后生长成的水成岩。这种岩石的一部经过熔融或压力的作用，岩石变成板岩石，而沙转为石英岩。这两种状态岩的碎块在河滩平常可以看到，在坡度的岩石断面上，有时也能看到。至于火成岩还没有发现。在岩层上面的土层里，常有一种白□状的石灰结核或硬盘存在，这是一种石灰质的沉淀生成物，本地用烧石灰质的原料灰，一般石灰岩的石灰成分低。又在小溪或沟地的河床冲积壤中，常埋着或堆积成一层的层状石块，这些石块，并不是石炭的碎块，而土壤中的土块石膏或石灰质结核被水冲到河内，又积结起来。

（康迪：《边区农业环境》）

（二）边区的土壤

1.黄土

（1）黄土的生成情况

黄土，边区的高原和山地，绝大部分为这种黄土所掩覆，颜色淡黄至棕

陕甘宁边区1942年各县已耕地面积统计说明表

1943.9建设厅制

分区别	县别 \ 项别	各种统计数字及其来源						本厅审查后采用数	说明
		1942年本厅春耕调查表统计表	1942年本厅春耕总结统计表	1942年下半年本厅调查表统计数	1942年征粮调查表统计数	1943年各县经济计划中所列统计数	其他		
延属分区	延安市	17258	19533			26964	39261	37617.5	根据1942年9月经建报告减去开荒数。
	延安	651522	651707		544596	700000	639522	639522	系该县1943年8月的报告，采取数为651522亩减去丢荒12000亩，该数较确实。
	安塞	248887	372783				334995	334995	系1943年6月春耕总结报告。
	甘泉	70868	126230	179106	120834		108376	120834	根据征粮调查数字与人口数字对照起来才较合理。
	志丹	462181.5	462181.5		360792	369330		360792	系划分给吴旗一部分后的调查数。
	鄜县	1519.35	378581		298351		2748046	298351	1942年春耕总结数字与1942年该县统计数字2748046相差太远，但1942年统计数字与同年征粮数字较接近，故采用征粮数字。
	延川	661144.5	494867			866560.5		866562.5	系1943年经建计划中之数字，比其他数字与该县人口对照较合理。
	延长	305094	185238		319966.5			379966.5	系1941年征粮调查数字，比其他数字与该县人口对照较合理，故采用之。
	固临	243664	243664	243266	205606		255056.5	255056.5	系该县二科长于1943年9月16日来厅报告时讲的，与该县人口数字对照较合理。
	子长		764059		508537		706431	706431	系1943年9月经建调查材料日子最近，同时该县二科长亦来厅报告此数字。
	小计							1000126	

续表

分区别	县别 \ 项别	各种统计数字及其来源：1942年本厅春耕调查表统计表	1942年本厅春耕总结统计表	1942年下半年本厅调查表统计数	1942年征粮调查表统计数	1943年各县经济计划中所列统计数	其他	本厅审查后采用数	说明
陇东分区	庆阳		296434		436442	433359	275833	436442	陇东分区，都是采用1942年征粮数字。因该类数字的调查统计比其他数字确实一点，如庆阳其他数字与征粮数字相差太远，又合水、镇原、曲子、环县四县，除镇原外，征粮数字虽比1943年春耕计划中之统计数字少，但相差不大，特别是华池一县，是划分一部分给吴旗后的数字，比较确实。故采用之。
	合水	198432	198432	249935	275888		292701	275888	
	镇原		392999		375456	344030		375456	
	曲子	480814	328410	472728	465729	470000		465129	
	华池		399536		300831		398936	300831	
	环县	434997	434991	376655	418181	451230		418181	
	小计							2272521	
关中分区	新正	61445		185918	101230	100196	130031	130031	系采用1943年6月该专署春耕总结报告的数字，其中包括1942年开荒地，该类数字又是交秋田的实际统计。如新正、新宁、赤水三县，都比征粮数字稍多，较合理、可靠，而淳耀、同宜耀二县的数字，又接近1942年春耕总结数字，较合适。
	新宁		190000		154145	154419	154372	154372	
	赤水		118458	164551	164665	120000	196197	196197	
	淳耀		175360			272889	186149	186149	
	同宜耀		103323			71239	95009	95009	
	小计							761758	

续表

分区别	县别 \ 项别	各种统计数字及其来源：1942年本厅春耕调查表统计表	1942年本厅春耕总结统计表	1942年下半年本厅调查表统计数	1942年征粮调查表统计数	1943年各县经济计划中所列统计数	其他	本厅审查后采用数	说明
三边分区	吴旗		252204		478305	299486		478365	系1942年征粮调查数字，比较最近的数字，如靖边、定边二县是划分吴旗后的统计，较合理。同时该四县各与本县人口数字对照，亦较合适。
	定边		358443		367483			361483	
	靖边	510068	510068		338051			338051	
	盐池		182826		192335			192335	
	小计							1376,234	
绥德分区	绥德				933240		950634	933240	系1942年征粮数字，是比较最近的数字，同时又是划分西川以后的统计数字，比较合理。如与各该县人口对照，亦较适合。
	清涧		637386	548526	524091		545935	524091	
	米脂				560041.5		498509	560041.5	
	葭县		600000		607206	630000		607206	
	西川				524365.5	505260	496818	524365.5	
	吴堡	190478	201900	213153	218796	218946		218796	
	小计							3367740	
总计								11778385	

陕甘宁边区1942年各县已耕地面积统计说明表

1943.9建设厅制

分区别	项别 / 县别	人口	耕地面积（亩）	总收获量（细粮）（石）	每人平均耕地亩数	每亩平均产细粮数（斗）	1943年（上半年）耕地面积（亩）	说明
延属分区	延市	11690	37617.50	4258.78	3.38	1.13	39261.00	总收获量系根据1943年8月的报告。
	延安	62885	639522.00	123392.78	10.17	1.93	708094.00	总收获量系根据1943年1月该县农业情况表。
	安塞	46835	334995.00	45265.00	7.15	1.35	408022.00	总收获量系根据1943年分配公粮时县府负责同志的报告。
	甘泉	14028	120834.00	21208.51	8.61	1.76	137592.00	总收获量系根据1942年征粮调查。
	志丹	30507	360792.00	38533.12	11.83	1.07	407021.50	同上
	鄜县	37512	298351.00	56549.51	7.98	1.90	336749.50	同上
	延川	63807	886560.50	129984.08	13.58	1.50	891752.50	
	延长	32768	379966.50	36485.00	11.59	0.96	404839.50	总收获量系根据1942年分配公粮时县府负责同志的报告。
	固临	18802	255056.50	20060.62	13.57	0.79	275935.00	总收获量系根据1942年征粮调查。
	子长	63138	706431.00	42150.11	11.19	0.60	716962.00	同上
	小计	381972	4000126.00	517887.51	10.50	1.29	4326229.00	
陇东分区	庆阳	53099	436442.00	81370.34	8.17	1.87	458178.00	总收获量系根据1942年征粮调查。
	合水	41725	275888.00	58043.00	6.61	2.10	305042.00	同上
	镇原	33760	375456.00	34711.40	11.12	0.92	399811.00	同上
	曲子	50037	465729.00	63506.81	9.30	1.36	488612.00	同上
	华池	28898	300831.00	33918.80	10.41	1.13	336585.00	同上
	环县	42454	418181.00	45313.61	9.85	1.08	448374.00	同上
	小计	249973	2272527.00	316864.08	9.09	1.40	2436602.00	

续表

分区别	县别＼项别	人口	耕地面积（亩）	总收获量（细粮）（石）	每人平均耕地亩数	每亩平均产细粮数（斗）	1943年（上半年）耕地面积（亩）	说明
关中分区	新正	17822	130031.00		7.29		149779.00	
	新宁	28440	154372.00	30067.00	5.42	1.95	176163.00	总收获量系根据1942年12月征粮总结报告。
	赤水	23557	196.197.00		8.32		210697.00	
	淳耀	21711	186149.00		8.57		204978.00	
	同宜耀	11194	95009.00		8.49		112128.00	
	小计	102754	761758.00	172360.00	7.41	2.26	853745.00	该分区除新宁外，其他各县均无收获量报告。此总收获量系根据1942年分配公粮时，专署负责同志之报告。
三边分区	吴旗	31615	418365.00	30314.25	15.10	0.63	502129.00	总收获量系根据1942年征粮调查。
	靖边	30183	338051.00	26705.00	6.73	0.79	404761.00	同上
	定边	35588	367483.00	26657.24	10.30	0.73	423685.00	同上
	盐池	18910	192335.00	13458.62	10.20	0.70	216510.00	同上
	小计	136297	1376234.00	97135.71	10.09	0.71	1547085.00	
绥德分区	绥德	131232	933240.00	86823.60	7.11	0.93	933240.00	总收获量系根据1942年征粮调查。
	清涧	58659	52409.00	70228.19	8.92	1.34	532694.00	①平均产量系根据1941年征粮调查材料算出；②总收获量系根据平均产量及耕地面积算出。
	米脂	84615	580041.90	42003.11	6.62	0.75	560041.50	①平均产量系根据1942年征粮调查材料算出；②总收获量系根据平均产量及耕地面积算出。
	葭县	90618	607206.00	91080.90	6.70	1.50	607206.00	
	西川	91170	524365.00	70264.98	5.75	1.34	504365.50	平均产量系按照清涧产量标准。
	吴堡	34964	218196.00	19035.25	6.26	0.87	218793.00	①平均产量系根据1942年征粮调查材料；②总收获量系根据平均产量及耕地面积算出。
	小计	491258	2367740.00	379436.03	6.85	1.13	3376343.00	
总计		1362254	11772385.00	1483683.33	8.64	1.26	12540004.00	

黄，表土心土一致，层次不明显，颗粒极细而均匀，结构疏松，易于开析，对水之渗透性及蒸发性都大，具有直立劈开性。它是石英、长石、方解石、云母和陆上动物骨壳碎末形成，含有大量碳酸钙，故亦称钙质土，呈弱碱性。其所含大量矿物盐，甚易为植物所吸收，唯有机质及氮缺乏，倘得雨水，虽无充分肥料，亦能生长农作物。这种黄土即所谓“风积黄土”，在各地厚度不一，在西部更为发达。

（《边区经济情况简述》，西北局调查研究室，1945年1月30日）

边区的土壤主要是风积黄土。黄土原出于蒙古、新疆和西伯利亚的沙漠，借西北风的力量吹刮过来，粗粒在地面上移动，细砂及灰尘则随风力的渐弱及雨露凝作用降下地面，又因草木与地势的阻挡而沉积，经二三百万年之垒积而成今日之黄土土壤。所以在大沙漠之边缘常是沙带，较远则是沙丘、黄土质沙带、沙质黄土等等土壤，再远便是广大的黄土区，其面积可绵延到离原生地2000公里的地区。横山的西北可算属于沙丘、黄土沙质和砂质土层地带，而横山以南直至秦岭便是属于黄土地带的范围。边区全部都是黄土层以内。黄土土层较其他土壤为厚，100多米的黄土层是常见的。在黄土与岩层之间，常常有一层颜色较异的红棕色的土壤，这可能系第三纪母岩分化生成的原积土或者是早生成的黄土所转化的。在这土壤层中常见螺壳、象、犀牛等骨骼的化石。这一层的红色土，在黄土层中被冲击了的坡渼谷或有些雄涠的部面上，也常露出地面，但与农业的关系是很少的。又，在河畔或溪沟边所说的土地、沟地、滩地是属于短距离的冲积，约在冲积期便开始冲积的。这冲积的来源还是黄土，也可以说是原生的黄土。

边区的黄土是在第四纪的沙积期便开始风积，其分布是非常广泛，中国的北部和西北部，西起六盘山，北沿长城，南及秦岭，山西、甘肃、河南、河北、热、察的一部分都在内。

（2）边区黄土的性质

①良优的理化性质

黄土的物理属于钙质土壤的性质，不黏不砂，宜耕宜植，结构疏散易成细致团粒，孔隙在50%左右，保持水分和养分的力量很强，地下水可以高度的上升，同时方便于透气排水，裂缝是上下的，故可以打窑洞而不塌。就化学性质方面说，除氮碳含量较低，磷酸成分中平，其余各种养料都很丰富。尤其是钾钙最丰富，钠占2%至3%，石灰质在10%左右。因为含大量的石灰质，土壤为碱反应，PH值在8至8.5之间。所以排水不良的河滩地，常成碱土，旱季地面上也常出现一层碱性的白粉，本地常用为煮硝原料。

②严重的水土冲刷

因为雨季多暴风雨，在森林被破坏的地带，在无限制的种植山地区域，土壤被雨水急流的冲刷是很厉害的，由河水的沙量可达60%到70%和水淹一天可积土1尺厚的现象都可说明这点。倾斜度较大又无草木掩蔽的开垦山地，冲刷的情形严重，这是黄河多患的主要原因，也是边区常闹灾荒的原因。

这种严重的水土冲刷下去，对于农业的发展是一个极其重要的问题，其面积、力量和速度必然会一年比一年增加。如黄河畔、无定河畔下流的黄土层消失一年比一年严重，其下层红胶土一年比一年露出来。据绥德沙滩坪三乡调查，风蚀每年刮走半寸土，水蚀全年平均要损失三分。这种损失直接影响了农业，直接产生了水灾，不但影响了边区，也影响了华北，是中国农业上的一个大问题。

③有机物的缺乏

因为干旱和冲刷严重的影响，土壤里的有机物极易分解和冲去。同时本地农人又不讲究施肥，山地常常一点肥料不用，川地也施得不多，农地有机物是很缺少的。所以，黄土的理化性本来很好，但是因为有机物的缺乏，农地大都变成贫瘠而受旱灾，这种情形在山地更为严重。所以本地农人只有用开荒丢荒的办法来耕种山地，这种办法构成为农业发展的不良后果。

（康迪：《边区农业环境》）

2.红黏土

红黏土，或称红胶土，常在黄土底层，在山坳及冲蚀地带，也常在表面。在绥德分区沿黄河一带，呈露最多。颜色红褐，颗粒较粗，黏性大，不易渗透，矿物盐和有机质都很缺乏，不甚适于农作。

（《边区经济情况简述》，西北局调查研究室，1945年1月30日）

3.石灰结核红土

石灰结核红土，土中含有石灰结核石，土色浅红或红黄色，常处黄土之下，红土层之上，也常有显露在外的。土质不如黄土，但较好于红黏土。

（《边区经济情况简述》，西北局调查研究室，1945年1月30日）

4.各种冲积土

各种冲积土，含有岩石碎屑及各种土壤（主要是黄土），各地成分不一，层次明显，含有沙砾，富于有机质，常带有黑褐色，且地势平坦，能贮存养分，是最肥沃的土地。唯多在河畔，数量不多。

（《边区经济情况简述》，西北局调查研究室，1945年1月30日）

（三）边区的地势

边区地势大部丘陵起伏，大部的农地都在山坡，山沟斜倾度在10°－60°左右。山地常被水冲，易受旱，地力易减，耕作困难。受冻害较于高坡地为次。降霜较迟，但亦易受旱，又次之山坡的沟地，阳光不足，温度常低，最易受冻。再次，为河川两旁，地势平坦，土质最佳，但易受水灾和冻灾。在河川旁低洼的川地最少，多为碱土，水灾最多。

1.塬地：以桥山山系地区为多，包括关中东南、陇东南、延长与镇林等地。塬地的化学与物理性好，唯缺少氮及有机物，为边区最适种麦之地。土地改良要多施肥及保持水土。

2.川沟地：川地多为壤土和沙质壤土，沟地多为泥沙壤土或壤土，种各种庄稼都适宜。大川阳地能种棉花，田地种植耐阴之洋芋、麻之类，滩埝地可种麻、谷子及豆类。

3.山坡地：山坡地是黄土各层经雨水冲刷而分割出来的解剖的土壤。因倾斜度不同，有阳地阴地、东阳与西阴之别。东阳比西阴温度较高，有机物便宜分解，宜种麦、高粱、谷子、荞麦、豆类、棉花等，北地向东阳宜种麻子、洋芋、糜子。

4.沙漠地：这是黄土水与风沙侵蚀的土壤。一般说，这土壤是氧粉组织，保水力弱，养分少，更缺有机物，宜种荞麦、糜子、苜蓿和牧羊，如三边一带。

（康迪：《边区农业环境》）

三、边区的气候

（一）边区气候的特征

边区的气候是大陆性、高原性的干燥寒冷的气候。海洋来的季候风，因受秦岭阻挡，吹到边区风势已衰，西北风势则甚猛。边区雨量是尚无可靠观测，据说在400至500毫米之间，三边一带雨量更小。晚霜期约在4月下旬，早霜期约在10月中旬，一年不下霜之期约五个月。在三边一带霜期更长，1944年8月初即降初霜。所以生长期长的作物，根本不适宜种植。

按气候及农作物之不同，边区大致可划为以下农业区域：

1.沿黄河区——延属东三县沿河一带，因得黄河水流调剂，气候较暖，雨量较多，生长期较长。主要作物为棉花、麦、谷。

2.三边区——地势最高，且受沙漠影响，主要农作物为糜子、荞麦，且适于畜牧。

3.关陇区——上述关中、陇东“塬地”地带，主要作物为冬麦。

4.延洛区——包括延属分区的西部，绥德分区的西部及北部，主要作物为谷子。

（《边区经济情况简述》，西北局调查研究室，1945年1月30日）

（二）不利的气候条件给边区农业生产带来的灾害和困难

边区地处西北高原，大陆性气候，春季多风，夏季多冰雹，秋季霜降早，对于农业的发展和作物之生长非常不利，造成了农业生产上的极大的困难，因此也带来了各种灾害，例如：

1.旱

“五年一小旱，十年一大旱”，这是边区气候的一个重要特征。边区为什么旱呢？要回答这个问题，首先要了解在什么情况下雨就多、什么情况下雨就少。一般地说：①常刮海洋吹来的风（东南风、南风、东风），所含的水蒸气多，雨就多；常由大陆上吹来的风（西北风、西风、北风），所含的水蒸气少，雨就少。②在山脉的阳面雨就多，在山脉的阴面雨就少。因为含多量水蒸气的空气一遇到山脉的阻挡就突然上升，水蒸气就凝结下降。③气温高的地方湿气多，因此雨多；离海洋远的地方湿气少，因此雨少。

边区处于中国西北部，地势很高，境内多山（横山、桥山、梁山纵横其间），在横延山脉有一部分被沙漠所碍，边区气候成为高原性的气候并兼有山岭性和沙漠性的气候的特征。这里的气候寒冷（全年平均温度在1℃左右）、不调、变化非常之剧烈（夏天一天内温度变化相差31℃之上）。

陕北的风，大半是从大陆和沙漠地带吹来的西北风和北风。特别是冬季和春季的前大半季，差不多一直都是西北风及北风，寒冷干燥，且多沙尘，有时夹带着少量的雪。但经过很干燥的沙漠和荒山，也被吸收了大半，所以冬季和春季雨量特少。

从5、6月起到7、8月这三个月东风或东南风渐多起来，降雨量也就多一些。但是，边区离海洋很远，海风吹来的水蒸气在路上往往受到了大山的阻挡。从东面大部吹来的海风被华北平原所吸收，被南北纵横3000米所隔绝；从南面印度洋所吹来的风，先后被西南诸省所吸收，次为高达4000米的秦岭、太白山、终南山所阻，又被桥山台地所吸收；至于黄河流域的河风，作用很少。由于边区处于这样一个环境，所以雨很少。

边区本来还有森林，森林是可以调节气候的。因为森林内的温度要比森林外的温度低，湿度要大，如有干燥的热空气，通过森林地带，热空气的温度就会降低，湿度就会增加，空气中的水蒸气就可以达到饱和点下降雨。森林是有防旱功效的。如黄龙山的耕地就很少能遇到旱灾的，雨水是经常充足的。但是几年来乱砍乱伐，许多地方的森林却遭到破坏。现有的森林多分布在边区的南面，因此南面的湿气到森林地内就降成雨，越过森林的地区雨水就更少了。

边区的森林自中日战争后，大为缩小，目前已不到全面积的十分之一。此少数至可珍贵的森林，对于十分之九的无林盖的裸露地带的调剂是竭尽其力而不足的，因此形成的雨量逐渐减少。我们拿1940年至1945年的统计降雨量的记录，可以看出边区雨量的逐年减少。

年份	雨量
1940年	472.4毫米
1941年	313.1毫米
1942年	328.0毫米
1943年	290.3毫米
1944年	251.1毫米
1945年	218.0毫米

另一方面地面缺少覆盖，蒸发量又逐渐增加。从下面的数字可以看出：

年份	蒸发量
1942年	1400.3毫米
1943年	1800.0毫米
1944年	1788.0毫米
1945年	2100.0毫米

从上面的雨量和蒸发量的数字来看，一方面雨量逐年减少，另一方面蒸发量逐年增加，这个气候的波动也是造成边区旱的一个原因。

由于边区是这样的一个环境，因此形成旱灾经常威胁。至于防旱的办法另外讨论。

由于这样的情况便造成边区基本旱的原因。

2.涝

边区的气候，一方面缺雨常成旱象，另一方面雨多而成涝。所以“久旱必有涝”。其原因就是边区的雨量的分布极不平均。根据1941年的气象记载：

月份	二	三	四	五	六	七	八	九	十
下雨（天数）	4	1	1	5	6	10	9	7	2
降雨量（毫米）	7.8	6.1	1.0	3.4	23.7	116.3	64.5	17.4	0.1

11月下雨天3天，降雨量30.8毫米；12月下雨天2天，降雨量0.6毫米；

全年下雨天共有50天，降雨量共271.7毫米。

从这些数字可以看出，边区并不是雨量太少，而是雨下得不平均。4、5月正是要雨的时候，但降雨量才占全年雨量1.6%；而7、8、9三个月，不是太要雨的时候，雨量却占了全年的72.9%。春天是播种的时候，但雨量很少，往往形成春旱。所以说“春雨贵如油”，可见春雨的可贵。秋季是边区的雨季，雨水很多，所以“小暑大暑灌死格狸黄鼠”。这时固然也要雨，但太多，又成水灾（涝），或连阴太长，下霜前庄稼不能成熟。所谓天旱雨涝没收成，就是这个道理。

西北山地的小雨便可形成平原的大害，等到山地秋洪时期，平原就一片汪洋。所以说边区的水灾不仅影响边区，而且影响整个华北、华中。据苏联地理经济专家卡赞宁估计，1939年全中国水灾在华中被淹没的土地，就等于英国的土地，其严重可见一斑。

雨水对于作物生长之重要，从农谚中已可以看出。如：“肥雨瘦风”“雨是地油雹是地□”“春雨贵如油”“见苗收半”“八月雷定不回”。雨水调顺是庄稼收获的唯一保证。但边区雨水很缺，尤其是春天，到夏天的雨水较多（？）。1944年的雨水很调匀，自开春起每隔十天半月都有落雨，庄稼都能及时下种，但秋雨太多，致使棉花减少，谷子已有些受害。还有些关于下雨的农谚，在农业上也有参考之价值。例如：“有钱难买五月旱，六月连阴吃饱饭”“农人要吃饭，每伏两场雨”“农人要吃面，月月都下遍”“三月下雨小麦收，四月下雨大麦收”“麦收三月雨，但怕二月旱”“麦收八十三场雨”“麦收的五月雨”“夏至有雨吃荚荚，夏至没雨挖头豆”“夏至有雨扁豆收”“晒不死的棉花，下不死的南瓜”。

3.雹

冰雹的生成是由于：下降的雨滴被上升的猛烈聚流多次反复冲上，回到冷聚层，形成冰块并逐渐增加，在其体积达到冰雹下降重力并超过上升气流负荷的时候便下降到地上。所以降雹的有无、大小和分布的情形，与上升气流的缓急和移动方向都有关系。兹以陇东的冰雹为例，来谈一谈边区的雹灾问题。

陇东的雹灾很为严重，受灾的范围多到六个县至少三县，冰雹小的如豌豆，大的大如鸡子，时间短的10多分钟，长的4小时。如1943年环县从□月十三到十七连续五日在不同的地区降雹，因长，其损失很大。如1943年环县、镇原、华池、合水、曲子、庆阳六县共打坏秋田145985亩，损失28062石以上。1944年环县、华池、曲子三县不完全统计，共打坏秋麦24192亩。

陇东雹灾之所以严重，是由于陇东的地势而产生特殊的气流的原故。陇东的西北豫旺一带有云露山，固原以东有六盘山，此由豫旺向东有横延，从羊图山分支向东南有五桥山脉，故陇东的豫旺至六盘山一带高度皆在海拔2000米以上，陇东东北之靖边新旧城一带也在2000米以上，而陇东全境就在1000米左右，这为蒙古高原气压之气流使森林边缘成为冷热点提供了条件，因此冷气流自西北袭击而暖气流则自东南冲击，环县首当其冲，不论夏季的冰雹都是随北风或西北风而来，老百姓已知道这一点，他们说："南边雨不带冰雹，北边雨则带冰雹。"这就是陇东雹灾严重的原因。

4.冻

"四月八日冻死黑豆荚"，可见边区4月8日还有晚霜。其实过了4月8还是有受冻的危险。春天的霜叫晚霜，秋天的霜叫早霜。边区的早霜期1940年是9月21日，1941年是9月13日，1942年是10月1日，1943年是10月20日，1944年是9月13日（延安杜甫川的情况），中间迟早相差一个多月。边区的晚霜期有迟到4月8日以后，如1944年到阴历五月二十、1941年到五月二十六还有霜，把棉花冻死了不少。晚霜收得很晚，早霜来得很早，中间只隔四个月是没有霜的，因此庄稼的生长期受限制了。在这四个月中间，日月稍为大一点的就不能成熟，许多外来的优良品种往往在这一点上不能满足我们的要求。

霜是一日中最低气温降到0℃以下时发生的。一般的如果当日的平均温度在6℃以上，虽然有霜，对植物损害不大，这种叫作水霜。在边区秋分、寒露之间水霜就来了。如果下霜的那一天的气温是在6℃以下叫做杀霜，对植物损害大，霜降、寒露之间才有杀霜。

早霜的时间均在秋分、寒露前后，三边、陇东早霜来得更早，黄河畔和关中塬地早霜就比较迟些。就是在同一地区因地势的不同也差得很远，如稍沟小拐沟早霜早的年头也有在白露前后就下了。延安南面的杜甫川就较东北面的枣园下霜迟，东西区机场就在二者之间。

（康迪：《边区农业环境》）

四、边区的农具、肥料、耕作方法

（一）农具

绥、米一般农具的种类、形状、使用大部与延安附近相同。如镢头、锄、镰刀、耙子、簸箕、粪筐、粪斗等常见的简单农具。

不过有几种农具为老边区所未见或少见的，如：

1.耧——是一种用驴拖架的播种工具，效率比用犁快一倍以上，盖土均匀，容易出苗，而且齐整，易于锄草松土，其使用在川地多的地带更为普遍。

2.抹地刺耙——用驴拖架，一次可将土块压碎，将杂草根除去。在有水地的地方使用较多，不很普遍。

3.风车——多为石板，间有用木板做成。

4.长柄砍镰——比用镰刀割谷省力、快、割得干净。

5.小铧——因绥、米畜力多是耕驴，力量没有牛大，所以用的铧也小。

可以说，绥、米所用农具与老边区比较要精细、进步一些。

（二）肥料

在绥、米只有天然肥料，如人粪、猪牛羊粪、草灰等。因为土地的缺乏，没有休种制，故肥料的搜集，极为农民所重视。每个农家都有厕所，在路上也常见到老人或儿童提着粪筐拾粪，这都是与老边区不同的。粪的有无多寡是影响富有农户和贫苦农户土地收获量不同的重要因素之一。

施肥：山地只用基肥，不用补肥。水地则多以人粪为补肥。以米东山地为例：夏作物每垧上一布袋（均四斗）至二布袋半驴粪，一筐人粪。秋作物可以不施肥，或上一至二布袋驴粪。三分之一筐人粪。

肥料在使用前多经过充分发酵，腐熟，草木灰多掺在驴羊粪中一同施用。

（三）耕作技术

为了防止遭受灾害时，作物全部损失，农民多采用“带田”耕作制（间作方法）（注1）。轮作方法之利亦为农民所了解，当地称为“掉茬”（注2）。这样可使地力之消耗、发挥得到调剂与休息。

主要作物的耕作大都经过下列几个步骤：

1.整地——在播种之前将地犁一遍，抹一遍，耙一遍。其时间，冬麦在大暑前后，其他谷物在春分前后。因畜力不足很少耕两次，没有采用深耕方法。

2.播种、施肥——选种尚不为农民所注意，多由上年收获中留下今年新种。播种方法有撒播、条播、点播三种。

3.中耕（锄草）——所用锄有大小两种，中耕次数列表如下：

谷	糜	高粱	豆子	豆子	大麦	麦	洋芋	麻
山地	川地	山川地	山地	川地	水地	山地	山地	水地
2—3	3-4	2-3 3-4	2—3	3—4	4—5	1	2—3	2—3

普通中耕次数虽如上述，但是如农民所说“锄地能抵三分雨”，“春地要耕，秋地要锄”。在下雨后二三天，有时间，农民总要加锄一次。绥、米地里很少发现杂草，农民对于锄地是极为注意的。

4.收获——绥、米的作物的收割、打场、收藏等处理方法和陕北农村一般相同。此处不再赘述。

原文注1：普通常见而成为习惯的间作方法有以下几种：

（1）高粱带豇豆或黑豆

（2）豌豆或小扁豆带黑豆

（3）谷子带绿豆或小豆

（4）春麦带黑豆

（5）老麻带小豆

（6）黑豆沿渠带小麦

（7）其他如糜子带菜豆、小豆等亦颇普遍

原文注2：谷物轮作方法因地不同而有区别，如：

	第一年	第二年	第三年	第四年
（1）山地第一种方法	谷子带小豆或绿豆	黑豆带豌豆或扁豆	同第一年	同第二年
第二种方法	高粱带豇豆	—	谷子带小豆或绿豆	黑豆带豌豆扁豆
（2）川地第一种方法	—	—	同第一年	同第二年
第二种方法	—	连种1945年再用	黑豆带豇豆扁豆	
第三种方法	—	同第一年	黑豆带豌豆	
（3）水地	大麦复种糜谷，差不多年年如此			
连作（当地称重茬）：如洋芋普遍连作二年，冬麦往往连作五六年，始改植其他作物。				

（柴树藩、于光远、澎平：《绥德、米脂土地问题初步研究》，人民出版社1979年2月第一版，第9—12页）

注：该书曾于1942年冬在延安出版，因未找到原版，上述资料按重印新版摘录。

延安柳林区四乡
1936年和1942年农户各阶层及其牛犋变化表

项目 \ 阶层 \ 年份		1936年 雇农	1936年 贫农	1936年 中农	1936年 富农	1936年 合计	1942年 雇农	1942年 贫农	1942年 中农	1942年 富农	1942年 合计
户数		14	48	44	2	108	1	15	94	15	125
人数		42	18	231	10	301	4	64	430	85	583
牛犋（户计）	无牛的	14	19	3		36	1	9	3		13
	半犋的		15	11		26		6	24		30
	一犋的			29	2	31			60	9	69
	两犋的			1		1			7	6	13
共有牛头数			40	78	3	121		7	194	50	251
每户平均耕地库			28	54	25.5	3771	9	38	114.5	109	12977

说明：本材料系根据建设厅的调查。

（《边区农业统计表（1940—1943）》，1944年）

延安柳林区四乡移民牛犋和耕地面积比较

年份＼项别	劳动力	牛力（犋）	耕地面积（亩）
1941	68	1.5	366
1942	68	7.5	706
1943	68	16.5	1462

说明：1.根据光华农场材料；2.劳动力不完全用于耕种

（《边区农业统计表（1940—1943）》，1944年）

五、边区主要农产品

（一）边区主要农作物

边区所产的作物主要有：冬麦、糜谷、玉米、高粱、荞麦、豆类以及棉花等。但在五个分区中因为气候土质的差别种类及产量均有差别。冬麦主要产于关中、陇东，占耕地面积一半以上，每亩产量平均在3斗左右（每斗平称28斤左右）；延属、绥德次之，约占耕地面积三分之一弱，产量亦较低，每亩平均约二斗五升左右。糜谷主要产在延属，占耕地面积三分之一至五分之二，每亩平均可收4斗（细粮每斗平称30斤）；次为绥德、陇东，约占耕地面积四分之一。三边则因气候较凉，作物生长期短，又以糜子、荞麦为主。至于棉花，除三边分区外，其余四个分区，均可种植，但1943年以前，主要种在沿河各县。棉花产量平均每亩可收皮棉15斤左右，最高每亩达50斤以上。

（《陕甘宁边区农业》，1945年）

边区农产物分布情况各种作物之耕地面积百分比（1944年统计）

	麦类	谷子	糜子	玉米	高粱	荞麦	洋芋	豆类	油籽	棉花	其他
延属分区	24.6	24	15	4.5	2.5	5.5	2.5	6.5	4	3.5	2.4
绥德分区	15	28.7	5	1	17.7	2	4.8	18.2	3.5	2.9	2.2
关中分区	48	10	5	12	0.5	4.5	2.7	9	5	0.4	2.9
三边分区	7.5	15.4	28.7	2.1	0.3	19.9	3.4	7	13.2	—	2.5
陇东分区	39	12	15	4.5	3.5	12	2.1	6.3	4	0.2	1.4

（《边区农业统计表（1940—1943）》，1944年）

陕甘宁边区各分区农作物种类及种植面积比例

	麦类%	谷类%	糜子%	玉米%	高粱%	荞麦%
延属分区	16	33	15	6	2.5	5
陇东分区	39	12	15	5	4	12
关中分区	18	10	5	12	1	5
三边分区	6	17	33	1.5	1.5	18
绥德分区	17	30	6	少量	15	2
全边区	21.2	24.5	14.0	3.7	6.4	7.1

	洋芋%	豆类%	/油籽%	/棉花%	其他%	备注
延属分区	4	8.5	4	3.5	2.5	麦类 主要为冬小麦 豆类以黑豆为主
陇东分区	0.5	7	4	少量	1.5	
关中分区		10	6	少量	2.0	
三边分区	2	7	11.5	1	2.5	
绥德分区	5	18	4	1	2.0	
全边区	3.2	11.2	5.1	1.4	2.4	

说明：1.本表根据各专署及某县1943年工作报告初步制成后，复经各专员校正。

2.豆类包括大豆、小豆、豌豆、扁豆等一切豆类。

3.麦类包括小麦、燕麦、大麦，但主要是冬小麦。

4.油籽包括□麻、小麻、胡麻、荏子、芝麻、芸□等。

5.其他包括果地、菜园、苜蓿地等。

边区出产粮食之种类及其所产占耕地面积与百分比

项目＼粮食类别	麦类	谷子	糜子	玉米
耕地面积（亩）	3571332	3375552	2114335	517866
百分比	23.4	22.3	13.9	3.4
年产（石）	714266	843889	528583	129456

项目＼粮食类别	高粱	荞麦	洋芋	豆类	其他
耕地面积（亩）	950600	1228223	488052	1498876	15000
百分比	6.3	8.1	3.2	9.8	0.1
年产（石）	190119.9	245644			

每户耕地面积50亩，每人平均10亩。

（《边区农业统计表（1940—1943）》，1944年）

陕甘宁边区各分区各种农作物每亩常年平均产量比较

	小麦（石）	谷子（石）	糜子（石）	玉米（石）	高粱（石）	荞麦（石）	洋芋（斤）	豆类（石）	油籽（石）	棉花（斤）	其他	备注
延属分区	0.25	0.30	0.35	0.30	0.20	0.20	500	0.25	0.20	15		
陇东分区	0.25	0.30	0.30	0.20	0.25	0.25	500	0.25	0.25	10		
关中分区	0.30	0.30	0.30	0.40	0.20	0.20	500	0.15	0.20	15		
三边分区	0.15	0.20	0.25	0.15	0.10	0.25	350	0.10	0.15	1		
绥德分区	0.15	0.20	0.20		0.15	0.25	600	0.15	0.10	12		
全边区	0.20	0.25	0.25	0.25	0.20	0.20	500	0.20	0.20	14		

说明：1.根据各县报告及一些专员估计。

2.每石合市石2.31石。

3.每斤合市秤1.19斤。

（《边区农业统计表（1940—1943）》，1944年）

（二）农作物的种类及收获

“边区农业方面的主要要求是增产粮食和棉花。”因为气候、土壤各地不同，故产物的种类也随之而有差别。大体说来，关中各县，陇东的庆阳、合水、镇原及延属的鄜县等处主要为产麦之区（约占39%到48%），余为产米区。

1944年全边区农作物的种类和每亩的收获量大约如下所示：

作物种类	种植面积%	每亩收获量（斗）
谷类	22.3	2.5
麦类	23.4	2
糜子	13.9	2.5
豆类	9.8	2
荞麦	8.1	2
高粱	6.3	2
油籽	5.5	2
玉蜀黍	3.4	2.5
洋芋	3.2	500斤
棉花	1.9	14斤
其他	2.2	
合计	100	

（注：斤为16两秤，斗以30斤为斗）

根据建设厅估计，1938至1942年全边区剩余细粮可能有23万石；1943年收细粮184万石，如消费162万石，则可余22万石。1944年虽遭水、旱、风、虫、雹、冻等灾害损失，估计也可收细粮200万石，如消费175万石，则可25万石。

种棉面积，1939年只有3000亩，到1943年增为15万亩，1944年超过30万亩。但因阴雨过多，估计最多只收净花300万斤，但比前年增产100万斤左右。今年计划种40万亩，如收450万斤，就可全部自给，去年不足之数，全靠输入。

（《边区经济情况简述》，西北局调查研究室，1945年1月30日）

（三）畜牧

畜牧占边区农村副业第一位，历年发展如下：拿牛来说，如以1940年193238头为100，则1941年为105，1942年为108，1943年为110.5。驴以

1940年135054头为100，1941年增为101，1942年119，1943年125。羊以1940年1723037只为100，1941年为99.9，1942年为108，1943年为116。现在全边区大概有马6332匹、骡子2945头、猪10万头、鸡30万只。

由此可见，边区畜牧业也日趋发展。但由于瘟疫带来的牲畜死亡率实属惊人。仅1943年就死了耕牛7800头、驴4000头、骡马2300余匹、羊子21万只，约等于四年来繁殖的四分之一，而羊羔子的死亡率，则达40%到80%。1944年又死了牛1.2万头，死驴4900头，死羊24.6万只。

所以如何推广和发扬民间医疗经验，如何克服医药困难，提高医疗技术，减低牲畜的死亡率，确是畜牧业中一个亟待解决的问题。

综合上述材料，可见边区农业是一年比一年的向上发展。其主要原因是：经过了土地革命和减租减息，封建剥削被打破，或受到限制；加以党和政府的极力帮助，它不管财政多么困难，每年都拿出一笔款来放给贫苦农民（原文注：据建设厅统计1942年政府发放农贷61万元，1943年2680万元，1944年1亿元），它采用奖励劳动英雄与模范工作者，提倡革命竞赛，订生产计划，特别是用合作互助办法，使广大农民群众从互助合作中，体验到组织起来的好处，逐渐自动自觉地参加劳动互助运动，再加上各个具体时期的适当号召，如“自力更生”（1941年），“组织起来”（1942年），“备战备荒”、“耕三余一”（1943年），“全面建设运动”（1944年）等等，就大大地发扬了群众生产的积极性，发展了生产力，使一向艰苦穷困的农村，转向日趋富裕繁荣的境地。

（《边区经济情况简述》，西北局调查研究室，1945年1月30日）

第二节　抗日战争时期边区土地关系的情况

一、经过土地革命的老区

属于这类地区的是：延属的延安、子长、延川、延长、固临、临镇、甘泉、安塞、志丹等县及鄜县的大昇号区。绥德分区的清涧、吴堡两县及绥德的雀、枣、延、义四区和吉区两个乡，石区一个乡，子洲的裴、老两区和驼区一个乡，葭县车区四、五乡，通区五乡一个村。三边的靖边、吴旗、定边、盐池四县。陇东的华池、曲子、环县。关中的赤水一、二、三、四、五区（五区现划归枸邑），新宁的一、二、三区和四区的两个乡，新正的一、二、三区，淳耀的大区和五区的一个乡，中心区一部。这种地区估计共有土地900余万亩，人口86万余，绝大部分土地革命时实行分配，封建已基本消灭。唯一般分配的潦草粗糙，定边、盐池、曲子等地，只打了大头土豪，有些地主未动，土地未分，加以十年来有些地区移民增多，农民因天灾人祸的变故，土地转移及少数旧地富夺占土地等情况，又发生无地少地的农民现象。但其性质主要已非封建剥削问题，经过安置移民政策及1946年以来两次土改，大部分已行调剂，一部分于土地登记中继续调剂，土地问题已经解决或正在解决。

二、减租合理负担的区域

属于这类地区的是：绥德分区的米脂全县，绥德、子洲、葭县的大部。陇东的庆阳、合水、镇原。关中的淳耀一、二、三、四区和五区的大部，赤水的六、七、八、九区，新宁的五区和四区三个乡，新正的四、五、六区，中心区一部。延属的延安市及鄜县的八个区。这类地区，估计共有土地50余万亩，人口共17万余。因未经土地革命时的土地分配，故抗日战争初期，封建土地制度依旧存在，后经减租（主要在1943年至1944年）及合理负担政策，封建土地制度大大削弱。

（《陕甘宁边区土地问题》）

三、土地革命后的变化

边区农民经过革命后，有半数人口的区域分配了土地，每人分得的土地最少不下2垧（每垧合3亩），最多超过20垧以上，所有权完全归农民，因此这一部分农民就有了够用的土地。虽因牲口多寡、劳力多寡不一，仍有富农、中农、贫农之区别，但比革命前，就有了显著的变化：即贫农大大减少，中农、富农大大增加，并且富农更富了。下面延安柳林区四乡的情形便是一个例子：

	1936年		1942年	
雇农	14户	13.0%	1户	0.8%
贫农	48户	44.4%	15户	12.0%
中农	44户	40.7%	94户	75.2%
富农	2户	1.9%	15户	12.0%
合计	108户	100%	125户	100%

附注：实际上1936年的老户，都已上升为中农，1942年的雇农，贫农多半都是新移来的难民。

另外还有一部分地区，虽然没有分配土地，其中部分农民还靠租地耕种，但在减租减息、保障佃权的法令下，农民交纳地租的比例已减轻，且可保有佃权，因此地权虽然仍属地主，但农民经营土地已比革命前便利得多了，生产情绪提高了，收入增加，生活改善了，并且有一部分农民移到了分配过土地的地区，已经从开荒取得了土地。

（《陕甘宁边区农业》，估计是1945年）

土地改革后的情形与前有些什么大的区别呢？这里单讲土地关系方面。首先贫农、雇农都分得了土地，地主大部分逃跑了，依靠土地剥削的封建关系基本上消除了，一般的人民都实现了“耕者有其田”的原则，人民生活都由黑暗贫苦中提升了。现在的边区农村中经济条件基本上已起了变化。现是由贫农占主要比例已变为中农占主要比例的情形，雇农及贫农已相对的减到少数之少数了。地租的关系也很少，即也有经政府统一的规定，按荒地、熟地、山地、川地的区别，每垧出租平均都在一斗以下。

因为土地较广连难民灾民只要有劳力可以耕种者，都可以分得一份土地耕种，土地买卖事件是极少的。

（《边区民政》第五章“土地行政”，估计是1940年文件）

未经过土地革命地区的土地分配比例（一）
（子洲县双湖峪九乡）

成　分	户　数		土　地		每户平均占有土地垧数
	户数	百分比	占有土地垧数	百分比	
地主	7	3.2	872	33	125
富农	1	0.5	58	2.2	58
富裕中农	11	5.0	298	11.3	27
中农	49	22.2	772	29.3	15.8
贫农	108	49.2	563	21.3	5
雇农	32	14.6	42	1.6	1
其他	12	5.3	32	1.3	3
总计	220	100	2637	100	12

说明：1.本表系根据1942年西北局考察团调查。

2.其他12户为手工业者。

未经土地革命地区的土地分配比例（二）

（子洲县双湖峪九乡）

垧　数	户　数	百分比	
无地	53	24	说明：本表根据1942年西北局考察团调查
1－5	59	26.8	
5－10	33	15	
10－15	29	13.2	
15－20	18	8.2	
20－25	7	3.2	
25－30	6	2.7	
30－35	4	1.8	
35－40	2	0.9	
40－50	2	0.9	
70－80	1	0.5	
80－90	2	0.9	
100亩以上	4	1.9	
共计	220	100	

未经过土地革命地区土地分配（三）

（米脂印斗乡九保）

成　分	户　口		土　地		每户平均占有土地（垧）
	户数	百分比	垧　数	百分比	
地主	6	2	3744	63.5	624
富农	9	3	703	11.92	78.1
富裕中农	14	4.6	384.5	6.52	27.5
中农	33	10.9	427.5	7.25	13
贫农	202	66.6	568.5	9.64	2.8
雇农	26	8.6	18	0.31	0.7
其他	13	4.3	50.5	0.86	3.9
总计	303	100	5896	100	19.5

说明：1.本表系根据1942年西北局考察团调查材料。在“绥、米土地问题初步研究”所发表之数目字，有印错之处（如中农土地百分比，该数误印为97.2，其他土地垧数误印为505等）今校正如本表。

2.其他项中包括无劳动力，出租土地的小地主2户，游民1户，手工工人9户，脚户1户。

绥德分区葭县高家寨子
1940年和1943年土地所有权变化比较表

	1940年				1943年			
	户数	百分比	土地占有数（垧）	百分比	户数	百分比	土地占有数（垧）	百分比
总数	119	100	4513	100	126	100	4154	100
手工业	3	2.52	12	0.27	3	2.38	12	0.29
雇农	13	10.92	16	0.35	10	7.94	12	0.29
贫农	62	52.10	316	7.00	60	47.62	315	7.58
中农	18	15.13	365	8.09	26	20.63	464	11.17
富农	9	7.56	537	11.90	11	8.73	598	14.40
地主	14	11.77	3267	72.39	16	12.70	2753	66.27

说明：1.地主原14户，1941年分居为17户，1942年1户转为富农。贫农因分居，1941年添1户，1942年又添3户。1942、1943两年中，由中农上升为富农者1户，雇农上升为贫农者3户，贫农上升为中农者9户，故在贫农阶层土地总数内1943年比1940年反而减少了。

2.本表系根据1943年绥德分区生产展览会发表的材料*每垧合3亩。

（《边区农业统计表（1940—1943）》，1944年）

1943年在已分配过土地的地区农户占有已使用之耕地数量比较
（安塞四区三乡陈家洼村）

占有已使用之耕地数量	户数	占全户的百分比
90亩以上 126亩以下者	3	8.3
60亩以上 90亩以下者	9	25.0
45亩以上 60亩以下者	8	22.2
30亩以上 45亩以下者	4	11.1
15亩以上 30亩以下者	6	16.7
1.5亩以上 15亩以下者	4	11.1
无土地者	2	5.6

说明：1.在36户中有新移来难民5户，其中有2户没有土地，系靠出卖劳动力为生活。

2.农户已分得而未使用之土地不包括在内。

3.本表系根据1943年9月份建设厅的调查。

经过土地革命地区的土地分配比例（延安县中区二乡蟠龙）

成　分	户　口		土　地		每户平均占有土地（垧）
	户数	百分比	垧　数	百分比	
地主					
富农	5	20.8	430	51.8	86.00
富裕中农	3	12.5	125	15.1	41.67
中农	12	50	266	32.0	22.17
贫农	4	16.7	9.5	1.1	2.375
共计	24	100	830.5	100	34.6

说明：1.本表系根据1943年农业累进税研究组之调查。

2.该户有新来移民9户，未列入本表内。

（《边区农业统计表（1940—1943》，1944年）

附录1：关于陕甘宁边区农村经济的几个问题（节录）

谢觉哉　左建之

一、边区的土地关系与农民小商品经济的发展

陕甘宁边区的地区，在革命以前，原是一个很落后的、封建残余非常浓厚的地方，大概有70%的土地，集中在占全农村人口不满10%的人的手中，而占全农村人口百分之75%以上的农民，平均每户得不到10亩的土地。据说从延安到保安去的道上，有一半以上的土地是属于一个绰号刘疙疸的大地主的。由此可见，革命以前的陕北一带的土地分配状况。经过了革命之后，情形就大为改变了。

革命后的土地关，与过去截然不同。广大的贫苦农民分得了足够的土地，他们有些以前是雇农或贫农的，已变为中农甚至富农。

据1938年秋的统计，延川、甘泉两县两个区的土地分配（占有）情形如下：

	工人		雇农		贫农		中农		富农		地主		公地
	人口	土地	人口	土地	人口	土地	人口	土地	人口	土地	人口	土地	
延川	3	3.2	5	5.3	68	50.5	17	26	6.6	13.5	0.4	0.2	1.3
甘泉	1.5	2	7	5	50	52.5	30	34	5	5	0.4	0.1	1.4

注：（1）表中数目乃百分比。

（2）表中地主是指于国内和平后回来领得土地之地主。

从上表中我们可以看到，贫农与中农的人口在全人口中所占的百分比是与他们的土地在全土地中所占的百分比相适应的，占人口80%至85%的中农与贫农，占有80%左右的土地。这就是边区土地关系的特点。这个特点归结成一句话，就是："耕者有其田!"

在此种新的土地关系之下，特别是在国内和平以后，小农商品经济，迅速地向前发展起来。以前的那种"民逃田荒"的现象不但没有，而且耕地面积是逐年扩大了。下面是最近四年来边区耕地面积的统计：

1936年　8431006亩

1937年　8626006亩

1938年　8994483亩

1939年　10040319亩

四年中增加耕地160余万亩，这不能不是一个惊人的成绩；反之，我们纵观全国其他各地，在抗战以前，耕地面积之逐年缩减，荒地之不断增加，曾是人所共知的事实。这种事实，充分证明："耕者有其田"政策的实施，是对于我国农民经济发展的重大的促进。

正因为边区实现了"耕者有其田"，所以边区的农村经济不断地往上升涨，这种升涨主要是农小商品经济的发展。

所谓农民小商品经济，是指贫农的与中农的经济而言。无论贫农或中农，他们生产品之或多或少的一部分，是以商品的形式与市场发生关系的，并且他们需要的或多或少的一部分，也是从市场上去取得的。

"耕者有其田"的实现，造成了小商品经济广大发展的有利条件，此种小商品经济在边区经济中占最大的比重，它是边区经济生活中的主要经济形式。在中国的其他地方，农民小商品经济受到帝国主义的破坏，封建势力的压榨，而日益趋于破产；边区则没有这些破坏与压榨，在抗日民主政权的帮助之下，农民小商品经济日益向前发展。——这是边区农民小商品经济的特点。

抗战三年来，由于农民经济的发展，广大农民群众的生活，日益地、大大地改善了。农民经济下降的破产的现象，一般的是停止了。

在中国其他地方，商品经济的发展，必然的促进土地的集中。然而，土地集中的现象在边区是没有的，虽然边区并不禁止土地买卖，但是边区很少发生土地买卖，土地所有权是很少转变的。这是边区土地关系的动向与其他地方不同之处，其所以不同，就在于边区是实现了"耕者有其田"，并且贫农与中农，不是趋于破产而是往上升涨。

但是，这并不是说，在这新的土地关系之下，农民小商品经济的发展，可以避免产生资本主义；相反的，边区农民小商品经济的发展，不可避免地产生资本主义，也就是说，必然产生新的富农经济。

二、边区农村资本主义经济——富农经济

边区的富农经济，大多数是在国内和平以后发展起来的；革命以前所遗留下来的，仅占很小的一部分。

革命的结果，消灭了封建的残余，给予小商品生产以自由地宽广地发展的条件。随着小商品经济的发展，资本主义必然不断地产生出来。列宁说得好："小生产每日每时不断地、自然地、大量地产生资本主义与资产阶级。"过去土地革命所造成的条件，不仅没有消灭资本主义，而且反造成它宽广发展的可能。

三年来的国内和平，使农村中的资本主义有相当的发展，好些从前是中农的（甚或是贫农以至雇农的）发展成为富农了。这个发展的过程，一般的是这样：土地革命使每个农户都得到了足够的土地，他们不再遭受苛重的剥削。同时，历年收成很好，结果，除了一家食用外还剩余了不少粮食。由是，富裕的农民把余粮拿到市场上去出卖，但他们并不把这笔钱消费掉，而是把这笔钱拿去买几匹牲口，到各地去贩运食盐、棉花、石炭等，这种买卖使他们获得很厚的利钱。于是，他们便雇用一两个长工来耕种土地，而自己则兼做生意。不到几年，他们的钱多了，他们的牛、羊、驴、猪也繁殖起来了，他们更可以开垦荒地，多雇工人了。商品经济的发展，使农村中产生少数无产者，加以外面难民进到边区来（这是主要的），他们也就有了雇佣劳动力的供给。他们用了各种各样的方式来剥削这些雇佣劳动者。这就是边区富农的一般产生过程。

边区的富农经济，与中国其他地区的富农经济比较，是具有自己的某些特点。首先就是在中国其他地区中，由于帝国主义的破坏影响与封建残余的浓厚存在，所以农业中的资本主义经营很难得到发展，而且这种经营不比封建剥削有利。因此，在那里很多富农，除剥削雇佣工人外，还出租土地，剥削地租。有很多经济学者说中国富农是半地主性（半封建性）的，就是这个缘故。但边区富农则不是这样。他们没有半封建性的这个特征，边区的富农经济，是资本主义性的，因为它是建筑在剥削劳动者剩余劳动的基础上的。当然，边区还没有欧美那样大规模的采取新式农业技术的资本主义经营，这是由于整个边区（甚至可以说是由于整个中国）经济落后所致。也正因为如此，所以在边区富农经济的资本主义剥削中，还含有某些封建的残余（详见下述）。但是，这并不妨碍我们做出边区富农经济是资本主义性的这个结论。

其次，在中国其他各地区中，富农经济是与高利贷密切地结合着，边区富农经济则是与商业有最密切的联系。这个特点，对于边区富农经济的资本主义性，有莫大的影响。

与中国其他地区的富农经济相较起来，边区富农经济尚有它另外的第三个特点，这就是它现在继续向上发展而不是往下衰落。中国其他地区的富农经济，近年来由于帝国主义的影响，日本帝国主义的侵略及其他原因，有一部分往下衰落。据广西省立师范专科学校1934年的调查，桂林附近九村中，1930年的富农户数为52，使用耕地共1830亩；到了1934年，则户数减为46，使用耕地总数为1579亩，即户数减少了1.8%，使用耕地总数减少了5%，与此递减过程相并行的，就是贫农户数的增加，足证在此四年间，富农经济在往下衰落。在边区则不然，富农经济是向上升涨的。例如延川禹居区三乡，1934年富农户数为16，占全乡人口4.9%，1939年则增加为22户，占7.4%。

与此相反的，则为贫农之减少（从63.7%减至42.6%）。

抗战三年来边区富农经济的迅速发展，已是非常显著的事实。因之资本主义的剥削随着增加。虽然富农经济在边区农村经济中还不占若何主要的地位，但是富农剥削的增长，是值得注意的。……

三、边区政府的农村经济政策

抗战三年来，边区政府对于边区农村经济的发展，曾尽了最大的努力。边区政府采取了正确的经济政策，保障与帮助边区农村经济的发展，没有这种正确的政策的实施，边区的农村经济就不会有今日的发展。

抗战三年来边区政府的农村经济政策是什么呢？

（一）边区政府的农村经济政策首先就是巩固“耕者有其田”的土地关系，保障广大农民既得的利益。

我们知道，在国内和平以前，边区是彻底实行土地革命政策的地方。这个土地革命政策，在1936年秋间便开始转变了，这个转变经过了西安事变和平解决、国内和平实现之后，于1937年4月间便完成了。在4月26日，当时苏维埃政府（以后很快便改变为边区政府）发布了关于土地政策的布告，其中有称：

“在没有分配土地的统一战线区域，地主豪绅的土地停止没收。”

这就是说，还在中共中央于1937年9月22日宣言停止土地革命之前，就已实际上停止没收地主土地了。

但边区政府，同时注意保证边区人民所得的革命利益。在1938年5月25日，边区政府、第八路军后方留守处、边区党委之联合训令中，得到更详细的规定：

“凡是已经没收和分配过之土地、房屋、财产、牲畜等等，豪绅地主富农无权用任何方式直接向分得土地之农民要求发还全部或一部分。其已经用各种方式强迫农交还者，其交还部分应收回归还原分得之农民。”

这种规定是完全必要的，因为自国内和平以后，许多从前被没收土地而逃往他方的地主豪绅都相率回来了，他们回来以后，便用各种威胁利诱的办法，收回他们从前的土地。在个别地方，这些地主豪绅的企图曾部分地实现了。因此，为保障农民既得的利益，为巩固“耕者有其田”的土地关系，必须严厉制止这种现象。

同时，边区政府并进行了土地登记，确定土地所有权。

至于对于地主阶级，中共中央于1936年8月3日关于土地政策的指示中，已经规定："对地主阶级的土地、粮食、房屋、财产，一律没收，没收以后，仍分给以耕种份地及必需的生产工具和生活资料，地主耕种份地之数量与质量，由当地农民群众多数的意见决定之。"

在国内和平以后，对于边区内的地主，边区政府也采取了确当的政策，就是说，对于那些回来的地主，只要请求发给土地，那政府也发给其必要的土地。1937年4月26日苏维埃政府布告中有称：

"在已分配了土地的区域，地主豪绅回来，可在原区乡分配他以和农民一样多的土地和房屋。"

1938年5月27日陕甘宁边区政府、第八路军后方留守处、边区党委之联合训令中，亦重申这一政策：

"凡地主豪绅，其土地房屋已经被没收者，如要求分得一份土地时，须事先呈请当地政府之批准，然后由当地政府设法分配其不超过于当地农民平均所得之土地。……"

由于这一政策的实行，许多以前逃跑的地主便回来了，回来以后，事实上他们亦分得必要的土地，这就说明边区政府是忠实执行抗日民族统一战线政策的。

抗战以来，由于边区政府的这种保障农民既得利益的土地政策的正确执行，巩固了"耕者有其田"的土地关系，就保证了中小农经济广泛发展的基础，同时又照顾大局，使抗日民主政权日益巩固。

（二）边区政府的农村经济政策，其次就是从各方面帮助中农与贫农来发展他们的小商品经济。

在国内和平以前，边区政府已朝着这个方向来进行农业建设，苛捐杂税的废除，就是这种工作的第一步。但是，由于国内战争的影响，这方面的工作，那时还没有显著的成效。国内和平以后，为着改善民众生活，为着充实边区的抗战经济力量，大量发展农业是完全必要而且可能的，在边区农业中占最大比重的不是地主经济，也不是富农经济，而是中农与贫农的小商品经济。所以，边区政府认为，对中农与贫农的帮助是发展边区农业的中心任务。

边区政府采取哪些具体的办法来帮助小农经济呢？

第一，就是帮助农民解决耕牛、农具及种子。耕牛、农具、种子的缺乏，是贫苦农民在生产过程中的严重问题。一头牛的劳动力等于两个人的劳动力，没有牛的农民就不能多种地，生活也因之不能改善。边区政策对耕牛、农具、种子问题的解决，主要是用互相调剂的办法，即以行政村为单位，于春耕前妥为调查，然后进行调剂。例如今年延安县单对难民的帮助，就调剂了10220亩土地、279头牛、四十九石四斗三升粮食、六石五斗种子。调剂的方法就是发动农民互相帮助，人力换牛力，粮种春借秋还，不加利息等等。除了调剂以外，边区政府尚通过各种合作社来帮助解决农民的耕牛、农具、种子等问题。……这方面的工作，诚如本年度边区经济建设纲要上所言，“以帮助贫农为原则，进行合理的调剂工作，同时要不影响富有者生产的发展以发展生产”。

第二，就是组织劳动力。鉴于边区农业技术的落后，边区政府特别注重劳动力的组织，这一方面解决了劳力的不足，另一方面有组织的劳动提高了生产。……的确，劳动力有高度的组织是边区农业的重大特征，据1939年底的统计，全边区劳动力的组织，包括了249163人，占全边区人口20%。在这些组织中有代耕队（66347人），有妇女学习生产组（53126人），有杂务队（39708人），还有劳动互助社（89982人）。当然，我们并不以数目来夸耀，但是，这些组织确实曾在生产战线上起了很大的作用（虽然还没有最大限度地发挥它们的作用）。在这些劳动力的组织中，特别值得我们注意的是劳动互助社。所谓劳动互助社，就是在政府的推动之下，5个至10个的农民自愿地组织成为一个小组，于春耕、夏耘、秋收轮流互相帮助，工具是各人自己的，收获也是各人自己的，只是劳动过程是共同的，全组帮助组员中某一人时，这个组员就要供给全组饭食。这个组织只于农忙时才存在。劳动互助社这种组织，一方面可以使贫苦农民解决劳动力不足的问题，另一方面又可以养成农民集体劳动的习惯与集体的观念，这不仅在现阶段发展中农贫农经济的政策下有重大作用，而且对于将来亦有重大的意义。边区政府组织劳动力，帮助了中农、贫农的发展，推动了边区农业的发展。

第三，发动开荒，推行生产运动。

……边区地广人稀，可耕的荒地达2000余万亩，三年来边区政府为增加农业生产，使地能尽其利，同时也在广大人民中开展垦荒运动，颁布奖励垦荒条例，如开垦之公地归开荒者所有，开垦荒地头几年免征救国公粮等等，……在许多地方，还曾有计划地组织垦荒，此种组织不全是政府自上而下的发动，有许多是群众自动地干起来。例如，延安县在今年生产运动中，曾组织了98个开荒队，包括2790人，大都以队为单位集体开荒。……在边区政府领导之下的垦荒运动中，不仅一般的农民都参加了，而且还发动那些游手好闲的人们参加（今年延安组织了171个烟杆流氓参加生产）。在开垦运动中，政府特别注重对贫苦农民的帮助，替他们解决耕牛、农具、种子等问题。由于边区政府奖励垦荒的结果，边区新垦荒地逐年飞跃增加，据建设厅的统计，1937年垦荒共195291亩，1938年为358431亩，1939年为1081927亩，在今年垦荒计划中，拟定70.8万亩，并预期在提高群众生产热忱的过程中，达到100万亩的纪录。

（四）发展群众的合作运动。……

（五）除了上述诸设施外，边区政府还采取一定的办法来适当地限制农村中的剥削。边区政府曾颁布了土地出租条例，以防止过高的地租剥削；并曾拟定劳动保护法，以适当地限制富农剥削。

上述这些，就是抗战三年来边区政府所一贯施行的农业经济政策中之荦荦大者，这些政策的施行曾获得了很大的成绩，我们单举出三年来边区的粮食收获量的增加统计，就足以证明：

1936年——1034301石

1937年——1116381石

1938年——1211192石

1939年——1754258石

今年——计划增至200万石

这是最显著的成绩。这些成绩的获得，一方面是依靠正确的政策，边区党及政府对于实行这个政策的正确领导，他方面是依靠于广大群众对于这些政策的热烈的拥护与赞助。……

四、今后任务

第一，进一步保障农民既得的利益。……今后必须更确实地确定土地所有权，反对那些侵犯农民既得利益，将既经分配的土地夺回的行为，以便使农民更能安心工作。同时，对于边区政府过去所颁布的分地给回来的地主的法令，亦应正确执行，以调整农村阶级关系。此外，对于自外来至边区的难民，应分与适当份额之空地，使之能维持生计，并发展边区农业生产。

第二，更进一步帮助贫农、中农的经济的发展。过去我们已在这方面获得了不少的成绩，今后应继续进行这种工作，务使农村中的劳动力，能够很好地调剂，并且保证农民有必要的农具、耕牛、种子，来发展农业生产。政府应奖励与帮助农民垦荒，以增加农业生产，改善他们的生活。边区各级政府，要经常地细心地领导农民的耕种与收获的运动。同时，应该着重指出的，就是我们过去注意耕地的扩大，但对于怎样增加每亩（或每垧）土地的收获量这个问题却注意不够。即是说，对于改进农业技术以帮助贫农、中农的发展这方面做得不够。今后应加强这方面的工作，应广泛地修筑水利、提倡深耕、选择与改良种子、改进农具等等，以提高农业的收获量。

第三，更广泛地开展各机关、学校、部队的生产运动。……

第四，健全合作社组织，广泛开展合作运动。……

第五，建立合理的经常的农业税则，并适当地限制农村剥削。过去边区只征收救国公粮，而且各县的征收条例又不十分统一，在征收过程中常常发生不公平的现象（如富有者出粮过少），征收份额又不固定。这些缺点今后必须克服，应该规定合理的农业统一累进税，使边区财政走上更完善的轨道。边区政府现时正从这方面努力。至于限制农村剥削，过去只注意到地租的剥削，而没有充分顾到雇佣劳动的剥削，……限制富农剥削，当然不是说要限制富农的发展，……目前限制资本主义发展，在边区经济上是不利的，至于消灭农村资本主义的企图那更是错误的、必须防止的。

第六，整顿农村工会组织与加强对贫苦农民的教育。……

上述就是今后进一步发展边区农业，团结广大农民群众的任务。这些任务的认真地切实地执行，将使陕甘宁边区的农业经济更能发展起来，使边区能自给自足，使边区抗日民主政权更能巩固起来，使陕甘宁边区在抗战建国工作中的作用更能提高起来。

（《解放》周刊第119期，1940年11月16日）

附录2：清涧东河畔新经济发展之一班（摘抄）

一、这是一个“班”还够不上。

（略）

二、八个村子的材料：

这里是新社区五乡曹家坬、王马家圪塄、一乡榆树塬；解家沟区二乡小马家山、一乡张家坬；店子沟二乡薛家山、一乡马白沟、袁家沟乡袁家沟八个村子的材料。

1.新社区五乡曹家

（1）革命前与现在：

①革命前户数17户，人口120人，男劳动力40，女34，土地574垧。现在户数21户，人口116人，男劳动力28，女35，土地367垧。

②革命前伙种地6家，没饭吃的4家，放账2家（数百元），吸烟2家，念书的5个。现在：没有伙地种、没饭吃、放账的、吸烟的流氓了，念书的3个。

③革命前富农2户、中农8户、贫农9户、雇农无产2户。现在，没有雇农与无产者，原贫农9户升到中农6户，下余3户。原富农2户降到中农的1户，下余1户。原雇农2户升到贫农2户。共贫农5户，中农15户，富中1户。

（2）变化

①住户人口劳动力：全村增了4户，少了4人，特别是劳动力的变动，女的比革命前增加了1个，男的却减了17个。

②成分：2户雇农都上升到贫农，中农反而由8户增到15户了。富农中2户下降到中农1户，贫农总共剩了5户。

③没有赌博、吸烟的流氓，伙种地和挨饿。

④参加军队的12名。

2.新社区，王马家圪塄：

（1）过去与现在：

①革命前土地193垧，现在247垧。革命前人口57人，现在53人，革命前男劳动力14人，现在13人。

②革命前牛2头，驴7头，每年收粮76石，欠债3250元。现在牛3头，驴8头，羊15只，每年收粮56石，当兵5人。

（2）变化：

①土地，多了54垧，少收粮20石。

②人口少了4人，劳力少了1个，有当兵的5个。

③牲畜，牛比原来多了1头，驴多了1头，羊多15只。

④没放债的了。

3.新社区榆树墕（略）

4.解家沟一乡张家坬（略）

5.解家沟二乡小马家山。

（1）过去和现在：

①革命前户数23户，人口109人，土地607垧；牲畜：牛8头，驴12头，共收粮245石；现户数32户，人口140人，土地569垧；牲畜：驴15头，共收粮2000余石。

革命前念书1人，揭账13人，放账2人，伙种地2户，租地种2户，揽工3人，赌博1人，地最多的80垧，没出外工作、当兵的。现在，念书4人，揭账、放账、揽工、伙种地都没了，赌博1人最多的31垧，出外工作3名，当兵1名。

（2）变化

①土地原有607垧，分地时分给外村38垧，现在有569垧。过去最多80垧，现在最多的31垧。

②人口、户数多了9户31人。

③比革命前多了读书的3个，在政界工作2个，党务1个，当兵1个。

④没有揭、放账和伙种地的人了。

⑤牲畜：现在没牛（原来8头），驴增到15头（原来12头）。

6.袁家沟区四乡袁家沟村：

（1）过去与现在：

①革命前户数66户，人口336人，劳动力男102人，女99人，共201人。现在户数69户，人口325人，劳动力男96人，女96人，共192人。

②革命前土地1620余垧，牛12头，驴50余头，羊400余只（8户）。现在土地1620余垧，牛10头，驴21头，羊300余只（10户）。

③革命前读书16户，师范生3人，大学生1人（崇喜），山西太原住学校2人，高小毕业生10人。现在读书44人（内有小娃婆姨20人），边师2人。

④革命前，放账7家，揭账20余家，揽工5家，伙种地2家，赌博2人。现在放揭账、揽工、伙种地都没有了。

⑤革命前收粮1200余石（夏收400余石，秋收800余石），收粮数多的30余石。现在收粮500余石（夏收150余石，秋收300余石），收粮数多者15石余。

⑥革命前土地最多白云辉116垧。现在地最多白树德50余垧。

⑦革命前出外军界服务1人。现在：共产党工作18人，八路军10人，国民军1人，病亡牺牲2人，抗工属27户（内有2个到3个的7户）。

（2）变化：

①住户人口，现在比过去多了3户，少了11人，劳动力少了9人。

②土地总量未变，过去有地最多者达100多垧，现在40垧至50垧。

③牲口少2头牛，29头驴子，羊400余只成了300余只，并且8户所有成为10户所有。

④粮的收获由1200石少到500石，富农在过去打粮最多达30石，现在15石。（其余略）

（以下几个村子的对比略）。

1942年5月

四、抗战时期边区土地关系之状况及其前途

（一）抗战时期边区土地状况有哪些特点呢?

第一，统一战线告成，国内和平开始后，边区农民的土地已分配者仍维持原状，未分配者即不再分。保持人民已得之利益。现在已实现“耕者有其田”的原则，只当你有劳力耕种，都可以尽你的力量开荒及耕种。但土地仍属于私人所有，经过土地登记者，即享有该项土地所有权。农民既享有了该项土地，他即有全权处理该项土地之权利。

第二，公有土地多为荒山及一部分过去地主土地未经分配出者。大的森林、矿山、市镇、河流、道路等亦都属于公有。自去年生产运动开始以来，新开辟的土地都为公家所有。如租群众之地，则主权仍属于原有群众。

第三，外地逃来边区之难民，得由各地方政府指定地点分配一份土地。归来土地革命时代之地主，如过去无反动行为且有劳动力者，亦分给一份土地耕种。至于抗日军人家属及工作人员家属，则分给土地，由义务耕田队给予代耕，并保证其生活不低于一般人民。（参考第七章）

第四，土地既为私人所有，处理权亦由其个人做主，因此凡移居、出租、买卖者，当然不能禁止，而且为土地条例所允许。但移居、买卖须向地方政府登记，经地方政府之允许。出租亦不能收取高于法定之租额。

第五，一般的土地既然维持现状，所以常发生之零碎问题，亦只就事依条例解决。过去在登记中过多过少登记的一般现象，亦不发动查田运动，因为现在基本的问题，乃是抗日统一战线，“抗日高于一切”的问题。现阶段革命的基本口号，也不是“平分土地”的口号了。

（二）抗战时期边区的土地制度是不是永远的制度?

当然不是的。一方面由于中国历史条件的限制，中国革命的现阶段是个新民主主义阶段，尚不能跳过资产阶级性的民主革命阶段，革命基本内容仍是资产阶级性的。同时由于边区的一般的土地分散，技术的落后，只便于平均分配而不是土地国有。另一方面，中国革命是向前发展的，是在无产阶级

政党——中国共产党领导之下的，共产党尚有最高的纲领最高的目的实现共产主义社会，而且苏联集体农庄与国有农庄的榜样是各国革命的光辉的灯塔，而且农民问题是无产阶级革命问题中的一部分，是个附属的问题。对于土地问题解决的远景，已有苏联先例可寻了。目前只不过是依历史条件的限制的过渡阶段而已。

（《边区民政》第五章“土地行政”，估计是1940年）

五、边区土地裁判中的问题

边区现在尚常发生的问题还多。但一般的不外下列几种：

1.地主豪绅复辟的活动。在国内和平后，一部分豪绅地主有的自逃跑地域归来，自己出面或利用其亲属出面以及各种威胁利诱诈骗阴谋的方法来活动，中心用意是企图收回土地，作复辟的阴谋。甚至于有些干部因警觉性不足以及见识不远，阶级立场不稳，而协助此等行为。政府对于此等反动行为，决予以严厉之法律制裁。

2.在分配土地中常发生前年登记不确实的问题。有的是以多报少，如登记10垧，但事实上有超过数倍数10倍之多者；有的以少报多，如10垧地只报10余垧者，因之地界不清，农民相互之间常发生争地的纠纷。农民为什么以多报少呢？因为边区土地很多，没有丈量，他们可以少报而多取。为什么又以少报多呢？亦因土地未量，原有不足数。

民政厅对这类纠纷之处理，虽是一般的现象，但亦不能再来登记一次，成为“查田运动”，故只就已发生问题，按条例个别的予以适当之解决。

3.遗产承继的问题。如有子弟者，当然可以依法承袭其父兄土地权。但在分居以后，其弟侄各已分得土地，自己又无有直系子女者，其死后之土地即做公地。抗日将士所分之土地，家中已灭门绝户者，土地亦应归公。

4.房屋是否可以出租呢？房屋是土地一类不动产之一种，既分配给私人，自己又可以建筑，当然可以出卖与出租的。在前年土地所有权登记时，窑洞亦按需要分配，并论方丈注明在登记证上的。

5.地面树木争执。边区树木极少，价值亦高，过去分配土地的原则是没收土地上之成材树木归公，未成材树木如果当地树木甚广，则附着于土地分配，如当地树木不多，则平均分配给农民并登记在土地所有权证上。

6.至于少数未经土地分配的区域，则不再行分配，但必得减租与减息。

边区内的土地，基本上已得到了解，农民都有土地耕种了，所发生之问题，都不外上面几项，现都根据去年参议会公布之土地条例予以分别地解决。

（《边区民政》第五章“土地行政”，估计是1940年）

第二章

边区农业发展概况

第一节 概述

一、1938农业生产发展情况

在今年春耕运动中，大大地提高了农民生产热忱，无论男女老幼，都积极地参加生产，具体的表现如下：

第一，劳动组织扩大，并起了推动农业发展的作用。劳动互助社、妇女学习组、义务耕田队等劳动组织，全边区已扩大到181640余名，占边区人口总数30%以上。其中特别是有组织的39750余名妇女参加劳动，她们的劳动效能一般的和男子一样。同时在劳动的竞赛中，创造出不少的劳动英雄。

第二，劳动组织在春耕秋收中间，互相调剂耕牛、农具、籽种等，解决了在耕种收割中无数困难。特别是对抗属的代耕，比过去大有进步，一般抗属的粮食明年不会受到困难。

第三，耕种面积的扩大。本年开荒358480余亩，比去年增加163400亩，同时本年荒芜的土地不能超过开荒1/5，又加农业技术初步的改进，上粪锄草增加，并且本年天雨比较均匀，粮食收获量较去年大有增加（今年平均每亩收粮一斗五升，比去年增加粮2升）。收成最好的是关中糜子，平均每亩可收粮2斗以上。本年边区耕地面积8994800来亩，每亩以一斗五升计，收粮总数1349170余石，每人计食1石，足够两年食用。

第四，植树运动。边区本年植树457190余株，有三分之二以上可以成活，比去年增加157000余株。

第五，边区本年修水地1600余亩，比去年超过800亩。

第六，畜牧的发展。牲畜边区现有羊40万，牛11万，驴8万。虽不能恢复内战前的数量，但比内战后增加一倍以上。

（刘景范：《1938年边区经济建设工作的报告》，1938年11月5日）

二、1939年农业生产发展情况

第一，在开荒方面。今年群众开荒计919086亩，比原定计划815200亩，超过103886亩，完成113%，如下表：（略）对已有荒地没有荒芜一亩。

第二，修水地。由于财力人力的缺乏，以及边区人民对水利的信心还差，没有完成今年一万亩的计划。今年完成5493.2亩，为原计划46.5%。如下表：（略）

上表仅系1939年上半年的统计。在8月到12月由建设厅直接在延安桃庄兴修桃庄现代化的渠，灌溉面积达1500亩，设计入上面，则共修达7000亩，完成计划58%。

第三，植树。今年植树皆插柳条，计1392116株，比计划1153000株，超过239116株，百分比则为12.8%，（表略）在成活上有一半左右。在秋季群众多进行种树籽工作，未统计。

第四，发展畜牧。从去年下半年到今年上半年止，一年中共发展羊、牛、驴达1234156头，其中羊1012786头，牛123963头，驴97407头。（表略）此外发展马1524头，骆驼1329头，共达1237009头牲畜。

第五，发展农村副业。虽然这项工作没有用统计数字表现出来，但我们从实际考察中，每家农户养猪有二三头者，养鸡10余只者甚多。其他如养蜂、养蚕亦不少。从这里我们看到农村的副业是相当发达的。

第六，在一年生产中，我们创造了男女老幼劳动英雄1811名，约占全边区人口的3.3%强，年统计如下表：（略。特级24人，甲级208人，乙级576人，丙级1003人，共1811人）

第七，种植工业原料。由于沿河三县雨水缺少，正值种棉时，误了下种，而边区其他各县不大适宜，因此种棉没有完成计划。但在种麻方面则有

259451亩之多，如下表：（略）

第八，种植面积及收获面积。本年全边区群众种植面积达10040319亩，收获粮食1754268石。（耕地面积与种植面积同）（下略）

第九，劳动组织是充实了，参加劳动组织的达249163人，如下表：（略。劳动互助社89982人，义务耕田队66317人，妇女生产组53126人，儿童杂务队39708人）

（《1939年农业生产总结报告》，陕甘宁边区建设厅农牧）

三、1940年农业生产发展情况

（一）开垦荒地——1940年度开荒计划原定为80万亩，按边区气候，开荒任务主要在春季完成，但以去年春夏缺雨，旱灾遍及边区，使开荒运动受到绝大之阻碍。虽然民众多能以积极精神坚持开荒，政府能及时动员，协助群众克服困难，终以自然环境之限制，春季开荒工作总结，各县共开荒地480625亩，完成原计划60%强。为补救春季开荒之不足，遂于夏收之后，广泛发动秋开荒运动。全边区共计划秋开荒20万亩。因边区气候早寒，秋开荒只有一月时间，故由政府组织各乡村开荒队，集中耕牛，以集体开荒之方式，求得在短时间内，以最经济办法，获得最大效果。根据年底各县秋开荒之统计，共完成292496亩，超过原定计划。合计春秋两季共开荒773121亩，完成原计划96%强。

（二）植树造林——原计划造大小林387处，共植树486000株，根据各县年终统计，已造大小林509处，共植树514887株。由于春夏亢旱，秋季山洪冲刷，成活数仅及半数。（被山洪冲去之已成活树木，因无统计，故未除去）查历年植树成活率低微之原因，除气候土质等自然原因外，主观上未能按各地不同情况充分运用科学方法，亦是树木成活率减低原因之一，故于6月间组织森林考察团，考察各地自然林，并研究各地区植树种类及植树办法。继森林考察之团后，乃组织林务局，专司林业管理，颁布植树造林条例、保护森林条例及砍伐树木暂行规则等法令，以为发展边区林业之根据，组织各地森林保护委员会，积极开展边区林产。计划1941年度由林务局负责，以更科学方法，从事植树造林及开展林产。

（三）兴修水利——由政府直接领导兴修之兴乐寨、康家沟、绥惠渠等较大工程，因被山洪冲坏，损失甚巨，一时无力继续修渠，故将安塞新乐寨之渠坝暂时停止，只继续进行康家沟。绥惠渠水利工程，按工程计划，今年春末可以完成，但以政府财政困难，如资金不能按时接济，计划即不免搁浅。裴庄渠道被水冲坏后，即时修改简单堤坝，修改工程已于秋末完成。共计可以灌溉1400亩。此外民间自动兴修之小块水地，根据各县总结报告中所有材料统计，共完成3317亩。

（四）推广植棉——原计划种植61630亩，由于天旱，许多县份皆未能播种。沿河等县共播种194.4亩，收获棉花10万余斤。本府有鉴于推广植棉之成绩不佳，乃组织农业视察团赴沿河各植棉地区实际考察，总结民间各种优良经验，经由农业家唐川写成小册子，作为民间植棉与政府指导植棉之参考，计划于1941年度集中精力推广沿河各县植棉工作，并设工业原料推广委员会以专责成。至于其他地区则属试验性质，由政府协同边区农场和光华农场创设模范植棉试验场，作为民众之借鉴，以事倡导。

（五）发展牲畜——原计划发展羊431300只、牛45550头、驴23130头，根据各地总结报告，共计发展羊246570只，牛22033头，驴14920头，完成比例数均在50%左右。未能完成计划之原因有二：第一，各地遭水、旱、风、雹各灾，人民向外购买者较少；第二，畜疫流行，最甚者为延川、甘泉、靖边、淳耀等县。因为边区防疫组织及设备均极简陋，虽经事先动员民众注意防疫，事后延请八路军兽医院派员赴各县诊治，奈以杯水车薪，收效甚微，故拟于本年设立兽医训练班，培养大批防疫人才，以利牲畜之发展。

（六）发展纺织——民间发展纺织之重心在延长、延川、固临等县。根据各该县报告中的计划，已经组织之纺妇1万余人，除自纺自用外，尚替公营工厂纺羊毛、棉花13万斤以上。其他各地已经组织者，尚无详确统计。妇女纺织训练班第一期业经训练完毕，计划派赴各县担任纺织指导工作。

（林祖涵　高自立：《全年农业生产工作总结》
——给全国农业促进会的报告，1941年3月5日）

四、1941年农业生产发展情况

农业方面——主要是普遍提高粮食产量，发展畜牧，局部推广种棉、麻，有计划地开发森林，扩大耕地以达到粮食确保自给，增加纺织及工业原料。

扩大耕地面积，提高劳动热忱，争取二流子参加生产，在荒多的区域大量奖励移民，以达开荒58万亩。现已收到成绩，共开荒476580亩。（表略）

上列数目系群众开荒数，机关部队开垦的荒地尚未计算在内。至于发动二流子参加生产，各县都已进行，大体都是先以说服办法，如果经教育仍不参加生产，则由政府规定一定的开荒任务，由群众监督其执行。关于移民垦殖工作，移来的共有8527户，27740人。这些都是由边区以外或绥、米一带移向延安、安塞、甘泉一带垦殖的难民。另外边区内部人民的流动，这一县移到另一县的人民尚有264户，1463人。这在一个县来说是有些人民移出去——在边区说来只是转移，因为他们并没有移到边区以外。因为只是转移，所以不算移民。（表略）

移民以延安最多，安塞、甘泉、延川次之。安塞并且建立了移民乡，所有乡长及乡政府其他工作人员，由难民选举出来。延安县对移民能认真地帮助。

水利的兴修是增加产量最有效的办法。去年计划修5101亩，实际完成的仅2974亩（表略）。其中靖边一县所修占总数三分之二强，其他各县区市没有注意这种工作，鄜县没有修，新正计划1500亩，结果仅修80亩。

植棉工作是去年的一件大工作，建厅曾组织了工业原料推广委员会专门负责，并根据实际调查结果，印发怎样种棉小册子发各县，经常派人到沿河三县指导植棉。原计划植5万亩，实际统计到的只完成32990亩。植棉所以未完成的原因，第一是籽种发得比较迟，以致部分籽种还没有发到农民手中就过了植棉时间；第二是准备工作做得不够，计划不够周详，以及对农民解释得不够，有的农民以为替公家种，故多观望。

牲畜因八路军兽医院迁移，故使防疫工作受了很大影响。由于边区西药的缺乏，所以防疫工作主要的还是靠民间中药兽医，但收效很小。虽然我们曾想了些办法防止牲畜的饿死、病死，但是去年牲口的损失仍然很大，靖边一县即曾死羊1万余只。除过这些牲畜死亡，去年实际发展数（延长、延川几县外）计牛25855头，驴14411头，羊256546只。这些牲畜的发展主要的还是依靠天然滋长，很少一部分是向外买进的。

（妇女纺织1941年亦有很大发展，妇纺数为73727人，妇织数为16309人，纺机数为56264架，织机数为7851架，共纺纱785831斤，织布194725小匹）

（《1941年建厅工作总结报告》，调查处农业科，1942年2月26日）

五、1942年经济建设工作和成果

根据西北局去年12月25日关于经济建设决定所指：保证增产细粮20万石，增植棉花10万亩，继续发展家庭纺织业，……对三边等畜牧区域，多致力畜牧业的发展，因大力发展边区人民运输业，组织2万头牲口的运输合作，以及改造边区合作事业，继续发展公营生产等方针下，政府所做的工作及其成绩作以下概况的报告：

（一）工作进行

边府为执行这一决定，于1月间召集了四科长和建厅各科主要工作人员联席会，总结了1941年经建工作，详细讨论了西北局以农业第一发展私人经济的方针，对于增产粮食、植棉、发展手工业、改造合作事业、发展交通等均有详细的讨论和布置，并制订了经济建设计划，以及植棉、种苜蓿、发展水利、发展手工业、发展交通等各项计划，同时为了执行此项任务，建设厅的组织也有了发展扩大，成立了农业、合作、交通运输三局，并在杨桥畔设立了水利建设局，在三边设立防疫站，在绥德、子长设立了移民站，在银行设立了农贷办事处，此外，并制发了下列文件：

《春耕运动布告、命令、办法和标语口号》；

《优待移民的补充办法》；

《运输公盐的实施办法》；

《农贷的各项条规》；

《转变合作社工作的指示》等。

但因去年公粮公草数目激增，春耕前发生农户中的迁徙、卖牲口、分家等低落生产情绪的倾向，大大妨碍生产的发展，这时政府又采取了下列办法，来稳定生产情绪：

提前确定今年的公粮公草数目，提出不借粮，不官价买粮，并取消羊子税；

5月间尚有部分县的公粮尾数未收齐，搁误春耕，政府又命令停止催收，并拨借出公粮2120石，公草一部分，帮助缺乏粮草的农户；

增放农贷2100000元；（连前共放农贷4485277元）

确定在春耕期间，停止动员人力和畜力，以便集中力量生产；

在党的帮助下，派出工作团至子长、延长、延川、安塞、环县、鄜县等帮助推动春耕。并派出干部在东三县一带专门帮助推广植棉；

组织公营商店向山西购进铧18340页，并命令农具工厂造铧1400页，（后来该厂交军事机关才停止）以解决缺铧的困难；

再次，发动了有荒地区域的老户帮助移民，并鼓励富户按伙子，以便吸收移民等。

到8月间，政府分别召集延安、延市、甘泉、鄜县、安塞、定边等县四科长检查春耕及各项经建工作。

（二）工作中收到的成绩

第一，农业方面：

1.保证增产细粮20万石。

计划开荒551920亩，根据最近各县统计，春开荒共完成347412亩（见附表一，略），秋开荒数字尚未统计。

上半年共移民4843户，11325人，减去移出边区者321户，1491人，实际增加4532户，9834人，（见附表二，略）秋冬二季难民移入边区者，尚未计算在内。为帮助移民解决各项困难，延安、安塞、甘泉等七县，共调剂粮食841.7石，延安等12县共调剂耕牛3906头，延安等五县共调剂农具1895件，延安等11县共调剂籽种140.6石，延安等13县共调剂土地35189亩。

原计划修水地三处（杨家园子、葫芦河、杨桥畔）已由政府直接领导修筑二处，（杨家园子、杨桥畔）杨桥畔已修成4264亩，杨家园子已修成1000亩，连同各县民间自修小块水利，共达6733亩（见附表三，略）。此项水利修成，其利益相当大，如排庄渠种800亩水地，每亩收成值13000元，比之旱地种粮食每亩只收入900元，增加12100元，800亩即可增收入800万元以上。

两次放农贷5150000元，实际放出4485277元，计①耕牛农具贷款1509393元，吸收民间游资达1036921元，共买耕牛2670头，农具4980件，解决了8000多户农家生产中的困难。此8000户大部是贫农及稍有基础移难民，也有部分牛力不足的中农。贷款提高了他们的经济地位。（见附表四）②植棉贷款963950元，借款户口共12420户，几达东三县户口之半，刺激了人民植棉热忱，帮助了推广植棉计划的完成。③各项青苗贷款共放出1152909元，在抵制“探买”的高利贷剥削上起了相当作用。④其他贷款789525元（纺织运输等）对帮助农村生产之发展亦起了相当作用。

安塞二区三乡三行政村

非农贷组员与农贷组员今去年总的比较表（附表四）

年份 / 项别 / 组别	去年（1941）					今年（1942）				
	牲畜（牛）	农具（件）	种地（垧）	开荒（垧）	收获量（石）	牲畜（牛）	农具（件）	种地（垧）	开荒（垧）	收获量（垧）
非农贷组员	3	13	28	—	14.5	3	12	27	0.5	13.8
农贷组员	—	5	21	4	12.5	2	8	2.9	7.5	18.5

安塞二区三乡三行政村非农贷组员
与农贷组员各三户的今去年生产状况比较表（附表四）

项别＼组别		非农贷组员				农贷组员			
姓名		朱兴旺	张文忠	张根才	合计	郭贤声	谷生章	宋德英	合计
成分		中农	贫农	贫农		贫农	难民	贫农	
人口		5	4	5	1 4	4	6	6	16
劳动力		1	0.5	1.5	3	1	1	1.5	3.5
牲畜（牛）	去年	3	—	—	3	—	—	—	—
	今年	3	—	—	3	1	—	1	2
农具（件）	去年	6	4	3	13	2	—	3	5
	今年	6	3	3	12	2	2	4	8
种地（垧）	去年	15	3	10	28	6	5	10	21
	今年	14	3	10	27	8	6	15	29
开荒（垧）	去年	—	—	—	—	2	1	1	4
	今年	—	0.5	—	0.5	4	2.5	1	7.5
收获量（石）	去年	8	1.5	5	14.5	4	3	5.5	12.5
	今年	7	1.8	5	13.8	6	4.5	8	18.5
备注	1.郭贤声借款300元，自筹资本250元，买牛一头，去年刮租牛一头。 2.谷生章借款60元，自筹资本45元。 3.宋德英借款100元，自筹资本300元，买牛一头，去年刮租牛一头。 4.石是45斤斗的大石（粗粮）。								

为提高原有耕地之粮食产量，动员人民进行深耕、锄草等改良作法。据各县报告，直属县一般的山地锄草一次到二次，川地多数锄二次，有部分锄三次以上，合水县秋禾有三分之二锄了二次，三分之一锄了一次。此外光华农场并以试验成功之作物品种，组织特约农户试行推广优良品种。改良作法之实际效果是很少的。

为了增加与调剂民间劳动力，组织民间编工、扎工等劳动互助，并动员二流子参加生产。据延安、甘泉、志丹、延川、延长等五县的报告，共组织1060个集体工，参加人数达9441人。安塞、延川、延长、合水、环县、盐池等六县的报告，参加生产的二流子共达675人。

春开荒347421亩，每亩以2斗收成计，可增加产量69484石。修水地6733亩，今年已灌溉者以2469亩计，每亩较平原地增产一倍（平地每亩五斗），共可增1234石。两项共计70718石，折合细料42430石，（以大成计）连同锄草等改良作法增加之收成，当可增加细粮5万石左右。估计秋开荒可达10万亩左右，则给明年奠定了增产12000石细粮的基础。

2.推广植棉10万亩所做的工作：

布置植棉116700亩，完成94405亩，（见附表五，略）。平均每亩收花15斤，共可收140万斤皮花。每斤花以2斤籽计算，可收棉籽280余万斤，此项棉籽可以榨油，油渣可作肥料。但东三县主要植棉区仅有轧花机百架，能用的不过50架左右，每日每架平均只能轧花60斤，轧花成为极困难的问题，政府除设法向外购买外，并从事制造轧花机零件，装配民间轧花车使能全部使用。

3.发展畜牧：

为保证牲畜饲料以保护其繁殖，发动大量种植苜蓿，计划30250亩，完成29810.5亩（见附表六，略），6、7月发动人民收割山草（尚无统计数字）。为防止畜疫蔓延，曾派员赴甘泉、鄜县、延安等地扑灭牛瘟，收到良好效果，其他安塞、靖边、清涧等县之畜疫，亦经县府及时防止，故今年畜疫范围为小。至牲口发展数，目前尚无完全统计，据延安等17县之报告，各种牲畜共增89952头（见附表七）。

4.植树造林：

计划建立苗圃八处，已建立苗圃三处（绥德、子长、清涧）。计划植树472330株，据现有19县市统计，共植树259772株。

（《1942年经济建设工作报告》，1942年12月5日）

六、1943年农业生产成绩和1944年计划

（一）粮食

本年原计划增产细粮8万石，实际达到16万石，超过增产任务之一倍。其中春耕开荒97万余亩（详数976224.5亩），产粮145000担，又部分改进作法，增产约15000千石，二者共增产16万石。

1942年边区17县市牲畜新增、死亡初步统计表（附表七）1942年12月制

牲畜		延市	延安	安塞	子丹	华池	庆阳	合水	曲子	环县	镇原	鄜县	固临	延川	新正	赤水	新宁	定边	合计	说明
牛	新生	50	1057	437	258	1698	1506	84	1228	1401	482	178		480	604	450	333		10246	今年各县牲畜共有多少，正在调查统计中，表列数字系根据各县上半年总结报告中所列数
	死亡		124	192	202	109	357	358	474	1169	82				106	163		365	3701	
驴	新生		325			868	1006				593	84		690	134	151			3851	
	死亡		77			48	150				76					60		270	681	
马	新生		12			24	20				13	15			15	25			124	
	死亡						15				6					4		5	30	
骡	新生		14			3					27	17			55	102			218	
	死亡										6					9		1	16	
山羊	新生		990			29979	6933				3831	1070			1164	1799	1424		47190	
	死亡		1144			3150	3526				2016					723		16978	27601	
绵羊	新生					18594	7094				2635								28323	
	死亡					2216	2787				1944								6947	
合计	新生																		89952	
	死亡																		38956	

今年总的收成，麦收受春雪影响，收成较差，但秋季丰收，故夏秋两季扯平，总的收成不会低于过年。

今年耕种面积为1330余万亩（详数13357055亩），总产量可达184万石，消费量约需162万石，两抵尚可余粮22万石。在今年秋收以前，人民中还有历年积存的大批余粮，以三边、陇东和延属余的较多，有的现存粮食可供两年之食，最少亦可供一年又一季的粮食。余粮较少要算绥德分区，因其地少人多的关系，但有相当剩余是无疑的，因为近五年来，绥德分区的收成虽不算丰收，但没有跌年成。同时又有大批人口外迁，粮食消费减少了，所以多少是有余粮的。以全边区估计，秋收前全边区的存粮，当不下30万石，连同今年秋收后，除掉明年全年消费，所剩余的22万石，合共当有余粮50万石以上，约可供边区4个月的消费。

边区的环境，是受战争与天旱的两种威胁，为了备战备荒，必须实行“耕三余一”，并争取两年完成，就是说要做到明年秋收后，即须有够两年的粮食。为达到此目的，计划明年：

1.开荒100万亩，求得增产细粮16万石。这一任务的完成是不困难的，因为今秋已开秋荒36万亩，明春只要再开春荒64万亩，便可完成。但必须保证不丢熟地，必须丢的，应开荒补足。

2.号召每人增种洋芋半亩，并保证每亩能收洋芋1000斤。但恐某些地区不能普遍推广，故以推广30万亩为目标，即等于增产细粮24万石。

3.号召普遍提高耕作技术，多锄、多耕、多施肥等，求得每亩增产细粮1～2升。只要有半数耕地实行了，便可增产细粮10万石。

以上三项办法，共可增产细粮50万石，再加上原有耕地的收获可余22万石，又连同已有余粮50万石，合共为122万石，足供现有消费水平9个月的粮食，万一后年跌下年成，只要略加节省，就可供一年之食用，基本上达到了耕二余一的目的。

现在即有大批余粮，将来又要多增加余粮，如何保存，就成为最重要的问题。关中张清益的义仓是值得广泛提倡的，因为这种义仓，不但积蓄粮食，并且增产了粮食，是合作增产，合作积粮的好办法。除了这种储蓄办法外，还应推行农户中各自积集粮食，储蓄于义仓的办法，以扩大积粮数量。

再则，余粮既多，容易发生浪费，如外流、煮酒、熬糖、抛弃等，因此，严禁粮食出口，严禁浪费，奖励节约，更应加深注意。

（二）棉花

今年原计划植棉15万亩，实际种了150287.5亩，较去年增种55000余亩。估计可收净花170万至200万斤，能供边区消费量半数以上（年需约350万斤），对于保证供给，减少输入，起了相当作用。今年植棉的经验证明，边区除三边外，其余各地均可种棉，且收成高的，如延属分区植棉英雄王生贵，每亩收净花达50斤之多，其他最低的亦不下8斤。由于植棉利润高，以及党政的积极提倡，特别是能保证自给，给了农民的很大的刺激，因此，植棉地区的进一步扩大，是不成问题的。

明年计划植棉20万亩，并争取酌量超过。同时尽量提高耕种技术，主要是认真打卡，再是选择优良品种，尽量利用斯子棉种，以保证棉花全部自给，并有部分多余，将毛织品更加精致，作为出口之用。

为着耕作技术的提高，植棉地区应以行政村为单位，分别召集植棉农户传授植棉打卡的技术，此项传授技术的教员，由县区乡政府聘请植棉有经验的农民充当，并给以相当的报酬，这项教育工作应认真作，因为只要每亩增产2斤，20万亩便可增产40万斤，其利益是巨大的。

为了便利农户多种棉花，并保证公营纺织工厂的原料供给起见，政府应公布，植棉地区，如因粮食缺乏，可用棉花抵交公粮，籍资调剂生产。

（三）牲畜

本年边区共增加耕牛1万多头，毛驴12000余头，羊子20万只。虽有这样大的增加，但没有达到繁殖力增加的数目，因为牲口遭到大批死亡。根据不完全的统计，今年全边区共死牛8000头，毛驴3000头，羊子20万只，这是一项惊人的损失。死亡原因主要是缺乏防疫保健，草料不足，管理不善。今年鄜、甘两县发生牛瘟，死亡牛3000余头，其中鄜县牛武区一乡八个村子，有162头，竟死亡119头，死亡率达77%。三边今年春死羊近7万只，其中因营养不良，羊圈设备不好，无力抵抗严寒而死的占最大部分。曲子县桥区四乡贾神仙有牛7头，因无草料饿死5头。近年来边区牲畜有了很大发展，有牛20781头，有毛驴（包括骡子）167691头，有羊子2013271只，因之，许多地区缺乏草料。今年虽然继续推广种植苜蓿，原定5万亩，但因买不到籽种，只种1万余亩，没有完成推广任务。防疫工作，虽曾采取过新的办法，新法因为尚在试验阶段，未及广泛使用。旧法因为推行方法不好，未能深入群众，因之成绩很差。但发展生产最有效的办法，还是要靠好的管理，爱护牲畜。过去的经验证明，凡是小群羊，死亡很少，因为是管理更好，管理爱护不易死亡，凡是死亡多的，均是大群羊，因其管理不好。只要好好管理是不易死亡的。例如：盐池养羊模范刘占海他在1937年秋养羊284只，现在已发展到1100百多只，死亡很少。原因是他对羊圈建筑得好，能避风雪寒冷，又合卫生，羊乏时亲自喂料，发生羊瘟时，懂得隔离，捉虱灌油，照顾周到，揽羊的人，懂得揽羊的办法。

为了减少死亡率，增加繁殖量，明年必须在解决草料和加强防疫，两个基本问题上用功。关于前者，应继续推广积草，种苜蓿，普遍提倡打山草，收集秋收遗下的豆叶、瓜蔓、枯桑叶、柳梢等，要做到下雪不能放牧时，或无草放牧时，不致饿死饿乏牲口。关于后者，今年盐池县二区的牲畜保险合作社，是值得广泛提倡的。因为这是群众的创造，是群众合作发展牲畜的良好办法，一切新的防疫办法，以及改善牲畜管理办法，均可经过保险合作社来推行。

关于农业方面，总体来说，今年是有空前显著的成绩，正因为如此，所以边区农村的生活，又有了更进一步的提高，成绩之获得，其基本原因在于：

1.去年高干会议后，干部在思想上有了极大的转变，真正认识了生产第一的意义。过去有的重视生产，有的则很不重视。以安塞为例：过年春耕期间，县上四科干部规定为五人，实际只有三人，其中一个病在家里，做工作的只有二人；第一区只有秘书一人还是超过假期回来的，区长到正月十五还在耍赌博，助理员回家过年去了；县上召开区长联席会，七个区长只到五个，这五个开过会后，回去又病了两个；县府的干部也不齐全，区级干部对于工作的态度，来了命令不来人是不重要的工作，来了人而不经常住是次要的工作，因此去年的生产工作，没有一项完成计划，并且全县有571户，2200百余人口迁走了。今年的情形完全不同了，正月初二县上就开生产动员大会，区长及县级干部没有回家过年的，都到了会，农村里要赌博的事也都全禁绝了，干部亲自下乡，做按户计划，发现模范村，召集群众大会，奖励劳动英雄，组织二流子参加生产，找长脚户续活，组织运输合作社，工作情绪大大转变了，工作方法深入到群众中去等，因此今年的生产工作，不仅都完成了任务，而且超过了任务。原定开荒4万亩，实际开了73000亩，全县增加粮食产量3万石，运盐任务13500驮，也超过了计划，而去年全县只运盐二三千驮。因此，安塞县是由不重视生产转变到最重视生产，并获得很大成绩的典型，是值得各县学习的。

明年的生产任务是要完成耕三余一，任务更加重大，因此，必须有更进一步的认识，首先要好好总结今年的工作经验，要切实领会“组织起来”的重要意义，要在组织变工，扎工和唐将班子，组织移民，奖励劳动英雄，组织二流子生产，创造模范村乡，作按户计划，提高耕作技术，以及组织运输合作社等方面，得出一套经验办法，以开展明年的生产。最近各县召开的劳动英雄、变工队长会议，便是总结这些经验的具体办法，并应使这一办法普遍贯彻到各乡去。

2.广泛地实行了劳动合作——主要方式是变工。劳动合作，是达到增产的必由之路，组织起来了，劳动力就高，就可以调剂使用。以开荒为例，同宜耀一区二乡参加唐将班子的110人，共开荒1838亩，平均每人开17亩，个体劳动334人，共开荒1167亩，平均每人只开五亩二分，这个数目是差的很大的。今年边区共有全劳动力338760人，参加集体劳动的81128人，占总数24%，明年为要扩大耕地，改进作法，就必须将劳动力更大量的组织起来，尽可能做到全体参加。要做到这点除干部的领导外，尤其要尽量发挥劳动英雄的作用。劳动英雄主要是领导一村，没有做到领导一村的，必须将他提高到领导一村，但还有尚无劳动英雄的地区，应该普及到有劳动英雄，附近已有的劳动英雄应设法影响他们，并创造出更多的劳动英雄来。

3.移民工作有了进步。奖励移民，是发展边区农业的重要政策之一。过去因移进移出，皆属自发性质，并且工作的进行也偏于政府单方面，因而成绩不很大。今年接受了高干会的决定“政府和人民配合起来做”与双管齐下的办法：绥德分区组织移出5000个劳动力，欢送其南下，吸收外来移民地区，则发动与外边有关系的老户去号召，欢迎其移入，因之今年春耕前后，全边区就吸收了移难民8021户，计29030人，1159个劳动力，超过了以往任何一年的纪录。明年计划由绥德移入5000由关中移入5000，办法是发动老户回去动员与劳动英雄就地宣传，到达后政府必须好好安置他们，组织他们的生产，巩固他们的利益如此就要坚决实行政府优待移难民法令，反对老户欺侮新户的现象，这些现象今年还是时有所闻的。同时要注意清查假装难民混入边区的特务分子，以巩固移民，巩固边区。

4.农贷起了很大的推动作用。去年农贷的发放是由边区银行进行的，发放地区，限于延属各县与陇东分区，发放办法是写申请书，听候批发，将来折实归还。今年改由建厅直接办理，放款地区略有扩大，取消了写申请书的手续与折实归还的办法，因而大大方便了农民的借贷，刺激了农业生产的发展。例如延安柳林区五个乡138户下苦的，农贷款490950元，买耕牛131头。增耕地936垧，估计可收细粮330石，每石按目前市15000元计，值500万元，不说购得之耕牛，仅借助农贷所得已达原农贷数10倍以上，今年总计第一次决定农贷款为20800000元。（耕牛农具贷款14800000元，植棉贷款3000000元，棉卖青苗货款3000000元），4月间增拨移难民贷款5000000元，9月间又将去年收回之农贷款拨出2000000元救济鄜、甘牛疫，连同机关贷款9200000元，共放农贷总额为37000000元。此款今年已收回部分。明年已定发放1亿元，并做到真正放到移难民、刚上升到中农尚缺乏耕牛农具的贫苦农民手上，以十分之六用于耕牛农具贷款，以十分之二用于改进作法贷款，十分之二用于补助移民。此款已经发出，各分区正在发放中。为了便利贷户，应在今年旧历年底，全部发放完毕。

5.提高耕作技术。边区的耕作方法，除了绥德分区比较好些，其余各个分区，尤其三边和延属，作法均是异常粗放。比较之下，其收成相差至二三倍之远。要达到耕二余一的增产任务，普遍提高耕作技术，求得面积上产量的提高，是完成增产任务的最重要办法。今年由于各县对生产认识的进步，以及劳动合作的发展，因而在提高耕作技术上亦有部分的成绩，主要是锄草次数的增多，积肥的注意，再就是三边和关中两分区对于修水漫地、发展灌溉、修埝地、埝畔地，有了较多的成绩。但一般来说，提高耕作技术，还没有成为普遍热烈的群众运动，因而亦就没有获得应有的增产成绩。明年提出了在原有耕地上利用改进作法增产细粮10万石，边区有1300余万亩已耕地，只要每亩产量提高1斤，便可超过任务。这个任务的完成，只要多锄一次草，或是多耕一次地，或是多上一驮粪便可完成。如果在耕作各方面加以改进，则产量便可倍增，耕二余一的任务明年便可超过完成。因此，在提高耕作技术上应该是求得好好务作，多多打粮，把提高耕作技术作为增产的主要办法，贯彻到每一农户中去。下年评判劳动英雄时，以谁的做法最好，粮最多，为第一个标准，评判各县谁领导农业生产最好，也以谁提倡改进作法最好为第一个标准。

其他如按户计划、减租政策的执行等等，对于今年农业的发展，均有巨大的作用，明年更应加以贯彻。

（《1943年农业工作总结》，1943年）

七、1944年农业情况

去年冬季高干会上，在毛主席杰作《经济问题与财政问题》的指示下，纠正了从财政到经济的保守观点，确立了从经济到财政的发展路线。农业方面，以耕地面积论，三年间军民垦地15000余亩，若非天时不利，今年已能完全自给。以副业论，食盐运销每年维持30万驮上下，成为平衡出入口的主要因素。其次，牲畜的发展率，亦年有增加。由此可见，农业生产的浪潮正在空前增长着，这是由于我们执行了农贷政策、减租政策、各种（关于移难民、植棉、运盐等）奖励政策，从而提高了群众的积极性。又由于我们推行变工政策，从而启发了群众的组织性。但还有缺点，这就是偏重数量（如开荒、锄草等）不讲求精耕细作的倾向。今后必须努力纠正这些倾向，普遍倡行精耕细作，以提高质量。同时，贯彻优待移民难民政策，以增加劳动力，普及植树，兴修水利，以利灌溉而防水旱灾。

（林祖涵：《边区民主政治的新阶段》，1944年12月）

第二节　粮棉种植业发展情况

一、耕地扩大

首先表现是耕地面积猛烈的扩大。1936年为8431006亩，1937年为8626006亩，1938年为8994483亩，1939年为10076000亩，1940年决定开荒100万亩。据不完全的统计，有些县超过了，有些县则不及，估计完成80%。去年秋，号召开秋荒20万亩，已经完成。今年号召开荒60万亩，据各县报告，完成似不成问题。仅仅三四年，耕地面积增加达30%以上，个别地区耕地增加更为迅速。

安定五个区1936年到1940年耕地增长表

年份	可耕地	熟地	荒地
1936年	85000	50000	3500
1937年	同	52300	3270
1938年		55300	2970
1939年		72300	1270
1940年		80900	410

1940年比1936年增加熟地30900垧。仅仅4年熟地增加达61%。

（《陕甘宁边区政府工作报告》，1941年4月）

耕地面积统计

年代	耕地（亩）
1936	8431006
1937	8626006
1938	8994487
1939	10040319
1940	11742082
1941	12223344
1942	12486937
1943	13774473
1944	12205553
1945	14256144

（南汉宸：《陕甘宁边区的财经工作》，1947年）

二、粮食产量增加

历年粮食产量

时间	粮食产量
1937	1260000
1938	1270000
1939	1370000
1940	1430000
1941	1470000
1942	1500000
1943	1600000
1944	1750000
1945	16000000

（南汉宸：《陕甘宁边区的财经工作》，1947年）

三、植棉面积扩大，产量增加

陕甘宁边区五年来植棉面积比较

年别	1939年	1940年	1941年	1942年	1943年
面积（亩）	3767	15177	39987	94405	150473.5
产量（斤）			508131	1403646	12096995

说明：1.本表根据建设厅历年统计。

2.1943年数字系根据各分区工作总结报告校正了生产展览会发表之150287数字。

1944年27县统计

	面积（亩）	产量（斤）	每亩平均产量（斤）
棉花	295178.2	3044865.2	10.3
麻	410000	10250000	25
烟	10000	2000000	200

据1944年统计，棉花之消费量年需3500000斤。

1945年：350000亩。

陕甘宁边区1943年棉地分布及产量比较

地区别		面积（亩）	总产量（斤）	平均每亩产量（斤）
延属分区	安塞	114.50	1045（1145）	10
	甘泉	66.70	667	11（10）
	鄜县	2505.00（280500）	33660	12
	延川	41956.00	54542.8（545428）	73（13）
	延长	31304.50	500512（500872）	16
	固临	23150.00	416700	18
	延安	4734.00（4744）	57048（56948）	12
	子长	4337.00	52044	12
	合计	108477.70	1607464	

续表

地区别		面积（亩）	总产量（斤）	平均每亩产量（斤）
陇东分区	庆阳	304，00	57048（3040）	10
	合水	405.80	4050	10
	曲子	31.50	415（315）	10
	合计	741.30	7413	10
绥德分区	绥德	10929.50	131154	12
	清涧	21258.00	255096	12
	吴堡	4492.00	53904	12
	米脂	344.50	2756	8
	葭县	2682.00	26820	10
	子洲	1548.52	12388	8
	合计	41254.50	482115（482118）	
	总计	150473.50	2096995	140弱

说明：1.本表收获量只照一般的估计并比1943年生产展览会发表之收获高些。

2.边区每斤合市秤1.17斤。

另注：表内（）中数字是对原表中的几个明显错误参照各数字间的相互关系推算的。

鄜县（十个区）历年推广植棉发展比较

年份	植棉区数	植棉亩数
1941年	3	751
1942年	6	1109
1943年	8	2805

说明：本表根据1943年鄜县报告。

延长三区四乡20个村庄种棉发展统计

	1940年	1941年	1942年	1943二年
户口数	191	203	207	201
植棉村	3	12	18	20
植棉户	3	50	163	188
植棉亩	9	147	732	1183
植棉户占全村户数百分比	1.57	24.63	78.74	93.6

说明：本表系根据建设厅调查。

1943年植棉收获量比较表

棉农姓名	植棉亩数	共收皮花斤数	每亩平均收花斤数
吴堡郭荣仁	2	110	55
延长王生茂	12	600	50
曲子孙万福	0.3	12	40
庆阳杨达	0.6	30	50

说明：根据1943年劳动英雄代表大会及各县报告材料。（《边区农业统计表（1940—1943）》，1944年）

第三节 畜牧业发展情况

一、毛泽东同志关于发展畜牧业的论述

畜牧、运盐、纺织是边区农民的三宗主要副业。而牛与驴的繁殖，对农业与运盐业有决定的作用，这是大家知道的。羊的繁殖，对被服有很大关系；去年一年边区农民收入羊毛羊绒100余万斤，加上羊的出口，估计值2000余万元，就是明证。牲畜的最大敌人是病多与草缺，不解决这两个问题，发展是不可能的。首先，疾病的破坏力很大。例如1941年春，靖边因羊瘟而死羊就有2万余头，1942年定边羊瘟死羊16000余头，1941年夏，延安牛瘟死牛500余头，1942年志丹夏秋牛瘟死牛574头，可见疾病是边区牲畜的大敌。再则，牧草不足，又极大地阻碍牲畜的繁殖。1941年春靖边死大羊2万余头，羔羊3万头也大部死去，除上述羊瘟关系外，缺草是一个重要原因，靖边同时还饿死牛马2000余头。因盐运道上缺乏积草，大大妨碍盐运，这又是近年极感困难的事。

我们的任务是保护牲畜与增殖牲畜。而要达此目的，就须实行如下各项办法：

1.防疫。这里主要是由县区政府召集本地兽医老农，研究防止兽瘟与医治兽瘟的简单办法，向牲畜较多的农家劝导实行。这是普遍易行的。其次，建厅应令农场增加兽医设备，研究边区兽瘟，制造大量的血清与疫苗，倡导并实行有效的防瘟与治疗办法。

2.推广牧草种植。边区牧畜大多数是放牧，牧草不佳，容易生病。因此应该普遍推广苜蓿的种植，特别是在盐运路上及其附近多种，不但便利盐运，且可发展牲畜。1942年政府原计划推广苜蓿种植3万亩，结果只得23000余亩，因为种子不足。1943年各县政府应从关中多运种子，发给计划种植区域的农民并鼓励农民自购。此外应动员农民，秋季大量割野草，储备冬用，不但可免牲畜因吃冷草生病，而且可免农民因无冬草卖掉牲口。在这个问题上，我们可看靖边的经验。靖边同志鉴于1941年春季牲口大批死亡，在两年中做了许多工作，他们是用种苜蓿、修草园、割秋草、栽柳树、挖草根五种办法号召农民解决牧草的。第一，他们在1942年叫农民种了2000多亩苜蓿，大部分种子由政府发给，农民情绪很高。1943年，他们准备再办一部分种子贷给农民，特别号召农民自备种子，对成绩优良的给以奖励，激励他们大量种苜蓿。第二，他们在1942年修了4000余亩草园。这种草园里的草都是芦苇，在靠蒙古边界沙漠中的海子与大草滩上长得很茂盛，每亩能割500余斤。革命前原有草园，后来破坏了，牛羊随便践踏。现在发动群众修复，不费多少人工，秋后割草以备冬用。第三，靖边山地有芦苇、白草、兵草、沙竹、沙蓬等野草很多，秋季收割，大有助于牲畜。1941年发动群众割了500万斤，1942年又动员每人割100斤，现在未作总结。第四，是发动群众种柳树、沙柳、宁条，其枝叶可供骆驼及羊子吃，亦是解决牧草一法。同时可供燃料，群众是欢迎的。政府的任务是调剂树种，劝令种植。第五，靖边的白草、兵草，牲口不但吃其草叶，而且吃其草根。靖边春耕时，壮年上午耕地，下午挖草根，晚上喂牲口，女子儿童则整天去挖，每人可挖百余斤，对畜草起很大作用。但因挖的人多，发生地权争执，灾民难民无地者更加不利，故政府须予以调剂。据靖边同志说："我们在这几种办法下给人民解决了不少的问题。1942年固然因为雨水多，草长得好，但也因上述五种解决牧草的办法，使畜牧发展了。如1942年全县下的6万余羔羊都活了，死的很少。大羊与牛驴马等，除个别地方病死一部分外，一般的死亡率减少很大。全靖边牲口除羊外，每年要用3000万斤草，而用上述五种办法，至少可补助1000万斤草。”牧草是牲畜的生死问题，我们希望各县同志都做出一个1943年的牧草计划来。

3.禁杀母畜，并禁母畜出口。牛则一律禁杀，老牛可杀者须经检验。

4.改良畜种。研究已有“输种站”的经验，选择好的驴种、羊种，劝令民间推行。先从甘泉、延安二县做起，再及他县。此外应由政府从盐池买一批“滩羊”，发给羊多农家配种，每一头公滩羊可配20只母羊。这种羊毛很细软，且能每羊年产2斤。

我们如能认真实行以上各项办法，边区的牲畜会有更大的发展，希望建设厅及各县同志加以注意。

（毛泽东：《经济问题与财政问题》，《毛泽东选集》，东北书店版，第778—780页）

二、畜牧业在边区经济中的作用

畜牧：有绵羊、山羊、牛、驴、马、骡、骆驼等，除骆驼仅产于三边外，其他各种牲畜，在全边区均有出产。但绵羊主要产于三边、陇东，三边的滩羊为全国名产，山羊则又以延属出产较多；牛则以关中、陇东出产较多，绥德则因草地缺乏出产极少；驴则以绥德、陇东产者为佳，绥德的黑燕片驴在边区极负盛名；马则主要产于三边；骡子则以关中出产最多而又最好。边区牲畜近年来发展很快，尤以牛驴超过革命前最盛时期一倍以上。

（《陕甘宁边区农业》，估计是1945年）

边区的牲畜当中，主要的要算羊子了，如1944年统计，边区共有牛223058头，驴180826头，羊子1954756只，至于骆驼、骡、马等则占少数。在这些牲畜当中，牛、驴、骡、马等数目不多，大多数是供耕地、运输等使用，而羊子及皮毛，则为边区主要出口货物之一，仅就1944年统计，全年羊出口约87533只，羊毛出口约88066斤，羊皮出口约29000张，羔皮出口69000

张，总共牲畜皮毛出口价约在11亿元（边币）以上。

（《边区羊子的发展问题》，1945年2月）

三、边区畜牧业发展情况

在发展畜牧业当中，我们最先颁布的是《陕甘宁边区牲畜出入口之奖惩及牲畜之保护办法（草案）》，时间为年。该办法中曾规定一切母畜及幼畜不得出口（母驴不在此限）不得屠宰役用牲畜及母牲畜，以及奖励人民买进牲畜等。这个办法在1938年至1940年牲畜的发展上是起了相当大的作用。因为那个时期，边区的牲畜还很少，日用必需品的价格还没有那样的高，羊子及皮毛的价格在物价对比上说起来，还没有日寇投降前那样的低，以销路说来，虽比不上战前，比日寇投降前总要好得多，所以羊子在那两三年发展了一倍以上。

1940年以后，我们的羊子已有170余万只了，其他牲畜也有很大的发展。至1941年，开始了牲畜的大批死亡，死亡数目虽无完整统计，仅就现有材料，亦可知道其大概。如1941年春，靖边因羊瘟而死羊2万余头，同年延安、志丹一带并发生牛瘟，牛也遭到大批死亡，因而边区的羊子数目在1941年是没有什么增加。随着牲畜的大批死亡，我们在1941年颁发了《陕甘宁边区兽疫防治暂行办法（草案）》，规定了报告兽疫，病畜隔离及病死牲畜掩埋等办法。又因羊子死亡主要系由于羊子饲养不良故而乏死、病死，我们于1942年又颁发《陕甘宁边区三十一（1942）年度推广苜蓿实施办法》，在推广种植牧草方面，加以注意，这些很收到了一些成绩。可是在1941年以后，羊子，皮毛的价格和日用必需品的价格差额愈来愈大，养羊无利的事实更了若指掌，羊子的数目也有一百七八十万。这时期，应增加牲畜皮毛的出口，另方面应设法将过剩之皮毛等加以利用，以期提高牲畜与皮毛的价格，增加牧户的利润。禁止牲畜出境的条例，在此时期没有即时修改，对牲畜的发展上是起了相反的作用。至于兽疫防治，推广牧草种植等，虽收到了一些成绩，但因其基本原因经济问题没有解决，所收效果也不大。

所以在我们过去发展畜牧业的政策中，没有从经济方面来认真注意这一问题。虽然其经济处境是不好的，相反的在某些措施方面，对养羊经济方面，还或多或少地、直接或间接地起着阻碍作用。例如，我们在1944年7月以前很长时期，对老羊皮、秋毛、羊绒、羔皮、母羊等的禁止出境或高税禁止出境，但我们又没有设法如何地利用，只是将价格压低，损及牧羊户的利润，如羊绒多不抓、老羊皮放坏等。其次在出境方面，我们也没有给外商以便利，如在1944年在三边分区曾有西安、兰州、宁夏的一些大商人来买春毛数十万斤，因价格关系，没有出去。另外在负担上，如1941年及1942年，政府曾征收羊毛实物及羊税，羊税是绵羊每只4角，黑羊每只3角，再则有些地区在征收公粮时，对养羊的利益上，算的也有点过火。

（《边区羊子的发展问题》，1945年2月）

（一）抗战初期发展情况

表现在牲畜增加，边区是农牧皆宜的地区，内战时牧畜锐减，三年以来增加如下：

年份	牛	驴	骡马	骆驼	羊
1938年	102676	70810	1468	1254	761464
1939年	123963	97407	2040	1329	1012786
1940年	148408	94334	1817	2458	1652170

（19个县上半年统计）

去年边区政府号召增加牲畜40万头。虽因关中、三边发生畜疫和战争，且多系依靠自然繁殖，但据上半年19个县的统计，已增加33万头。40万头的数目，当可以百分之百的成成。

这里应该指出：牲畜是边区最重要的富源，贫中富农的分界不决定于土地多少而决定于有无牲畜。比如一个人一年掏地6垧，一牛则可掏地20垧，羊可剪毛，畜粪可肥地。所以帮助贫农发展牲畜，应该是繁荣农村的要政之一。另一方面，边区牲畜尚未恢复到以前的繁荣时期，据说以前羊多的达一二千头，现在多的只几百头，而且很多农民没有羊。

（《陕甘宁边区政府工作报告》，1941年4月）

石峁等村，在1937年每户牛1头，羊3.4只，驴0.3头。但到1939年每户牛2头，羊16.2只，至少增加2倍以上（如牛），多的增至5倍！

安塞县四区石峁村等三村28户三年来畜牧发展统计表

项别/年份/村别	牛（头）			驴（头）			羊（只）		
	1937	1938	1939	1937	1938	1939	1937	1938	1937
石峁	4	7	12	2	3	7.5	20	35	203
东营	9	14	20	4	6	8	77	105	166
西营	15	17.5	29	1	3	6	7	12	84
共计	28	38.5	61	7	12	21.5	104	152	453
每户平均	1	1.4	2.2	0.3	0.4	0.8	3.7	5.4	16.2

（《1939年农业生产总结》，陕甘宁边区建设厅农牧科）

1939年陇东各县牧畜发展情况

县别		曲子	环县	合水	华池	镇原	庆阳	合计
牛	原有	12499	12570	10466	15065	4553		55153
	新生	1212	2012	973	2404	4469		11070
	购回	163						163
	合计	13874	14582	11439	17469	9022		66386
驴	原有	10267	10387	5794	8964	8322		43734
	新生	1012	1410	298	1370	329		4419
	购回	82						82
	合计	111361	11797	6092	10334	8651		48235
马	原有		10267	186		357		566
	新生							
	购回		25	33		58		116
	合计		48	219		415		682
骡	原有			16	20	99		135
	新生							
	购回			26		7		33
	合计			42	20	106		168

续表

县别		曲子	环县	合水	华池	镇原	庆阳	合计
白羊	原有	128381	62656	40057	60634	19607		311335
	新生	26346	15585	8388	13006	1999		65324
	购回							
	合计	154727	78241	48445	73640	21606		376659
黑羊	原有		66639		137927	33042		237608
	新生		18133		25155	2835		46123
	购回							
	合计		84772		163082	35877		283731
附注								

（《陇东分区1943年上半年经济建设工作总结报告》）

（二）1939—1944年牲畜饲养数

陕甘宁边区牧畜统计

年代	牛（头）	驴（头）	羊（只）
1939	150892	124935	1171366
1940	193238	125054	1723037
1941	202914	137001	1714205
1942	209684	169966	1873120
1943	214683	169404	1923163
1944	223058	180862	1954756

注：根据1944年调查另有骆驼11780头，骡马12万余匹未计。平均每十人有1头猪。

（南汉宸：《陕甘宁边区的财经工作》，1947年）

全边区牲畜数

	牛	驴	羊
1944年	223058	180862	1954756
	繁殖 9.6%	9.6%	14.2%
1939年	150692	124935	1171366

年产白羊毛95万斤

山羊毛18万斤

革命前牛驴10余万头，羊四五十万只。

陕甘宁边区各分区1943年牲畜比较

分区别	牛（头）	驴（头）	羊（只）
延属分区	68516	37792	425038
陇东分区	77311	56362	646780
关中分区	32346	9394	54921
三边分区	32198	29124	554363
绥德分区	4312	36732	241971
合计	214683	169404	1923073

说明：根据各分区1943年工作总结报告，与生产展览会发表数目稍有出入。

（《边区农业统计表（1940—1943）》，1944年）

（三）发展的原因

陇东半年来，牧畜业的发展，在各县领导下比往年已有各方面重视与实施表现：

1.各县府发展的牧畜牛羊等计划，布置到了乡村群众中去了，如各县区乡的生产计划，村的生产计划，群众的农户生产计划中也都列入了牧畜的发展数目字的计划。这样子提醒了对牧畜发展的注意，如曲子、镇原两县群众在春季挖苜蓿根给牛吃有2000余亩，（镇原三个乡的材料就有450亩）此外还折树梢子挖草根给牛羊吃。

2.为了保护牧畜的发展，曾向群众提倡圈栏的改良，提倡改选畜种，提倡防疫治疗，精心喂养等宣传起了作用。如曲子县联社备拉"驴公子"，如镇原群众对拉"驴公子"的鄙视态度改变了。以前拉"驴公子"的不能上会场，现在能和其他人一样，群众说这些人也吃开了，拉"驴公子"的也很高兴。（康县长说在孟坝驴马大会的情形）如曲子合道区、马岭区今年羊子病，群众发现锅底"黑霉子"灌治羊嘴上起黄病，镇原发现用蒜也可治这种病。华池群众发现用火针刺牛肿身病。如镇原三区王满林对羊子精心喂，今年11个母羊生了19个羔子，晚上半夜里都起来给羊羔配的吃奶，曲子县家湾子柴治鸿冬天给羊在家喂草，今年他的羊子未死一只。

3.为了保护牲畜发展，发动了人民种苜蓿7954.4亩，种羊草12986亩。

（《陇东分区1943年上半年经济建设工作总结报告》）

发展畜牧，在这两年半中，也收到了很大成绩。最好的是羊，按1938年的统计52958只，今年上半年统计144853只，超过91895只，发展很快。另一方面统计比较确实，牛（大小）1938年7570头，今年统计13071头，增加了5501头；驴子1938年统计4605头，今年统计7875头，增加了3270头；骡马按本年统计有72匹。牲畜因饲养方面群众之耐心，等于牧养，收到了这样的成绩。

（《志丹县政府两年半——1938年1月份到1940年6月底工作报告》）

四、畜牧业更快发展的阻碍

（一）牲畜大批死亡及其原因

总计各种牲畜的发展数，比往年是在增加了，可是在另一方面，表现各级政府对发展牲畜的工作注意还非常不够，所做过的工作也不过是主观主义的估计发展与空洞提倡发展办法而已。今年陇东两大损失，第一是冬麦冻死70%至80%，第二就是牲畜大批死亡。其严重程度，实相当惊人，然各级政府并未提高警觉性，只是空喊保证，未有切合实际帮助老百姓想出办法来。现在统计各县牲畜死亡情形如下：

县别	牛	驴	羊	附注
合水	1250	934	6680	庆阳县没有统计。镇原不完全的统计。
镇原				
环县	513	347	18605	
曲子	567	318	27584	
华池	674	340	25277	
庆阳				
合计	3004	1939	78146	

按现价计，平均每只牛6000元，共洋18024000元，羊每只洋800元，共计洋62516800元，驴每头洋5000元，共洋9695000元。总计90235800元。（以分区24万余人口计算，每人平均损失洋376元）如此计算，惊人程度不言而喻，但在各级领导上如何加强注意，是一贯的不够的。这些牲口死亡的

原因，共有这样几种：

1.病死：羊子，镇原、曲子发现有嘴起黄肿病，脑子内生虫，哈哈病；合水发现有吐黄水，华池发现有拉稀屎、出花豆；环县发现出疙痨等病。

牛子，环县、华池两县发生拉黑水十数日就不吃不喝而死。其他地区发生鼻肿、肚胀、直号叫，二三日即死。

驴子发生黄症肿死。

2.乏死：没草吃，或者群众冬天把牛放野，自耕地还不给上料，牛无力气乏力衰弱而死。这方面据各县情况，相当严重。如镇原报告中说：牲口死，大部分是乏死，曲子工桥区四乡，□牛7头，饿死5头，六乡有羊100余只，乏死90余只。合水□区牛河内喝水，就溺死两头，合水耕牛卧在犁沟里不得起来而死。

3.冻死：陇东各县三月二十七八日两日天阴，第三天雨雪，气候忽然转为极冷，牲畜特别是羊子一二日内冻死好多。如曲子土桥区三乡的羊子一晚冻死30多只，该区一个区合计冻死5000多只——曲子县委苏明全同志讲。其他各县没有具体材料。

以上各种死亡，虽没有完全材料，某种病死若干？某种乏死若干？然大部分死亡是乏死、冻死。总结起来说最主要的一个原因，可以说是因无草吃而死的多，这在群众中也觉悟到了。如镇原群众说：去年政府要我们割草，没有听，今年牲畜死了好多。再如有的群众精心喂养的，不缺草的，也未病死，也未冻死、乏死，可以证明。全分区新生各种牲畜总计122914只，但死亡总计就有85179只。数目姑且不论，生的是小的，死的是大的，生死绝不能相抵。这一个惊人的牲畜死亡，实值得我们政府方面注意。

（《陇东分区1943年上半年经济建设工作总结报告》）

羊子在土地革命时期，受到了相当的损失，只剩四五十万只了，直至1938年，也才有羊70余万只，可是历年来在政府“奖励农户购买牲畜”及“改进牲畜饲养管理”等发展畜牧业的政策下，羊子的数目是增加了，现将历年羊子数目及增加百分率列于下表：

年代	羊数	增加百分率	增加实数
1938	761464只		
1939	1171366只	34.99%	409902只
1940	1723037只	32.02%	551671只
1941	1724203只	0.68%	1166只
1942	1873120只	8.63%	148917只
1943	1923163只	2.60%	50043只
1944	1954756只	1.62%	31593只

由以上的材料看起来，羊子自1941年起，发展趋势是向下降的，在1938年至1940年，羊子的发展是很快的，增加了一倍以上，然在1941年因羊子大量死亡几乎没有增加，到1942年发展率虽略有增加，但1943年和1944年又急趋下降，几乎陷于停顿。这些说明了羊子数目的增加是缓慢的，继续下去还可能有减少的趋势。其所以如此，除绥德分区等一少部分地区因牧场缺乏外，大多是由于羊子大量死亡所致。

羊子死亡数目，1941年和1942年无统计，1943年死亡23万余只，1944年死亡就到24.6万只，今年死亡尚无完整统计。据现有材料仅陇东六县加上三边之吴旗、盐池和延属之志丹九县合计，已死羊22万余只，总共边区大小羊死亡，约在百万只以上。以上死亡数字系指大羊。现将吴旗1942年至1945年羊数及死亡百分率列于下：

年代	羊数	死亡数	增加百分率
1942	130878	16537	12.6%
1943	125750	20900	16%
1944	138397	27467	20%
1945	138397（注）	35227	25.4%

（注）1945年羊数未统计上来，暂以1944年羊数计算，实际1945年羊数，可能少于1944年羊数。

以吴旗羊子的死亡材料看起来，死亡是惊人的严重，死亡率是不断地迅速地向上增长，这样羊子的数目，必然的会趋于减少，再看陇东1943年至1945年羊数，羊子的死亡超过发展更显然了。陇东全分区：

1943	有羊	687274只
1944	有羊	664759只
1945	有羊	512071只

羊子死的原因：

边区羊子为什么会大量死亡呢？究其原因，是因饲养管理不良，因而乏死、冻死、狼吃、跌死等。然这些并非羊子减少的基本原因，其基本原因，还是养羊无利。

1.饲养管理不良：由于饲养管理不良而乏死、冻死、病死、狼吃、跌死等，为羊子死亡的直接原因，死亡的比例，各地不一，现将今年华池、曲子、吴旗三县的材料列于下：

华池白马区羊子死亡统计：

项目	羊数	占总死亡百分比
总死亡数	6887只	
乏死的	3243只	47.1%
冻死的	1023只	14.9%
害疙痨死的	1568只	22.8%
其他病死	1053只	15.2%

吴旗羊子死亡统计：

项目	羊数	占总死亡百分比
共死羊数	35227只	
乏死的	28444只	80.7%
病死的	6783只	19.3%

曲子羊子死亡统计：

项目	羊数	占总死亡百分比
全县共死羊	33420只	
乏死	15381只	46.0%
拉稀死	4943只	14.8%
其他病死	13096只	39.2%

由以上三县的统计看来，羊的死亡中，乏死为总死亡率46%到80%，占大多数。再由各地的报告看来，羊子死亡时期，系由冬季开始，至翌年1、2月为死亡最烈时期，直至4、5月方才停止。其原因主要的为夏秋两

季，饲养管理不好，羊未上膘，冬季严寒，草场常积厚雪，平时无草吃或吃不饱，羊户又不喂羊，以致羊子抵抗力弱，因之乏死，病死，冻死，加上群众对病羊之隔离、病死羊之掩埋等注意不够，促使疾病传染，死亡益烈。

其他关于饲养管理方面，种种使羊易罹疾病的原因还很多，如近年边区各地羊多混圈，年下两次羔者居多，羊多先天体弱，易染疾病；其次如不修暗圈，令羊喝死水，洪水，卧湿地；不喂盐使羊肯吃碱土等等。

2.养羊无利：羊子死亡，虽可说有直接由于饲养管理不当，但为什么养羊人不好好饲养管理呢？这不得不归咎于养羊无利了，现举甘泉的一个调查来说明这个问题。

甘泉三区四乡民办社主任牛怀义同志养羊60多只，收支情形如下：

收入：新生羊羔26只，每只1万元，共260000元（边币）。

春秋两季剪毛百斤，每斤1500元，共150000元。

粪250驮，每驮200元，共50000元。

总共收入460000元。

支出：拦羊工资10个月，每月3.6万元，共360000元。

吃粮每月1斗，每斗5000元，10个月共50000元。

菜水每天200元，十个月共60000元。

共支出：470000元。

以上收支中，牧羊狗等消耗未计，已亏本1万元。然而为什么他赔钱养羊呢？据调查原因有二：即（1）可以积粪上地；（2）自己的家业不忍心卖掉。的确，羊子及皮毛价格太低，养羊是太不值得了。据说在十几年前，一张羔皮普遍价值白洋一元，能买小布二三丈；好的刨羔子皮，一张可卖到五六元，可买布三匹，而现在呢？一只绵羊边洋万余元，仅能换布六七尺；一个羊羔连一尺布也换不到；一张羔皮四五百元，也不过换三寸布或一匣火柴。如果自己没有人放，雇一个人一年仅工资就三四十万元，三四十只羊给了拦羊人了，新生的羔子是顶不上这个数目的。雇人剪毛、抓绒都无利。如去年有一时期，黑毛每斤400元，而绒每斤才300元，因而养羊的性质，由从皮毛取利，转变为吃肉取粪了。在这种日用必需品价格和羊及皮毛价格相差天壤之下，谁甘心赔钱养羊呢？谁还愿意多赔些钱为羊修圈、割草、治病呢？这就是养羊户对羊的饲养管理漠不关心，以致羊子遭受大批死亡的基本原因。

这种情况是由于战争及顽固分子对我们实行封锁政策的缘故。战争的爆发日寇占领了我国沿海及大部国土和交通要道，在经济方面，采取了封锁我们的政策，使我们的土产品及原料不能向外畅销，我们的日用必需品却不能进来，其对皮毛业借口军用，禁止私人经营，加以控制，使许多皮毛商因亏本不能营业，因而就形成了我们的羊子及皮毛无法外销，供过于求，价格低落，我们的日用必需品，相反的却求过于供，价格上涨，再加上顽固分子对我们的封锁，情形更坏。这种因素，从抗战开始即已存在，至日寇投降前发展至顶点。

（《边区羊子的发展问题》，1945年2月）

（二）保护和发展牲畜的办法

为了减少死亡率，增加繁殖量，明年必须在解决草料和加强防疫，两个基本问题上用功。关于前者，应继续推广积草，种苜蓿，普遍提倡打山草，收集秋收遗下的豆叶、瓜蔓、枯桑叶、柳梢等，要做到下雪不能放牧时，或无草放牧时，不致饿死饿乏牲口。关于后者，今年盐池县二区的牲畜保险合作社，是值得广泛提倡的。因为这是群众的创造，是群众合作发展牲畜的良好办法，一切新的防疫办法以及改善牲畜管理办体，均可经过保险合作社来推行。

（《1943年农业工作总结》，边府建设厅）

边区的牛与驴的繁殖，在耕种运输上有决定作用，而羊的繁殖，不但对被服有很大关系，而羊粪又是主要的肥料，故边区目前牲畜发展注意牛、驴、羊三项。几年来牲畜增加的统计已见前表，而发展的办法，一方面是改善饲养与改良畜种，发动多种苜蓿、修草园、割秋草，保证牲畜有足够的草料。如靖边一县1942年即种苜蓿2000亩，修草园子4000余亩，割秋草每人100斤，因此全县

6万余羊羔大都养活，死的很少，大羊与牛驴等死亡率也大见减少。改良畜种，现在对于毛驴及绵羊已在延安、志丹两县开始进行，驴则设立“输种站”，由政府选购好的驴种，交由群众或合作社饲养配种，羊则设立滩羊示范区，在三边购入优良公羊，代换群众原有公羊。驴则因为时不久，效果未显，滩羊则因皮毛品质优良群众极表欢迎，今后已准备扩大推广。一方面是禁宰耕牛及母畜及防治畜疫，边区羊瘟牛瘟时有发现，1943年死羊约有20万只，死牛约8000头，其大部是由于畜疫所致。防治的办法除发动并组织人民注意家畜卫生，并在畜疫发现时注意隔离外，并积极研究根本防治办法。现对牛瘟已制出牛瘟血清及疫苗加以防治，对于羊瘟亦在研究中。

（《陕甘宁边区农业》，1945年文件）

1.畜牧较前发展了：老三县1938年至1941年畜牧发展牛较前增加50%强，驴较前增加37%弱，羊较前增加一倍多。

曲环华三县1938年至1941年畜牧发展比较表

项别	牛	驴	羊
三县原有数	33333	38280	303854
1939年发展	6103	4821	95103
1940年发展	5550	4788	99229
1941年发展	6608	5286	139373
共计发展	18261	14895	333705

新三县1941年共有牛22144头，驴16052头，羊117642只。全分区至1942年共增加牛73879头，驴56533头，羊657631只。1942年统计，庆合环三县尚有马392匹，庆合两县有骡子9头，庆阳有骆驼50只。平均大小羊剪毛以7月计算现年可产毛287700余斤，每斤按1942年市价15元计算，值洋4315600余元。但是牲畜的死亡率仍是很大的，五年来曲子牲畜的发展数和死亡数大致相等，1941及1942两年该县死牛893头、驴418头、羊31301只。1942年只镇、合两县共死牛291头、羊3430只（镇原死牛71头）。其中最大的死亡原因是瘟疫传死，其次是无草及管理欠善、狼吃等，我们都应该很好注意。

……

发展牧畜：

陇东的牧畜近数年虽大有发展，因营养不良，故死亡亦相当大（在总结中有数目字）。今年除计划发展外，要着重在保护发展法，分区提出环、华两县应特别注意牧畜的发展。

2.保护发展法：

依照去年的经验，牛羊等的死亡大都是得瘟疫传染病之故，少数被野狼所害或缺草吃饿死。今年要发展须针对这几种病害给群众想出办法。

①实行配种法。陇东牛羊的发展生育素即实行羝羊不与母羊同群，只在配胎时才将羝羊混进去。如此母羊生羊羔，一群羊到了生殖时可以接二连三地一齐生育，这样提醒了养羊的人精心管理，该当生时即早准备抚育小羔，可以减少小羔死亡。根据群众的要求大都计算生育时在旧历正月前后立春左右因天气暖了，小羔不受冻冷。再则一齐生育，羔子可以健强。驴子提倡拉驴公子，陇东叫栓椿，在群众中广为实行，有优良者奖励。

②预防瘟疫：A.曲子的经验羊不混圈、实行隔圈，买羊药在伏天灌一次，用薰药薰羊防止疫病。驴子用牙猪油和蜂糖（因数不详）在春天灌一次，普遍提倡在春天吊黄一次，使不得黄症。马骡分别四季灌消黄散、清肺散。牛用麻油豆腐脑灌一次。除此还有群众的土方子可以吸收告群众。B.已死牲口之尸体不准任意抛掉，须掩埋或火烧之。C.牛羊既已得了病的，不得再卖给他人，……病牛羊吃草应限制在一定的地区。D.研究喂养的方法改进。

③改良圈栏。羊的圈栏圆圈应建立一间，墙塞枣刺上围绳防止狼吃。一般的牛驴圈要干净，空气畅通清爽，经常打扫垫土，并将土块打碎。

各县发展畜牧表 1943年度

县别		庆阳	合水	曲子	环县	镇原	华池	合计
原有数	牛	12895	12289	12060	12194	9376	15065	73879
	驴	11620	5995	10640	10776	8578	8924	56553
	羊	83246	51593	134419	120801	59253	208269	657581
	马	167	192		33			
	骡	51			7			
	驼	30						
	合计							
新发展数	牛			1170	2000	2526	1570	7266
	驴			1096	1800	2556	860	6312
	羊			23929	30000	15860	431000	500789
	马							
	骡							
	驼							
	合计							

附注：庆、合两县发展数未有。

④防止饿死。深秋发动群众收拾庄稼叶子、树叶子，并割草储蓄深冬应用。除此再发动种苜蓿（供牛驴马吃）、羊草（曲子有这种草各县应仿种）。今年各县计划种苜蓿、羊草亩数如下：庆阳257亩，合水1939亩，曲子2000亩，环县1100亩，镇原1380亩，华池1000亩，合计7676亩。

（《陇东分区1942年农牧业简要总结及1943年发展计划》）

牧畜发展……不是空洞地提出数目字或者是空洞而不着实际的办法能济于事，而是具体的保护而发展为方针。这一方针具体实施的有效办法应该是：

1.主要的解决牲口的缺草：政府动员群众广泛宣传，使之了解牲口死亡主要原因是没有草而死，若有草吃饱，冻死、乏死是可以避免的，疽病也可以少害的。群众有句俗话说得很对："羊儿每天吃上三饱草，一年能下对羔；日吃两饱草，一年能下一只羔；日吃一饱草，羊儿连性命也难保。"再将有的群众精心喂养牲口，就没死亡，或者很少死的活的实际例子告诉群众，这证明牲口死亡不是天命，而是人为的。牲口若不死亡，就是群众自己的一笔大收入，这样子使得群众精神上注意存储草、植种草的必要。然后发动群众割野草，准备牲口深冬用。曲子割草150万斤，镇原割100万斤，华池割100万斤，合水割60万斤，环县割100万斤，庆阳割60万斤，总计割570万斤。除此再发动群众到深秋收拾各种树叶子及庄稼的秸秆，供牲畜三月用。并发动群众深冬精心在家喂养，给母畜耕牛上料。第二步办法，督促群众在盛夏完成种苜蓿计划。苜蓿可用，根亦可吃，今年各县挖苜蓿根救活了好多牲口的命。苜蓿不但可以喂牲口，而且可以供人吃用，平时可以当菜，年馑可以度饥。所以应多种。

2.防止病疫发生：老三县有好多地方，牛放野场羊住明圈是应该改的自然习俗。应该给牲畜修建圈栅，庄圈内养，注意清洁，每天打扫墊土，使牲畜不受风寒，天雨回圈。再次实行羊场三年换一次。其他驴马等四季送药，这些防疫的提倡，并使人民中注意学这种治疗法，应用这种治疗法。

3.喂狗：喂狗照门看羊，可以减少狼、豹伤害牲畜。

4.奖励：群众对牲畜发展注意并想各种办法喂养者，政府查明予以奖励，以资提高一般群众对牲畜饲养、研究与注意。

5.教育牧羊人：羊吃回头，日吃三饱草最好。放羊有他的技术，会放羊的，羊子能在草地站稳吃草；不会的，或者不善理羊的，羊可以乱跑，吃草不多，跑路多，羊子就放不好。所以群众中有放羊好的办法者，介绍给一般放羊的人，都学习他。

（《陇东分区1943年上半年经济建设工作总结报告》）

今后在羊子的发展上，应从经济与改善饲养管理两方面同时注意。

（1）解除母羊以外其他皮毛等禁令，使之出境。

（2）在出境税上，应予以减免：羊子及皮毛的出境税，不应超过5%，有些销路不好之老羊皮、春毛等，应予以免税。

（3）贸易：贸易是当作经常业务之一。除给边区外皮毛商以帮助外，并应有计划地进行羊子及皮毛的向外销售工作。此外银行并应贷款给边区皮毛商，因皮毛资金流通较慢的缘故。

（4）改善管理饲养方面：

第一，政府方面：为着畜牧业的很好发展，应确定三边分区之定、靖、盐、吴四县，陇东之曲、环、华三个县，以及延属之志丹，28个县，今后将畜牧工作应列为中心工作之一，以便有计划地、经常地进行牲畜饲养之改善，有效地防疫等工作。

第二，训练人员：应抽一批具有初中程度的学生，进行一般农业知识的教育，着重畜牧方面课程，实习后再分配各分区工作。

第三，科学试验：光华农场应有一定的经费，固定的人员，继续试制羊瘟疫苗与血清，以备有效之防疫，并试验羊种之改良。

目前虽然羊子及皮毛的销路已渐趋好转，但是由于今年天旱，水草不丰，羊子都未养上膘，因而今冬与明春羊子大量死亡的严重性仍然存在，需要我们万为注意。

（1）准备羊子过冬的草料，如山草、树叶、柳梢、豆秸、豆荚、谷衣等，以备在下雪时，羊吃不饱或不能拦，即实行喂羊。

（2）切实注意病羊之隔离与病死羊子掩埋，新买来羊，应分开喂六七天后再入群，以免疾病之传染。

（3）各地应很好地进行熏灌工作，以防治疾病。

（4）劝说养羊户在冬天修暗圈，并须从3月起公母羊隔圈，10月放圈。

（5）要经常给羊喂盐，以免羊缺乏矿物质而吃碱土，得拉黑稀等病。

（6）建厅应派一二同志，选择地区，建立畜牧试验区，在当地政府协助下，专门负责畜牧工作，领导组织牧户，改善饲养管理方法，并试验推行简单的防疫治疗办法，以及滩羊推广改良品种等工作，以期取得经验，逐渐推广。

（7）光华农场应将牲畜饲养的经验，以及试行有效的各种牲畜疾病治疗办法，编印浅说，发供各地救治参考。

（《边区羊子的发展问题》，1945年2月）

鄜县大乐区上立石寨子牛瘟防治效果一例

项　别	数　别
病牛瘟	4
注射抗牛瘟血清数	4
治愈数	4
治愈率	100%
健牛数	19
注射牛瘟疫苗数	12
20天后未得病牛数	12
免疫率	100%
未注射牛数	8
20天后病死牛数	7
死亡率	87.5%

说明：根据光华农场调查。

（《边区农业统计表（1940—1943）》，1944年）

第四节　边区林业发展情况

一、陕甘宁边区森林的实况

（一）林区的分布

依据河流、山脉形势及森林的分布，为了管理上的便利，在全边区的森林面积内可分为七个林区。分别说它的大概：

1.九源林区：

在洛河以北，延河以南，包括梁山山脉的中段，以九源为主峰（高1300米），东至临真，西至永宁，面积约为8000平方公里。

2.洛南林区：

在洛河以南，葫芦河以北，包括北桥山山脉的中段，以八张凹为中心，西至分水岭，东至孟家湾，面积约为6000平方公里。

3.华池林区：

在洛河与华池水围绕的中间，以平定川口为中心，面积约为1000平方公里。

4.分水岭林区：

在陕甘界，西到子午岭，东与洛南林区相接，北抵华池北，南抵葫芦河，面积约为1000平方公里。

5.南桥山林区（即魏树庄区）：

在葫芦河以南，沮水以北，包括南桥山山脉的中段，以槐树庄为中心，西至盘客（甘）东至张村驿（陕）面积约为2000平方公里。

6.关中林区：

在沮水以南边区之森林区域属之。

7.曲西林区：

在曲子以西边区之森林区域属之。

以上1、2、3、4、5各区，均经实际之考察，6、7两区以时间关系尚未考察。据地图的测量，关中林区面积为2000平方公里，曲西林区面积约为500平方公里。

（二）森林的环境

1.海拔：（Sealevel，系由海平面量起，计算之高度）

在全边区森林面积内，平均为1000～2000米。

2.气候：

在林区内均属和平，森林边沿，变动颇剧（林内林外对流的焦点），林内霜降期较林外的短15天至30天，雨量较林外多而均匀，最高最低温度，相差不如林外悬殊，湿度较林外特大。

3.地质：

各林区的地质分布，都在陕甘盆地范围之内，地层的生成，当有罗纪以后，基岩为石灰岩、页岩、砂岩（煤及煤油即夹在砂岩与页石的中间）及少量的片麻岩、广脉状的石英岩。凡在此种广大的页砂岩（Shale and sand stone，系水成岩）区构成不得透水之基部，于树木之取用水分颇为方便。

4.土壤：

普通在页砂岩之上广大的分布着三趾马红土，这当是新生界上新纪的产物。在三趾马红土之上很深厚的盖上了风积黄土（直立结晶，利用挖洞），小部分是由风积土冲刷后成为冲积土（平衡结晶，挖洞易塌）。此种风积冲积黄土，都是著名的肥沃土壤，它的化学性质多含肥沃的成分，加上森林内的腐殖质[①]，增加了有机成分，更是理想中的上上土壤。在林区内，农作物的茁壮，这便不是偶然的。

5.冲刷：（Soil erosion，指土壤受雨水冲刷而言）

在森林被滥伐的地方，土壤冲刷得非常厉害，由层状冲刷（Sheet erosion）以至于岸塌（Bank erosion），尤其是在各河流的上游。在冲刷的积地，肥沃度全无，植物无法生存。据安立生氏的估计，黄河中所含泥沙量，有60%是由陕北各河流所输出的。据陕州水文站所测，陕北各河流（1934年所测）每年输出的土壤为871165200立方米。因为森林破坏而冲毁的农地面积，如果详细统计，当有惊人的数目。在今年的大水中，所冲毁的农地，当不止上面所列的数目。（水利方面应当有统计，并速举办土壤防冲工程）

6.林相：

在各区林相说来，以分水岭区东部森林为最整齐，因为无人修理，郁闭[②]度都太大，九源区分布星散，洛南区树龄虽较大，但太疏放，华池、南桥山郁闭度亦大，均亟要调节工作。

7.分布：

全边区森林的分布，合七个林区来说，大致东至临真，西至曲子，南至淳耀，西北至志丹，全森林面积约为1万平方公里。跨延安、固林、甘泉、鄜县、新正、赤水、淳耀、宁县、合水、正宁、曲子、华池、志丹、安塞等十余县，树种有松、柏、扬、桦、橡、榆、槐、漆树等。

---

① 腐殖质，由植物的枝叶等腐化而成。

② 郁闭（Crown Close），指树冠密接而言。

各林区林产及副产的年产量估计表

（此表系年产量，非总产量，内40%可能销售，余待扩充）

	九源区	华池区	洛南区	分水岭区	南桥山区	关中区	曲西区	量的合计（担）	值的合计（元）	备注
面积（方里）	8000	4000	6000	4000	8000	8000	2000	40000		
板材（立方尺）	40000	40000	60000	56000	80000	80000	20000	376000	630000	
园木（根）	2000000	2000000	2000000	2800000	2400000	2400000	2000000	15600000	3120000	
有用果实（担）	500	80	400	80	160	120	40	1380	69000	
有用种子（担）	250	40	200	40	80	60	20	690	69000	产量为约数，担系按市价，五倍子每担188元余
漆（担）	—	10	15	6	15	15	—	61	610000	
五倍子（担）	—	—	8	5	20	20	—	53	10000	
染色原料（担）	1000	500	550	500	1000	1000	250	4800	48000	
籽油（担）	200	100	150	100	200	200	50	1000	100000	
药材（担）	8000	8000	2500	8000	1600	1600	400	31700	1885000	
蜜蜡（担）	80	40	60	40	80	80	20	400	32000	
猎皮（张）	8000	4000	6000	4000	8000	8000	2000	40000	200000	
造纸原料（担）	80000	50000	65000	55000	85000	85000	25000	445000	890000	
纤维原料（担）	4000	2500	2500	2700	4250	4250	1250	19450	97250	
薪炭（担）	180000	100000	125000	111000	17000	170000	50000	906000	906000	
									7576260	

（三）各林区的生产量

因为时间的不许可，对于各林区的林产量，不能做精细的调查，现在我们只有照现有状态拿出少部分的证据作较可靠的估计。（近似估计）因为我们计划中所需要的是年产量，因此也用年产量作估计。

在估计表内，不能于目前销售部分亦包括在内，生产量价值约为7576250元，以普通例子估计，年产量为总产量的10%，则此总产量值约为7576250000元，但此年产量系就原有状况而言，未加可能的扩充估计。（因为目前不需要）

（《陕甘宁边区森林考察团报告书》，
中共中央财政经济部印，1940年9月）

二、森林考察团提供的重要意见

根据这次考察的事实，得看下面几个重要的论点：

（一）边区的森林怎样影响了边区的农业气候

据此次考察，边区总森林面积，约为4万方里，以全面积的比例说来，还不算是太小的百分数，应该有不太恶劣的农业气候。

但是事实便不如此，"五年一小旱，十年一大旱"是农业气候上的惯性，我们如果不睁开眼睛看清楚，便觉得这是怪事，因为森林面积不算是太小，不应当有这样一个恶劣的农业气候。

这次支配边区农业气候恶化，削弱边区森林调和气候的力量的是什么？

很肯定地说，首先是北部大沙漠的干燥寒冷气候的影响，其次是西部甘肃台地的纯干大陆气候的影响，再次是南部南桥山平台地的小高原气候的影响。东部含湿气的海风，第一步为河南大平原的大陆气候所吸收；第二步为纵断的吕梁山、太行山（高至海拔3000余米）等所隔绝。南部含重湿度的空气，第一段为终南山、秦岭、太白山（高至海拔4000米）所隔绝，第二段为桥山台地高原所吸收隔绝。外围一些的西北方面宁夏河套较好的气候，又为三边高原（高至海拔2400米）及伊克昭沙漠所吸收隔绝。于是边区境内，便成为外部恶劣气候所影响的焦点。这便是形成边区农业气候特殊性的根源。

依照各方面恶劣气候影响焦点的应有气象来说，边区应该是一个纯草原的游牧地带，说不上农业气候（丁文江、竺可桢等将陕北等地划为一般的华北气候区，与开封、青岛为等湿线、等气候区，这是很简单的大错）。所幸是内部余下的1万平方公里的森林与各方恶劣气候的影响反抗着，每株树每棵草都不断地尽其能力，为调剂恶化气候而奋斗生存着。我们如果能详细观察它们的生态同生理及其因适应这个反抗而变化的形态，当可将边区气候的特殊性了然于胸怀之中。

这样看来，我们应当帮助（至少也不要让再继续摧残下去）这1万平方公里可宝贵的森林的发展，扩大它的抵抗力与调剂力，这才是生产工作中最基本的工作。

但是，事实又并不如此，在洛河流域、延河流域、葫芦河流域以及沮水、汾川、清涧河、大理河等地，因为近年人口的增加，正在进行着扫荡的砍伐呢！主要的便不是砍伐数量的大，而是砍伐的不平均——集中于一点，尤其是各河流上游的松柏林，因为材料较佳，砍伐的特别残酷（不留种树）。这种无计划的、不平衡的滥伐，造成了两种有害的形势。

1.缩小了森林的外线面积

例如各交通线附近，各城市附近，都是集中于一点的强度砍伐。如延安南三十里铺到九源山老山一带，近三年来，缩短了森林外围的南北径线的10里，此外，如临真、金盘、柔远、店头、张村驿等森林外线乡镇，又如大些的合水、正宁、志丹、安塞、延长、甘泉等森林外线的县城都是向着森林包围着，蚕食桑叶的缩小它的面积。

在这种形势之下，不但是减少了森林调剂气候的力量，同时在某些地方，因为森林外围线及其面积的缩小，风沙便乘着地形的方便乘虚袭入，它可以用很尖锐的沙漠气候，破坏很优美的农业气候及其环境。例如绥德北面的沙漠，近年已越过米脂城南进，它的先头部队已占据了绥德城北40里的各优美农地。自昔称为物产丰富的米脂已被破坏，绥德又何能幸免。因此绥米一带的居民一批批地向边区森林里面迁居。

在沙漠南侵演变的趋势中，在绥德、清涧、安定等地，如不赶速于某些据点上设置些防沙林，可能的有一天由横山脉南侵，吞没梁山脉的全部（因梁山脉各山不高，现已有部分被淹没了）。以及桥山脉、关中而达于终南山麓。

2.成为内部孔状的破坏

例如在森林内部的各县城，各大市镇，以至各机关的所在，也是集中一点的强度砍伐。如曲子、华池、太白、建水、黑水寺、赤罗、永宁、店头以至小一些的下士湾、桥柱驿等都已成为大小不等的内部孔状破坏，引起了局部的气候不调。在这些地方及外围的林沿，同样的常时冷热剧变，雹霜成灾，并时常发生瘟疫，何止是旱涝。（今年6月底的雹灾都在森林边沿及孔状破坏处）

上面两种的破坏形势，在事实上都是帮助了外围恶劣气候的淫威，成为里应外合的作用。在这种内外的破坏森林气候（优美的气候）的作用下，表现出下面几个现象：

（1）蒸发量特别加大。

植物失掉生长的空气温度。（单靠地下的浇水是不够的）尤其是在森林的边沿，因为对流得太厉害。

（2）霜降期特别长。

缩短了植物的生长期。例如太白与阳沟相距仅40里，在阳沟的霜降期每一年要短15−30日（据老百姓的估计）。

（3）温度变动特别剧烈。

在森林的边沿特别显著。

（4）旱涝是并来的。

如本年的洛河川、延河川、葫芦川等地。

（5）风雹也是并来的。

如本年三边及上游各县同关中林沿地带。

（6）瘟疫同灾害也是并来的。

如本年有旱水灾的地方同时也有瘟疫，在麻洞川附近各村庄，每庄死亡小孩24−40人。

目前对症下药，是起码不让原有森林面积缩小，需要有计划地平衡砍伐。赶速转变林内外的集中一点的破坏为林内的疏伐或清除伐等。同时在无森林的地方考察各个气候的据点，布置适当的林相，应用合适的树种，这自然要起调和的作用。（后一段是各县造林工作的原则）

在这次的森林考察中，很明显地表现在较大的森林面积中，便有优美的气候（温程变动很小，可查看日记内），优美的农作物。在缺少森林的地方，无论是在外线或是孔状破坏处，便是旱同涝的双管齐下，冰雹、早晚霜的尖锐破坏，更不用提。这说明了在边区这种特殊性的农林环境之下，只有应用森林的调节作用，才能争取农业、水利、畜牧、园艺……以至于交通、卫生健康等事业的良好发展，否则失掉了它的基本条件。

（二）六十余年来的一次大水灾是否可能重演于最近的将来?

如果不是在边区政治掩护之下，数年来积蓄支持之下，今年的大水灾已够老百姓逃荒去了。主要的是在洛河川、延河川、葫芦河川、大理河川以及无淀河等流域，损失的肥美土地同农作物，虽然尚没有统计，但就我们这次看见的说，已够惊人了。

老百姓说“这是六七十年来的第二次大水”，这话是确实的，并且有它确实的因子存在，并非偶然发生的事件。

按一般人的论点，这是数十年来有数的大水，这是不容再见的。大水退了，就忘记了它是怎么一回事，也不考究它的来源，同它的对治，仍然同旧社会的习气一样，头痛医头，脚痛医脚，把握不住中心问题，怎么又能取得中心工作呢?

首先我们应该根据历史与事实来看，决定这种大水是否有再演的可能性?在最近的将来，决定了这个问题，然后才能提出我们目前适宜的工作种类。

1.在事实方面

我们要估计这次的大水是否有重演的可能性，在最近的将来，我们先报告一些事实。

在原则上，大水的形成离不开三个因子：第一是气候，包括气流状况，降水情形（不是雨量）；第二是地体，包括地质、土壤、坡度、河床等；第三是生物，包括植物、垦牧、管理等。我们将考察的实情一一报告。

（1）在气候因子（Elimate Factor）方面，并不是降雨量多，而是气候的转移剧烈。上面说过，在森林边沿，特别加剧气候的不调，这种不调的降雨情形成为雷雨（急雨），便是大水的一个原因（不是主要的）。在边区境内气候的测记尚没有进行，当然没有气候上的根据统计数字，但是在上游各地，如三边及白宇山的东南（志丹、靖边境）大地裸裸，童山濯濯，气候的变动特剧，尤其在洛河、延河的发源地（大理河及红柳河的支源亦然），近年已被砍伐成为森林的沿外，如石涝河、周水、延水的南北川，在高温的伏天，不是冰雹就是雷雨。记者曾于1938年春天到上游考察森林，确较此时森林多，尤其是在华池平定川以西的柏树纯林区，如同耀子川、白沙川、豹子川、二甲川，以至于凤川口等山，经近三年的砍伐，已略将柏树砍尽。"曾日月之几何，而江山不可复识矣！"气候的剧烈变动，冰雹雷雨的成功，也不是偶然的，也不是唯一的大的气流（旋风系）的支配。

（2）其次，在地体因子（Edaphic Factor）方面，如果有好的条件，雷雨也不能成灾。就近黄河来说，在宁夏河套的黄河，在雷雨或久雨之下，并没有什么水灾，这种优越的地理条件，在长江流域是常有的例子。在洛延上游，在地质上说，是西北高东南低的广大水成岩，平整的岩层，并没火成岩加以破坏同杂乱，水流或渗透，都可朝着一个方向进行，起奔波的作用；其次是容易崩坏，挟在水中增加冲刷的势力。土壤是成山洪的主要因子，在上述的地质形势之下，深厚的风积土，亟便于它的冲刷；同时风积土的丘陵坡度也大，常常是在45°左右，水流的急剧可以想见。全部黄河中所含泥沙，以陕北各河流占60%，实在没有夸大。在河床方面，也是原因之一，浅底形的河床容易淤积，上游大水冲下一时无法容纳，就泛滥成了水灾。

（3）在生物因子（Biotic Factor）方面，首先是森林存在的如何情形，垦荒在超过绝对森林地以上，是土壤冲刷的最有利的破坏工作。在上游因为是纯柏林，柏木棺材，是山民的出产之一。此种破坏纯柏林的砍伐势力甚大，因为柏料销路之广，北达三区，南通关中，西抵庆环西峰，东到绥、米，加上山内的老头儿因为近年生活改善，每人都要一个柏木棺材，每到一个庄内，到处看到柏木料或柏木棺材，细察其数，大致与老头儿的数目不相上下。因此，从4匹瓦，到6个头、8个头（1938年8个头的多）、12个头、14个头，以至于16个头，可见上游的柏树纯林，已砍到山穷水尽的时候了。加上垦种绝对林地的漫无限制，各种的冲刷式，无不具有，一方是努力在山上开荒；同时，一方扩大了冲毁的肥美川地，以今年冲毁的面积来说，比新开的垦地不知要超过多少倍的价值，这是指导农业的人应当负责的。其次，放牧牲畜也有相当的关系，普通放牧，避免发源山坡，况边区非发源山谷很多，何必任其践踏发源山坡，帮助冲刷呢？这是指导畜牧的人应当负责的。末了，水源的管理，原是与管理工程并重，因为工程物的保证，全靠水源的把握，可是在洛延上游，便没这种工作同设备，大胆地将工程物摆在危险地方，实在是一件不美妙的事，这是管水利的人应当负责的。同时，我们虽鼓励开荒，但也得努力避免土壤的冲刷。

综合我们上述的三个因子中的各项条件，当然要形成大水灾。同时，在事实上说明了大水灾的形成，并不是如同普通所想象的因为下雨太多，主要的是含土量的方口大，没有植物和腐殖土等缓和水冲。

2.在历史方面

在今天的70年前，左宗棠打不过回民，大放其火，连烧几年（同治末年），将比现在广大些的森林大部烧尽。根据此次的考察，除生在庙内路旁的独生树株外，山上树木最大的龄级是以68年为最大限度，这便是大火以后的产物。我们在两个大松林内，考察它的年龄生长情形，表示各时期气候的不同，更从古庙各种碑记去考察对照，完全明白当时的林农气象、旱涝以及社会经济状况等的发展情形，可以知道在70年前森林没破坏时物丰民裕，建筑优美，规模宏大。在山林中，腐殖土甚为肥厚，一遇大火延烧不断，当时焦土暴露最易冲刷。同时气候有大大的剧变，雷雨一来，当然是大的水灾，同时旱灾也就跟着来了。在这种兵刀、大水、旱瘟之中，人民逃亡一空（同治末年、光绪初年）。山上除一些不耐烧的种子树[①]被消灭外（高程大的树，在特殊地形上或可残存少数），一切萌芽力强及耐烧的种子，乘着无人畜摧残机会，很快地就开始了恢复工作。我们如果将不耐烧的树种分布看看

① 种子树（Seed Tree），由种繁殖不能萌生之树。

并可知当时放火的方向，及双方常时用来对抗的地点。同时就会看见当时冲刷岸塌最厉害的地点，便明白当时大水的起源地。

在这次大水后，山中寂静无人，除了树木草根的生长恢复外，并没人力破坏土壤，因此大水渐渐减小（头几年虽有大水也没人觉得），森林渐渐恢复，其中经过十年后，气候又改善，此时树木生态甚好（年轮肥大），又开始有人入山居住，同时也就是第二期森林破坏的开始。又经过数年，人口大增，在光绪二十二年（1896）左右，又有建筑庙宇等事，大伐森林，同时清朝因为义和团等起来反抗外交政策，加上庚子之役，已是大不景气，此时山中秩序也有些扰乱，放火之事又有些发生（从同龄林上看出来），如是第二期森林又近全毁。在滥伐扫荡伐之役，西部有更甚的摧残。到了光绪二十七年（1901），涝旱又大起，接着又是瘟疫，人民又逃亡一空。

在光绪二十七年以后，第三期的森林又开始恢复，其中又经过十年，森林又相当的复元，又开始有人入山（宣统三年（1911）左右），到民国四（1915）、五年（1916）人口又大增，又有复修庙宇等事，又开始破坏森林。最大的破坏原因是河东先几年旱灾，如是山中人口大增（逃荒来的渐多），烧山开地到处都是，东部的摧残特甚，第三期森林又大受摧残。到民国七（1918）、八年（1919）又是大旱，接连又是大水、瘟疫，人民又逃亡一空，又开始恢复第四期森林。

此次破坏，都在东部洛河以南，森林大受摧残，但比上游破坏容易恢复。五六年后气候又略改善（洛河区森林散生荒地中的多是此时产物），如是人民又入山，多集居于汾川及梁山脉中，又开始破坏第四期森林。梁山脉中因开荒烧毁之面积甚大（因当时较洛南区肥沃），又引起气候上的恶化。在民国十七年（1928），又发生旱灾，接连又是冻灾，冻死树木不少，松树年轮极其瘦削，秋春材合为一线，并消灭些树种（如钓樟、吴朱萸等），接连来了些水灾，不过因为上游第四期树木尚未毁坏，因此水灾并不厉害。在这七年之中（1928−1934年），人民继续逃亡，减少人口30余万（单就陕北言），山中渺无人烟，森林又有机会开始恢复为第五期的产物。目前三十里铺一带杨树、白桦、青冈等，都是第五期的产物。西部尚留下了前几期的森林，并形成了差强人意的近几年的环境。

在这十二三年中，森林渐次恢复，人口又渐次增加，特别是在边区政治之下，一些空闲的古窑洞中又重新烧起快乐之火来了。可是，与人口增加率成正比例的森林破坏率也就同时增加了。在上面说过，这次森林的破坏，特别是在上游一带，破坏得厉害，一些腐殖土都在前一二年内冲刷下来了，淤在河床之中，在发源内既失去了吸水力，同时又使土壤变瘦，迫令人民丢荒开荒，这些便是这次大水中的含土量特大的原因。

上面报告出事实与历史的情况，可以对照，并列一简表如下：

中间年数	灾类	年代
民国二十三年（1934）	回变大火后的大水灾（庚子之役前后政治影响）旱、水、瘟	同治末年光绪初年（1875）光绪二十七年（1901）
民国十九年（1930）	（人口骤增）旱、水、瘟	民国七、八年（1918、1919）
民国十一年（1922）	（大革命前后的政治影响）旱、水、冻、瘟	民国十七年（1928）以后的七年内
民国十二年（1923）	（国内战争等）旱、大水	民国二十九年（1940）

末了，报告今年在洛河川中游，孟家湾附近，河床边沿的淤度，有增高1.5–3尺的广大面积，可见上游冲刷得厉害，冲出的土方似乎要超过871165200立方米以上。

这样看来，在下游河床淤度增加之情况中，山中人口不断地多起来，原料、材料、农地、畜牧不断地扩充起来，如不好好管理山林，管理水源，山洪的冲刷，像这次的大水是每年都有可能性的。如再不求“正本清源”的办法，水利工程将无法实施。

（三）边区农林发展的过程

因为边区是外来各方面（尤其是北、西、南三面）不良气候的焦点，加上内部的大孔状破坏森林，外线的砍伐缩小面积，造成了更多不良气候的现象，以至于支配人的健康，牲畜及人口（尤其是小孩）死亡率的浩大。

因此在过去一般的农林破坏，人口剧减以至于荒弃田园，逃亡尽净，森林又得着天然力的恢复。这种过程的时间同事实，完全不同别处一样，因为气候整个地支配了农作现象，支配了社会的经济，人畜的健康，没有外来大的自然的调剂或内部人为的调节，因此农林的破坏同恢复迅速地过渡着，显著地划分着，形成了极短迫的周期性。同别处通常的农林发展过程在事实的转变上，在时间的距离上全不一致。

在这次的考察中，见了很多在过去是富庶的地方，在它完好的优美建筑物前，农林环境的破坏，用它很残酷的势力，将人们逐出了可恋的家乡。（不是逃了就是死了）相反的也见了很多荒芜的深山老林内（指第二、三期的森林言），忽然发现些富庶的新住户。这更说明了边区农林（尤其是农业）发展的过程，是具有极短迫的周期规律性。

在这种周遭恶气候的焦点上，农林发展的过程也是两方面的——粗放或是集约①——如果除开人事的影响，便是一个斜面速地运动着（因为自然环境与社会经济的相互关联关系推动），所以在短迫的周期中的时间距离，不是等速，而是有等加速率的趋势（参看前表）。

我们为了建设大的农业森林生产，我们首先要把握着它的大自然环境，它的发展过程中的规律，配合着适宜的方法，去促进保持它的进步、集约繁荣的阶段，而巩固经济建设的基础。

我们可根据它运动规律中的几个现象，在表面上分出几个简短的时期。

第一段时期：天然森林极优美，气候调和，人口繁多，垦地扩大——开始强度的滥伐森林。

第二段时期：因事业的需要，森林大破坏（兵灾是例外），气候恶劣尖锐化，涝旱为灾，瘟疫流行。

第三段时期：逃亡后的荒弃→自然力的恢复，人民又入山，有新裕的生活→森林又开始破坏。

（四）如何促进及保持繁荣的阶段

这是经济建设的第一个任务，在边区今日的财政经济政策下，我们应如何促进和保持繁荣的阶段？为了持久战，为了巩固边区，为了锻炼我们

---

① 集约——精进、扼要、集中、有所注重等的意思。

幼稚的“党性的技术”，我们了解了纵的历史，横的环境之外，更要使用适当的科学方法，使它超出旧有的范畴。这就是说，我们应当如何确定森林政策的方向（尤其是森林，因为它是各项农业生产的基础），使用正确的农林技术，无论在行政技术上或是技术行政上，都要广大的一致地跟着中央财政经济政策的原则去充实它，实现它，打开困难的关头，超出旧有的范畴。

因此，不能不进行下列的工作：

1.改善气候。

2.保安农地（不为风、水冲去或吹去）。

3.涵养水源（这是水利上的首要工作）。

4.增进农作。

5.增植牧草（与粮食同样重要）。

6.巩固交通路基及桥梁等交通设备。

7.改进健康及减少人畜的死亡率。

上面的几个工作，不是从土木工程或是机械工程上得可奏效的，在科学的历史上告诉我们，唯一的办法是从森林的保蓄。

在抗战以后，日本在东北增加五十几个大的新式伐木厂，在它本国内的森林完全禁止砍伐，这便不是没有原因的，也不是单独为了财富的原因。

因此，我们应该迅速决定，在今日的边区，应当有怎样的一个森林政策，去培养保蓄上面的几个工作，来巩固经济建设的基础。第二步，是用怎样一个计划去实现这个政策，然后才不是盲目地横冲直撞，才能促进保持繁荣的阶段。

（五）边区应采取的森林政策

根据边区今日对于上列的几个工作的需要，我们提出下列的两项：

1.森林政策的两个目的

应当首先是：以森林的作用争取气候的好转，用来改善与培养各种生产同生活的最基本条件，来巩固我们的财政经济政策。

其次是：开发可能的目前需要的原料同财富，来充实我们的财政经济政策。

2.森林政策的实施方案提纲

（1）首先似应援各国例子，将公私有林收归政府管理权之下管理（现在各省的趋势已开始如此）。

（2）人民对于林役权[①]的取得，要依照政府颁布的公私有林管理条例才能取得。

（3）大规模的森林生产，由中财部经营之。

（4）严格具体执行政府颁布的森林保护条例。

（5）有计划地开发及更新原生林，同时建造各地气候上的据点的保安林。

（6）为了具体执行政策同条例，施行科学的管理同开发，应迅速设立林务专管机关。

（7）进行森林教育，提高人民爱林思想及森林利用的正当技术。

（8）为了适应目前需要，迅速训练林务人材。

（《陕甘宁边区森林考察团报告书》，中共中央财政经济部印，1940年9月）

（六）林务计划的提出（纲要）

根据这次考察的结果，边区森林的总面积，虽有4万方里，同它丰富的宝藏，若不加以专门的管理和保护，仍任其像近年来的任意砍伐滥伐、焚烧等，我们相信在不远的将来，整个边区将不免陷于极端气候的恶化和闹水荒的境遇。因此，我们绝不能不用正确的科学方法来管理和保护。

同时抗战已入相持阶段，财政经济的来源正需大量的开发，也不能不应用森林利用上适宜的技术，作为有计划的合理开发，使原料同财富源源不断地供给。因之，林务专管机关的设立，实为边区刻不容缓的要政。

鉴于实际的需要，将林务管理计划提出纲要，以作举办的参考。

1.林务处的设立（或用其他名称）

林务处的设立是适应边区林务前途的必需。如管理、保护、更新、利用、伐木、开发、林垦，森林调节同抚育、造林同苗圃、制料及加工、供应

---

① 林役权，是人民役用森林的权，如气候及林产林地的享用等。

及营业等，不但事业繁难，而且需要特多，非设专管机关，难有效果。

又如森林各项条例的执行，森林教育的普及，开发的设计与实施等，非专力不能成功。

2.林务处的事业范围（以目前需要者为限）

（1）关于山林管理方面：

①管理工作。

A.用材林、果林、薪炭林、原料林的区分及调节。

B.保安林的设立（内分气候保安林、水源涵养林、防风林、防水林、护堤林等）。

C.各种林类的保护与管理。

D.设立养林站及特约养林员，推行森林教育，执行森林条例。

E.各种林类的开发同更新。

F.森林公园的布置同管理。

G.生森林的建立与抚育。

H.育苗、造林及狩猎、养蜂等的管理。

I.森林病虫害的预防驱除及治疗。

J.山民健康教育及卫生推动。

②利用工作。

A.伐木及其指导。

B.选材及其分类。

C.经济年伐法的鉴定。

D.制材及其加工。

E.林道的开辟及其搬运设备。

F.沙防工程及桥梁工程。

G.纸酥[①]及纤维的制造。

③林产工作。

A.林产及其销路的调查。

---

① 纸酥（Wood Pulp），为造纸熟料。

B.林产及副产的繁殖。

C.林产及副产的采收。

D.制造及其加工。

E.包装及储藏。

④林垦工作。

A.林务人员自给农作的经营（粮食、蔬菜、果品、饲料）。

B.确定第一期林区内垦地区域。

除了林务人员入山后的生活及垦地确定外，并安置垦民若干，指定其垦地，这是森林劳动的资源——目前森林内劳动力甚为缺乏，非新加入垦民，难于开发。

C.土壤冲刷的管理——应该与开荒并提。

第一期林垦地一览表

项别	林区名称	分水岭区	南桥山区	九源区	洛南区	华池区	合计
荒地面积	长×宽（里）	80×4	100×5	40×6	40×6	40×3	
	亩数	17280	27000	12960	12960	6480	76680
农业环境	水利	甚佳	甚佳	甚佳	佳	佳	
	土质	甚佳	佳	甚佳	佳	佳	
	地势	平	甚平	甚平	平	略斜	
现有农户	户数	30	100	20	20	10	180
可移户数	户数	280	400	220	220	100	1220
每里可纳农户	户数	3	4	5	5	2	
耕作种类	主要作物	水稻杂粮	水稻杂粮	同前	同前	杂粮	
林内气候	气象	和平	甚和平	较和平	和平	较和平	
详细地址	川道名	阳沟	槐庄川	南泥洼川	八张凹	塔石川	

D.牲畜的繁殖及管理。

E.林地原料作物的培植。

F.特种果品的育苗及栽培。

G.林地作物品种检定及优种繁殖。

⑤营业工作。

A.公营木店。

公营木店于各交通据点，第一期可开设五处至九处，分列于下：

a.南三十里铺木店：

通销甘、延、鄜、固临、志丹、安塞等处。

b.大老山木店：

通销甘、延、鄜、固临、志丹、洛河川、安塞等处。

c.麻洞川木店：

通销延安、固临、延长、延川、绥、米、宜、蒲等处。

d.张村驿木店：

通销鄜县、洛川、中部、宜君、关中各县。

e.永宁山木店：

通志丹、安塞、三边、洛河川各地。

f.华池川木店：

通三边、洛河川、太白、合水、柔远、环县等地。

g.河上原木店：

通庆阳、西峰、合水、太白、建水、黑水寺、赤罗等地。

h.槐树庄木店：

通甘、鄜、古城、庆环、西峰、马栏、关中等。

i.上珍子木店：

通中部、宜君、洛川、店头、健庄、盘客、正宁、关中各县、三河、宁县等地。

B.公营薪炭厂。

a.第一薪炭厂。分设堆栈于九源山、土黄沟、袁庄等处，设营业部于延安，其主要对象在供应延安各机关、甘泉各机关、各商场等的需要。同时避免老山、九源山一带的不平均砍伐及滥伐为目的。其开办预算另定之。

b.市售部。每日消纳量渐以5万人需量计，最低限度应可销售5万斤，每斤售价以一分计约合500元，年收入为180000元。又木炭之年消纳量虽较少，但值较高，年收入亦略与木柴等，亦为180000元，总共年收入约为360000元。

c.指导部。各机关及群众有不愿购买薪炭者，应先通知林务处，由林务处统筹伐木地点及方法并由附近的林务组织领导入山，指导修理采伐。

薪炭厂如办理有效，再酌量扩充到其他地点。

改良炭窑采收烧炭副产，如木醋液、木炭油等。

C.公营药材栈。

除自己挖掘的药材（利用闲工）运销或坐销外，亦可与山民合组药材运销合作社，以便山民，而增对外收入，亦可收买山货转销外间或供应制药厂之原料，加以提炼然后出售，此项事业之前途大有希望。

D.籽种公司。

这是趋时的投机事业，目前各国内的大农场、各农学院、各林务局、各农家改进所、实验所等以及私人经营的果园、苗圃、花圃都风起云涌的培育实生小苗以便接嫁优良品种之用。查我边区所产杜梨、奈子、山荆子、樱桃、山桃、李……乃为极有价值的实生种子，目前外间甚缺，可大量地推销（去年杜梨子价每磅8元，西安）。籽种公司的组织，设总经理于西安，设分销处或代销处于重庆、成都、昆明、贵阳、桂林、衡阳、金华等处，速即经过广告工作刊布种子目标价格，由总经理处函投国内各农林机关，请其函订购买，同时迅速准备大规模的籽种棵集（动员农校即研究院学生）及种子整理工作。如广告得力，收入当大有可观（在今年春间，武功农学院即相约以最佳之大龄果木换实生种子，便可乘此关系，做农界统一战线工作）。

E.森林副产的出售。

凡狩猎品，蜂蜜、蜂蜡以及林垦出品，均由营业部出售。此项产物除自己土产之出品外，凡山民有愿合组运销合作社者，可与合作，同时亦可收买代售。

（2）于各县造林工作。

①戡定各地能影响气候的造林据点。

②制定各县各地造林计划（在秋季完成）。

③各县各地对于明年造林计划的讨论。

④指导各地实施造林计划。

⑤举行造林及保护的考成。

⑥举行奖励与警告。

⑦供给各地苗木种籽。

⑧供给各县林务人材。

（3）森林研究工作。

——与各学校、学院合作——

①森林政策及其技术行政的研究。

②关于森林技术及教育的党性。

③造林育苗技术的研究。

④利用的研究。

⑤森林工程的研究。

⑥林产制造的研究。

⑦森林与气候的研究。

⑧森林与土壤冲刷的研究。

⑨森林与水利的重要关系。

⑩森林动植矿物的研究。

⑪森林内的健康问题。

3.林务机关的组织大纲

（1）林务处（或其他名称）内分设三个部门。

①山林管理科。

②各县造林科。

③森林研究室。

（2）山林管理科直属七个山林管理局（或其他名称）分设于九源、洛南、华池、分水岭、南桥山、关中、曲子（先设前五个）。

（3）各县造林科，直接领导各县造林事业。

（4）森林研究室，集合边区各项森林人材，研究解决边区森林问题。

（5）林务专管机关与组织系统。

（6）林务处设正副处长各一人，综揽边区森林技术行政；技正兼科长二人，审核及指导各县各局计划及事业；技士兼视察4人至6人，办理及视察一切林务事宜；会计事务各二人，领导及审核各管理局会计事务工作，并兼

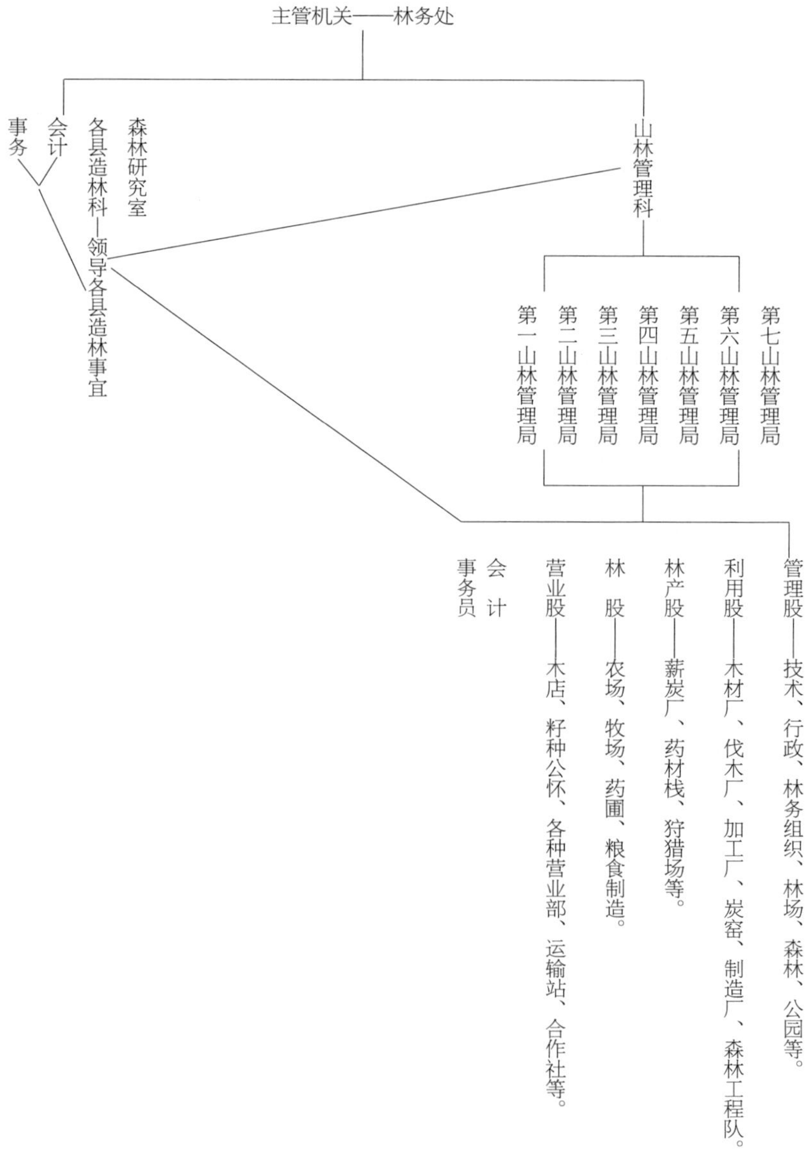

管处内会计事务工作；研究室设正副主任各一人，由正副处长及技正兼任；研究员若干人。

（7）各山林管理局设局长一人，综揽全局工作，各股设股长一人，干事若干人，经营一切林务。

会计事务各一人，管理全局会计事务。

4.山林管理区的分划

边区森林分散各处，集中管理，事实上不可能，非分区管理绝难有效。按形势及森林的分布，可划成七个林区，分列于下：

（1）第一山林管理局设于九源山附近，所辖区域为梁山脉的中段，除应有的组织外（请参看各前节），附设九源山森林公园于汽车路通道的九源峰小盆地，并营造由甘泉到延安行道树风景林。

（2）第二山林管理局设于八张凹附近，所辖区域为洛南林区（北桥山脉的中段）。

（3）第三山林管理局设于华池川内，管辖华池林区。

（4）第四山林管理局设于油坊头，管辖分水岭区。

（5）第五山林管理局设于槐树庄，管辖南桥山林区。

（6）第六山林管理局设于关中，管理关中林区。

（7）第七山林管理局设于曲子，管理曲西林区。

前五局地址均经考察适宜，六、七两局尚未勘察。

5.开办步骤

（1）林务处是边区林务的创始点，极应努力早日成立，以便迅速把握时间，统筹林务。

（2）九源老山一带，滥伐益甚，应早日成立管理局，以便早日实施保护条例，进行生产事业。

（3）公营薪炭厂，亟宜早日筹措（理由甚多）。

（4）公营木店亦宜早日筹措（采收五倍子及割漆，均宜速筹）。

（5）采集种子宜迅速进行，时间一过又是一年，籽种公司亦宜早开展工作。

（6）各县造林计划，宜即着手勘察并制定。

（7）集中人材以待分配。

其他各项渐次进行。

6.工作人员开办预算及经济收入

（1）人材需要。

在第一期内，最低限度需要习森林的4－7人，习木工的（普通的木匠）10人，各林区内的地方干部10人，经营商业有经验的干部7人，会计事务人员约10人。共计约40人。但均须能参加林垦生产工作者，以后再酌增人数。（并需熟练果木工人二三人）。

以上人材调集时，亦宜加以训练，庶步伐整齐，工作相称。

（2）开办预算。

①不需经常费。

②需牛18头，驴12头，开办费4800元。

③先成立林务处及九源、洛南、华池、分水岭、南桥山等六机关。

④每机关发给牛3头、驴2头、开办费800元，分作农林工具、仪器、家具、文具及建筑等用。（预算另详）

⑤至大规模的营业资金，经主管机关派员会同考察后，再造预算。

⑥处及各局在自已的垦地未收益以前，粮食及津贴由公库给发，如果因事业关系职员不能全数参加生产时，粮食不够，亦得请公库补足。经常以自给为标准。

（3）经济收入。

在第一期的薪炭厂、木店、药材栈、加工厂成立后，年收入约为500000元至1000000元，按期解缴公库。

按照可能的出售数目（但非可完全销售数目）可渐次扩充为270余万元之年收入，如对友区贸易没有阻碍，则7576250元之年收入当无问题。

（《陕甘宁边区森林考察团报告书》，中共中央财政经济部印，1940年9月）

三、李富春同志对《陕甘宁边区森林考察团报告书》阅后感言

今年3月，与乐天宇同志细谈边区经济及森林事业，天宇同志畅快而沉痛地述其对边区森林的意见，我完全赞同其见解，极力赞助其先组织边区森林考察团。经过乐及江、郝、曹、林、王六同志47天的努力考察与研究，得此报告书，虽其中有再加考虑与研究之点，但已成为凡关心边区的人们不可

不读的报告，已成为凡注意边区建设事业的人们不可不依赖的材料。边区林务局的建立统筹林务，是迫不及待的工作。

李富春

1940年8月22日

（《陕甘宁边区森林考察团报告书》，中共中央财政经济部印，1940年9月）

四、边区政府关于林业的文件

（一）边区建设厅关于发动党政军民工作人员植树造林的请示报告

呈请发动党政军机关工作人员于春季植树节有组织有计划地广泛举行植树造林运动以资倡导藉作群众模范由

为补救边区将来的困难与恐慌，及根本改变西北大陆性的气候、温度、雨量、含蓄水源、防止山洪泛滥，和大量培植国家森林富源计，在我们政府经济建设发展农林牧产业的政策口号下，在广漠多山的边区地域中，除了对于各地原有山林树木予以严密地保护及有计划地砍伐，并积极广泛地发动群众造林运动外，每年春季植树节在政府整个领导下，党政军学各机关首长暨工作人员与杂务人员来一个有组织有计划的广泛的大规模的植树造林运动，以作群众的倡导与模范，似属必要而急于执行的任务之一。为了胜利地完成这一任务，党应当在政治上做宣传鼓动，各机关并应指定一负责人事先在建设厅召开筹备会，商讨具体进行办法，倘蒙认为可行请钧府通知各机关定期在建厅开会，以便筹备进行，是否有当，理合备文呈请签核示尊谨呈

主席张　建设厅长　刘景范

民国二十七年二月　日

（二）陕甘宁边区森林保护条例修正草案

1.陕甘宁边区政府在本边区目前经济建设原则之下为了培养改善及巩固生产工作的基本条件，特制定本条例公布施行之。

2.凡属本边区境内之森林或树株，无论其为公私有林，均能享受本条例

之保护。（本条参照旧条文拟定）

3.凡属下列保安性质之森林或树株，任何人不得砍伐或危害之。

（1）为预防风、沙、雹、霜、急雨等危害之森林。

（2）为防止水雨冲刷，农地崩陷，山洪冲淤，河岸塌塞等之森林。

（3）为保护交通路线、桥梁以及灌溉系统、水渠等之森林。

（4）为直接间接保护牧畜、农垦及其他副业之森林。

（5）为保持水土、调护气候及有益公共卫生之森林。

4.凡下列生产性质之森林或树株，非经政府之许可不得砍伐或危害之。

（1）凡生产军事工业材料者。

（2）凡生产普通工业材料者。

（3）凡生产特殊建筑材料者。

（4）凡生产化学工业原料者。

（5）凡能影响其他生产事业者。

5.凡一般的砍伐木料、锯板、烧炭、采薪等，无论公私有林，均须依照砍伐树木规则手续进行，方能取得砍伐权。其他则另定之。

6.凡私有材木，非经该私有主允许并价买，任何人不得砍伐或危害之，但以领有森林登记证者为限，并须依照砍伐林木规则进行之。（此条参照旧条文）

7.无论在公私有林内，绝对禁止引火之行为，如必须引火时，须先得住地森林保护负责机关之同意，并须事先准备有防止超越之防火线，否则不准引火。又如延烧他人山场时，引火人须负责赔偿其损失。

8.本条例除由林务机关直接依据进行外，得于各级政府组织森林保护委员会负责执行之。森林保护委员会规则另定之。

9.凡保护森林树木有卓著之成绩者，分别奖励之，凡有违背三、四、五、六、七各条者，分别处罚之，或停止其砍伐权若干时日。此项奖惩规则另定之。

10.本条例自修正公布之日施行。

（编者注：估计该文是1940年发布的，原件无出处）

（三）陕甘宁边区植树造林条例（1941年）

1.本条例为发展植树造林，调节气候，保持水土，并改善各项生产因素而制定之。

2.本条例的中心任务，为迅速完成各地各个气候据点上的植树造林工作。

3.各地造林计划，先由各该地区乡政府或林务机关勘察制定，交县政府或边区林务局审核，认为完满后才得执行。

4.凡公地上的植树造林归公有，私地上的植树造林归私有，但植后均遵守条例。

5.如私人土地，政府认为有植树造林之必要时，得备价征用或换用之。

6.凡私人土地，如急斜、过硷砾、瘦等不能农耕者，政府亦得动员植树造林之。

7.每年植树造林时期，分为春秋两季举行，其造林计划须于春前一次决定之。

8.为发展适宜的优良树木，解决树苗需要，得由县政府筹划土地，采集树种，建立苗圃，培育树苗为公共之用，或无价发给群众使用，此项苗圃工作由林务机关协助指导之。

9.凡住宅附近，道路两旁，沿河近岸，不在造林计划内者，均由当地居民担任植树任务。由当地政府监督施行。

10.凡在边区之部队、学校、社团热心造林，而获得成绩者，分别奖赏之。此项造林计划及地区，得与当地政府或林务机关商定之。

11.凡人民努力植树造林获有成绩者，或当地政府对公共造林与督导人民植树造林有优良成绩者，得呈请边区建设厅奖励之。

12.本条例自修正公布之日施行。其1940年4月4日本府公布之植树造林办法即作废。

（四）陕甘宁边区政府建设厅关于林务工作的通令

查边区森林面积虽属不小，但因分布不匀，对于农业气候的改善，经济建设的需要，就不能得到森林应有的借助，因此，1941年各县林务工作有即刻发动并执行的必要。

我们林务工作主要的内容是：在没森林的地方，建造防风林，设县苗圃。在有森林的地方，执行严密的森林保护，以期养殖工业、建筑、日常生活等原料，增加直接间接的收入。

现由林务局拟定1941年各县林务四项中心工作计划一份，内分：一保护原有林，二建造防风林，三设立县苗圃，四发动私人植树等项。除通令外，合亟令仰该分区县切实督导各级政府，遵照该林务计划亲切讨论，分别执行，随时呈报（如有困难，可专文请示，以后关于林务公文，须单行专门呈送，以便转行），以凭考核，是为至要！

此令

厅长　高自立

副厅长　李景林

曹菊如

中华民国三十年二月六日（1941年2月6日）

五、植树造林成绩的统计

植树——今年植树皆插柳条，计1392116株，比计划1153000株，超过239116株，百分比则为120.8%。在成活上，有一半左右，在秋季群众多进行种树籽工作，未统计。

（《1939年农业生产总结报告》，陕甘宁边区政府建设厅农牧科）

植树造林——原计划造大小林387处，共植树486000株，根据各县年终统计已造大小林509处，共植树514887株，由于春夏亢旱，秋季山洪冲刷，成活数仅及半数（被山洪冲去之已成活树木，因无统计故未除去）。查历年植树成活率低微之原因，除气候土质等自然原因外，主观上未能按各地不同情形充分运用科学方法，亦是树木成活率减低原因之一，故于6月间组织森林考察团，考察各地自然林，并研究各地区植树种类及植树办法，继森林考察团之后，乃组织林务局，专司林业管理，颁布植树造林条例、保护森林条例及砍伐树木暂行规则等法令，以为发展边区林业之根据，组织各地森林保护委员会，积极开展边区林产，计划1941年度由林务局负责，以更科学方法，从事植树造林及开展林产。

（《全年农业生产工作报告》，陕甘宁边区政府主席林祖涵、副主席兼建设厅长高自立给全国农业促进会的咨文，1941年3月5日）

还有每年的植树运动，单去年就造了大小公林524处，植活的树有23万株。同时原有森林的滥伐也渐渐地减少了。

（《陕甘宁边区政府工作报告》，1941年4月）

全年共计划种植树1860000株，完成226204株，超过了40204株。上半年植树进行了调剂，毛区在车、虎二区买树苗，其他区亦在九十里路上找树苗者很多。政府对此项工作加强了组织，管树委员会起了作用。

（《环县政府经济建设工作报告》，1939年1月）

植树造林，在1938年开始植树约计13814株，1939年种植树51714株，今年动员林造大小41处，计划40243株。此外群众私人种植树49336株，成活较他年为多。种植果树，群众也很热心。对于森林之保护，各区乡已有了开始注意。

（《志丹县政府两年来——1938年1月份至1940年6月底工作报告》）

第五节　边区的蚕桑业

一、蚕桑业发展简史

清涧、绥德、吴堡、安定此四县靠黄河一带，因气候较温暖，故能栽桑养蚕。从历史上来看，蚕桑业在这四县生根发芽已远在几百年（三四百年）以前，而近几十年来比较发达，尤其以1928年以后至1934年之间数年为盛。如在清涧县的东三联十家有八九家养蚕，养的最多有一二担，最少三五升，一般养二三斗。在吴堡县则十家有九家养蚕，最多养二三担，最少三五升，一般养四五斗。在绥德枣林坪市镇，十家有六家养蚕，最多的养一担，普通养二三斗。这一段时期比较发达的原因在于：（一）茧价高。每斤银元三角五分至五角，而小米卖三四元一担，即是一斤茧子可换一斗左右小米；（二）洋布便宜，如果妇女纺花织布成本反比洋布贵。因此在当时妇女唯一的工作是养蚕（在吴堡也有少数养秋蚕的）。养蚕目的在于用丝制成水线缝制衣物、鞋袜，而剩余的大部分则卖给商人，收入大部作为妇女私房钱或稍稍垫补家用。而商人收蚕，大多运往山西缫丝织绸不一。其时所以能较大量地养蚕，亦因有较丰富的桑树作为食料之故。普通每户有桑四五十枝，而土地多的富农之家那就有桑三百500不等。一般对于桑树除了稍加修剪以外，别无栽培保护方法。

1934年土地革命时，因敌人对我交通封锁，煤炭无来源，可是人马加多，老百姓又不能安居乐业，柴火成为大问题，反革命军队到处以砍桑作柴用，而老百姓自己也无法，于是也砍桑作柴烧。如清涧当时被砍烧之桑，约占原有桑80%左右，绥德枣联一带也仿佛。又如吴堡当时烧毁的桑也在三分之二左右，唯不久又栽了不到三分之一的新栽树。由此可见当时破坏之甚了。因桑树之破坏及战争的环境下，故在1934、1935年都没有养蚕，直至1937年才渐渐恢复起来，但因桑树的大减，恢复是非常有限的。

四县当中仅安定一县，因产煤炭土地革命时未砍桑树，故现在和过去产量无多大出入。

土地革命后的三四年（1937、1938、1939、1940）当中，一般养蚕比过去减少。如清涧东三联十家有四五家养。过去最多养一二担者，而现在仅能养五六斗，并且这是非常个别的人家，最少养二三升，平均养斗把、七八升的为普遍。在吴堡县现在十家有六七家养蚕。依理应当在土地革命后分了土地，而桑树是散种在地上的，过去一些贫农、雇农无地无桑者，今天有地有桑，桑虽不多但由于分土地分桑，于是有桑的人家加多了，蚕户应当加多，但是事实上蚕户在清、绥、吴三县比过去减去三分之一以上，而养蚕量及产茧量也均减少。如吴堡过去最多能养二三担者，今则只养七八斗，最少养二三升，一般养一二斗。探究其户数产量的减少原因，不外有以下几点：

（一）桑树减少平均三分之一以上；（二）茧价低，其时每斤茧银元三角，小米五六元一担，过去一斤茧能换一斗小米者，今则换不到了；（三）纺花织布利多于养蚕并又可靠，自从山西卷入战争后，黄河渡口封锁，洋布不便运过来，人民穿衣只得以纺花织布自给解决；（四）养蚕把握少，老百姓养蚕，因蚕种及保养方法不注意（如妇女忙不过来时，每天只抽空喂一二次桑叶，在清涧店联杨角山有一妇女，今春养的蚕都死完了，原因是饿了二三天，饿死了，那个妇女说："我忘了喂。"），病毒之传染，因此蚕很容易死。乡下盛传一谚语谓："三年两不收，十年九不收。"（五）妇女忙于他事，劳力不够。

而今年丝蚕产量比前二年增加，清涧东三联产茧1万斤（十四五斤茧打丝一斤），吴堡产茧15000万斤左右，安定产2万余斤，绥德无统计。照上述产最均比前一二年增加，其原因不外是茧价高，今年每斤茧边币5元至6元。养蚕目的大部乃妇女解决丝线问题，据调查一家养蚕三五升者，只能供自用，养七八升以上者才能卖出。

（甘露：《蚕桑考察团总结报告》，1941年12月）

二、蚕桑业在边区是有基础和发展前途的

四县[①]桑树据不完全的统计（是根据四科的统计）共有桑树4万棵至5万棵之间。

（甘露：《蚕桑考察团总结报告》，1941年12月）

以每斤丝售价一百五六十元计，清、吴、安定三县计今年出茧45000斤左右，可打丝3000斤（以15斤茧打丝1斤计），计共值价450000元（以每斤丝值150元计），加上绥德及延川、葭县的一部分产量至少今年边区蚕桑收入在50万元以上。一年蚕桑收入50万元（以后还可增加）是不无一点作用的。以老百姓讲，虽然桑树少收入有限，劳动力不够等等困难情形，但毕竟这一不

① 四县指：清涧、绥德、吴堡、安定。

大的收入在老百姓家的生活改善中还有它的意义，故一般说，群众对这一事业还有兴趣。如今年丝茧产量增加及各县四科布置下去的新栽桑数目，除吴堡较困难（地少平均每人2垧地）外，其他如清涧等县均能全部完成任务或大部分地完成的，以此足可证明群众对蚕桑业生产热诚了。

（甘露：《蚕桑考察团总结报告》，1941年12月）

今年一斤半茧子可换回一斤棉花（当时茧子一斤200元，棉花300元一斤），去年2斤茧子换回一斤棉花（去年茧价每斤22元左右，棉花45元左右），故各地老百姓反映，明年可要多养蚕哩，好价钱。如店子沟三乡三行政牙圪凹高必光收茧57斤出卖52斤，共得洋11440元，他家反映：“喂蚕利实在大”，他婆姨反映：“喂蚕利大，三十几天工夫赚下1万多元，纺花织布三十几天无论如何赚不下这些钱，明年我一定要更操心喂蚕”。折区二乡小陈家沟村曰城家养蚕七斗多，卖款14000多元，收入很大。

（《清涧县蚕桑工作初步检查总结》，1943年7月13日）

在四县中桑树除喂蚕外，还有几种作用，例如桑皮可造桑皮纸，在绥德枣联即有很多桑皮出卖去山西及运至绥德纸厂制纸，桑皮纸较马兰草造的纸结实些，成本不比马兰草贵。还有是用桑条编织篮子及打笆子用。此用在清、绥、吴乡下还很普遍。

（甘露：《蚕桑考察团总结报告》，1941年12月）

桑皮可作制纸的原料，有剥桑皮出卖习惯的计有袁、解、店、新，今年在袁、店、新等区每斤桑皮10元，解区12元一斤，这几区桑皮全过了河，系山西人来收买的。桑条一斤五六元，都卖在本地打桑笆。一株大桑树收叶七八十斤，可剥桑皮十一二斤，桑条30斤左右，中等树十来年历史，可收叶30余斤，可剥皮三四斤，桑条10斤（这里所说的桑皮桑条是剪条整枝的废物利用）。

（《清涧县蚕桑工作初步检查总结》，1943年7月13日）

……鼓励老百姓多喂蚕，故各区都励了一个模范者。

（1）店区三乡牙圪凹高伯兴老婆，他家有桑树30株，每年春天在清明节前后削条一次，喂春蚕完毕即撕叶一次，到秋天里又撕叶一次。

高伯兴婆姨和他母亲两人年年喂蚕，经常喂四五斗收四五十斤茧。今年他喂五斗多蚕，收57斤茧，出售52斤，每斤220元，共卖11440元，留下5斤抽水线自用。

他的喂蚕方法，与一般的老百姓差不多，唯到大蚕时勤傲蚕，大窝起来以后的蚕，他每天要傲三次。

（2）石区五乡郝家墕郝明贤的老婆56岁没儿没女，男人原不正当，现在有疯病，他夫妇二人生活全靠这老婆喂蚕、喂猪、纺线来维持生活。他家有大桑树2株，小桑树2株，去年喂蚕一斗半，收茧15斤，自己收丝织绸布2丈，给男人缝老衣。今年喂蚕一斗八升，收茧18斤全出卖了，共3400元。

有喂蚕经验，他说一升蚕需十一二斤桑叶，喂蚕是干净事情，因之叶子要净，不能有水，也不能有泥，蚕要温和温度，窑内不能太凉，也不能太热，喂蚕要手勤，多傲蚕。

（3）折区四乡马家岔师富才家历来都喂蚕，他家在1941年有20株桑树，1942年新栽5株，1943年又栽5株，现有桑树30株，计划在今年秋里再栽十来株桑。

1941年喂二斗五升蚕，收茧25斤，出卖20斤，自用5斤。1942年喂蚕六斗，自己叶不够，租了别人树喂，收茧60斤，出卖45斤，自用15斤。1943年喂蚕七斗，叶仍不够，还是租别人树喂，收茧70斤，出卖44斤（9240元），自用26斤。

他喂蚕方法比别人进步，他在小蚕时一天喂七次，到大蚕时，夜间喂叶，不给蚕吃露水叶和泥土叶。

（4）袁区寺墕里惠金云家，他是寺里墕村历年来喂蚕好的家户，去年他家喂蚕一斗六升，收16斤茧，今年他喂三斗半，买了200斤桑叶（每斤2元），收35斤茧，他的茧质很好，每10斤即可抽一斤丝。

他喂蚕方法比一般较为进步：①懂得挑选籽种，制种他挑最好的束腰茧；②小蚕叶用剪子剪；③避免刺激物，如烟熏等尽量避免；④放蚕在桑树有芽苞才放；⑤大蚕勤傲蚕。

其他三区模范者从略……每个英雄都奖以一条丝手巾和200元丝线，受奖者的兴奋，别的亦羡慕，均声称明年多喂蚕。

（《清涧县蚕桑工作初步检查总结》，1943年7月13日）

各别地比较起来，以清、吴、安定产量最多，其前途以清、安定、绥德较优越，吴堡因地太少又处于战争环境之下（河防之前哨）故比较困难。但由于蚕桑业在边区有它的深厚基础条件以及今天需要的情况下是有它的发展恢复前途的。

（甘露：《蚕桑考察团总结报告》，1941年12月）

三、发展蚕桑事业必须注意的几个问题

（一）存在的问题

1.蚕病很普遍

蚕病很普遍，故每年收成很少把握，群众深信迷信，大多以为蚕茧收成唯命运是定。调查其蚕病经过情形，一般是至四五令壮蚕期时口吐黄水而死，未见实情，故难断定此种现象究属何种蚕病，不过可初步说它是属于软化病一类的。

（甘露：《蚕桑考察团总结报告》，1941年12月）

2.蝇蛀茧很多

今年茧质据丝铺反映："蝇蛀茧很多，约20%至30%"，此比例甚可惊。因蝇蛀丝头断了损失丝甚多，这损失是苍蝇给予的，以后一定要倡行喂蚕地方扑灭苍蝇。

（《清涧县蚕桑工作初步检查总结》，1943年7月13日）

3.天雨，蒸茧难得阳光晒干，很多茧蛹变蛾，咬破茧壳，损失甚大

茧子收回后，曾下两场雨，各丝铺损失甚多。因茧子收回来后即蒸，蒸毕即晒，蚕蛹始死，但因今年天雨，蒸后没阳光晒干，故很多茧里的蛹成蛾咬破茧壳损失甚大。这种损失年年都有机会发生，值得明年加以注意。可以提倡以食盐盐茧此价并不大，唯需买一批大缸。现市场缺此种缸，丝铺愿意食盐盐茧明年我们可在这方面给帮助。

（《清涧县蚕桑工作初步检查总结》，1943年7月13日）

4.桑树不除草施肥，桑叶质量很差

各地桑树之共同缺点为不春耕、夏耕或秋耕，不除草，不施肥，因此一般的质量都很差。又各地都只利用春天的桑叶养蚕，秋天的桑叶不喂蚕，而给羊吃。事实上秋天叶子与春天差不多，同样可以喂蚕的。

（甘露：《蚕桑考察团总结报告》，1941年12月）

5.养蚕没有纺织、果树等农村副业收益大

纺织业：纺织在我们所经过的乡村城镇都很普遍，这是由于近几年来黄河渡口封锁洋布不能畅运，吾边区妇女以自纺自织来解决穿衣问题。由于近年政府之号召，纺织故更盛。在清涧、吴堡等地差不多家家妇女均会纺织，农村副业亦以此为首。一般据调查，一斤一二两棉花纺线一斤，每人平均每天纺线二两半，八九天即能纺一斤。一斤线织二丈布，每人每天织布多者二丈，少者丈余，平均二天织二丈布。这样一斤棉花从纺线到织布只需11天左右。而从价格上来看，则一斤花15元（十月份各地一般市价），粗布每尺（狭面一尺二三寸）2元至2.5元，二丈布值价40余元，可获利25元以上，平均每天获利2元以上。如与养蚕作比较，则养蚕正值春天农忙时，妇女要做饭管娃娃料理一切家务，有时得给丈夫送饭去地里。诸如此类事情忙过后以疲劳之精力来养蚕，致影响对蚕事不够仔细周到。一般劳力不够，桑叶不够，都只养三五升蚕，而费时一月多，结果只解决了水线问题外，卖出茧二三斤，收入10元至15元，而此乃妇女利用40—50天的空暇时间换来的（平均每天获利五六角），由此可见养蚕与纺织获利相差之远。

梨果树生产方面：各地一般梨果树的生产收入也在蚕桑之上。例如清涧解家沟联保共有梨树594棵（联保今年之统计），今年为梨儿之熟年，平均每棵产梨400斤（最多产1000斤左右），每斤一般价5毛，每棵值200元，全联共可收入10万元左右。

果树方面，解联有果树569棵，每棵产300斤（最好五六百斤），共有170700斤，以每元3斤计，可值5万元左右。

而解联之蚕桑收入全年春蚕共出茧4000斤，每斤5元，值2万元。此数与梨果比相差一半以上，而养蚕又较梨果费时多，工作又麻烦。

由此可见各地蚕桑业在副业中之地位是非但低于纺织而且也低于梨果的

价值的，但从其效用上来看说，除纺织与蚕桑效用相同——可解决穿衣问题，梨果之效用仅属于消耗品之类，其价值无蚕桑大。

（甘露：《桑蚕考察团总结报告》，1941年12月）

6.制成品梢售上存在问题

（1）制成品销路不好。如王福祥在5月间带20匹胡绉至榆林出售，结果卖不了仍带回来。

（2）制成品出售，买不进来原料，一方面是没有原料可买，另一方面即是有价格，不时高涨，也买不足原来原料数量，因此各丝铺为了不吃亏起见，现在都不出售货了，所以现在丝铺都压胡绉、绸子不出卖。

（《清涧县蚕桑工作初步检查总结》，1943年7月13日）

（二）发展蚕桑事业必须抓紧的几个问题

最后我们综观上述各县的蚕桑业情形而得出以下的几个中心问题：

1.积极保护与栽种桑树。吾边区欲发展恢复过去之蚕桑业，增加生丝产量，必须从现在起积极保护现有的桑树及新栽桑树，以备将来之用。依此次调查，如吴堡等四县均仍有砍伐桑树作柴烧之现象，应加以禁止才好（为有条件的禁止，即老桑枯桑可砍）而栽种新桑乃为补偿过去土地革命时之损失及作为发展蚕桑之必要步骤。

2.从原来基础上去改良养蚕方法与栽桑法。养蚕方法及在蚕期中一切事项之处理是否适宜，对于养蚕之收利多少是很有关系的。而据此次调查，各地一般养蚕方法太差，致影响收成，因此我们认为有改进之必要，可增加稚蚕给桑回数及增加除沙回数和改善其方法，注意蚕室蚕具及空气之清洁，扑灭苍蝇及对于病蚕之适当处理等等事项。

3.发展丝织业。发展蚕桑，增加生丝产量，而出产之生丝应适当利用。为此只有发展丝织业。各县如清、安等地已有小型丝坊之设立（最长的区有几十年），而此二十余家丝坊，据调查，所用之生丝完全本地出产供给，而丝绸大部推销外地，如西安、宁夏等地，本地自用较少。而今天棉花产量不够供边区所需要，如交通丝厂今年试织之丝巾棉布（详情如上述）很可补充棉布之不足，也就是说，丝可代替棉花，这是发展丝织业的意义之一。其二则为可利用生丝绸子之类，作为对外贸易之成品，而可换进我边区所需之各物。

在丝织业中，我们认为有改良织机及提倡丝巾棉布之必要。

4.提高群众信心与热情。最后，我们认为在边区有蚕桑之深厚基础，也有它恢复发展之条件，而今天之任务在于提高老百姓对这一事业之信心及热情，为此必须除政治的动员以外，配合以人力、物力之具体帮助。因此我们曾作提案发展恢复边区蚕桑业交边区参议会，并作明年工作之初步计划。

（甘露：《蚕桑考察团总结报告》，1941年12月）

附录1：绥德分区1943年养蚕工作总结

一、分区蚕桑生产，自土地革命后逐渐下降。

据分区蚕桑生产开展最早和最普遍的吴堡调查，有蚕桑生产不过一百二三十年。蚕种初是从太原、西安、三原等地买来的，以后在本地试养，才逐渐留下蚕子。蚕桑生产开展最盛的年份是1922年至1926年间，茧丝走山西一部，走榆林、宁夏一部，在本地抽丝自用。据说1922年后，茧蚕买卖有税，每年经过纳税的茧在五六万斤上下，如加上自用不抽税以及少报税和偷漏税的，则当时每年产茧当在8万至10万斤之间。

蚕桑生产成为吴堡农村一个重要的副业，在清涧东部几区和绥德枣林坪等区域蚕桑生产也占农村副业的一部地位。

但至土地革命以后，蚕桑生产向下降落，从1934年至1936年一落千丈，这是战争影响。①交通阻塞茧丝不能外销；②山西不来煤炭桑树被砍作为燃烧资料，更经过军队过往，70%以上桑树遭到砍伐；③人民不安心生产。

1937年以后，中间经过40年改变政权，重归土地，党和政府提倡生产，但蚕桑业还继续下降，到1941、1942两年最甚。据调查以丝厂收茧数做根据来估计，吴堡全县1941年出茧15000斤，1942年出茧11000斤，与1922年比较相差几近18倍。

举例：1.吴堡井道上村（这村为蚕茧发展最早和最著名的全县之蚕业首都）

年代	养蚕户	养蚕数	出茧数
1931年以前	39户（全数）	1500升以上	1500斤以上
1941年		820升	277斤
1942年	32户	810升	232斤

2.吴堡后呼家小村

年代	养蚕户	出蚕数	桑树数（大约）
1931年以前	34户	200斤	500株
1941年	20户	130斤	420株
1942年	15户	100斤	100株

这几年蚕桑生产下降的原因是：（1）蚕丝销路仍滞，茧价跌落。早年吴堡蚕丝卖到山西碛口、孟门两地抽丝，运到太原、榆次、天津每斤茧可售到白洋三角到五角，即可换米五升到一斗，1934年、1935年茧价跌至二三角甚至一角，抗战后，山西被敌占领，茧丝销路仍不通，茧价还跌。

1940年	每斤茧平均价	1.5元	换米	0.2斗
1941年	每斤茧平均价	3.0元	换米	0.101斗
1942年	每斤茧平均价	9.0元	换米	0.22斗

（2）农民养茧情绪低下，技术日趋粗率，蚕的死亡率增大。早年吴堡农民因茧丝价大，讲究细心养蚕，接近科学饲养法。近年以来，则以茧价跌落，情绪下降，养蚕方法日益粗率，连一些老年农妇都看不惯，慨叹：“如今年青媳子养蚕比咱们当年差得多了”。同时蚕种也多年未加改良，找新种交配，而旧种退化，病毒遗传，愈传愈劣。因此，蚕的死亡率逐年增大。有如下统计：

村名		1941年	1942年
井道上村	蚕的死亡率	66%	72%
任店家沟村	蚕的死亡率	60%	48.2%
刘家沟区五乡	蚕的死亡率	53.1%	44.3%
刘家沟区七乡	蚕的死亡率	60.3%	60.9%

蚕死得多的农民的情绪更低，饲育法更粗率，蚕的死亡率愈增大。许多农民已准备不再养蚕，不留蚕子，又不少的农民也准备少养。

以上吴堡材料足以概观全分区。

二、今年分区蚕丝生产开始回复向上。举例统计：

		绥德	清涧	吴堡	米脂	绥西	葭县	合计
养蚕户	1942年	2015	3094	2293	480	868	366	9116
	1943年	2299	4379	2696	617	1155	652	11798
	增 数	284	1285	403	137	287	286	2682
	增 比	14%	41%	17%	28.5%	33%	28674%	29.37%
养蚕量（升）	1942年	4456.2	20217	10866	1031.7	10532	2418	49520.9
	1943年	4704.4	35000	16390	1360.8	12180.5	5649	75284.7
	增 数	248.2	14783	5524	329.1	1648.5	3231	25763.8
	增 比	5%	73%	51%	32%	15.6%	129%	52%
出茧量（斤）	1942年	3688.5	20217	8880	451	2825.3	1209	37270.8
	1943年	4170.9	30904	12460	519	3866.1	2821	54741
	增 数	482.4	10687	3580	68	1040.8	1612	17470.2
	增 比	13%	52.86%	40%	15%	36%	133%	46.87%

注：清涧1942年养蚕数，只指养成的，死亡者不在内。

由上统计来看，无论养蚕户、养蚕量和出茧量，今年比去年都有增加，不过就现桑叶数，今年还可多养一些蚕，在吴堡显见桑叶过剩。

举例：

井道上村有桑804株，出叶12096斤，可养808升，今年只养658升。

任家沟村有桑597株，出叶5781斤，可养398.5升，今年只养238升。

刘区五乡有桑1400株，出叶14824斤，可养988.2升，今年只养732.1升。

蚕的死亡率，今年也减低了。举例：

井道上村	蚕的死亡率	1941年	66%	1942年	72%	1943年	39%
任家沟村	蚕的死亡率	1941年	66%	1942年	48.1%	1943年	40.2%
刘区五乡	蚕的死亡率	1941年	53.1%	1942年	44.3%	1943年	20.2
刘区七乡	蚕的死亡率	1941年	60.3%	1942年	60.9%	1943年	21.7%

如果前年、去年蚕的死亡率平均在50%以上，则今年在25%至35%之间，这是农民今年比较用心饲养的结果。

三、今年桑树也增栽了。举例统计：

	1942年	1943年
绥德	14930	17238
清涧	20439	26646
吴堡	27743	32377
米脂	5938	8477
葭县	4061	6053
绥西	5226	6553
合计	78137	97344

但这数字不大正确，实际恐不止此。

就上面统计而论，今年比去年桑树增加19207株，实际当在2万株以上，这是成长了的，即前年以前增栽幼枝成长了的，今年新栽幼枝尚未统计在内。吴堡、辛岔两区春栽幼枝已有4832株，而且桑树压枝条多在秋天，此数尚不能统计。

吴堡决定以10月25日至11月5日为栽桑运动期，号召每一男劳动力栽桑10株，计可有7万株。

四、今年分区对堡蚕桑生产如何领导。

（1）抓住蚕桑生产有历史也较有基础的吴堡、清涧两县作为发展蚕桑生产中心，加强帮助领导。

（2）号召会养蚕的农户都来养蚕，有桑树的也来养蚕，从前养过后来不养的，叫他们再养，还养着的叫他多养，把养蚕的利益向农民宣传，号召多栽桑树，规定不许砍伐桑树，在一些地方开农民会、妇女会去推动，而且经过制订农户计划去帮助农民提高养蚕种桑的数目和方法。

（3）采取奖励办法，规定养蚕收入不征公粮，并向农民解释。清涧各区选一个模范养蚕户，并给以一些奖励（丝巾丝线）。鼓励多养蚕，多种桑，勤苦细法，死蚕少，出茧多的人。

（4）编印养蚕法、植桑法小册子，发给各区乡政府，并在一定地方，（如吴堡）召集乡级干部讲授养蚕技术，使传达到农民中去，提倡改良旧法，但一般干部未曾深入传达耐心教导群众。此外，又把去年农场制出的改良蚕种分发各地作为推广，可惜除吴堡部分地区（如刘家沟区）有专人指导试用，得到效果外，其余各地只把新种发下去未教农民分开饲养，优劣不清，结果推动作用不大。

（5）做“据点指导”。今年在吴堡以刘家沟区七乡、井道上村（蚕桑生产最早最多的地方）作为据点，又在这村和附近尚家原、马跑泉两村各建立一家示范养蚕户，用改良种，采取改良办法，派专人指导。结果马跑泉村孔田养18升蚕，经过34天用改良方法饲养，收茧15斤，无死亡。井道上村宋春华家养三斗蚕，出茧三十三斤十二两，无死亡。尚家原尚老婆养一斗六升蚕，出茧十八斤半，收成为二十多年他家所未有的养蚕效果。这样使周围农户都受到推动，整个刘家沟区以至吴堡其他地方的养蚕户，都知道来年要用新法新种，同时经过对据点周围农户的帮助指导，又经他们传出去，把改良养蚕法推行开了。

（6）做蚕桑试验。在清涧派沙平试验，用湖桑养蚕，结果良好，打破旧有湖桑不能养蚕的说法。在吴堡派甘露试验各种蚕种的性质和蚕与桑叶的关系，已有初步结果，并制就改良蚕种400张，6500个蛾，可出蚕32石多，足供明年在吴堡大部分地区试用。

（7）提倡试养夏蚕和秋蚕。夏蚕过去无种，今年得了少量“三蛾二化性华六蚕”种，在吴堡县级机关和刘家沟区七乡试养。县级机关试养的收成尚有70%，而刘家沟七乡农户试养的，则因饲养不得法，蚕室设备不好，天气热，苍蝇多，死亡率在80%以上，收茧大部分被蝇蛆咬坏。秋蚕则在专署农场试验，但天气变化太甚，设备不周，上蚕种母代虚弱全部死亡。

（8）经过政府帮助提高茧价，刺激蚕桑生产。今年由财政厅贷款30万元，银行和永昌公司贷款150万元，经过合作社和公营丝厂收买鲜茧，把茧保持在每斤200元之间（合白洋0.85元至0.87元，合米二升五合左右）。过去茧价给商人操纵，价格过低，今年开始时每斤茧只值120元上下（合白洋0.50—0.60元，合米一升五合左右），而经合作社用较高价格收买，商人也把茧价提高了，这结果蚕户生产情绪提高了，都说：今年茧子好价钱，要好好喂蚕。不过这只是一时的刺激办法。

（9）但大部地区多是只有一般的号召，除上述据点外，缺乏具体深入的领导和帮助，更缺乏经常检查，好些蚕桑生产中的问题如蚕病治疗等未能帮助农民解决，这是一般主要的大缺点。

五、从今年蚕桑生产看到几个问题。

（1）蚕业生产在农民是颇有利的，以今年茧价而论，每斤200元，按当时市价合米二升五合上下，一个农妇没小孩，除日常家务（烧饭缝补）外，可喂五斗蚕，自孵蚕到收茧不过35天，其中最忙的不过十五六天，桑叶平日可由男子在山上耕余捎带摘回，只是从蚕大卧起至结茧期间六七天，需桑叶多，要用较多的时间来采摘，计算起来五斗蚕女工20个，男工10个，收茧50斤，合米5.5斗—6斗。举几个例：清涧店子沟高伯兴家，母亲和婆姨两个人今年喂蚕五斗多，收茧57斤，留下5斤抽水线自用，卖出了52斤，得11440元。婆姨说："喂蚕利大，三十几天工夫赚一万多块钱。明年咱一定操心多喂些。"

清涧石嘴驿郝明贤家男人有病，一个婆姨56岁，全靠养蚕、纺花过活，过年喂蚕一斗半，收茧15斤，自己抽丝织绸2丈，给男人缝老衣（殓衣），去年喂蚕一斗八升，收茧18斤，卖洋3400元。

折家坪区白成家喂蚕7斗多，得茧70斤，卖价14000元。又师富财喂蚕得茧70斤，自用了26斤，卖了44斤，得9240元。一般农民都说："喂蚕利大，可恨咱没多喂。"

（2）据清涧不尽正确的统计30904斤，自用（抽水线）12032斤，即38%，出售18872斤，即62%，这是说茧出售于织绸上的数量还不大。

而又据清涧调查，清涧有12家丝厂，有湖绉机6架（经常开动的2架，停动的2架），平机12架（经常开动的4架，半开动的6架，停动的2架），工人25人，学徒34人。湖绉机经常开动一年可织湖绉600匹，绸布1440匹。湖绉每匹15丈长2尺宽，需经线1斤，纬线1斤2两，共线2斤2两，绸布每匹（5丈长2尺宽）需经线13两，纬线14两，共1斤11两。全部机子开动需丝2660斤，以14斤茧抽丝1斤算，需茧37240斤。但今年只收18620斤，蓦地看起来蚕丝与丝织品销路没有问题，因而有人感蚕丝生产无可发展，这只是惑于片面现象。分区蚕丝与丝织品向外销售确是敌不过人造丝和外地丝绸的，但边区内部对丝织品仍有不小的市场，一般农民婚丧大事都需用丝绸。问题在今后应采用蚕茧保护政策，禁止用外来绸缎，提倡用边区丝织物。

分区现有丝厂16家，还大可发展。

蚕丝除用于织绸外，还可大量抽线代替缝衣机器线。

（3）今后在养蚕上还应注意下列两方面：①选择蚕种——过去蚕种多年累代，近亲交配逐渐退化，并且病蚕和虚弱的蚕，一般蚕户未加注意剔除，结果病毒遗传愈传愈广。如分区普遍存在的蚕猝倒病（即俗称黑布袋蚕，症状是蚕身全体软化，死后数小时变黑色腐烂发臭），不少是遗传的。因为这病遗传力颇强，而上一代病不重时，还可以结茧成蛾下卵，一般农户又舍不得提早剔除，让其交配结茧，病蚕后代即多数中途死亡。又如一般农户所养的蚕中有不少不发育的小蚕，俗称“蚕妪妪”，也是未曾即早剔除的蚕，任其传代的结果。今后除由农场配制新种推广外，还应教导农户会去选种，即早剔除病蚕劣种蚕。

②改良抚蚕法——主要要做到清洁、细致、勤快。

纠正过去不注意蚕室与用具（席片、把帘、贮叶缸等）清洁，不洁是过去蚕死亡主要原因之一。提倡勤扫讲究清洁，还要及早剔除病蚕，防止传染病。

纠正过去“吊塔”余蚕，对小蚕每日只限三四次，又不喂夜叶，使蚕儿受饥而虚弱不发育，易得“空头病”，致死亡率很大。

提倡小蚕每日要喂七八次，从幼至大都喂夜叶，注意桑叶清洁。

附录2：吴堡县政府1943年养蚕总结报告（节录）

（1943年8月14日）

蚕桑业素为吴堡副业中的一大收入。历年的产量很早以前是没有稽考的。民国十一年（1922）后，茧子有了税，每年经过纳税的总是五六万斤，实数确在这数以上（偷税的、少报的、自用的），在8万至10万之间。自二十三年（1934）土地革命开始后，蚕桑业日渐下降，据最近三年的统计（丝厂统计的），三十年（1941）出茧1.5万斤，三十一（1942）年出茧1.1万斤，三十二年（1943）出茧1.2万斤（茧户自用的在外）造成这样下降的原因分述如下：

1.桑树的减少。当土地革命开始，白军几次围剿，到处修碉堡拿桑树堵路口，塞碉墙；苏区被封锁，运不进炭，群众用桑树做燃料；苏区放弃后，地主夺回土地，又怕群众分去，将较大的桑树砍了；新政府成立后，土地又归群众，而分地的人又怕原地主夺回，又来一次砍桑。

政府虽连年号召栽桑，但栽的是小的，砍的是大的，不足补其损失，兼之养蚕信心不高，暑天不打掐，小枝丛生，桑树变成枣树了，致产叶量的下降比桑树的减低更快。刘家沟区，井道上村是本县养蚕最多的村子，又最有历史，前去两年砍桑300株，新栽100株。再看李家沟区后呼家山三年的统计，就可看见全县养蚕的大概情形了。

年代	养蚕户	桑树（产五斤叶的树）	收茧数
1940年	34户	500株	200斤
1941年	20户	420株	130斤
1942年	15户	310株	100斤

这些数字有80%的正确性。

2.蚕的死亡率增大。我县养蚕虽有优秀的历史，但墨守成规，只靠农妇养蚕，从未有人住过蚕桑学校研究养蚕栽桑的技术，更没搞过公母蛾的调换配（用甲地的公蛾配乙地的母蛾），致蚕的死亡率逐年地增加。根据刘家沟区第七乡的调查，就可看见一些情形。

1943年减低实因甘露同志专门在那里指导养蚕的方法。

年代	死亡率
1941年	60.3%
1942年	60.9%
1943年	21.7%

3.茧价的低落。我县的茧子抗战前全部卖到山西渍口、孟门两处，由那里打成丝。当地自用一少部分外，大批的运至榆次、天津出售了。那时一斤茧子可卖白洋三四角，最贵卖到六角，可换一斗米。抗战开始后，丝没有销路，渍口、孟门因敌人捣乱也没人抽了，那里的织丝人多数移到我县了，所以这几年的茧子大部被山西移来的织丝人收买了，他们打成丝自己织成丝巾、罗底或绸则出卖了。现有山西人织丝的机子15架，我县人的1架，政府

丝厂的2架。所以茧价特别低落。兹将四年来的茧价写在下面：（根据收茧的平均价）

年代	每斤茧价	合米数
1940年	法洋1.5元	2升
1941年	法洋3元	1升9合
1942年	法洋9元	2升2合
1943年	法洋80元	3升

由这表可以看见，今年茧这样的提高茧价仅能换到谷米3升，妇女们感到不如纺花织布得利保险，所以降低了养蚕的信心。喂二斗五升蚕起码得40天，摘叶需男劳动三分之一，喂叶需女劳动力1人，一个不死才收茧25斤，怎能保险不死呢？况桑树又要吸地力，减少庄稼的收成，暑天还要打掐误工，纺织劳累人但很保险。她们都有这种不正确的心理，今春对喂蚕虽进行过广泛的宣传，但剩余的叶还很多。

第六节　边区农业是怎样发展起来的

一、毛泽东同志关于边区农业发展原因的总结

下面讲一讲边区农业是怎样发展起来的。

在国内和平未建立前，农业是衰落的，以后是发展的。这种发展是怎样得来的呢？除了中央红军到达，土匪肃清，和平实现，农民能安居乐业外，还有以下的原因：

第一是纠正了经济政策上的“左”的错误，实行了休养生息的政策。因为农民虽然分得了土地，但因经济政策的“左”，怕发展生产。另方面，因为农业经过革命前后的破坏，基础很弱，妨碍发展。中央实行纠正“左”的政策，打破了农民怕发展生产的倾向，农民愿意增加耕具，富农敢于安伙

子，雇长工。休养生息政策恢复了元气，便利了农民的再生产，同时粮价高，副业利大，也刺激了农民的生产热情，使农业迅速发展，并打下了1941年征收公粮20万担与公草2600万斤的基础。

第二是发展生产的号召。例如：1939中央召开的干部动员大会，第二次边区党代表大会，第一次参议会，第一次农展会，均有发展生产的号召，这些号召起了巨大的推动作用。因为首先推动了干部，经过干部深入了群众，动员了男、女、老、幼以及“二流子”均参加生产，增加了劳动力，最后地打破了农民怕发展生产的心理。因此1939年的开荒数达到100万亩以上，真正向外边买进牲口来，也是那一年为最多。

第三是移民政策。最近四年中耕地扩大235万亩，一个重要的原因是在于土地多的区域大批地吸收了移民，增加了人口。例如，延安在1937年只有人口3.4万，现在人口7万左右（延市在内）。因此该县的耕地，由30万亩左右，增至70万亩左右。安塞在1936年只有人口2万左右，现有人口4万以上。甘泉原只有8000余人，现有1.4万余人。延长在1939年只有人口2.5万，现有3.2万余。延川荒地最少，但从1938年到现在，也增加人口1万余。华池在1938年只有3.5万人，现有4万余人。其他如保安、安定、靖边、陇东、关中各县的人口均有增加。这些增来的人口，以横山、榆林、神木、府谷为多，其次是警备区，均是自动移来的，不是由政府组织来的。他们之所以自愿来，是因为有土地，有优待；各县又组织老户在粮食、工具、窑洞上的帮助等；同时又有富农接纳安伙子，也便利了移民。移民增加，不但耕地面积扩大了，也发展了牲畜，繁荣了商业。所以移民是发展农业的条件之一。

第四是奖励政策。移民三年不收公粮，并减少其他义务负担。棉农中有种棉利益不及种粮利益的，由政府贴偿。从边区外面买进来的牲口，第一年减少一定数量的公粮。还有两次农展会对于劳动英雄的奖励，也发生了很大效果。例如：延安的吴满有、卯克呼，甘泉的杜发福，都是经过第一次农展会奖励过的，他们现在都成了很好的富农，缴公粮均在五担以上（边区一担300斤），并在农村中推动了其他农户发展生产。所有这些，均推动了农业的发展，尤其是粮食与棉花的发展。

第五是减少劳动力的浪费与调剂劳动力。内战时，因忙于战争，不暇生产，土地荒芜。和平实现后，又有自卫军经常的训练与放哨，还有各种会议，故每个壮丁一个月至少要耽误三个工。后来将这种误工减少了。同时，在1941年以前，公粮收的少，义务运输公粮也不多，误工较少。最近几年中农村中的扎工（有工头，集体为人家做临时工）、变工（群众互助性质，也是集体做工）发展了，调剂了劳动力。又动员了“二流子”参加生产，妇女参加生产的也多了。所有这些，就帮助了边区农业的发展。

第六是农贷政策。以前没有农贷，但有休养生息政策的帮助。现在公粮加重了，特别是80%的农户都要交公粮，一部分（大致有三分之一）缺乏耕牛、农具和食粮的农户，必须有贷款的帮助，并且为了在某种必须发展的农业（如植棉）、农村副业（如纺织）与某些必须更多发展的地区，给予农贷尤为必要。1942年农贷虽只放出400余万，其中耕牛贷款只有150余万，但在此项贷款帮助下，买了耕牛2600余头，又买了近5000个农具，又发展了植棉，不能不说是一个大的帮助。但因财力有限，只能按照政府的财力来贷款，还不能按照农户的需要来贷款，但少有比没有总要好些，总有些调剂的作用。

上面讲的是农业发展的几个主要原因。下面再讲到我们工作中的几个主要教训。

第一，要因地因时制宜。农业的地区与时间不同，发展的方法也不同。例如警备区没有荒地（除清涧有少数），耕地不能扩大；羊子为牧地限制，发展有限；运盐又缺乏驮牲；减租政策又不彻底；因此，那里的粮食没有增产，副业除纺织外亦未发展。但是多锄草多施肥多犁地的深耕（改良作法）办法，虽在那里早已实行，也还应该根据现状进一步地研究，以期尽可能地增产。但是这种办法，若拿在土地多、人口少、作法粗的区域去用，便少实效。因为这种办法都要增加劳动力，在后一种地区的农民看来，深耕不如多种地，多施肥不如多开荒；尤其在雨水少的区域，多种地是较强的。所以改良农作法的口号，现时在后一种区域一般是少实效的。在这些区域，目前真正增加产量，最主要的还是靠开荒。如果从1937年到1942年六年间，增加的耕地约有300万亩，则1942年的收获量比1936年至少增加了粗粮50万担，合细粮25万担（每担300斤）。如果1942年边区的粮食产量估计为150万担细粮，则六年来因耕地增加而增产的粮食，就占了总数的六分之一。此项增加的耕地，部分属于移民的开荒，部分属于老户扩大的耕地。由此可知，我们指导农业，要依各种不同地区而采取不同方法，一种地区以深耕为主，另一种地区以扩大耕地面积为主。在时间上也要有分别：在有荒可开时，以奖励开荒为主；在荒地开尽时，就要转为以奖励深耕为主了。不但在大的区域之间要有分别，就是在一县、一区、有时甚至在一乡之内，也要有这种分别。例如一乡之中，某几村荒地多，就应鼓励开荒，某几村荒地少或无荒地，就应鼓励深耕。在时间上，尚有荒地时，该乡就应鼓励开荒，荒地开完，该乡就应鼓励深耕。但是我们在过去几年的工作中，虽然一方面是有成绩的，但在别一方面，确又有许多工作是空洞的，一般化的。我们有许多同志还不知道周密研究客观情况，根据不同地方与不同时间，提出确定的要求，解决增产的条件。过去曾一般的提出深耕、开荒、修水利及增产40万担或20万担的口号，实际则包含着许多的主观主义，许多农民对于这个口号是没有兴趣与影响的。从此得出结论：今后工作要实事求是地深入调查研究，按照具体的时间、地点、条件解决问题。

第二，很大一部分地区的农民至今还是重租重息，减租减息的政策没有彻底执行。农民一面要向地主负担租息，一面要向政府负担公粮公款，自己所得太少，提不起生产的积极性，也就不可能增加生产量。从此得出结论：我们要认真执行减租减息的法令。

第三，公粮增加与新收公草、羊子税及运公盐的影响，使农民生产情绪降低。例如：1941和1942两年农民所出公粮公草公盐甚大，而两年农民所扩大的耕地就只有60余万亩，仅占1939年的十分之六。牲口在1941年实际上没有增加，羊子反而减少了（当然跟瘟疫有关系）。移民也减少了，1942年移民只有2843户，并有3537户老户发生迁徙，原因主要是怕负担。还有一个原因：在公粮征收方法上，是按实物收获而不是按地亩多寡累进，这种办法，在平均负担上来说是合理的，但对促进农业投资是有妨碍的。因为同样的土地，收成多，要多出，收成少，可少出，甚至不出，这样就会降低农民在土地上投资的积极性。如按地亩征收，这点便可纠正，中、富农的积极性更会提高，对于贫农也无妨害。从此得出结论：公粮公草要有限度，同时要改善征税标准，方能促进农业生产。

第四，政策应贯彻执行。例如：移民与植棉，规定三年免收公粮，但实际又向移民“欢迎”公粮，棉地也征收公粮一半；从外地买进的牲口，原规定第一年减少一定数目的公粮，也未实行；还有奖励生产条例也未完全实行。所有这些，不但影响政府威信，而且会降低农民的积极性。从此得出结论：今后凡属政府颁布的法令，必须坚决实行。

第五，调剂劳动力及其他许多帮助农民的办法，如变工、扎工等，关系增进农业甚大，但是除一部地方如延安等县外，我们还没有去加以组织和发扬。各县干部，固然有许多同志在那里积极努力地替人民打主意，创造了许多动员群众发展生产的好办法，造出了许多的模范例子，但在另外许多同志却不是这样，他们缺乏实事求是与积极努力的精神，他们缺乏创造性，他们觉得农业上没有什么工作可做，或者不知从何着手，于是只提出“春耕”、“秋收”等空洞口号，自己采取消极态度，让农民自流去干，政府只是事后登记一下。但实际上要做的事很多，很多好办法都可以想出来。例如，延安县在1942年春耕时，一部分农民情绪很低，发生了移走，或者分家，或者卖牲口准备缩小生产的现象。这些现象，在缺乏积极精神与缺乏创造性的同志看来，是没有办法的，只好听天由命，让其坏下去。但延安县的同志们却不是这样，他们没有消极态度，也没有官僚主义。他们能够抓住问题的要点，采取积极的办法，克服了困难。当时党与政府做了在宣传上、在粮食调剂上、在窑洞和农具调剂上的许多工作。后来，不但生产没有缩小，反而增加了8万余亩耕地。这一实例证明：我们的地方党与地方政府在农业上有很多的工作可做与应做，而且只要扼要、得法，一做就会生效。从此得出结论：干部要有克服困难的积极精神，要同群众联系一起，根据群众的要求，创造生动的办法，解决群众的问题，决不可有消极态度与官僚主义。

（毛泽东：《经济问题与财政问题》，
《毛泽东选集》，东北书店版，第754—759页）

敌后各根据地的大多数干部，还没有学会推动党政机关人员、军队人员和人民群众（一切公私军民男女老少，绝无例外）实行大规模的生产。党委、政府和军队，必须于今年秋冬准备好明年在全根据地内实行自己动手、克服困难（除陕甘宁边区外，暂不提丰衣足食口号）的大规模生产运动，包括公私农业、工业、手工业、运输业、畜牧业和商业，而以农业为主体。实行按家计划，劳动互助（陕北称变工队，过去江西红色区域称耕田队或劳动互助社），奖励劳动英雄，举行生产竞赛，发展为群众服务的合作社。县区党政工作人员在财政经济问题上，应以90%的精力帮助农民增加生产，然后以10%的精力从农民取得税收。对前者用了苦功，对后者便轻而易举。一切机关学校部队，必须于战争条件下厉行种菜、养猪、打柴、烧炭、发展手工业和部分种粮。除各大小单位应一律发展集体生产外，同时奖励一切个人（军队除外）从事小部分农业和手工业的个人业余生产（禁止做生意），以其收入归个人所有。各地应开办7天至10天为期的种菜训练班、养猪训练班和为着改善伙食的炊事人员训练班。在一切党政军机关中讲究节省，反对浪费，禁止贪污。各级党政军机关学校一切领导人员都须学会领导群众生产的一全套本领。凡不注重研究生产的人，不算好的领导者。一切军民人等凡不注意生产反而好吃懒做的，不算好军人、好公民。一切未脱离生产的农村党员，应以发展生产为自己充当群众模范的条件之一。在生产运动中，不注重发展经济，只片面地在开支问题上打算盘的保守的单纯的财政观点，是错误的。不注重组织党政军群众和人民群众的广大劳动力，以开展群众生产运动，只片面地注意少数政府人员忙于收粮收税弄钱弄饭的观点，是错误的。不知用全力帮助群众发展生产，只知向群众要粮要款的观点（国民党观点），是错误的。不注意全面地发动群众生产运动，只注意片面地以少数经济机关组织少数人从事生产的观点，是错误的。把共产党员为着供给家庭生活（农村党员）和改善自己生活（机关学校党员）以利革命事业，而从事家庭生产和个人业余生产，认为不光荣不道德的观点，是错误的。在有根据地的条件下，不提倡发展生产并在发展生产的条件下为改善物质生活而斗争，只是片面地提倡艰苦奋斗的观点，是错误的。不把合作社看作为群众服务的经济团体，而把合作社看作为少数工作人员赚钱牟利，或看作政府公营商店的观点，是错误的。不把陕甘宁边区一些农业劳动英雄的模范劳动方法（劳动互助，多犁多锄多上粪）推行于各地，而说这些方法不能在某些根据地推行的观点，是错误的。不在生产运动中实行首长负责，自己动手，领导骨干和广大群众相结合，一般号召和个别指导相结合，调查研究，分别缓急轻重，争取男女老幼和游民分子一律参加生产，培养干部，教育群众，只知把生产任务推给建设厅长、供给部长、总务处长的观点，是错误的。在目前条件下，发展生产的中心关节是组织劳动力。每一根据地，组织几万党政军的劳动力和几十万人民的劳动力（取按家计划、变工队、运输队、互助社、合作社等形式，在自愿和等价的原则下，把劳动力和半劳动力组织起来）以从事生产，即在现时战争情况下，都是可能的和完全必要的。共产党员必须学会组织劳动力的全部方针和方法。今年全部根据地的一律彻底减租，将是明年大规模发展生产的一个刺激。而明年不论党政军民男女老幼全体一律进行伟大的生产运动，增加粮食和日用品，准备同灾荒作斗争，将是继续坚持抗日根据地的物质基础。否则便将遇到极大的困难。

（毛泽东：《开展根据地的减租、生产和拥政爱民运动》。《毛泽东选集》1953年北京第二版，第三卷，913–916页）

二、林伯渠同志关于边区农业生产发展原因的总结

紧接着边区第一届劳动英雄代表大会胜利闭幕之后，我们召开政府委员会第四次会议，是有重大意义的。大家知道，劳动英雄大会是真正的人民代表会议，它集中表现了一年来全边区经济政治的全貌，它用事实说明：政府由于执行了前年高干会所确定的“生产是一切工作的物质基础”的方针，政府委员会第三次会议所确定的“生产第一，教育第二”的方针，获得了各方面工作的空前成就。它用事实说明：边区是真正实行革命三民主义的模范抗日民主根据地，我们的民族主义不但表现为坚持抗战，而且表现为提高民族自信与民气发扬；我们的民生主义则表现为发展生产与丰衣足食；我们的民权主义则表现为民主政治与人民有各种必要自由权。结果是很明显的，我们做到了军民巩固的团结，使后方更好地协助前线抗战。

人民生产大进步的主要原因是什么呢？主要原因是我们党和政府的积极领导。

（一）我们颁布了租佃条例，在占人口50%的土地未经分配区域，发动了减租运动，这就使得这些地区的农民提高了生产积极性。米脂县印斗区八乡减租保佃后，大家就说“生产的心有劲了”，修了水坝，利用兄弟等亲属关系组织了49个变工小组，使生产计划得以胜利完成。葭县减租彻底，就多挖了水窖万余个，多开了数千亩荒。

（二）我们坚持了农贷政策，前后发放了农贷3000余万元，及时帮助解决了生产中的各种困难，使缺乏资金的农户发展了生产。如延安柳林区五个乡138户，共贷款约50万元，买耕牛131头，结果就增开耕地936垧，多打细粮330石。我们又实行了奖励植棉政策，允许三年不交公粮，尔后并可用棉花代交公粮。虽然由于汉奸特务分子的造谣破坏，使有些群众开始时尚有裹足不前的表示，但现在他们已到处谈论着植棉的利益了。

（三）我们贯彻了优待移难民的政策，增加了劳动力8800余个。在政府照顾与群众帮助之下，他们有可能安心生产，发挥其强大劳动力。如去年关中分区的新来移难民，每一劳动力开荒7亩9分，共开荒38774亩7分。其中有很多是河南等地逃来的难民，在边区民主政治的扶持下，一年就翻了身。如这次出席劳动英雄代表大会的劳动英雄陈长安，刚于去春从河南逃来，政府将他安置在鄜县三乡岔口村，现在已食饱衣暖，家有余粮，无怪他的父亲逢人就说：“我到边区才九个多月，已经吃得饱，穿得暖。我活了七十多岁，才看见有这么好的政府。”也无怪关中难民争着要移民英雄冯云鹏捎个意见到延安来：“我们到边区只一年，多亏政府帮助，叫我们生活好像上了天堂，你这回上延安开会，给我们谢谢毛主席、朱总司令和边区政府。”

（四）我们开始改造了二流子。假使说变革社会是一件艰巨的工作，那么不难想象，改造人的意识更是一件艰难的工作。但大家知道，我们已有了改造4500个二流子转入生产运动的经验。这对于边区生产会产生什么影响，从下面一个例子中就可以看出来：这次出席劳动英雄代表大会的三边劳动英雄刘生海，原是个到处惹人讨厌的二流子，没米没面，连他的老婆也提出要和他离婚，但在政府帮助下，他去年种了28垧地收了6石多粮，铺盖衣服换了新的，今年更拟扩大计划，种地40垧。这就是说，他已经由消极的寄生虫变成了模范的生产者。

（五）尤其重要的，是我们提倡了以个体经济为基础并以自愿为原则的劳动合作政策。人民的劳动积极性已开始组织起来，成为劳动合作，人民的分散生产状况已开始变到组织起来，体现为按户计划与变工队的组织。假使没有这一点，劳动积极性要提高到现时的程度，是不可能的。因之，也就不可能真正改变人民的生活情况。毛主席说：“在农民群众方面，几千年来都是个体经济，一家一户就是一个生产单位，这种分散的个体生产，就是封建统治的经济基础，而使农民自己陷于永远的穷苦。克服这种状况的唯一办法，就是逐渐地集体化；而达到集体化的唯一道路，依据列宁所说，就是经过合作社。在边区，我们现在已经组织了许多的农民合作社，不过这些在目前还是一种初级形式的合作社，还要经过若干发展阶段，才会在将来发展为苏联式的被称为集体农庄的那种合作社。我们的经济是新民主主义的，我们的合作社目前还是建立在个体经济基础上（私有财产基础上）的集体劳动组织。”在边区，有完全的农业劳动力338760个，去年组织在劳动合作之内的，已有81128个，占24%。在这方面，主要的形式，就是变工队和唐将班子。这是农业生产关系上的新转变和新纪元。农民由于组织起来成为集体劳动的合作社，就大大地节省了人力、畜力和工具；就在合作社内部和外部掀起生产竞赛，提高劳动生产率；就能有时间并有兴趣集思广益地改进生产技术；最后，就不仅改变农民的生产关系，且能提高他们的政治觉悟，改进他们的文化生活。除了各种各式的农业生产合作社外，边区还有三种形式的合作社，这就是南区合作社式的包括生产合作、消费合作、运输合作、信用合作的综合性合作社，运输合作社（长期合作运输队），以及手工业合作社。此外，又出现了一个牲畜保险合作社。这些类型的合作社，同样是孙中山先生民生主义的具体实施，在经济上、政治上以至文化上起着重大的积极作用。

（《陕甘宁边区政府一年工作总结》，
1944年1月6日林伯渠主席在边区政府委员会第四次会议上的报告）

三、有关生产报告对边区农业发展原因的总结

去年是边区生产运动大转变的一年。

去年的农业，原计划增产细粮8万石，实际上达到16万石以上，即超过100%。去年总产量约为84万石，消费量（公粮在内）约为62万石，可余量23万石。植棉原计划15万亩，超过200余亩，收花170万至200万斤，足够边区需要（约350万斤）之一半以上。去年农业生产运动之特点，主要有四个：第一是人民劳动积极性普遍提高，这是由于：

（1）公家动手生产，人民负责大为减轻，比革命前轻了6倍。（2）租佃条例颁布后，大部分地区减了租，有些地区减租彻底，群众生产积极性就大大提高。例如葭县今年挖水窖万余个，开荒数千亩。（3）前后发放农贷3000余万元，起了很大作用。例如延安柳林区五个乡，138户共贷490950元，买耕牛131头，增开荒地936垧，因此多打细粮330石。（4）政府奖励植棉，三年不交公粮，允许用棉花代交公粮，一年工夫增加棉田五万亩。（5）优待移难民，增加劳动力9000余个，他们努力生产，一年翻身。（6）4500多个二流子转入生产。

第二是劳动积极性开始组织起来，成为劳动合作。边区劳动力338760个，去年组织在变工、扎工、唐将班子、朋帮等合作形式之间的，已有81128个，占24%，其中关中（36%）和绥德（33%）两个分区组织得最好。由于组织起来，劳动力强度大大增长，人工和畜工大大节省，因之就能多开荒，扩大耕地面积，也就有工夫改进作法，提高劳动质量。这是农业生产方面大转变的主要标志。

第三是开始实行按户计划，以具体计划实现一般计划，这是指导生产的根据，发放农贷的根据，检查生活的根据。

第四是部分地改进农作法，秋翻地，深耕地，磨地，多施肥，多锄草，修水漫地，修埝地，挖水窖，筑水坝，拍畔溜崖，去年单只大块的修水利，就增产1.5万石细粮。棉花方面，则精选种，勤打卡，增产了棉花。改进农

作法，绥德分区较讲究。

（《1943年财经工作的全面检讨与今后工作方针》）

去年12月间延安边区劳动英雄大会闭幕后，党提了新的任务：备战备荒，耕三余一，两年完成，且有毛主席的组织起来，使我们对生产有了明确的方针与任务。

（《陇东群众生产动员工作初步检讨》，
1944年3月25日二科长联席会上总结）

四、党和政府积极领导与动员生产的几个文件

（一）边区劳动英雄代表大会给我们指出了什么?

我们现时是处在持久的抗战环境当中，但和前方的各抗日根据地比较起来，陕甘宁边区所处的是相对的和平的环境，所以我们首要的工作是建设工作，以边区建设来支持前方抗战，来推动全国的抗战建设。但是，我们究竟应当建设些什么？什么是我们全部建设的中心环节呢？这在高干会以前是有相当一部分同志在思想上和实际工作中没有解决的。毛泽东同志曾说："一切空话都是无用的，必须给人民以看得见的物质福利。"这就是说，我们应当领导人民去发展生产，在发展生产中给人民以看得见的物质利益，这就是我们在边区现时环境下抗战建设的中心。在陕甘宁边区，封建剥削已经消灭或是减轻了，人民群众已经建立了自己的抗日民主的"三三制"政权，而我们所处的又是相对的和平的环境，在这种情况下，我们有可能而且必须用一切力量与办法，来领导群众大规模地发展生产。我们领导人民群众发展生产，一方面改善他们的物质生活，一方面又附带解决抗日经费问题；我们领导党、政、军、群众发展生产，一方面改善他们的物质生活，一方面又可减轻人民的负担，更加改善军民关系。这样，在提高人民群众和党、政、军、群众的物质生活的基础上，进一步提高了他们的政治觉悟和文化程度。这些目的，我们在一年生产运动中已逐步达到了，并且证明只有这样，我们才能克服困难，争取团结与抗战的胜利。

这个组织群众发展生产的方针，经过一年实践之后，又在这次劳动英雄代表大会上完全证明其为唯一的正确方针。

（《解放日报》社论，1943年12月26日）

（二）陕甘宁边区建设厅训令 第一号（1938年1月）

春耕快要到来了，在今年春耕的时候，正当着日寇疯狂地进攻我们，占领了我们沿海各地及许多大城市，全国性的抗战正在英勇进行中，为了保证战时农产品的自给，争取持久抗战的最后胜利，各级政府应切实发动全边区人民热烈地起来准备与进行春耕工作，以发展边区的农业生产，改善人民生活与充实战争的供给，因此今年春耕生产任务是：

1.扩大耕地面积，改良土质与耕种方法，增加粮食产量。

2.大量发展农村副业，以保证多种国防工业的原料，为了要完成上述的任务，应立即加紧进行下列几个实际的具体工作：

（1）整理各种劳动组织，建立与充实春耕生产领导机关——对于原有的劳动互助社，义务耕田队，妇女学习生产小组等劳动组织，应迅速整理与扩大，吸收所有群众都参加到春耕运动中来，并且切实地建立这些组织的具体工作，适当地调剂劳动力的使用，各县组织建设委员会，各区乡成立春耕委员会，吸收政府及各抗日团体中的积极分子参加，加强春耕工作的推动与领导。

（2）补充与调剂耕牛、农具、籽种——以乡为单位迅速调查缺少的耕牛、犁、铧、籽种的数量，发动群众集资购买或互相调剂，各级合作社应切实负责任，帮助群众代购耕牛、犁、铧，并建立铁工作坊制造农具，廉价卖给群众。

（3）开荒、施肥、修水利——大量开荒，扩大耕地面积，并保证旧有耕地不荒芜一垧。切实发动群众每家或每个村庄建立一个厕所贮收粪尿，给地里多施肥料，改善土质。对于能引水灌溉的川地应领导群众合力修渠，发展水利。这些都是增加粮食产量最切要的办法。

（4）多多种植国防工业的原料——在发展国防工业下面，按各县气候与土质的条件，尽可能多种棉花、（延长、固临等县）大麻、线麻、芦苇等

（华池一带）工业原料以开发边区的工业，满足人民日用品的需要，充实抗战的供给。在春耕中应事先很好地选择种植地址与种籽的筹购。

（5）发展畜牧、种菜、种树——发动群众多多养羊、养猪、养鸡、种菜，增加肉食蔬菜，改善自己的生活，健强体力，增强抗战力量。发动种树运动，培植森林，解决木料的需要。

在进行春耕运动的过程中，应特别注意以下几点：

（1）各级政府接到这一训令后，应切实讨论，并订出领导春耕的计划，按时地严格地检查执行的程度。在动员方面应特别与群众组织取得密切联系，有组织有计划地协同各群众团体，讨论具体执行的办法。在工作中应注意汉奸的一切破坏捣乱活动，同时应同各种不正确的倾向（如忽视春耕太平享乐等现象）作无情的斗争。只有这样才能顺利地完成春耕运动的任务。

（2）在春耕中应切实领导义务耕田队，首先将抗日军人家属的土地种好。

（3）春耕运动进行的情形，应随时向建设厅报告。建立经常的联系和灵活的领导。

厅长　刘景范

中华民国二十七年一月（1938年1月）

（三）建设厅关于春耕动员工作的讨论提纲

为了各级政府便于具体讨论春耕运动工作与加强领导起见，本厅根据边区各地情况拟定关于春耕运动工作大纲，颁发各级政府藉作具体讨论题材：

1.开办短期农业训练班：

（1）在边区直属各县（延安、安塞、延川、延长、志丹、安定、甘泉、固临等县）由二科负责主持开办。

（2）关中、庆环、三边、神府各分区由专署酌情开办。

（3）训练干部以该县各乡土地委员与农民委员会主任。

（4）时间可定一礼拜，伙食路费自备。

（5）训练题材即以春耕运动工作讨论提纲配合过去实际情形与去年春耕经验详细讨论，并在2月底前各县训练完毕。

2.健全整理与扩大各种劳动组织：

（1）边区各县建立建设委员会，专领导全县春耕整个建设事宜（旧有春耕委员会应改为建设委员会，如没有即另行组织）。

（2）整理各县区乡春耕委员会（如过去没组织的区乡应立即组织春耕委员会）。

（3）迅速整理与扩大各劳动团体的组织（如劳动互助社、妇女学习组、义务耕田队等）尽量吸收各个劳动力参加。

以上组织限2月底完成。

3.补充与调剂耕牛、农具、籽种的困难：

（1）耕牛调剂：

①按照各地耕种土地的面积与耕牛数量去动员群众互相调剂。调剂的办法如下：

A.以人力抵换牛力。B.以其他牲畜兑换。C.借贷租买。其具体解决办法根据当地情形与群众意见决定。

②注意耕牛的饲养管理与防疫：A.耕牛早给饲料。B.服用防疫药。C.将现发现瘟牛地区的牛（如延安南区）设法与其隔绝，已死的牛用火焚或土埋。

③特别注意帮助移民灾民的耕牛调剂。

（2）农具：

①各县区合作社注意购制一批农具（铧、锄、铣等）供给当地农民需要。

②发动群众互相调剂农具与购买制造。

③特别注意帮助难民灾民解决农具困难。

（3）籽种：

①发动群众互相调剂各种籽种（借贷购买）。

②各县区合作社，应买一批棉籽、麻子，供给农民种棉、麻需要。

③发动群众互济难民或贫农的各种籽种。

4.开荒、施肥、兴修水利：

（1）开荒运动：

①在春耕以前，各县应注意发动群众的开荒运动，大量地扩大耕地面积，并保证不荒芜一垧熟地。

②各县的开荒应超过去年的开荒面积。

③特别在华池、保安、甘泉、安塞等县尽量开荒，在该数县组织开荒委员会专门领导开荒。

④各级政府尽量的收容难民帮助开荒，解决难民在开荒运动中一切困难问题。

（2）兴修水利：

①各县注意探勘兴修水利便宜的地区，发动群众有组织有计划地去修水地。

②特别注意在延安南门外莲花池、枣园、桥儿沟、罗家坪，安定芋家湾，甘泉劳山川，华池太白川，延长贺家坪、康家坪等处进行修水利。

（3）施肥：

①广泛地发动群众普设厕所搜集肥料，多供耕地施肥，改善土质，增加粮食产量。

②每村须设立一个公共厕所，收集肥料专门供给抗日军人家属与工作人员家属或公地施肥。

5.植树造林：

（1）保护各地原有自然林，严禁无计划地乱行砍伐，特别在华池、甘泉、志丹、安塞、延长、曲子、延安等县。

（2）从组织上广泛发动群众（特别在安定、延安、延川、延长、安塞、志丹、靖边、定边、神木等县）的植树造林运动，保证在该数县无林区实现每人植树一株的口号。

（3）按时准备养好的树苗以便栽植。

（4）以延安、安塞为本年推动造林运动地区，有计划地进行工作，各地党政军及武装部队均应参加当地造林运动，边区政府直属各机关及保安部队由本厅计划领导。

6.除增加粮食外，并宜提倡植棉及广种工业原料作物：

（1）在延安、延长、延川、安塞、甘泉、鄜县等处尽量推广植棉面积，并有计划地调剂筹购籽种，发动群众种植。

（2）在农村中普遍宣传多种夏田小麦，豆子及燕麦等作物，在华池、关中各地提倡多种小麦，定边、盐池、保安等处多种糜子、荞麦。

（3）严禁播种烟草。

7.发展畜牧业

（1）禁止屠杀贩卖生育的母羊与宰挖肚羔。

（2）注意牲口饲养管理，增进健康卫生。

（3）定边、盐池等县尽量提倡发展骡马的饲养。

各级政府接到上述的提纲后，希即行详细讨论，拟定具体计划，彻底执行为要。

厅长　刘景范

中华民国二十七年（1938）

（四）陕甘宁边区建设厅秋收动员训令

现在快到秋收的时候了，我们今年的春耕工作得着各级党政及群众团体干部的努力推动与广大群众热烈地响应参加，又加上雨水的调匀，生长的繁茂，丰收是可以期望的。这种伟大的成绩是我们在春耕过程中努力的结果。但这成绩完全依靠我们的秋收工作来保证，假使秋收工作做得不好，春耕的努力便是白费了。我们可以说，春耕工作完全是为了秋收，秋收工作是给春耕一个总的结束，因此更需要你们加强秋收的领导，在群众中造成一个热烈紧张的秋收运动，来积极地开展与布置这一工作。我们在不浪费一粒粮食的口号下，按时收割与提早打碾储藏，以防风、霜、鼠、鸟的损失！

1.各级政府怎样来领导这一工作？

（1）各级党政军及群众团体应彻底地讨论秋收工作，加强领导，根据当地情形做出具体计划，并动员党政军及群众团体的工作人员和地方部队参加秋收、种树等工作。

（2）将区乡的春耕委员会转变为秋收委员会，专门领导本区乡的秋收一切事宜。

（3）加强各种劳动组织使其能在秋收中起核心作用。动员能够劳动的群众全数参加秋收工作，不使有一个劳动力站在秋收的外面。对于劳动力（人力、牛力）要很好地调剂，保证每家的庄稼能按时收割、打碾与储藏。这里应特别着重抗属的庄稼，责成义务耕田队，按时收割，提前打碾储藏。

（4）修理补充秋收工具，如镰、绳、链架、担等，合作社应协助群众购买，以备收割之用。

（5）发动群众按时收割。为了防止风冻的损害，宁可提早收割，提早打碾，并发动群众，多多准备仓库，打条囤，改善保护贮存粮食的办法。

2.与秋收配合的工作：

（1）大量开荒：在秋雨丰润下，尽量发动群众利用秋收前后农闲时间大量开荒。在边区秋季开荒是一个增加次年粮食产量的重要工作，应该比春季开荒更加热烈。

（2）兴修水利：水地更可以增加粮食的收成，利用秋收前后的农闲时间发动群众合伙兴修。特别在安塞、保安、延安、华池等地，政府应当集中目标有计划地进行。于必要时本厅得派员协助。

（3）多种冬麦：动员群众准备麦地、麦种、肥料，在适宜种冬麦的地方多种，增加麦子的产量。

（4）植树：在秋季（旧历八月－九月）应尽量植树，种桑，插柳，种桃杏、核桃等。对于旧有树木不论自然森林或人工栽植，都应严加保护。

（5）发展畜牧：特别注重大量的养牛、养羊、养驴子等，对于防疫工作尤应注意。在秋季多准备冬天下雪时牲畜的草料，冬日好好照护饲养，以免来年春季发生疫病与疲毙。母羊及羔羊禁止出口与宰杀。

（6）发展农村副业：提倡开设油坊、糖房、粉坊，多养蚕、养猪，以改善人民生活。

3.在秋收工作中应注意的事项：

（1）秋收工作应该与一切抗战动员工作很好地联系起来。须知秋收工作为抗战动员工作中主要的一环。政府应该尽量地少开群众会议，以免防碍秋收工作。

（2）秋收工作不仅是政府的工作与其他各团体都有关系。应协同其他各团体详细讨论，进行这一工作。

（3）在秋收运动中各县政府应以乡为单位做彻底的统计调查工作，按照建厅所制定之农村经济各种调查表进行调查，限十月底一律填好送来。

（4）建立报告检查制度，随时将下面的情形反映到上面来，规定县一级半月给本厅报告一次。

以上各项指示务希彻底遵照执行为要。

此令

厅长 刘景范

中华民国二十七年九月（1938年9月）

（五）李富春同志关于生产运动的报告（节录）

同志们：

生产运动我们以前还没有大规模做过；今天我们要有计划地大规模地进行起来。这是我们在目前迎接民族抗战新阶段的时候，党给予我们每一个同志新的战斗任务。

关于生产运动我们还缺乏很多的经验、成绩来充分地说明和证实我的报告；因此，我只能根据党中央的指示，做一概括的简明的说明与启发；希望同志们大家以后在生产的实践中，在劳动的过程中，充实我们的经验，发扬我们的成绩。

1.生产运动的意义与目的

在今天抗战新阶段的转变中，我们要准备克服一切困难，渡过一切难关，来争取抗战的最后胜利。我们估计到抗战发展的前途与边区的实际状况，将要到来的是财政经济物质上困难的增加，我们目前的工作，应该克服这种困难。

克服困难，首先要依靠我们自己的力量，换句话说，就是要我们自力更生，要我们自己参加劳动，用我们自己的劳动力，发展我们边区的农业工业各种生产和商业贸易，保证我们后方和前方在财政经济物质上的供给，不受战争破坏的影响而能自给自足。生产运动的发展，使我们的生活条件能够与战争条件相配合、相一致，以求得抗战前途更顺利地发展。

还有，我们发展生产运动，不仅能够克服困难，渡过难关，而且要更进一步地改善我们的生活。同志们都知道，我们边区是主张彻底地实行三民主义的：我们主张坚持抗战以求得中华民族的独立、自由、解放，这就是实现三民主义的民族主义。在边区已经建立了民主的政权，最近我们根据国民政府的法令和抗战建国纲领，又开了代表整个边区人民的边区参议会，这就是实现三民主义的民权主义。现在我们又要发展边区的生产运动，进一步改善人民的生活，这就是我们要彻底地实现三民主义的民生主义的具体表现。

那么，我们今天这个生产运动大会，就叫作民生主义大会，也是可以的。在抗战的过程中，如果能改善人民的生活，我们一定更能进行很好的抗战建国的工作；我们一定能发挥伟大的民族抗战的威力。

发展生产运动，能够解决我们将来财政经济物质上的困难；不仅在我们全国一部分的边区应该这样做，就是从全国讲来，要克服空前未有的困难，争取最后的胜利，也是应该这样做的。我们边区的生产运动，在全国应该起推动与模范的作用；把我们发展生产运动的经验与成绩告诉全国，提供克服困难的方针和办法，使全国各地的生产运动大大地开展起来。使全国人民对抗战必胜，建国必成，都具有坚强的信心——落后的乡村一定是能够进步的，广大的乡村的进步和发展，一定是能够最后战胜敌人现在所占据的城市的。这种坚强的信心，是我们坚持抗战，坚持持久战，最后战胜敌人具体的必要条件。

简明地说，我们发展生产运动的目的有下面几个：

第一，克服我们边区财政经济物质上的困难，以现有的物质条件做基础，必须做到农工业各种生产的自给自足：更进一步地改善人民生活、更好地实现三民主义的民生主义。

第二，拿我们边区发展生产运动模范的实例去推动全国的生产运动；坚强全国人民对抗战必胜的信心。粉碎托派汉奸所说“大城市丢掉了，经济困难，抗战必亡”的亡国论。

第三，发展生产运动，我们每一个人都要参加体力劳动，在思想上可以改变过去许多人轻视体力劳动的那种不正确的观点。到生产战线上去！把理论与实际密切地联系起来，在劳动的实践中，我们可以深切地体验出“劳工神圣”的真理来。

第四，参加生产运动，可以健强我们的身体。伟大的民族抗战，在持久的残酷无情的斗争中，我们不但需要有正确的战略战术去瓦解敌人，消灭敌人；我们还需要有坚韧不拔的体魄，才能应付来日的大难。在劳动的实践中，把我们的身体锻炼为铜筋铁骨，当我们上前线去与敌人搏斗的时候，一定能够把凶恶的敌人消灭在我们自己的手里！

同志们！怎样才能够达到我们的目的呢？需要我们大家“自己动手”，才能够完成这一伟大的艰巨的任务！

2.我们在发展生产运动中的困艰和怎样克服困艰

这样空前的工作——大规模的全部动员的生产运动我们以前是没有做过的。从边区的实际情况来说，困难是存在着的。我们的困难：

第一，劳动力的不够、劳动力的不平均——我们从工农出身的广大的干部，他们是有优秀的劳动力的。但是我们许多机关中的工作人员与学校的学生，他们从来就没有参加过体力劳动；没有种过菜，没有种过地，因此，各机关部队学校群众团体，有的劳动力强，有的劳动力弱，呈现着劳动力不够或劳动力不平均的现象；这是我们生产运动第一个困难。

第二，耕地困难——我们边区地旷人稀，有广大土地的地方，没有人去耕种；可是有些地方人口又很集中，缺乏土地耕种，比如在延安20里周围的地方，人口就有3万多，耕地无论如何是不够分配的。这是我们的第二个困难。

第三，资本困难——要发展边区的生产运动，首先就要发展农业，再进而谋工商业之发展。可是，因为我们资本不足的关系，使我们在农业生产上感到工具不足，耕牛不足的困难；至于我们边区的工业过去也没有什么基础，商业一向也不怎样发达；资本不足这是我们的第三困难。

第四，专门技术人才的缺乏——在农工商业各方面，我们感到专门技术人才非常缺乏；组织和领导大规模生产运动的人才不够，这是我们第四个困难。

第五，天时地利上的困难——过去我们陕北在农业方面，可以说是“靠天吃饭”的。自从我们八路军来到陕北已经三年多了，在这三年中，因敌人进攻整个中国，陕北成为西北抗战的堡垒；我们动员全边区的人民参加抗战，“国泰民安”，当然谈不到；但，只就农业生产上说，也可以说得上“风调雨顺”了。不过，我们根据陕北同志所说，陕北的旱灾是有三年一次或五年一次的周期性的；去年雪下得太少，雨水不足，今年有发生旱灾的可能；这是我们的第五个困难。

上面这五个困难，我们是否能够克服呢？我们的答复是：我们能够克服困难——我们完全有力量能够克服困难！

第一，怎样克服劳动力不够、不平均的困难——我们可以在使用劳动力的时候适当地配合起来；劳动力强的人深耕、开荒；劳动力弱的人，施肥、除草。我们全边区党、政、军各机关，部队、学校、群众团体，根据我们本身的劳动条件，与边区广大群众的劳动力配合起来，互相调剂。同时党、政、军、学校、群众团体各部门各单位自己也应该进行调剂工作，如杂务人员、通讯员、勤务员、伙夫、马夫我们都可以调剂一下，节省他们的劳动力，用到生产方面去；（如抗大准备由学生自己煮饭，把伙夫抽出来种地）杂务人员的工作可以由工作人员或学生来代替；我想，第一种困难是可能克服的。

第二，怎样克服耕地的困难——土地与人口的调剂，要求得到适当的配合，是比较困难的，但这一调节工作是绝对需要的。我们把大多数的机关学校群众团体有组织地有计划地进行必要的分散，部队可以建立耕地后方用“以人就地”的办法来解决耕地问题，这完全是办得到的。

第三，怎样克服资本不够的困难——资本不够，我们可以进行广泛的节省运动，把节省下来的钱拿来做发展生产的基金，这完全是可能的。中央组织部训练班已经这样做，而且成绩很好；他们的工作人员与学生在极艰苦的环境中，自己上山打柴，下沟担水，省吃省用地节省了200多块钱做生产基金。如果党政军各组织部门大家都这样做——把粮食、灯油、纸张、文具等都节省一些，一个月两个月经常地有计划地这样做下去，从党政军整个经费中节省几万块钱来发展生产运动，那是不成问题的。同志们！我们要发扬我们艰苦卓绝英勇奋斗的作风！

解决资本困难还有一种辅助的办法，这就是：欢迎全国工商业家到我们边区来投资，开展我们边区的国防经济建设。凡是对抗战有利的生产投资，我们边区政府都是乐于接受的，保护的，奖励的！

第四，怎样克服技术人才缺乏的困难——指导农业生产的专门技术人才，一方面可以聘请农业专门家做指导；同时，我们还要请教那些一字不识的陕北的老百姓，因为他们有实际工作经验，而且熟悉陕北的实际情形。樊迟请学稼，孔子说："吾不如老农"；陕北"老农"的经验，是值得我们好好地学习与发展的！

第五，怎样克服天时地利上的困难——水旱天灾，虽说是自然的威力，但事在人为，人力也是可以征服自然的。要想减轻或免除旱灾，我们应该注意修水利，植树林，改良生产方法，选择耐旱种子等等工作。

3.我们的保证在哪里

我们不仅能够克服上面所说的那些困难，而且我们在边区发展生产运动，还具备着有利的条件，保证我们伟大的生产任务的完成。我们的保证在哪里？

第一，边区的广大的民众，是完成我们生产任务的主力军；边区有200万人口，这200万个老百姓，在民主的生活之下解除了苛捐杂税剥削榨取的痛苦，实现了民生主义，大家都万众一心地团结组织在边区政府的周围；他们一定能够响应边区政府的号召，提高他们的劳动热忱，完成他们的任务。

第三，在边区党政军各机关各学校所有脱离生产的部队机关学校大概有5万人；把这5万人集体地组织起来，这一个生动的力量是很大的。大家都是自觉地志愿地为革命而奋斗的，在这5万人中每一个成员都理解他自己参加生产运动的必要和重要。我们可以估计到：当这一支5万人的生动的力量，大踏步地走上生产战线发扬他们劳动的火力的时候，他一定能完成他们的任务。

第三，我们边区的作风是艰苦奋斗的作风；我们是布尔塞维克的作风。吃苦耐劳，是我们的家常便饭；我们遇着任何困难，都要向困难作斗争，誓死也不向困难投降的；这是我们革命的传统，每一个共产党员，在这次生产运动中，都应该发扬我们革命的传统，保证我们的任务的完成。

第四，过去我们虽然没有大规模地开展生产运动；但在个别的地方小规模的生产运动是收到很大成绩的，因此我们对于生产运动是有着相当经验的；（如八路军后方留守部队、保安部队、警卫营、各机关、各学校在去年一年中打柴、烧炭、养猪、种菜等等）把这些经验汇合起来，组织起来，作为我们基本的经验，再把它发展起来；这是我们完成生产任务最可靠的保证。

4.生产运动的具体计划

第一，发展农业是我们生产运动中心的一环——我们的生产运动要发展农工商业前面我已经说过了；但我们要以发展农业生产为中心的一环。因为边区经济是比较落后的农业区，有广大的土地可以耕种；而且我们可以普遍地动员广大民众以及党、政、军各机关各部队各学校各群众团体参加农业生产，解决我们自己的吃饭问题。我们要发展边区的工业，只因边区工业过去没有基础；所以我们要从手工业，国防工业着手进行。我们要发展边区的商业，只因边区交通不便，出产不丰；所以我们要普遍地发展合作社运动，保证边区内日常用品的供给，并且能够把边区的生产品运输出去。

第二，对于发展农业生产的具体要求——发展农业既然是我们的中心任务，我们要求全边区200万民众和党政军各机关、学校、群众团体、留守兵团、保安部队都参加农业生产，为增加农业生产品而斗争。

第三，怎样具体进行工作——种地种粮，在广大民众中和这次边区参议会已经详细地讨论和具体地计划了。在今年春耕运动中，动员全边区200万民众参加春耕，要做到：

（1）计划今年开荒60万亩；

（2）改良种子；

（3）改良农业生产工具；

（4）改良耕种方法——深耕、施肥、除草。

从各方面努力进行，可以保证今年粮食生产总额增加20%。这样，一方面可以保证人民生活的改善；同时，因总的生产量的增加，我们的救国公粮也可以增加，保证脱离生产的部队一年的粮食。我们可以看到边区200万人民，在民主政治的生活下很活跃地参加生产运动，完成他们的战斗任务。怎样动员、组织和领导200万民众来完成任务，这就需要我们边区党委、边区政府和群众团体努力领导了。

第四，关于动员组织和领导群众参加农业生产应注意的要点：

（1）要各级政府进行确实的调查工作；对于人口、耕地、荒地、耕牛、农具等都应该有详细的调查；我们必须迅速地完成这一工作，以便将确实数目与实际情况配合起来，予以适当的调剂，这是当地政府、党部与群众团体应该首先做到的。

（2）我们的动员工作要用教育的启发的方式，不要用强迫命令的办法；我们要进行详细的解释工作与耐心的说服工作，使每一个边区的人民都了解我们要用发展生产运动来改善人民的生活。

（3）组织群众的劳动力，除了组织壮丁劳动外，特别要注意组织妇女参加生产；过去边区妇女参加生产的还不多，甚至有的地方以为妇女参加生产是很羞耻的事情；这方面我们要进行很大的教育说服工作，尤其要求我们大部分妇女干部热烈地参加生产运动，起模范作用。我们希望我们陕北的干部向自己的老婆多做一点政治工作动员他们到生产战线上去，我们的同志应该拿自己的模范行动去影响整个边区的妇女。此外我们还要把儿童、老人、和抗日军人家属都组织起来，使他们都热烈地积极地参加生产。总而言之，我们要把全边区的人民无论老幼男女，都组织到生产运动中来；这才叫作真正的“有力出力”！

（4）各地政府应该注意帮助民众调剂耕地、劳动力、耕牛农具等工作；我们一方面可以鼓励老百姓自动地解决问题，同时如果老百姓需要政府帮助的时候，我们应该想出许多办法帮助他们解决问题。

（5）进行生产教育工作，教育人民，帮助人民；改良耕作办法，改良播种方法，改良工具。要做到：所有原有耕地都要进行深耕；但在进行深耕的地方并不放弃开荒的工作。要做到：所有新开的荒地，都要翻两次土；但，开荒的地方，也不停止深耕。不管深耕或开荒，都要多加肥料，勤于除草，这样，才能够增加土地的生产力。

（6）各地政府机关的工作人员，要站在老百姓的前面，积极地参加生产，起模范作用，领导老百姓大踏步的前进。千万不要“只要人家干，自己不动手”，给老百姓极不好的影响。

（7）实行广大的奖励制度，大大地提高劳动者的劳动热忱，在今年一年中，我们要生产出成千成万的劳动英雄来。（过去边区政府已经做过，成绩很好。）

（8）厉行工作检查制度，要想完成我们的生产任务，首先要求党政军各机关采取一致的步调，一致的领导，与经常不断地督促和检查；今年中我们准备进行生产运动的工作检查，看我们各方面的工作是否能够依照生产计划而逐步实现。

这几点意见，希望今天到会的参议员同志、边区党委、边区政府和群众团体中负责的诸位同志，详细地加以研究，并适当地运用到具体的工作中去。

……

6.领导生产运动的组织

正确的方针与具体的计划决定以后，组织工作决定一切！怎样保证我们空前的伟大的生产计划的完成呢？这就需要我们有一个强有力的组织领导工作，经常地解决问题，督促和检查工作，才能够保证生产任务之完成。不然的话，所谓“伟大的计划”只不过是一纸空文而已。数十万石粮食，是不会从天上掉下来的！

同志们！我们每一个同志，在党中央的号召下，在毛泽东同志的号召下怎样完成我们的任务呢？

我们要拿布尔塞维克的顽强性和战斗性去克服一切困难；为完成党给我们的艰巨的伟大的任务而奋斗！我们相信在今年春耕秋收的总结中，胜利一定是我们的！

（李富春：《加紧生产，坚持抗战》——1939年2月2日在延安生产动员大会上的报告，《解放》第65期，1939年2月28日）

（六）西北中央局关于即时发动春耕运动给各级党委信（1942年2月6日）

“明年我党各级领导干部及全体同志，应集中一切力量放在组织与领导老百姓发展农业的任务上”，这是高岗同志在去年11月高级干部会议总结时讲的话。在陕甘宁边区农业是最基本的经济基础，要使边区200万人民改善生计，要维持抗日军队、政府的经费给养，要使边区经济迅速做到完全自足自给的阶段，都依靠于扩大耕地面积，改良耕种方法，提高粮食、棉花等农业产品来解决。

西北中央局和边区政府提出今年开荒40万亩，增产细粮20万石，植棉15万亩，种苜蓿5万亩，这是党政军群众团体今年3、4、5、6四个月要集中一切力量，保证完成的最中心的任务。

根据去年的经验，我们在春耕运动中还有许多缺点，例如动员不普遍，不深入下层，有些党委本身未能过细讨论，未能做到推动每村人民开会研究，具体布置工作得太少；计划是由上面定的，不切合各乡各村具体情况，如没有荒地也要他们开荒多少亩，硬派数目，以致人民只好报假数目。有人说“老百姓自己懂得种庄稼，用不着再去动员”，任他自生自灭。有人说“这是政府的事，用不着党去做”。好高骛远，有名无实，把具体多开两三亩荒看不在眼里，而只追求空洞数目；正在农忙时找农民开会，反而妨障农时；正在春耕时，动员修路，耽误人工不少；这些缺点，今年再不能重犯。根据去年的经验，春耕运动中也有许多长处，例如动员了二流子参加生产，有不少婆姨上山锄草，有不少地方采用扎工编工的办法耕地锄草，安置了不少的移民，解决了他们的耕地和粮食，这些长处，今年应该更加发挥。

今年有些条件大家更要注意。去年收粮20万石是否影响了农民的生产热忱，怎样进行解释；今年放农贷款是否办得很好，真正解决了一些贫苦农民的耕牛农具，的的确确是放在扩大生产上；今年运盐30万驮，是否已经把长脚户组织起来，把运输合作社组织起来，而对去运盐的人家田地解决了代耕的办法，使不至荒废一亩半亩地；今年要修筑“延靖”、“志定”两大道，决定何时开工为最恰当，最不耽误农时；这一些在动员群众，决定计划时，都要顾到。

党动员人民春耕，责任不在代替政府下命令，是要各级党委每个支部讨论春耕，研究边区政府颁发的春耕运动的办法，使党员都懂得道理，能够说出办法，能够用各种使老百姓看得懂听得懂的方法（如演戏、唱道情、闹秧歌、讲演、出画报、贴标语等生动活泼的方法）去向老百姓宣传解释，提高人民生产热忱，能够组织二流子，组织妇女儿童，动员所有人民到地里去，造成千万人民努力春耕的热潮，使得每家每户为多种一亩地多收几斗粮而奋斗；是在于每个党员能起模范作用，“生产在前”，推动亲戚朋友，推动邻居都能努力干活；是要能够掌握政策，经过各级政府，调整土地，调整地主与农民的关系，很好安置移民，很好地按照各乡各村的人力牛力、有无荒地水地等具体条件定出真正能够做到的计划，由各级政府各级参议会开会决定，动员各群众团体进行宣传和组织工作，鼓励督促执行；是要能仔细检查过去的经验教训，采用好的反对坏的，尤其是要去掉强迫命令，不顾客观条件，随便定数目字那一套主观主义和形式主义的作风。

“一年之计在于春”，大家赶快事前准备好，到时就动手，这是决定春耕运动胜败的重要条件之一。

在靠边境的地方，要对顽固分子特务分子的骚扰加以注意和防备。

不要忘记把你们工作进行的情形随时报告西北局。

（七）西北局关于防旱备荒的紧急指示

1.今年雨水缺乏，各地棉花出苗很少，麦苗枯死很多，夏收无望。如半月再不下雨，则除糜子、荞麦及一些菜蔬外，大部分秋禾均已过下种时期，灾荒已严重地威胁着我们。

2.目前全边区党政军民，均应把防旱备荒的紧急任务，提到工作中的首要地位。这是直接关系于全边区150余万农民生命的重大问题。如果我们不急赶注意，甚至熟视无睹，那就是对人民不负责任的态度，就是严重的政治上的错误，就会招致无法补偿的损失。

3.防旱备荒的方针，就是依靠广大的人民及部队、机关、学校全体人员大家想办法，大家动手。首先经过党的会议、干部会议、劳动英雄的会议、变工队扎工队的会议、一揽子会、村民大会等，并进行深入的动员，号召各家户各部队和各机关学校，均根据大会过去陕北人民防灾备荒的经验及目前的实际情形，做出自己的备荒计划，采取各种有效的具体办法，各多种南瓜、萝卜、菜蔬，准备下雨时多种小月谷、糜子，采集和保存一切可供食用的野菜如芰菜、甜菜、苜蓿等等，谷糠、麦麸、榆树皮等，而尤其重要的是要动员所有男女老少变工合作，打井筑坝，兴修小块水地，利用一切器具，挑水灌溉，把防旱备荒真正造成一个广泛的群众运动。

4.各机关、部队、学校及群众，均应厉行节约，号召大家节衣缩食，反对浪费，严禁粮食出境及蒸酒、熬糖、推粉等糟蹋粮食的现象，以便积蓄必要的粮食度过灾荒。

5.政府所颁订的各项备荒节约计划和办法，各级党委均应保证确实执行，每个党员均要以模范的行动首先响应，各地报纸均要及时宣传和报道各种典型例子，各级党委要经常向上级党委报告情况，并及时商讨克服各种困难的办法，以保证这一防旱备荒运动的完全胜利。

1945年5月16日

第三章

减租减息

第一节　抗日战争时期边区的土地政策——减租减息

一、两种不同的地区，两种不同的关系

陕甘宁边区土地阶级关系上有两种不同地区：一是已分配土地区域，一是未分配土地区域。两种土地的阶级关系完全不同。根据已有材料两地区代表两个时代。一个代表内战时代，分配地主土地；一个代表统一战线时代，不是分配土地，而是减租减息。未分配土地区域，大体和土地革命前情况差不多。两地区阶级关系可以这样说：未分土地阶级关系是宝塔式的，人数越多的阶层土地越少，地主、富农人数少却控制大量土地；分配过土地区域情况变了，成为两头小中间大的形式，土地革命两头的阶级消灭了，地主、雇农没有了。哪一层最大呢？就是中农阶层。原来中农未动，加上被打击过的地主下降为中农，富农也有变为中农，土地革命把阶级关系变成这样子。未分之前好地掌握在地主富农手里，分配后大部分转到雇农手里，那么现在就不是什么土地问题，而是"地界"、"地权"问题了。现在讲未分配土地区域，抗战后党的政策是减租减息，说明减租减息具体政策，先说明土地关系。

（贾拓夫：《关于边区土地政策问题的报告》，1945年3月15日）

几种不同的地区

关中分区辖四个县（赤水、淳耀、新正、新宁）一个中心区（双龙镇槐

树庄一带）。就整个来说，由于革命政权建立的先后不同，在各县的范围内均分成若干不同的地区，大别之为以下几种：

第一，土地革命时彻底分配了土地的地区。在关中土地分配彻底的地区（经苏维埃政府登记备案或在地里插了分地牌子的）约占全分区的三分之一，这种地区包括：赤水一区的一、二、三、四乡，二区的一、四乡，三区的四乡的一半，四区的五、六、七乡，五区的一、三乡及四、五乡的一部，新宁一区的三、四、五、六乡，二区的一、二、三、四乡，三区三乡的两个村（巴家原和黑池），四乡的一个多行政村，四区的一乡，新正的一、二、三区（三区的孙村及吴公洞两个行政村除外）及马栏区的刘家店子和核桃坪等地，中心区槐树庄一带。（内战时分了地后即沦陷，直到抗战后收回来的地方除外）

第二，土地分配不彻底的地区。所谓不彻底的地区，就是有些地方虽经政府宣布了分配土地的法令，并派人进行分地，但在当时的战争环境中兼之地广人稀，不能把所有的地都分完，只经群众会宣布，谁种归谁，其余没人种的地都归公田，等以后移去群众时，再酌量调济与分配。还有些地方情况更加困难，连群众会都不能举行，只是政府宣布了一下，这种地方如淳耀的六区及五区个别乡。

第三，西安事变前三年未装租子的地区。内战时有些边缘地区，我们已建立政权，但未分配土地。在这些地区里，当时地主多不来装租子，有的是三年未装，有的甚至四五年不装，也有断断续续装的，但仅系少数。这些地区如淳耀五区及二区的二、四、五、六乡，还包括赤水的一些地区。

第四，从未分配土地的地区。在关中从未分配土地的地区占大部分，这些地区有的是内战时是我们的，经沦陷以后又收回来的地区（如赤水的六乡），有的是1940年反磨擦斗争中新发展的地区，这种地区如淳耀的一部分（三个半区），新宁的一部分，新正的马栏区。

第五，收复地区。这种地区内战时曾分配了土地，但在当时即被敌人占去，直到1940年反磨擦战争中间才收复回来，如中心区之一、二两区（双龙镇至灵湾上畛子一带）。

以上各种地区的土地问题，各有其不同的特点，因此在各种不同的地区，土地政策执行上，亦有其不同的特点：

土地彻底分配的地区，一般地讲多系地权纠纷问题，即农民与农民，农民与原先地主的地权纠纷问题。在这种地区基本的政策是保护农民既得利益，对于地主，亦设法使其有必须数量的土地耕种，以照顾其生活。

土地分配不彻底的地区，其问题多为地主抵赖收回土地，或骗收租子（企图抵赖与保持地权）等问题。其政策亦为保障农民既得利益，地权仍归农民所有，同时亦设法照顾地主的生活。

三年未收租子的地区，虽未明确宣布分配，但农民曾经过流血的斗争，地主多年又未收租子，实际上已放弃其地权，依法令地权确定为农民所有。

从未分配土地的地区，则实行减租减息，以提高农民的生产热忱，改善农民生活，增强抗战与保卫边区的力量。同时又实行交租交息，照顾地主的利益，并确保其地权。

对于收复地区即中心区双龙镇至灵湾一带的地权问题，1943年时确定怎样的方针尚不太清楚。（按该地系1941年由鄜县划归关中分区）。

（《关中分区的地权问题与租佃问题》，1946年9月10日）

陕甘宁边区大部分是实行过土地革命，废除了地主对农民封建式的及高利贷之重重剥削，把土地分配给农民，做到了耕者有其田。在土地租佃关系上，只是有某些鳏寡孤独及抗工属因无劳力而出租少量土地，近几年来在边区经济发展，而新兴的中农、富农因劳动力有余而租种了这些土地，如吴堡县五区五个乡有174户出租土地的，其中：贫农占50.2%，中农占28%，富农占15%，其他占6.8%。实际上，这些地方的租佃关系可以说是以主佃合作的方式来达到经济更加发展与增加抗战力量的目的。对归来的地主士绅，在政治上享受了边区公民应有的平等自由，在经济上政府同样地帮助他们，没有地种的给以土地，没有住所的给以窑房，使他们能安居乐业，团结一致，如定边县的雷龙亭、蔡成谋、丁子齐、龙施普、汤若舜、白万福、张诚一等。雷龙亭过去曾当过排长，在土地革命时他走安边了，后来于1937年4月间他全家又回到定边时，家中生活困难，当时政府就给他店院一处，还拨给他一些土地，并且还多方帮助他发展商业，到现在仅他所开的商店就有资本数万元，现在生活很好，于1939年还被选为定边市商会会长，至1941年又被选为该市市长。延安县的张丕义、张克仁、韩德荣、韩正鸿、曹廷俊、孙义文等数十户在土地革命时全家都走了，自他们回来后政府就给以多方帮助，现在有吃有穿生活很好，并都参加政权工作及被选为延安县县参议员与县政府委员、乡长、乡参议员。可是在土地未经分配区域，因土地相当集中，大多数农民自已没有土地，如镇原五区四乡全乡土地13069亩，两家地主就有地7400亩，占全乡土地56.6%强。绥德辛店区延家岔乡共有232户，共有耕地2923垧，而延家岔14家地主就占有土地1394垧，占全乡土地48%，占全村土地83%。而延家岔56户中贫农民仅占有土地302垧，占全村地数17%，每人平均地还不到一垧，农民们说他们是“大树下的草”。农民们所租种的土地，因过去连年灾荒，农民无法交租，只得留待后来陆续偿还，但是旧欠未清新欠又增。这样日积月累，几乎凡是老佃户没有一个不欠租子的，如米脂高庙山地主常彦丞的租账几个老佃户有欠租达75石、65石、61石的数额，他们种地都不过20垧上下，若迂收成稍好，农民有点余粮，地主即以欠租形式搜括而去，使得农民永世不得翻身。因此，在农村里流传着这样的话：“借着吃，打着还，跟着碌碡过个年”（即一年劳动下来什么也得不到的意思）。在这样生活逼迫之下，各地群众均纷纷要求减租免欠，勾账换约，如葭县店镇区六乡刘十瓜沟的农民三番五次地到乡政府要求减租，一直到政府接受了他们的要求，实行了合理的减租后，才告结束。

（《关于减租减息与交租交息情形》，1944年2月）

本县是经过土地革命的地区，旧有的租佃关系基本上被打破了。今天的所谓调整租佃关系，减低租额，一般的不是佃户和旧有地主之间的调整，而是贫、富、中农互相之间的调整。因此减租交租应并重。

县议会和县政务会根据边府减租指示的原则，作了租佃关系补充办法。基本精神：第一，租额按土地质量分类比旧租额降低，按法定租额按时交租，使双方都得到兼顾。第二，建立适合发展生产的租佃关系。

我们的认识和意见

本县因经过土地革命，旧有的土地关系已被摧毁。根据马岭区、土桥区的调查材料看，本县减租根据第一个原则是符合实际的。如马岭区共65户出租人，而贫农占绝大多数，土豪和富农各占一户。土桥区出租人共80户，中农占绝大多数，富农仅8户。所以，从革命后的土地关系，特别是租佃关系是建筑在贫中农和新老户互相之间的基础上，而不是建筑在一般农民与地主之间的基础上。同时一般都按照法定租额实行交租，因而业佃双方为租额而发生争执的很少。因此本县今后减租工作在经济建设地位上是不居重要地位的。但对新老户之间，有地户与没地户之间的土地调剂。特别是对于移民的土地调剂是很重要的。我们的意见：

1.切实执行边区政府1943年颁布的优待移民、难民开荒条例。区政府应深入检查后调整移民、难民和业民之间的租佃关系，使移民、难民有地种，享受应有之优待。对一般贫苦移民、难民切实按法定租额交租，不得有超租额纳租的现象。反对老户欺新户，违者政府干预处理。

2.县参议会关于租佃关系的决议，一般符合实际情况，特别是租额的规定比较正确，所以群众说“差不多”。今后应坚持参议会的决议原则执行。但在执行中，第一，应把减租的对象主要放在中农、富农对贫苦农民及移民的租佃关系上。第二，把开荒让三年或二年不交租的问题，继续商讨解决。第三，租子分为秋夏粮各半，或种杂粮交杂粮的租子，应按群众习惯执行。第四，因租额低，业户想收回地另租他人的现象较多，因此今后要强调原佃户的优先权。第五，在不超法定租额应允许土桥区的包山租。

（《曲子县减租工作报告》）

二、抗战时期边区的土地政策是减租减息与交租交息

关于土地政策：我们现在的土地政策就是减租减息与交租交息。过去进行过没收土地的政策。这中间有没有矛盾呢？我们的看法是这样的：中国是一个半封建的国家，土地问题是一定要解决的。可以用两种方式解决，一是和平的，一是暴力的。我们希望和平地解决。1926年、1927年时，国共合作，那时，共产党与国民党中的进步人士都一致主张用减租的决定。如果那时真正实行了二五减租，那么土地问题的解决就会与今天边区所解决的一样，因为今天我们所实行的减租还是与二五减租一样，可是当时大革命失败

了，国民党当局对人民的减租要求采取了用刀抢残杀的政策，因此激起了广大农民群众采取暴力的方法没收土地。历史走的道路是违反了我们的愿望的。抗战后，我们又有了这样一个可能，在广大地区实行和平的解决土地问题的办法。我们现在的减租政策已经得到了大的效果，照我们的经验看，只是在民主的政府下，是可以和平地解决土地问题的。拿边区说，有些地主在减租以后，有的已经开始自己劳动，有的雇用雇农来经营农业，有的转向于办合作社，有的转向于办工厂。这次合作社会议中就有一个数百垧地的大地主，现在转变办合作社了，诸位如果愿意同他谈话，我们是可以介绍的。所以我们相信在民主政权下是可以帮助地主改变他的经济地位的。政府帮助，鼓励他向这方面转变。

（《政府各负责同志与外国记者谈话》，《罗迈答记者》。谈话时间可能是1944年）

秋收已到，各根据地的领导机关必须责成各级党政机关检查减租政策的实行情况。凡未认真实行减租的，必须于今年一律减租。减而不彻底的，必须于今年彻底减租。党委应即根据中央土地政策和当地情况发出指示，并亲手检查几个乡村，发现模范，推动他处。同时，应在报纸上发表关于减租的社论和关于减租的模范经验的报道。减租是农民的群众斗争，党的指示和政府的法令是领导和帮助这个群众斗争，而不是给群众以恩赐。凡不发动群众积极性的恩赐减租，是不正确的，其结果是不巩固的。在减租斗争中应当成立农民团体，或改造农民团体。政府应当站在执行减租法令和调节东佃利益的立场上。现在根据地已经缩小，我党在根据地内细心地认真地彻底地争取群众、和群众同生死共存亡的任务，较之过去六年有更加迫切的意义。今秋如能检查减租政策的实施程度，并实行彻底减租，就能发扬农民群众的积极性，加强明年的对敌斗争，推动明年的生产运动。

（毛泽东：《开展根据地的减租、生产和拥政爱民运动》，《毛泽东选集》人民出版社1953年第二版，第913页）

我们的第一项农业政策就是减租减息。边区140万人口中，约有一半是分过土地的，其余一半则未分过，如绥米警备区、陇东、鄜县及三边的许多地方都是。在这些地区，应依政府法令实行减租减息，这是增加农民生产积极性的极其重要的方针。在减租减息后，农民对地主负担减轻，自己的保有量增加，生产积极性就会大大增加，生产量也可增加了。关于这一项，西北局与边府已有具体决定，这里就不多说。

（毛泽东：《经济问题与财政问题》，
《毛泽东选集》东北书店版，第769页）

减租工作是消灭封建剥削关系，达到耕者有其田，发展农业生产的重要问题。减租减息保障佃权又是我新民主主义土地政策的中心内容，因此减租彻底，不论在团结基本群众，发展边区农业生产等方面，都是头等重要的任务。庆阳县自1939年开始到现在已进行减了七年，得到了不少成绩，提高了生产积极性，佃户的生活改善了。但由于领导上还未一贯抓紧，乡村级干部对这一工作认识还模糊，减租还未彻底，明减暗不减的现象还相当普遍。

（《庆阳县1945年民政工作总结报告》）

三、边区减租减息的三个阶段

（一）贾拓夫谈三个阶段

第一阶段（1937年到1940年）。这时候为提出口号进行宣传时期，如陇东那时即宣传“三七”减租，关中宣传对半减租。但那时一般是没有实行的，除个别地区因特殊原因（群众斗争利益）而减外，别的均没有减。什么原因？因有双重政权（如庆、合、绥、米），他们（国民党）有政权在，我们有军队和农会，这实质上等于政权，在警区何绍南则公开反对减租，这是客观上的原因。在主观上因投降主义路线怕因减租得罪了地主，妨碍了统一战线，结果不敢减。如警区在反何斗争剧烈时不强调减租是对的，但在赶何之后，应即搞减租斗争，然而那时不但未减轻，而且相反地认为群众左了，来了一个纠正，给群众头上泼了冷水，限制了群众斗争，结果右了。

总之，在反何绍南斗争之后，应即提出减租。

第二阶段（1940年至1942年）

这时候顽固政权赶跑了，边区行政统一了，各分区都开了参议会，通过了减租斗争案，如陇东通过“三七五”减租，关中政府下了命令全要对半减。这时候减租变成了立法。但是这时只实行了一部分，大部分未执行。其原因是：

1.主观领导上，党提出“三三制”政权，同时又公布了施政纲领，有些地方的地主对我们的减租表示不满意，有些地主对我们的政权还在动摇不定，随后又组织了绅士参观团到延安参观，经此以后，他们的态度转变了，又参加了我们的政权，他们的目的是在政权里为他们谋利益。群众在反何斗争后，没有得到及时的发动，相反的被批评为过“左”了，加之又把农会取消了，因此群众情绪降低了，但绅士地主乃因此活跃抬头了。领导方面这时对于地主只是团结而不言斗争，只拉拢。同时在选举时，怕群众不选举他们，而由我们党加以保证，不敢发动群众斗争，唯恐妨碍了统一战线。我们和地主的关系这种糊涂的思想在作怪。

那时什么工作是中心呢？我们以民选工作为中心忘记了减租，因此到处和地主拉关系，搞三三制，没有把减租当为中心。这不是讲不搞民主，而是讲民主而要靠谁的问题，当然要靠人民。这时，我们提出减租是可以的，有些地方是实行了，但大多还是采取行政和干部去强迫减租的，或者是恩赐的观点出发。这时候有些群众起来斗争，减了些租，但不久又被地主的反抗阻碍住了。

2.和地主的斗争。

地主们对抗减租的办法：

（1）收地不讲理，这样一来佃户不敢减租了

（2）倒佃（换佃户）、改租（把定租改为活租），不然地主不让佃户种

（3）把租子改为细粮

（4）丈量土地

（5）提高租额，如把五斗提高到六斗

（6）蒙蔽佃户，强调交租交息，不说减租

（7）用大斗收租子

（8）造谣八路军走了，要砍佃户的头，他们有三层负担，他们为国家经营土地，减了租他们给国家缴不上抗日经费

（9）收买干部，请干部吃饭

（10）收买佃户来反抗

在地主反攻之下，我们没有注意这些，使地主胜利。因此佃户就说“八路军先是为穷人，现在不一样了，八路军雷声大，雨点小，×××（佃户）减租吃了亏”等，因此干部受地主与佃户的双方不满，虽有了立法的规定，但基本原因是没有发动群众斗争，而且有恩赐观点，结果造成了明减暗不减，所以大部分没有减。

真正的减租是在1942年冬和1943年方开展的。

第三阶段（1943、1944年）

1942年西北局派了调查团到各区去，1942年又开了高干会，政府颁布了减租条例，高干会对于对地主只团结不斗争的倾向做了纠正。在那一年葭县创造了一种方法，即发动群众来减租，向地主斗争，这一方法证明了是可以减成的，并从此发现积极分子，发动群众起来斗争。

其方法是：首先用那些砍大树的（地少没有什么顾虑），向地主斗争，政府对他们的佃权做了保证。在斗争起来之后，其他消极的也就起来了，还有一种偏向地主的（溜尻子）群众则给了处分。

（贾拓夫：《关于边区土地政策问题的报告》，1945年3月15日）

（二）《陕甘宁边区土地问题》一文关于三个阶段的论述

1937年抗日民族统一战线形成，我党中央宣布，“停止没收地主土地”，复在抗日救国十大纲领中提出了“减租减息”政策，陕甘宁边区则在《抗战时期施政纲领》中提出“保护边区人民由土地改革所得之利益”，当时属于边区范围的未分土地地区，由八路军驻防，但国民党县政府仍然存在，因之，在那些地区，只有我党领导下的抗救会、农会等团体或驻军，对减租减息做了一般宣传，很少实际活动。1940年人民赶跑了边区境内的国民党政府，各县召开临时参议会，建立民主政权都曾有过减租的提案、条例、办法等决议，但因工作不深入，群众未发动起来。1941年边区二届参议会通过《陕甘宁边区施政纲领》关于土地政策纲领中规定：在土地分配区域，保证一切取得土地的农民之私有土地制，在土地未经分配区域，实行减租减息和交租交息。参议会后，由于干部对三三制政策认识不足，强调团结，放松了减租。

1942年1月，中央发布《关于抗日根据地土地政策的决定》及其附件，10月西北局高干会纠正了干部中迁就地主、放松减租的思想，发出“彻底实行减租的指示”，不久边府颁布《陕甘宁边区土地租佃条例草案》，提出了明确的减租方针，解决了减租政策的具体问题。

此后各地展开群众性的减息运动。绥德分区结合反奸，斗争顽固地主，于1943年10月至12月运动达到高潮，仅根据绥德六个区，米脂三个区，子洲五个区，清涧三个半乡，葭县个别村的材料统计，除按条例减租外，勾欠31732.82石，退租1842.73石，并抽约换约同时进行土地回赎，广大农民得以边币及其他廉价办法将典给地主的土地抽回，许多佃农因地主折地退租也得到土地。陇东分区，实行减租的计庆阳27个乡，合水13个乡，共减退、勾欠10213.22石。关中分区发动较迟，1944年春，淳耀勾欠退租1535石，换约953户，赤水勾欠退租1280.23石，新宁自1941年至1943年共退租499.02石。延属分区鄜县的减租以牛武、张村驿两区工作较深入。

1943年秋开始的减租，由于发动与组织了群众，政治上打击了地主气焰，经济上大大削弱了封建，又以贯彻合理负担政策，地主土地逐渐分散，转移到农民之手中（绥德分区减租彻底地区地主土地50%至80%转入农民手中）。农民反映，共产党办了好事，租子减没了，生产积极性大为提高，使边区1944年的农业生产运动推进一步，农村气象为之一新。但减租仍然存在问题：（1）不平衡不彻底，绥德分区运动发展普遍贯彻了政策，陇东发动群众不够，有41个乡未减，且机械执行二五减租。关中发动较迟，普遍及彻底程度也差。（2）1944年和1945年因忙于组织生产、劳模运动，召开公代、合作、文教等大会，进行干部冬训和选举。主要由于部分干部满足于已有减租成绩，放松了减租查租，故有不少地主又进行假典、假卖、倒地夺佃、明减暗不减的违法活动（庆阳驿马关五个乡，104户地主中有43户明减暗不减，绥德延家岔28家佃户有18家被夺佃）。（3）因此造成了边区仍然存在着相当普遍的土地问题，特别在未分土地的地区。

（《陕甘宁边区土地问题》）

（三）陇东减租经过

三厢减租工作大致可分为三个阶段，从1937年到1941年为第一阶段，1942年为第二阶段，1943年为第三阶段。

第一阶段，由联保抗救会和保农会召开群众大会，提出三七减租，但实际并未去做，只限于口头宣传。因之使群众当时认为这只是说说好听，不能兑现，群众对农会的印象也不好，认为只说不做，佃户因怕地主收地也不敢要求减租。总之，这个时期可以说是宣传阶段。

第二阶段，召开群众大会，改组农会，成立农会小组，以行政村为单位开会，宣传三七减租。后又提出豁免1939年以前所欠陈租。在开始时群众仍认为同过去的农会一样，只说不做，同时在大会上有佃户李全利、张光汉提出保障佃权问题，农会长张全双同志当场答复，由政府和农会负责保证不让地主因减租收回土地。为了使这一工作能顺利进行和发动群众，便于当年7月由市政府于佑铭同志，三八五旅民运科孟平同志和农会一同领导佃户肖森、张孝到本乡地主李向荣（边区参议员）家算账。开始李很顽固，并因酒失言，遂在李门前召开群众大会进行斗争。李后来看形势不好，便承认错误，痛哭流涕，跪在地上，说：我有什么地方对不起你们，你们这样来弄我。经斗争结果，算账退还佃户当年所多收的麦租一石多，并且换立新约。从此群众改变了认识，认为农会真的给他们谋利益，要真的实行减租了。但农会当时没有积极地普遍地开展群众减租斗争，只搞了一下再未搞了，所以其他地主的租子仍是明减暗不减，政府和农会也不过问。这时认识虽有转变，但总怕地主收回土地，（三厢处在北门外一带，人多地少，不容易佃到地种），故仍未敢自动向地主要求减租。

第三阶段，农会在县委、县政府、市政府的直接领导下进行减租工作。步骤是：前半年深入群众收集减租材料，并使主佃双方换立新约，直到后半年才将约换完。在收集材料时，起初佃户仍是不肯实说，都谎说减过了。如张全双同志到佃户周满有、陈学华家时，他们说：减了。经多方解释，和给他们算了不减租吃亏，才说实话。他们也知道减租是对自己有利的，但不敢说实话的唯一原因是害怕减租后地主收回土地。去年他们两家的租子地主都减退了，但今年都发生了问题。周满有已到东原另佃地种，陈学华也仅能种这一年（详情留在土地变动内说）。

后半年进行减租工作，由农会负主要责任。先召开全厢主佃大会，佃户和本厢地主李向荣、陈祥初到场，说明减租意义，确立1939年以前所欠陈租一律豁免。1940年、1941年按三七减退，1942年、1943年按二五减退。并召开佃户会及个别谈话，说政府和农会一定保障佃权，绝不使地主因减租收回土地。会后由农会张全双同志领着佃户给地主算账。先领着佃户张孝、肖森给地主李向荣算账。在未算账前，农会和佃户向李说：今年麦子都坏了，没有收下，欠着还是给不了，请免些租子，遂免了张孝麦租一石五斗，免肖森麦租九斗三升五合，继即进行算账。四年内应退还张孝麦子三石五斗五升，连免麦一石五斗，共退麦五石零五升。佃户张孝欠地主秋六石三斗，按二折一，合麦三石一升五合，欠和退互扣，地主净退麦一石九斗。应退给肖森的麦子二斗一升半，在今年麦租内扣除。这时群众看到有利可得，同时去年麦子没有收成，秋也不好，退出的粮可以解决当前的口粮，因之，群众发动了起来，开展对地主的斗争。继与地主陈祥初算账，开始陈不退，斗争结果退给陈学华等五家佃户麦子一石零四升，高粱八斗三升，蔓豆、春麦共六升三合，糜子一斗四升，共退粮二石零七升三合，柴草490斤。11月斗争城里地主田玉亭（庆阳县参议会副议长）。在未斗争前，经市政府和农会通知他三四次，叫到佃户所在地田家城算账，始终不来，后由农会领着佃户到他家算账。田说：要退租子，叫公家给我退出公粮后再给你们退租子。张全双同志当即批驳说：政府法令参议会决议，有监督执行权，你如认为这样做不对，可以提出意见，如认为对，副议长都不执行，叫什么人遵守！这时县委郐书记和县市政府同志也在街上观看情况如何，田暗中叫人看街上还有什么人没有，他知道这种情况后，又看到农会来势很猛，便说：“退，升子硬不过斗。”经算账，共退还田义润等五家佃户麦子六石，当时退出三石多，余下打借条，在今年的租子中扣除。

继斗争城里地主陆兴武。第一次农会领着佃户周满有到他家算账，陆不但不算，还说：“我们有人在政府里做事还不知道减租，你们来干什么？我的租子不能减。”第二次去，他说“哪顾得你们这事”，即不睬，上街去了。第三次农会几个人领着佃户周满有去，到陆家即说：不算账不走，饿了还得管饭，吃了一顿早饭，晚饭不管了，佃户和市府研究，杨市长叫佃户买馍吃，叫陆拿钱，陆看形势不妙，再拖还要管饭，于是才算了账。共退给佃户周满有麦子九斗九升，高粱九斗四升五合，黑豆九斗七升五合，糜子五斗六升八合，荞麦一斗五升，谷子一斗八升，共退粮食三石八斗零八合，应退柴草折洋3300元，佃户吃的馒头钱也出了。

经过这样几次斗争后，佃户情绪高了，地主看今年不同往年非减不行。因此1943年在三厢的19户佃户中，除种地主李子良、韩少文的地，因地主在西峰镇没有进行算账外，都到地主家算了账。42家地主有24家经算账后，共退给58家佃户麦子十四石九斗零五勺、杂粮九石九斗二升九合五勺，总共退粮二十四石八斗三升，柴草5339斤。

去年地主免佃户欠粮的有田章五免张光汉（田的外甥）二石二斗、免田仓七斗五升，张维岳免沈荣宫一石三斗，张志骞免沈才五斗，李向荣免张孝一石五斗、免肖森九斗三升五合。四家地主共免六家佃户欠租七石一斗八升五合。免租都是在算账时经佃户要求，农会说服之下免的。并发现田章五从1939年即自动照减租法令收租。过去政府和农会都不知道，即登报予以表扬，他这样自动照减租法令收租，在减租运动中并没有起什么作用。三厢在去年减租中对丈量后短少的土地，一概没有退租。如郭生荣佃种田满学川地9亩，丈量为8亩，张孝佃种李向荣115亩地，丈量为96亩5分，都未退租，原因是城边土地一般都不够亩数。还有去年丈量土地时，凡不生产粮的地方，如坟墓和道路等都未计算在内。

在去年减租退租中，对孤寡的家庭也有照顾，不是不分情况一律减退。如陈建升家中只有孤寡母两人，没有劳动力，在1940年将60亩地（川地27亩、山地33亩）每亩租额七升租给亲戚李某佃种，1941年1942年租给俄华佃种，1943年租给白金堂佃种。去年减租对李某和俄华的租子都未退还，也得到两人同意，白金堂的租子则按二五减租，交三石一斗五升。原因是去年陈建升之母找到谢老八为丈夫，家里有人劳动了，所以将租额按二五减租。

还进行了换立新约工作。这个厢过去除部分定租的佃户有约外，其他都没有约。活租，伙种更没有约。去年换立新约时，77户佃户，有58户立了新约，有年限的居半数，期限最多者五年，少者二年。其余半数没写年限的原因，在地主方面认为有年限没有年限，非自种不能收地，在佃户方面，认为没有年限可以随便佃种，有年限就有限制，恐到年限地主不让种地。去年换的新约，最近根据县府规定减租后交租办法四条，另换新约。去年有19家佃户因两家地主（李子良、韩少文）在八路军未来前跑到西峰镇住，家有妻、母，但不管事，因此没有算账、退租和换约。去年李家在暗中收了些麦租，如收黄正中麦租八斗，黄建中，肖俊德麦租各三斗。在1941年政府因李家1940年、1941年应征公粮160石，只交过30多石，其余无人负责交纳，遂声明将李子良土地十一二顷（过去有八九十顷被分）房产百间暂给代管。房屋除公家用有一二处，其余都是群众住着。土地佃户种着，政府也未收租，李仍在暗中偷收。去年又征他二十三石四斗公粮，仍未出。今春李妻向专署县府市府要求发退土地房产，即交纳公粮及其他负担，政府已准其请求发还。韩少文家里没有人，在1940年征他60石公粮也未出。政府将他的土地房产与李同时代管。韩过去有土地70多顷被划分，现土地很少。庆阳市去年登记出二三顷都随佃户粮征了，其他区都未征粮，政府代管的房屋有五十多间大部都是群众住着。

（《陇东租佃情况》，1944年）

（四）关中分区减租政策的执行情况

1.1943年以前为第一阶段。就现有的材料看，赤水、新宁、淳耀等地，1943年以前关于减租都有规定，赤水于1938年规定为原租额一石交租二斗五升，内扣三升互济粮，于1939年该县却将减租率降低了一下，原租一石交三斗，内扣互济粮三升。虽有此规定，地主有许多不敢收租。新宁于1941年以前即提出对半减租（原租每石交五斗），后并在该县第二届参议会上通过了这一减租率。该县盘克等几个新区（反磨擦斗争中发展的地区）则实行“四六租”，即原租一石交租六斗，这是在该地初成立政权时在群众大会上通过的。同宜耀即东区现淳耀县的大部分（按淳耀县于1943年冬与东区合并），于1942年第二届参议会上通过了下面的减租率：水地四六减，即原租一石交六斗，川地原租每石至多只能交五斗，坡地原租每石至多只能交四斗

（倒四六）。二区麦子每亩收成在二斗上下者，原租每石只能交二升细粮，并规定友区地主来装租子时要经政府登记，边区地主要经过乡政府与乡农会。

在第一阶即1943年以前，各县虽有减租的规定，但因未发动群众，因之（1）减租政策基本上是没有贯彻，各县普遍地存在着明减暗不减的现象。如新宁五区四乡租种2034亩的55家佃户，自1940年至1942年三年中间，按四六减租率，长装租子九十六石五斗四升。据赤水1943年调查，该县三区对减租仅仅宣传了一下，“二五减租”根本没有实行过。其他县明减暗不减的现象也同样普遍存在着。（2）佃权没有保障，普遍地发生地主收回土地的现象。如赤水于1937年秋，虽有“保证佃户有永佃权”的规定，但地主收回土地竟有四五百亩的。五一施政纲领颁布以后，于1942年竟有部分地主到分过土地的地区去收租子的事情（1943年才提出来）。

2.1943、1944年两年为第二阶段。从1943年开始减租减息进入一个新的阶段，即群众性的减租运动的阶段，特别是1944年，各县普遍地展开了群众减租运动，清算了减租法令颁布以来长装的租子，保障了佃权，以群众力量，基本上保证了减租法令的贯彻。在土地分配不彻底的地区，保障了农民的地权，在三年不装租子的地区，确定了地权属农民所有，同时在群众运动中间教育了群众和干部。但这一减租运动并不是平衡的，就县来说，有的县则做得很差，在各县的范围内来说，各地区执行的程度亦各有不同。（见后“现存的地权问题”与“现存的租佃问题”两部分）

在第二阶段，关于减租率的规定几个县各有不同。新宁减租率仍是“对半”、“四六”两种。（1942年曾宣传“二五”减租，在三、四区遭到群众的反对）淳耀按租额不得超过收获量10%的原则，在执行中间，将1942年参议会通过的减租率稍加变更，把减租率再加大了一些，即按原租额每石规定为“倒四六”（每石交四斗）、“倒三七”、“倒二八”、“倒一九”等几种减租率。赤水于1943年又第二次降低了减租率，统一规定为“对半减”，关于西安事变前三年未装租子的地，赤水规定为“在事变前后三年没装租子的土地，地权统归佃户所有”。

3.1945年到现在为第三阶段。这一阶段主要的是查租保佃，继续贯彻减租政策。在去年冬季的乡选中，各县初步地进行了查租，今年前季以来，几个县先后进行查租，其进行的规模与程度各有不同。如淳耀的进行则比较是普遍的群众运动性的，解决了一些问题，且进行于春耕工作开始时，赤水、新宁则主要的系调查了解性的，且开始较迟（查租情形及所发现问题见后）。

（《关中分区的地权问题与租佃问题》，1946年9月10日）

第二节 边区的租佃形式

一、《解放日报》载文谈边区的土地租佃形式

流行于陕甘宁边区各地的土地租佃形式，大致可以归属于两类：一为租种类，一为伙种类。这两类土地租佃形式的基本不同点在于：在前一类各种租种形式下，出租人方面只出土地，其他一切生产工具皆由承租人置借，在后一类各种伙种形式下，出租人除出土地之外还供给生产工具之一部或全部。很明显的，在前一类租佃形式下，出租人是以土地所有者的资格与拥有各种生产工具的承租人——土地上的生产者——相对待，而在后一类租佃形式下则是出租人以土地所有者，兼一部或全部生产工具所有者的资格与承租人相对待。因而在前一类租佃形式下出租人所得是纯粹形态的地租，在后一类租佃形式下，地主所得不是纯粹形态的地租，而是地租与一部分他所投入的生产工具的利息的总和，这是两类不同性质的地租关系。

更进一步，可以把租种类分为定租、包山租、活租三种，把伙种分为伙种、安庄稼两种。现在就按这个顺序——定租、包山租、活租、伙种、安庄稼来加以说明叙述。

（一）定租

就全边区范围来说，占绝对优势的租佃形式就是定租。定租本是租种的一种，但因它流行之广与影响之大，于是有些地方（例如绥米警备区）就把租种这个名称狭义地来代表定租。定租在边区民间多称为死租或死租子（我们认为还是定租这个名称较为适宜），它命名的由来是由于：第一，它的地租是按土地面积（垧或亩）来计算的；第二，不管收成丰歉，应当交纳议好的一定的地租，在这两点上定租正是与活租相对立的。

边区的定租绝大多数采取实物地租形态，这与边区内商品经济还不甚发达这一事实是相适应的。自抗战后，由于货币的贬值，不但阻滞了实物地租向货币地租的转化，而且使得一些货币地租改取实物形态。据我们的了解，在陕北地区历史上未曾有过货币地租很发达的时期，在今天也只有在少数瓜菜地、“坟会地”（宗族祭田）及靠近城镇的租地上，偶尔发现货币地租的例子。虽然如此，在边区各种租佃形式中，定租还是唯一存在的采取货币地租形态的一种租佃形式。

定租的条件、习惯，在边区各地亦无明显差别，而在租额上则有极大的悬殊。根据较可靠的典型调查及其他材料，可以下列数字来把它表示出来：1.在绥、米一带定租租额约占平年收获的35%至40%。2.清涧、安定、直属县东地区各县，定租租额约占平年收获量的15%至20%。3.再次为延安、安塞诸县，定租租额约占平年收获量的10%左右。4.志丹、环县等地定租租额约占平年收获的5%至6%。5.关中、陇东有些地方和安定、清涧相近，有些地方和直属县西地区相近，其中有些地方租额也高，达收获量的30%或其以上。因为边区各地通行的土地面积计算单位和斗的不统一，所以我们只能列出其定租租额所占收获量的百分数来作为比较。这些数字虽然不是精确统计，但租额的不一致与悬殊之大是可以很清楚地看出来的，最高与最低可以相差到七八倍，这是由各地各种条件的不同所产生出来的，而地广人稀或地少人多，是构成这种悬殊的最重要原因。以上都是按中等地平年计算，若是遇到歉收，则定租租额在全收获量中所占比例自然还要大得多。以边区的土地质量与收获量而论，某些地方的定租租额还是很重，它障碍着农民生产热忱的提高与农业生产的发展，也是一目了然的事实。

定租不但是边区内占绝对优势的租佃形式，而且是大地主、中地主出租土地所采取的主要形式。因为在定租之下，地主可以一切不问，只管到期收取定额地租，无论多少土地，可以无限地定租出去，大地主、中地主土地较多，定租还是一种最便利的形式。在这种形式下的租佃关系，无疑的主要是地主与农民间的关系。因此，在边区实行减租交租政策，定租是必须首先注意与研究的对象。再进一步，则发现在边区内经过土地分配地区的定租与未经分配地区的定租所含的阶级关系，是有某些不同的，在经过土地分配的地区，依靠地租产生的阶级已经不存在了。即使有的话，也只是个别的，租佃关系比较稀少，而出租土地的是各阶层的农民。据边府1940年延、甘二县抽查，14个村庄、395户的调查，定租出土地303垧，富农出租3垧，中农出租191垧、贫农租出105垧。我们可以从此看到一个轮廓：出租土地的多为劳动力丧失，或不足的各阶层农民及一部分抗属工属，租入土地的为土地不足的各阶层农民，租入土地以扩大生产。这种阶级关系和未经土地分配地区显然不同，因此，抽象地一般地对待定租是不对的。

此外，在各种租佃形式中，定租的租佃关系往往是比较长期的、固定的，边区定租虽多为不定期限契约，但在某些地区，数十年的佃户则为常见之事，在习惯上，定租的某种限度的佃权，是早已成立的。

边区各地，对定租的减租办法大致有三种：1.规定每垧（或每亩）减几斗或几升；2.按原租额减去几成；3.按年成不同规定不同的减租率（这现在只有警备区实行）。在警区文告上把上述第三种减租办法叫作“活租制”，这是不很适当的。因为：1.这样容易和边区早已存在的活租相混淆；2.这个办法虽打破了定租的“不管收成丰歉交纳议好的定额地租”一点，但是它还没有打破“按土地面积计算”一点，实际上这个办法是按土地面积与收成丰歉混合计租的一种形式，定租的名称还是应当保存的。

去年2月发布的中共中央关于抗日根据地土地政策的决定，其中规定：“定租因天灾人祸其收成之全部或大部被毁时，得减付或免付地租”，新的边区土地租佃条例根据这个决定也有同样的规定。在这个条例实行之后，可以说在边区原来严格意义的定租将不复存在了。

（二）包山租

包山租可看作定租的一种而又与之相区别。承租人向出租人租得土地，每年交纳固定的地租，不因收成丰歉改变，在这一点上，是同定租相同的。其不同的地方，则是租地面积不是按垧（或亩）计算，而是指定某一架山甚至几架山或一大片土地，它的面积自数十垧达数百垧，其中往往有一部分荒地。

包山租的承租人，或是租进自种，或是租进之后转租与别的农民。后一种包山租是有包租转租剥削性质的。

由于这些特点，只有在荒地较多，土地辽阔，人口稀少的地区，如直属县、关中、陇东某些地方，包山租才较为流行。像绥、米一带土地缺乏的地方，根本没有这种租佃形式。在直属县市过去包山租本来还较为多些，但现在已经大大减少，只部分存在着。例如在延安县的金盆区，直到今天这种形式还是较发达的。据传同治年间的变乱，陕北农业生产遭到了很大的破坏，多数耕地荒芜，无人耕种，外来移民无处安插，租地遂多取包山租形式。以后随着人口的增加和农业生产的发展及近年来政府对移民的帮助，这种形式也就日趋衰退了。

包山租的租额没有一定标准，一般是比较低的。

（三）活租

活租就是一般所谓分租，本属租种的一种，而在计租方法上，与定租恰恰相反。第一，它的地租不是按土地面积计算，而是按收获量由租佃双方按成分配。因之第二，它的地租的绝对量也就不是固定的，而是随着年成丰歉收获多寡、租佃双方的收入为比例的增多或减少，这是活租命名的由来。往下就可以看到，这种计租方法的特点正是伙种类各种租佃形式所共具的。

在对于土地和生产工具的关系来看，活租与定租、包山租丝毫没有不同的地方，都是农民自己置备了生产工具，向地主取得土地使用权，缴纳一定的地租，其不同仅在如何计算地租一点上而已。

在边区内只有在靖边县的几个区活租才占到统治地位，这是因为靖边一带经常歉荒，收获不定的缘故。在直属县市其他县这种形式极为稀少。

可是在警备区和关中这些地方，活租也占到相当大的比重（它在这里是被混称作“伙种”了）。它的租额在靖边是二八（租二佃八）或一九分或租一五佃八五。但在绥米关中等地却高到租四佃六或对半分，可见它的租额是很高的。

在活租形式下收获的多少影响到地租多少，故而收获量是地主所必须关心的一件事。在进行收获与分配的时候，地主必须亲自去派人监督，因之活租的土地比较多为近地、好地，而这一形式之大量采用，也受到一定限制。在未经土地分配地区，采取活租的多是小地主、中地主。

活租在边区某些县，如靖边的老百姓，把它叫作活租或活租子，有些地方把它叫作“指地分粮”，这也很完全确切地表示出活租的特点。“指地”就是地主只出土地，“分粮”是收获物由双方按成分配。但在边区大多数地方的农村，把活租也叫作“伙种”，把二者在名称上与观念上完全不加以区别。例如近来报纸上所载的减租中所发生的“租种改为伙种”、“改租为伙”，实际上绝大多数指的是把定租改为活租。

这种混乱不仅反映在报纸上的纪事和某些农村调查上，同时也反映在各种减租法令与土地政策上。大多数地方对出租人只出土地的活租与出租人出一部分生产工具的伙种一样看待，这当然是很不合理的。举绥德的活租为例，原来伙种多数是对半分，分区暂行减租减息条例规定减为四六分，而活租也就以伙种的名义同样减为四六分，这就是说，地主若采用活租，在减租后还可得到收获40%的地租，若同一土地采取定租的话，在减租之后，地主所得最多不过收获物的25%，这两者的差额是很大的。再根据调查，各地定租执行减租法令的还比较多些，而伙种（包括活租在内）则绝大多数未执行减租，由此可见，地主采取活租可以得到加倍的地租，从边区实行减租以来，在各种租佃形式中剥削是最重的。这就说明了为什么自去年以来地主将定租改为活租的现象普遍地发生于陇东、警区、鄜县等地区了。

最近发布的边区土地租佃条例，对于活租规定了与伙种不同的减租办法，而且使之与定租维持大致相同的地租标准，这是完全正确的。根据这个条例，就应在边区内对地主只出土地的“伙种”，今后应当一律改称为活租。这不但为科学地进行农村调查工作所必需，尤其为正确执行减租交租政策所必需。

（四）伙种

伙种——在这个名称下概括了很多种类的农业经营方式，而不能算作伙种的，像是：（1）活租，这是租种的一种，已见上面的分析。（2）农民中间关于耕地生产工具，劳动力的互助与调剂，其中并不含有土地租佃关系，有些地方也把它叫作“伙种”，其实这种经营方式不属本文范围，这里不准备加以谈论。（3）安庄稼，它虽属于伙种类，但是还是一种独立的租佃形式，也留在下节叙述。

以上三者过去都把它们叫作伙种，我们认为都不太妥当，那么什么才是伙种?

伙种是出租人除土地外还供给各种生产工具的一部分，在庄稼收获后租佃双方按成分配的一种土地租佃形式。

这里必须说明，伙种的条件是极端复杂的，比如各种生产工具（主要是畜力、肥料、种籽三种，农具则通例由承租人置备），出租人可能供给其一部或全部，一种或是数种，而每种生产工具，又可能供给其一部或全部。再就是收获的分配，粮食绝大多数是对半分，也有少数是租四佃六分，这还比较简单。柴草的分配条件可举出五种：（1）对半分；（2）全归出租人；（3）全归承租人；（4）“跟粪走”——即归出肥料方面；（5）“跟牛走”——即归出畜力方面。种子的供给及归还条件则可以举出四种：（1）两家分担；（2）谁出还谁；（3）出租人出不还；（4）承租人出不还。耕畜饲料的供给及归还条件也可以举出同上四种。这一些条件的结合可以做出无穷的数学的排列。可见，就是按照上面的定义，伙种本身还不是简单的一种租佃形式，而是由许多种租佃形式所构成的。

伙种，在边区各地都很普遍，它主要是流行于中农与贫农相互之间，土地有余而劳动力不足的中农贫农和另一土地不足而劳动力有余的中农贫农合作，一方出地，一方出力，经营所得，双方平分。至于各种生产工具，多数是由双方共出，农具则由出力方面供给。在未经土地分配地区也有些小地主、中地主采取伙种的，但从全边区范围内来看，伙种主要是中农贫农相互之间的关系。在边区的伙种是和小土地所有与小农业生产相联系着，它是带有小自耕农民中间合作性质的一种租佃关系（部分的是中小地主与农民间的租佃关系）。

由于伙种的上述特点，所以每种伙种关系的土地面积一般是很小的——一二垧，三五垧，达到10垧极为少见。

往下就可以看到伙种这两个特点，正是与安庄稼相反的。

在这里，我们可以顺便提及一点，就是对于伙种的性质的估计，曾经有人认为是“伙种与调分子相近，都是一种雇佣劳动……是属于富农剥削的”，或说“伙种是封建剥削的变相”，这两种正相反对的看法，同样都是没有把握到问题的本质，似乎不必多说明。

（五）安庄稼

安庄稼或称安伙子，是伙种租佃形式的一种，也是边区各种租佃形式最后的一种。在这种形式下，出租人不但租给承租人土地，而且要供给他以各种生产工具——畜力、肥料、农具以及供给他和他的家属的吃用粮食、耕畜饲料、种籽以至住窑洞用具等等。在作物收获后双方按议好的成数分配，承租人把借的粮食、种子、耕畜饲料归还。

安庄稼和各种租佃形式的区别是明显的，但它和伙种的区别则是颇不容易的一件事。过去许多地方把安庄稼与伙种完全混同，有人以为伙种与安庄稼的不同只是在吃借粮一点上，因此加以区别是必要的。我们认为安庄稼应当列为独立的租佃形式，理由是：

1.安庄稼的条件性质与伙种有显著不同。在伙种之下，出租人所供给是生产工具的一部分，在安庄稼之下，出租人就必须供给生产工具之全部；如果说在伙种之下，生产工具只是比较次要因素的话，那么在安庄稼之下，生产工具的意义就大大增加了。此外安庄稼的出租人还应当借给承租人以必需的吃粮——他本人和他家属的生活资料，如果说在伙种之下出租人是以土地所有者兼部分生产工具所有者的资格与承租人相对待的话，那么在安庄稼之下，出租人是以土地所有者兼全部生产工具与生活资料所有者的资格与承租人相对待。在这里出租人所取得的地租是他租出土地的地租与所投下的全部生产工具与生活资料的利息的总和，其中所含的生产工具、生活资料的利息的成分比起伙种大大增加了。

2.从土地面积上观察，伙种土地面积一般是5垧以下，安庄稼则最少是一个全劳动力或两个劳动力配合上畜力所能耕种的土地——20垧上下至40垧，因为不如此，承租人将不能维持他本人与他家属的生活。

3.最后从阶级内容上观察，伙种主要是中农贫农相互之间的租佃关系，而安庄稼则是富农、地主（也有中农）与一无所有而携有家眷的贫农之间的租佃关系。

从以上可以明显看出安庄稼与伙种之间不仅是量的差别，而且是质的不同。吃借粮是安庄稼的一个重要特点，而且在今天解决移民生活问题上，它更具有特殊的意义，但不能把它当作区别安庄稼与伙种的唯一因素。只举出一点，在某些地区有少数安庄稼农民不吃借粮，但是仍不妨碍我们把这种关系当作安庄稼，就全明白了。

边区各地安庄稼在借粮上，都是借一还一，或是借一公堆上还二（即在未曾分配的收获物中还二——在对半分的条件下，这总归是一样的）。过去有人以为借一公堆上还二是对本对利，是最重要的高利贷剥削，这种计算上的错误曾经影响了一个时期借粮和借窑——生产者所借家属的生活资料是安庄稼的租出人“投资”的一部分，它的利息已经包括在出租人所得地租总额中了（出租人所分得的粮食加上承租人的无偿劳役）。不错，借粮可以看作剥削手段之一，但是想从“还一”、“还二”中搜寻“剥削”是会徒劳无功的。

作为安庄稼的另一特点是安庄稼的承租人（边区各地把它叫作伙子），对于主家担负着各种无偿劳役。据米脂一个伙子说的：有担水、扫院、挖炭、生火、请客、送客、喂猪、打狗、种瓜、种菜、讨租、送粮等等。伙子的老婆孩子也往往帮助主家做些家庭操作，伙子实际带有佣人使役性质。这样安庄稼的地租不但是取实物形态，而且有一部分采取劳役形态了，少数伙子把这种劳役从习惯和双方“感情”出发，认为是理当效劳（多数安庄稼的双方是有亲友或介绍关系的），而其本质应当说是伙子对主家借粮借窑所支付的利息和租金，或被剥夺了生产手段的农民对生产手段所有者所不得不支付的劳役地租。不过这种情况在经过土地分配地区也有不同在那里。大多数伙子对主家不担负什么劳役，而且担负劳役的安庄稼关系是日渐减少着。

总括起说，安庄稼的土地、生产工具、粮食各方面的关系，乃是土地租佃耕畜农具租贷与粮食借贷的一种混合的剥削关系。若是撇开这一切，再从一个新的角度来观察，主家拿出土地、生产工具甚至劳动者的生活资料，这与富农式经营的“投资”是很相似的，最后的按成分配收获物也和富农式经营的调份子形式上几乎完全相同，因此，在一定意义上说安庄稼是接近于富农式经营。尤其是调份子的一种租佃形式，许多富农往往今年采取雇工或调份子，明年采取安庄稼，后年又采取雇工或调份子，也可以说安庄稼是租佃与雇佣的一种中间的过渡形式。在经过了土地分配，自耕农占绝对优势，大土地所有已经消减的地区，安庄稼所含的富农式经营的意义更加明显更加重要了。

那么，怎么样来区别安庄稼与雇佣？有一种意见认为伙种、安庄稼、调份子“都是雇佣剥削方式，都是资本主义富农剥削。不过，由于边区经济的落后，使这许多剥削方式中不可避免地包含着某些封建剥削的残余”，这是不对的。因为：

1.安庄稼并不包含劳动力买卖关系。

2.无论雇佣或调份子、雇农都是以一个劳动者的资格参加到主家所经营的农业经济单位中去，在主家的支配与监督下，进行生产，向主家取得一定的工资（不论这种工资是货币是实物，是固定是不固定的——收获后按成分配）。安庄稼则是农民向主家取得土地与各种工具的使用权，自己成为一个小生产者的农业经济单位、独立地进行生产，他是他自己劳动力的支配者，在收获之后，向主家交纳地租，在这点上——尤其在土地关系上，安庄稼是与其他各种租佃形式完全相同，而与雇佣则毫无相同之点的。

3.无论雇佣或是调份子、雇农本人吃饭都是由主家管，而安庄稼的伙子的吃粮虽是由主家借给，但是后来还要归还，这和吃自己的饭是一样的，在这点上，它又是比较和其他各种租佃形式相同，而不与雇佣相同。

因此，我们认为安庄稼基本上属于租佃范围，而不属于雇佣范围。

安庄稼普遍于警备区等地，在直属县市，尤为盛行。它的租额一般是对半分，少数是四六（租四佃六），其剥削并不谓轻，在这种意义上，对安庄稼加以某种限制，是有必要的。但要注意在地广人稀的移民区域，安庄稼对安置移民与发展生产有极大作用。例如延安县1942年移民1009户中，有466户是安庄稼的，就是说近一半的难民是靠安庄稼来安插移民的，土地、农具、耕牛、种籽以及全家的吃住等等问题，在安庄稼之下，都可以立刻得到暂时的解决。移民政策在边区发展农业生产上是一个极重要的政策，而安庄稼则是解决移民问题的一种很好的方式。在移民区中，安庄稼的移民既有了立足之地，自已挖窑洞、开荒地，一二年后他就可以独立门户了，因此安庄稼这个优点为其他一切租佃形式甚至雇佣、调份子所不及。在今天奖励移民政策下，在移民区应当介绍当地农户与外来移民安庄稼，说服他们多给移民帮助，在租额上过分限制反而是不利的。

现在把各种租佃形式列成下表来综合地加以说明：

1.租种类——（1）定租　（2）包山租——按土地计租

　　　　　（3）活租…………

2.伙种类——（4）伙种　（5）安庄稼

（3）活租、（4）伙种、（5）安庄稼——按收获计算

各种租佃形式分为租种、伙种两类，若从租佃双方对于土地和生产工具的关系这一基本点出发，若是按计租方法也可以分为另外的两类，其中活租本应属于租种类，但在计租方法上它却和伙种类相同，这也就是为什么许多人把活租与伙种混同的原因。

单从租佃双方对于土地的关系来看，各种租佃形式都是没有区别的，若从对于生产工具的关系来看，则有很大的不同。前三种租佃形式——定租、包山租、活租的生产工具完全为承租人所有，伙种的生产工具是由出租人供给一部分，而安庄稼则是完全由出租人供给。

在各种租佃形式之下，出租人对生产过程的关系，由于对于生产工具的关系及计租方法的不同，遂之名亦不同。定租和包山租因为出租人既不供给生产工具、地租也是固定的，因之他对于整个生产过程——从耕种到收获是可以毫不过问的。在活租之下，出租人既不供给生产工具，但收获的多少却直接影响到地租，因而他不能不过问。此外他还必须监督承租人以全部收获来和他分配。伙种和安庄稼出租人成了生产工具的全部或部分的所有者，连

土地一起计算的话，他的“投资”增加了，收获的多少也就是为他所关心，他又须时刻留意着承租人合理地使用他的生产工具。不过这种不同，基本上并没有改变出租人和富农式经营的主家成为全生产过程的领导者与组织者一点，还是根本不同的。

从各种形式下的阶级关系来看，虽是在边区内不同的地区往往有不同的内容，然而可以大体上指出：定租包山租是标本的大地主、中地主出租土地的形式，活租多为小地主、中地主所采用，伙种以中农贫农相互之间的关系为其特征，而安庄稼则为富农或地主与贫农之间的一种租佃关系。

在人事关系上，安庄稼和伙种形式的租佃双方常常是有直接间接的亲戚、本族、朋友、乡邻关系的，最少也必须承租人为出租人所信赖或是有人担保，因为不如此出租人就不放心把他的耕牛等等交给别人使用，而且他又怕承租人在分配收获时隐瞒（陕北农村有两句话很生动地表示出这一种关系：1.“宁伙过年，不伙种田”；2.“伙子不偷，五谷不收”），这种关系在定租下是不大常有的。土地差不多成为出租人承租人中间的唯一联系带，伙种、安庄稼则有其他种种关系使他们联系着。进一步研究为什么定租执行减租的比较多，伙种、安庄稼、活租是差不多没有执行减租，这里可以回答一部分了。

今天，在边区内执行减租交租的政策应当根据边区内各地区的农业生产、土地关系、阶级关系的特点，此外应当对各种租佃形式本身也有一些分析。比如每种租佃形式下出租人是否供给生产工具或供给多少，每种租佃形式下所藏的阶级关系是什么，每种租佃形式在发展边区农业生产上的作用是怎样的，等等，类此问题都应当成为我们决定政策与执行政策的基础，而这点也就是我们研究这个问题的动机。

（《边区的土地租佃形式》，《解放日报》，1943年1月23日）

二、贾拓夫谈边区的租佃形式

边区土地租佃关系：大体分为两类，分为五种形式。一是租种类，一是伙种类。租种中又分：①定租（死租、铁租）；②活租；③包山租。伙种分：①伙种；②安庄稼（安伙子）。分别说明：

1.定租：地主把若干地（不少于20垧）租给农民，以亩（或垧）为单位，定好租额，地主只出土地，其他工具、种子、肥料都由农民出，不管收获多少都按定额交租。边区这种形式最多，可说普遍，大地主都是这样做的。杨家沟、刘家峁一个地主800垧地，分租给几十家佃户。这是五种形式中占统治地位的形式。租额很不平均，如绥德人多地少，定租额最高，到40%–50%。大体是这样，关中、陇东大概10%–30%。山地平原有些不同，清涧、固临、延安之一部租额是10%—15%。安塞、保安、环县更低，10%以下。5%–6%和40%比相差七八倍，十分悬殊。原因是土地多少，地质好坏、远近、山地、平原等区别，情况是复杂的。

2.活租：只有靖边的几个区这种形式占统治地位，收获没一定数量，大体是按一九（地主一、农民九），或者一五八五分粮，按收获量分配。但另外如警备区把活租、伙种混淆起来，伙种的分配是各半，实际仍是活租，地主只出地不管其工具等。减租后这种剥削最厉害，伙种对半改为四六分，所以很多地主把死租改为活租，以抵抗减租，按地分粮。

3.包山租：地主只出土地，不计亩数，以一架山为单位，以一块大地方计算租子，这种形式较少。延属、关中等地，有些这种形式的。抗战后减少了，这种形式有二房东的剥削，有转租关系。

4.伙种：出租人除土地外，还出部分生产工具、牛驴等畜力、肥料和种子，出其之一或一部分，这叫伙种。据我们收到的材料，中、贫之间这种关系多，一部分小地主富农有采取的，大地主则伙种的少。伙种的结合不容易，不如租种简单——只土地关系，伙种则另有工具关系；地主对土地收成更关心一点，一般的对半分（警备区）。“伙种不偷”可见都关心，但“宁伙过年，不伙种田”，可见结合的困难。伙种的土地比较零碎，十垧八垧，大块不多。有人说伙种和雇农差不多，不对，也是封建性的剥削。粮食分、柴草分则复杂，一般的草归出牲口的方面，柴给出肥料家，也有按供给种子肥料多少分配的，也有两家共出共分的，形式很多。一般的是农民中间土地不够种才伙起来。

5.安庄稼（安伙子）：和伙种不同，地主要供承租人全部生产工具，甚至连做工的绳子，给窑住，吃借粮，收获后对半分。吃粮按原数归还（没利息），和伙种看起来吃借粮的不同，实际不只此一点。伙种地主只出一部分工具，安庄稼则供给全部工具，又借给粮吃，出租人投资很大，也只有对半分，借粮又无利息，看来比伙种便宜得多。但安庄稼除50%粮给地主外，并有无赏的劳役，无报酬地给地主做几十种事情：担水、扫院、挖炭、生火、请客、送客、喂猪、种瓜、种菜、讨粮、送粮食……如伙子有老婆也要帮地主做事，这些是吃借粮借窑洞的代价。另外安庄稼必须几十垧土地，不然不够他生活。有人说是富农剥削，不是，仍是封建剥削。为什么和富农的雇佣劳动不同呢？富农是生产的参加和领导者，雇农只出劳力挣工钱的关系，安庄稼伙子可以独立经营土地。主家和富农的不同点是脱离生产关系，伙子是生产者主持者，这是富农经营的过渡形式。另外有“挑分子”住下，一切归地主出，一九分，打多分多，打少分少，按成分，好处是刺激雇农努力生产，雇农则是定资，关心努力就差一点。（这种形式没有单列为一种）

五种租佃形式，从土地关系说没有区别，按工具说情况就不同了。定租是大地主采取，活租是小地主采取的，伙种是农民之间，安庄稼是地主富农缺乏劳动力的。从地主对生产关系说，定租不关心，活租则关心收获，伙种关心，安庄稼更关心，了解了这些租佃关系以后，对执行减租减息条例有很大关系。

（贾拓夫：《关于边区土地政策问题的报告》，1945年3月15日）

三、各区县的租佃形式及租额情况

（一）陇东租佃情况

1.定租。定租最多，租额每亩最高1斗，次为8升、7升、6升、5升不等。如田克明佃种田仰值川地15亩，每亩租1斗。田耀书佃种刘兴的川地30亩，每亩租8升。夏辉佃种刘斌川地4亩，每亩租7升。史富佃种张礼川地14亩，每亩租6升。贡立中佃种李子良川地山地共54亩，每亩租子川地1斗，山地5升。

定租所交租子多数是细粮，即麦子七八成，豆子二三成，秋夏各半的居少数。如肖华佃种李子良山地、川地共50亩，每亩租子交8升麦子、2升豆子。沈云宫佃种吴银川地22亩，每亩租子1斗，秋夏各半。

过去交租一般说来丰年能交八九成，平年能交五六成，歉年能交二三成。如张孝佃种李向荣山地、塬地共115亩（去年丈量为96.5亩），原租8石（麦五石五斗，豆二石五斗），1941年收麦10石，交租子6石，收秋2石交租5斗；1942年收麦11石，交租子6石，收秋5石，未交租子。李学德佃种李子良川地8亩，每亩租子1斗，山地10亩，每亩租子5升，1942年收麦一石三斗交租子2斗，收秋二石三斗，交租子6斗。肖华佃种李子良山地川地共50亩，原租子规定5石（麦八、豆二），1941年收麦6石，交租子2石，收秋8石，交租子1石，欠麦豆各1石。肖森佃租李向荣66.5亩，租子5石（每亩麦7升、豆2升），1941年收麦4石，交租子三石四斗，收秋5石，交租一石六斗；1942年收麦9石，收秋5石，交租麦秋各二石一斗。

定租在去年减租时，因麦秋收成都不好，为照顾佃户生活，改为当年减交麦秋各半，以后照新规定交租办法，按二五减后，丰年交清，平年交八成，歉年交五成，荒年免交，并规定麦秋各半。如田克明佃种田伟柱川地10亩，原租每亩1斗，减交5升。田耀述佃种刘兴川地30亩，原租每亩8升，减交4升。夏辉佃种刘仲斌川地4亩，原租每亩7升，减交5升。田培之佃种田兴富川地5亩，原租每亩1斗，减交5升。只有史福佃种张礼川地、山地共14亩，原租每亩6升，双方是父子关系（史系张后父），原租未动。田克明佃种田兴富川地6亩，塬地质不好，原租额定为5升，水地完全种菜，收入很大，租额不减也可，当时为了照顾佃户生活，也略予减低。如王登有佃种田章五一亩八分五水地种菜，全家大小四口依此生活，原租共麦5斗，改定为4斗半。

2.活租。活租有对半分成，有四六分成两种。对半分成地主只出地，其他由承租人自有，这种形式比较多。如张应元1942年种许福地3亩，收蔓豆8斗，地主分去4斗，种高粱收2石，地主分去1石。梁吉善1942年种陈贡忠地7.5亩，其中种麦4.3分，每人各分麦一斗七升五合，种糜子2亩，每人各分二斗五升，种洋芋1亩，每人各分两担半，种白菜3分，每人各分150斤，柴草都是对半分。还有聂向义种陈祥初五亩地，地主出一半籽种，借给牲口用，佃户给地主还工，从1941年起到去年都是这样分的，去年减租时，将三年全按三七减退。

四六分成比较少。如冯绪祖1942年种麻黄16亩地，收麦380件，地主分150件，佃户分230件。周满有1942年种麻黄四亩地，收荞麦二斗五升，地主分去1斗。田常1942年种韩滋地13亩，其中种麦五亩收1石，地主分4斗，种糜子3亩，收4斗，地主收一斗六升，柴草都按四六分。以上都是地主只出地，其他统由承租人自有。还有赵义种李俊40亩地，张宗孝种李义26.5亩地，地主出四成籽种，粮草仍按四六分。活租去年减租时都改为三七分粮，不分草。

这种活租形式在1934年以前还没有，1935年东北军在这驻防时，地主因负担繁重，才改为这种形式，将负担转嫁给佃户。这种活租的地主都在北门外附近一带，因人多地少，佃户也不得不忍痛接受这种条件。

3.伙种。全乡只有一户地主赵兴富因年岁已大，只有几个小孩，家里没有劳动力，将20亩地叫本家门孙子赵丙辰种上，所有牲口、籽种及一切农具都是地主的，佃户只出一个劳动力，对半分粮草，如佃户实有困难时，地主也多少借给些粮食，收后原数归还，去年减租时，乡政府农会根据双方具体情况，仍准其对半分。

三乡土地去年规定每亩常年产量如下：

水地为五斗、四斗

川地为三斗五升、三斗二升、三斗、二斗九升、二斗八升、二斗七升、二斗六升、二斗五升、二斗四升、二斗二升、一斗五升、一斗三升、五升

塬地为三斗、二斗八升、二斗五升、二斗

山地为二斗六升、二斗五升、二斗二升、二斗、一斗八升、一斗六升、一斗五升、一斗四升、一斗三升、一斗二升、一斗、八升、七升、六升、五升。

（《陇东租佃情况》，1944年）

（二）关中分区的租佃形式及租额情况

1.租佃形式

在减租前关中的租佃形式有如下几种：

（1）最普遍的是定租。这种租佃形式普遍在关中各县，（这里无中心区的材料）因之定租是关中的主要形式。据原东区（现淳耀的大部分）的材料，这种租佃形式在东区占90%以上。

（2）转租，即包租一块地或一架山，又转租出去，较租来之租额为高，从中图利，本地称这种出租者为“二道毛”。这种形式存在于淳耀、新宁等县之山地。

（3）活租，即指地分粮。有四六分的（主四佃六），有三七分的（主三佃七），有对半分的。这种形式主要存在于新宁之五区四乡，其他县则很少。

（4）伙种。一般都是对半分，但地主供给的东西各有多少之不同。其他如安庄稼等在关中则很少见。

减租后一般都是定租，在减租不彻底的地区，有地主将定租变为活租（他们名曰“份种”，其实什么都不出）的事实，如赤水五区六乡有千余亩地变了活租，他们都是对半分。

2.减租前后的租额比较

据上述各县之减租率均有不同，现将几个县的减租前后之租额与收获量做一比较。

赤水：平年收获量最高四斗，普通二斗半，最低斗半。原租额最高一斗（亦有斗三升者，但不多），普通八升，最低五升。原租额占收获量分别是：25%、32%、33%强，减租后按对半减租率交租，则新租额占收获量12.5%至17%。

淳耀：（1）水地：平年产量为一石、七斗，原租额为四斗三斗，原租额占收获量44%、43%，其新租额为一斗六升、四升，则占收获量的16%、6%。

（2）川地：平年产量为五斗，原租额二斗，占收获量的40%。新租额三升，占收获量6%。

（3）塬地：平年产量为三斗半、三斗、二斗半。其原租额为一斗半、八升、七升，占收获量分别为：43%弱、37%弱、27%弱。

（4）坡地：平年产量为二斗半，一斗、九升，其原租额为八升、五升、二升，占收获量32%、50%、22%强，新租额一般为一升（平均），如以收获量每亩斗半计算，新租额则占收获量7%弱。淳耀坡地即山地租额一般按亩数很难计算，在过去都是包山，一片地论多少租子。按山地减租率一般为倒一九，即一石交一斗，该县尚有的个别地方，山地原租一石，现在只交八升的。

（《关中分区的地权问题与租佃问题》，1946年9月10日）

（三）绥德县的租佃情况

土地上的剥削形式，在绥德县最普遍的两种是租种与伙种。老边区所说的“调分子”，只存在于绥德县的周家山区，在其他地区则没有发现过这种剥削形式。

伙种，像老边区一样，也有两种形式。第一种形式是地主只出土地，所有农具种子与劳动力等等都由伙种者出，这是一般农民所说的伙种。按照1940年7月绥德警备区临时参议会通过的《减租减息暂行条例》的规定，这种伙种，除种子而外，地主应分得收获量的四成，佃户应分得六成。第二种形式是伙种者只出劳动力，地主除了出土地而外，还借给种子、牛料、农具等等。这种形式农民一般叫作“安伙子”。按照该《减租减息暂行条例》之规定，这一种伙种，地主应分得收获量的四成五，佃户应分得五成五。在这种伙种制之下，佃户除给地主分出粮食而外，还有各种不同的劳役，例如替地主担水、推磨、收租、接送婆姨等等。

地主出租的多是下地、远地；地主与人伙种的多是上中地与近地。绥德义合区第一乡的材料，便证明了这个。

义合第一乡九个自然村的统计

	上中地（垧）	下地（垧）	总计（垧）	上中地占土地总数的百分比	下地占土地总数的百分比
租种	91	479	570	16%	84%
伙种	285	12	297	96%	4%

从上表看来，出租的上中地只占出租地总额16%，而出租的下地，则占出租地总额的84%；伙种的上中地则占伙种地总额的96%，而伙种的下地则仅占4%。

为什么有这种现象呢？因为下地出产少，不易多分；远地不在地主监督之下，各种出产物不能全部分到，因此，地主愿将下地与远地出租而收一定的租额。在相反的情况之下，地主是愿伙种的。

在绥德县大部分地租是实物地租，每垧山地的租额，一般地说，是二斗谷子至二斗半，有些地方，租额也有三斗的，甚至三斗以上的。有些地方（例如靠近城市的地方）也有钱租，不过这种货币地租的形式，只是个别的现象罢了。依据绥德沙滩坪区第二乡第二行政村的统计，全村共有租户14户，出粮租者为12户，出钱租者只2户，一户去年出了96元，租了一块园子，一户出了5元，租了一垧山地。由此可见，货币地租的形式，只是很少的。

在绥德县的西川，预收地租的事件，个别的也发生着。地主预收地租，一方面可以逃避减租，另一方面又可避免荒年少收地租。这种预收地租制，是应该明令禁止的。

（王思平：《绥德县的农民土地问题（初稿）》，1942年5月9日）

（四）新宁县的租佃形式

1.死租。每亩地每年交租多少，言定后，承租人每年不管收成好坏，一定要交够言定的租额。租额根据土地质量有如下几种：

上上地，指特别好的河川地和平坦塬地，每亩每年至多麦租一斗，若交秋，则交二斗。

上地，指一般川地和塬地，每亩每年至多麦八升，若交秋则一斗六升。

中地，次塬地和河川的平台地，每亩每年麦不下五升，秋一斗。

下地，指山坬地、沟地，每亩每年麦四升。

2.份种。地主出土地和籽种，其他是佃的。每年生产的农作物，割倒后，在地里平均分配，主佃各一份，叫作生分。

3.包山租。一片地不言亩数，根据这一片，地主和佃户言定每年租子多少，租额不准增加。这种租佃形式，往往出现转租。如五区三乡刘金苍租王兴汉的一块地，有90余亩，言定每年租子三石，而刘金苍又转租给李作邦和高水娃，每年收租九石，从中不劳而获六石。在减租运动中我们严禁转租。

（《新宁县减租交租工作报告》，1943年2月3日）

（五）安塞县的租佃情况

租佃关系：租额我县在1940年以前规定每垧三升，坮湾地每垧五升，川地五升到七升。一般地区私人之地，不能遵照实行，但只能私人种公地方能执行。其私与私地租，一般川地一斗，山地三升到五升，坮湾地五升，到七升。但有个别市镇人口集中，川地少，在有机关所在地，都争租瓜菜地与好地种，因此较好之川地租额，每垧有小米二斗（小斗）、三斗的（如沿河湾、真武洞）。另外还有个别农户，自己劳力不足，而将种余之地，租给外来移难民与某些劳力多而种地较缺乏之农户。大部分地区租额还可按上述政府规定数，但在一、四、五区有少部分地区租最好之阳麦地或瓜菜地，租额每垧需细粮一斗至一斗五升。在二区荒地多，垧数大，租额山地3升至5升，川塌地七八升至一斗。现在安塞租佃关系，主要以三七、四六按伙种、调份子，一九、二八个别的雇劳工种地，真正农户生活大部分或全部支费依靠地租来过活，或者贫农与移难民非多出地租而租不来地等现象还见。

2.利息问题：主要的是三种形式。第一种探买探卖，在1943年秋季与1944年夏季较频繁严重。究其发生原因，有些农民因婚姻丧事或雇人、增加牲口，因特别事故欠下外债，一时用钱急紧，所以将自己的青苗或米麦，廉价探卖给别人；另外当时各地没有成立起信用社，人民有一点急用亦无法解决，因此在此情况下有少数半商半农的凑机来到探买探卖，有全资的商人和某些机关部门营业人员，亦大量采买。

自去年各地成立了信用社，调剂了农民的急需，各级政府执行禁止探买探卖之命令后，现在农村之探买探卖之现象，可说是很少了。

第二种有复活旧社会之请会形式。比如我因其他事情欠下外债，或有急用，就设法请与自己有来往厚交之亲友10人或8人，吃一吃茶点，每人给我帮助上几万元，假如我请10个人，每人给我5万元，可一下得50万元，每年还五次，每次还5万元，需两年才还完。至于利息问题，谁先拔会谁出的利多，谁迟拔会谁可得利息。这里可以看出，请会人是受麻烦而可济用，遂会人亦可得利，亦要出利，每次利息大小不一定。

第三种个别的私人对私人放米或钱，得利的亦有，如你有余粮，给我揭来，我在夏季或秋季还你，每斗出五六升利，钱每月每元一毛五分至二毛来算利洋，根据现在所知之情形，就是这样。

（《安塞县减租减息情形》，可能是1945年文）

第三节　租佃政策

一、1942年1月中共中央关于抗日根据地土地政策的决定

抗日战争以来，我党在各抗日根据地实行土地政策，是抗日民族统一战线的土地政策，也就是一方面减租减息，一方面交租交息的土地政策。这一政策，在各根据地实行以后，曾经获得了广大群众的拥护，团结各阶层的人民，支持了敌后的抗战，凡是比较普遍，比较认真，比较彻底地实行了减租减息，同时又保障交租交息的地方，当地群众参加抗日斗争与民主建设的积极性就比较高，而且能够保持工作的经常状态，安定社会的生活秩序，那里的根据地就比较巩固。但是这一政策，在许多根据地内还没有普遍地、认真地、彻底地实行。在有些根据地内，还只在一部分地方实行了减租减息，而在另一部分地方，或则还只把减租减息当作一种宣传口号，既未发布命令，更未动手实行，或则不减，虽已由政府发布了法令，形式上减了租息，实际

上并未认真去做，发生了明减暗不减的现象。在这些地方，群众的积极性不能发扬，也就不能真正将群众组织起来，造成热烈抗日基础。在这些地方，抗日根据地就无法巩固，经不起敌人的扫荡，变成软弱无力的地区。但是在另外若干地方，则又犯了某些左的错误，虽然这种错误只发生在一部分地方，并且经过中央指示后已经大体上纠正了，但是还有引起各地同志加以注意之必要。当此抗战进入更加艰苦的时期，要求各根据地更加发动广大群众的抗日与生产的积极性，更加团结一切抗日阶层来坚持敌后的长期斗争，中央在详细研究各地经验之后，特将我党土地政策做一总结的决定。另有关于执行土地政策的具体办法，作为附件，随此决定一并发下，以供各地采用。务望各地同志加以研究，认真执行。

（一）承认农民（雇农包括在内）是抗日与生产的基本力量。故党的政策是扶助农民，减轻地主的封建剥削，实行减租减息，保证农民的人权、政权、地权、财权，藉以改善农民的生活，提高农民抗日与生产的积极性。

（二）承认地主的大多数是有抗日要求的，一部分开明绅士是赞成民主改革的。故党的政策仅是扶助农民减轻封建剥削，而不是消灭封建剥削，更不是打击赞成民主改革的开明绅士。故于实行减租减息之后，又须实行交租交息，于保障农民的人权、政权、地权、财权之后，又须保障地主的人权、政权、地权、财权，藉以联合地主阶级一致抗日，只是对于绝对坚决不愿改悔的汉奸分子，才采取消灭其封建剥削的政策。

（三）承认资本主义生产方式是中国现时比较进步的生产方式，而资产阶级，特别是小资产阶级与民族资产阶级，是中国现时比较进步的社会成分与政治力量。富农的生产方式是带有资本主义性质的，富农是农村中的资产阶级，是抗日与生产的一个不可缺少的力量。小资产阶级、民族资产阶级与富农，不但有抗日要求，而且有民主要求。故党的政策，不是削弱资本主义与资产阶级，不是削弱富农阶级与富农生产，而是在适当地改善工人生活条件之下，同时奖励资本主义生产与联合资产阶级，奖励富农生产与联合富农。但富农有其一部分封建性质的剥削，为中农贫农所不满，故在农村中实行减租减息时，对富农的租息也须照减。在对富农减租减息后，同时须实行交租交息，并保障富农的人权、政权、地权、财权。一部分用资本主义方式经营土地的地主（所谓经营地主）其待遇与富农同。

（四）上述三条基本原则，是我党抗日民族统一战线及其土地政策的出发点。四年以来的经验证明，只有坚持这些原则，才能巩固抗日民族统一战线，才能正确地处理土地问题，才能联合全民支持民族抗战，而使日寇完全陷于孤立。一切过左过右的偏向，都是不能达到这个目的的。

（五）在农村统一战线中，地主与农民的矛盾，例如地主反对或妨碍农民关于民主生活的要求等，必须按照上述原则作适当的处理。双方的合理要求必须满足，但双方都应服从于整个民族抗战的利益。在处理农村纠纷中，党与政府的工作人员，不是站在农民或地主的某一方面，而是根据上述的基本原则，采取调节双方利益的方针。

（六）三三制政权，就是调节各抗日阶级内部关系的合理的政治形式。这一制度，必须在参议会系统中与政府系统中坚决地、认真地、普遍地实行。认为这一制度不过是一种敷衍党外人士的办法的那种观点，是不正确的。

（七）政府法令应有两方面的规定，不应畸轻畸重，一方面要规定地主应该普遍地减租减息，不得抗不实行。另一方面，又要规定农民有交租交息的义务，不得抗不缴纳。一方面要规定地主的土地所有权与财产所有权仍属于地主，地主依法有对自己土地出卖、出典、抵押及做其他处置之权。另一方面，又要规定当地主作这些处置之时，必须顾及农民的生活。一切有关土地及债务的契约的缔结，须依双方自愿，契约期满，任何一方有解约之自由。

（八）抗日经费，除赤贫者外，一切阶级的人民均须按照累进的原则向政府交纳，不得畸轻畸重，不得抗拒不交。

（九）减租减息实行之后，给予了提高农业生产的前提，而农业生产是抗日根据地的主要的生产，党与政府的工作人员，必须用最大力量推动发展之。政府应举行大量的农业贷款，以解决农民借贷的困难。

（十）农救会的任务，在减租减息之前，主要的是协助政府实行减租减息的法令。在减租减息之后，主要的是协助政府调解农村纠纷与发展农业生产，而不是以自己的决定代替政府的法令，不是以农救代替政府。在调解农村纠纷的任务上，应取仲裁的方式，而不是专断的方式。在发展农业生产的任务上，应动员所有农救会员起模范的领导的作用。

（十一）既然减租减息与保障农民的人权、政权、地权、财权是我党土地政策的第一个方面，既然各根据地内尚有许多地方并未普遍地、认真地、彻底地实行减租减息，而其原因，不是地主抗不实行，就是党与政府的工作人员采取漠不关心与官僚主义的态度。因此，各根据地内党与政府的工作人员，必须对自己工作加以严格地检查，派员下乡分途巡视各地实行的程度，加以周密的调查研究，全盘地总结各地经验，发扬正确实行的例子，批评官僚主义的例子。须知发布口号，发布法令与实行口号，实行法令之间，是常常存在着很大的距离的，如不严惩官僚主义，反对右倾观点，就无法使口号法令见之实行。

（十二）既然交租交息与保障地主的人权、政权、地权、财权，是我党土地政策的第二个方面，既然各根据地内曾经发生过忽视这一方面的“左”倾错误，而其原因，不是农民不了解我党的土地政策，就是党与政府的工作人员也不了解或不完全了解我党的政策。为着防止今后重复这种错误，就必须在党内，在农民群众中明确地解释党的政策，使他们明白现在我党的抗日民族统一战线的土地政策，是与内战时期的土地政策有根本区别的，使他们不限制于眼前的狭隘的利益，而应把眼前利益与将来利益联系起来，把局部利益与全民族利益联系起来。必须劝告农民，在实行减租减息与保障农民的人权、政权、地权、财权之后，同时实行交租交息与保障地主的人权、政权、地权、财权。正如在减租减息与保障农民的人权、政权、地权、财权的问题上，必须劝告地主不应该限制于眼前的狭隘的利益，而要顾及将来与全民族的利益是一样的。

附件

由于各根据地情况不同及在一根据地内情况亦有不同者，故关于解决土地问题的具体办法，不能统一施行整齐划一的制度。中央在关于土地政策决定内规定了统一施行的原则，而在本附件内则根据此种原则提出具体办法，以供各地采用。本附件内所列各项凡与各地实际情况相合者，均应坚决执行之。其有不合情况而须变通办理者，各地得加以变通，唯须将变通之点报告中央，并取得中央之批准。

（一）关于地租及佃权问题

（1）一切尚未实行减租的地区，其租额以减低原租额25%（二五减租）为原则，即照抗战前租额减低25%；不论公地、私地、佃租地、伙种地，也不论钱租制、定租制，均适用之。各种不同形式的伙种地，不宜一律规定为依地主所得不超过十分之四，或十分之六，应依业佃双方所出劳动力、牛力、农具、肥料、种子及食粮之多寡，按原来租额比例，减低25%。在游击区及敌占点线附近，可比二五减租还少一点，只减二成、一成五或一成。以能相当发动农民抗日的积极性及团结各阶层抗战为目标。

（2）地租一律于产物收获后交纳，出租人不得向承租人预收地租。并不得索取额外报酬。

（3）定租（铁租），因天灾人祸，其收之全部或大部被毁时，得停付或减付地租。

（4）多年欠租，应予免交。

（5）公粮公款，按累进原则，由业佃双方负担。土地税，由土地所有者担负之。

（6）地租原约定以货币支付者，因纸币跌价而发生争议时，政府应召集双方佃业协议调解，并得将货币地租之一部或全部，改为实物地租。

（7）如没有评资委员会等调解机关的地方，须有农民、地主、政府三方代表参加，但政府有最后决定权。

（8）在租佃契约上及习惯上有永佃权者，应保留之。无永佃权者，不应强迫规定。但可奖励双方订立较长期的契约，例如五年以上，农民得安心发展生产。

（9）无永佃权之地及契约期满之地，出租人有依约处置之自由，包括转让、出典、出卖、自耕及雇人耕种等项目在内。但在抗战期间，地主收地，应顾及农民生活，并须于收获前三个月通知承佃人。原承佃人太穷苦者，应由政府召集双方加以调剂，或延长佃期，或只退佃一部。

（10）出租人于契约期满，招人承佃或出典、出卖时，原承租人依同等条件有承佃、承典、承买之优先出权。

（11）出租人出卖有永佃权或契约期限未满之地，原承租人有继续佃耕之权。非原约期满，新主不得另佃他人。

（12）承租人在二年内无故不耕，或力能付租而故意不付者，出租人有收回土地之权。

（二）关于债务问题

（1）减息是对于抗战前成立的借贷关系，为适应债务人的要求，并为团结债权人一致抗日起见，而实行的一个必要政策，应以一分半为计息标准。如付息超过原本一倍者，停利还本，超过原本二倍者，本利停付。至于抗战后的息额，应以当地社会经济关系，听任民间自行处理，政府不应规定过低息额，致使借贷停滞，不利民生。

（2）债权人不得因减息而解除借贷契约，债务人也不得在减息后拒不交息，债权人有依法诉追债务之权。

（3）凡抗战后新成立的借贷关系，债务人到期不能付息还本，债权人有依约处理抵押品之权。如有争议，由政府判处。同一抵押品，而担保数债权者，其卖之价格，按各债权契约先后，依次并比例清偿之。抵押品如为土地（押地）照此处理。

（4）凡典地尚未转成买卖关系者，出典人随时可用原典价依约赎回土地，不得用抽地换药的办法。如已转成买卖关系者，不得赎回。因纸币跌价而在赎回典地时所生之争议，由政府调处之。

（5）凡抗战后成立的借贷关系，因天灾人祸及其他不可抗之原因，债务人无力履行债约时，得请求政府调处，酌量减息，或免息还本。

（6）因纸币跌价，债务人用纸币还债而生之争议，由政府适当调处之。

（三）关于若干特殊土地的处理问题

（1）凡罪大恶极之汉奸的土地，应予没收，归政府管理，租给农民耕种，以示惩罚。其家属如未参加此种汉奸活动，或其情节较轻者，不在此列。

（2）被迫汉奸的土地不应没收，以示宽大争取其悔过自新。无人管理者，由政府代管，租给农民耕种，候其回家抗日，即发还之。

（3）凡逃亡地主，不论其逃至何处，其土地不得没收。无人管理者，由政府代管，招人耕种，并保存其应得地租，代交田赋公粮，原主回家时，将其土地及应得地租一并发还之。

（4）凡没有税过契约或没有纳过税的黑地，不许没收，而限其责令业主税契纳粮。如逾期仍不税契不纳粮时，由政府给予相当的处理。

（5）族地、社地，由本族本社人员组织管理委员会管理之，以其收入作为本族本社或本地公益事业之用。

（6）学地留作教育经费，由政府或本地人员组织教育基金管理委员会管理之。

（7）宗教土地（基督教、佛教、回教、道教及其他教派的土地）均不变动。

（8）公荒，由政府分配给抗属、难民、贫农开垦，并归其所有。在一定期限内，免除或减少其税收。

（9）私荒，不论生荒熟荒，应先尽业主开垦。如业主无力开垦任其荒芜时，政府得招人开垦，并在一定期限内，免除或减少其租税。土地所有权仍属于原主，但开垦者有永佃权。

（1942年1月28日中央政治局通过）

二、1942年10月西北中央局关于彻底实行减租的指示

（一）占边区人口一半的未经分配土地区域的农民，在经济上还受着相当重的封建剥削。要发动这些地区的广大农民起来积极参加抗战及民主建设，并调节农村各阶层间的关系，正确地彻底地实行减租交租政策实有决定的意义。

（二）边区施政纲领虽有关于减租交租的规定，各地参议会也都通过了各种减租法令，可是严格检查起来，各地能认真按照这些法令实行减租的还是少数。在减租中还有未减到法定额或明减暗不减的现象。租种地减得比较

多，伙种地则减得极少。虽然也有个别农民不交租或交租不足法定额数，但若与不减租或减不足法定额的现象比较起来，却占极少数。

在执行减租政策中，地主采取许多的方法实行抵抗，主要的如收回租地，假典、假卖，提高租额，重量土地，租种改为伙种，定租制改为活租制，粗粮租子改为细粮租子，实行预租现租，使用大斗收租，将减去租额作为欠租，实行额外需索（如杂租、送礼、民工及其他各种无酬劳役），藉撤佃或其政治地位来威胁农民不敢减租，串通租户明减暗不减，以及藉打官司拖农民下水，以迫使农民不敢减租等。而这一切都是为了抵抗减租，使之不能实行，或即使减了租，地主又利用别的方法从农民方面取回减租损失的补价，使农民得不到减租的实果。

减租所以未能贯彻执行的基本原因还是由于党领导上的严重缺点，这些缺点是：

（1）许多地方对减租问题认识不够，不了解这个问题是未经土地革命区域一切工作的中心和关键。因而没有采取应有的积极态度。

（2）三三制实行后，有些地方发生过于迁就地主的倾向，怕同地主关系搞翻，故未认真实行减租。

（3）许多地方满足于减租法令的公布，把减租停止在自上而下的命令阶段，再不使工作深入，大多数地方没有检查过减租执行的情形。

（4）缺乏自下而上的发动群众，没有组织领导群众为减租进行斗争，这是减租所以不能贯彻的最大原因。

（5）在我们的减租法令中，还有某些不完备不周到的地方，如对农民佃权之保护缺乏有效办法，故使地主可以利用这些间隙从中取巧。

（三）今年秋收及交租之期又到了，贯彻减租政策的实行各地党必须执行下述各项：

1.今年减租必须普遍达到各地减租法令的规定的程度，必须用政府权力，特别是群众坚决的态度打破地主对抗减租所实行的一切投机取巧的办法，在政府统一的租佃条例未颁行前，各地可临时制定保护农民佃权及禁止地主一切投机取巧的行为的办法，严申政府减租法令，并使这些法令成为农民进行减租斗争的合法武器。为此，西北中央局特根据各地在减租中所发生的各种情况制定一种减租实施的补充办法（见附件）供给各地方参考。各地党应本着其精神并根据当地实际情况灵活运用之。

2.要保证减租的彻底实行，不能单凭政府减租法令的公布（虽然这是必要的），还必须采取发动群众的方针。党应组织与领导群众坚决地自动地实行政府的减租法令，坚持按照法定额交租，坚持佃户对于土地的使用权不变，地主任意破坏，对于地主因减租而加于农民的一切威胁和压迫，应发动群众以合法方式坚决抵抗之，同时应由政府以法令制止之。只要党和政府对减租采取认真的积极的态度，群众的积极性就会提高，而群众积极性的提高，则是贯彻减租的基本保证。

3.为了减租之彻底实行，在党发动群众的方针之下，还应由群众的组织力量来保证之。凡有农会组织的地方应领导农会去进行减租工作，在没有农会组织的地方，则应以乡村为单位组织群众某种临时性质的组织（名称及形式，可按各地情形自行规定，可不划一）专门负责领导群众进行减租工作，减租过后即可停止活动。

4.在地主中应推动开明分子（首先是参加参议会及政府机关的人士）出面倡导减租，以维护政府法令。对于这些执行政府减租法令的地主应加褒扬，对于抵制政府减租法令的地主先要进行说服，劝告其改正违反政府减租法令的态度和行为。但对屡诫不改破坏政府法令的个别顽固地主，则应发动群众告发，经政府按法律给予适当制裁，并在群众中公布其犯法行为。

5.地主按照法令减租之后，党应使农民也能按照法定额交租，其有不交租或交租不足法定额者，党应说服劝告之，使其交租。在这些场合，党应以统一战线精神去教育农民。

6.在实行减租中，党的最重要的任务就是要掌握统一战线政策。一方面保证地主能按法令减租，一方面又保证农民在减租后能按照法定额交租，以调节农村各阶层关系，并团结他们共同坚持抗战。为了达到这点，党必须反对过于迁就地主而使减租不能贯彻的右的倾向（这在目前是主要的），但完全迁就农民而使交租不能贯彻的左的倾向也是不对的，应当防止。

7.在一切未经分配土地的区域，减租应当成为今年秋季的中心工作。党应抓住减租之彻底实行，去提高群众的积极性，加强党与群众的关系。为此，党应发动参议会、群众团体在各种群众会议广泛的讨论减租问题，并由此掀起群众的减租运动，使党能在贯彻执行减租中达到开展与深入这些地区党与群众工作的目的。

8.各地党接此指示后，应立即抓紧时机，具体布置此项工作，先在区委县委讨论定出实施计划，然后经过区委布置到支部中去。党基础薄弱或无党的组织的地方，党应派得力同志前去切实布置，务使这一工作深入群众并达到上述目的。

附：关于减租实施的补充办法

在全边区的租佃条例没有颁布之前，各地区应当在现行减租法令之外，根据中央土地政策决定及其附件和本地的实际情况，可颁布一些临时补充办法，以下提出的办法只供给各地参考，各地可根据当地实际情形灵合运用之。如边区政府对减租问题有新的法令颁布时，则应以此精神配合政府法令进行。

甲、关于减租

一、租种（定租）、伙种、安庄稼的减租额数，都按各地已经颁布的减租法令额数认真照减。若遇天灾人祸应当减付或免付地租。

二、出租人（地主）只出土地，其他一切生产工具都归承租人（佃农）置备，而收获的粮等，由双方按成分配的叫作“活租”（边区有些地方把它也叫作伙租）。这种活租不适用伙种减租额的规定，双方怎样分法，看土地的好坏和各地一般租额高低而定，但是出租人所得最多不应当超过30%。

说明：这种活租和地主出一部分生产工具的伙种不同，伙种时它减得太少或没减，所以地主很多把租种地改成活租，应当加以限制。这里所说是“不得超过30%”，坏些的自然应当比30%更少。

三、减租应当按减租法令颁布时的原来租额，按标准照减，禁止把原来租额抬高。例如藉重量租地或是把议定的粗粮地租改成米租等方法来抬高地租，都应当禁止。

乙、关于交租

四、承租人应当按照法令规定减租额数交租，不许短欠。

五、承租人如遇特殊情况（如死亡、病），无力交纳地租的，应当由政府调停办理。

丙、关于佃权

（过去减租法令没有保护佃权的具体办法，是减租不能贯彻的关键之一，而且妨碍了农业生产的发展。以下各条都是为了保护农民的土地使用权，各级党应当注意使它们能真正实现）

六、出租人不能随便收回租地，有了下列情况之一的时候，出租人才能收回租地：

（一）出租人自种（包括雇人耕种）。

（二）承租人无故不种或自动放弃承佃权。

（三）承租人把租地转租从中取利，而故意不交租，而且承租人力量能交租。

（四）从抗战后宣布减租那天起算，积欠的地租已经达到两年地租的总额。

（五）承租人死亡、又没有继承人。

七、出租人收回租地自种，但是暗中出租或是以另一块土地出租，或是收回租地不种任凭荒芜，或是假典、假卖，应当受到处罚。

八、租地出卖或出典之后，买地或典地的人若不是自种，原承租人有照原约继续承租权。

九、若是因为收回租地或典卖租地而严重影响到承租人生活的时候，政府可以召集双方调停办理。

十、不得承租人同意，不准出租人把租种改换活租，更不准借此收回租地。

十一、租地出卖出典的时候原承租人以同样条件有买地、典地的优先权，原出租人不许故意抬高价格，原承租人也不许故意压低价格。

说明：各地若有亲族户内有典卖地优先权的习惯，也应当先尽承租人有最先优先权。

十二、承典土地而又是自己耕种的人应当和佃农一样受到第九条、第十一条的保护，在出典人回赎典地的时候，若是承典人贫苦，没地种，可以由政府调停办理。在出典人出卖典地的时候，承典人以同样条件有买地的优先权。

丁、关于限制其他额外剥削

十三、禁止预收地租（现租）。

十四、禁止转租从中取利。

租进土地又以原租额让租给别人一部分，或是租进土地又贴出部分生产工具而和别人伙种、安庄稼的不算转租。但是租进土地又活租出去，仍旧禁止。

十五、禁止于正租外一切额外需索如杂租、送礼、送工、无酬劳动、大斗收租等。

戊、关于欠租

十六、在未经土地分配的地区，凡经参议会宣布减租，以前的旧欠地租一律免除，不准再要。

十七、宣布减租之后，承租人交够了政府法令规定的额数的地租就不算欠租，禁止出租人把余额作为欠租。

十八、禁止把欠租作欠行息。

己、关于破坏减租法令的处罚

十九、故意破坏政府减租法令或是屡教不听的，按情节的轻重由政府处罚，并且让他赔偿对方由此所受的损失。有使用诈欺威胁等不正当手段的，依刑法治罪。

（1942年10月10日）

三、1942年边区土地租佃条例

（一）陕甘宁边区土地租佃条例草案（附说明）

第一章　总则

第一条　根据边区施政纲领，为合理调整租佃关系，发展农业生产，特制定本条例。

第二条　本条例适用于边区内一切土地租佃关系。

第三条　本条例所称之地租如下：

1.定租（亦称死租）：按照土地面积计算，所定的租额，是谓定租。

2.活租：即指地分粮，出租人只出土地，所需生产工具概由承租人自备，就地上收获正产物，由双方按成分配者，是谓活租。

3.伙种：出租人除土地外，并供给承租人各种生产工具之一部或全部，就地上收获按成分配者，是谓伙种。

4.安庄稼：出租人除出土地及全部生产工具外，并借给承租人粮食、窑房等，就地上收获，双方按成分配者，是谓安庄稼。

第四条　本条例所称土地副产物，指柴草等而言。

第五条　各县、市在条例范围内，得按当地实际情况制定有关租佃单行办法，呈报边区政府核准施行之。本条例颁布前，一切有关租佃法令，有与本条例抵触者，均照本条例规定办理。

第二章 减租

第六条　出租人应依本条例所定减租额收租，不得多收，或法外增租。

第七条　定租（死租），依照当地减租法令，或当地现行减租额给租，在未经分配土地区域，一般减租率不得低于25%。

第八条　活租（指地分粮），按原租额减25%至40%，减租之后，出租人所得，最多不得超过收获量30%，土地副产物皆归承租人。

〔说明〕活租的地租，应当和当地定租的地租维持大致相同的额数，它的减租多少，随当地定租额及土地好坏而定，在减租之后，若出租人所得不到三成时，就照该数给租，若超过三成时减为三成。

减租计算法举例如下：假定原租率是四六分（主四、佃六），而减租率假定是30%，那么出租人应分二成八，承租人应分七成二。

有些地方把活租混同于伙种，这是错误的。关于伙种的减租办法，不适用于活租。

第九条　伙种按原租额减10%至20%，减租之后，出租人所得，最多不得超过收获量40%，土地副产分法依其约定，无约定者依习惯。

〔说明〕伙种减租多少，看原租额高低、出租人所供给之生产工具多少而定。供给多的少减，供给少的多减；减租之后，若出租人所得不到四成时，即照该数给租，若超过四成时，减为四成。

第十条　安庄稼按原租额减10%至20%，减租之后，出租人所得，最多不得超过收获量45%，土地副产物，亦随正产物由双方按成分配。出租人对所供粮食及窑房，不得收取利息及租金。

〔说明〕安庄稼，减租多少，看原租额高低及土地年成好坏而定，土地年成好的少减，土地年成坏的多减；减租之后，若出租人所得不到45%时，即照该数给租，若超过45%时，减为45%。

以上定租、活租、伙种、安庄稼的减租率，各地区得根据条例第五条作较详细之规定。

第十一条　第七条至第十条所称原租额，指实行减租以前实交租额而言，禁止以任何藉口抬高原租额。

〔说明〕各地曾发生过出租人以种种藉口抬高原租额情事：如将粗粮地租改为米租、虚报土地、重量土地等等。这些办法都是名义上未抬高租额，实际上把租额抬高，来对抗减租，都应当禁止之列。

第十二条　在实行减租以后，新成立之租佃关系，其租额不得超过本条例第七条至第十条规定之减租标准。

〔说明〕减租以后新议之地租，不应当比当地减租以后的租额高，定租、活租、伙种、安庄稼，出租人所得都不得超过本条例规定之标准。

第十三条　若因天灾人祸，致收成减少或毁灭时，承租人得商请减付或免付应交租额。

〔说明〕本条所称“天灾人祸”指灾荒战争等不可抗力而言，各地区得依照本条例第五条统一规定减免办法。

第三章　交租

第十四条　承租人应依本条例所减租后之租额交租，不得短少，其有力能交租而故意不交者，出租人有请求政府依法追缴之权。

第十五条　地租一律在收获季节终了后交纳，禁止预收地租之一部或全部及收取押租。

第十六条　承租人如因收获减少，而确系极贫，或遭遇意外无力清交地租时，得与出租人协商缓期交纳之，出租人对欠租不得作价行息。

〔说明〕本条所称“意外”，指疾病、死亡、被盗等意外变故而言。

第十七条　地租应交谷物，以双方约定，其细粮杂粮折算办法，依当地习惯。交租使用当地通用之斗，禁止大斗收租与小斗交租。

第十八条　谷物地租，易为货币，货币地租易为谷物，须经双方协商同意始得行之。

第四章 租佃契约及佃权

第十九条　租佃契约，不论为书面为口头，应觅具见证人，或经当地乡长证明之。在条例颁布前所订立之租佃契约，有与本条例相抵触者，应依本条例规定办理，其在本条例颁布后订立之契约，与本条例低触者无效。

第二十条　出租人不得任意收回租地。有下列情况之一时，始得收回租地：

一、定有期限之契约，已经期满；或为不定期限之契约，由出租人收回其地确系自耕或雇人耕种者。

二、承租人非因不可抗力，无故继续一年不为耕种，而又不交地租者。

三、承租人将地转租，从中图利者。

四、减租后承租人力能交租而故意不交者。

五、承租人死亡无继承人者。

六、承租人自动放弃承租权者。

〔说明〕在出租人采用本条例第一款因自耕收回租地时，必须照顾到第二十一条之规定。

关于转租的解释见下第三十三条。

第二十一条　在抗战期间，出租人依法收回租地时，应顾及承租人生活。如承租人实系贫乏而无力生活者，由政府召集双方予以调剂，得延长佃期或只退佃一部；但如出租人确系为生计所迫，非典卖土地不可者，不在此限。

第二十二条　出租人依据第二十条第一款收回租地时，须与本年作物收获后次年作物耕种前之时日为之，并须于收获后一月内通知承租人。

在上述情形下，承租人仍须交纳本季地租。

第二十三条　出租人典卖其租地于他人时，原承租人依同一价格有承典、承买之优先权。

〔说明〕出租人出典、出卖租地，应当先尽承租人，在这里卖方不得故意高抬价格，买方亦不得故意压低价格。

第二十四条　出租人典、卖其租地于他人时，该承买、承典人若非自耕及雇人耕种者，原承租人有依原约继续承租权。

第二十五条　出租人典、卖其租地时，须于秋收后春耕前之时期为之，并须至迟于立春一个月前通知承租人。

第二十六条　非得双方同意，租佃之一方不得将定租改为活租或做其他类似变更。

〔说明〕任意变更租佃形式之行为，不但破坏租佃契约，而且可能妨碍农业生产之发展，影响租佃生活，故加禁止。

第二十七条　禁止借口自耕收回租地暗行出租或任其荒芜，以及假典假卖等行为。

〔说明〕出租人口称自耕，但暗行租给别人；或口称自耕，收回土地之后，又将自有另一土地出租；或是收回之后无力耕种；或是口称典、卖给另一农民，实际是租给他（假典、假卖），这些都是侵害承租人佃权的行为，故加禁止。

第二十八条　租佃契约期满，出租人仍将土地出租时，原承租人有依原契约继续承租权。

第五章　其他

第二十九条　1939年年底以前欠租一律免交。

〔说明〕边区减租之实行，一般在1940年，故规定1939年以前欠租免交。在已经分配土地区域，因多年欠租早已免除，且租额甚低，故不适用本条。

第三十条　开垦他人之老荒地者，三年免付地租，三年期满，再按本条例纳租。

第三十一条　承租人得在租地上进行耕地改良，出租人不得反对，在上述耕地改良有效期间，出租人不得收回土地。

〔说明〕所谓耕地改良，按国民政府土地法的解释，就是：“增加劳力资本之结果，致增加耕地的生产力或耕作便利者。”例如把中地修为上地，旱地修成水地，都是为了提高农业生产，应当鼓励承租人进行耕地改良。

第三十二条　由于出租人投资进行耕地改良，致土地产量提高时，得酌情增加地租。

〔说明〕本条用意同于上条，增加地租多少，看土地产量增加多少而定。

第三十三条　禁止包租、转租从中图利。

〔说明〕承租人将租地之一部，以原租额让租给别人，或将租地附加上一部生产工具与人伙种、安庄稼，不算转租，只有租进土地又定租、活租出去，从中取利，才加禁止。

第三十四条　于应收正租外，出租人不得索取任何额外报酬及无偿劳动。

第三十五条　抗日军人家属及贫苦孤寡因丧失劳动力出租少量土地为生活者，得不受本条例之限制。

前项所称少量土地，以每人平均五垧以下为限。

第三十六条　故意违犯本条例规定者，按情节轻重由司法机关处理之。

第六章　附则

第三十七条　本条例经边区参议会通过，由边区政府公布施行之，其解释之权仍属于边区政府。

（1942年12月9日第三次政府委员会通过，12月29日公布）

（二）葭县各界拥护租佃条例

边府土地租佃条例公布后，已获得各阶层群众之拥护。本县乌镇高家寨减租交租会讨论到保障佃权问题时，农民高能宪说："我租了高振民的二垧半地已经四代，百年多没有动过，每年种得很好。去年立秋后就把粪背到地里窖了，但是最近地主忽然要收回土地，我只得把粪挖出背回，现在种地既有保障，我又敢多上粪了。"农民高能有说："去年（指旧历即前年）我出了公粮8斤，今年（旧历）租地10垧被地主高冠雄抽回，想出公粮也出不起了。"地主方面一般地都表示拥护，但也有少数违犯法令的，如高冠雄有侵犯佃权及典权的行为，县务会议除将土地退回原租典户外，并科以地价一倍之处罚。又如高植民违犯全部减租交租法令，如假典抽地，威胁农民，提高租子，收现租，收旧欠，明减暗不减，中途变租地为活租，写违犯法令账约等，无所不用其极，现已被减租会提起公诉，县务会已查明属实，除退还多收租额，取消新加租额外，并科以多收粮三倍之处罚，一并折合现款万元。依据边府租佃条例，各项原则明确，能解决实际问题，故为广大群众热烈欢迎，各地农民纷纷要求给他们发租佃条例，县委宣传部正编印条例浅释。

（《解放日报》1943年1月26日）

四、1943年10月西北局关于进一步领导农民群众开展减租斗争的决定

（一）自去年秋季西北局颁发关于彻底实行减租的指示以来，各地减租运动，已有显著的进步，其主要表现就是有些地区（如葭县的店镇、城关、乌笼、通秦寨等区，米脂的河岔、卧羊、桃花峁等区及印斗区八乡，绥德的义合、沙滩坪等区以及合水和镇原的个别区乡）已经发动农民起来，成立各种群众组织，进行减租斗争，使减租开始成为集体性和群众性的运动。凡是这类减租进行得彻底的地方，群众生产热忱大大发扬了，政治觉悟大大提高了。群众于减租后，自动实行变工扎工，修畔溜崖，多施肥，多锄草，增加生产。同时群众更加拥护我党我军及边区政权，积极参加自卫动员工作和锄奸工作，热烈响应政府每一号召，推行各项建设。这些经验，说明在边区未分土地区域，减租运动实是发动群众积极性的锁钥，是这些区域各项工作的中心环节。在这些区域不谈减租减息，只谈民主选举；不把减租减息当作中心，而把民主选举当作中心的思想观点是极端错误的。但是这种发动群众起来进行减租斗争的地区，在边区内未经分配土地区域的减租运动中还占少数，多数地区是只凭少数干部党员和群众中积极分子推行减租，而不发动广大群众。他们把减租不看作是农民的群众斗争，而看作是党和政府对农民的恩赐。在这类地方虽然也可以减一些租，但不会彻底。因此，这种恩赐的减租，是错误的，是不能够发动广大群众参加各种建设事业和保卫边区积极性的。至于有些地方对减租工作仍旧漠不关心，不查不问，或少查少问，不发

动群众，只由政府检查一下执行程度，就算完事。因而不但不能发动群众积极性，而且连恩赐的减租也不能实现，则更是错误的。

（二）检查各地减租运动是否贯彻，首先应以发动群众的程度为标准。故今年秋季以后，在还没有实行减租或实行得不彻底的地方，党应继续领导和组织农民的减租运动；必须达到把群众真正发动起来，进行减租斗争。党的指示和政府法令，都是为了协助和领导农民进行减租斗争，故应使之配合与推动减租斗争，而不是代替群众的减租斗争。应经过党的组织和群众中的积极分子去广泛地发动农民，召开租户会议，成立群众组织（组织名称如农会、减租会、租户会、减租保地会等均可），经过这种组织团结以行政村、以乡、直到以区为单位的所有佃户和农民，开群众的减租大会，进行集体的减租斗争，由群众议定（一定要由群众议定）实施减租的具体办法，用群众力量揭发和打破地主对抗减租的各种反攻，并处罚顽固的地主，最大限度地发动广大群众的积极性。

（三）在发动群众减租斗争中，对地主阶级应当是又团结又有斗争的政策，反对有些同志对地主只团结不斗争的错误思想。这些同志生怕在减租中得罪地主，为了迁就地主，就不去发动农民，结果使减租运动不能贯彻，农民的积极性不能发扬。去年秋季以来，所有发动群众进行减租斗争的经验都证明：如果不同某些顽固地主进行斗争，则农民积极性就不可能发扬，减租就不可能贯彻。但是只要发动广大农民群众和某些顽固地主进行斗争之后，就不但可以贯彻减租和发动农民的积极性，而且决不会破裂农村统一战线，相反，会使农村统一战线开始得着广大群众力量做基础，达到扩大和巩固之目的。因此，今后凡在未实行或未彻底实行减租的地区，都必须发动农民起来向某些顽固地主进行斗争，以发动农民群众积极性和保证减租能彻底实行。不要害怕群众斗争闹得过火，就不敢大胆地放手地去发动群众，这种畏首畏尾的倾向是错误的。但当群众斗争起来时，放弃党的正确领导，让群众斗争自流地发展下去，对地主进行无区别无限度的过火斗争，在斗争中忘记了团结的一面，也是必须防止的。

（四）在农民减租斗争中建立起来的群众组织，党必须加强对其领导，使它能发挥更大的作用和力量，它不仅领导群众的减租斗争，而且能推广到领导群众其他各种切身利益的事业（如生产、防奸等），获得广大群众的喜爱，成为党团结农村基本群众的有力组织，并协助乡村政权工作，成为乡村政权在群众中的支柱。党对这些群众组织的领导，应注意保持其群众团体的性质，不要把它与乡村政权相混淆。因此以行政组织形式（如某些地方的减租检查委员会等）来代替这种群众组织是不对的。同样，以这种群众组织来代替乡村政权（如某些地方已发生的），也是不对的。同时，这些群众团体的工作方式，也应当与政权工作方式加以区别。这些群众团体的工作方式应采取民主讨论的方式，避免少数人专断和命令的方式。

（五）在群众减租运动中，必须具体和灵活地执行《边区政府土地租佣条例》的各项规定，并把它作为各地减租运动的一般标准和合法武器。必须指出：减租的主要对象是未分土地区域，把租佃条例机械地搬到已分土地区域照样实行是错误的。减租主要是减地主的租，而在农民互相间及有特殊情形的（如鳏、寡、孤、独及抗、工属等）土地租佃关系中也漫无区别地照样实行减租是错误的。减租率应根据各地土地收获量及租额等不同的具体情形灵活规定，不应当无区别地一律规定或机械地执行二五减租（如陇东及关中某些区域把过去已经规定和实行了的三七减租和对半减租改为二五减租是错误的）。对各种不同的租佃形式，在租佃条例所规定的原则下都要实行减租，不是只减定租，而不减或少减活租和伙种。目前特别注意把活租与定租及伙种严格区别，并认真照减，按租佃条例所规定，过去的欠租应一律认真免除，禁止和反对某些地主讨取欠租并发动群众进行勾账换约运动。地主因减租而无理收回农民佃地，应实行“翻地”。地主违背减租法令而强行讨取之超额租粮，应实行“退粮”。地主对佃户之一切额外剥削，应严格禁止。各地并应依照租佃条例原则，并参照当地具体情况规定统一的单行减租条例，以切实贯彻减租运动。

（六）在发动农民减租运动中，保障农民佃权是一个极重要的步骤。过去经验证明，保障佃权不仅是制止地主威胁农民反对减租的主要手段和发动农民敢于进行减租斗争的前提，而且是提高农民生产情绪，改良农作法和增加生产不能缺少的条件，因此今后必须由群众力量和政府法令加以确实保障，反对地主假典、假卖或任意撤佃等破坏农民佃权的行为。但是保护佃权并不等于“土地完全不准动了”。应当了解，在减租运动深入之后，土地变动乃是不可避免的现象。且是土地由不生产者向生产者手中转移的趋势，要认识这是一个进步。当地主有正当理由出卖土地时，党的政策不是不准地主卖地，而是扶助农民买得土地，保障佃农对于购买土地的优先权，使之能买得土地。如因农民购买土地发生佃权纠纷时，应由农会或租户会等群众团体适当的自行调解之。此外，还可提倡农民间的信用合作事业，以扶助农民买得土地。

（七）凡在农民减租斗争深入的地区，必须立即计划和组织明年的生产运动，发动每乡每村以至每家农户开荒、集肥、修崖、溜畔、修水利、改良农作法，以及推广合作运输等事业的准备工作，把减租运动与生产运动结合起来。同时又必须抓紧群众积极性的增长，用显著生动的例子，去向广大群众揭露国民党反动派进攻边区和破坏边区的特务活动罪恶，在群众中进行时事教育和阶级教育，增强他们对国民党反动派及日特国特的无限仇恨心，号召他们积极起来参加自卫军整训工作，努力学习手榴弹和其他武器的使用。在本乡本村清查坏人，展开群众锄奸运动，为保卫边区和保卫群众自己的革命利益而积极斗争起来。凡农民减租斗争告一段落之后，即应当过渡到这种自卫动员和反奸运动上面来。把这两种群众斗争结合起来，更进一步发扬群众积极性，切实巩固党和政权，并使这些地区的工作走上全面的彻底转变的道路。

（八）在今年秋季以后的减租运动中，党的领导必须真正具体实现：把一般号召与个别指导结合起来，把领导核心与广大群众结合起来。在未减租的各县，都应有计划地先在一两个中心乡村去发动群众的减租斗争，做出榜样，去影响推动其他地区，取得经验，去指导帮助其他地区，然后推广成为普遍的群众的减租斗争。坚决克服只有空洞的一般号召而没有个别的具体指导、只有领导核心行动而没有广大群众行动的领导方法。这将是今后展开与深入减租运动的重要保证。

（《西北局关于进一步领导农民群众开展减租斗争的决定》，1943年10月10日）

五、部分区、县制定的租佃文件

（一）绥德分区1940年7月公布的减租减息暂行条例草案

1.本条例根据警备区临时参议会通过之减租减息案制定之。

2.本条例所称之地租为夏秋收成后之粮租。

3.本条例减租之标准租额以本年主佃双方约定租额为标准，此后租额不得增加。

4.减租比率列下：

（1）丰年按标准租额减25%（即一石给七斗五升）。

（2）平年按标准租额减40%（即一石给六斗）。

（3）歉年按标准租额减55%（即一石给四斗半）。

5.歉年普通耕地收成在三斗以下免租。

6.土地特别薄瘠之区，虽丰年每垧收成亦不超过三斗者，其免租标准按各地具体情形另行规定。

7.伙种土地应按收获量分配之，除籽种外，地主得四成，佃户得六成——如种籽牛料由地主出者（俗称安伙子），则地主得四成五，佃户得五成五。

8.禁止主佃双方以任何约文规定押租或转租。

9.佃户应按本条例规定如数交租。

10.地主不得无故收回租地或更换租户。

11.凡典卖土地，其买主所买土地如非自种，不得无故更换租户。

12.借贷金钱者其利率不得超过月息一分五厘。

13.借粮食者年息不得超过十分之三。

14.本条例自呈准边区政府核准公布之日施行。

附注：本条例虽已经临时参议会常驻委员会通过现正向边府请核中，在未经核准公布前本条例仅作解决问题之参考。

（二）陕甘宁边区绥德分区专员公署关于旧债赎地暂行办法（只作参考未正式颁布）

甲、旧债

1.民国元年（1912）以前的账债一律废除。

2.民国元年（1912）以后的账债：

（1）债主已得过的利息与本数相等或超过时，只还本不还利。

（2）债务人从未付利或付利一部分者在清还时可酌量实情，利息至多不能超过本银。

3.在经过土地革命区域的旧债已经宣布过废除者，不得恢复其债权债务之关系。债权人系在未经过土地革命的区域，不得向已经过土地革命区域的债务人要旧债，在土地革命区域的债权人也不得向未经过土地革命区域的债务人要旧债。

乙、典地回赎问题（此条不适用于去春归地区域）

1.回赎期限参照国民政府民法典权三十年及人民的习惯，（典地千年活）现对于典权年限规定为六十年即是在六十年以内者凭典约钱到归赎。

2.因回赎典地须偿还旧租者规定如下：

（1）民国二十三年（1934）以前所欠之旧租一律作废。

（2）民国二十三年（1934）以后至二十八年（1939）：

①每年交足约定租额之一半者，即根据过去政府的规定认为已交清不得再收。

②依约定租额未交足一半者，在半数内之欠额为欠租额。

③在进行过土地革命的地区，二十三年至二十五年（1934—1936）之租粟不论拖欠多少，一律无效。

④上列各项的欠租债，还时每斗均以一元折价。

（1940年7月公布）

（三）绥德分区减租减息暂行条例的主要特点

1940年7月绥德警备区临时参议会通过了《减租减息暂行条例》。这一条例的主要特点如下：

第一，采取活租制，规定丰年平年歉年减租的比率。（1）丰年按标准租额（即本年主佃双方约定的租额）减25%（即一石给七斗五升）；（2）平年按标准租额减40%（即一石给六斗）；（3）歉年按标准租额减55%（即一石给四斗半）。

第二，确定了免租额。该条例第五条规定："歉年普通耕地每垧收成在三斗以下者免租。"

第三，规定了伙种的分配量。该条例第七条上明白写着："伙种应按收获量分配之，除种子外，地主得四成，佃户得六成（如种子牛料由地主出者，即俗称的'安伙子'，则地主得四成五，佃户得五成五）。"

第四，禁止押租或转租。第八条规定："禁止主佃双方以任何约文规定押租或转租。"

第五，规定了佃户应该交租与地主不得无故退租与更换租户。

但是这一条例，各地没有认真地执行。而地主为了避免减租，还采取了下列的一套办法：

第一，借口自种将减租佃户的租地收回，但把自己的另一块地租给不减租的佃户；

第二，假典假卖，把租地收回；

第三，预收地租；

第四，提高原来的租额；

第五，改为伙种。

佃户怕地主收回土地，只好按十成交租，他们说："减租固然很好，但是使得农民没有土地可种了。"甚至有些佃户私向出佃户增加租额，以图夺取耕地，所谓"增租夺佃"的事情，也是常常发生的。

所以在绥德县，政府虽已颁布了减租的法令，但在实际上，这一法令并未发生多大的效果，因此发生了明减暗不减的现象。根据绥德沙滩坪第二乡第二行政村的统计，在全村14个租户中，按照政府所规定的六成交租的，只有李国良（中农）一家，其余13家皆按原租额交租；在全村26户伙种者中，没有一户是按四六分的，皆是对半分的。根据绥德双湖峪第三乡第三行政村的统计，在全村10个租户中，按全额交者5户，按六成交者2户，按少于六成交者3户；在16户伙种者中，对半分者14户，四六分者不过2户。

一般地说，在经过土地革命的地区，在农民较有自己组织的地区，减租的比例要大些。在未经过土地革命的地区，在农民没有自己的组织的地区，大部分是未执行政府减租的条例的。因此，减租的程度在绥德县是不平衡的。

（王思平：《绥德县的农民土地问题（初稿）》，1942年5月9日）

（四）子长县政府关于租佃条例的报告

本府在二月一日各区长及县级干部联席会上对租佃条例解释与五一劳动节区长联席会上的检查，各区对租佃条例执行是：租佃条例第二章内第七条定租（死租）。荒地多的区，西一区、南区每垧租额一斗，丰收年可收粗粮一石，平常收七八斗。荒坬地每垧租额七八升，产量丰收年可收七八斗（最高九斗至一石），平常五六斗，但每垧荒坬地也有五六升租额的（少部分）。熟地好山地，东一、二区、中区、南沟岔区、玉家湾区等，每垧租额八九升，产量丰收年可收粗粮六七斗（最好者可收九斗至一石），有个别最高租额一斗，平常山地，每垧租额六七升，产量丰收年可收四五斗，也有个别者五升租额的。川地租额例如东一、二及中区大部分，每垧好川地三斗五升租额，产量丰收年可收一石五六斗；西一区安市、瓦市区（地少质量又好人多）和中区少部分乡，好川地每垧租额四斗左右，丰收年可收一石三四左右，也有个别二流子打现租的；中川地一垧租额一斗五升上下（有个别二斗的），丰收年可收八九斗。第八条活租（指地分粮）。依各地情形有二八的（出租人二承租八），有二成五与七成五的（出租人二五承租人七五），最高三七分。根据各区提出意见，例如活租额顶高三七分，最好川地丰收年可收两石多，那出租依三七分，可分粮六斗多，这样承租人便吃亏，比租地额高二斗至三斗。第九条伙种地。根据现在各区情形，秋田出租人出土地、牛料、籽种、肥料、工具，承租人只出劳动力，依对半分，像南沟岔等区最高四六分（佃四租六），副产物亦随正产物，豆、菜、高粱秆大批承租人分去，牛料、籽种不起；夏田，如老麦、春麦、豌豆和秋田荞麦，出租人出所用的工具，承租人只出劳力，到分粮时除过籽种外，依对半分，副产物亦随正产。伙种地不吃借粮，依据租佃条例伙种出租最高的四成，若超过四成时减为四成，这一条照条例执行是行不通。第十条安庄稼。照各区现在按照出租人出土地、牛料、籽种、肥料并借粮与窑房，承租人只出劳力，依对半分，也有个别依四六分（主六佃四），副产物一般随正产物，有少部正产物是对半分、副产物是四六分（主六佃四），又如东一区七乡瓦坊刘村杨如海安庄稼，副产物全归他，佃户不分一点，牛料吃一斗还一斗不取利息，只有中区五乡齐家沟村劳动英雄贺生云安庄稼依四六分（主四佃六），牛料、籽种不起，副产物随正产物。根据各区提出意见这一条要照条例执行，牛料、籽种实支实取不加利息是可以进行的，否则行不通。根据以上情形和农民中的租佃习惯，租佃条例在本县除第九第十两条行不通，我们布置以突破一点逐渐执行外，其他各条如第二章内第七第八两条，第三章交租，第四章租佃契约及佃权和第五章均可行通，上述情况即如此，请阅后批示是荷。

（《子长县政府关于租佃条例的报告》，1943年7月16日）

（五）华池县土地租佃暂行办法

华池虽经土地革命，一般的剥削性的租佃关系业已革除，但在新的经济发展情况下，各地出租人对没地种的贫民又发生过分的收租现象，个别地区的地主开始对承租人进行剥削。每对牛五石租子，土地还不能尽种（白马二乡王瑞滋租地给袁占礼）。尤其是白马租佃形式最多，有包山租、定租、活租、伙种、堆租等，其次元城区有依代耕地（租地40垧代耕8垧麦子）的收租形式。因此本府特拟出下列暂行办法，提供参议会讨论：

办法

第一，根据边区租佃条例，为了合理调整租佃关系，发展农业生产，特制定本办法。

第二，本办法所规定之地租如左：

（1）包山租：人依牛对包的租额，好牛每年一石五斗，次牛一石为原则；不依地包的租额不得超过于依牛包的租额；依代耕地所包之租额，依第二条第二款所称之定租处理之。禁止从中图利或转佃。

（2）定租：依地亩数规定租额，是谓定租。山地每垧三升，塬地每垧四升至五升，川地五升至七升，每垧以三亩计。

（3）活租：即指地分粮，出租人只出土地，其他生产工具概由承租人自备，就地上收获正产物由双方按成分配者，是谓活租。出租人应分8%，承租人应分92%。

（4）伙种：（按此地情况，安庄稼与伙种没有什么差异）出租人除出土地外，并供给承租人各种生产工具之一部或全部，就地上收获按成分配者，是谓伙种。出租人如拿出一部分生产工具者，出租人所得最多不得超过40%，如拿出全部生产工具或有若干借粮，出租人最多不能超过45%。

（5）堆租：出租人只出土地，承租人只出租金（以期交清），约定年限期满时，承租人交出土地，而不议租金，是谓堆租。此项租额，依当地习惯，但不得抵触本办法。

第三，承租人应依本办法所定之租额交租，不得短少，其有能力交租，而故意不交者，出租人有请求政府追缴之权。

第四，地租一律在收获季节终了后交租，禁止预收租之一部或全部。

第五，承租人如因收获减少而确实极贫或遭遇意外，无力交清地租时，得与出租人洽商缓期交纳，出租人不得对欠租作价行息。

第六、出租人不得任意收回租地，有下列情况之一时，始得收回租地：

（1）定有期限之契约，已经期满或出租人收回其地确实自耕者，或雇人耕种者；

（2）承租人无故不交地租者；

（3）承租人将租地转租，从中图利者；

第七，出租人典卖其租地于他人时，原承租人，依同一价格有承典承买之优先权，但出租人不得故意提高其价格。如其土地出卖他人而不系自耕者，原承租人有继续承租之权。

第八，开荒一年不受租，其理由：因此地区地广人稀，倒山种地，如种过三年即到出地的时候了。

第九，农村发生租佃纠纷，契约合同及期限超于本办法时，得依边区租佃条例解决之，租额绝不能超过本办法之规定。

第十，本办法经县第二届第三次参议会通过于1945年实行之。

（1944年）

（六）米脂吕家崄今后固定减租办法

由于土地有好坏，地垧有大小，收获有丰年平年歉年，原租额有高低之分，虽在减租上能多方面照顾，但不是长久办法，亦难避免有不适合处。为了今后能固定减租，并能照顾主佃双方利益，今拟定办法于后：

1.今后减租办法：

每垧地每年收获量在2斗以下者免租，（属于荒年）2斗以上6斗以下者以25%交租，6斗以上者以30%交租。依法律规定，最高额不能超过收获量的30%。

2.计算法：丰年歉年较少，平年最多，因之以平年的平均产量作为计算标准。如每垧地收获在2斗−2.9斗之间，若以2.5斗为计算标准，按25%交租，应交0.625斗，最高额不能超过2.9斗×25%=0.725斗，5斗−5.9斗，以5.5斗为标准，按25%交租，应交1.375斗，最高额不能超过5.9斗×25%=1.475斗。6斗−6.9斗，以6.5斗为标准，按30%交租，应交1.95斗，最高额不能超过6.9斗×30%=2.07斗。1石以上每多1斗即多交3升。

例如：种上等地3垧，一年收获1.8石，30%交租，交5.4斗（最高不能过5.4斗）。

种中等地3垧，一年收获1.5石，25%交租，交3.75斗（最高不能过3.75斗）

种下等地5.5垧，一年收获2.2石，25%交租，交5.5斗（最高不能超过5.5斗）

共种11.5垧，收5.5石，交租1.465石，占收获量的26.64%。

3.说明

（1）每垧地在2斗以上6斗以下的收获较低，为照顾农民生活以25%交租，6斗以上地产量较高，30%交租，使主佃双方都有利。

比如，中地主有地10垧，每年可收10石粮，对半交租后农民仍有5石，乙地主有地10垧，每年可收5石，按25%交租，农民交租后只有2.5石。在这两种情形下即说明了收获量多的地，虽然租子重一些，佃方仍有利。

（2）丰年歉年较少，以平年的平均产量为标准，若遇丰年产量增加仍属佃方，若遇歉年产量减少，可以暂欠一部分，第二年再交，（不能勾账，因为已减租了）虽佃户稍吃亏可由丰年相抵。

（3）遇每垧地常年收获量在2斗以下，主佃双方可议定合几垧为一垧，或少交一部分。

（4）遇地垧大小不一，可分垧或合垧，然后订立租约。

（5）遇佃方种上、中、下三种地时，按各地收获量交租，不能以上地或下地交租。

（6）主佃双方根据土地的常年产量由农会平定订立常年租约。

4.固定减租的好处

（1）在减租政策上说比较趋于正规化，不是临时的减租，年年减租，也可避免土地好坏收获各地不同的轻重不一现象，同时主佃双方亦少麻烦。

（2）这个规定，最高不超过收获量的30%，符合减租条例。

（3）对地主说，免得年年变动减租率，也没有丰年多收歉年少收的现象，使土地收入成为常年固定数，生活可维常态。

（4）不是指地分粮，交租又不超过收获量30%，可刺激农民生产情绪，提高产量。比如订定租约时，每垧地常年产量为5斗，后经施肥、溜崖、拍畔，深耕细作，增加产量1斗或2斗，属于佃方所有，地主不得干涉。

5.订租约时，活动范围较大，主佃双方互不吃亏。比如每垧产量不只5斗，还要多一些，那么就在5斗−5.9斗之间去议定。

（估计时间是1944年12月）

（七）葭县减租材料

1.本县土地之常年产量及租额

葭县总的特点是地少人多。全县耕地面积为276479.4垧，人口102387，平均每人还不足3垧地，且地质贫瘠，所以一般群众生活较其他县为低。由于这个特点，就促使葭县在耕作上较为精细。但葭南葭北却也不同，葭南人口较北区稠密，文化程度亦高，耕作法亦强于北区，土质亦较北区为肥。由于以上的情况，就决定收获量的差异及租额的不同。兹就店镇（南）城关区（中）车会区为例说明这一问题。

		城关区收获	店区收获	车区收获
	上	0.8石	0.8石	0.5石
地（垧）	中	0.5石	0.6石	0.3石
	下	0.3石	0.35石	0.15石

以上是三区上、中、下土地之常年产量，其各区平均收获量是：城区0.53石，店区0.538石，车区0.37石。

川地和上等山地收获相差无几，水地很少，每亩（不以垧计）平均收成为6斗，最多的有收一石三四的。

正由于以上的特定，决定了南北各区的租额（均以1940年前原租额计）亦相差悬殊。城关区最高租额有每垧吃租米2斗者（细粮），最低的租米8升，最多的是一斗二三升，平均是一斗三三升，几占平均收获量的一半。又以店头区木头峪地主苗庆各为例，彼共拥有土地207垧，租出198.5垧，其收租籽46.24石，平均每垧收0.233石（粗粮），最高的租额每垧有0.317石，最低的也是0.145石，以其租额的平均数和该区收量的平均数相比，约占40%。但在葭北的车会区，因为土质较为贫瘠，且人口较城、店两区为稀，所以租额亦较前者为低，最高的为0.12石（谷豆对搭下同，即6升谷，六升黑豆折细粮6升），最少的为5升（折细粮二升五合），1斗的最多，和平均收获量相比，占27%。按去年对半减租计，城关区在减租后实交租数，约占收获量的25%、店区约占20%、车会区约占14%。

2.历年来的减租标准及群众的反映

1940年专署规定：死租减40%。

伙种四六分（主四、佃六）。

安庄稼四五、五五分。

葭县因此时大部权柄还操于一党专政的国民党政府之手，在有些个别抓到下层政权的地区是按专署规定遗传的，无另行规定。

1941年专署规定之减租材料未收集到，当年葭县的规定是：螅、倍、店、通为平年实行四六减租，车、神、乌、城、万一般为平年，遭旱雹区域为歉年、荒年，古、响、开光、德胜四区为歉年，减60%。

伙种地按四六分。

此时国民党政府依然存在，而代表民主政权的县抗联会却有了深厚的群众基础。以上减租标准是经该县当年召开的第一届县参议会讨论通过的，而减租标准却是以县抗联会名义颁布的。

1942年专署规定死租减50%，收成较好地区减40%。

伙种四六分，柴草均归佃户。

葭县规定本年以分为平年，又规定1940年春季主佃双方约定之租额为标准租额，不得增加，又该年约定之租地不得改为伙种地，又边府规定收获在3斗以下免租，因本县地瘠，收成一般不多，故改为收成在斗半以下者免租，斗半以上3斗以下则可酌量少交。

其规定之标准，定租：减50%，收获2斗至3斗按歉年规定，交四五，减五五。

活租：三七分，草归佃户，柴随粪。

伙种：四六分（第一须规定为对半分改为四六分），伙种的枣子对半分，柴草地主分三分之二，佃户三分一。

安庄稼：四五、五五，草伙子至少分三分一，柴随粪。

不能维持生活之地主及无耕种能力之抗工属及鳏寡孤独残废者，其减租比例为10%至25%。

抗工属之土地由代耕队负责，其代耕部分之土地租出或伙出者，也应按条例减租。但减租额应由代耕队补偿，其土地之收获量全部归抗工属。

此时民主政权亦全部建立起来，国民党政府只留下“县政府”一空招牌，以上指示是用县务委员会命令发布的。

1943年专署规定年成为次平年。

定租：对半减。

活租：三七分（遭雹灾区出租人免分）。

伙种：①出租人除出土地外，还出牲口、籽种、肥料和农具的按四六分。

②出租人除土地外，还出牲口，但不出肥料等，或者除肥料等不出牲口者，是三五、六五分。

安庄稼：四五、五五分。

活租：伙种、安庄稼的地上副产物的分配，草归出牲口者，柴三分之二归粪，三分一归劳力。

水地、苜蓿地、家磘、房租、公地草田等均应酌情处理，贫苦抗工属及孤寡老弱，出租少量土地（每人平均5垧以下的），可不受条例之限制。

葭县规定定租减40%。

活租三七分。

1944年葭县规定：

死租：根据专署指示原将租额改为收租额不得超过收获的30%，但在执行中发生很多问题，故又在次年改为对半减租。

活租：三七分。

伙种：四六分。

安庄稼：四五、五五分。

1945年葭县规定同前，只是在受雹灾地区按其灾情严重程度有减60%、70%、80%，还有一些免租的，但在大部分地区却是按对半减。

葭县虽在1940年已颁布了减租条例，但未实行，真正地把群众发动起来，认真实行减租的，还是在1943年。但是由于一部分领导人未能把握住原则，因而这年在减租上表示了左的偏向。如当群众还未真正起来时，提出清算退还三年（有些地方还提出五年）旧租的口号，这个过高的口号，大部群众还未能接受，因而其结果弄成地主农民两家对政府不满，当年还进行了罚粮。这些现象均在1944年的干部冬训上予以纠正。但在这以后又发生了右的偏向，即把自愿变成自流，有些地方减租，政府也未去管，很多地主就在该年收回了土地，这就大大妨碍了减租保佃工作的进行。

乌镇区的工作在全县算是很不错的地方，但就在离区政府相距不过五六里的石板村，六年来就未实行减租，这种明减暗不减的现象，直到今年普选时才发现。其所以他们六年来不减租的主要原因是未将群众发动起来，村内的办事人员为地主富农所把持，他们对上对下实行包庇，上面的干部未彻底检查，村内人因畏惧地主及村内干部，也不敢向干部提意见。

但这种情形仅仅是个别的，全县大部分地区都已实行了减租。

减租以后农民生活普遍得到了改善，生产情绪空前提高。关于这一类的材料已经是到处可以看到的平凡材料了。

（杜嗣尧：《关于葭县减租材料的重述》，1946年1月16日）

六、贾拓夫在《关于边区土地政策问题的报告》中谈租佃条例

（一）关于租佃条例

租佃条例是把减租政策具体化，把这个斗争给以合法规定，变成农民斗争的武器。

1.租佃条例基本上根据中央租佃条例和边区具体情况制定的，不是一般笼统规定。第一条是阶级关系不同，减租额也不同。租种剥削最多，规定的减租也就多，一般减不低于25%，警备区丰年减25%，平年减40%，歉年减55%，次年减45%。关中开始则对半减，陇东减了75%，都高过25%。边区土地不好，农民费力多收获少，一般的经过土地革命农民要求高，减租提出就不同意，还要分地，所以警备区对半减并不过大。伙种减原租额的20%，安庄稼减10%（对半分减去五升，分给四五斗）。减租额应根据阶级关系的不同而定。

根据收获减租，歉年减45%，平年减35%，丰年减25%，关中对半，陇东37%。有的干部机械执行，都一律二五减，实际上加了租子。三七是平年，丰年才是25%。

应按照不同减租历史，关中对半，陇东三七五，已成习惯。关中减得厉害的原因，是因为宣布过分配土地，地主不敢要租，给一点就痛快，地权仍归他，而且有的地主在边区外，对半减是合理的，改为25%减是不对的。

讨论中有人提出三七五的来源，三七五是国民党政府规定的，租额中减掉25%便剩下375，减后超过三七五再减。我们没有这样规定，是根据具体情况。

2.租佃条例上规定的保障佃权，不能保证农民的佃权，便不能彻底减租，所以在一定条件下保障农民佃权，给地主六条现定限制：①自耕；②农民一年不种地也不交租；③承种人死后无人继承者等六条，只有这样保障佃

权农民才敢减租。地主地权也要保障，买卖自由，但为了农民有地种卖时农民有购买优先权。另规定多年欠租一律免交，禁止过重剥削（劳役），减租交租，佃权地权，免欠租，禁重剥削，照顾双方利益，事实证明这些条例规定大体上正确。

（二）对减租后阶级关系变化所提问题的答复

1.减租后是否实行土地革命，警区证明实行了减租也照顾了统战。抗战后看是不是内战环境，即便是也要看情况。减租在某种程度上说也可以是土地革命，是解决土地问题的办法之一。减一部分租，保障了佃权，农民便有力量买地，而地主必须卖地，三五年后大部分土地可以归农民，不是没收而是买卖，看来是可能的。用立法的方式去转化，经买卖关系转化地主土地，不一下没收，慢慢转。这政策目的在转化土地，地转归农民，人（地主）转化到其他行业生活，所以抗战后大体上就是不用没收地主了（波兰土地问题解决是公家买土地分给农民）。

2.新富农和旧富农有什么区别？如吴满有是难民发展为新富农的，原来是雇工。旧富农是靠剥削生活爬起来的，封建性多也有兼高利贷。吴满有是受过剥削的人就不同了，和雇工一起吃饭，很平等，而且雇工二三年后便自立家务。新富农原来成分是受剥削的，对革命同情心大，没有过分剥削，封建剥削也很少见。会不会成为地主？大概不会。又如田二鸿，专门改造二流子，改好了叫他去生产，对二流子也有剥削，这种方式我们欢迎，是资本主义性的。至于富农将来如何，到社会主义时代是否会和平转变，还是变成革命对象？苏联的富农很多是反动的（被开垦的处女地上说明），将来我们集体农庄组成后消灭富农的时候，可能转化为两部分，一个可能是转变，一个可能是反动，这都是理想。

现在是打地主富农封建部分，奖励资本主义部分，上边有无产阶级领导，所以转变可能是有的。经过土地革命地区，就是发展吴满有方向，过去曾提出反对党发展资本主义思想，但资本主义经济必须发展的，必须大量发展吴满有方向。

（贾拓夫：《关于边区土地政策问题的报告》，1945年3月15日）

第四节 减租减息实行情况与主要成果

一、实行情况

这个东西是根据绥德、陇东、关中专署及个别县的减租和总结报告，《解放日报》上发表的减租材料及一些党内租佃调查材料整理出来的，因为材料有限，故尚不可能写出一个全面性的东西，只能供做参考之用。

（一）1942年12月《土地租佃条例》颁布以前的情形

1.绥德分区的情形

1937年11月，八路军接防警区，就发动了减租，并以警备司令部、后援会和何绍南的专员会衔颁发了减租减息的布告。布告中规定，最高的租额不得超过收获量30%，按上、中、下地减租到三斗、二斗五、一斗。当布告发布的时候，已经秋收完毕，很多农民已交了租，只有某些经过土地革命的地区，在这一年里有减了租的。1938年秋，警备区的磨擦已经开始，但何绍南和八路军仍会衔出了一个重申前令的减租布告。1939年磨擦尖锐，这一年的收成是平年，何绍南已经不肯出减租布告了，但经过地方党和抗救会还在下层执行对半减租的政策。这三年中对减租的执行没有调查材料可作检查的根据。因当时政权在顽固分子何绍南之手，只有依靠党和群众团体的组织执行减租政策，同时至1938年以后，磨擦频繁，大部力量都集中到这个问题上去了，故对减租问题没有予以严重的注意与推行。

1940年春，事变后，新政权建立，7月召开的警区临时参议会，通过了由马义、马醒民等14人提出的减租减息案及绥德分区减租减息暂行条例。这个条例是由专署会拟的，提到参议会上后，士绅地主代表未表示其他意见，一致通过，该条例规定的减租率是：（1）丰年按标准租额减25%（即一石给七斗五升）；（2）平年按标准租额减40%（即一石给六斗）；（3）歉年按标准租额减55%（即一石给四斗五升）。普遍耕地收成在三斗以下者免租，（按1940年主佃双方约定的租额为标准租额）但土地特别薄瘠之区虽然平年每垧收成亦不超过三斗者，其免租标准另行规定。伙种的分粮标准规定是四六：主四佃六。按伙子则是四五、五五：主四五，佃五五，减得较少，因此，给了地主一个取巧的机会。经过两年实际执行的情形是怎样呢？据米脂印斗乡九保三个行政村1941年租种交租成数的统计：

交租成数	租佃件数	百分比
未成	20	6.2%
交三成以下的	34	10.5%
交三成至四成五的	72	22.3%
交四成五的	47	14.6%
交四成五以上的	150	46.4%
共计	323	100%
说明	①印斗乡在按专署规定为平年，实应为歉年，后经下级政府商同改为歉年，故此处仍以四成五为法定交租额。 ②统计不是按户口数或土地数而定，按照有多少件租佃关系做的。	

从上可以看出在四成五法定租额以下者为39%，超过法定租额及交过者有61%，多交租的仍占半数以上。又据印斗乡十一保3家地主的调查，大半向租户收租七八成，而不是六成。绥德沙滩坪二乡二行政村的调查，全村14家租户，按政府规定六成交租的只有一家，其余13家全按原租额交租。

在绥德受到土地革命响影很深，但未分配过土地的地区（如党家沟）减租的执行就不同了。据调查富裕中农佃户交到六成二，中农佃户交到六成，贫农佃户交到四成四（法定六成）。即在未经土地革命区域，如果党的力量强与工作比较深入的地方情形也有不同。如米脂印斗乡第一保，该保靠近区委，工作较为深入，据支部负责同志谈，大部分按政府规定减了租。

至于伙种制的减租率本来减得很少，但是减租法令的推行更差。例如：沙滩坪26户伙种的都按对半分，未减。双湖峪三乡三行政村16户伙种的，按政府规定四六分的不过2户，其余14户全是对半分。绥德周家崄区三乡地主郭怀玉甚至和佃户六五（主）、三五（佃）分。有的地主借口佃户耕作不努力，而要倒四六分（主六佃四）。绥德有的地主还把他分粮时雇的工人的工资也要佃户出。

在租佃关系中，还有一个欠租问题，绥、米农村习惯，如逢荒年、歉年，农民可以缓交或少交地租作为欠租，留待后来陆续清还。但是旧欠未清，新欠又增，这样日积月累，几乎凡是老佃户没有一个不欠租子的。据米脂高庙山地主常彦丞的租账，几个老佃户，有欠租达75石、65石、61石的数额。他们种地不过20垧上下，有的欠租是三四辈积累下来的。欠租对农民是一个重大负担，若遇收成稍好，农民有点余粮，地主即以欠租形式搜刮而去，使得农民永世不能翻身。农民对欠租问题的态度是只要地主不来讨就胡混下去，至于欠租多少，自己不敢去问，也不愿去问，怕地主说："你要还旧账吗？"因此，欠租成了地主挟制农民的经济武器。如米脂过去曾发生过这样的事，地主把一部分土地典给租种这块土地的农民，取得典价，第二年就通知农民说：这块地已经由欠租（每个租户都有欠租）中扩充典价赎回了。这样农民地即失去，钱也没有了。还有农民把地典给地主，仍旧租种原地，因历年欠租，到□价向地主回赎时，地主就向他要欠租，农民还不起欠租，就永远赎不回典地。由此可见，欠租是帮助地主集中土地，阻碍了农民取得土地的。1940年后，专署对欠租问题决定以下的办法：1935年以前欠租作废。1935年至1939年地租凡已交足原租额之半数者即不作为欠租，不足半数者，应交足半数；每斗租粮作价1元。1939年以后，以减租条例减过未交还之欠租照还。但这个办法并未明文宣布，只在各级干部中传达实行。可是地主近三年来虽不催讨，但仍不取消，就是1944年减租条例颁布后，地主仍将减去之租额记为欠租，其包含的意义是：希望在政治形势变动时仍旧可以向农民索取已经减了的租。

总之，在未经土地革命的地区，地主在农村还握有经济上的优势。他们可以利用减租条例的孔隙，又可以用种种或明或暗软硬兼施的手段，来进行破坏减租条例。他们可以用种种借口，把租地收回，使农民当时就不能维持生活。如米脂印斗乡九保佃农王生枝是政府锄奸委员，租种地主常彦丞（绰号人称四阎王）16垧地，此地系王于数十年前以大钱60串卖给常彦丞的，已租种数十年，租额一石八斗，1941年王只交租二斗，常于旧历腊月十八日召集各租户投标出卖此地，“谁出的钱多，就卖给谁。”开标结果，本村常维业以每垧80元法币最高价得标。王生枝未到。平日常即看不起这些农民干部，事后对人说：“叫你舍（住）不定滚南路，看你狗日的还办不办公啦？”此事后经联保处调解，一半租地出卖，一半仍租给王生枝。

反之，在经济上处于劣势的农民，在生计胁压下，不得不给地主让步，有的和地主串通隐瞒政府，有的互相争租夺佃，在部分农民中间还流行着一些落后保守、不相信自己力量和不完全相信新政权的力量的情绪。但地主不肯依法减租和农民没从地主的影响之下解脱出来，是减租法令不能贯彻的主要原因。

由此可见，在未经土地革命地区，租佃问题是全部农民土地问题的中心。（在三三制政治下，地权与佃权的矛盾，所有权与使用权的矛盾表现为各种形式的租佃纠纷、土地纠纷，这些必然会日趋复杂、日趋频繁。）

2.陇东分区的情形

陇东分区庆、合、镇三县的土地比较集中，如镇原全县有62家大地主（一区以500亩计，其他区以1000亩计，小地主还不算在内），占有土地81800亩，自种23000亩，出租58800亩，占全县土地面积23.5%，平均每户有土地1319亩强。再以乡为例，该县五区四乡全乡土地13069亩，两家地主有地7400亩，占全乡土地56.6%强。四区全区有土地40732亩，而55家地主就占20700亩，占全区土地50%强。庆阳据五个区的统计，有地主276家，拥有佃户1121家，出租土地32151.5亩，平均每户地主拥有佃户4家，出租土地116.5亩。

陇东分区的租佃形式，一般多采取定租，其次是活租，庆阳、镇原就是这样，合水伙种亦很普遍，安庄稼的很少发现。租额根据地的好坏，塬地每亩一斗至一斗半左右，庆阳的水地每亩有二斗租子的，山地一般的每亩是五升，个别亦有每亩二升半的。

欠租在庆、合、镇三县也是很普遍，不要说陈租叠欠，就是近三年来因雨水不调，佃户每年所收不足交齐，以致拖欠很多。而镇原有个别地主故意要佃户拖欠，多时可将佃户的地算给自己，如镇原二区二乡共有佃户66家，除1939年以前的欠租免过外，照三七减租后还欠陈租七十四石九斗五升，平均每户欠一石一斗三升多，又如四区一乡22家佃户，在1939年、1940年、1944年中，应交租一百七十一石八斗五升，而实交了六十六石七斗九升，欠了一百零五石零六升，平均每户欠了四石七斗七升余。三岔地主李焕章有佃户13家，1939年以前陈欠有二百四十四石五斗五升，1939年以后，经减租后，尚欠六十五石一斗七升。因此陇东的佃户们希望改活租，而觉得定租太重了。

1937年，我们的工作在陇东开展后，就提出了减租的口号，并做了些工作，当时有少数地区实行了减租。如合水店子区与城区个别地主、庆阳高迎区五乡等，于1940年初在庆、合、镇三县建立新政权后，在分区临参会上通过了三七减租的议案，政府亦出了布告，但在这二年的进程中，没有做减租的实际工作，只是个别群众自动给地主少装，也有个别地主少收租粮，如庆阳的刘仲邠（是分区临参会的议长，现已病故）。这就是说有号召，没有很好执行，工作停在嘴上纸上，结果反而使地主有了防备，如串通佃户把定租改为活租，丈地，收回土地，假典假当等。这时地主的防备工作比我们工作还多，因此引起群众说我们只说不干，有的佃户受剥削更重了。其不能执行的主要原因是：在这时期是处在较和平的环境，上面干部抓得不紧，下面干部得过且过，未大胆发动斗争，模糊了团结基本群众的观点的结果。

3.关中分区的情形

关中各县毗连友区，地主很多是住在友区的，再加上在土地革命时有分过土地，未分土地的，游击区等参杂其间，所以情形也就比较复杂，该区的租息形式有以下几种：

（1）租佃形式：

第一种是定租。在赤水出租土地分上、中、下三等，上地是平坦的，每亩租子一斗；中地是坡地，每亩租子八升；下地是山地，每亩租子六升。

第二种是活租。（关中亦称分租）在淳耀一般是按四六分（即主四佃六）。

第三种是伙种。在赤水一般的地主出土地、耕牛、农具，按对半分。

第四种包山租。在同宜耀庙湾区有一个地户包一座山，除自己种一部分好地外，又将坏地转租给他人，从中取利。

（2）利息形式：

第一种是放麦还麦。在赤水发生的放麦账是加五，即今年放麦一斗，明年麦收后收一斗五升。

第二种是放杂粮还麦。如今年放荞麦或高粱一斗，明年麦收后还麦子一斗。

第三种是借钱还麦或粮。如淳耀区有在1942年借钱五六十元，到1943年麦收后还麦子一斗的。又如同宜耀庙湾区周老八于1930年放给唐澄清60元，每年每元六升粮利息，已收过29石粮利息，还欠了15石粮的利息。

第四种是放盐账。如赤水二区丰泉王恩兴于1942年放给孙成娃500元，每月给20斤盐的利息。

第五种是短期高利贷。在新正长舌头集上发生每百元每集得利30元，一月六集即每百元每月得利180元，这种大部分是商人和公务人员生产人员搞的。

关于各县的减租情形是：淳耀县政府的干部对三七租、四六减租还没有清楚的概念，因此于1942年初县政府出了一个减租布告："一般规定为三七减租（原来租额一石的交三斗），倘若薄收时，按四六装租。"薄收反而多装，实属错误。幸区乡干部当时感觉到重未予张贴，省了一场麻烦！但据该县县委书记杨安仁于今年1月13日解放日报发表的情形是：该县从1941年建立起新政权开始，县上的减租条例规定是每石减五斗，但领导上注意不够，佃户无组织，群众没有完全发动起来，所以减租工作执行得极不彻底，很多地主仍然强迫多收。1942年比较执行得彻底，如该县柳林区第二乡水地按原租每石给地主交五斗，坡地交三斗，该乡全年共计所减租子200石以上，而是年该乡全年的救国公粮仅出117石。但这种减租工作，并未形成全乡的群众运动，只是自上而下的督促执行，特别是对于佃户的地权保障注意不够，所以为实行减租引起了地主的收回土地，如该乡地主韩志发收回佃户张世成的土地30亩。自施政纲领颁布后，逃亡的地主都纷纷回到边区，过去未装过租子的，也要装租子，而该县里参议员恩忠，利用机会大肆宣传交租，政府也没有及时纠正。

新宁县主要是第三、四、五区租佃关系比较复杂，因四、五区未经过土地革命，于1939年才创立边区，三区虽经过土地革命，但未分过地。这三个区的租佃关系如下表：

<table>
<tr><th colspan="3">区别
数目
项目</th><th>三区</th><th>四区</th><th>五区</th></tr>
<tr><td rowspan="3">地主</td><td colspan="2">户数</td><td>131</td><td>28</td><td>116</td></tr>
<tr><td rowspan="2">人口</td><td>男</td><td>343</td><td></td><td>280</td></tr>
<tr><td>女</td><td>369</td><td></td><td>311</td></tr>
<tr><td rowspan="3">佃农</td><td colspan="2">户数</td><td>226</td><td>135</td><td>211</td></tr>
<tr><td rowspan="2">人口</td><td>男</td><td>546</td><td></td><td>508</td></tr>
<tr><td>女</td><td>453</td><td></td><td>330</td></tr>
<tr><td rowspan="4">土地面积（亩）</td><td colspan="2">上　地</td><td>1125.2</td><td>2100</td><td>129</td></tr>
<tr><td colspan="2">中　地</td><td>1716.5</td><td>400</td><td>2528</td></tr>
<tr><td colspan="2">下　地</td><td>2534</td><td></td><td>2275</td></tr>
<tr><td colspan="2">共　计</td><td>5375.7</td><td>2500</td><td>4932</td></tr>
<tr><td rowspan="4">原来租额数及佃农实交租数（石）</td><td colspan="2">原来规定麦租</td><td>155.72</td><td rowspan="4"></td><td rowspan="4"></td></tr>
<tr><td colspan="2">原来规定秋租</td><td>476.59</td></tr>
<tr><td colspan="2">实交麦租</td><td>144.6</td></tr>
<tr><td colspan="2">实交秋租</td><td>406.9</td></tr>
</table>

该县的减租本来由县议会通过二五减租，但因干部对二五减租只作呆板的认识，没作具体调查，仅发出一命令，因此过去有些游击区域，本来一直没有好好装租，在内战时期，地主多不敢来，即来的，只是多少给装些了事，从未按原租额装过，一下执行二五减租，按原租额减租，而未按实交租额减租，故佃户反而吃亏很大，有的经二五减租后反而越过了过去实交租额，因此在群众中引起了反感，有的说："现在政府变了，不为穷人打算了，减租实际上是加租。"即在干部间亦有不明白其究竟，亦不调查研究，反而认为二五减租不合实际。对多收租子的地方，他们又不闻不问，如三区地主就未按二五减租的标准收租。

同宜耀在1942年召开的第二届参议会通过的减租交租原则是：水地按原租额每石减四斗，川塬地按原租额每石减五斗，山坡地按原租额每石减六斗。但实际上并未执行，反引起了不少地主收地或想很多办法来对付。如二区二乡韩志发，因看到政府要减租，他就对佃户张治成说：因家中地不够种，须要收回他的35亩水地，弄得张志成无法生产。一区三乡佃户程娃租了秦家地主几十亩地，被地主全部收回去，弄得程娃要把家搬到友区或淳耀去住。该县组织起来的减租交租委员会，全系区乡干部及地主组成，却没有佃户参加。

总之，各县在这一时期一般都没有起一种积极的推动作用，在一般群众中，还普遍地存在着畏惧地主的心理，特别是边境乡为甚，恐怕现在得罪了地主，将来八路军走了自己吃亏，因此，对减租运动不敢积极参加，而政府也没有按具体情况提出多样性的办法，形成空喊减租。

（《关于减租减息与交租交息问题》，1944年2月）

（二）1942年12月《土地租佃条例》颁布后的执行情形

1.绥德分区的执行情形

自《土地租佃条例》颁布以来，葭县的店镇、城关、乌龙、通秦寨等区，米脂的河岔、卧羊、桃花岭等区及印斗区八乡，绥德的义合、沙滩坪等区均发动了减租运动，而于1942年下半年，绥德的八个区联合减租，子州的双湖峪、苗家坪区五乡，葭县的古木区二乡，米脂的民丰区三乡，清间的石嘴驿进行得更好。这里介绍几个典型的材料：

（1）一个发动群众减租斗争较彻底的典型——葭县店镇区的减租情形。

葭县店镇区于1943年发动了群众的减租运动，首先从第四乡的犊牛沟开始，随之是六个乡的租户向第五乡木头峪地主的联合退租运动，最后又在第六乡的刘木瓜沟发动了退租的斗争，现将其情形简述如下：

①这些地方过去的情形

犊牛沟是店镇区四乡的一个主要行政村，全村有地主富农12家，除两家土地数目不详外，其余10家共有土地785.75垧，最多是张慕宽有地105.7垧，其余都在80垧以下。这些土地大部分在本村周围，活租、伙种给附近的农民，少数远地则是定租给外村农民。

木头峪是店镇区五乡的主要行政村，有中小地主15家，土地最多的是苗庆宝，现在跑到榆林去了，土地数目不详，其余张子珍436垧，苗庆谷207.5垧，苗庆时165垧，110—120垧的地主3家，此外8家小地主（包括经营地主及破落地主），即有地都在100垧以下。这些地主的土地散处在本区一、

二、三、五、六、七乡，绝大部分都是定租出去的。

刘木瓜沟则是店镇区六乡的一个行政村，土地革命时代，曾是游击区，只有两家地主。刘争先有地368垧，刘丕先有地214.5垧，他们定租出215.5垧，活租、伙种出253.5垧，雇人耕种96垧。

从以上可以看出这些地方的地主都是中小地主，在去年以前，这些地方尚未真正减租。

②减租斗争的经过

1943年2月间，县上布置春耕时特别强调，要认真执行减租，才能发动群众的积极生产，在店镇区的减租工作，并提出犊牛沟打第一炮。因此于阴历二月初八日，县上派来二个干部配合区乡干部，首先进行调查，同时宣传“分柴能烧火，分粮能吃，分草能卖钱”。1月13日（时间有误，或为3月13日——编者注）召开租户会，四十多家伙子和地主全到了，由乡长张慕裕主持开会说：“减租法令不执行不成，减租是为了抗战，为了生产，多分的要退，多分了的还要给一至五倍的处罚……张慕宽多收了一石七斗多，应罚多少？”接着以群众提议方式罚了张慕宽八石一斗，张慕敏九石五斗，张慕谦二石。租户郭树枝本来多给张慕敏分了二石（大斗）粮，他只报了一石六斗（小斗），群众斗出来后说：“郭树枝有粮吃，硬愿把一石多粮多给财主，这一石粮退给我们大家吃一顿吧！”大家哄然通过了，后来租户会还抽了他12垧地给别人种。区上干部觉着罚得有些重了，即提出借粮（意思是要没有受罚的地主出一部分借粮），经大家提议共借九石，即：张慕信借五石，张德禄借二石，张国标借一石，张慕永（中农）自动借一石。接着群众提出要组织减租会（事先布置的），并选出张慕裕、阎鹏耀、张德有、张慕汉、张慕弟五人为委员。下午就退粮，农民们非常高兴，天气很晚了还在退粮。共退了多分粮15石，背了罚粮30.15石，借粮4石。张慕信的5石借粮，因为他有粮，而谎报没有粮，就将5石借粮改为罚粮了。群众情绪高涨起来了，庄上的穷人也来参加背粮，他们说：“一夜不睡觉也不要紧。”为了庆祝胜利杀了一口39.5斤的猪，做了四斗小米饭，一百多人美吃了两顿，可是地主们看也不看就在家里睡觉了。

减租会的职责，只是区长说过：“保佃很重要，你们这五个人，啥事都可以做，与村主任共同负责办理就对了。”五个委员的分工是：一人管领导变工队——生产，一人管账或借粮，一人管开老坟地，一人管清查户口和帮助工厂。乡长忙，什么也得管一管。这几个人是很团结的，他们常在一起商量事情，还规定了租户不愿种地时，将土地退给减租会，由减租会处理。他们今春调剂了121.5垧地，18家没地种的农民得到了土地。但抽出的地大半是租户的地，因为他和地主捣鬼，不实报，被减租会抽出，作为一种处罚。因此，被抽地的佃户之一——张所娃说：“乡长压迫我们，捣鬼的人为什么不都抽呢？”有的被抽地的外姓人说：“我们迟早在犊牛沟住不成了。”所有罚粮的处理是买驴两头用法币4500元，买棉花借给穷人纺纱用洋5909元，减租大会吃饭用去黑豆二石四斗，小米四斗，菜油276元，招待费150元，学校费150元，送礼200元，共用法币14455元，尚余法币22679元。

犊牛沟减租结束后，县区干部检讨认为是成功的，便决定发动木头峪的退租运动，并处罚了顽固地主苗庆涯、苗庆宝。发动办法是先号召后调查，然后发动了一个各乡联合的退租斗争。采取这种方式的动机：①造成声势浩大的群众运动；②教育群众使他们认识自己的力量；③利用群众集会的机会，发动生产。

在犊牛沟和木头峪退租斗争胜利之后，刘木瓜沟的农民纷纷自动去找乡长及其他负责同志，要求斗争他们最痛恨的地主刘争先（他是一个最顽固的地主），因此，也召开了大会，除多交粮全数退还外，还罚刘争先30石粮，刘丕先20石粮，也同样成立了减租会。大会闭幕后还因李浩捣乱会场及马恩在会场活动等问题，抽出他们一部分地或要他们出粮若干，以作处罚（这些人都是刘争先活动好的）。

综观以上所述，店镇区采取发动和组织群众起来进行群众的减租斗争，这个方针是完全正确的，这在群众的积极性中已可证明。但领导上是有缺点的，是没有能很好地掌握政策的，如：

第一，不论其是大、中、小地主和顽固与否，除退回长收租粮外，一律加以罚粮，而且罚得很重，这是不妥当的，是今后各地领导农民减租斗争中应该注意的。

第二，刘木瓜沟的减租斗争中，对被地主欺骗而跟地主跑的农民，都加以抽地或罚粮的处罚也是不妥当的，对这些农民一般应在群众斗争中说服教育之。

第三，处罚地主一般的由群众议定后，还应当通过政府执行，不经过政府而由群众自己执行是不妥当的。

今后领导减租运动，一般应采取发动群众起来进行减租，如农民对地主有过火之处，在不损失农民斗争情绪的条件下，政府则应掌握群众斗争心理，站在照顾主佃双方利益上加以仲裁和调解。

（2）一个未彻底实行减租的典型——绥德延家岔乡的减租情形。

绥德辛店区延家岔乡是地主比较集中的一个乡，全乡辖有三个行政村，共有232户，1253口人，共有耕地2923垧，而延家岔14家地主和破落小地主就占有土地1394垧，占全乡土地48%，占全村土地数83%，而延家岔56户中、贫农民仅占有土地302垧，占全村地数17%，每人平均地还不到一垧（只有0.79垧），农民说他们是："大树下的草"，的确是那种情形。

1942年以前，县区对这个乡的减租工作是没有领导与检查的。1942年冬，这个乡是辛店区征粮试验乡，区级干部和全区乡长都集中在这里，这时进行了一次退地主伙种和安庄稼多分之粮，由延家岔参议员推定延培支、延文梅二人负责减租减息。可是这二人对减租没有认识，马虎了事，区上干部看见群众情绪不高，就对减租工作的人说："你们跟上我们的人退，我们给你们包办一下！"于是，一个下午就把退粮工作完结了。至于定租地，他们问了一下农民，都说"按公家定了"，也就不管了，其实是明减暗不减。在贺家坪也开了一个村民大会，组织减租会，农民们都未说话，选举时，把名单念一下，大家说"同意"就完了。减租会的两个主任（一正一副）贺锅会本是一个小商人，在绥德城内摆小摊的，第二天就走了，所以根本没管这事，王九林当时拖病不愿干，经过一个别乡的乡长说："七八天公粮就齐了，粮也分光了，退什么呢？"他才允许了。据他说："去年监督分了三家的粮，是按公家四六分的，其余都没管这。"

今年西北局调查组到该村调查时，大家就商量对策，多数群众是"见了公家人少话，各管各的”态度和办法。如王家崖村王文玉老汉和调查组的人谈话，被他儿子发觉立刻叫了回去申斥一顿，从此以后王老汉就见了公家人便躲了。延文梅是该乡小学校长，因为调查组的三个同志住在小学里，开始他还很照顾，可是后来忽然不来了，原来他的儿子和孙子们怕老汉说下乱子，不叫他来了，这些情形完全说明了是延家岔地主在幕后威胁和操纵农民，农民害怕地主不敢说实话，更不敢实行减租，也证明延家岔过去减租是没有彻底实行的，而是明减暗不减。从以上情形看来，延家岔不能彻底实行减租的原因，一方面固然由于地主势力大，他们把持政权压迫农民，并采取各种方法对抗减租，但主要原因是由于干部对该乡的减租运动领导非常不力，只是高高在上地号召一下就算完事。对减租运动的这种官僚主义态度是错误的，应立即改正。

（3）一个掌握了减租政策实行了彻底减租的典型——米脂印斗区三乡的减租斗争。

1943年夏天，米脂县委在三乡曾进行了一次普查，详细研究了三年来租佃关系的变化，发现了多数佃户可以不加思索地说出他们每年交租的数量，可是伙子们都需要瞪起眼睛瞎算半天，才能说出他们分得的粮食数量，这就可以说明当时为了隐瞒，却不得不暗算着四六分时他们应分得的粮数，而实际上在他们的记忆里是对半分。因为当时还只是有这样的印象，还没有足够的证据，于是又协助乡长深入调查，并和常金山的伙子吕占修谈了几次话，见了面就问，他总是红着脸，不承认，次数多了，他觉得不妙，便去和主家商量，因为主家曾威逼他要保守秘密。主家听了伙子的话，怕受罚丢人，便对乡长说，要他退几年就退几年，千万不要在大会上公布，这就得到了没有按法令分粮的证据。但当我们问他同其他伙子怎样分时，他都支吾着说：“没大意思，全按公家分了。”

9月29日，三乡群众在吕家崄开大会，好几个积极分子针对着佃户们的疑难，提出了三个问题：第一是“恩德财主”问题。有些佃户以为几代靠租地过活，现在减租虽好，都怕得罪地主，“话不要说尽，事不要做完”，这就是他们的想法。在这个问题的讨论中，很多活生生的事实说明，“恩德财主”并不恩德，他如果真是恩德，就不能发财。这样就使农民了解到必须依靠共产党才有办法。第二是保障佃权问题。因为过去抽佃的惨痛印象依然历历在目，使佃权成为佃户们心中最惦念的事情，虽然去冬政府保佃法令比较认真执行，但是“道高一尺，魔高一丈”，许多地主依然钻空子撤了佃。这说明必须以群众的力量，才能保障政府法令的彻底执行。第三是保卫边区问题。破坏分子造谣，使有些佃户怕减租得罪了地主。可是把破坏分子阴谋揭破后，群众就什么都不怕了。这三个问题是佃户们的精神负担，当这些负担被解除以后，群众的减租斗争马上开展起来。首先发言的就是吕占修，他伙种地19垧，又是一个参议员，在农民中有威信，这就影响了别人。他把自己隐瞒的事讲了，而且号召大家也赶快说，于是一个紧接一个，各自讲出在地主压迫下明减暗不减的事实，会议一直开到深夜，有14个伙子坦白了，翌晨天一亮，政府的人还没有起床，杜聿明的掌柜高贵绅，便不得不表示他的伙子全部没有执行政府法令，愿意在秋收时退粮。

这次大会以后，全乡笼罩着减租的空气，人们在山头、炕上到处谈论着。在闲谈中另一个秘密被传开了，这就是麻家渠主家常国维，在去年冬天，因政府的检查给伙子退了些粮，政府人员走后又强迫伙子偷偷地把米背到他家，还给伙子说：“对人就说你借了我的粮。”这件事激起了公愤，就在10月5日的群众会上展开斗争。开始常不承认，硬说是还借粮，随后他承认了，又说是伙子自动送回去的，直到最后大家揭露出他要伙子找保，保证按公家分粮，这才使伙子不得不把粮送回以后，他才在群众面前屈服了。群众要求严厉地处理他，并按租佃条例废除他18垧地的租佃剥削（这些地是常国维以最低租额租来的），结果他承认了错误，说自己是“老脑筋，想不开，愿意听候政府处罚”。群众斗争的结果，还得到了意外的收获，这就使乡上最有力的地主杜××在这个紧张的空气下，不得不向主席台上递个条子，说：“我去年也没按公家分粮，请求政府处罚。”主席宣布了这个条子，接着就有八个伙子和十家佃户报告了他们去年被地主压迫，没有执行法令，有些地主还进行了“反省”说他们如何使用手段拉伙子、教他们隐瞒，还有些佃户在报告时，简直要哭起来了，因为他们受某些顽固地主的倒佃，几乎使他全家人要拿起枣棍讨饭吃，他们感激共产党：“假如没有共产党，咱们只有饿死一条路。”他们称赞“公家整风实在好得厉害”！这“整风”的意思，就是指减租法令在农村的彻底执行。

在这次减租斗争中，发现了1943年春勾账契运动中组织的租户会、伙子会的缺点。因它是笼统的组织，每村只设主任一人，会员却多得很，所以这次改造了组织。如吕家崄的伙子会，设一主任，下分两小组，各有组长一人，每组有会员六七人，租户会设正副主任各一人，下分三组，他们决定有事集体督促研究，帮助政府处理问题，平时分工领导，他们成了政府的有力支柱。如马家渠的伙子会议定了公约六项：①不违背政府减租法令；②不受地主欺骗；③不破坏会员利益；④一致行动，一个有事全有事；⑤要做生产变工的模范；⑥在政府号召和公事中要做模范。

总计这次三乡的减租斗争，揭发了九家地主的隐瞒事件，他们有22家伙子，其中包括活租、伙种16家，安庄稼6家，伙地226.5垧，去年应退粮一十二石七斗五升五，山芋四五袋，农民提出了“今秋当下扣除”的口号，结果，已全部扣除回到伙子手里了，今年再没有一家违反法令了。从此以后，农民们见了党政人员，就眉喜眼笑，格外亲热。

（4）一个联合减租的典型——绥市八个区租户联合减租斗争的情形。

1943年12月绥市八个区租户和伙子与大小二三百个地主举行减租座谈，要求他们彻底执行政府减租法令，换约勾账。会中，首先发言者为一年青伙子，他愉快地讲出了如何得计，减租的好处，他说去年他的地叫水推了，可是地主定要现租子，把他种的一点瓜菜也三番五次地拿去了，并将地抽回，结果在政府法令的帮助下，地主退了租子还了地。他又说：“减租后，我更加油生产，今年的菜种得特别好，日子过好了，还娶了老婆。”继起发言者也是个租户，他租了8垧地，去年被地主收了十成租，今年依了政府法令五成交，可是地主就说：明年要把地抽回去。他讲到这里，当即引起群众的喊声。“不行，地不能抽！”一个人站起来说：“我的意见地仍要他种，大家同意不？”“同意！”人们大声回答。接着边上有一个老汉发言：“我伙种了地主李××的地，从前那地是个下地，现在成了好地，这是我辛苦换来的。去年我们对半分，今年我依四六分，地主要抽地。”对于这件抽地的事，大家也都反对，并允许他将去年长交的租子要回来。在解决叶马拴的租佃问题时，如叶说："我是个伙子，去年伙种了4垧地，被水推了，一满是石头，今年我好容易把地做好了，地主却要抽地，并且还说他今年出了劳动要对半分，其实他并不是来劳动，只是来照看，只打了几个工。"此时地主家即站起来解释，说今年地是依公家法令分的，没让他对半分，去年地被水推了不能种，今年地好了当然我要种。这话没说完就引起很多租户的反对。北门湾的一个人说："那不行，地一定仍要叶马拴种，去年的地全是石头块，今年成了好地，就要抽回，没有这个道理。"另一个地主站起来调和道："叶马拴是好劳动，何必为4垧地争论呢！只要有力气，哪怕没地种？"但这个意见立刻被驳斥了，一时人们嘈杂起来，结果仍决定不准抽地。另外在会上佃农宁少武要大家给他评断这样的事，即今年地主讨租时，把旧账算了算，除了今年租子给了以外，还要欠地主六斗多租粮。但是按照减租条例，地主应退出租子呢！但是地主仍然向他要这六斗多租子，地主说："唉！你悄悄地如数送来谁知道呢？"这个揭露使地主当场忸怩起来，只好红着脸说："应退的租子他什么时候来拿，我什么时候给他。地仍要他去种。"此时，安文钦议员讲话，他拿出换新的一张有乡政府钤记的租约和新勾掉的一笔旧账，表示他已执行政府法令，并号召其他地主也要执行。最后会议通过如下两个提议：①阳历年底以前地主必须到乡政府去勾旧账，换新约；②今后具体规定伙种之山、水、川地地主应摊的份数，不能给伙子随便担两担就算了。此外，地主吃菜要有限制，要记账。太阳落山时，会议在拥护减租减息的口号中结束了。

由于地委和专署没有根据清涧、吴堡的具体情况，曾经一般指示这二县进行普遍减租，因此引起了干部与群众中不少争论。因清涧、吴堡是分过土地的（只有个别地方未经过土地革命，如清涧的石嘴驿、折家坪、店子沟等地的一部分进行减租是对的），大家的土地数量都差不多，凡出租者多系贫苦的抗工属，如吴堡县一区张家塬等村庄调查的结果，出租土地者缺乏劳动力的贫农占50%，中农占33.4%，富农占8.3%。其他占8.3%。五区五个乡有174户出租土地的，其中贫农占50.2%，中农占28%，富农占15%，其他占6.8%。而租户则大部分是新兴的中、富农及小地主，因他们土地少，劳动力有余，所以租种土地，（原件一句看不清）这是与土地租佃条例相抵触的，并直接影响了他们的生活。其他各县也有类似的毛病发生，甚至将很低租额的公地、学田也实行了一般化的对半减租，这是机械地执行之故。

另一方面，也保证了佃户交租，如绥德的义合，米脂的附城、印斗等区政府带着租户驮着租子送给地主。

2.陇东分区的执行情形

1943年春，专署检讨了过去的经验后，就决定在合水、庆阳只搞典型乡的减租工作，在镇原发动了11个乡的减租工作，这是由于高干会后干部对减租工作的认识不同了，收到很大的成绩，表现在：算账、退租、换约。并专署总结了春季减租工作后，对各县提出如下的意见，各区先搞一个乡的减租工作，条件是：（1）发动佃户进行斗争，佃户没发动起来就不算彻底；（2）弄清减租手续，1939年底以前的陈欠免除，勾清旧账；（3）1939年以后的租子算清楚，根据主佃双方的情况处理，多装的租子或欠租写借条或再减再免，重立新账，新约。于11月地委召开了县书联席会议，对6月至10月的减租工作，也作了检讨，最后段德章同志在这一问题谈话中指出：根据6月份县书会议对减租工作的决定来检查，除镇原工作做得较普遍、较彻底外，庆、合二县均甚差，今后三县仍须以减租为当前一切工作的中心环节，至明年1月底，镇原应全部完成减租（全县共33乡），减过的乡再发动群众进行检查。合水要完成15个至17个乡（全县共38个乡）。庆阳要完成20至25个乡（全县共43个乡）。其中对于抽旧约、算老账、退租、立新约等，一定要做彻底，并要加强农会与佃农小组的工作，积极发动群众减租斗争，同时揭穿地主违抗减租的各种办法，严防坏分子的破坏活动。全分区一年来的减租概况列表如下：

<table>
<tr><td colspan="2" rowspan="2">县别
数目
项目</td><td colspan="4">1943年上半年减租情形</td><td colspan="4">1943年下半年减租情形</td><td rowspan="2">总计</td></tr>
<tr><td>庆阳</td><td>合水</td><td>镇原</td><td>合计</td><td>庆阳</td><td>合水</td><td>镇原</td><td>合计</td></tr>
<tr><td colspan="2">全县乡数</td><td>43</td><td>38</td><td>33</td><td>114</td><td></td><td></td><td></td><td></td><td>114</td></tr>
<tr><td colspan="2">已减租乡数</td><td>2</td><td></td><td>11</td><td>13</td><td>4</td><td>6</td><td>10</td><td>20</td><td>33</td></tr>
<tr><td colspan="2">已减地主户数</td><td></td><td></td><td>104</td><td>104</td><td></td><td></td><td></td><td>239</td><td>343</td></tr>
<tr><td colspan="2">已减佃户户数</td><td>527</td><td></td><td>266</td><td>793</td><td>248</td><td>81</td><td>161</td><td>490</td><td>1283</td></tr>
<tr><td rowspan="5">减免的租子</td><td>地主自种土地</td><td></td><td></td><td></td><td></td><td></td><td></td><td>6167</td><td>6167</td><td>6171</td></tr>
<tr><td>佃种土地</td><td>10045</td><td>31626</td><td>58858</td><td>100529</td><td>12338.9</td><td></td><td>9078</td><td>21416.9</td><td>121945.9</td></tr>
<tr><td>1939年前免租</td><td></td><td></td><td>1879.24</td><td>1879.24</td><td></td><td></td><td></td><td></td><td rowspan="3">4465.875</td></tr>
<tr><td>今年减租数</td><td></td><td></td><td>1194.03</td><td>1194.03</td><td></td><td></td><td></td><td>1008.105</td></tr>
<tr><td>再减免数</td><td></td><td></td><td>384.5</td><td>384.5</td><td></td><td></td><td></td><td></td></tr>
<tr><td colspan="2">地主退租数</td><td>26.95</td><td>10.16</td><td>5.85</td><td>42.96</td><td>42.88</td><td>85.58</td><td>17.72</td><td>146.18</td><td>189.14</td></tr>
<tr><td colspan="2">合计</td><td>26.95</td><td>10.16</td><td>3463.62</td><td>3500.73</td><td>42.88</td><td>85.58</td><td>17.72</td><td>1154.285</td><td>4655.015</td></tr>
<tr><td colspan="2">地主退草数</td><td></td><td></td><td></td><td></td><td>1853斤</td><td></td><td></td><td>1853斤</td><td>1853斤</td></tr>
<tr><td colspan="2">尚欠地主租数</td><td></td><td></td><td>540.73</td><td>540.73</td><td></td><td></td><td></td><td></td><td>540.73</td></tr>
<tr><td colspan="2">说明</td><td colspan="9">①以上空格，是因数目不详，故无法填入。②地以亩为单位，粮以石为单位。③再减免是指佃户除免去二十八年以前的陈欠，和按政府法令减后，还因近年来的欠租累积仍无力交清而又减免的租子。</td></tr>
</table>

在减租斗争中，建立了农民自己的组织——农会或佃农小组，领导和坚持了减租斗争。老账旧约大部分抽出作废，另立了新约。租佃期限至少均在五年以上，甚至有订立五十年之租佃合同者，确实保证了佃权。减租后就大大提高了群众的生产积极性，这里介绍一个典型例子于下：

一个减租与提高群众生产热忱的典型——据合水县劳动英雄徐尚先谈：

我是合水县第二区（西华池区）第二乡侯家川的，本村有四家人，前川还有三家，我父子两个就是租种贺列五的42亩地，租子是每亩一斗半。贺列五是地主，本乡农民和乡长都租种他的地，前年政府命令三七减租，我就减了租，因此，贺列五要抽我10亩地，我到乡上去讨论，乡长郝万成说："一定要地，明年给抽"，我又到区上去讨论，区长马玉万也说明年给抽（马区长是个豆腐区长），没法我又把减下来的租子补交给了人家。去年是二五减租，也没实行，我们还是按原来的交了。

今年（1943年）换了一个杨区长，今年公示下来也硬了，因此，在7月间麦收后，就进行减租斗争，还开会选举了减租委员，我也是减租委员，决定1939年以前的免租，1940年的一斗退五升，1941年的一斗退三升，1942年的一斗退二升半。今年的规定是每亩塬地交七升半，台地交五升半，山地交三升。我们村上的七家就退回了三石租子，而且还换了约。我的42亩地就换了典约（是租约），规定十年不能收地。不是今年的公示硬，咱们几家就准备今年下来走东山去，今年底已经走了一家，我本来也要走的。现在地保定了，少种半年也不成，我父子二人两年开它50亩荒地，十年下来，不种他的地也可以了，而且十年满了我还有再租的优先权，如果贺列五要卖我就买，不过这是没希望的，他家不会卖地的。今年减了租子后，群众一下欢喜了，东山也不去了。120多家今年一下就开了6顷多荒地，可能增加120石粮，不然，谁还有心开荒地。同时，在秋后我来开会时为止，又开了30多垧荒地了。今年秋里的租子还没装，我就保定谁也不让多装，如有双方多装的就罚他。贺列五本来占了几个山头，他说他们要开，后来我就领着人去开，他来说，我就说你要开，三天就开完，不然咱们开，占是不成的，后来他没法，就不管了。咱们鸡叫就起身，三天便把几个山头开完了。

在减租斗争中，并发现了破坏分子的破坏活动。如庆阳三庙减租时，他用帮助减租的公开面目进行破坏，他于减租前召集地主会议，商得一致办法，对付减租，而对佃户则加以隐瞒，突然间召集租佃会议，宣布减租。当时因地主先有准备，故地主陈累即在该会议上大发议论，大骂佃户，当佃户反驳而起争端时，他不但不作公正的解决，反而幸灾乐祸，甚至乘机打击佃户，压抑佃户斗争情绪，使佃户不敢说话，结果，使会议不欢而散。此种破坏行为，当场即被发现，并为农会所揭破。

3.关中分区的执行情形

关中专署及新宁、淳耀、同宜耀等县，于1943年春，总结了过去的减租工作，纠正了工作中的错误后，各县的某些区乡也发动了群众进行彻底减租，如淳耀县的柳林区二乡，瑶衣区三乡，赤水县的二区一乡，五区六乡等地，均收到了很大的成绩。在减租运动中，产生了群众的模范领袖，减轻了人民的负担，同时还保证了交租。这里介绍几个典型的模范例子于下：

（1）一个模范农会的典型——淳耀县柳林区第二乡农会的情形。

淳耀县柳林区第二乡，1941年建立起新政权后，就提出了减租，但因没有发动群众起来进行，所以，执行得不彻底。至1943年该乡就把群众完全发动起来了，成立了农会，十年共计所减租子约250石，而全乡公粮仅出了100石，从这个数字上，就可看出对人民负担的减轻及经济发展所起的作用了。

自农会成立后，该乡所发生的许多租佃纠纷问题，都经过农会依照政府条例做了合理的调解，并保证了夏秋二季减租交租的彻底执行，因而农会不但得到了全体佃户的热烈爱戴与拥护，而且使向来看不起佃户的地主，现在对农会也尊重起来了。如地主开始在农村讨租时，他们首先到农会会长面前去问明怎样装租。会长为了了解全乡的租佃情形，对装租的几个地主做了调查，共有多少地出租？出租给谁？共收多少租子？减租后应该装多少等问题，调查后，通知他们不能多装，并向地主提出收下的租子不能运出边区，地主收租必须经过区政府的登记，才准在乡上装租子。国民党区地主在各佃户中讨租子时，该佃户按公粮条例将地主应出的公粮扣下，由佃户送交政府。凡来收租的地主皆依照了农会的规定进行收租。所以，从此再看不见地主任意对佃户苛骂强征的现象了。

在减租过程中，还发现国民党区耀县地主任万明向农会会长要求收回100亩地，即时经农会会长向他解释拒绝以后，并在佃户中捣破了他夺地的企图，再未发生同类事情。还有个别的地主，因减了租，他们嫌租额少，不愿要租的有两家，打算将欠租给佃户记在账上，等“世事变了”再算老账。农会发觉这个问题以后，派代表一面揭穿他的阴谋，一面请他来装租，但他还不装，就放起来了。

该乡的农会不但保证了减租交租的彻底执行，而且在发动与领导农民的生产上及拥军方面，协助乡政府调查生产方面，皆有惊人的成绩。在收麦后，农会组织了锄草班子，23人参加，包头杨学庆，领导王品真（农会会员），司班房殿有（农会会长），将自己的秋苗锄过三次后，还到别乡揽工10天。在种麦及收秋时，皆由农会组织变工组，集体下种和收割，并组织了羊头会，保证庄稼不让牛羊糟蹋。在收麦中收获量做了很精确的调查及估计，使得乡政府的工作更加顺利。在去年最后的一次会员大会上，响应了政府1944年大量种棉的号召，提出每家会员1944年最低保证种2亩棉花。

7月间，因边境形势紧张，当地驻军忙于战斗准备，无暇锄草，农会即动员了100名会员，一天工夫兴高采烈地将军队秋苗全部锄完了，在收割时又去帮助秋收。“八一”纪念日，农会全体会员，除写信慰问当地驻军外，并送了猪肉14斤，鸡子190个，豆腐25斤及豆芽、枣子等很多礼物。

（2）一个领导减租模范的典型——赤水张志孝，领导减租成绩卓著。

张志孝同志是从群众中产生出来的农会领导者。当他听到政府今年要彻底实行减租减息，他就在本乡（二区一乡）领导10个佃农组织农会，发动农民彻底实行减租，换立新约，废除旧租的斗争。11月2日，乡上要开群众减租大会，他便马上召开农会的紧急会议，鼓动每个会员在大会上踊跃发言，为保护佃户的利益而斗争。第二天的大会上，就有贾玉明提出要地主吴帮才给他换约，接着马新真、王俊彦都要求潘新才给他们换约，地主吴帮才、潘新才表示不愿意，于是佃户们积极地坚持减租、换约而争论起来，这时，张志孝也起来向地主说明了减租对主佃两方的好处，并严厉批评他们不愿换约的错误，吴帮才、潘新才接受了佃户的要求。在闭会后的七天中，就有15家佃户的460亩租地都换立了新约，减了十二石零九升租子，并废除陈租130余担。有些佃户的地主不在本地，张志孝就发动农会会员去请地主来共同解决。例如地主张德禄住在一百多里外的淳耀照金村，农会便派佃户王田娃、张举来、任老九请他来讨论减租。张德禄请来了，佃户们和张志孝就向他解释减租换约和废除陈租对双方的好处，佃户们又很客气地以羊汤、饸饹招待他，经过商讨，农会又坚持减租法令，张德禄乃把251亩租地换了约，减租子六石二斗，废除了130多石陈租子，并把借给王大忠的130块银元的旧账也废除了。这时张志孝就向佃户们提出来说：“这一下我们的负担减轻了，我们应当好好生产了。”他就要每家都把地翻完，多积粪，准备明年好好下种。佃户们的生产情绪很高，不到五天就翻了1300多亩地。……佃户们是用实际行动团结在自己领袖的周围来的，张志孝提出成立义仓挖义田，通过农会组织了四犋牲口，在两天中就挖了12亩地，超过计划2亩。

（3）一个保证减租交租的模范典型——赤水五区六乡的减租情形。

赤水五区六乡于1943年11月9日开了全乡的佃户大会，伙种户郑道纯在会上说：“地主杨运龙今年多分了我的粮食，我要求他给我退回。”佃户孙景成也向大家说地主多装了他的租子，要地主退给他。佃户都纷纷说出自己的情形，并要求组织农会，大家一致赞同，郑道纯、程永才、许进有等就当场被选举为农会委员，郑道纯当主任。开完会，农会主任就带上到会的23个佃农与伙种农户，到地主杨运龙家去算账，把多分的一石粮收了回来，孙景成、陈积恒被地主多装去的租子也在这天要求退出的，在9日这一天共退租子二石零五升。次日，佃户们就自动去找地主退租，到13日共向地主要回租子四石七斗一升。地主杨运龙向农会主任报告说他的佃户陈三冬今年一年还没给他装过一升租子，要求农会帮助他收租。后经农会调查属实，郑道纯就去说服陈三冬，给杨运龙交了租，于是杨运龙遇到左右邻居就很高兴地说：“农会对咱地户和佃户都好，农会真公道。”六乡共有佃户69家，其中48户的地主是住在边区以外，佃户们提议：地主来装租子，一定要经过农会，同时还应经政府登记，发给粮食出境证，粮食才能出境。

在定边，鄜县也开展了减租斗争，如定边三区四乡均进行了一九减租（即收获量1石，地主分1斗，佃户分9斗。因三边地坏，过去一般是主二佃八分的二八租，）鄜县城关区在数千人的集市上佃户于十字街口向地主谈到要退租减租。

（《关于减租减息与交租交息问题》，1944年2月）

（三）减租后主佃双方的反映

群众对减租有三种态度。一种是很高兴，赞成减租政策，同意所规定的租额标准，反映出过去的租子太重了。如土桥四乡佃户常举福说：“过去租子太重了。”他种40亩山地给人交了2石租子，公粮也重，每年下来不够吃。特别是移民及没有地的家庭都希望政府给他们地种，在土地法令下得到保障。二种是对减租不太高兴。表现在减租后想收回土地。三种是没有租佃关系的人，则采取公正态度说：“租额差不多”、“川地四升租子太少些”。

（《曲子县减租工作报告》）

减租政策得到各阶层的拥护：

赤水县二区一乡的农民张志孝在本乡领导10个佃农组织农会，发动农民彻底实行减租，废旧约换新约，召开减租大会，会后七天中有15家佃户的460亩租地都换了新约，减了12.09石租子，并废除陈租130余石。农会派人去请回有些佃户的地主来共同解决，向地主解释，并很客气招待他，经商讨一个地主把250亩租地换了新约，减租子6.2石斗，废除了130多石陈租。

农会并帮助地主向佃户要租子，如赤水五区六乡地主杨运龙的租子，就是农会帮助他说服了佃户陈三冬而收回来的。在绥德的义合，米脂的附城、印斗等地，区政府带领佃户驮着租子送给地主。

绥德义合区霍如卓和郝应光以行动来表示对政府政策之拥护，他俩于1943年8月15日将1930年在义合区伙开的同盛德至1935年的旧账，会同区政府与商会主任公开烧毁，并向各界公开宣布以示诚意。

（《减租减息与交租交息》，可能是1944年写的）

好的反映：

（1）子洲县双湖峪第四乡佃户说："这回弄好了，要不连后代也还不完这些租子。"外乡的老百姓看到双湖峪减租胜利的情形说："你看市镇乡的农会真正是咱们老百姓的组织，给老百姓谋下多大的利益，咱们为什么也不来组织呢？"

（2）淳耀瑶衣区三乡聂家河楚宝三、王守福、崔为启等提议："要求政府窑租也要像地租一样减交就好了。"该村有的佃户说："这一下交租不经二道毛掌柜杜忠奎的手，可以免发生舞弊了。"

（3）庆阳市四乡佃农樊世仓一人就退了一石一斗三升租子，喜得他回去就缝了一套新棉衣，穿上到处给人说："这是减租斗争得来的。"

（4）米脂民丰一区三乡的佃农说："假如没有共产党，咱们只有饿死一条路，公家整风实在好得厉害！（指减租法令在农村彻底执行的意思）"

（5）赤水五区六乡地主杨运龙说："农会对咱地户和佃户都好，农会真公道。"

不好的反映：

（1）庆阳因减租后保障佃权不够，引起群众说："八路军手腕大，减租叫地主收回土地，没地种就好当兵，减租法令有屁用，减租是打了穷娃的饭碗，如法币问题，开始说要枪毙人，现在还不是通用。”

（2）淳耀有些群众说：“你们是新政府，不比老边区，那些和还没有整驯的牛一样的地主，对你们不怕，你们还惹不下。”

（3）淳耀有些地主说：“你们减租交租倒好，但不准收地，我们不同意。”

（4）绥德分区有些地主说：“出公粮倒还没甚，这一下太厉害了。”

（《关于减租减息与交租交息问题》，1944年2月）

（四）进一步做好减租工作的意见

从以上的情形我们可以看出一年来的减租运动，是有了显著的进步，它已将政府的《土地租佃条例》真正贯彻于乡村中，发动了群众性的运动。凡是减租进行得彻底的地方，群众的生产热忱也就随着大大地发扬了，政治觉悟也大大地提高了。群众于减租后，自动实行了变工、扎工，修畔、溜崖，多施肥、多锄草，增加生产。同时，也更加拥护共产党、边区政府和八路军，积极参加自卫动员工作和除奸工作，热烈响应政府每一号召，推行各项建设。并且还保证了交租，许多开明地主、士绅也都交相赞扬政府这种照顾各阶层利益的英明政策。如绥德义合区柴汉沟霍如卓和牛角里郝应先就是以行动来表示拥护政府政策的两位进步人士……这些说明了在边区未分土地区域，减租运动实是发动群众积极性的钥匙，是这些区域各项工作的中心环节。

但是，这一工作还须继续努力，因为这一运动还没有做广泛的应做的程度，故今后还必须做到：

1.检查各地减租运动是否贯彻，首先应以发动群众的程度为标准，故今年在还没有实行减租或实行得不彻底的地方，各级政府应当继续领导和组织农民的减租运动，必须达到把群众真正发动起来，进行彻底减租。但不是代替群众，而是应该经过群众中的积极分子去广泛地发动农民，召开租户会议，成立群众组织（如农会、减租会、租户会、减租保地会等均可，但一个地方只须成立一种组织即可），经过这种组织团结以行政村和乡，直到以区为单位的所有佃户和农民，用群众的减租大会，根据租佃条例所规定的标准，由群众议定（一定要由群众议定）。实施减租的具体办法，须做到最大程度地发动广大群众的积极性。

2.一年来减租运动的经验证明，当着某些顽固地主违抗政府法令，破坏减租运动时，必须用群众力量进行斗争，予以抵制，否则减租是无法贯彻的。有些干部害怕在减租中得罪人，而不顾群众利益，害怕群众斗争，这种畏首畏尾的倾向是错误的。但在农民群众起来实行减租斗争时，必须以政府的减租法令为基本根据，取得合理的应得利益，不是漫无限制地斗争下去，不但不应损害而且应当加强各阶层人民的抗战团结。在地主中间也不乏顾大义识大体的人士，对于他们应和顽固地主加以区别。我们应说服大多数地主遵守政府法令，以利团结抗日发展生产之目的。

3.在农民减租运动中建立起来的群众组织必须加强对其领导，使它能发挥更大作用和力量，它不仅领导群众贯彻租佃条例，而且能推广到领导群众其他各种切身利益的事业（如生产、防奸等），获得广大群众的喜爱与团结广大群众的有力组织，但这些群众组织不要把它与乡村政府相混淆，因此，以行政组织形式（如同宜耀）来代替这种群众组织是不对的，同时，以这种群众组织来代替乡村政权（如绥德分区的某些地方，已发生的）也是不对的。这种群众组织应当是减租保佃，领导生产为其主要工作，同时，亦须协助政府进行锄奸动员等工作。而这些群众团体的工作方式，也应当与政府工作方式加以区别，这些群众团体的工作方式应采取民主讨论的方式，避免少数人专断和命令的方式。

4.在群众减租运动中，必须具体和灵活地执行《土地租佃条例》的各项规定，但必须指出减租的主要对象是未分土地区域，把租佃条例机械地搬到已分土地区域，照样实行是错误的。同时，对在农民互相间及有特殊情况的（如鳏、寡、孤、独及抗工属等）土地租佃关系中也漫无区别地照样实行减租是错误的。减租率应根据各地土地收获量及租额等不同的具体情形灵活规定，不应当无区别地一律规定或机械地执行二五减租。对各种不同的租佃形式在租佃条例所规定的原则下，都要实行减租，不是只减定租，而不减或少减活租和伙种。目前特别注意把活租及伙种严格区别，并认真照减。按租佃条例所规定，过去的欠租应一律认真免除，禁止和反对有些地主讨取欠租，并发动群众进行勾账换约运动。某些顽固地主因减租而无理收回农民佃地者，应实行“翻地”，地主违背减租法令而强行讨取之超额租粮，应实行“退粮”，地主对佃户之一切额外剥削，应严格禁止。各地并应依照租佃条例原则，并参照当地具体情况规定统一的单行减租条例，以便切实贯彻减租运动。

5.在发动农民减租运动中，保障农民佃权是一个极重要的步骤。过去经验证明：保障佃权不仅是制止地主威胁农民反对减租的主要方法和发动农民敢于进行减租斗争的前提，而且是提高农民生产情绪，改良农作法和增加生产不能缺少的条件。因此，今后必须由群众力量和政府法令加以确实保障，反对地主假典假卖或任意撤佃等破坏农民佃权的行为。但是保护佃权并不等于“土地完全不准动了”。应当了解在减租运动深入之后，土地变动乃是不可避免的现象，且是土地由不生产者向生产者手中转移的趋势，要认识这是一个进步。当地主有正当理由出卖土地在不影响佃户生活时，我们不是不准地主卖地，而是扶助农民买得土地保障佃农对于购买土地的优先权，使之能买得土地。如因农民购买土地发生佃权纠纷时，应由农会或减租会等群众团体适当地自行调解之。此外，还可提倡农民间的信用合作事业，以扶助农民买得土地。

6.凡在农民减租彻底深入的地区，必须立即计划和组织生产运动，发动每乡、每村以至每家农户开荒、积肥、修畔、溜崖、修水利、改良农作法，以及推广合作运输等事业的准备工作，把减租运动与生产运动结合起来。

（《关于减租减息与交租交息问题》，1944年2月）

二、减租斗争的胜利成果

一年来的执行过程中，得到的结果是：凡是减租减息与交租交息进行得彻底的地方，群众的生产热忱及政治警惕性就大大提高了，群众于减租后自动实行变工扎工，修畔溜崖，多施肥、多锄草，增加生产。同时，也更加拥护共产党、边区政府和八路军，积极参加自卫动员工作和锄奸工作，热烈响应政府每一号召，推行各项建设。在绥德、陇东、关中等分区及其他县未经分配土地的区域均收到了很大的成绩，得到了各界人士的拥护和赞扬。如赤水县二区一乡15家佃户减免了一百四十二石零九升租子（平均每户减租九石四斗七升余）后，大家生产情绪很高，在五天内佃户们就翻了1300多亩秋地，该乡任老九往年都不翻秋地，这次也把20亩秋地全部翻完。同时，还组织了四犋牲口，在两天中就挖了12亩地义田。淳耀县柳林区第二乡1943年减了租子250石，而该乡救国公粮仅出100石，从这个数字就可以看出对人民负担的减轻及使其经济发展所起的作用。在战争动员时，葭县的群众都自动起来协助政府调查户口，贮藏公粮，不辞辛劳地半夜半夜地工作着。绥德义合区柴汉沟霍如卓和中角里郝应先就是以行动来拥护政府政策的两位进步人士。这些事实均说明了保证减租减息与交租交息实是发动群众生产积极性，充实抗战实力，团结各阶层人士保卫国土的钥匙，是在未经分配土地区域各项工作的中心环节。

由此可见，在尚未实行减租减息与交租交息或实行得不彻底的地方，还须继续努力，必须达到把群众真正发动起来，进行广泛深入，彻底地减租减息与交租交息。我们应当说服大多数地主遵守政府法令，并照顾主佃双方利益，纠正在群众运动中可能发生的偏向，确实保护佃权。凡在减租减息与交租交息实行得彻底深入的地区，必须立即计划和组织生产运动，发动每乡每村以至每家农户开荒、集肥、修崖、溜畔、修水利、改良农作法，以及推广合作运输等事业的准备工作，把减租减息与交租交息运动与生产运动结合起来。

（《关于减租减息与交租交息情形》,1944年2月）

（一）减租交租的统计

1942年有些区配合征收公粮运动进行了租佃关系的调整。

马岭区进行了普遍地调查，共计72户佃户，65户业主，因超收租而减下租子共一石二斗，因系旧租而免除的共八石四斗，总共九石六斗，有的且补交了部分欠租。兹将该区租佃关系列表如下：

		一乡	二乡	三乡	四乡	五乡	六乡	合计
出租人	贫农	4	12	4	12	11	9	52
	土豪							
	富农		1					1
	中农					4	2	6
	天主堂		1					1
	学校地	1						1
承租人	富农					1		1
	中农		2			3	3	8
	贫农	5	19	4	12	14	9	63
出租地亩	川地	30	206	270				506
	山地	109	273		623	1062		2067
	塬地	100	375				60	535
	台地	2	45			85	28	160
租额	每亩最高	5升	5升	5升	4.5升	3升	5升	
	每亩最低	2升	1升	3升	1.5升	1升	1升	
租佃形式	定租	5	20	4	12	14	11	66
	活租		1					1
	伙种					1		1
按期交租佃户			8	4	1	5	4	22
未按期交租佃户		3	10		10	3	2	28
未交租佃户		2	3		1	6	5	17
经调解交租佃户			6			4	10	20

说明：

1.马岭区无大地主，因劳动力不够才把土地分出他人耕种，故无大纠纷。

2.有几家业主在庆阳，故佃户未交租。

3.自1940年起山地租额最高未超过二升五合，川地未超过5升，塬地未超过3升。由曲子县参议会规定。

4.区政府调解办法是先做调查，后由双方商谈，根据双方情况补交部分欠租。

又根据土桥区二乡的调查，全乡承租人35户，租种山地共2532亩。分为租种、伙种、人工换地三种形式。计伙种二家按三七分，业主三分，佃户七分（业主只出土地）。如傅学仁伙种张齐220亩地，去年夏秋打了14石，给业主分了4石，佃户留10石。按地亩承租和包山承租形式，共31户，平均山地每亩租额3升左右，个别最高达6升。加杨土保承租裴有财、裴尚俊二人山地120亩（冒估计），每年7石租子，夏秋各半，从1937年到现在只给业主交了一石七斗租子，短欠四十石零三斗。佃户家庭还好，有14口人，3头驴，大小牛6头，70多只羊，每年还能出二三石公粮。他自己说欠租的原因：一是每年自己不够吃，二是每年要交几石公粮，因此无力交而欠下租。这次经双方同意，6年欠租每亩按一升半交租，当面算清除已交外下欠九石一斗，分期还清（减去6年的超租三十一石二斗，每亩四升租）。如张仲弟种李含秀90亩地，每年4石租；郑学仁租种史恒长（乡长）地60亩，每年二石三斗租，常举福租陈建邦山地52亩，每年2石租。人工换地，如倪生义种杨银宝40多亩地，每月给主户做半个月活，共做了3年；梁志荣种周惠山地40多亩，每月做半月活，名叫报门客。

全乡35户佃户，内有18户经双方同意减低超租额四十三石九斗二升半，内有4家均按每亩1升交租，其他13户因当时调查时，多不在家，未经双方正式解决。其解决原则在村民会议上传达，凡减了租的业户都没发生争论和不满表现。

八珠区调查了20户佃农，有5户租种，8户伙种。在第一乡有6户经双方座谈减下了超租。慕生秀单身一人，家穷，有地无力耕种，将塬地100亩租给石俊元种，每年租子5石，秋夏各半，经双方同意减去2石，留3石，每亩平均3升。但没有照顾慕生秀的穷困，当即退不出，业主反而成了负债者，约定在下年租内扣还。张仲维是贫农，租给刘生学塬地150亩（最下等塬地），原每亩3升租，后经调解双方同意减至每亩一升五合。王凤五伙种张仲五塬地60亩，原来按四六分粮，（业主六、佃户四），经过乡政府调解为顺四六分粮（业主四、佃户六）。曹生宝租给曹述明50亩，原租每亩2升，经调解双方同意减至5合。陈俊秀租光玉塬地30亩，原租每亩3升，经调解减为每亩2升。郭林永租种张忠维塬地140亩，原租每亩3升，郭林永根据减租条例，要求每亩减去1升。

几点说明：

1.马岭、土桥两区业户的成分，是根据土改时的成分，因此贫农成分占多数，现多上升到中农水平。

2.贫农出租土地的原因：一种是因自己的劳力、耕牛、农具都不够，除自种外，还有剩余的土地；一种是在分配土地时，分配得多；一种是因土地不相连，耕种不便，因而出租。

（《曲子县减租工作报告》）

绥德辛店区第八乡延家岔延守诚的交租情况

项别/数目 地主	租地垧数	原租额（以粗粮计）	今年的收获量（以粗粮计）	交租数（以粗粮计）	交租数占收获量的百分比
延守让	中山地2.5垧	0.8石	0.75石	0.4石	53.3%
刘警五	川地5	1.9	3.55	0.95	26.8
延九令	川地1.5	0.45	1.38	0.225	16.3
延允令	中山地2.5	0.65	1.67	0.325	19.4
共　计	11.5	3.8	7.35	1.9	25.8

备注：租延守让的地，今年收成不好，所以交租率特别高。

（《减租减息与交租交息》，估计是1944年）

清涧共有七个区，只有三个区进行减租（石咀驿全区、折家坪半个乡、城关三个乡），共有住户5306户，内有租户1478户，共有土地68609垧，内有租地13149垧，……出租子912.79石，共有伙子258户，伙种地1892垧，给地主一年按没减租须分九十四石八斗。

该三区共有租地13149垧，原出租子912.79石，今年减了192.54石，实交720石。未减的出租户185户，有租地285垧，得租子93.2石，内有因租子数量不够减的185户，因残废寡孤的4户，穷苦抗属24户。

（《清涧县政府三十二年（1943）度减租工作总结报告》）

本县按照各区具体情况制定了“歉收年租额标准”，进行了减租。12区书区长联席会议上汇报了各区的备荒情况，检查了减租复查，确定了六个标准减免夏季租（后秋歉收按年标准）：（1）6升以下者一律免收；（2）6升以上一斗以下应按一升或二升交；（3）一斗以上一斗五升以下者按二升半或三升交；（4）一斗五以上二斗以下者按五升或五升半交；（5）二斗以上者根据原来租额标准酌情处理；（6）包山地（不算亩数）根据收获量好坏按原来租额折合计算，酌情减免。就地分半的活租额根据此标准适当处理。

各区在备荒选举中配合进行了此条例的宣传和进行了大部的减租，如赤城区在7、8月份按新标准减了5户，免了2户。驿马关区普遍进行了五乡五户佃户的统计，即减了5.42石，详看表。

姓名	侯德发	侯德银	侯近元	董兴禄	张进有	合计
租地（亩）	10（塬）	18（塬）	16	26（山）	60（山）	130
原租（石）	0.75	1.50	1.42	0.70	3.0	7.37
实交（石）		0.28	0.31	0.26	1.1	1.95
减免（石）		1.22	1.11	0.44	1.9	4.67
免租（石）	0 .75					0.75
备　考	原租是指二五减租后					

另据桐川区一乡统计，50户佃户租地2273亩，原租45.63石，今年按新标准出了30.53石，比去年减少了15.1石，因此佃户的负担是减轻了，他们大都拥护新的租佃条例。赤城二乡顾尽钟说新条例好，不是公家就没办法活。但也有不少的佃户怕减了再减，地主收回土地、没有住处了。这是由于佃户怕地主收回土地，怀疑我们的保障佃权而产生的。

（《庆阳县1945年民政工作总结报告》）

（二）改善了农民的经济生活

经济生活上，地主生活下降，农民生活上升，很多地主入不敷出。绥德32家地主，1943年收入270石，连其他收入××石，1943年共收入311石，两年相比差41石；支出则是433石，收入更差得多了。生活上每餐两个菜也取消了，新衣服也少制了。但有的地主参加劳动，家里人也纺线，这是好的，坏地主则光吃不做，卖光了再说。其中部分地主开始转化，原来靠吃租，现在收回来自耕，向经营地主、富农方面发展。第二种是兼营商业，生活则比较好些。另有向工业发展，米脂地主×××开始造纸，杜量保开纺线厂……并宣传其他地主投资。有一个普遍呼声是“靠土地吃饭不行了”。政策就这样，削弱了地主的封建剥削，减租后，政治、经济上发生变化，把七分封建变成七分资本主义了，要封建剥削就阻挡他，要发展资本主义就帮助他。

（贾拓夫：《关于边区土地政策问题的报告》，1945年3月15日）

农民减租交租后改善了生活：贫农刘永山绥德郝家桥人，家有4口（65岁的父母及妻子）全由其负担，靠佃种及揽工过活。他仅有山地5垧，佃种地主山地23垧。1943年共收粗粮12.9石，草2300斤，经减租后付出租子3.205石（粗），草930斤，自得粗粮共9.695石，草1370斤。而同年他出公粮一斗二升（细）占全收获量之1.96%，未负担公草，而租的23垧收租粮8.9石，付出租粟3.20石，占收获量36%。

如果没有减租政策，1943年刘永山至少须出租粟4.75石（占租地收获量的一半以上），减租为他减轻了1.540石的封建剥削（占租地收入的18.3%，约等于全部租粟的三分之一）。

如果没有减租政策，刘永山终年劳动不够吃穿，减租后却有了余粮。比较如下：

<table>
<tr><th rowspan="2">租种情况</th><th rowspan="2">粮食收入（粗粮石）</th><th colspan="3">全年负担（粗粮石）</th><th rowspan="2">全年食粮（粗粮石）</th><th rowspan="2">其他消费（粗粮石）</th><th rowspan="2">余粮（粗粮石）</th></tr>
<tr><th>租粟</th><th>公粮</th><th>合计</th></tr>
<tr><td>不减租</td><td>12.90</td><td>4.75</td><td rowspan="2">细0.12折粗0.24</td><td>4.99</td><td rowspan="2">每人吃1.50四人共吃6.00</td><td rowspan="2">每人0.5四人共粮2.0</td><td>欠0.09</td></tr>
<tr><td>减租后</td><td>12.90</td><td>3.205</td><td>3.445</td><td>余粮1.455</td></tr>
</table>

减租后刘永山成为生产自卫的积极分子了。

（《减租减息与交租交息》，可能是1944年写的）

后吕家崄仍是贫雇农占绝大数量的村庄。全村耕作面积总数为860余垧，21户地主、破落地主、富农和中农就占有着40%以上（500余垧）。尽管两户之中的一户地主的土地多在门外，但是目前仍然有120多垧分散在本村，而且包围在后吕家崄周围的几个地主土地集中在银城市、杨家沟、高庙山，他们曾在本村保持有100垧以上的土地。这就使得该村贫农过去过着极艰困的日子。1941年夏季中央青委调查团在此工作时，经常看见一些农民拔苦菜充食，那几年农民经常要求政府救济。但是从1941年新政权建立以来，农民开始翻身，特别是由于减租政策的结果，加以贫农中半自耕农较多和副业比较发达等有利条件，因此三年以来，农民仅从外村地主手中即典买进土地70余垧，另外本村富农的土地也有23垧转向贫农和中农手中。这样挨饿与挖苦菜充食的事实就在该村绝迹了。

（《米脂民丰区第三乡后吕家崄经济建设调查》，1944年10月）

（三）提高了群众的生产积极性

减租减息、交租交息——前边说过，陕甘宁边区有一半人口的地区未分过土地，为了提高农民生产的积极性，并使农民愿意在土地上多投资金劳力来精耕细作起见，减租减息就成为必要。减租的比例一般的规定，定租（死租）的减租率不得低于25%，活租（指地分粮）按原租额减25%至40%，同时又在减租减息后保证交租交息。经彻底实行后，农民均能积极从事生产，生产量也提高了。如绥德郝家桥的农民郝进理在减租保佃后说："去年咱租的5垧地，减了租，地也保住了，种庄稼也有劲了，锄了4次草，3垧黑豆打了3石"，这种情形在减租的区域极为普遍。

（《陕甘宁边区农业》，可能是1945年文件）

减租后土地不发生问题的佃户生产情绪提高了，如肖森佃种地66亩，家5口人，在1941年短5个月粮，1942年因减租，地主退麦租四斗五升，秋扣过租子后，只短少3斗口粮。去年5石租子没收，还退回麦子二斗一升，粮不但够吃，到今年麦子下来时还能余1石粮。过去麦地里有草才锄，没草不锄，今年有草没草全锄。过去每亩秋地上肥6.25驮，今年增加一倍。过去40亩地上肥250驮，今年计划上肥450驮。过去不修地畔，今年都修了。他说：这都是去年减租使我有粮食吃，才有时间来收集肥料修地畔，过去没粮食吃，还得给人家做短活挣着吃，哪里有时间来弄肥料修地畔呢？"

（《陇东租佃情况（调查报告）》，1944年）

减租减息的彻底执行，提高了群众生产之热忱与政治认识，同时更加提高了抗战的积极性，热烈地响应政府之号召，并加强了各阶层的团结，群众减租后自动实行变扎工修畔溜崖多施肥多锄草，增加产生。如葭县1943年就多挖了一百多个水窖，多开了几千亩荒地。

（《减租减息与交租交息》，可能是1944年写的）

（四）提高了群众的政治热忱

高里寺村的减租使人民得到了利益，由此对锄奸特别热心，对政府更加热爱，刚听到他们村子特务分子造谣说："榆林已修了飞机场，你们还集什么股金哩，把世事看开些。刘区长太坏了一满不顾及人民，刚交罢公粮倒又交集纳股金哩。"他们便赶忙跑到乡政府给以报告了。

减租工作提高了减租户们对各方工作的热情。今年曾家塌、慕家老庄、石咀驿本镇、盘石岔等14个村子的征粮工作调查完全是由他们负责帮助完成的。因为他们对调查比谁都方便，对谁歪好一清如水，所以使这里的工作很顺利地完成并都是累进征收。

（《清涧县政府三十二年度（1943）减租工作总结报告》）

（五）土地关系与阶级关系起了变化

减租减息和土地关系的变化。

葭县高家寨子减租统计：全村去今两年共减交167石，其中贫雇农在农会或减租会的积极领导和斗争下共减交133石，占总数79%，因此，三年来该村的土地关系和耕地面积也在不断地变化中。这期间全村中、贫农共买进土地72垧，卖出土地9垧，净进土地63垧，典进、赎回163垧，典出、抽走101垧，亦净进土地62垧。同时耕地面积的比较也起了部分变化，1940年少数地主所有地占全村耕地的71.66%，而多数中农仅占8.02%，但1943年地主却下降为66.27%，中农上升至11.17%，——根据绥德分区生产展览会材料。

（华子扬：《生产大运动与边区人民经济生活》，1944年8月19日）

土地关系变化了，一个是反出为入，卖地是地主，买地是农民，不卖地的地主很少。如绥德杨家塔，13家地主4年中卖出土地619亩，占土地全数的37%，有的卖出则占65%。相反地，农民大量买地，如米脂印斗区三乡×村41户农民中，三户中农130垧地，其他38户都是租地种，自己土地只40垧，1943、1944两年，买入地180垧，每人都增地四五倍。另一村32户，370垧地，十分之一是自己的，1944年租地则减少到70垧了，大部分地抽了回来，说明减租后农民得到大部分土地（抽回来）。

（贾拓夫：《关于边区土地政策问题的报告》，1945年3月15日）

佃户在减租后生活改善了，不少的佃户已变成了自耕农。据桐川区去年统计已有118户佃农买了地主（或典他家）的土地自己耕种，因此他们对减租是很拥护的，他们说：咱们的租子减轻了，过去地主不喜欢就叫咱马上丢地，现在要减租还保证有地种，可美了。

（《庆阳县1945年民政工作总结报告》）

附件：

米脂银城市地主调查材料　1944年10月

典型调查统计

A.地主调查

项目 姓名	年代	土地总数（垧）				土地关系			土地变动		
		土地	川地	水地	共计	租出（垧）	伙出（垧）	合计（上）	典出地（垧）	卖出地（垧）	合计（垧）
冯化臣	1942	773.5	145	1	919.5	874.5	45	919.5	40		40
	1943	773.5	145	1	879.5	834.5	45	879.5	5		5
杜桂林	同上	487	42	1	530	530		530			
		487	42	1	530	530		530			
杜良宝	同上	327.5	77.5		405	356	49	405	10	15	15
		302.5	77.5		380	331	49	380	20.5	10.5	30.5
马四林	同上	139	15		154	154		154		18	18
		121	15		130	136		136		5	5
艾炳卿	同上	91.5	5	1.5	98	36.5	61.5	98			
		91.5	5	1.5	98	36.5	61.5	98			
冯华甫	同上	83	6	1.5	90.5	83	7.5	90.5	22.5		22.5
		68		5.5	68.5	68	0.5	68.5		10	10
合　计	同上	1901.5	290.5	5	2197	2034	163	2197	72.5	33	105.5
		1803.5	284.5	4	2092	1936	156	2092	25.5	25.5	55

B.收入与开支

项目 姓名	年代	收入（石）		抗战负担（石）			家中开支（石）	每年开支百分比	
		租子	其他副业	公粮	其他	合作		负担	家庭开支
冯化臣	1942	53.975	2	33	7.5	45.5	5.92	70.31%	107.6%
	1943	53.975	20.2	51.3	2	53.3	38	70.24%	122.8%
杜桂林	同上	25	26.3	36	1.5	37.5	13.8	73	27
		25	42.32	50	3.52	53.52	13.8	79.4	20
杜良宝	同上	25.92		14	2.1	16.1	33.272	62.1	66.66
		19.325		18.2	4.8	18.68	41.281	97.2	116.97
马四林	同上	15.4		3.26	0.06	3.36	13	21.3	84.7
		13.5	6	48		48	14	24.4	71.4
艾炳卿	同上	8	30	63	5.54	6.65	13.2	24.605	48.84
		6	30	14	5.31	14.53	18.44	43.59	55.32
冯华甫	同上	12	15	14	5	19	23	70.39	85.5
		9.5		16	23	18.8	25	102.7	34.0
合　计	同上	139.295	73.3	111.56	19.66	13.22	155.572	69.8	75.5
		126.30	98.52	154.3	9.33	163.63	150.527	72.8	66.9

注：收入开支均以米计算

银城市四乡三区地主调查统计

项目 年代	地主阶层（户）				人口			土地（垧）			
	大	中	小	合计	男	女	合计	山	川	水	合计
1942	2	6	15	23	101	123	224	3443	231	21	3695
1943	2	6	15	23	103	131	234	3188	231	20	3439

续表

项目 年代	土地变动			收入（石）			平均每人收入（石）	平均每人地（垧）	开支（石）		
	典出（垧）	卖出（垧）	合计（垧）	租子	副业	合细粮			公粮	家用	共合细粮
1942	110	144	254	270.2	63.2	333.3	1.488	16.5	111.5	223.2	334.7
1943	63	189	252	229.4	8.2	311.4	1.33	14.6	238.4	210.5	448.99

注：银市四乡313户，男852人，女726人，共1578人，全劳动力男512人，女497人，共1009人，半劳动力男97人，女38人，共135人。

周积堂　米脂市地主调查　（单位石）

项目 年代	人口			土地（垧）				土地关系			土地变动			牲畜				
	男	女	合计	山	川	水	合计	租（垧）	伙（垧）	合计（垧）	典出（垧）	卖出（垧）	合计（垧）	马	骡	驴	猪	羊
1940	17	16	33	915	30		945	915	30	945	63		63			3	4	
1941	17	16	33	852	30		882	852	30	882	18	33	51			3	3	
1942	17	16	33	801	30		831	801	30	831		48.5	48.5			3	2	
1943	19	17	36	752	30		782	752	30	782		123.5	123.5			3	3	
1944	19	17	36	629	30		659	629	30	659						3	3	

续表

项目 年代	收入（石）			负担与收入对比		经济变化情况						家庭开支
	农业	副业	合计	抗战负担	占总收入百分比	工业	商业	农业	保持原状	衰落	合计	
1940	97	6.5	103.5	15.6	15.17							每年需米7.7
1941	91	6	97	29	29.8							7.7
1942	86	5	91	31	35.6							7.7
1943	81	4	85	52	42.9							7.7

申日明　（单位以石计算）

项目 年代	人口			土地（垧）				土地关系			土地关系	牲畜	
	男	女	合计	山	川	水	合计	租（垧）	伙（垧）	合计（垧）	典出（垧）	驴	猪
1940	6	8	14	110	8	1	119	75	9	84	35	2	
1941	6	10	16	75	8	1	84	75	9	84			1
1942	6	10	16	75	8	1	84	65	19	84		1	1
1943	6	12	18	75	8	1	84	65	19	84		2	1
	6	14	20	75	8	1	84	65	19	84		2	1

续表

项目 年代	收入			抗战负担与收入对比		经济变化情况		家庭开支
	农业	副业	合计	抗战负担	占总收入%			
1940	5	3	8	2.5	31.25%			每年需米5.5
1941	3.2	4	7.3	7.5	104.18			6
1942	3.6	6	9.6	7.58	76.5			6
1943	4	6	10	11	110			7.2

注：在1941年以前是商业，1940年开始衰落，自1941年改工业织布；1941年典出地35垧为搞开支。1942年借钱20000元，典出窑五孔，得法洋2000元，以当时米价折2石。1943年变卖了历年节余用货物补助开支。

高孝鸿（中地主）

项目 年代	人口			土地				土地关系			土地变动			牲畜
	男	女	合计	山	川	水	合计	租（垧）	伙（垧）	合计（垧）	典出（垧）	卖出（垧）	合计（垧）	
1940														
1941	7	9	16	255.5	3		258.5	255.5	3	258.5		11	11	
1942	8	8	16	274.5	3		277.5	274.5	3	277.5				
1943	8	8	16	274.5	3		277.5	274.5	3	277.5	13	6.5	19.5	
1944	8	8	16	255	3		258	255	3	258				

续表

	收入			抗战负担与收入对比		经济变化情况		家庭开支
	农业	副业	合计	抗战负担	占总收入%			
1940								
1941	16			12	75%		衰落	
1942	15			11.8	77.3%			
1943	13			16	123			

注：生活较前下降，无副业收入，需出卖土地和过去经商遗残货补偿不足。此人有副业收入，但他不实报。

（六）煞了地主阶级威风，长了农民志气

一面是喜气洋洋，一面是灰不溜溜。何绍南在时，绥德农民头上踏着两只脚，何绍南赶跑了，又减了租，两只脚都取掉了。减租后农民翻了身，变得喜气洋洋，不再害怕地主，而地主反倒害怕起农民来。农民开大会小会，到地主家去清出地主清算租账，骂地主如何依靠何绍南压迫农民，连地主的祖宗三代都搬出来，如绥德铁店地主铁公铁，在开大会时反抗，农民立即搞出他八十四条罪状，他不能不服。也有地主向农民说好话，千万不要在大会上提出他的名字，笑面相迎。绥西（子洲县）有个地主豪绅张之庆，号称第三办事处，打官司必先经过他，减租后办事处取消了。农民翻了身，聪明的地主见情势变了，自动要求加入农会，送粮食，有的卖地50垧，投入合作社，各方面表现积极了。

（贾拓夫：《关于边区土地政策问题的报告》，1945年3月15日）

第五节　减租中的问题与解决办法

一、地主的对抗

历年来地主所采取的抵抗办法：

1.以倒佃户对付减租的租户（还没有保佃法令与工作时），以假佃实行倒佃（如假佃给刘进宗10垧地，以改变租佃形式，实行倒佃，这一条是对付本村租户用的）。

2.收回自耕。主要是收回实行了减租户的地，收回后自种上一年，再另租给别人，或收回租地自种。

3.威胁农民，使他不敢减租。去年（1943年）前年刘争先在区上工作，农民更怕他了，他也利用自己的地位说几句大话，农民有的就被他吓倒了。

4.假仁假义假慷慨。当租户交租时，问地主怎样交，他总是说："我们几辈子的交情了，你看着装去！多装多吃两伙，少装少吃两伙。"有些租户不好意思就给他多装几斗（比减租率多几斗）。

5.造谣威胁，进行明减暗不减活动。如说："八路军快走呀！八十六师快来呀！"这个谣言乡上干部都说是刘争先讲出来的。

以上均是葭县杏镇区刘木瓜沟地主刘争先反抗减租所采取的办法。

6.把定租伙种改成活租地。如葭县犊牛沟的租地两年之中新改为活租的就有187垧多。米脂李建候因1941年减租，1942年将300多垧地定租全部改为活租。因活租利大，故地主们钻空子。

7.改粗粮租子为细粮租子。如陇东曾经发现有某些地主将原来规定的粗粮标准改为细粮标准，（如本来说的是交一斗粗粮，他改为交一斗细粮）。

8.用"蚕食"的办法收地。如陇东就发现有地主采用今天收一亩，明天收二亩，用若干次将地全部收回的办法。

9.经常倒换租户。如葭县犊牛沟的张慕宽等，每年换一个伙子。犊牛沟的租户十分之一二是1940年以前的，十之八九是近一二年才种上的，原因是新换伙子好说话，可以多剥削些。

10.买卖土地，以达到收地与打击积极分子。如米脂西沟村吴号赵卖了12垧地，又买蔡秉章18垧地，想用这办法打击减租的佃户，后来佃户告到县上，不知怎样解决。

11.地主的“三和论”——人和（地主与佃农的关系好）、地和（地亩不多也不少）、升斗和（交租的升斗不大，公平的）。既有三和就用不着减租，这是笼络和欺骗佃户的说法。如陇东曾经发现此种谬论。

12.强调施政纲领上的交租，公开向农民宣传，如淳耀县程恩忠，利用机会登台向群众讲演，只强调农民应交租，不谈减租。

13.装可怜样子，企图软化佃户。如新宁地主张国禄听说乡上的减租委员会的同志要去他村，他赶忙连夜备办了酒席，要求佃户参加，酒席筵上装出一副可怜相说：“你们看我这样的家境，一天不如一天，公粮已重，你们还忍心给我少装租子吗？明天减租委员来了，你们就说租子都给减了，并且很轻，有时还常让少装租子。”取得佃户的同情，来蒙蔽公家。

14.收好地给坏地。如庆阳三十里铺区地主封重才将佃户任生廉60亩好地收回，另给佃户60亩山地，租子仍为7升……

15.丈量土地。如庆阳地主钱若浒的佃地，原来都有长头，若要减租，钱便以要丈量地相威胁。

16.假借粮或将欠租改为借粮。如合水地主唐士杰借口征公粮太重了，叫佃户帮助了一石麦四斗秋，有一个佃户没有粮，唐就要收回地，无法，帮助了一头牛。

友区的地主还采用了如下的办法：

17.在友区挡牲口的办法。如淳耀四区七乡袁超明租种耀县泥阳堡张培成的地，1943年9月间被张把牲口挡在耀县不让走，后来找了保人限期交租才放行。

18.用大话吓人。如友区耀县西仁乡拉拉（外号）在淳耀四区有地600亩余，他不要租子，用大话吓人说：“我就当没有地，你们不要来耀县的地区，红军不会常住在那里，他就有倒霉的时候。”有些群众因常要走友区，所以，就暗里给地主送租子去，以便去友区时免得麻烦。

19.得寸进尺，要租子还要粮钱。淳耀五区挂子砭杨清玉种耀县地主的地，今年秋后来装了一石五斗租子，同时还要粮钱，他说：“他们每年还给友区政府纳粮，所以要粮钱。”该县三区姓刘的就被友区地主要去钱1250元，麦子6斗。

（《关于减租减息与交租交息问题》，1944年2月整理）

在复查中查出了很多明减暗不减地主，只驿马关区四个乡不完全的统计（6、7月份），166户佃户租种104户地主的367亩土地的租子都未彻底地减租。赤城在8月份查出了7户，庆市等五个区的统计就有六七户地主未彻底减。看下表：

区别	庆市	三里铺	驿马	赤城	桐川	共计
共户数	2	4	43	7	11	67
未按丈地收租户				2		2
抗租不退户				3		3
明减暗不减户	1	3	43	2	3	52
实收回土地户						5
应收回土地户	1	1			3	5
应退租子（石）	1.73			41.06		

（《庆阳县1945年民政工作总结报告》）

二、土地纠纷

（一）土地纠纷之种类和原因

去冬因边币跌价引起土地的大变动，凡过去未彻底解决的问题全部爆发了，因之纠纷之多为前所未见。各区政府乡政府县府专署在旧历腊月每天接受土地案件至少三起多至十起，直到现在还在继续中。绥德法院积压土地案件，五十起以上，其纠纷种类列下：

1.地权纠纷：A.土地革命区，1940年春归地时未肯定说地是归了或是聘了。农民说归了，地主说是活租。例如义合九乡清凉寺庙会地，农民说归了，整理教育款产人说当时说明是活租聘的。B.过去弟兄和睦伙买土地，约上写一个人的名字，现在争起地权来了。

2.典卖优先权纠纷：A.地主出卖或出典土地时未能把使用土地的典主租户全通知了，因此在典卖成交后，土地使用人提出优先权问题而发生纠纷。B.有些是土地使用权经过转移，转典转租各户大家同时提出要地也起纠纷。C.地主托人代为卖地，当时对优先权人不能说实价（多说），在优先权人拒绝承买承典时，他又以较少价格卖与另人或中人，从中取巧。事被优先权人发觉了，又起争买争典纠纷。D.宗族人也以优先权资格争地，也发生纠纷。总之这一纠纷多因成交时物价小，稍过时日地价涨了，相对看出当时地价便宜，因此大家争。

3.抽赎纠纷：A.年代纠纷。虽然我们定为60年，但有些人提出民法30年的根据来；有些是第一次典地，逾60年，改典后在60年内，第一次典在60年外，但续价换约在60年内，双方发生争执。B.土地革命区，革命时分的地，失败后地主收回，把地典出，归地时又归了，出典主要抽地归地人不给抽，典主说地被归了，既丢地又撇价，也发生纠纷。C.银粮钱纸币折价纠纷。典主说，典地当时是现洋、实粮，抽地仍要现洋、实粮。出典主说，现在币制单位并未变动，双方坚持甚至兴讼。D.户家的活卖，死约活话，定期活卖，也发生抽赎纠纷。

4.减租减息纠纷：地主因农民按减租减息条例给租而企图收回土地，但明的收回农民不允许，于是想出办法：A.本是伙种或租种，新租户不守条例可以多收租子或交现租，他用假典的办法，欺骗原租户，被发觉，起了纠纷。B.在政府条例以外立约，定好租数比标准租额低一点，引诱农民，但约上公开写“与政府法令无关”“秋收全数交清”“要地就退”。C.强收十成租或讨现租，农民不从，地主要收地或换租户。D.地主出典或出卖土地不通知租户，或故以高价通知租户，与另人成交后，租户提出抗议。E.以收回地自种为名将地收回，但又将自己另一块地租出，被收回地的农民提出意见。F.立春后（不论地了）地主提出把租地出典或出卖，意在威胁农民，如要种地须多交租子。G.典地抽回来要出租，原典主要求租地优先权，地主以提高租额或不减租作威胁，原典主不从，引起纠纷。

5.债务纠纷：主要是钱币折合率纠纷，经按规定解释后，立刻解决了，只有一种投机的债权人不接受债务人以边币还债，但他也有的不讨债，意在等待，时局如有变动，可以收法币或白银。

纠纷的原因

①领导上未确定具体办法向人民公布。例如减租减息条例漏洞尚多，“地主不得无故收回租地”，太原则了。租地优先权提得既不具体又不明确，遇到纠纷，特别是土地革命区典地抽回问题未能即时解决，致纠纷扩大或引起新的纠纷。②减息减租条例向人民——地主和农民的宣传解释很不够，因此有些强调于自己有利的一点。③地少人多农民争着租地，争着典买地。④金融变动，边币跌价。

（二）如何解决

1.借粮典粮的，按当时粮价折成钱再按币价折合率归还。

2.典买优先权，租户未得通知或受骗而未得典买的，调解给他租种一二年了事，有些判给优先权人典或买了。

3.减租强调租户利益，遵守条例，对假典的处罚。无论玩什么花样，农民一定有承佃优先权，取消地租以外的报酬，如送炭、送南瓜洋芋之类。多收租子和已交现租一律退回。

4.归地区抽典地，如果典地人吃亏太大，但准抽后不影响其应归地数，可调解准抽一半，这样的很少。

（《绥德分区土地问题》，1944年）

（三）几个具体事例：

去年因币价下跌，土地变动很大，在分区地少人多的情况下，更增加了减租政策实行的困难，总合各地报告，距贯彻实行相差尚远。以案件统计，破坏租息条例最多的是中小地主，大地主还没有，也许未发现，农民占极少数。

1.地主破坏租息条例的形式大致就如上述发生纠纷的几种，而且在纠纷中表现得诡计百出。例如绥市黄刘氏出租地八垧给黄家沟张迎多，租约上写明年交租子4石，秋后交清，“不与政府法令所管，要地就退”，另外交洋芋1布袋，南瓜20个，每年交炭4驮，随要随送。但租约上虽写的是秋后交，实际上已开始收现租了。且去年按条例减交之数一律交出，否则不租给了。农民告到政府，黄刘氏以孤寡生活困难强辩，抵抗法令，最后再以出卖土地为威胁。

又绥市赵丕成因租种户按条例交租，今年向租户要现租，一个租户给了四斗麦子。同时把租地的另一块另找一个新的伙种户，本在立春以后（习俗立春后地就不变动了），对外说是典地，事被原户探知，提到政府，地主说现租是借粮，典地尚未讲定立约，政府调解地仍归原租户时，地主提出有权处置自己的地，政府为何限制？“我就说地主没有地权了”，且认真地要把地典出去。为制气无论如何不给原租户种。

沙滩坪二乡乡长陈怀义多收了租子反而说租户情愿。被查出时，说是租户破坏条例。把多收的租子退回给公家，说是作为处罚。

像上面的种种狡猾欺骗威胁租户的不胜枚举，开始时农民不敢斗争，后来经政府解决了几案，有些影响，在旧年后，来政府起诉了，农民都很顽强。但这只是敢斗争的，忍不下去了。

2.在农民方面扩租的很少，只有米脂瓜园乡一个村子因收成不好交租感到费力，但勉强还是可以交。地主去收租子，租户都躲开了。去解决纠纷中还没遇到地主做原告的。

3.伙种按条例分的很少。绥德薛家坪共有五十几垧伙种，经政府强制按四六分，结果地主把地典给富农，典价全是以粮为单位。农民失了地。当时土地政策决定尚未颁布，没根据说服地主。

4.减租不能彻底实行的原因：

①干部对政策的了解不够，条例不够具体，漏洞很多。

②向人民的宣传不够，农民不敢斗争，地主强调有利的一面。

③区上干部不能主动地积极去检查和纠正，有时表现畏惧，眼看着农民的租地被无理地收回了不敢制止。

④地少人多农民急欲得到土地，于是投机“增租夺佃”。已有租地的，

为了保持租地不被收回去，宁愿多交租子。有一家按条例应给一斗八升租，他一定要多交2升凑足2斗。地主强调说不是多交，是农民的赠送。

（《绥德分区土地问题》，1944年）

三、在减租交租过程中发生的问题及群众反映

没有按法定租额收租的业主，不说实话，害怕政府处罚，以多报少。但也有个别佃户害怕和业主闹不好而被收回土地，因而附和业主的意见，互相包庇。如曲子市佃户石惠玉不愿向政府说明租额。再如土桥四乡佃户鲁生宽、王存录说："这事去不得，你们把租子减低，地主不让我们种地怎么办？就是公粮重一点，政府给什么减一点。"因为这样包庇，当面就不易调查，实行了侧面调查，才能调查确实。

进行具体减租时，一部分业主嫌租低，因而发生收回土地。如天子区四乡苟守杰租给朱良发熟地150亩，荒地50亩，每年6石租子，平均每亩3升。苟守杰听到减租就捎信来说：要按原租交纳，减租就不让种。（苟因当过土匪，搬到国民党区居住）区政府极力支持佃户朱良发每亩一升半交租，并不让收回土地。朱良发没有按政府法令交租，但实际交得很少，1940年共交了一石三斗，1941年交一石二斗，1942年交八斗，其余是欠租。曲子区四乡政府文书胡俊秀租给龙占文几十亩地，几年来欠了几石租子未交清，去年在乡上传达减租时，就骂起来，马上不要承租人种地，后经大家解释，地虽没有抽回，但他非常不满。马岭三乡柴积贤租孙元涛川地100亩，过去每亩租7升，全年7石，后减低5升时，孙即要收回土地另租给他人，政府不让收回。

在减租的过程中，对于原来的当地，现在大部分都赎回去了。当地时承当者是付予硬币，现赎回来则还边币，因比价而发生纠纷的很多。本县根据高等法院于1942年的规定：在1935年11月1日以前的硬币可以折合边币10元到30元，按双方家庭经济状况适当给予调处；凡在1935年11月1日以后的硬币一元顶一元，不再折合。过去当地的绝大多数是贫苦农民，在今天货币跌

价的情况下，是赎地的好机会。政府对这一部分贫农、雇农之赎地采取帮助态度。

（《曲子县减租工作报告》）

四、只有组织群众跟地主斗争，才能实现减租

除了立法，制定条例外，实际上还要农民和地主的斗争，光靠立法而没有斗争是不行的，不能解决减租问题的。

……

（一）减租的斗争方法

（1）组织租佃户小组去到地主家算账，算账之后开仓装地主的粮。

（2）以区为单位动员佃户地主开大会算账减租，揭发地主的罪，减了以后大家杀猪大吃一顿。

这时佃户是喜气洋洋，地主是灰溜溜的。

对地主刘增先长装了租退出30石，又打了30石欠条，这种办法我们认为是对的，因此，我们指示各分区照此执行。但又指出防止过左的偏向，在方式上仍是以村为单位组织租佃小组，扩大到全区去。这是斗争方式的大概。

斗争会的内容：

①退租，退出地主长算的租子。②勾账，免去过去的欠租。③换约，减租之后重新立约。④翻地，把地主收回的土地退给佃户。

在1943年后，相当地贯彻了，在警区较好。据绥德地委报告中讲：“四十里铺艾家沟，地主8户，租地108垧，原租为270石，1943年只收132石多，仅占49%，较原租减少51%。活租方面，246垧，原租53石，1943年只分了30石，减少了38%。伙种的土地十七垧半，收获5石，较过去减少了40%，安庄稼的34垧，收获52石，只分一半，减少了49%。”

从这次减租中，证明了1942年没有减。这次退出租子数是相当大的，且很普遍。关中，陇东较差，经过斗争之后，地主处罚之最高者为30石罚粮。

参加这次运动的党员，在警区有三万人左右，不但惩罚了地主，就是溜尻子的佃户也给处罚了2石粮，干部对于这一办法都学会了。

过去的宣传立法，行政命令都是准备工作，但基本的办法是以斗争减租的，这就是群众路线，没有群众斗争只靠政府是不行的。得到这样的成绩，反奸运动起了一定的作用。陇东不彻底，看原因在哪里？我看恐怕没有发动群众斗争。

经验证明，斗争是可以团结地主的并且使之他们接近我们。

……

（二）发动群众斗争，如何团结地主？

过去担心怕斗争不能团结地主，据三年经验证明，斗争一下不会影响和地主关系搞坏，相反的地主靠近农民了，更好团结。当然过火了可能逼得地主跑到国民党区域去，但地主的家、土地在边区带不走。国民党区当然更不好，所以斗一下更好团结，地主孤立，不会影响统战关系（当然左了会坏）。

（三）发动群众斗争问题

从前命令群众减租不行的，一定抓住积极分子推动群众，不是命令而是群众自动起来干。未发动前怕发动起来左，就不敢发动（1942年），如高干会批判了这点，是搞不通的，当然群众起来左是必然的。去年减租后有指示，纠正了这个偏向，如罚款过重，三年地租加倍退出，打击是对少数顽固的大地主，也有把鳏寡孤独的都退了（他们和中农、富农没区别），有的退到1938年、1939年的，地主没法还。也有的太过火，打罚得不像样。地主好面子，戴高帽子游街也不好。杨家沟地主52户、公粮538石，其中由他们负担523石，其他阶层只负担15石。有的地主负担超过收入百分之一百几十，又加上减租，所谓“一个萝卜两头削”。在这种情况下不能向农民头上泼冷水，更不该骂群众，事先又不能规定步骤，走一步再一步，应该保持群众的积极性，慢慢克服，事前不怕左，事后要纠正。左的一切经过农会，（卖地）右的又任地主收回土地，都不对。应以七分照顾农民，三分照顾地主，掌握群众斗争，领导要艺术，注意团结，先打下地主的臭架子，使他认识参加生产并不可耻。

（贾拓夫：《关于边区土地政策问题的报告》，1945年3月15日）

（四）减租斗争情形

石区减租人民斗争情形特别紧张。石区本镇的马光表、霍士俊等除他们本镇的减租小组组织起来减了不算，还跑到别的村去进行组织和发动群众，如贾家沟、慕家河、西沟里、吴家沟、牛家沟等都去过，并到贾家沟后调查出两户明减暗没减的人家，他们忍心耐烦地给说明了一顿后，他们也大胆地实行了减租。（租户）

大牙河村的一个伙子何清山为地主给他分粮不公，他便给地主大闹了一场，结果叫的全体人和减租小组们把该地主评倒了，将高抹了他的粮食全部退回了他。

今年正是因为我们把老百姓组织起来了，他们一个依一个，认为有力量有办法可以将租子减了；另外今年的反奸斗争打垮了一些特务，使得他们的斗争热情更高了。

（《清涧县政府三十二年度（1943）减租工作总结报告》）

1944年县级领导上重视和抓紧了这工作，曾在三次区书区长联席会议上详细检查布置过，写了三次指示要各区在备荒、选举、扩兵等工作中很好地联系减租复查，9月10日县区书区长联席会议总结并讨论决定了歉收年夏季减租标准，发各区进行减免。

各区乡配合三六任务也传达讨论了减租工作。如驿马关区10月10日指导员乡长联席会议讨论选举，同时讨论了减租工作，决定选举中密切配合减租复查，该区五乡四村于11月23日又召开了地主佃户座谈会讨论新租标准，提高了佃户20人的信心，都一致向6户地主要求按新标准进行减租。

在减租复查中进行了彻底减租的普查宣传，提高了群众对减租的认识，佃户的信心提高。高迎、新堡、驿马关等区还召开了佃户会议和地主佃户座谈会，宣传减租条例和新的标准，提高了佃户自觉地起来进行减租的情绪。驿马区五乡召开的租佃会议，20个佃户一致要求彻底减租。在选举中发扬了民主，在选举会或代表会上揭发了地主违抗减租非法收回土地的行为，如三十里堡区的□□儒提出：我租邓应中的土地，原租二石一斗减了五斗，邓就把20亩地收回去了；桐川很多佃户在佃户会上讲出了地主的欺压行为，高文科说：我租苏三禄山地80亩，每年出□□石四斗租子，租子出了掌柜的还叫我出公粮，他对别人说地是我当下的。从这里说明了佃户是迫切要求彻底减租的，只要领导上认真发动打破群众怀疑，解决问题，保障佃权，则佃户是可以行动起来的。

（《庆阳县1945年民政工作总结报告》）

边区政府于1942年12月颁布了《土地租佃条例》照顾到主佃双方的利益，保证减租减息与交租交息，使租佃关系及债务关系加以合理的调整，如赤水县的减租与交租情形。赤水县二区一乡的农民张志孝，当他听到政府今年要彻底实行减租减息，他就在本乡领导10个佃农组织农会，发动农民彻底实行减租，换立新约，废除旧租等。1943年11月2日，乡上要开群众减租大会，他便鼓动大家要在大会上勇敢发言。第二天的大会上，就有贾玉明提出要地主吴邦才给他换约，接着马新真、王俊彦都要求潘新才给他们换约，地主吴邦才和潘新才表示不愿意，于是佃户们积极地为坚持减租换约而争论起来，这时张志孝与乡政府的同志均起来向地主说明了减租对主佃双方的好处，并批评他们不愿换约的错误后，吴邦才、潘新才才接受了佃户们的要求。在闭会后的7天中，就有15家佃户的460亩租地都换立了新约，减了十二石零九升租子，并废除陈租130余石。有些佃户的地主不在本地，他们就派人去请他来共同解决，如地主张德禄住在一百里外的淳耀照金村，农会便派佃户王田娃、张举来、任老九去请他来讨论减租。张德禄被请来了，佃户们和张志孝就向他解释减租换约和废除陈租对双方的好处，佃户们又很客气地招待他，经过商讨，农会又坚持减租法令，张德禄乃把251亩租地换了约，减租子六石二斗，废除了130多石陈租子，并把借给王大忠130块银元的旧账也废除了。该县五区六乡地主杨运龙于1943年11月间向农会主任报告说他的佃户陈三冬今年一年还没有给他租子，要求农会帮他收租。后经农会调查属实，农会主任郑道纯就去说服陈三冬给杨运龙交了租子，于是杨运龙高兴极了，他遇到左右邻居便说：“农会对咱地户与佃户都好，农会真公道。”而绥德的义合，米脂的附城、印斗等区政府还带着佃户驮着租子送给地主。在减租过程中，有某些不明大义的地主则采取种种办法抵抗政府法令，如葭县店镇区六乡刘木瓜沟地主刘争先曾经采用了以倒佃对付减租的租户，以假典假卖实行倒佃，改变租佃形式，收回自耕，威胁利诱，假仁假义假慷慨，造谣等办法来抵抗政府法令。绥德新店沙滩坪三千群众在减租大会上揭发了地主王树丁、高鸣九、王毓其等的违法行为，如对地主王树丁斗争的情形：张怀德说：“咱要斗争地主王树丁，他不按法令，多要我一斗米、二斗绿豆，今年他还要夏麦租，老财们吃得好穿得暖，穷人家，多要我一斗米，就是要我的命啊！”新店三乡租户继即提出王绍渭当过地主王树丁的狗腿，要求他揭发王树丁欺压佃户的事实，王绍渭上台说：“我过去是破坏分子，现在坦白了。我是王树丁的女婿，给他当过奴隶，他要我到处压迫老百姓，收租时，我抹斗抹得很高，不管佃户高兴不高兴，驮回来了也不上账，到了秋后又要我给他驮秋租子，不然老婆不跟我了，过几天，他把一个大斗拿出来，这个斗比市上的大一升多。王树丁还把佃户按条例减下的租子，留在账上写作欠租。王树丁叫我做下的坏事实在说不完，我给他做了牛马，还叫他的女儿和我离婚，告我侵占他家产……”全场佃户听了非常气愤，要求王树丁上台讲话。王树丁上了台气愤愤地不承认，后来经群众揭发了王树丁历年来违抗减租法令的破坏行为：多要租子，增加租额，要五色粮，用大斗收租，用夏租顶旧欠，按条例减下的租子作欠租，按条例交租还捣租户的地，还债时拒用边币，硬要白洋等事实后，王树丁才承认错误说：“我错误，以后向政府作保证，长要下的我都退，多要了什么，退什么。”

（《关于减租减息与交租交息情形》，1944年2月）

第六节　几个区县的减租减息工作总结报告

一、陇东分区减租工作总结报告（1943年）

（一）6月县长联席会上对过去减租工作的检讨与对今后工作的部署

陇东实行减租始于1937年，兹分为如下几个阶段：

1937年至1941年这一阶段，提出了减租口号，并做了些工作，有少数地区实行了减租，如合水县的店子区，城区，庆阳县的高迎区五乡，三十里堡区等个别地主减了租。改造政权以后，分区临时参议会通过三七减租议案，政府亦出了布告，但没有做减租的实际工作，只是个别的群众自动给地主少交租子，也有个别地主少收租子。就是说，只有号召，没有行动，工作停留在嘴上和纸上。结果反而使地主有了防备，如串通佃户，把定租改为活租，丈地收回土地，假典假当等等。这时地主的防备工作比我们的工作做得还多，使群众说我们只说不干，有的佃户受剥削比以前更重了。

1942年冬季实行二五减租，在合水、庆阳普遍做了一些乡的减租工作，镇原做了两个行政村的减租工作，收到了一些成绩，如恢复了农会组织（镇原是减租委员会），有些地区开过租佃会，算了账，订了新约，个别地主退出了多收的租子。缺点主要是行政权力代替了群众性的减租斗争，由干部包办了算账等等，结果工作搞得不彻底，反而得罪了地主，佃户得到的利益不多。原因是干部没有了解减租的意义，思想上是模糊的，普通一般化，搞减租没有经验，没有搞典型以取得经验，在忙于征粮的过程中，时间短促兼搞减租工作，当然是不会搞得好，搞得彻底。

1943年春季的减租工作：合水、庆阳只搞典型乡的减租工作，镇原做了11个乡的减租工作，这次比以前大有进步，由于高干会后干部对于减租工作的认识不同了。成绩表现在：算了账，退了租，立了约，减租较彻底，群众斗争情绪亦提高了。在工作中能够讲究方式，如庆阳新堡区在租佃会上发动开明的地主自动提出减租，斗争顽固地主，镇原表扬了开明地主，以影响其他，合水开租佃会后特别把地主和佃户召集到一块调解他们之间的关系，粗枝大叶的搞工作亦有了转变。但是领导方式还有缺点，主要是党政民不分，以政府面目出现，使政府和地主形成对立；掌握政策不够，发生过左过右的倾向，没有分丰年歉年，实行再减再免，计算法搞不清楚。

专署总结了春季减租工作后，对各县今后减租提出如下的意见：各区先搞一个乡的减租工作，条件是：（1）发动佃户进行斗争，佃户没有发动起来就不算彻底；（2）弄清减租政策的时间限界：民国二十八年（1939）底以前的陈欠免除，勾掉旧账；二十八年（1939）以后的租子算清楚，根据主佃双方的情况处理，多交租子的或欠租写借条，或再减再免，重立新账新约。关于减租方式方法提出以下几点：

（1）特别是区乡干部要把减租意义与租佃条例弄清楚，掌握统一战线政策。

（2）用个别谈话方式来发动佃户，搜集材料，了解地主剥削方法与主佃间的矛盾。

（3）组织租佃会，召开会议鼓动佃户的斗争情绪，发动积极分子打先锋；乡村干部帮助佃户研究地主的抵抗减租的手法，确定对付的办法，并根据减租政策，注意调解主佃关系。

（4）加强农会的领导，使之能保证佃户，不再发生明减暗不减的现象，在减租中团结并吸收积极分子入会。

（二）今年夏季各县减租工作情况

各县这次减租工作是在备战动员工作过程中附带进行的，大部分的地区都做了一个乡或一个地主的减租工作，做了调查，开了租佃会。以后强调运盐，各县均以备战和运盐为主要工作，减租工作的时间很短（据镇原报告减租用了5天时间）

1.租佃会斗争地主的例子：

（1）庆阳驿马关钱若浒（陇东第一等大地主）有土地40顷，自种约4

顷，其余租出，佃户共22家。民国二十八年（1939）佃户共欠租184石。自二十九年（1940）以后的租子，据说都减了，每亩原租1斗减为7升。经交乡干会调查研究后，召开22家佃户会，确定采取和平谈判方式，要求免掉二十八年（1939）所欠的184石陈租。地主答应减免，并写了减免字据。佃户何正兴说土地不够种，地主又拨了20亩地给种。

（2）庆阳赤城区地主王子树、王子庸兄弟以324亩地租给6家佃户，第一次到他家算账，佃户们不敢说话，回来后培养积极分子，研究了斗争内容，因此，第二次去时，提出了三个问题：第一个问题是三七分件的问题，佃户苏耀明说："他把车拉到我地里，逼着我分，现在要给我退出来。"第二个问题是退租问题，第三个问题是收地问题，于是在算账会上确定了退件，退租，另立新约。8月2日佃户套了两辆车，把地主在场上的三垛麦拉完了。

（3）镇原孟坝区地主刘正汉，在租佃会中，佃户给他算了账，他说："我有账呢，明天咱们按账来算。"第二天刘正汉不敢来，而偷偷地到佃户家里威吓说："我的佃户都没减租子，你到公家人面前说是照减过租子，难道你还不瞒藏我吗？刘□虎，你把我的树根挖了，那树根下有2万元呢！"第二、第三天总还是不肯把账本拿出来，也不立新约，也不退租，最后佃户把刘正汉拉到县上打官司，政府把刘押了起来，但减租问题还没解决。

（4）合水六区地主曹会文在租佃会上说："公家是按租子收公粮也应该退。"后来算账时，租佃双方说得不对头，地主又不肯拿老账来，弄成僵局，几天后曹会文的弟弟回来后才算了账。

2.这次减租的收获

在这一时期各县开过租佃会，实行减租的共17个乡，庆阳5个乡，合水1个乡，镇原11个乡。已减的地主234户，佃户432户，土地22573.9亩。减免的租子据不完全统计：民国二十八年（1939）以前的陈租免了405.55石，地主退租71.8石，再减免的150.81石；今年减去的租子131.84石，平均每家佃户可少出租子1.76石，对佃户的生活可以得到相当帮助，提高了佃户的生产情绪。另外，在租佃会上，具体地教育了佃户，提高了佃户的斗争情绪和对减租的信心。被地主收回的土地，一般退给了佃户，重立新约，规定租佃年限有10年至30年的，以前因欠租不能赎地的佃户，减免后赎回了土地。如镇原杨统邦当了300亩地给李鼎卿，又转租回来自种，每年都积累一些欠租，地主不让赎地，这次将民国二十五年（1936）至二十九年（1940）的租子免了以后，土地才赎了回来。同时在这个减租过程中，健全了农会的组织，成立了佃户小组，更进一步教育了干部，使干部对减租政策和条例有进一步的认识。

（三）减租工作中的缺点

1.调查研究和统计工作不够。各县都没有搞出一个乡或一个村的典型材料来，以指导其他地区的工作。同时调查统计材料也不完整。如镇原县11个乡都是一般的调查，有关减租的具体材料和经验的研究是很少的。合水是一个乡的材料，但统计表不明确，不能说明佃户在减租中得到什么利益，因为免租的数目和今年减去多少租子数都没有。庆阳的材料也是一些零星的各区不一致的数字，因而不能综合统计，可见各县对调查研究和统计工作注意不够。

2.干部对减租政策和对条例的理解不够。如合水六区的干部对于何谓定租、活租弄不清楚。该区今年麦子歉收，减租应根据具体情况减免，但他们的办法是：二十九年（1940）和三十年（1941）的租子按三七五减租，三十一年（1942）和三十二年（1943）则按二五减租。三十二年（1943）的算法是：6升收获量的免租，减租标准是按收获量减免租额的二分之一，或三分之一，或三分之二。

镇原三岔区二乡，从二十七年（1938）以前的租子免交，而政府规定从二十八年（1939）底以前的租子免交。

对统一战线政策的掌握亦不够，对地主的斗争是为了要达到减租，首先应多进行解释说服工作，注意主佃关系的调解，而有些租佃会是形成地主与政府的对立，因为是以公家人的地位给地主打击。

对佃户的利益和困难注意不够，如庆阳驿马关区助理员严光德解决租佃关系时，就有损害佃户利益的情况。如佃农康生会租种任怀强八十亩地，每亩地租1斗，民国二十八年（1939）交了10石多租子，多交了2石多。这80

亩地原是钱子英当给任怀强的，二十九年（1940）钱子英强迫从任怀强手赎回，转当给姓王的，姓王的要种地，没有给佃户康生会打招呼，就把地收走了，而康生会在地上的粪也被用了，害得康生会一二年没种地，可是任怀强还要康生会交二十九年（1940）的租子，于是告到区政府。康生会说二十八年（1939）交的租子还有长头，任怀强不承认给他交了10石多租子，但他又没有账。任怀强说二十八年（1939）是按减租每亩7升收租的，康生会说："二十八年（1939）你们政府说减租，根本就没有实行。"助理员说："你说谁家没有实行？"康说："你们吃了公家的饭不知道，我们老百姓怎么知道？"我们的助理员就为了这个正确的批评，而把佃户康生会关在冷窑里押了一夜，并准要康交二十九年（1940）的租子，后来被分区工作组知道后，才被纠正过来。在镇原、合水还有个别干部袒护地主的。

3.在方法方面的缺点错误：帮助工作的同志代替了农会的工作。在庆阳市甚至撇开了农会，另外成立减租委员会，这样使农会失掉其作用，从而使减租后对佃权的保障，主佃纠纷的调解，退租减租的处理，农会不能自动负起责任督促检查，使减租工作成为是上层机关的工作，突击的工作，而不是群众性的长期工作。

从租佃会中就可以看出工作方法有问题，如开始佃户不说话，如地主王子树在参加第一次会后逃跑了。还有庆阳市三乡在租佃会前，先召开地主会议，促成了地主联合起来阻碍减租的进行。

（四）佃户对减租的反映

1.大多数减租后获得利益的佃户说："减租是对人民大众有益的，我坚决拥护减租"，"公家要减了租，就将我们几辈子好事做下了"，"我们穷人在八路军帮助下翻了身，我一辈子忘不了恩的。""公家不减租不得了，将老账老约挖去才好。""不要说减租，把地分给我们才好呢！"

2.由于个别地方基层干部的作风方法的错误，影响到部分佃户对减租抱怀疑态度。如说："看上面的公事倒对着哩，一到下边就不对了，谁知道公家人到底怎办？""谁不愿减呢，地是地主的，要收地怎办？""减租是好事，可是减过也交不上。"

3.受地主拉拢软化的佃户，如钱若浒的佃户任运兴说：“没吃的找他他就会借租子装不上也不说要，咱能忘掉人家的恩么？”“咱没牛借牛，没钱借钱，要减租就把掌柜亏了！”还有个别佃户替地主隐瞒土地。

（五）地主抵抗减租的办法

1.收回土地，或雇人自种，或典卖、或假典卖，或转租给别人，把土地从佃户手中收回。如庆阳有16家地主要收回土地，地主田耀林，在民国三十年（1941）将给佃农尚富的42亩地收回，其中32亩假说当给他的亲戚刘兴，而实际是收回自种，还有10亩则另租给别人，按四六分。又如合水地主任之重卖了2顷多地，李俊财卖了70亩地，任成林卖了90亩地，郭兴典出了50亩地，□义兴典出450亩地，程景圣典出一顷五十五亩地，曹会文典出2顷多地。他们之所以大量典卖土地，认为减租后，收地租不如作生意赚钱多，还可以避免出公粮。

2.收回好地，给坏地。如庆阳三十里铺区地主林重将租给佃户任生廉60亩好地收回，另给60亩山地，租额每亩仍为7升。

3.增加土地亩数。一种情况是以少报多，如庆阳地主吴化南从佃户手中收回120亩地，转租给别人时，说是130亩。另一种情况是原来土地有长头，若减租则以丈量土地相威胁，如钱若浒就以此威胁佃户。

4.少报地，多收租。

5.提高租额。如庆阳地主吴培植山地每亩原租5升，增到8升。

6.把活租改为伙种。如庆阳地主陈翔初的佃户贺鸿之借牛两天，借锄一把用了一天，硬说是伙种，要四六分。

7.把定租改为活租。如赤城地主王子树租给李苍地140亩，地主将40亩麦子，16亩秋全收了，每亩平均3斗计，共收十六石八斗，草1600斤，草可折麦8斗，总共为十七石六斗。如按定租计算，至多交租14石。

8.包山租改为亩租。如合水地主唐子光租给孟万有一架山，租子五石，减租后交三石五斗，地主唐子光改为100亩地，定租为5石。

9.不换约，不算账，不退租。地主李向荣说：“我的龙约丢在西锋镇没有办法。”陈翔初，王子树不参加租佃会，躲避算账，陈说：“退租要根据地主佃户关系的好坏而定，不一定马上退，亦不一定一年退完。”田羽亭不拿出旧账，怕免欠租，说：“几年欠下的几年退，有啥不公。”

10.假借粮。合水地主唐士杰借口征公粮太重，叫佃户帮助1石麦，4斗秋，有一个佃户没有粮，地主要收回土地。

11.将欠租改为借粮，叫佃户立借据。

12.大斗收租子。

13.地主用软硬兼施的手段，如讲“良心”，赌咒，小恩小惠，打击积极斗争的佃户，拉拢不敢斗争的佃户。

14.造假约假账。

15.指使女人骂佃户和乡村干部。

二、关中专署租息问题初步报告（1943年2月13日）

关中四面接近友区，地主大部分住在友区，租息问题亟待解决，若不及时解决，影响统战工作，同时对发展国民经济亦有很大影响。兹将最近各县反映的材料叙述如下：

（一）关中租息类型

甲、地租形式

第一种是定租。如赤水出租土地分上中下三等，上地是平坦地，中地是坡地，下地是山地。上地每亩租1斗，中地每亩8升，下地每亩6升。

第二种是活租，关中亦称分租。在淳耀一般的出租土地人只出土地，每年收获量按四六分，出租人占四分，承租人占六分。

第三种是伙种。在赤水，一般的出租人还拿出耕牛农具，每年收获量，出租人和承租人各一半。

第四种是包山租。在东区、庙湾区，一人包了一座山，他自己租好地，将坏地再租出去，他多收租子，把自己应出的租子转嫁在别人身上。

乙、利息形式

第一种是五分利。在赤水今年放麦一斗，明年秋收后收一斗五升。

第二种是放粗粮还细粮。如在赤水今年放荞麦或高粱一斗，明年收麦一斗。

第三种是放钱收麦。如东淳耀，今年放出五六十元，明年秋后收麦一斗。

第四种盐息。在赤水每千元每月五十斤盐的利息，如赤水二区丰泉王思兴放给孙成娃五百元，每月二十五斤盐的利息。

第五种是短期高利贷。新正长舌头集上每百元每集三十元，一月六集，一月的利息几乎超过本的一倍。这大部分是我们的公务员和生产人员搞的。

第六种是放钱粮息。如庙湾周老八放给唐澄清六十元，每年每元六升粮。民国十九年（1930）放出之后，已收过利息二十九石，还欠十五石。

（二）政府执行减租减息的一般情形

甲、减租

第一，二五减租群众认为是加租，淳耀群众说：过去没规定，还少交租子，收成不好还不交，如政府规定二五减租，每石给地主交七斗五升，少交些道理讲不过地主，这岂不是增加了地租吗？在东区的群众说，按古规每石租子每年交五斗，收成不好还可以少交些，如政府规定每石租子交七斗五升，岂不等于增加地租吗？

第二，去年淳耀县政府按该县具体情况，出了一次布告，规定一般租额为三七（原来出一石，现只交三斗），如薄收时为二五减租，布告发出后，区级干部认为过重，故未张贴（这布告根本是不适合的，因薄收反加重佃农的交租量）。

第三，自边区政府颁布施政纲领后，在赤水县即执行了二五减租，但实际上是明减暗不减，因佃农害怕地主收回土地。

第四，东区遵照二次参议会通过水地租额为正四六（一石交六斗），塬地和川地为五五（对半租），山坡地不得超过倒四六（一石不得超过四斗）。今年东区办事处又决定减租减息办法：

一、无故收回土地者按情退出。

二、按政府规定原则，多交租子者，必须退出超过数，如系友区地主在明年交租时扣除。

三、不按政府规定原则少交租子的佃户，应按情补足规定数给地主。

四、禁止包山租，今后佃户直接向地主交租，不经过包山者手，防止从中渔利。

五、凡地主收租，以市斗为标准，不得用大斗收租。

六、禁止定租转为伙种，如系很早伙种者，得检查其分粮数，如地主得利超过政府规定租额者，由区乡政府和减租交租委员会重新议定数目。

乙、减息

第一，对于暗放高利贷政府已几次命令禁止，在新正除将科长超洛撤职外，准备管押，在交接手续中逃跑到友区，同时将王学礼、路风仪等管押多日。

第二，对淳耀的放青苗调查，该县政府四科长王英在1942年就放了十几石麦，查实后马上管押。

第三，对东区钱利，凡还利超过三倍者一律停止还利和本，债主须将借约交还债务者，并将利息退还一部。

第四，同宜耀王中贵借友区债主二百元，每年利息粮食一石，四年已交粮四石，债主还继续要利息，政府下令禁止再交，如债主来边区逼债时，可通知政府处理。

第五，同宜耀三区四乡张世海借友区雷台海二百元，言定每年利息为一百元，后改为四石粮食，第一年已交了四石粮。政府查清此事后，准备把借约还给张世海，还要给雷台海严厉处罚。

（三）佃农交租的一般情形

第一，同宜耀三区一乡何风明少给地主交租，地主问他为什么？他说政府把你的租子都征为公粮了，你若要请向政府去要。二区三乡杜金虎租佃友区地主土地，地主来要租时，他说："你敢来边区要租子，我是有良心的人，给你交些你快去，若让区政府知道了把你和我都押起来。"地主听了就跑到柳林街上问别人，了解了我们的减租减息的情况，于是向区政府告状，区政府批评了杜金虎一顿，才给地主交租。

第二，在淳耀四区四乡黑天玉、米天福在民国十八年（1929）租耀县李丁的地20亩，每亩租一斗五升，共3石，民国十八年（1929）至二十年（1931）如数交租。二十一年（1932）红军开展游击战争，只交2石。二十二年（1933）红军占领了薛家寨，地主不敢来要租。二十三年（1934）至二十八年（1939）每年交1石，二十九年（1940）该地划归边区，从这年起到三十二年（1943），每年交6石。三乡杨老三租尹治玉地廿亩，租子一石一斗，二十九年（1940）交3斗，三十一年（1942）交2斗。梁彦林租李兴明地60亩，地租2石，二十九年（1940）交1石，三十年（1941）交3斗。

（四）地主收租的办法

第一种是在友区挡牲口。淳耀四区七乡袁启明租耀县泥阳堡张培成的地，今年9月间在耀县，张将袁的牲口挡住，后找保人限期交租。

第二种是用大话吓人。耀县西仁乡外号叫拉拉的，在淳耀四区有地六百余亩，用大话吓人："我就当没有地，你们不要来耀县，红军不会常在那里，到时他就倒霉的时候。"

第三种是假典地。淳耀四区七乡张玉善租耀县西仁乡白安仁的地，白假典给刘嘉儿，刘立刻向张玉善要地。

第四种是强迫收回土地。淳耀四区七乡刘长德租本村刘福寿的土地，因交不起租子，犁地时被挡住说："不准你种，我要收回。"

第五种是打骂佃户。淳耀五区二乡朱维富租刘娃的地五亩，朱是难民，第一年只交租一斗，说明年多给你一些，被刘大骂并打伤。

第六种是要粮还要钱。淳耀五区卦子砭杨玉清种耀县地主的地，因夏收没有交租，秋收后交了一石五斗秋粮，地主还要交钱，说："要向政府纳粮时交钱。"三区姓刘的租种友区郭天才的地，交了1250元，麦子六斗。

第七种是边区的农民怕友区的地主，因经常到友区去，所以暗地里给地主送租子，以免到友区去发生麻烦。

（五）地主用各种办法多收地租

第一种是收回土地。同宜耀三区三乡地主张惠卿向佃户多收地租，佃户不给而收回土地。四区地主罗彦守借口要搬到友区去，出卖所有土地，而收回租给一区三乡刘天文的土地。二区二乡地主韩志发借口自己的土地不够种，而把佃给张治成水地35亩收回。区政府决定不许收回，韩志发还借口佃户张世成交的粮食不好，而抽回40亩水地。

第二种是用自耕的办法威胁佃户。

第三种是用典地卖地威胁佃户。

（六）减租问题的偏向

第一，对友区地主采取了放任的态度，过于迁就而发生右的偏向。如新正一科长毕相贤同志不了解马栏区五乡的地租形式，写介绍信给友区地主徐景仟、张谋子到五乡收租，共收两石二斗细粮，二十斤棉花。

第二，对友区地主采取压制的态度，而发生左的偏向，如上述淳耀六区三乡三户佃农的情况。

三、关中分区交租减租工作报告（1943年5月27日）

关中各县毗连友区，租佃关系比较复杂，加以各县掺杂着分过土地的地区和未分过土地的地区，因之，不仅租佃纠纷频繁，而且地权亦常起纠纷。除2月13日呈报的报告外，现再作此补充报告。

（一）各县对减租交租的认识及执行中的错误和缺点

淳耀县政府对于什么叫三七和四六减租，根本不理解，1942年曾出布告说：原来租额一石的，按三七减租，现交三斗，倘遇薄收年成，则按四六交租，薄收反而多交租，是完全错误的。幸区乡干部没有张贴。

新宁、淳耀（其余各县无材料）对二五减租只作一些宣传，不进行调查研究。这两县过去有的地区是游击区，在内战时地主多不敢来，即来了，佃户交多少算多少，现在执行二五减租时，按原租额减，原租额很高，即使按二五减过之后，租额仍很高，甚至超过以往实交租额，因此在群众中引起了对二五减租的反感。有的说："现在政府变了，不为穷人打算了"，"减租实际是加租"。原因是在干部中所谓"二五"减租还没有理解，于是他们却说："二五减租不合实际。"

各县都没有起积极的推动作用，因此在群众中普遍地存在着畏惧地主的心理，尤以边境为甚，恐怕现在得罪了地主，将来八路军离开了，他们自已吃亏，因之对减租运动不敢积极参加。政府在这方面没有进行调查研究，根据具体情况提出符合实际的具体办法，只是空喊减租。而住在友区的地主认为是不交租，于是就发生了友区地主在路上拦牲口作抵押的现象。

施政纲领颁布后，逃亡地主纷纷回到边区，过去没有交过租子的，现在要佃户全部补交，这种情况耀县发生得最多。同时淳耀县参议员程思忠利用机会，大肆宣传，只强调交租，不讲减租，政府也没有及时纠正。而个别干部如新正马栏区长韩有才，新宁的某些乡级干部，倾向地主，对减租运动起了阻碍作用。同宜耀的减租交租委员会，委员全系乡干部，开明地主（报告说是开明地主，实际开明与否尚存问题），却没有佃方参加。

新宁、淳耀、同宜耀三县的减租交租委员会的共同特点：（1）开干部会宣传；（2）标语口号宣传；（3）减租交租委员会不发动群众，由干部包办代替。

由于这些组织没有佃农参加，又不发动群众，在干部的包办代替下，因此在具体处理租佃关系时，在同宜耀个别地方，便发生了如下的错误：

四乡埝里村吴明发租种友区蔡克富的地30亩，去年地主要收回自种，东区办事处未查明究竟是自种，还是借故收回，而判决允许地主收回土地，违背保障佃户的租佃权。三乡吴庄村兰善有租种郝生云64亩，去年地主要将此地收回出租，该县府只叫地主留下20余亩，其余让地主收回。三乡园亩村王绍金租种胡发福地，胡要收回土地，该县政府判准收回30余亩。

（二）关中的租佃形式

除2月13日报告中所述的租佃形式不重述外，在同宜耀还有一种形式：

当出佃入。即遇紧急事情急于用钱，向别人借钱时用自己的土地作抵押，债主又将地佃给借债人。这种形式既要交租，又要付利，其剥削程度比一般租额高2倍以上。

（三）租佃关系中发生的一些问题

如同宜耀，在今年春共收到租佃关系181件，其中地主收回土地者69件，占全案件38.6%；地主不按政府法令多收租者91件，占50%；佃户不按法令交租者10件，占5.5%；钱租纠纷者8件，占4.4%。

租额纠纷案中，原额共为107.56石，按减租条例为42.56石。

对这些案件的处理：

关于收回土地者：（1）把地主收回的土地，仍退回原佃户或伙种者40件；（2）经区政府制止，不准收回者8件；（3）准许地主收回的3件；（4）正在调查尚未处理者18件。

关于多收租子者：（1）令立即退还者26件；（2）今年退出一些，以后交租时扣除者47件；（3）区政府制止不许多交者6件；（4）正在进行调查或地主在友区，尚未处理者12件；（5）佃户不按法令交租者，政府进行批评教育，促其交租。

（四）地主破坏减租法令的手法

新宁五区□乡地主余龙七不赞成，又不敢公开反对，而从旁进行威胁，使佃户不敢减租。如他租给佃户李天娃80亩地、3孔窑洞、耕牛、农具、磨子等等，听说要减，又不敢公开反对，却采取强迫收回农具、耕牛、磨子，使李天娃无法耕种土地，企图迫使李天娃暗中答应不减租，李天娃不从，告到区政府，处分了地主，保证了李天娃的租佃权。

地主张月录，听说乡上的减租委员会同志要到他村里去，他赶快连夜备办酒席，请佃户参加宴会，在筵席上装出一副可怜相说："你们看我这样的家境，一天不如一天，公粮又重，你们还忍心给我少装租子么？明天减租的来了，你们说租子都给减了，并且很轻，有时还常让少装租子。"企图用软化的方法，使佃户来蒙蔽政府，实行明减暗不减。

四区五乡地主王连选，原是地方绅士，他利用过去的社会地位，欺压农民，政府颁布减租法令后，他不但不减，反而加租。如他租给翟岁秃、王立贤的地，原租每亩一斗五升，涨为2斗，常常用大话吓唬农民说：“我已到县上区上讨论好了，你们若不给我装租子，我到县上告你们，叫你们坐禁闭，租子还是少不了。”佃户害怕了，即杀羊请客赔罪，地主还装腔作势地要收回土地。后来政府知道了，令地主退回多交的7石租子，并给以批评。

四区三乡地主胡廷选威吓佃户说：“你敢不给我装齐租子，我们离南井（国民党军驻地）只有30里地，八路军若被打跑了，你们就是卖了老婆，也还不清我的租子。”

赤水县胡家川杨庚斌租友区地主马二的一小块土地，近年来杨庚斌在这块地的周围开了很多荒地，马二看到有利可图，地主把地当出，使杨庚斌没有地种。

胡家川老袁租种某地主几十亩地，在周围也开了荒地，地主想收回，借故说：“我的庄子住不成小孩，现在我要搬到后山住，你给我让出地和窑洞来。”佃户只得给让出窑洞一孔和一部分土地给地主。

赤水县一区四乡中咀村胡树祖、刘新元二人在内战时曾分得地主孙先梅土地130亩，1942年孙先梅强收地租麦一石五斗、荞麦二斗、糜子二斗一升，被政府发觉，将孙先梅管押，除退租外，并罚洋3000元。

新宁县参议会副议长高庆荣，在会上把减租减息的道理讲得天花乱坠，但真正实行减租时，不但不满，而且违法私自派租，在传达高干会精神时，在会上给予批评。

四、绥德分区减租减息工作报告（1943年5月）

（一）接到边府减租交租指示后的布置

去年10月初，专署关于彻底实行减租交租保障地权佃权工作进行讨论，并分赴各县布置，召开区长联席会议传达。11月，这一工作配合征粮工作进行，主要依据警区临时参议会通过的《减租减息暂行条例》及专署去年9月制定的《补充办法》和11月颁布的两次命令，作为《暂行条例》的解释与补充。今年1月，根据执行经验，又将土地典赎问题做了新的规定。

《补充办法》的第二、三条是要限制减租交租过程中，一些不明大义的人破坏，以保证地主减租，农民交租的实行；第四、五条是保证农民的佃权，防止个别地主倒租倒典，从中取巧破坏法令，这是历年减租的经验。《减租暂行条例》，鉴于土地纠纷不断发生，规定了“土地抽赎租田买卖均须经乡长签名盖章”方得有效，但也忽略了调整处理办法的规定。

去年11月指示中的第五条第二、三、四、五项对于土地典赎问题的处理，帮助不少。

以上各办法中，对于活租（伙种）未能明白规定，致使一些地主大量将死租变成活租。如葭县乌镇区高家寨，在民国二十三年（1934）前没有活租形式，而去年在807垧租地中，定租减少到449垧，活租增到358垧。绥德县沙滩坪区郝家桥，在民国二十九年（1940）前伙种地（活租）只20垧，三十年（1941）增至105.5垧，三十一年（1942）增至277.5垧。米脂李健候去年将石桑坪的租地中抽出300多垧变成伙种（活租）。类似情况在别的地方也有发现。

关于如何分草分柴《暂行办法》没有规定，11月《补充规定》才作规定。

去年租额是根据《暂行办法》规定丰、平、歉、荒四种年成的租额，如平年是对半（五成）交租，但在米脂的龙镇、民权，葭县的车儿会等区三年连续歉收，地主在数年中只收到少量租子，因此，除一般规定外还规定二成或三成租，并照顾到年成与地区及土质之肥瘦，规定起减点，因此比往年合理。

这次布置也犯了平均主义的错误。如清涧、吴堡是分过土地的地方，大家土地数量都差不多，多自种，凡出租者多系抗工属，可是也同样实行减租，这和《土地租佃条例草案》三十五条是相抵触的，并直接影响了抗工属的生活。此外有些地方把低租额的公地、学田也实行一般化的对半租。

总之，这次减租交租的布置，由于办法、指示、命令是先后发出的，使区乡干部不能系统地联系起来理解，因此在解决问题时，感到琐碎，不知何所依据。原因是在草拟这些办法时，系统的调查研究很差，结果只好在执行过程中根据出现的问题，逐步修改补充，直到边府的《土地租佃条例》颁发后才系统地得到解决。

（二）分区去年执行减租减息的情况

1.葭县，城南关区是去年减租运动的试点区，其中又以第二保为重点，该保多数人家是贫农，租种城里地主和神家堡高继云的地，前年已进行减租工作，但有几个积极实行减租的佃户先后被地主用假典等手法，把地抽走了。如小石板桥高拐子租三保屈家庄尚见高的5垧地，因实行了减租，尚见高转租给高道五种，杨言说是典了的，后打官司，经保长、区长判决归尚见高，高拐子失掉了租佃权，于是把农民减租的情绪打下去了。去年10月搞选举时，宣传减租交租，佃户说："不顶事，前年的事情太痛心。"公正人士说："减租的地也被减掉，最好由政府出头将那些不遵守政府法令的人处罚一下，才能保住佃权，才能实行真正的减租交租。"后来县上在该区进行减租交租工作的同志，将高拐子的事件查明后在群众会议上宣布，并指出："不遵守政府法令减租，而借口将地收回转租给他人，原佃户可告发，案子虽判仍可翻案。"会后有一老工人从延安回来对群众说："延安老百姓有组织，我们也应组织起来"，于是大家自动地组织起一个"减租保地会"，全村的佃户都参加了，选出一个主任两个委员来负责，并议定了四条规约：（1）要减租也要交租；（2）不抢租别人的土地；（3）不和地主私下定约；（4）有事就报，有会就到，出事同当。当时大家议定：在政府未确定年成时不交租，确定后按规定租额交租，以往被地主抽回的土地也要要回等。不久全保14个村子，其中有10个村子都组织起"减租保地会"。"减租保地会"组织起来后，在一周内告发了27件地主违法的案子（有活租多分的，有收夏租的，有提高租额的，有假典卖的等等），这些案子经过保和区政府解决了，高拐子的案子又经县上判归高拐子种，并罚了尚见高一下子，因此该区的减租工作又提高了一步。

葭县城南关区一、三两保在第二保的推动下，也组织起来了，并推广到全县。在城关有两个坏地主在"减租保地会"成立后被告发。一外号叫瘟神的违背减租条例，而私自多收租额，经政府判决，依条例退回，不予处分。一叫瘟神的，过去家中设有禁闭室，如农民交租延了日期，即行管押毒打，去年又用大斗收租，被农民告至县政府，被处以10天苦役，将多收粮退还佃户。从此农民腰杆硬了。

葭县通镇区二保和六保、乌镇区等地群众都很热烈地起来进行减租交租工作。不过乌镇没有减租保地的组织，而只是一个村庄推选一个负责人，若佃户和地主有事即找他，由他召集会议协商办理，并将协商办理情况呈报政府。该区有几个顽固地主，如高冠雄、高冠甫、郭维蕃、高冠彦、高植民等违抗减租政策，经政府和群众给以严厉批评后，减租工作才开展。

葭县的店头、□甘、螅镇等区执行较差，直到今年春县政府派人下去才开展。农民起来向地主要回多收的租子、多分的粮和要回收回去的土地，如城关区李家庄农民将城里的地主王养增、任加谋拉上街戴纸帽子，于是把多收佃户的11石粮退出来，同时政府给他们一些处罚。阎家坪农民列队向地主高继云、高继凯要回民国二十九年（1940）至三十一年（1942）多收的35石粮。

2.绥西办事处，在接到专署指示后，即进行部署双湖峪区召开干部会议，讨论执行租佃条例的具体办法，成立了减租交租检查委员会，共9人（区委区署各1人、炭工1人、地主1人、中农2人、雇农1人、小商2人）。各乡也召开了政府委员会与参议会，传达与讨论了如何完成任务，并成立了减租交租委员会。三、四、五乡召集了地主和佃户座谈会，所有自然村都召开了村民大会，将减租交租的意义和办法做了具体的传达。在减租交租过程中进行三次督查，在检查中根据农民的报告，查出了半数地主不执行减租，多收了租子，经政府按政策将多收的租子令其退还佃户。但还有少数地主如王哲甫、马安等暗中又将减去的三分之一的地租收回，有的收回土地，经农民揭发后，区署和乡政府根据保佃权的法令，判交原佃户，并给不法地主以处分，于是全区减租交租工作得以很好地执行了。

西川周复区四乡共35个村庄（羊圈上、花抱峁、马家沟岔、龙家沟、柳弯、大小寨、教场坪、麻弯等），400家住户，2386人（女1266名）全乡耕地6200垧（据交粮统计7000垧），只8家地主占有土地1311垧（张向时100

垧、张海延130垧、张训述80垧、张训纯80垧、张孝作240垧、马思成600垧、张孝先40垧、张训成40垧），他们对佃户都很厉害，去年他们未执行减租，被政府查出后，退还了一些。

全乡的租佃形式：

安伙子。有两种形式：一是地主出土地、牲口、肥料、种籽和一部分农具，供给住房，借口粮（一家1石）或钱（过去一垧3元）、牛料等，伙子出劳动力外，给地主担水、喂牲口、驮炭、挖粪、打扫庭院和厕所、请人唤客，如遇婚嫁殡丧事情和四时节日均须无偿劳动，来帮助推磨碾米，长年如此。如地主张孝先安3家，张向时、张道源等地主安6个伙子。分配收获的办法，从公堆里将吃掉的牛料、籽种扣除，将借粮一还二扣除，余下主伙各分一半，柴草全由地主所占（如地主不上粪柴双方平分，草仍归地主）。二是地主出土地、肥料、籽种，不借粮或钱，不住地主房屋、没有无偿劳役，伙子出牲口、农具、劳力。这种情形比较普遍，对打下的东西（粮、柴、草），过去是对半分，去年是四六分（伙子六成）。

地主看到减租条例后，把死租变为伙种，如钟家沟钟某将其26垧地转为安伙子，龙家沟马思成将租给他外甥的4垧地、转给他襟兄杜作民伙种。如此做法全乡有18家。

租地。水地每垧年租5斗或6斗细粮（双庙弯1石或一石八斗细粮），川地每垧2斗细粮或3斗粗粮，山地每垧粗粮1斗，塌地每垧粗粮一斗五升，苜蓿地上地每垧细粮4斗、中地2斗、下地1斗。去年都按五成减租的。

牛驴租。能耕50垧地以上的一头牛或一头驴，一年租粮2石，草料耕地时租户自备，去年按五成减租。

调分子。有两种形式：一种是地主供给一切（土地、牲口、草料、肥料、籽种、雇工吃的口粮），唯雇工穿自己的衣服。分法有二八的，有二五七五的，有一九的。这种形式全乡共有三家。第二种是地主付地给租户，打下粮食对半分，实际是一种活租。

全乡减租交租情况。前年虽宣传减租减息，除少数地主减了一些而外，基本未动，而且减了租的，地主将土地收回。去年古历十月开始实行，乡政府与参议会讨论了三次，调查了十多天，查清租种、伙种数量及其关系，即逐村进行宣传，佃户对好的地主互相商量，按政府规定减租交租和分粮办法执行。有的地主如张向时、张向作、杜益谦等佃户不敢减租。也有些地主如冯祖述、师创业、杜孟明、马思成、冯述略、张根娃、帅维卿等自动按规定减租了租，把多收的退回给佃户。但还有张道源、张向时几家地主多收了佃户的租子，佃户不敢去要回。

周家崄区减租工作，以五乡最差。因乡长是富农，不积极，许多没有减。其他各乡都还不错，如冯家渠的冯生才、朱二、牛直，马家沟的老艾自动起来向张孝先要回多收的租子。八乡李应家沟周财源的伙子王五也向周收回多分的粮食，又向周志新要回倒租的7垧麦地。

3.米脂县河岔区第六乡杨家沟是地主集中的地方，共有二百几十户人家，除光裕堂外尚有小地主4户，掌柜的6户，长工16户（其中10户兼伙种地），打短工16户，手工工人51户，小商人7户，屠夫吹手8户，游民3户，工抗属各2户，贫农104户，都是伙种地的，中农1户；在133户农民中，佃农94户，其中租地五百七十三垧一堆四分，伙种地522垧，安种地约325垧。杨家沟地主和农民关系很不融洽，乡长是个伙子和农民关系好，有威望，工作认真积极。参议会中安伙子的人也不少，去年9、10月开过两次会讨论，工资金百元增加米二升，伙种柴草跟粮，安庄稼柴肥料主家分三分之一，牛料籽种不给粮，按四六分（主四伙六）合伙分粮等问题。

西川瓜园区二乡吴世均租种地主吴象山、吴景义的地，原是对半分，吴世均向区政府报告，区政府决定地主分四五，伙子分五五，还罚地主做三件事：（1）在群众会上说减租的好处，他的坏处；（2）修五里不能走的路；（3）保证不违犯政府的减租法令。地主武林荣和佃户高平伙种12垧地，原规定对半分，乡长令他们按政府法令减租，他们明减暗不减，后来高平把实情说了，于是区政府要武林荣按四五、五五分，退还多收的粮外，还在群众会上进行斗争。

4.减租后地主的情况。大一点的地主典卖土地，如蔡秉章、蔡廷德卖了18垧地，西庄地主李树枝、李树堂典卖了40多垧地。

5.减租后佃户的情况。佃户一般地说，共产党是为群众的，使大家有饭吃。但是还有一部分佃户心里害怕政府对减租不彻底。

米脂王家湾村主任王增惠是个地主，在伙子会召开以前，即与伙子密约，不准实行减租，也不许一个人向政府报告，工作推行不动。后来是一个聋子说了实话，就召开伙子会，把村主任多收的地租退回了佃户，从此全县的伙子和佃户纷纷向政府报告，要求政府带领他们到地主家中要回多收、多分的粮食，结果都要回来了。

西川瓜园区一乡土地大部分是城里地主李建候、艾斌卿的，前年因减租李建候将二百多垧租地变成伙种地（活租）对半分租，多收了租子，伙子开始不敢讲，说不敢向李少爷和艾科长要回多收的租子。在政府的宣传和帮助下，组织起减租会和伙子会，在开会时大家一致要求政府带他们到城里地主家要回地主多收、多分的粮食，于是一大群佃户和伙子（共几十个）带着米袋到城里李建候、艾斌卿家要求退粮。李建候起初不认错，农民即做擦掌摩拳的动作，于是李建候害怕，认错了，把粮食退还给农民了。艾斌卿也退了。两人都到县委会承认错误，并各罚了一石粮。这样农民的减租会、伙子会更扩大了，接着又到城里地主家进行两次退粮斗争。

全区七个乡，大村庄都建立了伙子会，后又联合成立保地会。关于土地纠纷问题，多半先经过保地会讨论，提交政府解决。还规定乡长处理土地问题时，必须取得保地会主任同意方得解决。土地买卖、典赎、倒租要有乡长签名盖章方为有效。该区从去年11月至今年1月，共解决了75户地主富农向195户佃农多收租子的案子，共退回粮食42石。

卧羊区共发生55件地主不按减租条例而多收、多分租子的案件，其中36件是伙子会查出来的，农民自动向地主要回粮食十四石六斗八升。

绥德义合区前年实行减租时，农会“拼地”将地富多余土地交农民种，地主后来把佃农的租地收回，于是在减租减息运动中一方面将地主不按法令多收的地租令其退还，另一方面组织起减租保地会，清理“拼地”，令地主将收回的土地退交原佃农耕种。沙滩坪区经减租保地会在七个乡共查出126件多收、多分地租的案件，共退出四十四石零三升粮食来。该区二乡郝家桥村110户居民中，108户是佃农，约租伙1018垧地，全按减租条例减租了。辛店区地主收回棉地600垧，退回400多垧。但有些地方未彻底执行，如四十里铺，薛家坪区拼地还未解决，地主多收的地租也有部分还未退完。

清涧吴堡两县主要是土地革命的老区，分配过土地，减租减息在这两县不加区别，把贫苦的抗属工属的租也减了，引起了农民的反对，后来转变把贫苦的抗工属的租子少减或免减。如清涧全县佃户4040家佃户租种土地6420垧，平均每家不到2垧（未经分配土地地区在内），共租额四百三十八石一斗七升六合，减了一百六十五石六斗一升（公地1080垧在内，也对半减了租），有336户未减（贫穷者）。

吴堡经过土地革命，新起来的富农、小地主，他们劳力多、地少，因此，出租土地的少。根据张家墕等村庄调查，贫农占50%，中农占33.4%，富农占8.3%，其他占8.4%。五区五个乡174户出租人中，贫农占50.2%，中农占28%，富农占15%，其他占6.8%。地租形式有死租、活租、伙种、安庄稼，主要以活组、安庄稼为多。……抗工属愿伙种不愿代耕，他们说："代耕三年人也饿死了，地也种坏了。"

（三）总结

去年减租交租工作是有成绩的，大体上保证了减租交租的实行，纠正了过去个别佃户不愿交租的现象，一般佃户都能按条例规定的租额交给地主。如绥德的义合，米脂的附城、印斗等区政府带着佃户驮租子送给地主。其次，绝大多数干部对减租交租保地保佃的工作有了认识，积极地推进了这一工作，所以获得了今天的成绩。第三，执行减租交租工作中大大地提高了政府在群众中的威信，群众说："只有民主政府才能真心实意地进行减租，合理地解决租佃间不能解决的纠纷和尖锐对立的问题，给大家能有饭吃，安心农业生产，这是组织农业生产最珍贵的神机妙策。"虽然有这些成绩，但也还存在如下的缺点：

1.主观主义，不调查研究，在已经分配土地的地区，一般化的执行减租减息条例，结果行不通。又公地租额已很低（清涧1080垧地，共粗粮100石）也机械地实行对半减租。

2.有些干部对减租条例理解不够，要地主退三年多收的租，并要处罚，如葭县个别地区把几个地主吓跑了。另一方面有一部分佃户怕地主，不敢减。

3.包办代替。如米脂附城区在租佃关系上有458件案件，不发动群众起来解决，而由政府办理。

4.不彻底，也还有不少地方不按条例减租，地主仍多收租额的。

5.没有很明确地规定关于土地变动的具体办法，因此一些狡猾的地主抽回典卖以对抗减租。如米脂的刘家峁、高庙山、杨家沟、城关区，葭县的高家寨、神泉堡、西川等地都发生抽回土地典卖的现象。如米脂卧羊区二乡艾斌卿将23垧地典给新发户李保华，去年又抽回5垧以法币4100元价格卖给贫农艾申周。艾申周是贩卖煤炭的，为了买这几垧地，将驴和口粮都卖了。这一案件，区上同志从实际出发，不让动地，由李保华给艾申周出租，这样判决使艾申周哭了几天，群众对这一判决也不满，后来由杨和亭同志亲自处理解决。

（四）对今后减租工作的意见

这个问题边区政府已颁布了租佃条例，但各地区情况不同，根据调查和一科长联席会议讨论研究，分区的租佃形式，还需要明确具体规定，使租佃问题的处理得以有有力根据。

1.安庄稼。边府规定：出租人除出土地及全部生产工具外，并借给承租人粮食、窑洞等，就收获按成分配，谓之安庄稼。按成分配，主得四成五，佃得五成五，副产物随粮分配。分区安庄稼有两种，一种是出租人出土地、牲口、肥料、籽种、农具、房屋，并借钱或粮给承租人，使用牲口、借粮不出利息，承租人除出劳动力外，还要帮助主家做些事情。按条例规定分粮外，还将柴三分之一归佃户，三分之二归主家（即劳动占三分之一，肥料占三分之二），不出肥料全归佃户，这样鼓励上粪。草主家分八成，佃户分二成（因牲口食草，养牲口时间长、耕地时间短），这样主家也不至于不愿养牲口安庄稼了。牛料、籽种依习惯在公堆里按每垧三升至五升粮扣除，这是一种形式。

另一种是出租人出土地、牲口、籽种、肥料、生产工具，不借粮和窑；如不借牲口，草应随粮分配，其他照第一种。

2.伙种地。出租人出土地、肥料、籽种，按四六分成（主四、伙六），草全归伙。牛料扣给伙子，籽种扣给主家，柴主分三分之二，伙分三分之一。还有一种主家不出肥料，而出牲口，粮按四六分，草对半分，柴全归伙子，牛料、籽种扣给主家。

应将安庄稼、伙种两种活租严格分开。

3.活租和定租。关于活租应提倡出租人出肥料籽种（籽种在秋收后照数还，肥料分三分之二的柴）。此外还有牛驴租、调分子、房租、煤炭厂租、苜蓿地租、水地租等，不应在条例限制之内，理由是：（1）牛驴很贵，而草料又相当缺，为提倡饲养牲畜以调济劳动力，牛驴租和调分子、苜蓿地租不应减。（2）警区目前房赁很低，出赁人不一定是富有者，比起物价来不应减租。（3）煤炭厂租，因山主穷，开不起窑而出租，厂主获利不大。（4）水地出租者很少，租得水地虽然租额高，还获利大，可规定一定租额。

4.土地变动的纠纷。或者是不允出卖出典，或是买典回后不允种，或者是抽赎和新租，或原佃户的地被别人强收而无地耕种，专署已收集材料研究，定一调解办法。

5.租地百年以上、几十年、十来年、三五年都有，过去由于年景不佳欠下的陈租，或二十九年（1940）减过的租，大多数地主都记在账上，准备待机收回。农民根据政府规定民国二十八年（1939）以前所欠的租应免交，二十九年以后减去的租不算欠租，经常要求政府做主废除。我们认为应该按规定废除，并改换租约。

6.清涧、吴堡两县（除折、石、店三区外），绥德的崔家湾、枣林坪、延家川等部分地区，已经分配过土地，要根据实际情况规定租额，可以不必按条例减租。

7.在民国二十八九年，农会为解决耕地问题，进行过“拼地”，将地主富农手中长余的土地抽出，永佃给农民，但去年和前年由于政府没有很好地注意保证租佃权，被地主收回不少，农民要求收回交原佃户，引起了很大的争执。绥德四十里铺、薛家坪等区农民成群结队地起来向地主要回土地，我们的意见，既已决定了主佃权，地主收回是违犯决定的，未收回者决不让收回，已收回者，地主应将所收回的地全部或一部退还原佃户种。若转典出卖或转租他人者，地主应将家中的地分一部分给原拼地农户种，或由地主、原佃户和转佃户三方商量，或由新旧两佃户分种，或全部还原佃户耕，根据新旧两佃户的具体情况处理。

专员袁任远 副专员杨和亭

民国三十二年五月十四日（1943年5月14日）

五、合水县减租工作总结（1944年6月）

合水几年减租工作，从今年4月初才总结了，现将减租总结报告如下：

（一）1937年至1942年减租工作

合水的减租工作从1937年起，我们就提出了“三七”、“三七五”减租和对半减租的口号，因当时工作收获量不同，各区的地主剥削程度不同，租额各区不统一。一、六区死租最高额一斗二升，二、四区一斗二升，五区一斗五升，三区2斗，俸种活租，地主什么不出，都是四六分件、分粮，少数对半分件、分粮，所以各区未统一规定减租标准。这时减租工作除一、三区一部分群众斗争地主减让了些租子外，其他各区只是作了口头上、纸上的宣传号召。这时成立的农会，实际没有负起真正领导减租责任。

1940年至1942年减租工作。新政权成立后，临时政府委员会正式通过“三七”减租，1942年县参议会又通过了“二五”减租提案。但政府只出了布告，进行口头宣传解释，而实际上仍未彻底减，只有个别户与地主有深的矛盾者，如五区三乡佃户王世德，因地主赵宗普不减租，被王告在区府才减了。这时候地主知道我们政府要减租，他们采取了各种方法来对抗减租，如二区地主唐士杰提高价格假向佃户侯绪中卖地，佃户要不起时，地主就威吓佃户收回土地，于是在地主这种办法下，收回了佃户周风土地60亩及栓文土地20亩。又有些地主用自已假种名义收回土地，如城区唐子光收回张仲光、宋德土地200余亩，并勾通佃户实行明减暗不减，把包山租子改为活租来对抗减租剥削佃户。这一直拖延到1942年底。从1937年至1939年为第一阶段，1940年至1942年为第二阶段。上述减租之两阶级，总合都没有做到彻底减，而只能说做了些减租宣传工作。

（二）1943年至1944年减租工作

1.减租的经过情形

1943年冬季接到专署的减租指示后，合水又重新恢复了38个乡农会，普遍在各级进行了一次动员、调查，各区根据当年规定算了516户佃户，117个地主账，换了710张约。算账后，地主当时退佃户租子二十二石九斗一升，这时有些佃户反映说“穷人翻身的日子来了，八路军现在又变了”。这次减租虽然有些自动起来要求减租，但大多数佃户没敢起来，主要是害怕地主收回土地，我们不管了，有些佃户另一种反映说“我们只说不做”，边界县区的佃户更不敢起来，主要是害怕顽方，害怕环境变化。

在全县农会普遍进行了改选后，这时农会的主要缺点是没有抓住佃户的心理，没有组织广大群众起来开展减租斗争，算地主的账、换约、定租，而我们有些干部包办了群众斗争。

1943年减租，真正做到彻底减是从四月才开始。1943年全年减租13个乡，63户地主（其中有真正出租土地者47户），佃户全佃半佃共331户，佃入活动，群众伙俸种11451亩。经算账与租佃会斗争后，从民国二十九年（1940）至三十三年（1944），地主长装佃户租子228.57石（租佃各半），今年地主退了租218.575石，只有10余石写了借条。另外有佃户按减租法令算账后，佃户还欠地主祖子55.45石，采取交现租子、打借条两种办法解决了。其余25个乡未减。在1944年做农户计划时，配合普遍进行了减租调查，已减过的乡进行了复查。在减租中组织了佃户小组，并又重新改选了农会。

这次进行了减租调查复查改选农会，其结果有统计表附下：

地主佃户减租统计表（略）

农会与佃户小组统计表（略）

2.这次减租所采用的方式方法

（1）统一的规定租额标准减租单行实施办法，其主要内容，根据中央土地政策与西北局减租指示。①合水过去“三七”、“三七五”、“四三”、“对半”减租一律改为“二五”减租，从1932年起，合水县参议会也通过了“二五”减租。②关于1932年前减租，各区属布置了“三七”者就以“三七”算账，对半者就以对半算账，1932年起各区都以“二五”减；在1932年后有些地主“三七”或“三七五”装租子，当时已和佃户弄清手续者以当时“三七”、“三七五”算账去处理，而不依“二五”去减。③各区地主租额最高2斗，一斗五升，一斗二升者，要减为1斗。其主要方法，发动佃户起来向地主要求减低至一斗。四区租额因大都是荒田，在规定上川地7升（公地），中地5升，下地3升，稻田一斗二升，就不再以“二五”减租了。

（2）从各级进行了十余次自上而下的传达，对佃户配合了其他工作，进行了教育。在下面传达主要是指出过去减租的缺点，地主如何用顽抗的办法来对抗减租，我们应如何发动群众佃户起来进行减租等问题。

对佃户教育，其主要内容可分这样几点：

①首先从大家生活如何能过好，然后再谈到减租问题上。

②要使生活过美，首先要起来减租，减租是你们自己的事，而不是给政府的。

③地主如收你的地，政府现负责保证，你应当怎样办。

④什么叫“三七”、“三七五”、“二五”减租，减租是为了提高你们的生产，你们的收入，改善你们的生活。

⑤开租佃会时，你们应当说些什么话，地主硬了，你们应当怎样，地主软了你们又应当怎样，地主全不讲老实话，你们应当怎样。

这些教育，主要是在做调查时联系进行的，启发了佃户斗争性。这种教育大都是向较好的佃户采取个别谈话式进行的，较坏的佃户不让其参加。

（3）采用了各种方式方法进行了租佃调查：

①采用的方式

A.普遍地秘密地从佃户出身者中进行个别正面调查，主要从佃户中的积极分子进行调查。

B.从下层干部中进行了正面与侧面的调查。正面调查主要是指这个干部是佃户者（如二区二乡长何万成是全佃户，六区一乡乡长郝子玉是半佃户），这些都是正面和他们谈的。如本人不属佃户者，从他们中间进行其他佃户的调查。

C.个别区乡采用集体向佃户调查，如二区四乡地主唐士杰，八家佃户全都是集体调查的。

D.对中立佃户，采取开家务会，吸收母亲、妻子在一块儿进行座谈调查。如二区六乡高廷堂二十九年（1940）交了租子不讲，对地主害怕，有很多顾虑，经我们解释后，他母亲谈交麦子2.8石，交秋1.4石。又如柴正发谈二十九年交租记不清楚，他母亲说出了，装麦子5石。对顽皮佃户采用威胁，和“倒”的办法进行调查。

E.利用亲朋关系进行调查。如二区六乡李成林调查好后，他亲戚王克仁、高廷堂租朱正耀地的出租情形，在他中也调查好了。

②方法

A.调查是配合了征粮做农户计划进行的（如前年冬季征粮去年春耕做农户计划）。

B.在调查时先由其他工作谈起，再谈到本人家庭生活情况，租入土地，二十九年（1940）后每亩土地的租额，地主与佃户之间关系及其剥削方式。

C.利用了矛盾，抓住了主要积极佃户，进行了调查与解释，在调查中教育了佃户，启发了他们的斗争，并由佃户中进行了调查与争取其他中立佃户斗争。兹举几个例子如下：

二区一乡杨柏林（地主），佃户谢永会，我们调查时从他家庭谈起，他提到每年家里粮食总是不够吃，这时我们就问到不够的原因，并问到租子是怎样装的。他说装租子吃了很大亏，这时我们已了解了，他对地主是不满的，所以就问下去。这时我们就说，你应该算账，到底吃了多少亏，应当知道一下。当时谢因装租子时间较长，详情他不清楚，当时叫来他的儿子。该人短小精干，冒险又不怕惹人，敢起来斗争。当时该人谈话中，露出没有媳妇，可是长装了没办法要回，这时我们看中其心理，因此说，你敢讲出老实话，长装租子多少，这次我们叫地主一定给你退回来，好给你娶个媳妇，才把他的情绪提高了。于是他把二十九年（1940）、三十年（1941）、三十一年（1942）长装租子2.9石说了出来。我们就说你吃了这样大的亏，敢和地主斗争吗？他说："我敢，哪怕他把我一刀杀了呢……"（略）

③在调查中遇到的困难

有少数佃户不实报。如城区六乡张生俊，佃唐子光地55亩，只报20亩，双方为了少出些公粮。二区四乡佃户王得海，租唐士杰地未减租，而他对我们说已减过了，而且把我们调查情形，秘密报告给唐士杰。三区六乡的佃户长青租种陈定邦地，是对半分，而他向我们说是"三七"分的。六区一乡佃户文博，租种梁清地170亩，1942年地主逼叫他少报，于是他向我们报告了100亩。追其原因有这样几点：

A.地主与佃户勾通，双方少出点公粮。

B.佃户中顾虑很多，如害怕收回土地、害怕环境再有变化自己吃亏，害怕伤了双方的关系。

C.过去我们对保护佃权不够，再加上这次解释工作又不够深入，因此他怀疑减了租是否还有地种。

④召开租佃会议情况和开租佃会的几种方式

A.以地主为单位，将全乡附近佃户召集在地主家，由农会主持进行和地主斗争。这是去年向大地主一般采用方式。

B.一家地主只在几家佃户指定地方去算账、换约。在去年今年都采用了，这主要是个别算账。

C.个别有几家地主（不是真正靠剥削维持生活者）和佃户只在乡政府个别算账及个别解决问题。

D.地主属于他县他区者，不容易又称不着调查，就在农会委员会及佃农小组会根据佃户意见算了账，写了合同，农会长、乡长派佃户为代表到地主家去算账。

E.逃外地主无人照管者，由政府代管了。

（三）几年来总合地主对抗减租办法

1.在收回土地上的办法

（1）假卖、假当、假典、假自种。这是普遍现象，如二区唐士杰给詹绪中假当地，五区郝孝雄要假当佃户邱志明72亩地，邱当不起，结果把土地收回了，等等。

（2）用蚕食办法以自种或亲朋关系收回土地。如唐士杰收回周风俊等三佃户60余亩地，五区石成玉在这种方式下收回土地54亩。

（3）当时收不回时，给我军队或退伍军人，想利用这个力量收回土地。这在唐士杰、邵□堂、朱正耀都用过的。

2.在对抗减租上的几种办法

（1）把包山租子改为定租，定租改为俸种，这是主要对抗办法之一。如城区六乡党万有70亩包山地，共租5石，减租改为3.75石，地主又把它改为定租实交还是5石。六区一乡老堂地3顷多，由死租都改为俸种，指定分件、分粮。

（2）把原租额提高到超过一斗二升，如二区王定绅，租额由一斗二升，提高到一斗四升，五区地主提高到一斗五升。

（3）串通佃户，少报土地，租子明减暗不减。如六区一乡地主梁清，事先勾通佃户文博，种170亩地，报了100亩。当时他们为了双方少出公粮，因此合同上也写了100亩，后来地主说，合同上是100亩地，那70亩地我就收回了，文博气得没办法，才向农会实说了，而农会又给文博要回了40亩地。

（4）重新丈量土地。如杜左臣，在连家骗说，如果要减租，我就得把土地重新量一下，因为我这地每块都多，可是他这种方法没实现就被佃户斗垮了。

（5）用大斗装租。这个材料，只有城区唐子光用了，其他地主没有这样的材料。

3.地主在抗租上采用的办法

（1）用各种感情收买拉拢我干部，收买中立佃户，而打击对他不满的佃户。如唐子光曾用感情拉拢我县级干部，并蒙蔽事实收回张仲光地200余亩，在退租子时他对他好的佃户让租，而却对张仲光、宋德一粒也不让。二区地主朱正耀在减租时，威吓要收回佃户李成林的地，后来捎话给李成林不收了。还有很多地主说，太阳总有红的一天，照到二门前再算老账。

（2）造假账假约。有很多地主在这次减租中，不拿出真的老账来，如杨柏林、朱正耀、梁清、薛耀桂等本来有账不想出拿，借口说土匪拿走了。这主要原因就是地主想等太阳红的一天到来，另一方面，因他是长装了租子，要退，不敢拿出。

（3）在万不得已时，组织了假斗争。如朱正耀组织他的佃户崔正功，因6斗租，在租佃会假斗争，大吵，故意拖延时间。

上述这些都是地主采用各种办法来对抗减租，其目的是达到不减。但是这种办法终于失败了。

（四）农会改选情形

关于改选农会，数目方面前面已提到，现在这里谈改选方式方法等问题：

1.关于农会人选问题，各区在改选前大都经过政府及乡上决定五人者当选三人、七人者当选五人，当选委员在佃户中做了简单介绍。

2.改选时农会简单的报告了过去的工作，如五区一、二、三、四乡批评了自己工作缺点，没有很好地减租。

3.改选方式一种是票选，如二区五乡，一种是举手选举，由佃户选出代表，再由代表选出乡农会委员。

（五）群众对这次减租工作的反映及态度

1.一般佃户舆论，过去减租只说不做，这次减租是真的，反正八路军政府总是为穷人的。过去谁敢惹掌柜的呢？打上几颗粮食，掌柜赶着骡驴都装走了，一粒也少不下，掌柜来了，坐在炕上，还得给人家做好的吃。现在多装了租子还得退还，同时公家帮助咱们写合同，甚至纸都是公家人的，过去请个先生写的约，还得酒肉招待呢，真是为人民费了很大心。

2.城区有个佃户晋永才说，今年减租了，粮食下来，我要好好生产，报答公家。又如四乡秦志汉，这次减租地主应给他还秋一石二斗，麦子3斗，当时秦志汉笑容满面说：我这次可好了，当下可以吃饱饭，加劲挖荒地，今年我一定努力地好好干。又如五区二乡赵进元，减租后，此次动员游击小组要他娃去，他很高兴地答应了。二乡任富长，自动投入合作社股金1000元。

这都是由于减租的影响。

3.减租后，佃户生产更加积极了。如五区四乡赵宗贵、王治云，二乡任富长，三乡马万伟，一乡韩德功、武得才等减租后，大都参加了变工队，作农事计划时，他们都报得确实，做到耕二余一。任富长任佃户小组长，同时任了变工队长，他自己家里两个劳动力，一犋牛都参加了，他帮助本队三个人借逼土一个，谷子一斗，糜子一斗五升。乡长问：你是个佃户怎样有力量给别人借粮哩？他回答乡长说：今年减租自然退租子呢，还怕啥。

（六）优缺点及经验教训

1.优点方面

（1）针对着地主不同情况，发动了群众斗争。

（2）除了有些地主未拿出老账外，一般都弄清了手续，写了90%的租佃合同，保护了佃权，提高了佃户生产情绪。

（3）大都做了随减随退。

（4）在减租中，组织了佃户小组，改选了农会。

2.缺点方面

（1）有个别乡减租后，地主还没有当面退出粮，真正有粮者打了借条（如二区唐士杰、城区唐子光）。唐士杰去年算应退租4石，至今还未退出，老账老约未拿出来。

（2）发动减租斗争方式上，我们有些干部形成包办，对于中立与落后佃户没有耐心地向他们解释，并利用佃户争取他起来斗争。（如城区六乡二区四乡租佃会）当佃户还不起来斗争唐士杰、唐子光时，我们区级干部就开始向他们斗争了。

（3）个别边界乡还没有复查好（如二区六乡，六区五乡）。

（4）农会个别乡未改选，（如城区八乡，三区的三个乡）改选错者，城区有地主参加，三区佃户选出14人为农会委员的错误。

（5）个别县区干部无经验，没有做过减租工作，因此有很多错误的地方。如二区公署助理员南子旺同志，在五往村工作，未调查好即把地主佃户都找来开租佃会，叫地主和佃户讲话，结果佃户不知怎样讲，因此未讲话，反叫地主大施活动，说了佃户如何不好，不交租子，没有什么结果，便闭会了。这样佃户反映说：“我们说不来，不算账了，你们一定叫，你看今天对我们态度怎样！”又如在六区几个同志减租，把定租改为伙种去算账。

3.经验教训

（1）减租工作能否做好，首先要我们干部思想弄通，干部必须认清，只有实行彻底减租，才能提高启发佃户生产情绪。同时干部要知道减租法令及算账，才会解决问题。

（2）要做到彻底减退，必须做到下面几点：

①必须争先调查佃户，每年给地主装的租子及地主剥削的黑幕。

②必须发动佃户起来斗争（如全数不可能起来斗争，最低要有半数佃户敢斗争，再举行开会）。发动斗争应抓紧积极分子去发动，教其斗争办法，对中立及落后佃户，最好由积极分子去活动。如何斗争要看地主好坏，决定斗争方式，大顽固地主可召开群众佃户会议去斗争，小地主或进步绅士，剥削程度不严重者，可采取个别算账退租解决。

③发动佃户敢起来斗争，必须要迅速开始，以防地主拉拢活动。在斗争中，必须要地主拿出老账，如不拿出，从此宣布以后有账作废，长装租，应即时退出，如退不出者，地主可给佃户当地，或叫地主限期退出。

④领导干部（如农会长、县区同志）在斗争会上态度要好，严禁包办，自己出头斗，这样会增加地主对我们不满与仇视。应注意对地主说服，不要以法令来斗，但必须和群众斗争区别开来。

⑤斗争会结束，必须注意由政府或农会调解地主与佃户间的关系，并确定今后的租佃关系。

⑥减租结束后，应改选农会、佃户小组，改选中调换不称职分子，提拔积极分子特别佃农担任起农会工作。

（七）对今后减租工作布置

1.继续复查减租（如二区四乡、一区八乡）。没有彻底减退这次重新复查，地主长装者退出，拿出老账，写好合同。前各区已经减退300多石粮，麦收后来一次退租运动，到6月底完毕。

2.没有改选的农会，继续改选，方式可采用投票举手两种。改选农会着重佃户参加，其他农民就不参加了。农会委员按乡6人，村3人至5人。农会改选的任务：

（1）监督交租收租。地主收租，佃户交租，一律要经过农会。

（2）解决租佃中的纠纷问题。

（3）组织佃户中间变工队，增加生产。佃户变工队应成为一般变工队的核心，农会应分期检查。

上述这一报告，系从1937年写起，至1944年4月底止，主要着重总结1943年后减租工作。

此致

敬礼

合水县长　王士俊

6月26日

第四章

边区的农业劳动互助

在农民群众方面，几千年来都是个体经济，一家一户就是一个生产单位，这种分散的个体生产，就是封建统治的经济基础，而使农民自己陷于永远的穷苦。克服这种状况的唯一办法，就是逐渐地集体化；而达到集体化的唯一道路，依据列宁所说，就是经过合作社[①]。在边区，我们现在已经组织了许多的农民合作社，不过这些在目前还是一种初级形式的合作社，还要经过若干发展阶段，才会在将来发展为苏联式的被称为集体农庄的那种合作社。我们的经济是新民主主义的，我们的合作社目前还是建立在个体经济基础上（私有财产基础上）的集体劳动组织。这又有几种样式。一种是“变工队”、“扎工队”这一类的农业劳动互助组织[②]，从前江西红色区域叫作劳动互助社，又叫耕田队[③]，现在前方有些地方也叫互助社。无论叫什么名称，无论每一单位的人数是几个人的，几十个人的，几百个人的，又无论单是由全劳动力组成的，或有半劳动力参加的，又无论实行互助的是人力、畜力、工具，或者在农忙时竟至集体吃饭住宿，也无论是临时性的，还是永久

---

① 见列宁《论合作制》。

② “变工队”、“扎工队”，都是陕甘宁边区农业生产中集体互助的劳动组织。“变工”即换工，是农民相互间调剂劳动力的方法，有人工换人工、牛工换牛工、人工换牛工等等。参加变工队的农民，各以自己的劳动力或畜力，轮流地并集体地替本队各家耕种，结算时，一工抵一工，多出了人工或畜工的由少出了的补给工钱。“扎工队”一般是由土地不足的农民组成，参加扎工队的农民，除相互变工互助外，主要的是集体出雇于需要劳动力的人家。

③ 劳动互助社和耕田队，是第二次国内战争时期红色区域农民在个体经济的基础上，为调剂劳动力所建立的劳动互助组织。加入这种劳动互助组织是自愿的，而且必须是互利的：工数对除，少做了的按工找算工钱于多做了的。劳动互助社除了社员互助外，还优待红军家属，帮助孤老（帮助孤老做工的只要吃饭，不要钱）。因为这种劳动互助组织对于生产起了很大的作用，采取的办法又很合理，所以得到群众热烈的拥护。毛泽东同志的《长冈乡调查》和《才溪乡调查》，对此都有记载。

性的，总之，只要是群众自愿参加（决不能强迫）的集体互助组织，就是好的。这种集体互助的办法是群众自己发明出来的。从前我们在江西综合了群众的经验，这次我们在陕北又综合了这样的经验。经过去年高级干部会议的提倡，今年一年的实行，边区的劳动互助就大为条理化和更加发展了。今年边区有许多变工队，实行集体的耕种、锄草、收割，收成比去年多了一倍。群众看见了这样大的实效，明年一定有更多的人实行这个办法。我们现在不希望在明年一年就把全边区的几十万个全劳动力和半劳动力都组织到合作社里去，但是在几年之内是可能达到这个目的的。妇女群众也要全部动员参加一定分量的生产。所有二流子都要受到改造，参加生产，变成好人。在华北华中各抗日根据地内，都应该在群众自愿的基础上，广泛组织这种集体互助的生产合作社。

除了这种集体互助的农业生产合作社以外，还有三种形式的合作社，这就是延安南区合作社式的包括生产合作、消费合作、运输合作（运盐）、信用合作的综合性合作社、运输合作社（运盐队）以及手工业合作社。

我们有了人民群众的这四种合作社，和部队机关学校集体劳动的合作社，我们就可以把群众的力量组织成为一支劳动大军。这是人民群众得到解放的必由之路，由穷苦变富裕的必由之路，也是抗战胜利的必由之路。每一个共产党员，必须学会组织群众的劳动。知识分子出身的党员，也必须学会，只要有决心，半年一年工夫就可以学好的。他们可以帮助群众组织生产，帮助群众总结经验。我们的同志学会了组织群众的劳动，学会了帮助农民做按家生产计划，组织变工队，组织运盐队，组织综合性合作社，组织军队的生产，组织机关学校的生产，组织工厂的生产，组织生产竞赛，奖励劳动英雄，组织生产展览会，发动群众的创造力和积极性，加上旁的各项本领，我们就一定可以把日本帝国主义打出去，一定可以协同全国人民，把一个新国家建立起来。

（毛泽东：《组织起来》1943年11月29日。《毛泽东选集》第三卷，人民出版社1953年版，第934—936页）

群众虽然有力量，但如果不把他们组织起来，还不能发挥他们的力量，这在生产方面如此，在其他任何方面都是如此。在这次劳动英雄代表大会上，特别是经过了毛泽东同志深刻指出之后，完全证明了只要采取适当的形式，把人民群众在经济上组织起来，就会发挥出雄伟无比的力量。而目前在经济上组织人民群众的最恰当与最重要的形式，就是变工队、扎工队、唐将班子一类的农业合作及生产、消费、运输、信用等综合性的合作社和运输合作社。

边区的农业，还没有、暂时也不可能改变它的个体经济和比较落后的技术基础。但是，边区农民群众在经济上所受的封建剥削已经消灭或减轻，同时，在政治上，农民群众在无产阶级政党领导之下，已经参加了政权，这就造成了一种可能，使他们能够在劳动一点上集体化起来。这种建立在个体经济和现有技术基础上的集体劳动，已经大大地提高了农业生产力，并给将来更进一步提高农业生产力造成了物质基础。这种生产力的提高和生产的财富的增加，不是由少数私人所占有，而是为参加集体劳动的农民所共同享受。这就是它有广大发展前途的基本原因。在劳动英雄代表大会上，我们还可以看到，凡是变工一类组织比较好的地方，农民群众的互相帮助的团结精神，就更为发扬，他们对于保卫边区和拥护军队也更为积极，他们传统的劳动习惯和劳动观念也在发生着变化。为此，变工一类的农业合作，又是分散的小农经济逐渐达到集体化的一个步骤。

边区各地的水利事业（包括水漫地、埝地等），自从提倡变工以来，也有了相当发展。只举一个例子：鄜县张村驿区三乡的水利，从国民党联保处时代就修过几个月，未修成，今春组织了三十多人的变工队，四五天内用一百三十多个工，就修成了灌溉八十亩水地的水利。又如延安南区的信用合作社，八个月中间，仅在两个乡的范围内，就吸收了一百多万元的存款，放出三百多万元的借款，解决了当地农村的金融问题。又如延安县刘永祥式的运输合作社，今年采取了公私合作，利用公盐代金的办法，大大发展了运输牲口，完成了全县运盐任务。原来负担公盐代金的人民，不但保有了原本，而且可以分到八九倍的红利。现在延安县的公盐代金，已不再是人民对政府所出的负担，而变成人民自己对运输合作社极有利的投资事业了。

南区合作社式的、综合性的合作社，经过今年在关中、安塞、靖边等地的办理，都收到极大效果。这种合作社，在手工业生产、妇女纺织、农民各种消费、农村信用借贷、运输、出入贸易，甚至公粮负担上，都组织了广大的农民群众，替群众谋到了极大的利益，取得了他们全体的爱戴，而成为当地农村经济的核心。

以上，无论是在农业劳动上以及水利、消费、运输、信用、手工业（包括妇女纺织）上，当它们分散为个体经营时，就显得软弱无力，没有前途。而一经适当地组织起来，合作起来，就得到空前的发展，有了广大的前途。这些经验，经过今年一年的生产运动和劳动英雄代表大会之后，将为边区绝大多数群众所接受。因此，我们今后领导生产的中心环节，是在自愿的原则下，采取各种合作形式，来组织更广大的群众。

（《边区劳动英雄代表大会给我们指出了什么？》，
《解放日报》社论，1943年12月26日）

今年边区在发展生产上，又来了一个革命，这就是用合作社方式，把公私劳动力组织起来，发动了群众生产的积极性，提高了劳动效率，大大发展了生产。

在过去，束缚边区生产力使之不能发展的，是边区的封建剥削关系，一半地区经过土地革命，把这种封建束缚打破了，一半地区经过减租减息之后，封建束缚减弱了，这样合起来，整个边区破坏了封建剥削关系的一大半，这是第一个革命。

但是，如果不从个体劳动转移到集体劳动的生产方式的改革，则生产力还不能获得进一步的发展。因此，建设以个体经济为基础（不破坏个体的私有财产基础）的劳动互助组织，即农民的农业生产合作社，就是非常需要了，只有这样，生产力才可以大大提高。现在陕甘宁边区的经验：一般的变工扎工劳动是二人可抵三人，模范的变工扎工劳动是一人可抵二人，甚至二人以上。如果全体农民的劳动力都组织在集体互助劳动之中，那么，现有全边区的生产力就可提高50%到100%。这办法，可以行之于各抗日根据地，将来可以行之于全国，这在中国经济史上是要大书特书的。这样的改革，生产工具根本没有变化，生产的成果也不是归公而是归私的，但人与人的生产关系变化了，这就是生产制度上的革命，这是第二个革命。

全边区现有全劳动力35万个，今年经常组织在集体劳动中的变工队扎工队的已有三万余人，占全劳动力总数十分之一，而临时性的劳动互助，就延安县说，有70%，明年还可发展。如果各县经常的集体劳动组织能由十分之一提高到十分之二三，可达十万人左右，再加上临时性的劳动互助组织能向延安看齐，还有半劳动力也参加组织，这将是一支很大的劳动军。

……

我愿各地同志注意提倡合作社的生产。部队机关学校的生产是一种合作社，农村的集体互助劳动又是一种合作社……许多样式的合作社都发展起来，全体公私群众就会变为富裕的了。……

（毛泽东：《论合作社》，《毛泽东选集》，东北书店版，第889—891页）

生产是目前边区的中心任务，而农业生产更是全盘生产工作的中心。要完成这任务，首先要依靠边区农村中的三十多万个全劳动力和三十多万个半劳动力。这六七十万人，只要组织起来，便是一支雄健的生产大军，便能发生雄厚无比的力量。

可是要把边区农村的几十万劳动力更好地组织起来，必须采取许多有效的办法，其中之一就是实行劳动互助。

（《把劳动力组织起来》，《解放日报》1943年1月25日）

去年边区的生产运动证明了：发展农业生产的中心关键是组织劳动力，而组织劳动力的首要工作和最有效的办法又是组织农民的劳动互助。经过劳动互助就可以发动农民的普遍生产热潮，造成真正群众性的生产运动，吸引更多的劳动力到生产战线上来。这样就可能多开荒地，多耕，多锄，多施肥，改良作法，兴修水利，以达到增加粮食产量的目的。这是在今天条件下提高农业生产力必须遵循的道路。不但这样，由于劳动互助的发展造成了我们进一步改良农作方法，增修水利，使用比较进步的工具（如风车、水车、耧等等）的可能与便利，给农业生产力的进一步提高造成了有利的条件。

（《陕甘宁边区的劳动互助》，中共西北局研究室编，1944年）

（边区经济发展现阶段的）第二个特点是边区国民经济在私有基础之上，逐渐由分散的个体经济组织起来，走上合作化的道路，成为一种比较有计划有组织的经济。

边区原是一个地广人稀经济落后的地区，广大的个体农民经济散布在广阔的地区之内，虽然经过土地革命和减租减息，人民的生产热忱提高了，但这种散漫情况如不加以改进，则生产力的提高就会受到限制。去年高干会后，在全边区内发动的劳动互助运动，解决了新民主主义农村经济如何建设的一个原则问题——合作化的问题。

（任弼时：《去年边区财经工作的估计与今年边区金融贸易财政政策的基本方针》，1944年4月在边区高干会的讲话）

“在过去，束缚边区生产力使之不能发展的，是边区的封建剥削关系，一半地区经过土地革命，把这种封建束缚打破了，一半地区经过减租减息之后，封建束缚削弱了……但是，如果不从个体劳动转移到集体劳动的生产方式的改革，则生产力还不能获得进一步的发展。因此，建设在以个体经济为基础（不破坏个体的私有财产基础）的劳动互助组织，即农民的农业生产合作社，就是非常需要的了……”

（毛泽东同志《论合作社》）

根据毛主席上述指示，政府在组织与调剂劳动力上，主要是采取劳动互助，奖励移民，改造二流子，动员妇女生产，发动机关学校部队帮助等。

劳动互助的主要形式，是变工、扎工、唐将班子。这在边区原是民间旧有习惯，多限于狭小的家族、亲友间的一种临时性的组织。经过1942年冬高干会议的总结与党政的提倡，发展为一村或几村间有计划有组织的互助行动了，甚至有些地方已发展为全年的长期变工。1943年全边区参加劳动互助的全劳动力81000余人，占全区劳动力28%，到1944年更有发展，有些地区在夏耘时，达80%。

另据同年底全边区统计，有全半劳动力472964人，参加变工扎工的达219928人，占46%（上述数字包括一些领导不好的有名无实的变扎工队在内）。

过去参加劳动互助的，多限壮年男子，现在连老汉、儿童、妇女都逐渐组织起来了。过去劳动互助只限于土地的耕种，现在则发展到农业技术的改良（如修水利）、运输、打盐、优抗、劳军、自卫等各方面去。实行互助的效果一般的二人劳动可抵三人，个别最好的一人可抵二人。

（《边区经济情况简述》，西北局调查研究室，1948年2月19日）

第一节　边区劳动互助的发展

一、发展情况

（一）内战时期的劳动互助

陕北的农民群众为了摆脱军阀、官僚、豪绅、地主的野蛮统治和各种残酷剥削，曾进行了土地革命的斗争。现在边区的一大半的地区，都从那时起就取消了当时豪绅地主的封建土地占有和他们对农民的封建束缚，而把土地分配给了劳动的农民。这就造成了小农经济发展的广阔前途。当时的苏维埃政府为了帮助农民发展生产，曾根据江西的经验普遍组织了“劳动互助社”、“耕牛合作社”、“农民生产小组”、“杂务队”（半劳动力做农业辅助劳动的组织）“优红代耕队”（或称义务耕田队）“妇女生产小组”等等劳动互助的组织。不过当时农民群众正在经历残酷的内战，应付着反动武装的不断“围剿”，农业生产受着严重的破坏，一般说农业生产是向下低落的，农民群众从斗争中所得来的土地和各种革命的果实还是不稳固的，也还不能立刻造成他们普遍的生产热忱。由于这些主要原因，上述的各种劳动互助组织，除了“代耕队”之外，都不起什么作用。相反，由于农业生产的低落和耕地的面积缩小，民间原有的各种劳动互助组织也呈现着衰退的现象。比较明显的如延安县、安塞县等地过去每乡都有一两个扎工，内战时期它们都绝迹了。

农业生产的下降，民间原有劳动互助的衰退和“劳动互助社”等等组织还没有为农民群众所接受，没有起大的作用，这就是这一时期边区劳动互助发展的特点。

（《陕甘宁边区的劳动互助》，中共中央西北局调查研究室编，1944年）

（二）1937年至1943年以前时期的劳动互助

国内和平以后，边区的农民群众得到了休养生息，他们逐渐收获着从革命斗争中所得的果实，在边区内未分配土地的地区，也执行了减租减息的政策，减轻了农民所受的封建剥削。共产党和边区政府用各种办法来减轻人民的负担和帮助农民发展生产，在这种帮助之下，农民群众的生产积极性提高了，这一时期边区的农业是一直向上发展的。边区的耕地面积连年来迅速扩大，农业人口不断增加，牲畜和粮食收获量也是不断上升。特别是在经过了分配土地的地区，由于农业生产的发展，农业劳动力的增加速度是远落在耕地面积的扩大之后，在这些地方，虽然有大量移来的新户，而劳动力仍然感觉不足。如何调剂农村劳动力的问题，在实际生活上是早已被提出来了的。这个又表现在延属分区的一些地方：民间原有的各种劳动互助自发地增长起来，例如延安、安塞一带的扎工的数量，在1940年大致已达到并超过了土地革命以前的水平。

虽然农村有调剂劳动力的要求，虽然民间旧有的劳动互助在自发地增长着，但是从内战时期就组织起的“劳动互助社”等，依然是不起作用。基本原因是由于它们不是农民群众自愿的组织，而是自上而下地按乡、村抄名单式地组织起来的空架子。许多农民还认为它们是政府为了动员义务劳动的组织，所以他们愿意自己组织变工、扎工而不愿意把“劳动互助社”等等充实起来。1940年以后，这些组织都非正式地取消了。

在这个时期，边区的个别地区曾根据农民的要求和觉悟，利用民间旧有的形式组织了劳动力，而且起了很大的作用。例如延安县为了完成1942年开荒8万亩的任务，曾组织了487个扎工，另外吸收4939个好劳动力参加集体劳动，占全县的全劳动力的三分之一，在开荒期间的三分之一的时间内，就完成了58%的开荒任务。在这之前，延安县也曾因为发动运盐，防止耕地荒芜，进行组织人民的变工、扎工锄草。不过，延安县的这些经验还没有及时普及到边区的其他地区，组织人民的劳动互助的工作也没有引起大多数地区党政干部的注意。

这一时期边区劳动互助的特点是：农民生产情绪的提高，农业生产的增长和自发的劳动互助的发展，而全边区范围各地的领导农业生产的工作（除个别地区外）还落后于这种情况，旧的不起作用的各种劳动互助组织取消了，民间旧有的各种形式的劳动互助仍是自流地进行着。

（《陕甘宁边区的劳动互助》，中共西北局研究室，1944年）

1939年劳动组织的情况：

劳动组织是充实了，参加劳动组织的达249163人，见下页表：

附录1：农业生产互助小组暂行组织条例（草案，暂供参考之用）

一、总则

第一条　生产互助小组的宗旨，是依自力生产，互相帮助，并联合借款和运输，达到共同发展生产的目的。

第二条　生产互助小组，应在区政府的登记批准后，方为正式成立，并受乡政府指导工作。

第三条　生产互助小组，以个体的私有经营为原则，但各组员对生产工具和劳动力等事，应尽量调剂互助。

二、资本

第四条　生产互助小组如因生产用途（如购买耕牛、农具或牧畜、运输等）需要向外贷款时，必先自筹资本，然后再向银行联合借款。

第五条　各组员自筹资本数量，须按各人生产基础好坏，规定不同比例（即生产基础好的，应多筹资本）。

三、组织

第六条　生产互助小组，暂规定每行政村成立一小组，必要时可经区政府允许成立两组。将来可由各互助小组组成乡互助合作社。

第七条　互助小组最少须由五户组成，多则不加限制。五户组成的小组，即可选组长一人，十人以上可增选干事二人，每年改选一次。

第八条　每逢借款还款时期，必须召集全体组员大会。决定重要事项，必要时可随时召开大会。

四、组员

第九条　凡愿加入小组，须有下列各条件，经组员二人负责介绍，即为组员。

各县劳动组织统计表

县别	延市	延安	安塞	甘泉	志丹	安定	延长	延川	固临	靖边	定边	盐池	华池	曲子	环县	赤水	淳耀	新正	新宁	神府	总计
劳动互助社		7466	6288	1452	5947	2288	6015	9288	2728	5804	3867	2244	9819	7831	5099	5209	2259	2215	2478	1690	89982
义务耕田队		12290	5682	2007	3850	2621	4362	6714	1713	5888	3294	1030	3343	2021	1540	3436	1860	2628	421	247	66347
妇女生产组		3113	3579	1032	3555	1598	3651	6591	1989	3996	2630	1297	6665	3494	3452	2487	651	1291	1656	2766	53126
儿童杂务队		3669	2978	1016	2756	820	2755	3916	1874	3200	1266	567		1498	3780	2709	669	2839	1157	3033	39708

（一）必须是从事农业生产并有热忱者。

（二）定居当地而为一家之主事人者。

（三）须要外力（耕牛、农具、劳动力等）帮助，才能发展生产者。

五、权利与义务

第十条　凡参加生产互助小组组员，才有联合向银行借款权利。

第十一条　凡组员对组员间的贷款，有检查其用途和督促其归还的义务。

第十二条　得到借款的各组员间，对于借款用途和按期归还，应负有连带保证责任。

第十三条　各小组与小组间，或组员与组员间，如发现对方的贷款作不正当用途，或与申请书所写有不符合情形，均有立即报告政府与银行的义务。

第十四条　组员与组员间，对于生产工具（耕牛、农具）、资金和劳动力等方面，均有互助合作的义务。

第十五条　组员对于贷款如必要转移生产用途时，须事前向乡区政府报告登记，得到允可方能移用。

六、借款与分配

第十六条　互助小组每次向银行借款时，应先登记（或开会讨论）下列事项：

（一）各组员的生产用途。

（二）能自筹资本数目。

（三）需借款数目。

然后根据银行放款最高额数，用民主方式，按照具体情况分配借款。

第十七条　对于贷款分配，要反对平均主义，应使借款人能达到购买用途（如能买耕牛一头或一件农具）。

第十八条　贷款分配方法，必须以具有劳动力和生产热忱的条件下，按照下列种类和次序，以民主方式决定每次借款人。

第一类：

1.具有土地和劳动力而无资购买农具的灾难民。

2.原无耕牛的贫农，但能自筹少数资本联合购买耕牛者。

第二类：

1.原无耕牛的贫农，但能自筹相当资本自买耕牛者。

2.灾难民、移民，在生活上确已得到安插并筹到少数资本，联合数户共买耕牛一头者。

第三类：

1.原有耕牛一头，但不能作为一犋使用，且可自筹资本计划买牛，要求借款一部分者。

2.原有一犋耕牛，但同时有充分劳动力和较多资本，确能发展生产，只须少数借款购买耕牛者。

第四类：其他农村副业等项生产用途。

第五类：第一次分配借款时，如遇个别组员虽有贷款条件，但因款数限制未能借到时，遇下次借款，则有优先权，或中途因其他事故，收回别一组员款项时，亦可配给转借优先权。

七、清算与解散

第十九条　各互助小组对债务未清算前，不能随意解散，每组组员亦不能随意退出小组。但已清结债务的小组或组员，当可经会议通过后解散或退出。

八、奖罚

第二十条　如有对农贷申请书虚造不实，或私自移作非生产用途者，应立即收回其贷款外，尚可酌量予以处置。

第二十一条　各小组与小组间，组员与组员间，如发现其移用借款于非生产用途时，应及时报告银行或政府。经稽查确实，可将其借款收回，酌量转给原告发小组组员，以示奖励。

第二十二条　互助小组或组员，如能遵守小组章程，完成生产互助任务，则可酌许继续借款，以资鼓励。

九、附则

第二十三条　本条例如有未尽事项，应由政府以命令修改之。

1941年

附录2：边区政府为发动春耕竞赛与劳动互助给专员县长的指示（节录）

连日连夜的大雪，有利于今年农业生产，完成增产细粮八万石，推广植棉十五万亩，达到丰衣足食的任务。最近安塞、延安等地之劳动英雄吴满有与模范党员申长林等，先后发起相互订立扩大耕地、改良作法、爱护牲畜等农业生产竞赛（均见最近《解放日报》），此运动已在逐渐推广。又延安刘秉温县长直接组织领导变工队（见二月十三日《解放日报》），以发动劳动互助，提高群众生产的组织性。此种竞赛办法与劳动互助办法，如能推广到全边区广大群众中去，今年农业生产任务定能完成、超过，人民生活定会更加改善。

上述生产竞赛运动已经朱总司令、贺师长电令边区所有部队响应，西北局复指示各地党委推广此种竞赛运动和劳动互助运动。为使这两种运动推广到全边区的人民生产及机关生产中去，本府特向各级政府发出如下之指示：

1.将杨朝臣、吴满有、申长林的竞赛办法向当地人民广为介绍，并即发动和领导他们以实际行动推广生产竞赛。其竞赛的具体办法，应依据区乡具体情况订定，务求实际有效，勿求形式铺张。

2.参考刘秉温变工办法，在竞赛运动的发动开展中，帮助人民进行变工队、扎工队及其他适合于提高人民劳动效能的劳动互助运动。

3.各从事农业生产的机关学校，亦须斟酌情形，响应此项生产竞赛及劳动互助运动。

（《陕甘宁边区政府指示信》指字第38号，1943年3月7日）

（三）1943年劳动互助的新发展

1942年底召开的西北局高干会确定了发展农业生产是边区的第一位工作，而组织劳动力又是发展农业生产的中心关键。在毛主席为高干会所写的《抗日时期的经济问题与财政问题》中特别指出："各县应以大力组织劳动互助，大大地发展农民的集体劳动"，把它作为农业政策之一，又总结与发扬了延安县的经验，要各县普遍提倡变工、扎工。从此以后，全边区的劳动互助走上了一个新的、自觉的发展阶段。

1943年全边区用各种各样劳动互助形式组织起来的劳动力的数目，现在还没有全面的统计，下面我们根据已有的不完整材料，分春耕、夏耘和秋收三个时期来加以叙述，最后再予以估计。

春耕时期，在关中、延属和陇东三个分区（延属分区缺一个县的统计）共有4588个变工队，参加的劳动力32081人。扎工和唐将班子553个，参加的劳动力5919人。集体开荒队75队，参加的劳动力1365人。在上述各分区中，有组织的劳动力的数目在全部农业劳动力的数目中占比例最高的是关中，为36%。其中同宜耀的唐将班子共134个，参加的劳动力1504人，占全部农业劳动力的63%。陇东分区有组织的劳动力数目占全部农业劳动力数目的20%。延属分区各县的统计都不完整，其中延安县有组织的劳动力占18%，安塞县有组织的劳动力占26%，固临县占28%，全分区有组织的劳动力约占全部农业劳动力的15%以上。

以上是根据建设厅的统计数字，至于三边和绥德分区在春耕期间组织的劳动互助的数目，我们根据下面一些零碎材料，可以看出它们也是有了相当的发展：

在春耕期间，三边分区的靖边县有111个扎工队，149个变工队，参加的劳动力2000余人。定边县只有一个区的统计（四区），参加变工的劳动力458人。在绥德分区，我们只有个别区乡的统计。如绥德义合区的二、三、九三个乡参加变工的就有1023人，全区参加变工的占全部劳动力的90%。同县的沙滩坪，四十里铺区参加变工的人数都很多。米脂的官家湾村全体农业劳动力都参加了变工队。此外在今春绥德分区的减租运动中，许多减租会在取得减租斗争胜利之后，领导了本村的生产，组织了变工。

以上就是春耕期间各地各种劳动互助的统计。

在夏耘期间，各地的统计更不完整，但是有一点可以确定：即由于锄草只由人力参加没有畜力参加比较更容易组织，而且农民早有在锄草时期组织扎工和唐将班子的习惯，所以夏耘时期参加劳动互助的人数更多了。不但大多数春耕期间组成的变工、开荒扎工、开荒班子，都能保持不散转变成为锄草的变工、扎工和班子，而且又增加了新的变工、扎工和唐将班子。不但吸收了全劳动力参加，而且吸引了一大批半劳动力（妇女老汉）参加。

例如陇东的锄草变工参加者共13547人（队数缺一个县统计），占全分区劳动力的33%（春耕时只占20%）。延安县的变工和扎工共1047队，参加者占全县劳动力的63%（春耕时只占18%）。安塞县锄草时间组织了420个扎工队，参加者4063人，558个变工队，参加者3310人，共占全县劳动力的80%（春耕时期只占26%）。甘泉县参加锄草变工、扎工的占全县劳动力的59%（春耕期间只占15%）。志丹县组织了414个变工队，参加者3100多人，85个扎工队，参加者800多人，27个妇女变工队，参加者168人，以上共占全县劳动力的63%（春耕期间只占4%）。三边分区的吴旗县组织了268个变工队，参加者2027人，占全县劳动力的32%。靖边县春耕期间的变工队、扎工队，都转变成为锄草的变工、扎工队，又增加了许多新的变工、扎工队，个别乡的统计也达到占全部劳动力的50%到80%。

秋收期间（收割、打场）的劳动互助，许多地方采取了发动全体农户全家上山，进行小规模的三两家变工。大多数长期的大变工都采取分为几个小组的办法。关中的许多锄草班子这时又转变为秋收班子，早上割，下午背，晚上打。有些地方配合着进行了上粪开秋荒等等工作。因为秋收为期较短，有些地方落霜早，庄稼受了冻，抢着收割，又因为秋收可以全家上山（“收秋无老少，一人一镰刀”）等等原因，所以许多农户没有变工。我们只有个别区乡的统计，不再引它了。

要了解1943年劳动互助发展的规模，可以把个别地区劳动互助组织过去的数量和今天的数量做一个比较。例如同宜耀过去全县只有22个班子，1943年春天就有了134个，增加了6倍多；参加人数过去只有350人，1943年春天就有1504人，增加了4.5倍。淳耀县原有搭工25个，1943年春天就有193个，增加了8倍，参加人数原有117人，1943年春天就有2304人，增加了20倍。绥德义合区三个乡的统计，过去参加变工的285人，1943年就有1023人，增加了几乎4倍。至于陇东、三边许多地方，过去农民很少变工或是差不多没有劳动互助习惯的，1943年也组织了很多的变工和集体开荒。根据以上可以估计1943年全边区各种劳动互助组织比较过去至少有了4至5倍的发展。

若是综合上述作一个慎重的估计，可以说：1943年在全边区春耕期间有10%到15%，在夏耘期间有40%左右，在秋收期间有30%左右的劳动力参加了各种劳动互助组织，我们再去掉一部分不起作用的互助组织，那么可以估计去年有25%的劳动力参加了劳动互助组织。它的数量是比过去至少增加了四五倍。

再从地区上观察：虽然它的发展程度在不同地区还是不一致的，但是除个别地区成绩较少外，在全边区范围内不论是经过土地革命的地区或是未经过土地革命的地区，不论是劳动力缺乏或是劳动力过剩的地区，又不论是过去有劳动互助的习惯或是没有劳动互助的习惯的地区，都普遍组织了各种各样的劳动互助。

这种普遍大规模发展起来的劳动互助组织，绝大多数都是农民自愿参加的，实际起作用的，所以它不同于内战时期的“劳动互助社”一类组织。另外，它虽是从民间旧有各种劳动互助形式发展起来的，但它的意义已经根本不同于民间原有的劳动互助了。上面已经指出民间原有的各种劳动互助的特点之一就是它数量之微少，规模之狭小，只能成为小农经济的补充物，在整个农村经济中不占重要比重；现在这些劳动互助组织已经真正吸收了约四分之一的农村劳动力参加，在整个农村经济中占着重要的比重。单单数量的空前发展一点，就使我们再不能以旧的眼光来看它了。

（《陕甘宁边区的劳动互助》，中共中央西北局调查研究室编，1944年）

变工是边区民间原有的一种劳动互助形式，多半是在农忙时自发组织起来的，范围也很狭小，没有发挥它应有的作用。自1942年高干会后，边区党和政府积极地倡导这种劳动互助形式，于是变工就成为边区农业生产上的一大改革，成为完成整个生产任务的重要杠杆。据不完全统计，边区今年参加变工组织的劳动力，一个地区多至占全劳动力的45%，少至占全劳动力的28%，在锄草时候，有些县份，竟占了全劳动力的80%。这一劳动力的组织，把边区散漫的个体农村经济在生产力上大大提高了一步，因而大大提高了农业生产效力。在一定意义上可以说这是农业生产上的一个革命。

（《介绍陕甘宁边区组织集体劳动的经验》，《解放日报》，1945年12月21日）

陕甘宁边区劳动力统计及1943年春耕时参加变扎工比较

	原有劳动力人数	参加变扎工人数	百分比
延属分区	87060	15993	18.4%
陇东分区	67626	19045	28%
关中分区	33228	10911	33%
三边分区	27249	14822	54.4%
绥德分区	134570	36164	27%
合计	349733	96935	27.7%

说明：本表根据各分区1943年工作总结报告修正生产展览会发表之劳动力338770及参加人数81128数字。

（《边区农业统计表（1940—1943）》，1944年）

去年之内，全边区338760个劳动力中，已有81128个（约占24%）的劳动力组织在变工队、扎工队、唐将班子之内，个别县份已有70%的劳动力组织起来了。全边区有137600余妇女组织在妇女组织之内。

在发展生产与把分散的个体经济组织起来走向合作化运动中，我们用表扬劳动英雄的方法，用表扬模范生产工作者的方法（去年产生了大批劳动英雄和模范工作者），用提倡革命竞赛的方法，用实行按户计划的方法，使广大农民群众从合作互助运动中体验到组织起来的好处。去年劳动英雄大会总结了合作劳动的经验，今年经过党的领导和各地劳动英雄们的推动，可能有百分之六七十的劳动力实行组织起来（据说安塞已经90%以上的组织起来了）。这样就使边区散漫的个体农民经济，逐渐成为在私有基础上比较有组织的合作经济。

（任弼时：《去年边区财经工作的估计与今年边区金融贸易财政政策的基本方针》，1944年4月在边区高干会的讲话）

二、旧有劳动互助的变化

民间旧有的各种劳动互助经过去年一年的提倡和实行，不但数量有了空前发展，而且它们本身在内容上和组织形式上也都在发生着变化。这种变化还在继续着，但是我们已经可以看出以下几点：

第一，过去的劳动互助都是无领导的自发的，所以多是短期的不固定的，有的虽是组织起来也很难持久，往往因为一点小纠纷而解散，去年的劳动互助则有很多是长期的、全年的。从短期的、临时的、不固定的劳动互助向着长期的、全年的、固定的劳动互助发展，这是第一个变化。

第二，过去搭庄稼、“伙种”、牛犋变工、“伙格牛”一类比较复杂的变工形式，只限于本族亲友之间，所以它的规模是狭小的。去年的劳动互助大多数是农民群众为了发展生产和完成生产任务而组织的，所以它大多数已经冲破了本族亲友的圈子（虽然还有一部分是按本族亲友关系组织起来的）。例如陇东分区参加集体开荒75队，参加的有1365人，1079头牛。关中的搭庄稼，同宜耀即有572组，参加的有2469人，1843头牛、173头驴，396头骡子，最多的每组达14人。伙格牛在陇东分区的合水、环县两个县的统计就有710户。吴旗三区四乡经过政府调查和说服，互不熟识的农户伙格牛的即有30多户，多开秋荒300多亩，在各地又产生了许多过去没有过的牛犋大变工队。像这样大规模的复杂变工，有的是全村参加，自然不能限制在过去本族亲友的关系范围以内了。

第三，过去的各种形式的变工因为规模很小，参加者又多有本族亲友关系，所以没有一定的组织和领导人，也没有一定大家必须遵守的劳动纪律，劳动日的计算也是不严格的。这也是过去变工不能扩大和持久的一个原因。去年的劳动互助因为范围的扩大，一般都有了比较严密的组织。有的是一个自然村（或行政村）成为一个变工队，其下再按不同的农业劳动和参加农户不同的条件，灵活编成小组，在小组之间的劳动力也可以互相调剂。小组或队又都是民主选举了领导人（有的变工还是给谁家做，由谁来领导）。许多变工队又自己规定了大家必须遵守的劳动纪律，例如：按时到工，不到必须向组长请假批准；作息服从组长指挥；先给谁做由组长分派；自己怎做给人怎做；不半途退出等。劳动日的计算也比较清楚了，长短不齐的工或是“补工”，或是按短工工价找工钱，个别的劳动互助对劳动力强弱不等的还规定了“折工”的办法（子长南区的变工队，延市田二鸿的扎工队），关中的唐将班子又规定了按地计算工资的“包工”的办法。这些办法都能使劳动日的计算更为公平合理，造成劳动互助更加长期保持和更加扩大的可能。

第四，去年的唐将班子和扎工与变工比较，则起了更多的变化，尤其是关中的唐将班子，在一年的发展中，农民群众创造出许多新的办法，使现在的唐将班子根本不同于过去了：

（1）过去扎工的功德主和唐将班子的包头大半都是富裕的农户（中农以上）才能“底垫得起”。去年经过政府的号召与帮助成立的扎工和唐将班子，当功德主和包头的大半是小农户（贫农或中农）。

（2）过去雇扎工或唐将班子做活的差不多都是中农以上的农户，他们才有余钱余粮，也才有大锅灶。去年在政府的帮助和调剂下，小农户甚至新来的难民也有“拉工”或“叫班子”的了。

（3）去年新发展起来的扎工和唐将班子绝大多数是朋工和换工性质，而其中又参加了少数的雇工，他们以变工为主，再有剩余时间再向外出雇。它们很明显的是向着小农户中间的生产合作性质的劳动互助发展。

（4）过去的扎工、唐将班子主要是在锄草期间才有，很少用于开荒和秋收的。去年的扎工、唐将班子则大多数是在开荒期间组成，在完成去年开荒任务上起了很大作用。开荒之后又进行播种、锄草，关中的唐将班子有的还转变成“收秋班子”。

（5）关中的唐将班子取消了包头抽短工的钱，抽空工和高价出赁、出卖工具等等制度，取消了工头对工人的压迫打骂而代以民主的批评和教育（扎工也早没有这些现象了）。工人方面也规定了劳动纪律，自动提高劳动效率，减少休息时间，有的班子还规定每天给主家背回一捆柴，不论吃饭好坏要一样劳动等等。

（6）取消了各种无意义的迷信的习惯。

改造了它的许多不合理的制度、办法，而保持着它吸收短工、调剂农村劳动力的长处，这就是去年的唐将班子、扎工发展的趋势。

第五，过去“请牛对”的形式只是有牛犋的农户对没有牛犋的农户的单方面周济，而且为数很少。吴旗县去年广泛提倡请牛对，不但帮助了无牛的农户，而且提倡有牛犋的农户互相请，这就把请牛对发展成了大的牛犋变工队了。据统计这样请牛对的有104户，共1032对牛，开秋荒2913亩。

第六，过去的“伙开荒”（“伙种”之一种）大多数只是两户“镢头手”的合作，而且为数很少。去年陇东发动的“集体开荒队”有1365个劳动力和1000多犋牛参加，有许多是按村组成的。一部分开荒队的办法是开垦的荒地归全队所有，收获则按劳动力分配。这种形式是综合了民间的“伙开荒”和牛犋变工而成的新形式（延安念庄的刘秉温大变工队也属这一形式）。陇东分区因为提倡这样形式进行开荒突击完成了春开荒任务。

第七，过去的劳动互助只限于一定农业劳动上（例如小变工多用于春耕，大变工、扎工多用于夏耘等等。一般说劳动互助只限于耕作和农业输送、打场上）。去年的劳动互助使用的范围则大大扩展了，不但在各种农业耕作、输送和打场上广泛地使用了各种形式的劳动互助，而且它还扩展到以下的领域：

（1）变工修埝地——例如：“过去关中修埝是分散的、没有组织的，东家修西家不修，所以一面修一面又冲开了，结果始终修不住……今年则走上集体修埝”，“一区蒙家村二十多人七天完成七十多亩，大家实行换工，男子专门修，女人割草喂牲口……”埝修好之后还必须时常保护，“一年修埝，十年保护”，因此这种集体修埝必须是一个经常的组织，在下大雨的时候，轮流或全体到地里去使水入地（以上见去年11月1日《解放日报》）。

（2）变工修水漫地——三边的修水漫地同样也是若干农户合作，用变工形式集体打“过水坝”、“顺水坝”。这种劳动互助有时达到六七十个人。它有一个坝头，下面有小组长，一个人记账记每天工作人数，修好之后按工分地。这种组织也是长期的，春秋二季合力修补冲毁的墙坝，山水发时全力护堤，有计划地放水。

（3）变工修水利——靖边、郿县等地的水利灌溉去年许多也都是变工修成的。例如郿县张村驿共组织了237个全劳动力修水地、修水渠，由乡干部领导兴修，修好后按工分地。这样全县共修了1097亩水地，其中张村驿三乡的水利，国民党联保处时代曾动员人力修筑数月未成，去年我们用变工办法四五天就修成了。凡是这种水利同样有一个经常的变工组织，轮流视察水渠，分配放水。

（4）变工运盐——这又有两种：一种是几家农户本来变工种地，在运盐时就转变成合伙运盐，抽出各家的牲口，抽出一两个劳动力运盐，他家里的地由留在家里的人变工耕种。例如安塞马家沟，淳耀白塬村的运盐都是这个办法。第二种是几家本来不在一起变工的农户为了运盐才合作起来，一部分人去运盐，一部分留在家里耕种全部庄稼。例如定边贺保元和长脚户的变工，和吴旗三区二乡一村、靖边镇靖区二乡都是这种变工运盐的办法（这些变工和绥德的“抽牲口”很相似，但是引起变工的条件却是不同的）。

（5）变工打盐——三边的打盐也采取了变工，大大提高了产量。

（6）变工进行农事准备工作——例如春耕前的砍柴、锄草、整修农具，秋收冬藏的编筐子、囤子等等。

第八，过去的劳动互助本来也有光景较好的对于较贫农户、劳动力较强对于劳动力较弱的人帮助的性质，不过它只是限于本族亲友之间。去年的劳动互助组织更加发扬了这方面的互助的性质，带上了边区群众革命的急公好义友爱互助的色彩。例如关中分区去年抽了2000个劳动力帮助新来的移难民开春荒，以免误了开荒时间，后来再由移难民陆续还工。又发动老户的牛犋帮助新户种地，不要新户还工，仅在同宜耀的四区就这样帮助新户种了1335亩熟地，578亩荒地，在赤水县由于老户牛犋的帮助，难民多开荒地1000亩。有许多唐将班子规定了帮助难民的办法，不准嫌难民的饭坏，有的班子给难民开荒时不吃饭（新正别岭村的班子），有的变工队帮助难民种地不要难民还工，也不吃饭（赤水陈建伯的变工队，11个人，14头牛这样帮助了难民14天）。有些扎工和班子还规定了劳动力强弱不同互相帮助，劳动力强的做重的活，弱的做轻的活，或是锄草时一个强的帮助一个弱的等等。子长县有些扎工，功德主不但不抽空工还给拉不起工的农户借米。这许多例子都表示各种劳动互助都正在变成群众性的真正团结互助的组织。

尤其值得注意的是张清益在关中分区所发起的义仓运动。每个村集体开垦荒地作为义田，收获的粮食即归入义仓，每村组织一个义仓管理委员会，逢荒年或贫户无粮时皆可向义仓借粮。这样义仓不但有互助备荒的作用，而且有积极促进生产的作用，这是劳动互助的又一发展。

第九，有一些劳动互助组织把生产同拥军优抗、自卫动员联系起来，例如关中别岭村的班子，白塬村的变工等，凡是动员担架出发的人在外一天算做工一天。其他地方也有许多变工队、扎工队在环境紧张时就转变成自卫军的组织，有些变工队就是优抗代耕队。有的把生产同踊跃负担、碾送公粮联系起来，例如安塞魏家塌的大变工队在碾送公粮的时候，把全村变成碾送公粮的变工队，用3匹马、2头骡子、8头驴碾米，20头牛专门驮送，白天由10个妇女轮流看碾，夜晚由男子代替，抽出10个劳动力专门送，这样很快地就完成了公粮的任务。有的把生产同文化教育联系起来，例如关中许多班子在休息的时候读报纸，教唱新编的秧歌等等。所以去年的劳动互助不但是一个生产的组织，而且有些已经开始从拥护军队，拥护政府，自卫动员，文化教育各方面把农民群众团结起来。这一些新的特点，自然是过去的劳动互助所不能有的。

综合以上，我们可以说，去年的劳动组织和民间旧有劳动互助比较，不仅是量的不等，而且已经在本质上发生了变化。这种变化在我们工作成绩好的地方就很显著，在工作成绩较差的地方就不大显著，但是这一个新的趋势是很容易看出的。

（《陕甘宁边区的劳动互助》，中共西北局调查研究室编，1944年）

本来变工扎工在1935年以前就有的，不过那时的变工只是三四个人的小规模的变工，没有现在这样上二十个人的。那时的扎工当工主（即功德主）的都是富户，也不像现在这样富农、中农、贫农、新户、老户都有当工主的。内战时期由于农业上的破坏，变扎工的更少了，1939年以后由于耕地的扩大，劳动力需要的增加，变工扎工才以更大的新的规模发展起来。

（西北局调查研究室：《延安县川口区六乡农业调查》，
《解放日报》，1943年4月1日）

第二节　边区劳动互助的组织形式及其性质

一、边区农村旧有的各种劳动互助形式

边区在1943年的生产运动当中利用了民间各种劳动互助形式，组织了广大农民群众，大大地发展了生产。我们的叙述就是从这些民间劳动互助形式的原来状态的分析开始。

（一）变工

几家农户之间在进行农业生产的时候，把他们的人力和畜力相互调剂，相互交换，相互帮助，这在陕北的农村中通叫作变工（有些变工还包括了农具以至土地的相互调剂，相互帮助）。在关中分区一带叫作搭工，又有的把它叫作换工或插工，其实所指的都是一个东西。这是边区各地比较流行的一种劳动互助形式。

边区农村旧有的变工又可以分为若干种类，下面我们举出其比较常见的几种：

1.人工的变工

这是几家农户之间单纯关于劳动力的相互调剂，相互帮助。它又分为小变工和大变工两种。

（1）人工的小变工是两家农户两三个劳动力的变工，它是各种变工的最简单的形态。甲乙两家农户本来是分开各人在各人土地上劳动，现在由于一定原因他们合作起来，第一天共同在甲的土地上劳动，另一天又共同在乙的土地上劳动。这种变工的产生主要由于下面几种原因：

第一，有许多农业劳动可以由每户的一两个劳动力单独进行，但是还有一些农业劳动最少必须两三个劳动力才能进行。例如使用耕畜播种各种“杂

田”[①]和麦子的时候，就必须有一个人耕地，一个人播种和施肥，或者还需要一个人做其他打土等等辅助劳动。又例如谷、糜、麦等等作物打场的时候，即使使用人力，最少也必须两三个人，这个时候只有一两个劳动力的小农户为了进行生产就必须或是雇用短工或是请其他农户帮助。

第二个产生小变工的原因是技术上的互助。例如有的农民不会撒种，或是不会使用“耧”这一类比较复杂的农具，于是请其他农民帮助他一两天，后来他再给人家“还工”做些其他的劳动。无论哪种原因产生的人工小变工，他们使个体小经营的农户的生产不致中断，对双方都是有利的。

至于为了紧急锄草、收麦、播种等等“不违农时”的小变工还是较少的。原因是两三个人的变工所发挥的集体劳动的效率还不大显著，而且小变工的主要出发点是进行生产的绝对必需，在结束了这种劳动之后，他们仍旧各人回到各人的土地上去劳动。因此在绥德分区这类地方，过去在锄草、收麦等等需要迅速进行的农业劳动上反而变不起工来。

小规模的、临时的人工变工普遍于边区的各地，在绥德分区这类耕地分散的地区因为大变工不容易组织，所以小变工显得特别流行。在那里也有的把这种变工叫作“活变”。

（2）人工大变工的人数一般在四五人以上。几家农户的劳动力轮流着共同在每一户的土地上劳动，多半给谁家劳动就由谁家管饭。它是农民自愿的结合，没有一定严格的规则，也没有一定的领导者，给谁家劳动就由谁“多操些心”。这种变工最少必须轮流一至两周（譬如六个人的变工，一轮是六天，两轮就是十二天），所以它的时期比起小变工可能是长些的。在参加的农户各户耕地不相等的场合，一般应当是都做完，长余或是不足的劳动日后来再“补工”或是按短工工价找工钱。虽然如此，参加变工的农户多数是有种种关系的，所以对工的计算，许多是不严格的。

在边区地广人稀的地带，每户耕地面积比较大，劳动力比较缺乏，在锄草、收麦等农忙季节，遂常有这种变工产生。本来锄草、收麦等农业劳动是

---

① “杂田”在陕北所指是除了谷子、糜子、麦子各种主要作物以外的各次要作物。如各种豆类、玉米、高粱、荞麦等等。糜子、谷子的播种，本来也需要两三个人，但是采用“撒种”的方法一个人、一犋牲口即可以勉强播种了。

可以由一个农户的劳动力来单独进行的，但是为了“不违农时”他们还是合作变工来进行。因为大变工的人数多，这个时候集体劳动所蕴藏的力量逐渐展开了，同样的人数，合作集体劳动比较分散单独劳动效率大得多，这样合作轮流劳动使得每户的耕地都不荒芜，庄稼都不糟蹋，结果对于每个农户都有利益。

虽然变工的结果对于每人都有利，而且参加的人数越多越好（譬如，十几个人），可是，人数越多的大变工越难组织成，组织成也越难持久下去。原因是参加变工的农民每人的庄稼都需要不时照顾，很长时间丢下自己的庄稼和家里的事情给人家“还工”，一般是不可能的。其次，变工人数越多，轮流一周所需日期越多，在农忙季节谁都想抢着先给自己做，轮在后边的人就不愿参加变工了。再就是人数一多则劳动强弱、地的多少、饭的好坏和人事关系等等问题都发生的多了，越难解决了。因此这种变工在过去是较少的，在耕地缺乏人口稠密的地区则更为少见。

2.人工变牛工（或驴工）

没有耕畜的农户为了取得耕畜的使用，除了向有耕畜的农户租进或是雇进之外，另一种办法就是借用别人的耕畜，后来再帮人做几天工，这就是人工变牛工（或驴工）。这种变工也有几样变法：一种是有耕畜的农户变工时只出耕畜不出人，一种是有耕畜的农户还跟上一个人帮助耕地，耕完后和牲口一同回来。一种是当天牛料由牛主管，一种是由借牛的管。大多数的变工是牛主出料，耕地时出一个人跟牲口[①]。

牛主出人又出牛料的变工，在边区各地最通行的是一个牛工变三个人工，在绥德分区一般是一个驴工变两个至三个人工。自然这随着不同地区耕畜的缺乏程度而有较高或较低的变工比例。

没有耕畜的农户本来可以用镢头把地种上，但在种川地、平地、种“杂田”的时候，他们总还是设法变进几天牛工。这或是由于不用牛则地种不了，或是由于平地人挖起过于费力，或是由于怕误了播种时机。在有牛的农户方面，在种完一种庄稼之后，牛往往有几天闲下的时间，变出去于自己无

① 跟牲口的实际只做大半天工，因为牛只能耕大半天地。牛主愿意出人的原因，是怕牲口被人用乏了。

损而且可以换进几天人工来。它使农村的人力和畜力都得到调剂，故而对双方都有利益。若是这两家存在亲族朋友关系，后来也不一定把工还足，这又带有有耕畜农户对贫户的赈济性质。在靖边有的一个牛工要变七个人工，在绥德分区有的一个驴工要变四个人工，这就含有有耕畜的农户对没有耕畜的贫户的剥削性质了。此外，在还工的时候有些有耕畜的农户要叫用耕畜的农户在正农忙的季节才来还工（绥德分区过去就常有这类事情），照用驴工一天还人工四天计算，用驴工三天就要还工十二天，往往把他自己的庄稼都耽误了，这显然对没有耕畜的农户是极不利的。

人工变牛工（或驴工）主要是人力对畜力的交换，但在牛主出人跟牛的场合，附带也包含了人力的合作在内。它只实行于两家农户之间，而且是短期的。

这种变工普遍于边区各地。

3.伙喂牲口

几家农户共同喂养一头牲口，在耕作时，大家轮流使用，这叫作“伙喂牛”（或“伙喂驴”）。伙喂牲口是在两种情况下产生的。一种是一家农户分居时原有的一个牲口不能分割，于是归已经分居的弟兄几个共同所有，共同喂养，共同使用。一种是几家农户都没有力量单独买一个牲口，于是几家商量共同出钱，买来之后也是共同所有，共同喂养，共同使用。在后一种情况之下，有的农户因为自己耕地多，愿意多出一部分钱（例如两家伙喂，他愿意出三分之二的钱），这时牲口就由他喂养，使用两天，再轮到另一农户喂养，使用一天。

这种办法表面上只是畜力的合作，实际上绝大多数的伙喂牲口在耕作的时间，人也是合作的。它也是变工之一种。

伙喂牲口实行于两家、三家以至四家小农户之间，它普遍于边区各地，在绥德分区更较常见①。

4.伙格牛

伙格牛或者叫作“合耕”，关中叫作“配套”，吴旗则叫作“合牛

① 边区的“伙喂牲口”“伙喂羊”“伙喂猪”等，多半属于畜牧合作的性质，这里不加叙述。

对”，这是指两家农户各有一头牛，都不能单独耕地，两家商量把两头牛“伙格”在一起成为一犋，轮流给两家耕地，分别归原主饲养，牛的所有仍旧是各人的。引起伙格牛的同样有两种情况：一种是一家农户分居时原来的一犋双牛分为弟兄二人每人各有一头，到耕作播种的时间他们很自然地会“伙格”。一种是两家农户每户自有或新买的一头牛，若不与人“伙格”则牛将闲下没有用处，两家都有同样困难，所以才合作起来。不过不论哪种情况的“伙格”或是伙喂，参加的农户一定是有“家门”、亲戚、朋友关系的，不然很难合作到一起。

伙格牛和伙喂牲口一样，都是由畜力的合作引起人力的合作，而且这种合作一经成立就要合作一个播种季节。它们的不同点是：（1）伙格牛是两家的合作，伙喂牲口则可能是两家或者是三四家的合作。（2）参加合作的畜力在伙格牛是两个牲口，在伙喂牲口则是一个牲口。不过按它构成农业劳动上必要的畜力一点来说，这种分别又似乎是不必要的[①]。

在绥德分区一带因习惯上用一头驴或一头牛“单耕”，没有“双耕”的，所以没有“伙格牛”这类形式。

5.牛犋的变工

牛犋的变工或者叫作“并耕”，这是指各有一犋或一犋以上耕牛的几家农户，把他们的牛犋和劳动力合作起来，轮流在每户的土地上耕作的变工。这种变工很不容易组织。原因是：（1）两犋牛以上并排耕作必须是大块的整齐的耕地方才可能；（2）若是牛犋的强弱不同则双方都不愿合作，牛强的嫌牛弱的带累他误了工，牛弱的怕把牛累乏了，而力量恰好相等的牛犋又不容易找；（3）最重要的凡是有了一犋以上牛的农户多半是中农或是富农了，他们的人力和畜力已经可以自己调剂，不需要再和人变工。

至于牛犋变工可以发挥更大的劳动效能也是很明显的（农谚：“犁怕二耩，锄怕五张”，就是说两犋牛并耕或是五个人一同锄地快得多），人这时也可以实行简单的分工，劳动力得到了更适当的调剂。所以，过去也有极少数农户在种麦或是开荒地的时候采取临时性牛犋变工的（这又绝大多数是分

---

① 在边区农村中还有所谓“扎格牛”（或称搞格牛），它对调剂畜力也有作用，但实际是租牛的性质。

居后的弟兄或亲属）。

6.输送、碾场牲口的变工

在用牲口做送粪、驮庄稼、驮柴等等输送的时候，一个人可以同时吆几头牲口，为了节省人工，有的农户就在输送时向其他农户“借”牲口，这种互相“借”牲口实际就是一种畜力的变工。

其次，在用牲口碾场（麦）或用牲口踩场（谷、糜）的时候，牲口越多越好。农户在这个时候也常用“借”的名义进行着变工，轮流着打场。

此外，在塬地、平地可以使用大车的地方，在输送的时候，农户也时常互相借用牲口、大车。

上面这几种变工不仅是畜力和工具的合作，有时也包含着人力的合作。例如在装车或是装牲口的时候最少需要两三个人，在人力不足的农户，这时候人们也互相变工。

这一类变工是不固定的，临时性的。

7.搭庄稼

搭庄稼是关中一带塬地上最流行的一种变工形式。在关中分区习惯上有时把“搭工”、“搭种”、“搭庄稼”混同于广义的变工，我们这里则把搭庄稼与一般变工相区别，专用它来代表变工的一种特殊形式。

搭庄稼是几家有本族亲戚朋友关系的小农户，把他们全家的人力、畜力、农具等等完全合作起来。这种合作在时间上或是一个播种季节，到每家都种上为止，或是延长到全年，到每家都收割完毕为止。凡是这种合作，几家农户的土地、牲畜、人力都是差不多的，或者是一家人力有余畜力不足，另一家畜力有余而人力不足，这样才能合作起来。即使有些差别，习惯上彼此都不还工，不找工钱，而且也不记工账，否则认为是太“薄情”了。至于收获的庄稼则长在谁家地上就是谁家的。

搭庄稼是几家农户在农业劳动上除土地之外的全部合作。人力中包括几家的全劳动力和半劳动力，畜力中包括几家的牛、驴，以至几家各种农具和运输工具，这种变工实际是上面所述各种变工的复合体。人力是完全合作了，牲畜也往往不是伙喂、伙格就是并耕，输送的时候人力和畜力也都变工。这时他们的人力、畜力、工具在这几家的范围内得到了比较完全的适当的调剂和合理的使用。

这类变工是比较长期的，赤水、淳耀最近的调查有这样搭庄稼到1989年的农户。

8．“并地种”

“并地种”是几家土地不足，劳动力有余的小农户合作起来，抽出一个人到外边去揽工，他的土地由其余在家的人共同代为耕种，揽工的回来或者把所得的钱由大家分，或者给每家还工。这是绥德分区土地极端缺乏的地区所特有的一种变工形式。

9．“抽牲口”

“抽牲口”是绥德分区的农民为了调剂土地不足劳动力过剩的另一种变工方法。例如绥西的许多农民一方务农，一方兼营驮炭副业。有的几家合作，由一个人吆上几家的牲口去外边驮炭，土地由在家的其他农民耕种，驮炭赚的钱大家均分。

“并地”和“抽牲口”的农户必须是互相信任才能合作，他们都是有亲族等等关系的。

10．“伙种”

“伙种”或称“朋伙种庄稼”也是一种变工形式，它中间并不包含土地租佃关系，所以应当和边区租佃形式之一的伙种，严格区别清楚[①]。

变工性质的“伙种”常见的有以下的几种：

第一种是两家有亲族关系的农户，他们的劳动力、畜力、土地等条件都相差不多，他们把人力、畜力、农具以至土地全部合作起来，全年一同耕作，直到粮食收打完毕再平均分配。[②]

第二种“伙种”或者叫作“伙开荒”，是绥德分区的农民因为土地缺

---

① 租佃关系的伙种实际上有很多是带有农户之间互相调剂土地、人力、畜力的性质的，这里不再详述。

② 这种“伙种”，在今天边区农村中还可以不断发现。例如延安县蟠龙区五乡马家沟的郭生才和景占海两家是舅舅和外甥的关系，各有十三垧地，各有一头牛，郭生才的儿子和景占海二人各顶一个全劳动。两家“伙种”、牛“伙格”，人变工，地完全一搭种，粪也是一起上。郭生才是老汉，只能喂喂牲口，景占海的娘，在农忙时做两家的饭，粮食打好后留过籽种，两家平分，已经这样种几年了。

乏，两家弟兄或至亲共同到“南路”土地多的地方开荒或是租种熟地，在这块土地上他们也是像第一种“伙种”一样把全部人力、畜力、土地、农具合作起来，在粮食收完后平均分配。

第三种“伙种”是两家安庄稼的“伙子”的合作，有的把它叫作“伙安庄稼”。两家农户共同向一个地主安庄稼，打下粮食之后除了应分给地主的以外，其余两家平均分配。在他两家对地主的关系说来是土地租佃的关系，他们两个人构成一个集体的伙子；在这两个农民之间的关系，则是像第一种“伙种”一样，是全部人力、畜力、农具、土地的合作，是共同劳动，共同分配的关系。

第四种“伙种”是在种菜蔬、西瓜、棉花一类作物需要一些技术和更多的投资的时候，几家农户的合作，收获之后，按劳动力和投资分配。

这类“伙种”（尤其是第一种“伙种”）的特点是：他们的土地、耕畜和农具虽仍为各人私有，但在使用上却完全成为公共的了，各种生产活动是在统一的计划支配下进行的，人力、畜力、工具和土地的使用在这两家的范围内也得到了适当的调剂。他们差不多成了一个生产单位。再加上他们都是有本族、亲戚关系的，我们就把它当作一个大的农户来观察也是没有什么不可的。

“伙种”和“搭庄稼”同样是上述各种变工的复合，其区别在于“伙种”是把土地的使用也参加了合作，两家的土地应当种什么不是分开计划而是统一计划的，分配的时候也不是长在谁地上就是谁的，而是一起收获后再平均分配。

从上面可以看出民间旧有的变工本身包括了许多种极其复杂的形式，我们这里的叙述已经概括了它的几种主要形式，但决非其全部。我们上面叙述的次序是从单纯的人力变工到包括人力、畜力、农具、土地的“伙种”；从变工的简单的、不完备的形态到变工的复杂的、完备的形态。但是这里丝毫也不包括这样的意义：就是说，复杂的、完备的变工形态是从简单的、不完备的变工形态发展出来的；相反，复杂的、完备的变工形态的出现是可能更早于各种简单的、不完备的变工形态的。从上面各种变工的比较就可以看出越是复杂的变工形态则亲戚、宗族关系的作用越是重要，它的范围越是狭隘。促成这种变工的除了进行生产的便利的考虑以外，更重要的是血缘亲属的关系。再例如“伙种”以至伙喂牲口、伙格牛、牛犋变工一类变工许多就是从一个农业大家庭分裂为几个小农户的过程中所出现的一些过渡形态。由于生产手段（如耕畜）的不能分割或者是过去共同劳动的习惯的存在，他们有时还在这点上或在那点上共同劳动。这时在我们眼前不啻重新现出了历史上原始农业公社解体私有财产开始出现的一幅画图。因此，从小经营农业经济本身观察各种变工是它本身的必然副产物；另一方面，各种变工是有着它非常古旧的起源的。

（二）扎工与唐将班子

1.扎工

扎工，按它的本来意义，是一种集体雇工的组织。许多出雇的短工共同组织在一起，向外出雇。但实际上，大多数扎工不纯粹是出雇的短工，而是其中包括一部分自己种有土地的农民，为了进行劳动互助才参加扎工。因此，扎工基本上仍属于一种劳动互助的组织。

扎工的流行区域是延属分区的各县和三边分区的靖边及定边、吴旗少数地方，这些地方大多是地广人稀，劳力缺乏，雇短工比较困难的区域。扎工完全是单纯人力的集体劳动的组织。在过去，扎工最多是在锄草期间，这叫作“锄工”。在锄完头次草与锄二次草之间正是麦收季节，扎工也多兼割麦，这叫作“镰刀工”。近年来在开荒运动中出现了很多开荒种地的扎工，叫作“镢头工”，这在过去是没有的。

和一般人工的变工不同，扎工的人数都是比较多的。满九至十个人才叫作“一个工”，五个人只能叫作“半个工”，十四个人就可算作“工半”。在出雇的时候，够一个工就多算一个“空工”，也就是说，虽是九个人或十个人做工而要算十个人或十一个人的工钱。五个人只能算半个空工，十四个人就能算一个半空工了。因为通行扎工的区域都是劳动力缺乏的区域，不容易迅速雇到大量短工，又因为扎工是集体劳动，又有组织，有管理，劳动效率高，所以主家宁愿多出空工钱，找扎工来做活。

扎工有一个“功德主”（或叫“工主”），多是庄稼较多，光景较好的农户（中农以上的农户），他们组织扎工主要是为了给自己做活“赶急”。一切扎工，组织好后都是先给功德主家做，然后再给“朋工”（参加扎工的自己种有庄稼的农民）们做，或者再给外人做。抽了空工，一般规矩是功德主得一半[①]，遇到下雨天功德主应当管短工的饭（若是不管饭他们就走散了，因此扎工最怕下雨天），这叫作“养雨工”，工上记账的笔墨纸张也是功德主供给。工人没有工具（锄、镰）要功德主借（有的还出些赁钱），或是垫买。

“工头”是扎工在劳动时的指挥者，什么时候上山、下山、休息、工作，都是由他命令，工作的检查督促也是由他执行，对主家的交涉以至工做得好坏都由他负责。吃起饭来，一般工头应当吃在后面，先尽工人吃饱。工头都参加劳动，在锄地的时候，他应当排在行列的最前面（“管账”在最后面）。工头可以分到空工工钱的四分之一到三成。

此外，扎工比较变工人多事杂，要一个识字的工人来记账和算发工资，这叫作“管账”。管账一般分到空工的四分之一或是二成。若是功德主兼记账的话，这份空工就由功德主分去。

参加朋工的人有“拉工”（即雇用扎工给自己做活）的优先权。他可以不出工钱，而像变工一样参加扎工做工来陆续“还工”，最后还工还长余或不足再按天找进或找出工钱。

至于参加扎工的短工，他们像在别处出雇一样取得每天的工资，参加扎工的好处只是不必到处寻掌柜，遇到下雨天也可以有饭吃，再就是工上人多“红火”，所以，虽是扎工的劳动强度较强，许多工人还是愿意跟扎工。

扎工成立的第一天，功德主弄些酒饭请工人吃一顿，这叫“起工饭”，吃过之后工人给功德主锄半天地不要工钱。散工的时候也有的还吃一顿“散工饭”，同样送半天工。

此外，扎工还有许多一般遵守的规矩，例如：作息绝对服从工头的指挥；做活的时候不许拉话，锄地的时候则可以随便唱；饭好饭坏，饭的够不够只能由工头提出，其他人不许说话；吃饭的时间不许说话，不许口里噙着

---

① 空工的分配方法各地不同，这里说的是最通行的分法。

饭盛饭；做活的时候，排列好之后一天再不许随便更换位置，若是换了位置将会引起天下雨等等。这些规矩有些是劳动纪律性质、有些则是无意义的迷信禁忌。

扎工按它参加的成分和扎成的目的可分作下面的几种：

第一种是纯由短工组成的扎工，或者是短工之外又参加了功德主家的几个劳动力。这种扎工在给功德主做完活之后完全为了出雇赚工钱。功德主扎工的目的是为了给自己锄地。在锄完自己的地之后，又可以出雇赚空工，自己的地也保证荒不了。这中间又有是完全短工们自己扎成的工，没有功德主，抽的空工除了必要的开支外，短工们均分。这一种扎工可以看作纯粹的扎工。在向外出雇（“放工”）的时候，它不是固定在一个地方，而是随着劳动的需要和工价的高低到处走。所谓“走马工”就是指这种扎工而言。只要有人“拉工”这种扎工，一般能维持较长的时间。

第二种是纯粹由朋工组成的扎工。它的目的主要是为了给朋工们锄地，在自己的地锄完了还有时间再向外“放工”。大半这种扎工在给朋工们做活时不抽空工，给外人做活时才抽空工。

这种扎工实质上和人工的变工很少差别。它们的不同的地方只是：第一，朋工的扎工除给自己做之外还向外出雇，变工则是完全为了给自己做。因此第二，朋工保存着扎工所特有的功德主、工头、管账一类组织而为变工所没有的。最后，扎工的人数一般都是九个人以上而人工的变工很少达到这个数目，不过这种扎工比较难以扎成，扎成后也较难持久不散。它的理由在上面人工大变工一节已经说到了，这里是完全适用的。

第三种扎工是上述两种扎工的中间形式。就是说其中有一部分是雇的短工，一部分是朋工。它的目的是在给功德主和朋工们做完之后再向外“放工”，大家赚些工钱。这种扎工比较容易组织，也容易维持。原因是既有几个短工参加，朋工的人数就较少，每轮流一周不需要很长的时日，纯粹朋工所常遇到的困难这时候就不大发生了。所以扎工的短工人数越多，长期维持的可能性越大。

从上边各种不同性质的扎工的分析就可以看出：一方面扎工是劳动力缺乏地区同时迅速雇用大量短工的需要下所产生的；一方面它又是人工变工的

一种发展[1]，是用雇进短工的方法来补救人工变工不能扩大人数的缺陷。

在扎工中间因为人数多了，所以它更加发挥了单纯人力集体劳动的潜存的力量。扎工虽是抽空工，但一般扎工，十个人就能顶单人劳动的十二三个人。其次，扎工在农忙时期能起调剂劳动力的作用，它使外来的短工容易找到工做，使土地较少的农民在锄完自己的地以后把劳动力也可以发挥，它又使劳动力缺乏耕地多的农户容易雇到工人，土地不至荒芜。此外扎工本身有比较严密的组织。这都是扎工优于一般变工的地方。

但是，参加扎工的短工和向外"放工"的时候的整个扎工，对于"拉工"的农户来说，完全是雇佣的关系。扎工和零雇短工不同的地方只有：扎工是一个集体出卖的劳动力，他们不是单个人和雇主发生关系而是集体地和雇主发生关系。在扎工的内部来说，"空工"本来是集体劳动所产生的利益的一部分，现在为不参加劳动的功德主分去了一半（功德主大多是不参加劳动的），就是除了种种开销，它到底还是一个有利可图的事业。此外，过去有的功德主还在工人中勾引聚赌或是出卖洋烟，诓骗工人的工资，或是高价出赁出卖工具等等方法以剥削工人。由于以上，扎工的工人也是采取雇佣劳动的态度，不像变工那样每人都是给自己劳动那样精心、认真，特别是主家管的饭不好，工人常常故意怠工，所谓"掌柜的不给吃好的，砍了大的留小的"（指锄草时留苗而言），"你哄我肚皮，我哄你地皮，地皮不长，怪你运气"一类话在扎工中就很流行。因此过去贫家小户即使地荒了他们也是拉不起工的。

参加扎工的短工，山南塞北，什么地方人也有，什么样脾气的人也有，人多嘴杂，常常发生吵嘴打架以至把工闹散。有的工头、功德主则施行高压手段，对工人打骂、罚跪。所谓"宁带一营兵，不带一个工"，可见过去领一个扎工不是件容易事。

2.唐将班子

唐将班子是关中特有的一个名称。它的内容和陕北各地的扎工是相同的，不过由于地方特点，唐将班子在组织上、习惯上也有许多和扎工不同之

[1] 事实上，有许多扎工的形成就是先由二三个人的变工锄草，在锄完自己的地以后又给人锄草，这样逐渐扩大而成了扎工的。

处。唐将班子在关中分区的山、川地带颇为流行，这些地方都是以“秋田”为主要作物的。唐将班子是由陕南的山阳、镇安、商雒一带的移民传播过来的，所以也为这些移民所乐用。以麦为主要作物的塬地上居民（多为老户）则惯用搭庄稼一类互助形式。

唐将班子以用于锄草为主，用于开荒的较少，至于割麦，则从来没有成立班子的。原因是：麦子是全关中分区的一种主要作物（占全分区谷物的60%），在麦子成熟时需要比任何庄稼都迅速地收割，需要大量的外来劳动，因此在塬上割麦时都用赶麦场的短工而不成立班子①。

班子的人数多半在十个人以上，多者至三四十人，以十五六人为最普通。成立班子的人叫作“包头”（相当于扎工的功德主），他的好处是从每个工人的工资内抽取二十分之一到十分之一，一部分作为下雨天管饭和各种零用，其余归包头所有。班子的工头叫作“领头”，一般没有什么额外报酬。它的管账叫作“书班”，过去的规矩是散工时班子给他做工一天，工人不要工钱。

像扎工一样，唐将班子也可以分为三种。第一种是完全由短工组成的，这叫作“客班”，它是以出雇为主，所以也叫作“卖工班子”。纯粹由当地农民组成的变工性质的班子叫作“换工班子”，这是第二种。第三种是一部分当地农民和雇来的短工混合组成的。这几种班子互有利弊，和三种扎工的利弊完全相同。

在许多习惯和规矩上唐将班子和扎工也是大同小异的。例如淳耀县的唐将班子过去就有下面这些规矩：（1）天明上地，太阳落回来，迟到算半工；（2）一天五火六烟（休息五次，吸六次旱烟）；（3）不准二人同时大小便，违者罚背柴一捆；（4）开荒时不准说话也不准唱，锄地时则可尽量“吆号子”②唱小调、唱戏；（5）人不到齐不许吃饭，违者罚跪吃一碗饭；

① 赶麦场，这才是真正的集体的雇工组织。在关中陇东一带都有之。麦子是从地势较低的地带逐渐向较高地带成熟。所以各地农村就有大批劳动力随着麦的成熟一路当短工出雇割麦，一个村的赶麦场的短工多半是推举一个人当“帮头”，负责交涉工资、计算地亩、分发工资，等等。

② “吆号子”就是当一个班子望见另一个班子的时候，许多人一齐尖着嗓子发出“噢嚎嚎嚎……”的呼声，意思是要求对方唱小调。唐将班子有许多流传的自编的小调，他们互相唱和，有时是表示友情，有时是互相诮骂。他们的生活是活泼的，所以劳动效率也高些。扎工也是一样。

（6）盛饭时不许说话；（7）吃饭时不许把汤泼在地上；（8）不许把帽子戴在锄把上；（9）不许把馍泡在碗里吃。

上面对于扎工特点的分析同样适用于唐将班子，不再重述。

（三）兑地

"兑地"，或者叫作"换地"，是农民相互调剂土地惯用的一种方式。兑地又有"死兑"和"活兑"之分。所谓"死兑"是两家农户为了耕作便利各把他们所有的一块土地相互交换，交换之后土地即永远归新主所有；在土地数量不相等，质量不一致的时候，一家有时还找出些钱给另一家。所谓"活兑"也是两家农户相互交换土地，不过这时交换的不是土地的所有权，而是土地的使用权，他们只是为了耕作便利暂时交换耕种，所有权仍是原主所有，双方都可以随时取消这种交换，所以它是"活"的。活兑的双方若是土地数量不相等，质量不一致的时候，通常也是由一方给另一家出一些"租子"。

上述的"死兑"可以看作土地的相互买卖，"活兑"则可以看作土地的相互租佃。但是，若它们为小农户之间所采用时（大多数是小农户之间所采用的），它就成了土地的相互调剂的性质了。可以说，这是小自耕农民之间在土地买卖和土地租佃的表面形式下所进行的土地调剂。

譬如甲、乙两家农户，甲农户在村东二里远有半垧耕地，在村西二里远有半垧耕地；乙农户也是在村东有半垧耕地，在村西有半垧耕地都是和甲农户毗连的。甲农户进行生产时必须时而跑到村东，时而跑到村西（有时是在一天之内），浪费许多时间，它又使庄稼的及时照顾、土地的较合理使用为不可能，它更使得这家农户采用变工、扎工等劳动互助方式为不可能。乙农户也是同样的情形。现在两家把土地调剂一下（无论是死兑或活兑），那么在进行生产时甲农户只需到村东去，乙农户只需到村西去，在双方都节省下了许多无谓浪费的劳动力和畜力，庄稼也较能及时照顾，土地也较能合理地使用，它又使这两家农民都有了和别人进行劳动互助的可能（后面这一点还不是农民兑地时的主观出发点）。

从这个例子可以进一步看出兑地虽属土地调剂的性质，但它的主要目的还是为了节省与调剂劳动力，客观上它使集体劳动更有了可能，我们无妨把它看作劳动互助的一种。

另外，有些小农户为了轮种（调楂）关系，自己土地不敷调剂，也往往相互兑地。

兑地是边区农村旧有的调剂土地的方式，在1943年的生产运动中，我们还没有得到这样的材料说明这种调剂土地方式的发展，但是在劳动互助运动的发展中，这种方式是可能而且需要发展起来的，所以我们特别在这里加以叙述。

（四）其他劳动互助形式

请牛对——一家劳动力缺乏或家景不好的农户，准备下一些肉、面请来几家以至一二十家有牛犋的农户（都是亲、友）吃上一顿饭，然后这些人用自己的牛犋帮助他开一天荒、种一天地。这顿饭就作为酬谢，以后再不还工或出钱。这种办法只见于吴旗县和陇东分区的某些县份。在陇东把它叫作“请牛会”（大概因为它和民间“请钱会”的办法有些相似）。请牛对是若干家农户对一家农户的单方面帮助，不过像这样大规模的，一二十牛犋同时在一家的土地上耕作还为其他劳动形式所少见。去年，吴旗县大大提倡了这种形式而把它变成农户中间的牛犋变工了。

锣鼓班子——与请牛对某点上相近的另一种互助是关中一带所谓“锣鼓班子”。这也是若干家农户的劳动力帮助一家农户耕作。不过这种请班子的人多半不是贫苦农户而是比较富有的人，对于被请来的农民也没有什么利益，这就失去了互助的意义了。锣鼓班子近来已经不见了。

（五）旧有的各种劳动互助形式的综合观察

1.边区的农业经济统治的是个体的小经营的农业经济，这种小农经济的特点是每家农户只有一两个劳动力，他们都私有着简单的原始的工具，分散着用它在狭小的土地上（或是从地主租来的，或是他自己私有的）各不相关地孤立地劳动。“这种分散的个体生产，就是封建统治的经济基础，而使农民自己陷于永远的穷苦。”（毛泽东同志《组织起来》的讲演）。因为这种经济下面的生产力是极其低下的，它使农业科学和新的技术的应用和土地的真正合理使用为不可能，它使人们的劳动不能发挥集体的社会的力量，它造成农民的散漫、孤陋、穷苦、愚昧、不团结而便于封建阶级的剥削和统治。

和小农经济个体劳动同时存在的又有各种各样的劳动互助。这些劳动互助，若把参加的农户都当作独立的小生产者是可以看作小经营农民之间的生产合作的性质。因为参加互助的农民（按阶级成分来说他们都是贫农、中农）彼此既无隶属关系，他们谁也不剥削谁，在他们中间是平等的共同劳动，互相帮助的关系。在这种劳动互助下面把几家小农户的劳动力结合起来集体劳动，劳动的结果则由这些小农户分别所有。

不过，这种劳动互助按它的范围、规模和它的作用来说，还只是个体的小农业生产之下的一个无关重要的附属因素，它丝毫也没有变更个体的小农经济上述的农民的穷苦和落后的状况。

2.当作生产合作性质来看的边区旧有的各种劳动互助，它们又具有些什么特点呢?

第一，如上面所已指出，就是它数量之少，规模之小和它的临时性、不固定性。

第二，它只限于本族和至亲好友之间，它的范围是极其狭隘的，越是复杂的劳动互助这个特点就越明显。严格说来，这些参加的农户是不能看作完全独立的小生产者的。

第三，部分的劳动互助其中又含有剥削关系和许多不合理的地方，例如出雇的扎工、卖工的唐将班子和部分的人工变牛工，都不完全是合作性质的劳动互助。

3.在边区内不同的地区流行着不同种类的劳动互助。然大致可以指出：在土地辽阔、人口稀少的地区（如延属分区等地），多流行着较大规模的劳动互助，如扎工、大变工等等，在土地缺乏，人口过多的地区（如绥德分区等地），则多流行小规模的变工、人工变牛工和“抽牲口”、“并地”等等形式。有些地方，劳动互助比较普遍，有些地方则农民中很少劳动互助的习惯（后者如在三边和陇东的部分地区）。

4.为什么劳动互助过去发展不起来呢？它的基本原因是由于小农经济是

以分散的个体劳动为其固有特点之一，它和集体劳动是矛盾的，因之除了极少数有本族、亲属、朋友关系的农户以外，他们都不愿合作：一方面是怕合作起来吃亏（人力、畜力强弱不等，土地数量不等，家庭景况不同，饭好坏不同），一方面是嫌合作起来非常麻烦（不能自由自在还要时刻计算）。另外，土地使用的极度分散又加重了较大规模劳动互助的困难。这些困难在过去是无法解决的。

其次，过去边区的农民曾受着严重的封建剥削，他们不能扩大生产，也不愿设法提高劳动生产力。

因此，虽然劳动互助的集体劳动比起极度分散的个体劳动代表着较高的生产力，但它终究不能发展。

（《边区的劳动互助》，中共西北中央局调查研究室编，1944年出版）

二、新的劳动互助组织形式和它的性质

（一）新的劳动互助的形式

1.几种形式

变工的组织形式，由于具体劳动条件的不同，可以有多种多样。根据实际调查，即有以下几种：

（1）有牛犋、有劳动力的大变工队。他们是把人工、牛工一样算，在开荒生产时，集体劳动集体吃饭，秋收粮食按劳动力分配。这就是所谓刘秉温（延安县长）的大变工队。（2）有劳动力、没有牛犋的变工队。他们各人自已带粮食，开荒时集体吃饭，秋收按劳动力分配粮食，借来的农具，谁用谁还。以上两种形式，适用于共同开垦大块的公荒土地及共同分配收获的粮食，已带上集体农场性质。在没有大块公荒让农民自由组织开垦的地区是不能勉强群众实行的。（3）有劳动力的小变工队。这又可分为三种：一种是集体吃饭，集体开荒，收获按劳动力分配；二是各家吃各家的饭，集体开荒，每天轮流开，谁的地，收的就算谁的；三是给谁开荒，就在谁家吃饭，地是谁的，收获就属谁有。这是地少人稠没有大块荒地区域的变工形

式。（4）在绥德、米脂，因为地少劳动力多，最流行的是带临时性的“活变”。这种活变，多在锄草、秋收时采用。（5）还有长期的变工。又可分为并地式，抽牲口式，轮流种地式和带雇佣性四种。所谓并地式，就是几家土地不足的贫农合并在一起耕种，抽出一两个人出外打短工，赚钱回来大家分，地多的少分，地少的多分。这种变工，必须互相信任，彼此了解，否则是搞不好的。所谓抽牲口变工，就是大家经济状况差不多，把闲下的劳动力、牲口抽出来赶脚户做小买卖，集体劳动，收获按地分粮，赚来的钱，按劳动力畜力均分。这种形式，在靖边也有。所谓轮流种地，与延安小变工的第二种是大致相同的。所谓扎工式的变工，就是大家一起先把自己的地种完，再去帮助别人做工，赚钱均分。（6）还有不用固定形式的变工。例如靖边清坪区二乡邵家梁老汉阎俊旺，有地25垧，牛1头，羊100只，自己拦了羊就没法种地，种地就拦不成羊，眼看地要荒了，没办法。同村李来六，夫妻两人，男的给人做长工，女的在家什么都没有做。隔村李某，老婆病在床上，媳妇看病人，有地15垧、牛1头、羊70只，要拦羊，地就种不成。但由区上提议，三家商量同意，阎老汉拦两家的羊，李某种两家的地，他的媳妇看病人兼做饭，李来六婆姨拾粪、锄草、收割，并由阎李两家帮助伙食，收获442分（即按所收粮食，李阎各得四成，李来六婆姨得二成）。（7）另外，在延川有着娃娃变工队，在安塞有着驴变工队等等。由此可见，变工队的形式是多种多样的，我们不必也不能采用千篇一律的组织形式，这就要根据各家农户的具体要求和各种条件来决定，不要凭空臆造，也不要采取某种固定形式，只要在实际起着互助作用就行。

（《介绍陕甘宁边区组织集体劳动的经验》，
《解放日报》，1945年12月1日）

2.绥德存在的几种变工形式

（1）长年变工。这种春耕，夏耘，秋收的满年变工，在全县还很不普遍。采取这种长年变工的农民，一种是伙子，除了伙种主家的地，还要和主家长年变工。另一种是分居后的父子、兄弟，土地、牲畜、劳动力都差不多，虽然分居，但仍在一起劳动。最多的一种是沿川一带以相当副业收入补助生活的农民，例如西川的驮炭户，自己有几垧地，喂一个牲口，农忙时就与人变工，一个人赶两三头牲口去驮炭，其他两三个人在家种地，驮炭赚的钱除过开支后平分，这种变工主要靠“相投”和“信托”，因为驮炭和赶脚赚钱是很难有固定标准的。

（2）春耕变工。因为牲口缺乏，劳动力分散，平常的年头，耕种常是三个人（一人耕，一人拿粪，一人打土块），今年雨水好，至少也要两个人（一人耕，一人拿粪，安种好后再打土块）。参加这种变工的，大多是几户伙喂一头驴，或者用自己人工变亲戚自家的驴工，每年春耕都变。前者是一工抵一工，后者是三个人工抵一个驴工。还有是临时性的（什么时候要变，临时才设法），绝大部分农户都是这样来变工春耕的，所以有时因为变不到牲口，不得不用高价雇，或竟致误了农时，不如前一种固定和便于安排自己的生产。

（3）夏耘变工。因为地不多，夏耘变工不普遍，他们说：“没有自己锄放心！”所有参加夏耘变工的，多是因为自己有特别需要，地多，或者地远等。

（4）秋收变工。这也是地多的农户才变工秋收，或者收停当后，大家变工背回来。

（5）并地变工。有的自己地很少，把地交给自己的弟兄们种，自己走了南路，或到其他地区揽工，秋收时间来还工。

（绥德县委：《绥德变工概况》，《解放日报》，1943年10月6日）

3.米脂的变工形式

变工形式是多样的，计其名称有十多种。经过我们研究，按其变法及合作社的性质与程度，大概暂分为如下几种：

（1）活变。纯属变工性质的，其中又可分两类：

“临时变”（又叫短变、活变等）。是二三家农户在进行生产必须时才产生的不定期、不固定、没有组织的，故在春耕揭地时（揭地至少得二三人），其他时间则变得很少，是米脂农村中过去最流行的一种。今年以来这种形式已逐渐减少了。

“长期变”（银城又名三季变）。特点是：较有组织，参加农户可以任意在组内找人互变，立即还工，不是全组完全在一起劳动。这是一种走向长期固定变的过渡形式。在春耕中，已有一部分变为长期变了，这种形式是一种过渡形式，在变工运动的初期较普遍，今天还作主要形式，但已在开始逐渐变化中。

（2）固定化的长期变工队。又可分为二类：

“长期变”（又名“长期死变”、“长期定变”、“长期还工变”、“长期抽人变”、“长期抽畜变”等）。它的特点是有了较高度的组织性，全年完全在一起劳动，并能共同经营副业。这一类的代表是五儿坬的常思应变工组（见工作经验介绍十四期）等。这种形式已有较大的发展。

“并地变”。过去产生于少数贫农中，经我们的提倡有中农富农都愿参加的（如罗家坪七里庙李善贞）。它的特点是不计工，全部农作过程集体化劳动，也共同发展副业。其代表如罗家坪李善贞（见工作经验介绍十三期）。这种形式虽不普遍但大有发展前途的。

（3）带合作社性质的。

“伙种”。将人、地折成股子按股分粮。也有一种是集伙子（如桃镇集组）打的粮在公堆上，去过主家的，其余的均分。还有未被发现的如包括兄弟班子的话，则恐还不少。

从全县看这三种形式（即活变、长期变与并地变，合作社）目前却是以第一种为最多，但二三两种经过今年春耕之后，已有极大的发展。第三四种虽较少，预计将有新的发展。从我们的经验证明：由短期到长期，由临时到固定，由少数到多数，由小到大，由计工到不计工，到并地变，到农业合作社，这是必然的发展过程，不能操之过急。但亦不能采取自流主义，应该是在自愿的原则下从实际与可能出发，加以组织与领导，促使其巩固与发展。

（《米脂县1944年春耕变工总结报告》，中共米脂县委1944年5月14日）

4．延安一带民间普遍流行的扎工

“利用民间形式，提倡劳动互助”，是今年生产运动中的一个重要问题。在延安、志丹、安塞、子长等县农村中，普遍流行的扎工，也正是这种民间劳动互助形式的一种。最近我们曾在延安县北部各区，访问了一些工主、工头和工人，对于扎工问题，做过一些商讨。根据现有材料，初步研究如下：

（1）延安一带扎工的起源。

延安、安塞、志丹、子长等县，人口稀少，土地荒芜。本地人多半居住在延河两岸，有能力（农具、牛）进行生产的农家，就大量播种。但是，下种容易锄草难，地广人稀，田苗需要勤锄时，却又不能及时请到短工。为了使庄稼不荒芜，就只有预先把零星短工，联络起来，并和别的农户一块锄草。

另一方面，这些地方的人民生活曾遭受到极大的破坏，一部分贫苦农民和外来的难民，没有牲口、农具和吃粮，只得出卖自己的一部分劳动力，又因零星出卖劳动力，个别的去找雇主，非常麻烦，而扎工则可以省却这些麻烦，免得四处奔波，所以他们也愿意扎工锄草。

还有，那时一片荒山梢林，狼多、土匪多，一两个人不敢上山种地。为了防狼防匪，大家就合作起来，“人多势重”。

同时，荒山种地，四面都是野草，土地容易荒芜。“一荒三不收”，所以，只有大家合作，“大家砍柴火焰高”！

在这种情形下，就有扎工的需要。但在集体劳动中，因为天下了雨，工人没处吃饭，工人的困难（工具和预支工钱等）要解决，不然工人就不能继续干下去。于是，种地多的农家，需要工人，不能让这些工人散了，就养工人的雨工，解决工人的困难，这就有了工主，也叫“功德主”。又因为很多人一起劳动，需要有一个人指挥，管理工人和联系主家，找主顾等，于是就有个工头。很多工人要预支工钱、存钱、领钱等等账项的事，要一个人负责，这就叫“管账的”。工主工头和管账的，都给大家办了很多事，也应该得到一些报酬才对，于是除过工主工头有使用劳动的优先权以外，而且把九个人的实际劳动，算作十个人的工钱，一个空工的工钱，就作了对工主、工头和管账的报酬。这样，就逐渐形成了今天的扎工。

（2）扎工组织的几种形式：

扎工的组织形式很多，“一个地方一个扎法”。不过归纳起来，最根本却只有两种：一是朋工，一是走马工，又叫“硬工”。但在这两种当中，又有分别，试列表说明如下：

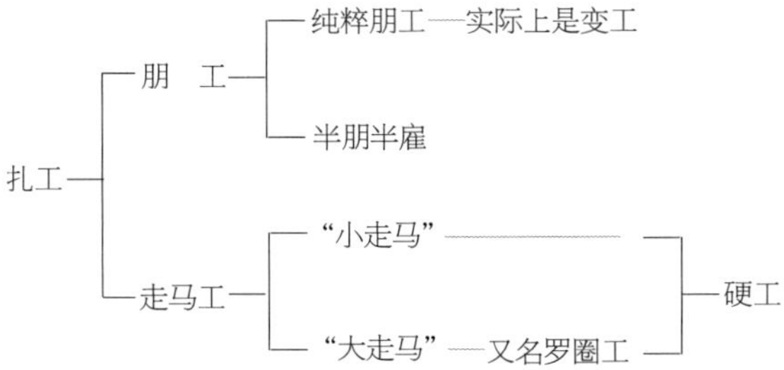

所谓朋工，就是互相劳动。很多农民，遇到锄草收割，为了“赶急”，不违农时，就组织成“镢头工”（开荒，或因没牛犋用镢头翻地下种），“锄工”（锄草），“镰刀工”（收割）。因为大家都有庄稼，就今日帮你、明日帮他。这种纯粹朋工的特点是：第一，没有短工，参加的都是临近种地的农民；第二，大家相距不远，各人都有家庭，逢到下雨天，就回家吃饭，用不着工主养雨工，因此也就常常没空工。第三，纯粹朋工“命短”，多在锄草收割紧张时组成，过后就散伙了。因为没有短工，你争我抢，中途烂工的事也就不少。这种纯粹朋工组成的扎工，实际上与变工没有分别。不过有一种纯粹朋工组成的扎工，因为各人家里庄稼都很少，组织扎工也是为了到外面赚工钱，这样就由纯朋工变成走马工了。

今天民间流行最普遍的，还是半朋半雇的扎工。这种扎工不仅有了朋工，而且有雇下的短工参加。因此，力量就大，工主工头不仅能够优先使用这支劳动力量，就是朋工，也可以使用这支力量，做到及时锄草收割。这种扎工，参加的朋工越少，寿命越长，不会因为朋工多而你争我抢，把工拉烂。若有多余时间还能帮助外庄。

另一种扎工的根本形式，就是走马工。参加走马工的都是些自己没庄稼或庄稼太少的。他们需要出卖劳动力。他们组织起来，哪儿工价大就往哪儿跑，像走马一样。这种走马工又有两种：第一种是工主扎工，主要的目的不是为了赚空工钱，也不是为了别的，而是为了使自己的庄稼能够及时锄草收割。所以就请些短工，配合上自家的人，组成扎工。等到把自己的庄稼锄、收完了，就跑出去，哪儿工价大就赶到哪儿，但是，也不能跑得太远，工主自己需用工时，就得马上回来。因此，这也虽然像走马一样，但是，走的圈子却很小，我们就叫他“小走马”。第二种是“大走马”，又叫“罗圈工”。这有两种情况，一种是参加这种工的，都是庄稼太少或是根本没种庄稼的，大家为了赚工钱，扎起来到处跑，哪儿工价大就往哪儿跑，既不受家庭限制，又不受工主束缚。工主就是他们自己，对工人没有什么负担，所以，空工拿来大家平分，这恰和由纯粹朋工组成的扎工相反。另一种情况，是工主扎工，主要的目的并不是自己需要这些工人劳动，而是为了赚空工钱，为了收回工人欠他的债。而这些工人，也因为欠了他的债，不得不参加他的工。这种情况革命以前有，近年来还没有见过。

人们把走马工又叫硬工，就是指它不受朋工牵制（没有朋工），限制小，时间长，不易烂，与朋工恰恰相反。

从上面扎工形式的分析中，我们看到每种形式的组成，都有它一定的条件，不是凭着主观愿望去瞎搞的。

（3）究竟有些什么好处?

扎工，这种民间劳动的互助形式，为什么能够受到群众的拥护呢？究竟它有些什么好处？这对农民来说，是体会得最亲切的。孟庆成同志讲得好：“史家崖底村，大前年扎了工，开荒八十多垧；前年没扎工，只开了二十多垧；去年扎了工，又开了一百多垧。”若果简单地用农民的话来说，扎工是能“赶急”，也就是“不违农时”。若果再具体分析一下，它的好处就很多，我们提倡它，也正是因为它对农业生产上，有这样一些好处：

第一，节省劳动力、节省资财：因为单个人劳动，起得迟、回得早，没人督促，“吊儿郎当”。若果扎起工来，集体劳动有工头督促，有纪律管着，这样，就早起晚回，而“三早折一工”劳动力的节省是很大的。又因为单个劳动，上午回家吃饭，来去误工太大，而集体劳动，就不用回家吃饭，只要一两个人送饭就行。也因为单个劳动，上午休息没限制，集体劳动就不行。还因为单个劳动，每家都要专人做饭，又费米费柴费水，还吃不好；而集体劳动，给谁家做工就在谁家吃饭，可以节省出很多女工、童工，从事副业生产，又省柴省水省米，还吃得好。

第二，劳动紧张、效率高：单个人锄地，三工锄一垧，那么扎工锄地，两工就可以锄一垧。农民米儒信说：“我一个人掏地，五天还掏不到一垧，若果五个人一块掏，五个半天就掏一垧多！”相差一半多。这不仅是由于“三早折一工”，而且还由于集体劳动，情绪好，不寂寞，大家说说笑笑，有竞争心，我要赶上你、你要跟上我，互相推动，互相制约，又有劲儿，“做得出活”。那么，单个人劳动，就容易疲乏，东看看西看看，“没精打采”，“做不出活”。

第三，调剂作用大：这包括了劳动力的强弱和技术的调剂；外来劳动力与本地劳动力的调剂等。

第四，有纪律、有组织，不能随便离开。不比单个人劳动，自由散漫，赶集上市就不劳动，家里有个大事小事也不劳动。

第五，“不违农时”：做庄稼顶要紧的就是“不违农时”，单个劳动，就难免不能及时下种、锄草、收割，比如锄草，刚锄完这边、又荒了那边，锄了这块、又荒了那块。若果集体劳动，就能及时下种，及时锄草和收割。今年庄稼若锄得好，也好锄、不荒，那么，来年的苗，就长得好，也好锄。若果一年荒了，那就“一荒三不收”，大成问题。地不荒，就收获得多，粮食籽颗又好，圆胖胖的，很好吃。人们常说：“锄上三次是圆的，锄上一次是扁的。”锄三次，每斗粗粮可以碾米六升；若锄一次，每斗粗粮只能碾米四升半，相差太远。

第六，集体扎工，人多，大家可以互相学习，互相研究，提高耕作技术。同时，集体扎工，一块起居，同时工作、吃饭、谈天，可以训练农民的集体生活，又便利农村宣传教育工作的进行。

这样看来，集体扎工受到农民的拥护，是很自然的事。我们提倡这种民间互助劳动，也是很自然的事了。

(4) 扎工中的困难是什么？

扎工，不是一件轻而易举的事，领工更不是一件容易的事情。中间的困难是很多的。比如当工头，要有钱，才能预支工人的工资；还要有粮，才能养起雨工；还要有威信，没有威信工人就不服你，不来参加你的扎工。因此，过去的工主，只有富家才当得起，穷人是没份儿的！

“宁带一千，不带一班”，工头们用领旧戏班的困难来形容领工的困难。事实上也并不过分。因为参加扎工的，不仅是本乡本地的熟人，而且还有“五湖四海”的生客。脾气古怪，性情不一，闲言乱语，常吵常闹，因此，工头要有威信，有本领，这样，才能够使工人佩服，说话才有人听，使雇主关系搞好。其次，工头处处要作模范，起床、工作在前面，吃饭、休息在后面，倘若工头不比工人做得又快又好，那么，这个扎工队的效率就成问题。最后，工人爱讲闲话，稍有不满，就脱口而出。因此，工头要能忍耐，像个垃圾箱，不为闲言乱语所激动。

这些困难，农民已经有丰富的经验去克服它，况且我们今天还有着新的条件，可以帮助解决。如像工主的粮食和金钱，合作社可以贷给，今年南区合作社已经注意帮助扎工队，各地合作社都可以效法，这样，不仅富人可以当工主，穷人也可以当工主、组织扎工了。

今天，农村中已经普遍地有了党的组织，各地党的支部，又提倡在扎工队中建立党的核心。这样，工人团结的问题就可加强，工头的困难就很少了。

但是，扎工的主要困难，并不在这儿!

（5）一点意见。

扎工，今天的主要困难是“扎不久长”、“容易烂包”，很多工主、工头们为这件事头痛。究其原因，一方面是因为庄稼要“不违农时”，做庄稼要“舍得投资”。所以，遇到锄草紧张或收割忙迫时，有些没有参加变工或朋工的，临时又请不到短工，而庄稼又非马上锄或收割不可，于是愿出高过市价的工资，拉扎工队中的工人。这样，一下就把扎工拉烂了。另一方面，扎工队中的规则，已经松懈，新的规则又没建立起来，工主、工头和工人，没有一个必须遵守的条规，这样也就容易把工搞烂。

因此，今天的扎工队，不仅要有像孟庆成那样地帮助工人、那样地牺牲自己一部分空工，那样照顾朋工的发展生产；而且还要有一种规约，一种巩固扎工的规约，一种照顾到工主朋工和工人生活的规约。这种规约，据我们和一些工主、工头、工人研究的结果，应该包括以下的内容：

①工价随当地市价涨落，不得任意抬高或压低。

②外人拉工人，要经过工头同意。

③工人要服从工头指挥，不得迟到早退和任意吵闹。

③工主、工头要关心工人生活，注意采纳工人的正确意见。

⑤在预定扎工期内，工人不得任意离工，若果需要离工，要得到工主同意。

自然，这些内容不一定就很完备，主要的还要看当地扎工组织中，有哪些问题存在，提出哪些办法才能够解决问题。只有这样，才是实事求是的、解决问题的有效办法！

（王丕年、石毅：《关于扎工的几个问题》，《解放日报》，1943年4月14日）

（二）几个模范的劳动互助组织

去年的劳动互助的发展，在边区的不同地区是根据了农民的不同劳动互助习惯和不同的具体条件，广泛地利用了各种各样的旧有形式。在进行劳动互助中间，各地的农民群众又根据了实际生活的经验，发展与改造了各种旧的互助形式。因此在边区去年曾出现了许多模范的新的劳动互助组织，给边区劳动互助的将来进一步发展开拓了一个新的方向。下面我们选择出几个典型的劳动互助组织来作为代表。

1.白塬村式变工。它的特点是：

第一，它是一个行政村（计三个自然村，都相距不过一二里路）包括全部七十二家农户的大变工。

第二，它不但把全村的男子全劳动力都组织起来做主要劳动，它还把六个老汉组织起来变工垫圈、割草、做零活，把十一个娃娃组织起来变工放牛开荒，把二十一个妇女组织起来变工做饭、锄地、纺织。

第三，它不但把全村的耕牛组织在搭工组里，它还把全村的驮运牲口组织成为运输队。

第四，它是全年不散的变工，耕种时是九个搭工组，开荒时变成四个开荒班子，锄草时还是四个班子，收麦收秋时又变成九个搭工组。此外开秋荒、修埝地、秋翻地和各种农事的准备工作，都是变工进行的。变工的组织是随不同的劳动而灵活变更的，每次变更都由大家民主决定。村主任石明德则担任总的领导。

第五，变工队还进行了开义仓地、运盐、优抗、送公粮、自卫动员的工作。

这是从“搭庄稼”形式发展而成的变工队的典型。

2.马家沟式变工。它的特点是：

第一，它是包括全自然村十四户的大变工。

第二，它把全村的十五个全劳动力，十犋牛、十个驴，都组织在四个组里。

第三，它也是全年的变工，全队在春耕时按牛犋好坏和相互关系分为四个小组，变工开荒、播种，没有牛犋的农户则用人工变牛工。锄草时把九个劳动力吸收几个短工组织成一个扎工。又以七个劳动力组织成一个变工。秋收时则按七个组进行收割、背、打。

第四，除农业外还朋伙放青运盐，变工进行优抗。

这是一个大牛犋变工队的典型，其中又包含了人工变牛工，人工的变工和锄草扎工。它和白塬村变工的不同处是包括的农户比较少，半劳动力还没有组织，变工应用的范围也没有白塬村广泛。

3.吴家枣园式变工。它的特点是：

第一，它是包括全村二十二个全劳动力的人工变工。半劳动力及牛犋均未参加。

第二，全村是一个变工队，按劳动力强弱及相互关系分为三个小组。

第三，从开荒，锄草，到秋收全年变工不散，都是按三组进行的。

这是一个人工的大变工的典型。

4.后殿村的唐将班子。它的特点是：

第一，取消了唐将班子和扎工包头抽空工，抽工人工钱，高价出售、出卖工具等等一切办法。

第二，取消了过去唐将班子的一切迷信习惯，增加了读报纸、教唱新秧歌等等文化娱乐活动。

第三，取消了包头、领头对工人的压迫，代之以民主的生活。劳动力强弱不同互相帮助，帮助难民。

这是一个唐将班子（扎工）的典型。

以上三个变工和一个唐将班子（扎工），去年它们都收到了极大的成绩，而且对于周围的劳动互助起了极大推动作用。其中最完备的是白塬村式变工，它包括了一个行政村的全部人力和畜力在全年各种生产活动上的变工，这样全部的人力和畜力，都得到了最适当的配合和发挥，在不同季节和不同农业劳动上灵活编成不同的小组，各组之间又取得密切合作。这种劳动互助组织形式虽然在大多数地方或者还不容易立刻办到，但它应当成为边区大多数农村的变工队努力的方向。

其次是马家沟式的变工，它包括了全部全劳动力和全部畜力，没有牛犋的农户可以用人工换进牛工，畜力和人力也得到比较完满的配合和发挥。其缺点是半劳动力还没有组织起来，所以成效也就不如白塬村式变工大。这在组织半劳动力还有很大困难的农村，是可以效法的一种组织形式。

再其次是吴家枣园式变工，它只包括全部全劳动力，而没有包括半劳动力和畜力，这个变工队由于附近有荒地，而且由于有领导地造成了热烈的开荒运动，所以开荒最多，增加粮食最多。不过，由于畜力和半劳动力没有参加变工，所以熟地增加收获的成绩就不如上述的两种形式的变工。在组织牛犋和半劳动力有很大困难，而只能组织全劳动力的农村，仍是可以效法的。

后殿村的唐将班子，应当成为边区各地的唐将班子和扎工学习的榜样。除了完全取消抽空工一点还不宜于普遍推行之外（若包头或功德主自愿不抽空工的当然也可以，不过在各地都提出完全不抽空工，恐怕造成扎工大规模发展的困难），其他办法可以完全逐渐推行到边区各地的。

下面我们摘抄关中报告中后殿村唐将班子的情况作为参考：

关中同宜耀后殿村的唐将班子

从前本地（同宜耀庙湾区二乡一行政后殿村）只有在每年锄地时才组织唐将班子，人数很少，去年（1942）也只有十个人，而且“换工”的时间少，都是“卖工”。为什么过去不成立开荒班子呢？原因是：“没有人出头成班子，人们都七嘴八舌的，每年春上吃的欠缺”。这说明过去不能成立开荒班子的原因主要是党、政的领导组织不够，没有解决他们的具体困难（吃粮和领班子的包头等等）。旧历二月初五日区上干部在乡上召集了村以上干部会提出各村赶快成立班子，马上动手开荒。乡长（就是这次参加边区劳动英雄代表大会的代表田云贵）村主任都提出自己的开荒任务，会后他们回到本村去瞅对象。有一个赵天发，当过多年包头，既积极又有办法，群众中也有威信，他们马上找他和领头刘宗法、书班韩书礼商量，对他们说明开荒的好处：多打粮食是自己的，公山谁开下就是谁的地，私山上五年不出租子，难民开荒三年不出公粮，成班子开得快等等对他们本身利益有关的道理。当时就顺利决定从第二天起（初六）就起班子。经过乡长、包头、领头回去一号召："今年谁愿开荒，愿上班子做庄稼的，明天拿上镢头先给村主任换工！"第二天就有十个人自动来参加。不几天就增加到十五个人，十天后就有了二十五个人，差不多包括了全村的劳动力。因为人数多了，就以三个小村子为单位分成三个小组，各选一个组长，每天早晨叫人，按时上地。开荒也是分为三组进行，每天比较三组的开荒成绩，互相竞赛。区上来人到班子上看过几次，给他们加了加油鼓励了一下，他们情绪更高了，开荒纪录每天在增加。

这个班子和往年的不同是"卖工"少，"换工"多。今年班子上有三个"客班"，包头不抽他们的钱，只决定在散工时大家每人拿出一个工的钱会餐一次。客班的待遇和其他一样。没有镢头的由包头代买一把，在工资内按原价扣。这就去掉了过去班子上包头对工人的剥削。

他们又改过去的"五火六烟"为早晚休息二次，每次两袋烟的时间。又规定有特殊事不能来的要向包头请假，每人每天最少挖二分地（这一带地难开），每天工作完要洗手洗脚。他们又创造了"包工制"的办法，每天上山由包头划出二分地作为一个工，开了二分地算一个工，谁开四分地算两个工，代替了按天算工钱的办法（这叫"论工制"）。这样劳动力强的人积极性更提高了，例如赵天发一天就挖了五分地。"包工制"和"论工制"是灵活运用的，遇到太难开的荒地或是有新来难民参加的还是"论工"（按天算），以免他们吃亏。

他们在开荒时还采取了简单的分工，轮流抽出两人专门砍梢子，当时捆成捆，每天回家时每人背一捆，平均每人每天可带柴150斤，节省下上山砍柴的时间。班子上强弱不齐可以互相调剂，家庭的妇女也进行互助。当班子给某家开地的时候，包头就动员班子所有家庭的妇女帮助这家做饭，她们也采取换工的办法。

有一次有人怀疑班子上的账目不清，又有人觉得给自己挖地的时候人数来得少些，于是决定账目公开；每十天把账向大家公布一次，谁有意见向包头提出。

在休息时候书班读《关中报》和《群众报》给大家听，有一期《群众报》上面登载着庙湾区的生产计划的好消息，引起他们很大的兴趣。有一次报纸迟来了几天，他们自动到区政府去寻。报上有些开荒的秧歌，由书班念过后，马上在开荒中就唱起来，这样生产情绪更高了，文化教育工作也进行了。

在4月27日他们向全庙湾区的八十多个唐将班子提出四个条件进行竞赛，条件是：（1）开春荒一百亩；（2）保证经常参加16人，开荒45天，每天最少每人开一分半；（3）秋田锄两次，第二次时壅土；（4）每天休息两次，每晚洗手洗脚，休息时读《关中报》、《群众报》。这个挑战书在《关中报》上发表后，马上就有四区罗家岭的班子应战，前后应战的达八处。有的班子派人向政府请求把他们和后殿村的班子调到一起比个高低，有的托人从旁探听虚实。他们都对竞赛看得非常认真。由于这个班子的推动和群众的竞赛的浪潮，在全同宜耀造成了热烈的开荒生产运动。到1943年5月，这个班子已经完成任务并超过30亩，每天开荒的标准已经提高到三分了。这个班子准备夏天转变成锄草班子，全年不散。

“刘秉温式”变工队

以上几种劳动互助形式，都只是人力和畜力的合作，在开荒的时候，某一天给谁家变工，开下的荒地就是谁的。收获的时候仍旧各人的庄稼是各人的（长在谁的地上就是谁的）。这种分配方法我们把它叫作“按土地分配”。另外，从农村旧有的“伙种”“伙开荒”发展起来的一种新的形式就是“刘秉温式”的变工队（在陇东分区则叫作集体开荒队），它和其他各种形式的基本不同点是在庄稼的分配方法。在开荒的时候，不是某一天给谁变工，开下的荒地就是谁的，而是凡在变工期间开下的荒地，都归参加变工的农户公共所有。因此在收获的时候，不是按着各人的土地分配，而是按着参加变工的农户的人力和畜力的多少分配，这种分配法可以叫作“按劳动力分配”。这个时候长在这块土地上的每一棵庄稼，对于每一个参加变工的农户来说，都有他的几分之几。在变工的土地的范围内土地得到了最合理的使用和调剂，作物的有计划的播种和轮种（调楂）可以完全不顾土地的界限。在变工开荒中的争开好地和在变工锄草、播种、收割中所常遇到的争着先种、先锄、先割的现象，在这里也不会发生了。若是使用真正现代化的农业技术的时候，这种变工也可能是最适合与最便利的一种变工形式。在这点上说来，这种变工是最具有进步意义的一种形式。

不过这种变工也有其缺点。除了公共土地之外，每个参加变工的农户，又都有自己的土地，他们会觉得公共土地上的收获他不过能分得几分之几，而在他自己土地上的收获则全部是自己的，所以许多农民是先把自己的庄稼作好，才去管公共土地上的庄稼。例如曲子土桥区一乡一村的集体开荒，就因为公共土地不但耕得晚锄得晚，而且少耕一次少锄一次，因此收获很少。此外，其他变工形式，若因种种原因变工队不能集合的时候，有地的农户就会单独进行耕作，不会误了农时，在这种变工形式之下，就必须将人集合齐才开始耕作，所以往往浪费了互相等待的时间。类似这种缺点在其他变工形式下也会发生的，但是都还比较容易克服，而在这种变工形式下，这些缺点就更难克服。土地和庄稼既然是大家公共的，所以每个人都不像对于自己的土地和庄稼那样关心。

“刘秉温式”变工队比较其他变工形式有它的优点和进步的一面，但是这些优点必须是在采用现代化农业技术的条件下才能完全展开来。那时农民看到这种变工形式可以若干倍地提高生产力，才会觉得采用这种形式的必要，上述的缺点和农民的落后意识才会被克服下去。在今天我们还没有完全克服这些缺点的物质条件（技术条件和社会经济条件），它的优点不能展开，而缺点反而完全暴露出来了。

在“刘秉温式”变工队下农民的私有观念形成了提高生产的严重障碍，相反在其他各种“按土地分配”的变工形式下就可能把农民的私有观念和公共利益配合起来，把它变成促进生产的刺激。吴家枣园变工队的经验，变起工来，每逢开到自己的地的时候早就操上心了。起得早，回得晚，歇得少，掏起地来头也不抬。大家都并排掏地，谁也不能落在后面，只好跟上一样掏。第二天轮到另一个人也是一样，人家给自己掏地出了力，赶到给人家掏也不能不出力。所以这种变工的结果是越到后来劳动强度越增加，工作时间越长，劳动效率越高。所谓“工变工，挣断筋”的道理就在这里。

延安县念庄的变工队和陇东许多“集体开荒队”，都准备在今年改变办法，把土地按劳动力分开归每户私有，只集体进行耕作。这样他们已经取消了“按劳动力分配”收获的基本特点，而改变成为“按土地分配”一类的变工了。

在今天的条件之下，“刘秉温式”变工还是不应当普遍提倡的。

（《陕甘宁边区的劳动互助》，中共西北局调研室编，1944年）

（三）新的劳动互助的性质

边区农村旧有的各种劳动互助本来有小经营农民之间的生产合作的性质的，不过在当时它们不能发展且限于极狭隘的范围内，而且这些劳动互助本身也具有许多缺点。今天边区的劳动互助则是在完全新的条件下发展起来的。边区已经消灭了或是减轻了封建剥削，边区的农民已经在土地革命斗争和减租斗争中团结起来，他们又在无产阶级的政党的领导之下参加了政权，进行生产运动。在党和政府帮助之下，各种形式的劳动互助以空前的规模发展起来，旧的劳动互助本身也起了变化，而取得了完全新的意义。

现在边区已经有大约四分之一的农民参加了这种新的劳动互助，他们仍旧保存着各人的土地、耕畜、生产工具和各种财产的私有权，但是在进行生产的时候却是把他们的人力、畜力以至工具几家合作起来进行集体的劳动，这就是建筑在个体经济基础上的集体劳动。这是一种新型的农民生产合作社。

今天这些劳动互助还没有改变小农经济的技术条件，农民还是使用着原来的工具，用原来的方法进行生产，不过他们已经不是分散开在各人土地上劳动而是集体共同劳动。这就大大提高了劳动生产力，增加了粮食的收获（有的增加几达一倍），这种新的生产力是从前小农业经营方法所决不会有的。新的劳动互助虽然不改变小农业经营的个体经济基础和技术基础，但是它已经打破了小农业经营方式对提高农业生产的第一个限制——分散的个体劳动。这样。劳动互助不但提高了农业生产，而且在进行过程中它将逐渐改变着农民的分散劳动的习惯，养成他们集体劳动的习惯，给将来使用新的农业技术集体生产造成有利的条件。

按小农经济本身来说，它是排斥集体劳动和新的农业技术的应用的，它的生产力是极其低下的，这也就是小农业经营迟早必将为大农业经营所代替的原因。由小农业经营到大农业经营的转变过程是可能经过两个道路实现的：一个是绝大多数农民的破产和土地、生产手段的被剥夺，农民转化为一无所有的无产者，土地、生产手段和生活资料集中于少数人之手，然后来发展资本主义的大农业，这是旧的资本主义的道路，也是绝大多数农民贫困、痛苦和灾难的道路。一个是经过小经营农民之间的合作与逐渐集体化，经过各种形式的合作社和许多过渡阶段，逐渐达到社会主义的大农业。在今天我们所实行的就是这种集体化的第一步，在个体经济（私有财产）基础上的集体劳动。这就是新民主主义经济的道路，毛泽东同志所指出的道路，符合于全体人民的利益的道路，而且是在中国必将实现的唯一道路。

在无产阶级政党的领导之下，个体经济和集体劳动的矛盾并没有消灭，但是它所提出的许多困难却可以得到相当的解决。由于个体经济的存在，参加劳动互助的各农户的经济发展也会是有差别的，但是这种差别，决不致酿成少数人致富和大多数农民贫困化的现象，而是各个阶层经济状况之普遍改善与上升。这就是劳动互助运动能够取得全体农民拥护的根本原因和逐渐集体化的道路能够成功的条件。

（《陕甘宁边区的劳动互助》，中共西北局调研室编，1944年）

这种合作经济并不消灭私有，只是限制剥削，奖励劳动；劳动增产的结果，仍归个人所有，使私人经济更合理地发展，它是新的资本主义性质的经济，并非社会主义性质的集体经济，……

……农村劳动合作化将使边区农业（包括副业）、手工业等获得充分发展的条件，这是我们今后进一步提高人民物质和精神生活的基础。

（任弼时：《去年边区财经工作的估计与今年边区金融贸易财政政策的基本方针》，1944年4月在边区高干会的讲话）

第三节　劳动互助的作用

陕甘宁边区所处的环境在一个时期内还使我们不能采取真正现代化的农业技术，但是我们能不能在现在比较落后的技术基础上面，把边区的农业生产力大大提高一步呢？一年生产运动的经验证明了这是可能的。我们先把若干乡村去年的收获和前年的收获做一个比较吧。延安县吴家枣园村1942年的收获是一百四十一石五斗，1943年是二百五十六石七斗五升，增加了81%。安塞马家沟村1942年的收获是八十三石七斗，1943年是160石，增加了86%。淳耀白塬村1943年的收获比1942年增加了200石，每亩比邻村多收七升至一斗。延安念庄的变工队1943年收获比1942年增加了几乎一倍。华池城壕村1942年的收获是170石，1943年是280石，增加了60%。上面这些村庄都是1942年未实行劳动互助，1943年实行了劳动互助，而且实行得比较好，因此大大地提高了生产。

我们再把实行了劳动互助和没实行劳动互助的个别农户来比较一下。延安县念庄，变工的农户12个全劳动力6犋牛收粮一百二十五石四斗，未变工的农户23个全劳动力10犋牛收粮158石，按劳动力平均，相差60%多。

再根据延安县南区区长估计，去年全区收获为20900石，其中因为组织变工、扎工多收了5290石粮食。又据新正县三区二乡乡长估计，全乡因为组织班子去年可多收粮400余石。

上面所引的材料绝不是个别现象，而是从任何方面都证明，只要真正组织了劳动互助就可以或多或少地增加粮食，组织得越好，增加的粮食越多。

（《陕甘宁边区的劳动互助》，中共中央西北局调查研究室编，1944年）

在边区农村中，历来就存在着各种各式的调剂劳动力的方式：如“变工”和“扎工”，就是流行较广的方式。自发的“变工”和“扎工”，其范围虽然狭小，仅限于亲戚、朋友、邻舍等关系，可是它是适合于边区农村的实际情况的，如果能因势利导，有计划地组织领导，便可以使它成为发挥劳动力、提高生产的组织。为了证明这一点，延安县的宝贵经验，是值得称述的。去年延安县共组织“扎工”487个，另外吸收好劳动力4939个参加集体劳动，几乎占总劳动力1/3，即3个人中有1人参加集体劳动。在开荒的时间，集体劳动就显出很大的力量，去年延安县要在一百天中开荒八万亩，每天应开800亩，自3月10日到4月19日前，还只开了15000亩，只占总任务的18.7%，尚差65000亩，但时间已去了2/3。所以19日下雨后，采取开荒突击20天，在20天中，竟完成了46442亩，占总任务58%。假若延安县没有把劳动力及时组织起来，那么便没有办法抓住雨后的绝好时机进行突击，而8万亩的开荒计划也没有办法完成了。

我们知道，做庄稼最要紧的，是“不违农时”。早晚下种，会有不同的结果，迟早收割，也会有不同的收获。要做到“不违农时”，只依靠单独的和分散的劳动，是难乎其难的。假若采取劳动互助，情形就大不同了。把三五户七八家的人力畜力组织在一起，今天大家一齐帮你耕，明天大家给我种；哪一块地草多，就给哪家先锄；哪家庄稼早熟，就帮哪家先收。在“变工”中，不仅有人工换人工，而且三个人工还可以换到一犋牛工，办到有人力的出人力，有畜力的出畜力，多的多出，少的少出，使人力畜力得到调剂。这样，才能做到不违农时，才能做到及时翻地、及时下种、及时锄草和及时收割。

经验证明：互助的集体的生产组织形式，可以节省劳动力，集体劳动强过单独劳动。如：一个劳动力一年可以耕种15垧地，但若三个劳动力一齐干，一年就可以耕种70垧地，四个劳动力更可以耕种100垧地。两个人力一犋牛力，三天可以做完的工，如果用三个人力一犋牛力，两天就可以做完。不仅如此，互助的集体的生产组织形式，还可以大大发挥劳动热忱，增强生产效率；因为大家一起工作，生动活泼，情绪紧张，互相鼓励，互相竞赛，谁也不肯落在人后，工作进行的紧张程度，正像群众说的：“工变工，挣断筋！”最后，互助的集体的劳动组织，是真正群众的组织，便于我们党的和群众团体的工作同志，进行教育群众，增进群众团结互助的精神。

正因为这种互助的集体的劳动组织，能使庄稼不违农时，调剂和节省人力畜力，提高生产热忱，增进劳动效率，发扬群众的团结互助精神，所以它能得到群众的拥护。

（《把劳动力组织起来》，《解放日报》社论，1943年1月25日）

一、劳动互助可以提高劳动效率

实行劳动互助的时候有许多人、牲口同时在一个地点劳动，能提高劳动效率，例如十个人集体劳动，在同样长的劳动时间内就能做出十三四人的活来，就是说提高百分之三四十的劳动效率。这是由于下面的一些原因：

（1）许多人在一起锄地或是几犋牛在一起耕地就能提高劳动情绪，人和牲口都不肯疲乏，又能互相督促和引起他们的竞争心。一个人或是一犋牛做活的时候，吊吊搭搭，无精打采，不久人也困了，牛也乏了。若是人和牲口一多，人有说有笑，手底下自然快起来，牲口也精神起来。一个跟上一个，谁也不肯落后，暗地里就互相竞赛起来。例如关中的唐将班子发明了“装口袋”“吃地球”等等个人竞赛办法，谁落在后面，就要被众人嘲笑。人一多又可以互相督促，所谓“三懒一勤，想勤不得勤；三勤一懒，想懒不得懒”，所以这时候劳动强度的增加是自然而然的。

（2）做起来可以“赶急”，“不违农时”。无论是播种、锄草、收割，都需要在一定时机进行，不然庄稼就受损失。集体劳动的时候，人力就可以得到调剂，可以先集中力量锄草大的地，或先收熟了的庄稼。这样做得又快，庄稼又好。

（3）人力和畜力能得到适当的搭配和发挥，例如一犋牛播种需要两个人，两犋牛分散下种需四个人，但若是集体劳动三个人就够了。五犋牛分散下种需要十个人，若是集体劳动七个人就够了。这时候七个人就可以做十个人的活。再例如用牲口送粪，分散劳动的时候一个人只能吆自己的一个牲口，若是集体劳动一个人就可以吆三四个到五个牲口，这时候一个人就可以做五个人的活。

（4）集体劳动可以把人分开担任不同的工作。例如扎工和唐将班子有的是由一个技术好的人专门修理全部的工具，还有的在开荒时候抽出两个人专门刨梢。这样的分工也可以节省很多的时间。

（5）集体劳动人们可以互相帮助，消灭劳动力强弱的差别。例如几个好的劳动，夹杂上一两个较弱的劳动力，大家稍为帮助一下，就可以丝毫不影响全体的劳动效率。

（6）集体劳动还有许多其他可以提高劳动效率的地方。例如五个人收割，每人割一小把，当时就可以合起拧成一大把，不必像一个人收割的时候那样必须一小把一小把放在地上然后再收一遍。许多人装车装牲口就可以省下牲口和大车空等的时间。许多人同时锄草可以一下把草锄光，不像一个人锄一大片地，锄到这边又荒了那边。

总之，劳动互助的第一个好处就是它能把多数的人和牲口集合起来，发挥“单纯合作”的作用。同样的人力、畜力在同样的劳动时间之内就能得到更大的结果。

（《陕甘宁边区的劳动互助》，中共中央西北局调查研究室，1944年）

这些劳动互助在本乡的农业生产发展上起了什么作用呢？单拿去年为例吧。去年仅由于扎工就可以节省近三千个劳动日，变工所节省的还未计在里边，这些节省的劳动都用在增开荒地多锄草和其他耕作上去，对于增加粮食产量多少可想而知。其次是由于变工扎工使得下种锄草收割都能及时，这也保证了粮食产量的增加。此外变工扎工还提高了参加人的农作技术（人多可以互相学习），增进了农户中间互助团结的精神，把劳动变为愉快的生活。

曾经和常年参加变扎工的农民计算了一下，若是锄头次草一个人劳动，一天可以锄一亩的话，那么若是九个人的变工或扎工一同上山，一天就可以锄十四亩到二十亩，劳动效率增加一半到一倍。为什么集体劳动能把劳动效率提得这样高呢？

（1）大家在一起劳动有说有笑兴高采烈，有竞争心不甘落后，做得又快又不觉疲劳。

（2）人多可以进行简单的分工，比如播种时有的打土有的撒籽，收割时有的割有的拧把，做得特别快。

（3）有组织有指挥（扎工的工头，变工的变工队长），做起一齐做，休息一齐休息，没有人偷懒。

（4）不误时间，早起有人叫，不必在家等吃饭（只有一人等取饭），午饭不必回来（派两个人回来取饭）。老百姓有句话非常对，“人多受苦受在山上，人少受苦受在路上”。

（5）集体劳动中夹杂一两个劳动力弱的人，由于大家的影响也可以变成好劳动了。

（西北局调查研究室：《延安县川口区六乡农业调查》，《解放日报》，1943年4月1日）

可以提高劳动热忱，和增强完成生产任务的信心。因为变工集体劳动，互相鼓励、竞赛和监督，这就刺激了农民不甘落后的竞争心，也就提高了劳动的热忱，至于增强群众完成生产任务信心的例子更多。延安柳林区五乡念庄村，在没有组织变工队时，乡政府分配开荒45亩，群众信心不高，组织变工队后，除种原有熟地及完成45亩开荒任务外，还多开了225亩。

（《介绍陕甘宁边区组织集体劳动的经验》，《解放日报》，1945年12月1日）

变工的好处综合起来有下列各项：第一是大大提高了劳动效率。延安变工，每人7天即可开荒1垧，不变工则要10天；安塞变工每人8天开荒1垧，不变工要9天到10天；同宜耀每人每天只能开荒3分，5人组织起来，每人每天开4分。变工锄草、运粪的效率更高，绥德劳动英雄刘玉厚个人每天只能锄1垧地，5人变工，每人每天可锄1垧半，安塞10人变工效果超过不变工的1倍；淳耀以集体接力办法运粪，8个工运了350驮，个体送则需23个工，即变工效率超过不变工的2/3。这从变工前后的事实也看出来，合水县变工未搞好前一个多月，只开荒10653亩，变工搞好后12天，就开了13700亩。新正县某村，在未组织变工之前，30天开荒不到10亩，组织之后，两天即开18亩。

（《介绍陕甘宁边区组织集体劳动的经验》，《解放日报》，1945年12月1日）

关中分区的报告上说：“关中分区今年春耕任务能够顺利完成并在开荒中超过计划，劳动组织之充分利用与改造是起着很大作用的”，例如“……新宁五区四乡未组织前40天只开了70亩荒地，干部只每天空喊‘都开，都开’！之后，组织了13个搭工，参加的161人，6天就开了461亩！”安塞县原计划开春荒4万亩，结果开了73000亩，据县委的报告说："本年全县开荒超过原计划之一倍，是因为有效地组织了变工队，提高了劳动效率和热忱。"再例如合水县自3月至4月底全县只开荒10653亩，5月1日以后只十一二天内因为切实地组织了劳动互助就开荒13701亩。吴旗县去年秋开荒66943亩，就因为该县广泛组织了"请牛对"、"合牛对"、变工等劳动互助组织。

各地去年的春耕和秋收，凡是组织了劳动互助的地方都能提前1/4到1/3的时间完成。

（《陕甘宁边区的劳动互助》，中共中央西北局调查研究室编，1944年）

"先前年，这村里扎了一班工，全村开过八十多垧荒地，多打了七十几石糜子。前年没扎工，各家随便掏，一满只掏够二十垧荒地，多打了十几石粮食。年时[①]又扎了工，受苦还是这些人，却掏了一百多垧荒地，多打了八九十石粮食，还给别村掏了十七天，锄了十几天。你看，扎工和不扎工要差多少？"

延安金盆区三乡的指导员孟庆成同志，拿这个事实，来说明扎工不扎工的显著差别，说明集体劳动的利益。

（方悴农：《孟庆成的扎工队》，《解放日报》，1943年3月12日）

贺保元领导的定边二区四乡贺家圈，1942年，没有变工，在锄草和秋收时请了很多短工，结果，地还是有的锄了，有的没锄，收秋后，有的当时完场，有的拖到冬天和第二年春天，丢了粮食很多。全村种220垧地，只收196石粮。

1943年生产大运动，实行了变工，全村加了一犋牛，三个劳动力，多种了60垧地，完全没请短工，庄稼比往年多锄了一次，收割完场也早，全村打粮308石，比1942年多收102石。

以贺保元个人来说，1942年种400亩地，花1000元工资，打89.6石粮，1943年种550亩，没有花一点工资，打粮112石。就是说，生产运动实行变工使他省了工资，还多得22.4石粮。

（华子扬：《生产大运动与边区人民经济生活》，1944年8月19日）

---

① "年时"即去年。

农业劳动中的合作化——变工、扎工等，大大提高了劳动的效能，从以下几个事实中，就可以看出集体劳动的效果。

1.延安念庄变工队的统计

一个劳动力	种地（垧）	打粮（石）
不变工	11.6	6.45
变工	17.9	10.45

（百分比以不变为100，则变工种地均154%，变工打粮为160%，较原来增加一倍半）

2.关中新正三区二乡别岭村

种地一亩	个人	集体
开荒	6.5工	2.5工
下种打土	2.0工	1.0工
锄草两次	2.0工	1.0工
收割	1.0工	0.5工
合计	11.5工	5.0工

（变工较不变工可节省6.5个工，也是一半以上）

由此可见，变工与不变工的效率是3∶2，即2人劳动力等于3人。

（任弼时：《去年边区财经工作估计与今年金融贸易财政政策的基本方针》，1944年4月在边区高干会议的讲话）

广泛地实行了劳动合作——主要方式是变工。劳动合作是达到增产的必由之路。组织起来了，劳动力就高，就可以调剂使用。以开荒为例：同宜耀一区二乡参加唐将班子的110人，共开荒1838亩，平均每人开17亩，个体劳动334人，共开荒1167亩，平均每人只开5.2亩，这个数目是差得很大的。今年边区共有全劳动力338760人，参加集体劳动的81128人，占总数24%，明年为要扩大耕地，改进作法，就必须将劳动力更大量地组织起来，尽可能做到全体参加。要做到这点，除干部的领导外，尤其要尽量发挥劳动英雄的作用。劳动英雄主要是领导一村，没有做到领导一村的，必须将他提高到领导一村。但还有尚无劳动英雄的地区，应使普及到有劳动英雄，附近已有的劳动英雄应设法影响他们，并创造出更多的劳动英雄来。

（《1943年农业工作总结》，可能是边府建设厅的文件）

组织与调剂劳力——边区地广人稀，劳力不足，为了发挥劳力效能，提高农业生产起见，调剂与组织劳力有特殊意义。在边区已实行的组织与调剂劳力的办法，主要的有劳力互助（即变工、扎工）、奖励移民、改造二流子等三种。

关于组织劳动互助，就是在一村之内或几村之间，将大家的劳力与畜力组织一起集体生产，今日帮你，明日帮我，或者以工还工，或者以钱折工，不但可以解决劳力、畜力缺乏的困难，而且可以节省劳力畜力，提高效率。这种劳动互助，在边区民间过去即有此习惯，如变工、扎工、搭工、合伙牛、唐将班子等，都是旧有的劳动互助组织形式，但过去流行不广，且多限于亲友的狭小圈子内。自政府提倡加以组织后，即逐渐普遍，在1943年参加劳动互助组织的有些地区已占劳动力的45%，少亦达到28%，而在夏耘时间有些县份竟达到全县劳力80%。这种劳动互助组织，把原来散漫的个体农村经济在生产力上大大地提高了一步，因而增加了农业生产的效力。如合水县变工没有组织好以前，全县一个多月只开荒10653亩，变工组织好以后，只12天就开了13700多亩。

（《陕甘宁边区农业》，可能是1945年文件）

个体劳动与集体劳动效率比较

劳动组织	户数或人数	劳作种类	个人劳动需人力		集体劳动需人力		集体劳动节省人力	
			劳动强度	劳动力	劳动强度	劳动力	节省人力	百分比
赤水四区任志魁的搭种	9户	送粪	一人管一牲口	11人	一人管三牲口	4	7	63%
		下种	二人管一犋牛	10	七人管五犋牛	7	3	30%
淳耀白塬村的搭种	54户（九组）	送粪	一人管一牲口	58	一人管二牲口	29	29	50%
		下种	三人管一犋牛	81	五人管三犋牛	45	36	44%
赤水柳树庄孙顺旺班子	8人	做饭开荒中	一人饭一人做	8	八人饭一人做	1	7	88%

说明：根据关中分区1943年生产总结报告。

关中分区淳耀二区个体劳动与集体劳动效率比较

项别	参加开荒人数	所开荒地亩数	每人平均开荒亩数	百分比
全区（个体）	334人	3005亩	8.99亩	33.8
班子（集体）	110人	1835亩	17.62亩	66.2

说明：①系根据关中分区1943年生产总结报告。

②开荒时间相同。

（《边区农业统计表（1940—1943）》，1944年）

A.三个典型乡的集体与个体开荒比较

地名	参加个体劳动者	集体劳动者	集体劳动开荒面积	个体劳动开荒面积
同宜耀一区二乡	334人	110人	70%	30%
延安川口区六乡	700人	83人	48%	52%
安塞四区二乡	529人	177人	50%	50%

B.华池温台区三乡六个人参加锄草变工队与六个人个体锄草比较

变工队（6人）每天锄草	个体（6人）每天锄草
18亩	14亩

C.全边区参加集体劳动占全劳动力四分之一强

全边区原有劳动力338760人　　参加集体劳动者80118人

D.今年二流子参加生产约占全边区二流子的三分之二

全边区共有二流子	6424人
今年已转变参加生产者	4500人

（《从边区生产展览会所见到的边区工农等各业发展情形》，估计是1943年文件）

二、实行劳动互助可以有效地使用人力、畜力，减少浪费，延长有效劳动时间

实行劳动互助可以把人力和畜力都用在有效的劳动上，节省了许多不必要的浪费的时间，也就是实际延长了有效的劳动时间。例如一个人上山劳动，往往是吃过早饭才去，到了山上一看一大片地，叹口气，休息一会儿，东看看西望望把时间都浪费了。午上又要回来吃饭，晚上天不黑就早早回来了。农民家里都有些琐碎事情，有的时候一耽误一天就不上山了。若是集体劳动，人们都觉得这么多人同时劳动一定要时间抓得紧些，往常一个人耽误点儿工夫不要紧，人多了就耽误不起（给谁家劳动的时候，那个主家特别是这样感觉，所以他也特别操心）。人们互相督促，早早就上山了。所谓“三早折一工”能多做出很多活来。早饭和午饭都是送上山去吃，省下了来回走路耽误的时间（所谓“人多下苦下在山上，人少下苦下在路上”）。平常送饭，一个人劳动要一个人去送，十个人劳动要两个人送也就够了。一个人劳动，休息的时间没有一定，集体劳动有人负责，休息的时间也缩短了。晚上，剩下一点地，每人多锄几锄也就完了，所以回来得也晚些。再则大家变工不能因为家里有一点小事就不去给人家还工，因此，劳动互助的结果是上山早，回得晚，休息时间少，少跑路，少误工，实际上延长了有用的劳动时间。

此外，劳动互助可以节省其他方面的许多浪费的时间。例如许多变工队把全体队员要办的琐碎事情，买东西等等工作交给一个半劳动力代办。变工轮流在各家吃饭又节省下妇女做饭的时间，可以腾出妇女们的时间做其他工作。

（《陕甘宁边区的劳动互助》，中共中央西北局调查研究室编，1944年）

节省劳动力，安塞农民说：“一个人上山锄地，要一个人送饭，变工五人锄地，一人送饭就行了。一犋牛犁地，要一个人播种，变工后两犋牛犁地，一人播种就可以。”据三边分区的材料计算，今年春耕中，由于变工的组织，每天节省了2006个工，一个月就节省了60180个工。

（《介绍陕甘宁边区组织集体劳动的经验》，《解放日报》，1945年12月1日）

三、实行劳动互助可以把分散的社会劳动力组织到生产中来，便于实现党和政府的生产号召和生产任务，学习新技术

实行劳动互助的结果可以造成真正群众的普遍的劳动热潮，不但能把全体农业劳动力吸收与组织到生产中来，而且能推动许多半劳动力和迄今还站在生产战线之外的劳动力，把他们也吸收与组织到农业生产中来。

凡是成立了劳动互助的农村，农民已不是一户一户各不相关地孤立劳动，而是成了一个有组织的劳动队伍，为着一个确定生产任务而奋斗。党和政府提出的生产号召生产任务经过劳动互助组织更容易贯彻到底，生产中的积极分子和劳动英雄更容易实现他的领导与推动作用，农民更容易相互学习生产技术和交换生产经验。分散劳动的农民有很深固的保守观念，不肯采用新的农作方法和新的技术，但是在组织起来之后，就能打破这种陈旧的保守观念，使他们接受新的农作方法和新的技术，这是一个方面。

另一方面，把参加生产的劳动力组织起来之后，就能刺激与推动迄今还未参加生产的劳动力和半劳动力，把他们也卷入生产的热潮中间来。在去年的生产运动中间有无数这样的例子。

在赤水、新正、吴旗、曲子、志丹、定边以及其他许多地方出现了许多妇女的开荒、锄草的班子和变工队。例如赤水的一区四乡有三个妇女开荒班子，赤水要险村有两个妇女开荒班子共八个人，两个班子互相竞赛，有的妇女每天能开荒五分。同宜耀的二十八个妇女开荒八十五亩半。淳耀的三十八个妇女开荒七十六亩三分。新正的十九个妇女开荒四十二亩半。吴旗县有七个妇女锄草变工队共六十九人，志丹县的妇女锄草变工队有的还向男子变工队提出挑战。除了参加农业劳动以外，有些妇女还在给变工队做饭、送饭、喂牲口等等劳动上进行了变工。在秋收的时候除个别地区外大多数的妇女参加了秋收劳动。

其次，各地还出现了许多老汉和娃娃的变工队。开荒运动中在各地曾有六七十岁的老汉和十几岁的娃娃参加开荒，例如新正一区九乡七十八岁的王

老汉开荒三亩，淳耀六十九岁的董发宽开荒十四亩，新正十一个娃娃开荒三十六亩，延川永远区三乡五个娃娃的变工队开荒十五亩，固临安泰区孟家村七个娃娃的变工队开荒四十堆。

再在鄜县、同宜耀都出现了商人的开荒变工队。同宜耀衣食村的商人说："若要发，买卖兼庄稼"，八十个商人开了一百八十六亩半荒地。甚至连庙官、瞎子（庆阳）都参加了开荒运动。

最后，各地还出现了许多二流子参加劳动互助因而转变并成为变工队的队长和组织二流子变工队的例子。延川的465个二流子中参加变工的83人，参加扎工的32人，同宜耀衣食村的一个二流子班子开荒47亩，并不比一般劳动力差。有的把甲村的二流子编到乙村的变工队，乙村的编到甲村，以免他们回家偷懒（靖边），有的把二流子编入变工、扎工后减少了大家在地里的牵挂，免得二流子偷东西和到婆姨家里溜达（志丹）。

（《陕甘宁边区的劳动互助》，中共中央西北局调查研究室编，1944年）

四、在地少人多的地区开展劳动互助，可以节省劳力，实行精耕细作和发展副业

在荒地缺乏的地区，提高收获量主要的方法也是更好地组织劳动力使农民有更多的时间来改良农作方法。例如淳耀白塬村去年每亩比邻村多打粮七升至一斗，据劳动英雄石明德说它的原因是："因为全村搭工，所以能够：（1）去年（1942）全村实行了秋翻地；（2）今春崄畔一律刈光；（3）所有庄稼一律锄草三遍"。赤水的劳动英雄陈建伯说："变工的好处是可以多耕、多锄、多上粪，所以别人的地打三斗，我的地能打五斗。我村的变工队曾和不变工的邻村梁五地村比较过。我队有16个劳动力，十一犋半牛。梁五地村有24个劳动力，20犋牛。我队锄麦360亩只七天，梁五地村锄180亩用了十三四天。我队锄秋田三次，有一次六天就锄了180亩，梁五地村七天才锄了110亩。种麦的时候，我队六天种了350亩，梁五地村十二天种了500亩。收秋的时候，我队八天收了240亩，

梁五地村十五天才收400亩”。华池劳动英雄张振财的城壕村变工的结果，除开荒地200亩之外，比去年的地多翻了一次，多锄一次草，还抽牲口运了两次盐。

为了证明劳动互助在改良农作方法和发展副业上的作用和劳动互助在地少人多的地区也需要提倡，我们摘引一段去年10月18日《解放日报》登载的米脂一个变工队的报道：

米脂七里庙的模范变工队

七里庙，位于米葭大路两旁，居民较分散和贫苦，共51户，全劳动力40个，半劳动力4个（17个无地种南下跟工的全劳动力在外），耕种土地512垧（其中租地306垧），每人平均地二垧半，每劳动力平均种地12垧，不够种。耕驴共21头。土地分配较平均，种地顶多的只一户，耕种42垧，其他皆10来垧左右，因此外出跟工、打短者很多。

变工队，去年就有73%的劳动力参加，甚至有早在五六年前就一起变的，但那多是无组织的、零散的活变。经过今年政府的动员组织与领导后，该村变工队已发展到96%以上，比去年增加了23%。参加变工的耕地面积四百七十九垧半，耕驴19头，变工的方式已由自流的活变转为有组织、有领导的固定变（一年变到底）。现在不参加变工队的只有高照光（村主任事忙，全劳动）与李生章（有病，半劳动）2人，共耕地33垧，耕驴3头。

变工之后有些什么好处呢？仅就这半年来说：

（1）农作法的改进。以整地与播种谷子来说明，三十一年（1942）安谷82垧，壕谷7垧，撒谷43垧，溜崖31垧，拍畔36垧，打水窖48个；三十二年（1943）则安谷108.5垧，壕谷32垧，撒谷24垧，溜崖55垧，拍畔44垧，打水窖104个。

夏耘上也比较细法了。在总耕地中除10%的冬麦外，其他田禾（谷、黑豆、高粱等）90%以上能锄到4次，而在去年则锄3次的较为普遍。今年所以能够这样，是由于变工之后“人手宽套”了。农民们说：“4个变工，一早就省出3个送饭工，每家的杂活（担水、扫溷），还都误不了，三早就顶一工哩。”而在生产效率上也提高了，如集体劳动“红火”（热闹），情绪高，“不怕狼”，可晚归，互相“协瞟”（督促、竞赛）捎带的也把一垧地锄过了等都是事实。

（2）剩余劳动的盈利。21头耕驴中有7头经常走米脂城、桃镇等地驮贩炭，都是一天来回。变工之后，可保证每集都去驮，每月驮6次，今年9头驴共驮329次。每次除来往盘费外，可赚150元，共可赚48600元，其他零碎驮贩及捎驴驮炭节省的人工尚不计在内。

有10个人，变工之余出外跟工，打短共290天，赚27000元（还有一个脚户变工队的收入没有计算）。

总合起来，根据这个不精确的统计，仅此半年当中（从2月组成变工队至7月底），由于变工的结果获取额外（土地之外）盈利近9万元，因此在变工队的会议上，队员们说：“公家真是为咱想，咱们把这好处吃清了（明白了），这半年总赚了9万元。”

现在来看一个好的变工队是怎样变的吧！

李善珍队：共8个人，耕地95垧，耕驴三头半（计李善珍地12垧；善玉地10垧，驴半头；善来地13垧，驴1头；善开地10垧；善钧地16垧，驴1头；善久地14垧；高照亮地10垧，驴1头；姜汝华地10垧）。

他们是并地种，即把地打散，做完一家的再做一家的，或者谁家急切就做谁家的，以一工还一工计算。给谁家种，早午饭即在谁家吃，早起留一人在家等饭，捎带把上山人家的水担下，其他都上山（地多时8人一起，地少时分为两组）。在耕作上，他们采取“化零为整”与“化整为零”的竞赛方式，如在锄草时，遇上圪梁或零块的坡洼地，就把几人分散，从地边上开始，吃饭时集中到山顶，看谁在先，谁落后，而遇到大块较平的地时，则并排着锄，互相“协瞟”，锄得很快，这是竞赛的方法。从2月到现在，他们得到的成绩如下：

1.农作法的改良：

（1）人工掏地，众人称他们为“镢头工”，谷地差不多都是掏的，因为人工掏地掏得深，比牛耕强，去年8家中只掏地2垧（李善珍），今年共掏地14垧半，增加了7倍余。

（2）整地：

①溜崖：去年3垧半，今年14垧；

②拍畔：去年2垧，今年9垧；

③摇圪楞：去年无，今年9处；

④打水窖：去年无，今年25个；

⑤拨水沟：去年的老水渠不计，今年的较大的水沟有39道。

（3）播种的细法：以31垧谷地来说，去年撒种5垧，今年只撒种1垧，其余皆安种。

（4）多锄一次草：除18垧麦地外，锄过4次的有43垧，3次的有27垧，种完老麦以后，一齐锄完4次。

（5）增加了肥料：单说18垧麦地，去年上大粪66担，干粪169袋，今年上大粪81担，干粪184袋。他们本来牲畜很少，为什么反能增加肥料呢？主要是靠变工所省出的剩余劳动打短或驮贩炭赚的钱向城里购买，今年光买粪钱花了2300元，其中只有李善珍从家里补了一斗老麦。

（6）现在他们已把18垧麦地粪都送上，计划种完麦后，把31垧谷地被虫蚀的连根挖掉，并翻秋地13垧，以防来年害虫繁殖。

2.余工盈利：

春耕完后，4月间，抽出3个人出外跟工，未种完的庄稼（糜子、洋芋），留给家里的人去料理。

李善珍，出外烧一个月石灰，赚2700元。

姜汝华，出外包一月工，赚2250元。

李善开，出外盖桥一月，赚1350元。

在家的五人，除负责料理各家的庄稼外，有驴的如李善钧、善来、高照亮，还“吊打”的去驮炭卖，每人驮了12次，共赚一万元，驮时多半是捎驮（一人赶二驴），可节省一个人工（捎一次还工半天）。最近因种冬麦和快要收秋的原故都在家里，李善珍集合了四人向该村石炭窑以2400元包了14个工掏土，但4个人4天就完工了，集体劳动的结果又省出6个工来，每人赚到300元的工价，而节省的工就以原工价180元计算，最低限度又可赚1200元。

合算起来，只半年工夫，眼看到的这8个人共得到22500元的收入。若将新增的地也折成价，则将多有万余元的收入，无怪他们变工愈变愈起劲，众人愈看愈眼红了！

（《陕甘宁边区的劳动互助》，中共中央西北局调查研究室编，1944年）

五、组织起来便于政治教育，配合政治动员

（1）劳动互助社。在虎洞区三乡二村组长张仲林领导组员九名，李兴义组长领导组员十一名，每日在互相换工经常轮流生产，特别在收秋中将他们庄稼七八天即收完。毛井区三乡三村小组长董廷选领导组员九名，经常互相换工，而且耕牛、农具、籽种等问题，亦互相解决，不发生困难。尤其在收秋中，适遇“九一八”时县上检阅，全县自卫军将参加，劳动组织大部到县，但这些互助小组在家更坚持及英勇，不分星夜收获粮食，不足十天同样收完，未受损失，这些例子各区很多。

（2）义务耕田队。在环城区五乡三村耕田队长魏中贵、苏长有、何中贵三人领导三队（三十五人）给抗属李恒仁收庄稼，一天将他家粮食大部收完，而且搬在场中。在虎区三乡二村耕田队长张文成领导七人，将应代耕之抗属粮食收完外，还对本队队员张显林一贯不诚心优待抗属给了应有之说服斗争，教育了一般队员。如一次该队全体人员到抗属田中收秋时，张显林不但不劳动，而且不言不语随便返家。故该队长即行追问，张显林自称：“我去参加保安队，你们给我优待！”所以该队长在二日内即率领全队员收秋一天，拔黑豆十余亩，晚时他们即追查要张显林迅速上保安队。可是张显林又说我是说假话，并不参加保安队。随后张文成将实情报告行政村主任，召集了群众大会，做了不客气的斗争后，使他满意地参加了保安队。证明了耕田队起着他应有作用，除完成自己任务外，还帮助了扩大地方武装工作。

（3）妇女组及杂务队亦起了作用，但不及互助社耕田队作用。如妇女大部是在自己家中与男子一同生产，在妇女组织中进行很差。

（《环县政府经济建设工作报告》，1939年1月）

六、米脂县关于变工作用的总结（节录）

（一）配合了移民工作

过去作“吊别庄稼”的今年在变工队组织起来之后，他可以把地交给变工队种，自己南下开荒，回来分粮给他们（或用其他办法）。像这样直接从变工队里扎出（就是先组织变工后确定移民）的劳动力，计民丰有37，卧羊11，民权4，龙镇5，银城5，印斗54，河岔7，龙镇情况不明，共计有123人，其他移民也为变工队组织了，雇短工的人减少而走的人是极大部分。移民工作好的像印斗吴仲沟移走了占劳动力总数18的50%——9个，从变工队中直接扎出5个。

群众说：“这是变工队变出来的第一个大好处。”

（二）提高了劳动效率（包括情绪、技术）

民丰有这样的统计：一支耩子单独揭2垧地，同一时间两支耩子在一起揭6垧地是3∶1。集体劳动的兴奋可以使人忘记疲劳，如罗家坪的11个人变工队常常到月亮很高了才回来，“使他们连吃饭都忘了”，他们“捎带一下就能加出几个人的活”。

省工，在春耕中集体变工送粪，过去要人背，现在不用了；过去一头牲口得一个人吆，现在两三头牲口一个人吆就行了，三头驴就能省出两个人工，并且送得快，不走劲。揭夏田过去一支耩子一个纳粪的，变工后两支耩子一个纳粪的，这样每垧就能省下一个人工。再如赶集取饭更能省工，现在将几个区的省工统计列举于下，可以窥其一斑：

印斗区春季送粪79075布袋，用了402工，省了人工1186个，省驴工2106个。共揭夏田4000垧，50工，省人工1227个，省驴工299个，并提前翻谷地四用了351垧，种棉花地195.5亩。

民丰三乡统计：全乡共夏田484垧，用4支耩子集体揭的有1组，3耩揭的2组，2耩揭的23组，1耩揭的14组，共省出100.5个工。送粪5890袋，省工

310.5个（天），变工的结果是得到了如何惊人的成绩，像这样的例子是不胜枚举的。（民丰报告）

再如民丰王克仙变工组，7个全劳动力，4头半驴，一人赶4驴送粪，其他的人碎类，5天送完了180袋，（过去则需25天）揭夏田分两组，每组2耩，每垧地省一个人工。王儿坬李见应比去年快了六分之五的时间。

（三）能做到不误农时和精耕细作

往年我们这里有一部分农家常因缺少某种条件（人、牲口等）而误了农时，今年则是完全消灭了这种情形，如据椿塌梁统计春播农作比去年完了早半个月，一般都在清明前将夏田种完。

同时因变工可以做到分工，各尽其长，而能使庄稼在熟练的技术下耕作得更细法。如袁新庄今年要修理两支安放了多年的耧，由一个熟练的人耧种全村的谷子，再如罗家坪常之仓包撒11家的种籽（他的撒籽是最好的）。

在锄草时更能发挥集体的力量，现在所有变工队都计划将主要的几种作物锄四至五次，罗家坪的农民说："要是天时平稳，要保证每垧地增加6升半以上的细粮。"

把差的编在变工队里，可以锻炼进而提高技术。同时也是从积极方面改造二流子的一个很好的办法。如吕家崄把一个二流子的家庭生活完全包了，供他家全年的开支，带着他受苦。再如印斗罗家坪一个二流子，今年变工后，大家常批评他，现在变成好苦了。

能做到不误农时和更加改变作法。往年有这么一批人，常常是种的地而捉苗不成，或竟至种不里去，今年就完全没有了，一般的都在清明前揭完了夏田的（往年好庄稼才如此的），据椿塌梁统计，比去年整整早了半个月。

印斗狮子楞的青年模范变工队长刘浩让开始在5垧地里试行刘培润的农作法，掏尺五深，安谷子。

也由于变工省工的结果，加上雨水，"修田"是更普遍了，并且一般的都超过了农户计划上的数目。米脂北部一带的荒坟大都是今年才开完的，据印斗不完全的统计，全区今年溜崖拍畔增加了49.5垧，罗家坪利用省工给人家挖揭地，栽树苗，结果全年栽树200多棵（内有130株枣树）。

（四）大量地发展了副业

如罗家坪木工厂的成立，在分散经营的缺点下使他们将老人遗留的木工用具停息了多年，今年变工能扎出余工4人，于是木工厂成立了，估计一年能赚6万以上，折米则12石多。再如龙镇的变工队扎出人轮流掏炭，每天可掏二驮，约值九百元。又如官家湾成立了炭站。桃镇、印斗、民丰更普遍的是驮盐贩炭（俱见典型材料）。

此外，如与文化教育结合与自卫军结合等，都收到利，而使群众更满意，他们说："越搞越美气了。"边境乡的群众说："要是不变工就没人敢出境种地去。"

发扬了互助精神，规定给病人代耕不还工等，都获得了良好的影响，出现农村中从来未有的团结，如桃镇群众的口语"不能个人主义"（这对于群众来说的改造尤有意义）。

这都是些摆在目前变工的好处，是任何一个参加了变工的人都能说出的，甚至说得更多。也因此，变工运动才迅速地向前发展着，正如印斗区群众说："原初说要组织变工，有些人还是高低有些难意，还半天家盘算着吃亏不吃亏，尔格你要拆也拆不散了（经验介绍），而且还要更往美气里变呢！"也有的说："毛主席给咱实在想的好办法。"

（《米脂县1944年春耕变工总结报告》，中共米脂县委1944年5月14日）

第四节　边区组织劳动互助的主要经验

全边区大约四分之一的劳动力已经组织在劳动互助中间来了，这是去年生产运动的最重要的成绩之一。但是我们的目标是在几年之内把全边区的几十万劳动力全部组织起来，在1944年我们就要把全边区的50%以上的劳动力组织起来。这是一件艰巨的工作，而且在工作过程中我们会遇到许多新的困难。我们能不能实现这个任务呢？我们完全有实现这个任务的客观条件：因为组织劳动互助的政策不但符合于全体劳动农民群众的目前利益，而且也符合于他们久远的根本的利益；因为我们已经有了去年一年的工作基础；因为经过不久之前闭幕的边区劳动英雄代表大会，全边区军民的生产热忱更在继续高涨；因为有去年许多劳动互助收到极大成绩的事实证明，绝大多数的农民群众，比过去任何时候都更加了解了劳动互助的利益。因此，任务能否完成完全决定于我们的工作。

去年一年，我们积累了许多组织劳动互助的经验。边区许多地方的工作有很大收获，但是有些地方的工作则比较落后。我们有许多成功的经验，也有不少失败的经验。总的说来我们组织劳动互助的成绩在各地区还是不平衡的，我们的工作还是有许多缺点的。如何推广成功的经验，克服缺点，工作落后的地区赶上工作先进的地区，工作先进的地区再把工作大大推进一步，这是今年组织全边区50%以上劳动力的任务的关键。

（《陕甘宁边区的劳动互助》，中共中央西北局调查研究室编，1944年）

一、怎样组织劳动互助组织

（一）干部要彻底明了组织劳动互助的重要意义

我们的干部必须彻底认识组织劳动互助的工作在今天的重要意义。因为发展生产的中心关键是组织劳动力，而组织劳动力的首要工作是用变工队一类形式，组织最广泛农民群众的劳动互助。组织劳动互助不但是在今天条件下提高农业生产的唯一有效方法，而且它是分散的小农业个体经济逐渐集体化的第一个步骤，“这是人民群众得到解放的必由之路，由穷苦变富裕的必由之路”。因此，组织劳动互助是建设新民主主义经济的最重要的工作。此外，只有劳动互助这种能为群众谋得物质利益、适合群众要求的组织，才是真正有力量的群众组织，经过它我们就可以团结和教育广大的农民群众，使他们在生产中认识自己组织起来的力量，使他们觉悟到组织和团结的必要，把他们团聚在党和政府的周围。任何在组织劳动互助的工作上不调查，不研究，不肯深入地刻苦地工作，或则强调客观困难任其自流进行，或则不顾具体条件强迫命令的倾向，都是不关心群众利益、缺乏群众观点、脱离群众的官僚主义的倾向，我们所应当坚决反对的一种最恶劣的倾向。只要我们的一切干部都从思想上彻底解决了这个问题，那我们就有保证可以在今年达到组织全边区50%以上的劳动力，在几年之内达到组织全边区的全部全劳动力和半劳动力的目的。

（《陕甘宁边区的劳动互助》，中共中央西北局调查研究室编，1944年）

（二）坚持群众自愿，典型示范

要使群众认识变工队的利益自愿来组织，下列两种方法是最有效的：（1）在本村或邻近有变工队的地区，利用去年得到变工好处的人，用活生生的实例去宣传。例如米脂民丰四乡的干部，就抓住了去年变工成功的队去宣传，结果该乡组织起223个劳动力，占全乡劳动力的72%。（2）而在根本没变工基础的地区，就须创造典型来影响群众。镇原劳动英雄李汉杰就是这样组成变工队的：开始，他光向群众宣传变工队的好处，但没有人愿意。后来，他就和申文治、段风林三个人来试验，结果，一个人锄4天的3亩麦地，3个人半天就锄了。大家看到真的变工快，就组织起来了。无长期变工习惯的地区，要使群众认识长变的好处变起来，同样需用这种示范工作，绥德吉镇五乡前年在变工队长高尚英等三家示范下组成6个长变小组，就是例证。总之，对于实际主义的农民，必须用实利而不是空话去宣传，才会有效。

（詹武、云天：《劳动互助的一些经验》，《解放日报》，1945年3月7、8日）

变工队是怎样组织起来的呢？一般的是先开党员和生产积极分子会议，大家把变工的好处、办法等讨论清楚，发动他们在开会之前造成组织变工的热潮，然后在大会上影响其他群众自愿组织，不要强迫命令，不要按居民小组抄名单式的去组织，应由群众自己选择对象，他们觉得合得来的、土地靠近的、日常关系良好的，就组织在一起；不要一下子就想把全乡全村组织起来，更不要以为一下子就可把所有的变工队都搞得十全十美，而应先抓紧几队或一队，先把它们搞好，拿它来做榜样，给群众知道变工的实际好处后，他们就自动来参加了。变工队队长，要有威信、能帮助群众解决困难的人，才能胜任。

（《介绍陕甘宁边区组织集体劳动的经验》，《解放日报》，1945年12月1日）

坚持“群众自愿”的原则的问题。有的地区干部也曾用最大努力领导群众发展生产，但由于忽略这个原则，以致用力多而收效少。组织变工互助、办合作社、开军火田、组织纺织等都是好事情，都对群众有利，但如果不从群众自愿出发，不是组织不起来，便是组织起来后又垮台、又遭受群众的反对。领导的干部虽有“菩萨心肠”，群众却不谅解，工作仍做不好。因此必须遵守群众自愿的原则，从解决群众最迫切需要的问题作起点，逐渐提高群众。工作方式与组织形式必须估计到农村环境和农民特点。应当办而群众还不能接受的，要缓办，要在群众中进行酝酿，不要操之过急，而要采取“耐心说服，典型示范”的方针。生产运动与任何工作一样，不可能在一定时间所有地区都达到一个标准的进度。千篇一律的或过高的数目的要求，都会产生不好的结果，生产计划要从一村一区一县具体的情况和当地人民的需要出发。

（《开展大生产运动中的几个问题》，《解放日报》社论，1945年3月1日）

流行民间的劳动互助组织，主要是“变工”和“扎工”，但是也并不仅仅限于这两种，如有些劳动英雄，既不“扎工”，也很少“变工”，他们在平常帮助本庄的移难民，一遇农忙，那些移难民也就自愿地帮他们做工。再如像“伙牛”“伙种地”等等，都是带有互助性质的。这些流行民间的劳动互助组织，内容是非常生动、具体和切合实际的，都应当及时倡导和推广。

我们必须学习延安县的模范，对于组织劳动力这一重要问题，放弃消极的自流现象，采取积极的领导提倡。不仅仅鼓励组织“扎工”，而且要更多更普遍地组织“变工”；由旧的比较狭小范围内的组织，转到有组织的新的“变工队”。我们首先要在今年春耕中，大大推广这种劳动互助组织，把一切具有劳动力的——身体强壮的、老弱的、儿童与妇女等，组织起来，实行劳动互助。

但是在这里，我们必须注意：劳动互助的组织，必须建立在群众自愿的基础上，防止以任何形式出现的强迫命令，或“抄名单”的形式主义。我们若果硬要把某些没有明白互助好处的人，勉强组织在一个“变工”或“扎工”队里，或者造了名单，以为“万事大吉”，那么，生产效率和劳动情绪不但不会提高，而且反会降低。

（《把劳动力组织起来》，《解放日报》社论，1943年1月20日）

如何进一步发展和组织劳动互助？一年的经验证明：我们所必须遵守的第一条原则是根据群众的自愿。这就是说，必须是根据具体情况（劳动力的强弱，土地的多少，住址和耕地的距离等等条件）是可能组织到一起，而且组织到一起会对生产有利的时候才把他们组织起来。不是一开始就一定要把全村全乡都组织起来，而是首先由群众自己觉得合得来的自愿的结合，逐渐把他们组织起来。在群众还不愿进行长期的大规模的互助的时候可以先从临时的小规模两三家的互助做起。在个别农村群众根本不愿组织时可以先做好一个队一个组，拿这样现实的例子使他们知道劳动互助的好处，而使他们自愿地参加。边区农村流行着各种各样的旧有劳动互助形式，大多数农民都有劳动互助的习惯也了解劳动互助的好处，所以利用旧的各种互助形式就最容易为他们所接受，可以收到事半功倍之效。凡是这样组织起来的劳动互助就能提高生产，它才是巩固的。边区去年的劳动互助绝大多数是这样组织起来的，所以它们收到了伟大的成绩。

另外，我们也有不少相反的例子。如绥德的义合区开始曾提出以乡为单位组织变工大队，行政村为排，议员小组为班，以下为小组。其他区也发生不管条件如何，抄名单组织成，只追求数目的倾向。再例如曲子县在春耕时期名义上组织了529个变工队，6794个劳动力参加，而实际只是变了2600多个人工，3300多个牛工。镇原的127个变工队实际只有三分之一变过工。合水、华池也有许多形式主义的变工队。定边四区的个别乡单纯由政府命令有牛的农户向外变牛工。赤水、新正也曾发现过这样的例子，有的干部要每村成立一个班子，说：“硬任务非完成不行！”结果他一走，班子立刻垮台。有的强迫组成班子后第二天一早农民就各人到各人地里去了，连找人也找不到。其他地方还有个别的强迫组织的变工，因为农民不肯好好劳动，效率反而减低了一倍，结果也是几天垮台。有的是不管农民是否接受一定要叫“××队”“××社”，结果农民还以为是动员义务劳动的组织。总之，凡是这样强迫命令，抄名单，不顾具体条件，不管农民是否接受而组织成的劳动互助，都是不起作用的甚至障碍生产的。去年这种形式主义的组织大部分已经纠正改组了，但是可能还有一部分存在着，这种作风也可能今年又在个别地方复活。这需要我们及早防止，而且对旧的不起作用的组织，也要根据农民自愿的原则重新加以改组。

在组织劳动互助工作上的另一个倾向，就是任凭农民自流地进行而不积极地来倡导帮助。去年春天志丹、甘泉等地都曾有过这种倾向，有些干部以为农民在春天没有变工、扎工的习惯，就不能提倡。绥德分区也发生过以为本地土地分散就不能提倡劳动互助的想法。但是事实证明：只要我们做了工作，任何地方都可以成立劳动互助，而且都可以收到成绩。

这种倾向产生的原因，是由于有些同志还不肯深入地调查研究，不肯耐心地刻苦地工作，不会依靠群众中的积极分子，克服农民中的部分落后意识，不会抓住一点做出成绩来帮助全面。这种自流主义的倾向也是障碍劳动互助发展的主要原因之一。

发展和组织劳动互助的另一个重要工作是选择适当的领导人，他应当是了解情况，联系群众，有威信而又处事公平的干部或是群众中的积极分子。有了这样的领导人就能使劳动互助很顺利地进行，一切困难都容易解决。各地的劳动英雄都应当在进一步组织劳动互助中发挥他们的作用，成为当地农村劳动互助的领导人或积极参加者，借着他们团结更多的群众。

（《陕甘宁边区的劳动互助》，中共中央西北局调查研究室编，1944年）

（三）及时解决困难

当群众已认识变工的好处后，能否发现与解决他们的困难，就是能否组成变工队的关键。通常需解决下列三种困难：1.吃粮和农具困难。除了政府发放农贷外，主要靠下述三法解决：（1）富裕的劳动英雄、积极分子起先锋作用，为贫户调剂；（2）推动群众互相调剂；（3）与减租配合起来，陇东、关中、警区即有不少个农户因退租解决了吃粮和农具的困难问题，生产情绪特别高，自动组织起变工队。2.变工队过去缺点所造下的困难。如去春赤水一区一乡开始组织不起班子，原因之一是新户们抱怨班子前年弄错工账。后来，班子订出按时还工的规矩，乡长又向大家保证今后不错，并抽出完小学生及在南山领导班子有七八年经验的人分任书班领头，才得组成。3.对变工方法上的疑难。如新正马栏二乡阴坡村，去年变工至下种时，群众不变了，原因是群众认为下种变工有二困难："变工搭种不能适时下种"，和"怕别人马马虎虎丢的籽太稀"。经劳动英雄李长清提出："分组种，并叫细心有经验的老年或成年人丢莇谷籽，妇女儿童丢黄豆籽，保证都能种好"才变起来。

（詹武、云天：《劳动互助的一些经验》，《解放日报》，1945年3月7、8日）

在组织变工中有些什么困难呢？第一个困难，是开始时有许多农民还不懂变工的好处，表示怀疑。因此，在组织之前，必须把变工的各种好处，利用各种方法向群众（首先是向干部、党员、积极分子）说清楚，这是克服第一种困难的前提条件。第二个困难，是变工人员的劳动力好坏不一或土地的多少不同，都怕自己吃亏。解决的办法，一是详细解释：人力的稍有差别可赶得出来，差得远的，还可按劳动力的强弱折工，使强者弱者各不吃亏；二是采用计工制度，地多人家欠下的工，用钱或畜力偿还之。第三个困难，是各家吃的好坏不一。这一方面应向群众解释：吃的好坏没多大关系，同时，有办法的农家，应鼓励他做好饭，没办法的贫苦农家，大家应原谅。第四个困难，是先给谁做、后给谁做的问题。在原则上，党员干部要让群众，大家要让小家，同时，应酌量需要，例如谁的地应先锄就先锄，谁的地先熟就先割。

（《介绍陕甘宁边区组织集体劳动的经验》，《解放日报》，1945年12月21日）

进一步组织劳动互助的困难——土地分散问题。

去年的劳动互助是在克服了无数的困难中间发展起来的。这些困难诸如人力畜力强弱不等、土地数量不等、土地远近不同、家庭景况不同、吃饭好坏不同、人事关系不和、耕作互争先后、给别人变工时不肯好好劳动等等问题，都可以通过适当地分组、耐心地说服、积极分子和农村党员的模范作用、克服各种落后意识等得到解决。迄今为止在组织劳动互助中所遇到的客观困难中最大的一个困难还是所谓"土地分散"问题。

所谓"土地分散"包含着下面几方面的内容：

第一，土地所有的分散，就是每户所有的耕地面积都是很狭小的。这在边区经过了土地分配而荒地又比较少的地区尤其如此。

第二，土地经营的分散，就是每户所经营所使用的耕地面积也是很狭小的。这不但在上述土地所有分散的地区是如此，就是在没有经过土地分配而土地集中于少数地主之手的地区尤其如此。在这种地区有五百垧土地的地主，往往是把土地分租给一百多家农户，由他们分散经营。

第三，不但每户所有和经营的全部耕地面积都是很狭小的，而且这一户的狭小的耕地又是分散为若干小块，每小块之间又是有相当的距离的。例如一个农户种十垧土地，分散为五六小块，星罗棋布在他的村子周围五里的幅员之内，并不是罕见的例子。这种每户的耕地的分散程度是和每户的耕地面积成反比例的。越是富农、地主，他们的耕地越是比较整齐、集中；越是贫农，他们的耕地就越加零碎和分散。

第四，在这种分散碎割的土地上，每户又必须种植若干种不同的作物，这就更加深了土地经营分散的程度。以延属和绥德分区一带的农村为例，无论怎样小的农户也必须种约十种的作物。它的原因是由于每家农户的生产都主要是为了自给自足的，所以他必须种植全年吃的各种粮食、豆类、菜类、食用油、灯油以至牲口料（若是他有牲口）等等。其次为了防止某一种作物歉收和为了轮种（调楂），他必须在很小的一块土地上种上若干种作物。

这种土地分散的程度在边区内不同的地方是不一致的。凡在没有大量荒地的地方它都是多少存在着的，而以绥德分区一类地狭人多的地区为最甚。这种土地的极度分散不但在每户分散经营时浪费劳动力，而且它障碍着劳动互助的扩大，使得集体劳动的效能不能发挥，有的时候它使得劳动互助的进行完全不可能。因为每块土地既是很小（其上又可能种了几种作物，不能同时耕作），而实行劳动互助则人数较多，一天转移几处，浪费的人力畜力更大，反而不如分散个人经营好。

这个困难的完全解决在今天还是不可能的。我们提议可以在农民中试行提倡相互自愿的“兑地”（无论是租种土地或自有土地都可以兑），这种办法对于兑地的双方都是有利的（不论他们是否实行劳动互助），农民中又早有兑地的习惯，加上我们的积极倡导就可能为农民所接受。这样就能部分解决土地分散问题，而达到进一步扩大和发展劳动互助，提高农业生产的目的。

（《陕甘宁边区的劳动互助》，中共中央西北局调查研究室编，1944年）

（四）按具体条件和群众自愿组织互助

当群众已认识变工的好处，困难已获解决后，变工队能否组成与坚持不垮，就取决于是否按照具体条件和群众自愿去组织。过去的经验指明：变工的成员与规模大小，必须依下列条件去规定：（1）居住、耕地分散与集中的状况。春耕牛犋变工，如在张家畔草山梁的平滩上，土地集中，可以组织大变工队；但如在庄子拉散、又没大块荒地的马海旺村（志丹），就只能采“对对变”的办法，三犋两犋成为一队。如米脂的村庄人口集中，但地零散地段小，故大多是五六人的小型变工队；三边地段虽较大，但因居住分散，普通也只能以四五人一队为宜；有些仅一户人家的庄子，与外庄距离又远时，就不宜拉在一起。所以，机械的提倡大变工队是错误的。（2）牛力（人力）强弱、农作法好坏之分。强牛弱牛应分开变，不然，弱牛已乏病，强牛还不能发挥效率；农作法好的与差的可分开；有些不愿与二流子变时，也可分开。（3）社会关系。如吴家枣园变工队即分成老户、横山与河南难民三小组，因彼此习惯相近、感情较好的各成一组，容易巩固。同时，变工的长期或短期，亦须依具体条件而定。如在变工无基础、群众认识不足的地区，不宜开始即定为长期变工队，使群众害怕；又如无荒地地区，春耕时宜用半日变形式，以照顾牛犋揭地。所以，机械的提倡长期变工也是错误的。

而最能照顾上述具体条件的，莫如群众自愿的结合。为此，必须提倡群众间的充分“谋虑”、酝酿、讨论，如米脂印斗区最好的陈家岔变工队之组成，经过整整三四天日夜开会或私下商讨；防奸英雄冯光琪曾为觅取变工对象花了整整半月工夫，都是范例。

但不少乡村干部还不懂得这样切实细致的工作方法，相反的命令主义、形式主义、主观主义的作风仍严重存在。它表现为：不向群众进行任何宣传或与群众商讨，坐在乡政府“抄名单”来“编制”；即有宣传，也只讲一套“变工好”的空道理，讲完后万事大吉；限期变成，不给群众考虑的时间，米脂曾有一位乡干部只给群众“一顿饭时间的考虑”！有的不顾具体条件，要以乡为单位组织变工大队，行政村为排，议员小组为班，下为小组，这样自上而下组织大变工队；有的下命令全区收麦必须变工，禁雇麦客……如此等等，造成了两种恶果：（1）各地出现了不少有名无实的“变工队”，最典型的如庆阳市，去年417个变工队中，有名无实的竟有416个！以至发生某县县府所在地的群众，每天早起高喊“变工队上山了！”欺骗政府，不少区乡干部又虚报变工数字欺骗上级等绝不应有的现象；（2）即令在强迫下成立起变工队，效率比不变工还低；甚至有的弱牛与强牛编在一起，弱牛乏得拉稀不止；有的急待套牛揭地的人，被拉来变工开荒，让牛闲着；有的被拉至相距六七里远的庄子参加变工，叫苦连天；甚至有的以装病、破坏工具表示反抗……结果，只有垮台。推究这种作风的根源，在于那些乡村干部缺乏群众观点；然而上级机关往往不顾具体条件主观规定组织百分之几十劳动力的任务，也给了坏影响。都是必须深切检讨与改正的。

（詹武、云天：《劳动互助的一些经验》，《解放日报》，1945年3月7、8日）

（五）规模要适当

一个变工单位的人数也不宜于太多了。虽然是变工的规模越大，参加的生产要素越多（人力、畜力）则集体劳动的作用才越能发挥，不过，规模的扩大也是有一定限度的，超过了这个限度就没有提高生产的作用了。例如人工的变工最多以十人至十五人为适宜，太多反而没有好处。其次，在土地分散的地区，变工人数太多一天就要转移几个地方，浪费时间，反而不如不变工。再其次，变工的人数一多，在农忙季节就会发生先给谁做的争执。因此上面举的几个典型大变工，都是把全队再划分为几个小组。根据一般经验，每个变工组的人数以近十人，牛犋以三四犋为最适宜。在土地缺乏、土地更加分散的地区，应当根据具体情况和不同的农作而把变工划分为更小的变工组。

去年在一些可以组织大变工的地区，农民还是进行着小规模的劳动互助，它的范围还限制于本族亲友之间，还有许多变工则是短期的、不固定的。这种变工可以说是还没有完全脱离自发的劳动互助的阶段。在这种地区不应以现状为满足，而是随农民对变工的利益的了解，逐渐扩大劳动互助的规模。

短期的、不固定的、小规模的劳动互助，在许多地方是开始组织劳动互助的必经阶段，但是在可能实行较大规模的劳动互助的地方，它应当逐渐过渡到长期的、固定的、较大规模的劳动互助。

（《陕甘宁边区的劳动互助》，中共西北局调查研究室编，1944年）

再则，组织劳动互助，是最生动具体的事情，绝不能够不顾当地实际情况、千篇一律地去对待。比如我们今天要努力扩大那种民间劳动互助组织，所组织的“变工”队不应过大，不应以乡或以行政村为生产单位，因为组织庞大了，会浪费人力、浪费时间。最好是以自然村为单位，对于那些人口多、更多需要互助的村庄先着手，不仅只组织一个，而且可以组织几个、几十个，也不仅限制在一村的范围内，还可以超出自然村的范围，实行村与村的互助。

（《把劳动力组织起来》，《解放日报》社论，1943年1月25日）

（六）选好领导

对于劳动互助的领导，必须经过群众慎重选择，公举出在群众中有威信、生产积极、有办法的人出头领导。我们的乡村干部和党员，要首先参加进去，或者就以党的小组为骨干，组织成“扎工”队，起模范推动作用，并可利用这个机会进行群众教育、团结群众。我们的农村支部、乡政府和群众团体的工作同志，一定要把组织群众生产看作是自己的工作，是自己工作中最重要的工作。某些同志以为“这些事群众自己会搞，用不着咱们担心”，这种不正确的观点，一定要严格改正。

今天，已是四九将完，人们常说：“春打六九头，犁牛遍地走”，让我们迅速把这一支生产大军组织起来，掌握春耕，不失农时，完成农业生产的重大任务！

（《把劳动力组织起来》，《解放日报》社论，1943年1月25日）

二、加强领导，不断巩固劳动互助组织

劳动互助组织起来之后不是就万事大吉了，而是还需要我们不时地检查，不断地帮助，使其巩固和坚持下去。若是发现原先组织得不妥当，领导人不适合的时候就要及时地重新配备。例如安塞魏家塌的变工队在组织好之后发现编组时把几家不团结的农户编在一组，住在东边的到西山开荒，住在西边的到东山开荒，经过重新编组和划分荒地，后来又不断地检查才收到成绩。再就是任何劳动互助在进行中都会发生许多的困难和或大或小的纠纷，只有不断地检查和及时解决问题才能坚持下去，不然也会中途散伙。例如赤水暗门子的唐将班子和淳耀县政府领导的班子本来都是很有成绩的班子，后来由于包头打骂工人等等问题发生矛盾，乡政府和县政府未及时解决，班子因而瓦解。这都证明：劳动互助虽对于农民是有利的，但是个体经济和集体劳动的矛盾还是时刻存在着，若是党和政府放松对它的领导，它就不能坚持下去，就会前功尽弃。去年我们已经有四分之一的劳动力组织在劳动互助中间了，今年我们还将增加许多新的劳动互助，如何使这些劳动互助坚持下去，这是我们各地党、政干部必须注意的。

（《陕甘宁边区的劳动互助》，中共西北局调查研究室编，1944年）

变工队能否巩固，一半取决于上述组织的方法是否正确，另一半又取决于以后领导是否得法，即能否正确解决下列两个问题：（1）个体与集体矛盾的问题。（2）集体劳动如何与自然条件适应的问题。

尽人皆知“农时”对农作收获有决定的影响，故变工队内个体与集体的矛盾，首先表现为“抢湿”（种）、抢锄“抢收”的斗争。许多变工队后因无法解决这个矛盾而解体，也有许多变工队因解决不当（机械地轮，吃亏的要退出）而濒于解体。据许多好的变工队的经验，解决的原则为：第一，按庄稼的需要。如锄草时先锄草大的，收割时先收成熟的、当风的，以保证庄稼不受损失。第二，在照顾庄稼需要的前提下，实行“先贫后富”、“先小户后大户”、“先客后主”的原则。这是革命的群众路线，对贫农（小户）

是首先有利的；然而对于富农（大户）也是有利的，因为贫农（小户）地少，可以很快完毕能安心为大户耕作，同样能保证大户不违农时。

个体与集体矛盾的第二个表现，是劳力畜力的等量交换问题。变工队员通常有地多地少、有牛无牛之分，则双方都应照账还工，如盈亏不平，必影响巩固，前述因记错工账而不愿再变工的，就是例证。曾有过为了提倡相互友爱不记账还工，有失双方兼顾，是不妥当的。（自然，互助友爱是必须提倡的，但它不能超过现实许可的限度）其次，变工队内劳力通常强弱不一，尤其半劳力与二流子参加时。如不按等量原则计工，也影响变工的巩固。如延安二十里铺变工队即因未及时解决劳力强弱的配合问题，仅变十天即瓦解，安塞刘庄变工队也是因十岁娃娃要顶一工而闹垮的。至于计工方法，则有比例折合（折五厘或七八厘）与按地计工两种，在自愿下均可采用。再次，工价高低与按时支付问题。安塞四区李家沟去夏锄草曾垮了两队，原因之一是工价过低；淳耀四区某村也曾发生工价高低的争论，所以，必须依贫富兼顾与不同季节公议工价；同时按时支付，免受物价影响惹起纠纷。最后，雨工问题。变工队耕作时往往遇雨半途停工，究竟算不算工，或算多少工？常惹起纠纷。有的变工队，如淳耀某班子公议出：早饭前不算工，早饭后算半工，下午算一工。这就有了统一标准了。

第三，生活问题。许多变工队集体轮饭，常因饭食好坏不一与不卫生而影响团结。解决办法，一种是分食轮送，用敲钟统一煮吃时间；一种仍轮吃，但约定不许贪嫌好坏，而负责人则使各户尽量做到平衡。

第四，劳动态度问题。有些落后的变工队员，有私心，轮到为别人耕作时，消极怠工。安塞刘庄变工队之垮台，此亦为一重要原因。解决办法有二：群众公约不“耍奸心”，犯者舆论制裁；和用按地计工——经济制度约束。唯须在只适用于开荒揭地时。

为了促进团结、预防与减少上述个体与集体矛盾的发生，许多变工队都议订出纪律（班规）。这些纪律，只要出于群众自愿，并作为互相诫勉的公约的话，如米脂民丰、印斗区群众用捻香发誓、赌咒或吃各食等形式公议“谁中途变卦或不好好做，就叫他二流子”，“浮皮毛草的事情，大家不能计较”等，或如鄜县石兴昌变工队开会公议出：“有事公议，不许胡闹”，

"先给谁做，由队长提出，征求大家同意后决定"等四项纪律后，是起了巩固变工队的重要作用的。

变工队的巩固与否，还取决于它的形式能否适应自然条件而灵活变化——"化整为零，化零为整"。据许多变工队的经验，应该：1.依春耕、下种、锄草、收割等不同季节而变化。一般说，春耕可用较大的队形，而下种、锄草与收割则应分散成小组，不然，便不能适应农时而有解体之虞。2.依耕地的大小远近山地或平地而灵活分配人力畜力。如耕地大，则应集中小组为大队，耕地小，又应分散为小组，而平原与山地又有不同，如关中平原地种麦须用牛力，班子就须分散，而山坡上种秋，不用牛力，需大批人力，则须集中成大班。又较远之耕地，应算人数（畜力）以便当天干完，免劳往返。3.收获时又须依庄稼成熟时机是否齐一而灵活分散与集中。如石明德村麦子一齐成熟，故须分散活动；而胡文贵村则因与外村麦子成熟不一，反采取全行政村大变工的形式。

（詹武、云天：《劳动互助的一些经验》，《解放日报》，1945年3月7、8日）

变工组成后，就要帮它做一个计划，使它能为完成一定的任务而更团结一致长期变下去，这样还可节省做按家计划的时间，或可作为按家计划的补充。其次就要加强变工队长的责任，抓紧领导，及时纠正偏向和具体的解决困难（如借种子、借粮、借农具等），还要经常检查督促，发动他们进行竞赛，使它能够完成计划。

（《介绍陕甘宁边区组织集体劳动的经验》，《解放日报》，1945年12月1日）

三、总结经验，不断提高劳动互助组织

在巩固的基础上，逐渐讲求质的提高，以便更加发挥集体劳动的作用，提高生产力。综合许多模范变工队的经验，提高的主要途径有如下述：

第一，采取计工法，提高劳动效率。计工方法现有三种：一是按地计工法，淳耀五区一乡一村开荒队试用时，第一天每人即由平均开二分半地提高至四分半；二是累进计工法（如开二分算一工，开三分五或三分八即算二

工，五分或五分三算三工），既省主家饭食，又较前更能刺激积极性。如淳耀一区一乡煤炭沟班子，因计工法不能提高效率，采用累进后，每人每天即平均增开三分地；三是计工奖励法，鄜县大升号区班子规定牛揭地超过标准一分奖一升牛料，人开荒超过一分即奖二百元，效率亦大增。但所有这些办法采用时，均须注意质量，且只适用于开荒揭地。

第二，采用分工合作提高生产力。一种是劳动过程中全劳动力间的分工，如开荒时专人刨地，下种时专人点籽等，发挥熟练劳动提高效率。另一种是全劳力与半劳力的分工，如组织娃娃驮水、放牛，省出全劳力开荒；如在下种、锄草、收割等适当时机，吸收半劳力参加，不仅可省出全劳力多开荒、锄草，还能将同时期的几种农作配合做完。

第三，是农业与副业的分工，如警区、关中与吴旗有些地方采“并地变工”形式，抽出专人（本人土地由旁人变工捎种），发展运输业与手工业（或下南路开荒种地打短工），新正碾子沟变工队还设立“生产运输合作社”组织此事。这样，能将省下的工完整地运用起来，发展副业，充裕收入。

第四，提倡技术互助，提高技术。如关中马栏尖家窑锄草班子，在包头耐心教育下，有半数以上掌握了锄草技术；绥德王家坪变工队，每组配备一农作法较好的负责领导，同时也配备一作务较差的，以便在变工中慢慢提高技术。淳耀胡文贵班子，也注意教河南难民以开荒技术……所有这些都是提高技术互助的好办法。

第五，减少误工，延长有效劳动时间。一种像胡文贵班子专设采买，或像米脂印斗五乡变工队轮流赶集，都能大大地减少误工；一种是提倡早到迟回，有的还规定“三早顶一工”；还有减少吸烟次数，都是延长有效劳动时间的好办法。

第六，提倡节约。例如合水县有些班子有请客旧习，大吃大喝，既浪费，又为难贫户，急应改革。

第七，加强计划性。有些变工队在春前即组织砍够柴草，免得以后变工中断，耽误生产，有的利用雨天不能锄草时烧木炭；有的组织队员开荒时捎柴卖，解决穿衣困难……

第八，组织读报识字组，既提高文化政治认识，又可交流生产与变工的经验，提高变工队与生产。上述各种方法，均须按具体情况与群众自愿，灵活采用。

但经验证明：上述变工队的巩固和提高，离开好的领导，都是不可能的。这首先要有好的变工队长，要选举积极分子（劳动英雄）充任。两年来，许多变工队因队长（包头）无威信、偏心、不负责任、打骂队员等而瓦解，反之，凡是好的变工队，都是有劳动英雄、积极分子参加领导的。所以，过去我们号召劳动英雄与积极分子参加变工队，当队长，是很必要的。一个好的变工队，必须善于团结群众。如以不怕吃亏的精神（如做活先做大家的）影响群众；团结与培养积极分子（胡文贵班子就有几个），推动工作；善于用民主精神和队员协商解决一切问题，而不是专断独行。同时，县、区、乡各级领导干部与支部必须实行对变工队的具体领导。像华池县书、县长，淳耀的白塬乡乡长等亲身参加变工队，定边区乡干部建立对变工队的巡视制度，淳耀、米脂等县召集变工队长联席会议，又像绥德吉镇区三乡支部动员王家坪全体党员参加变工队，并各负一定的责任，以密切领导与变工队的联系。如此才能及时解决变工队的困难，才能发现、创造与推广典型。关于后者，我们也有如下的经验：

领导上首先在许多变工队中创造出一个模范变工队，如郝家桥共有三十几个变工组，领导上即抓住刘建东一组，创造成为模范组后，即号召其他组向它看齐。石明德变工组与白塬乡其他变工队，也是如此。对于变工队的新创造新经验，用各种形式（如登报纸与黑板报、送鸡毛信）及时加以推广，效果很大，如淳耀干部研究了胡文贵班子“化整为零，化零为整”的经验并加以宣传后，其他许多班子抢种问题也得到解决而免于解体；又如他们将累进计工法介绍出后，许多班子的开荒效率大大提高了。对于变工队的积极分子与成绩较好的变工队及时表扬及时奖励，对推动变工队发展也有很大作用。但这些具体的领导方法，和前述具体组织变工队的方法一样，并未为我们全体干部掌握，而必须在今后加倍推广的。

（詹武、云天：《劳动互助的一些经验》，《解放日报》，1945年3月7、8日）

劳动互助组织起来之后，应当逐渐地来提高它，民间旧有的劳动互助形式中间的许多不合理成分应当逐渐地加以改造。边区各地的农民群众去年在实行劳动互助中都有一些新的创造和对旧习惯的改造。例如关中分区对唐将班子的改造和对搭庄稼的提高，吴旗县对请牛对之发展与对伙格牛之提倡都是较有成绩的。其他地区则一般对于群众这些创造缺少及时地加以吸收，综合与推广，对于民间各种旧有互助形式的调查研究做得还不够。总的说来，我们对这个工作做得还是很少的。现在对这个问题提出下列几点供各地同志参考：

（1）建立劳动纪律问题。过去的变工队因为规模狭小，所以没有一定大家必须遵守的纪律，去年由于劳动互助范围之扩大，有一些变工队自己订立了劳动纪律。但是这只限于很少数的变工队，大多数变工队还是没有的。变工队若是没有一定的劳动纪律，不但不能进一步提高工作效率而且也难长期维持不散。今后应当把各地变工队自订劳动纪律的办法，推广到所有的变工队中去，由参加的农民民主讨论决定共同执行。

（2）计工问题。去年有些劳动互助组织发明了“折工”（例如凡不足一个全劳动力的，一天折成七成或五成）和“包工”（按地计算工资）等等办法。这些办法的好处是使得劳动日的计算更为精密与合理，能提高劳动热忱，能扩大劳动互助，把劳动力强弱不等的也可编成一起，这些办法根据农民自愿是可以逐渐推行的。

（3）逐渐扩大劳动互助规模问题。经验证明：凡是规模太小而只限于亲族关系之间的劳动互助组织并不能真正发挥集体劳动的效能，所以凡是有扩大的可能条件，而且扩大了会有利于生产的时候，应当说服农民加以扩大，或者是把几个小的变工队联合成一个较大的变工队，在不同的农作上再把它们划分为不同的小组，这是最好的一种组织方式。

在土地很分散的地区，目前还是以小规模的变工为主，不过应当从短期的临时的变工逐渐过渡到长期的永久的变工。可以试行提倡农民之间相互自愿的“兑地”。绥德分区一类地方可以大大提倡“并地种”、“抽牲口”一类形式。

（4）进一步提高劳动效率问题。群众的劳动互助的劳动效率和劳动强度是否还可以再加以提高呢？根据边区部队开荒生产的经验，这是可能的。

例如部队开荒的纪录最高达到每人每天六亩二分，一般平均每人每天开荒一亩至二亩，群众开荒的纪录则相差很远。由于各种条件的不同，我们虽然不期望群众的劳动效率也能达到部队的标准，但在改进劳动互助的制度和办法之后，群众的劳动效率和劳动强度一定还能再提高一步的。去年已有成绩的劳动互助组织今年应当研究如何进一步提高农作技术，改良工具以及使用风车一类较复杂的工具。

（5）劳动互助发挥更多作用问题。劳动互助是群众农业生产的组织，但是它一办有成效就不但能在各种农业生产活动上组织群众，它还能在拥军拥政、自卫动员、文化教育各方面团结群众。去年我们有许多这样群众创造的例子，今年应当大大加以发扬，把劳动互助变成真正从各方面团结群众的组织。

（6）劳动互助和合作社的联系问题。劳动互助就是农民的农业生产合作社，它应当和当地的合作社取得最密切的配合和联系，互相帮助发展。去年边区的合作社只有延安县南区合作社曾以十四万元无利贷给了十一个变工队、扎工队，其他合作社再没有对劳动互助的直接联系。今年各地的合作社应当把帮助本地的劳动互助当作自己的重要工作之一。各地的劳动互助也应当在消费、农产品出售、信用等等方面与合作社取得联系。

（7）取消各种剥削问题。扎工和唐将班子在各地都比从前发生了变化，最有成绩的是关中对于唐将班子的改造。扎工的功德主和班子的包头所抽的空工或抽的“佣钱”在关中的许多班子也一律取消了，不过这个办法还是不应当普遍实行的。这里的问题不在于抽空工是否是一种剥削，而在于禁止抽空工将很少有人愿当功德主或包头，将影响到扎工和班子不能发展，这反而是不利的。所以扎工和班子的改造一般应当只取消其各种额外剥削和迷信及不合理的习惯，抽空工暂时还不必干涉（若功德主或包头自愿不抽空工，不抽钱的当然也不必干涉）。此外在人工变牛工（或驴工）比率太高的地方，应当规定适当的比率（也不宜太低），而且更进一步组织人工和牛工的互变。

上面的叙述已经充分说明了没有党的领导，边区根本就不会有去年的劳动互助运动。各地农村的党员都是劳动互助的积极参加者，有的就是劳动互助的直接领导人，经过他们的模范作用才团结了广大的群众，收到去年这样的成绩。今年要达到组织全边区50%以上的劳动力的目的必须是依靠农村的支部和党员起更大的作用。今后各地农村支部工作的中心应当放在变工队、扎工队和唐将班子等等劳动互助组织上，经过这些劳动互助组织来领导农民群众的生产，来团结最广大的农民群众，农村的党员不但要积极参加劳动互助成为劳动互助的领导者，而且要为着提高劳动效率，改造旧的劳动互助组织而奋斗，他们应当有牺牲一些私人利益顾全大家利益的精神，他们应当发挥革命的友爱互助的精神，他们应当在劳动互助中间排难解纷成为群众的核心。在去年我们有无数的这样的模范的例子，各地农村的支部应当在参加劳动互助中，用这些具体例子来教育党员。

（《陕甘宁边区的劳动互助》，中共中央西北局调查研究室编，1944年）

政府和支部在变工扎工的发展中是起了很大的作用的。自1941年县委县政府提倡变工扎工以来，区乡干部就经常向群众宣传变工扎工的好处，号召组织变工扎工，干部中间像高金福1940、1941年当工主扎了三个工，范怀前去年扎了两个工。小组会上经常讨论变工扎工的问题，像刘庄小组一年间曾开过三次会讨论如何组织变工扎工，指定党员当工主，参加“朋工”、“跟工”。因此，他们曾扎了一个锄工，前后参加的十二人，锄了二十五天，党员当工主组织了一个五个人的变工锄草，内有党员三人参加，组织了一个三人的变工秋收，参加的全是党员。由于党员的推动，刘庄群众也组织了不少变工。羊圈沟的小组布置变工扎工，提出不荒一垧地的口号，结果扎了一个工，“朋工”人的谷糜地都锄了两次，杂田都锄了三次。好义沟的小组在与新来难民一同变工时提出“虽然吃得坏，做得更要好些”“帮助新户”的口号。干部党员的宣传号召和他们的积极参加与亲自组织变扎工，在本乡变工扎工的发展上起了很大的作用。

（西北局调查研究室：《延安县川口区六乡农业调查》，
《解放日报》，1943年4月1日）

农村支部和党员在组织变工队上，应成为变工队的核心，使它不致中途散伙，使变工的形式能够切合于群众的要求和利益，不断积累变工队的经验加以发挥，努力帮助变工队员解决困难，特别重要的是生产中的真正模范。

因此，开荒、锄地就要走在前面，与群众比赛，激励他们的生产热情；在享受权利时，应让群众。只有这样，才能把变工队组织起来和坚持下去。在这方面，边区是得到许多成绩的。以延川县为例，参加变扎工的2340人中，党员803人，占了三分之一以上，其中领导扎工及变工的党员又占其半数，许多是乡长支书，延安县长刘秉温同志，亲自充当柳林五乡念庄村变工队长，其他干部担任变工队长的，更不可胜数。

（《介绍陕甘宁边区组织集体劳动的经验》，《解放日报》，1945年12月1日）

第五节　先进劳动互助组织介绍

一、模范的白塬村（节录）

劳动英雄石明德讲　鲁直记

（一）石明德的搭工组

淳耀县第三区第二乡第二行政村（包括白塬沟、大南沟、白塬村）共三个自然村，村主任石明德住白塬村，今年三十八岁，他是1941年从富平糜子镇逃难来到白塬村的。他曾当过十一年长工，1939年，被富平县保甲拨去当壮丁，在富平、邠县、西安、周至前后受壮丁训练十五个月，后来到了警备旅当兵，经过一个老乡排长的关系，开小差回到富平，1941年春他带了老婆和一个娃逃到边区来。下面就是劳动英雄石明德的自述：

在受训的时候，一移地方就用铁丝把三个壮丁链在一起，怕逃跑了，每天只分吃三个馍馍，再就是喝开水，真是痛苦得很！

到了边区之后，我就找到了乡长张福英同志，给我拨了23亩塬地，当年收得秋田五石多。去年本村陈树生说他的地好，要我种他的地，我就租种了他50亩塬地，这一年收得麦子五石，秋田三石多，自动要求交了一石六斗公粮。到了去年9月村里的人就要选我当村主任。

去冬我就宣传要组织搭工组，开始有些人不愿意，特别是三家老财（李德礼、陈树生、陈日顺）不愿意，经过我的耐心解释后也愿意了。统计全行政村共有72户人，平均一户有一个全劳动力，有六个老汉，有11个闲住娃娃（上半年七个，下半年四个娃不念书了），有21个能劳动的婆姨，有27犋牛，有18个骡、驴、马等牲口。我把这72户人家根据各家的平素关系和习惯分组了九个搭工组：第一组长王根山，七户人有两头牲口；第二组长史有桂，八户人有三头牲口；第三组长冯一满，六户人有两头牲口；第四组长范公保，有九户四头牲口；第五组长石存和，有五户两头牲口；第六组长米加有，有七户两头牲口；第七组长柯德盛，有七户两头牲口；第八组长陈一平，有七户两头牲口；第九组长董世富，有四户，没有牲口。这九个组是基本的搭工组，长期不散的。

再把18头送粪牲口组织为一个运输队，变工送粪；计有李德礼的骡子两头，范信宽的骡子一头，阮卜有的骡子一头，杨信有的马一匹，米加有的驴一头，张福英（乡长）的驴一头，陈日顺的驴一头，陈树生的驴一头，范公保的驴一头，范生财的驴一头，赵开科的驴一头，冯起满的驴一头，李天英的驴一头，杨宗义的驴一头，王阁山的驴一头，罗狗娃的驴一头，米加顺的驴一头，共为18头。队长选为范信宽。

再把十一个娃娃组织起来放牛，全行政村有牛大小54头，分为三个组，推了张满福为“牛长官”指挥牧场，定下规矩，谁要吵闹，就罚他背一回柴。到了牧场，闲下的娃娃又开荒，共开了七亩荒地，收得一石一斗多谷子、八斗洋芋、八斤青麻，都归娃娃所有，他们准备给他们置买闹秧歌（关中叫“社伙”）家具。

又把六个老汉组织起来，做零碎生活，变工垫牲口圈、割草、送信等工作，不使耽误了好劳动力。21个婆姨也组织起来了，推了一个妇女主任、两个组长，在开荒、锄草的时候，婆姨变工做饭，劳动力强的还到班子锄地，有了公家义务动员的时候，21个婆姨一起动手做，可以赶紧。所有的这个行政村的人畜劳动力，我统统把他组织起来了。

这个搭工的作用，主要的是全劳动力的变工，现在我把它一项一项地分别来说：

1.运输队共18头牲口，由队长范信宽领导，全行政村56户的粪，八天就完全送完了，如果不变工，穷人和没牲口农民的粪要挑着送，一个月也送不上。在送借粮的时候，全行政村的32石粮，用变工运输队送，只有两三天就送完了，并且还给三乡和四乡的人帮助送了四回，这时正是环境紧张，顽固分子要进攻边区，为了集中快，就互助性地帮助送了，缺下工的也不还工。

2.在九个搭工组里，在开荒的时候，为了赶急，我就在各组里抽了40个人组成四个开荒班子，专门开荒。第一班七个人，班长石顺和；第二班九个人，班长朱连照；第三班十一人，班长朱六福；第四班十三人，班长石明德。我提出组织班子时，有些人还不愿意，我解释后，说明用班子变工开荒快，大家也愿意了。这四个班子都归我领导，规定每天早上我一打锣，都集合分班上山开荒。缺下工，有的还工，有的出钱，春季每个工规定出21元，愿意还工的就不出钱。全行政村计划开荒120亩，我们开荒班子，从正月到三月一共开了420亩，差不多超过计划三倍。四月间柳林唱戏，他们要去看戏散班子，我解释要他们不要去看，区政府号召开“义仓田”，我就趁这个机会，用班子的人为基础集合了全行政村的57人，开了一天义田，共开了17亩。种玉米的时候，是搭工组变的种，不变工一犋牛连犁带纳粪、点种籽要三个人，如果变了工，因为是隔犁耕，三犋牛五个人就够了，计算能节省700多个工。开完荒种完秋后，大家提出要到友区赶麦场，我想了一想，不能去，一则外面拉壮丁，怕拉去一个就糟了，二则出去后，搭工组也就要散伙了，我就又领导锄了一次玉米，接着我们自己行政村的麦也熟了，大家要收自己的麦，就不去赶麦场了！

3.在收麦的时候，开荒班子又归到搭工组内，按九个组收麦，全行政村共种1100亩麦，收了四天就收割完了，用搭工组收割。分工：两个人割两个人捆，一个人拾麦穗，一个人赶驴往回送，计算比不搭工，要节省300多个工。

打麦的时候，也是用搭工组打的，麦场都连在一起，碌碡用牲口拉，一家碾完接上又碾一家，一天能碾几十场。有了风一起扬，全行政村共打得

160多石麦，四天就打完了，麦子也没有受损失，比不搭工，可以节省300多个工。

4.在锄草的时候，还是基本的九个组，但是因为赶急锄草，我又把班子叫起来，全行政村共种2100多亩地，七天都锄完了，共锄三次，比不搭工能节省600多个工，这时候工价涨了，每天一个工涨到32元，还不了工的，一天就出32元工钱，有一两人还专门赚工钱的。

5.在收秋的时候，班子又归到组里了，分成九个组收，一个组一天就收完了一家的，九个组一天就可以收完九家的，全行政村70多户，九天就收完了。打秋田的时候，也是分九组，一天一组可以打完一家的，全行政村共打210多石秋，也费了七八天，连收带打共费了十七八天，比不搭工，可以节省300多个工。

6.其余是修埝地，春季计划全村要修120亩，结果我们搭工组，乘下雨的时候，一共修了620亩，超过计划差不多五倍。这个也带互助性质，在下雨的时候，吆喝在田里，一时就砌一道畔。

7.今年秋麦全行政村种11顷（1100亩），是用27犋牛分成九个组种的，一共种了七天，全行政村的都种完了，估计比不搭工可节省700多个工。

8.秋收时的打庄稼用具和场，也是用搭工组做的，起了62盘场，修了400木杈，编了150个笼子，50个筛子，18个簸箕，8个荸箩，都是变工编的，属于私人的。

所有以上的变工，都是给谁做工，吃谁的饭，好坏都不说话。

9.政府号召运盐，我们行政村用搭工运输队驮的，一共到华池运了三次，已经运了44驮，计划要运回45驮盐。

10.秋田做完后，搭工班子我们还不能叫散了，继续变工开秋荒，计划要开200亩，我起身到延安时已经开过20多亩了，200亩我一定要完成。

这个搭工组，我们打算长期不能解散的，年年要搭下去。

（二）白塬村的工作概况

1.减租：全行政村72户，只有四户不租地，其余都租地种，共约1700多亩，每亩八升租子，计136石租子。麦租一半，因今年麦收成不好，政府规定免交了；秋租一半84石，按四六减租，出了三十三石六斗租子，按政府规定都减了。因为只有四家地主，其余都是劳动农户，我们力量大，地主也不敢多收，因此都按政府法令减了。

2.农贷：今年白塬村政府放了12500元农贷款，我买了镢头十把，分发给没有农具户和难民了，剩下的款子，都做了正经的事了。根据我的检查，没有胡弄的。四家老财没给他们放，他们也不指望要借。

3.改造二流子：白塬行政村共有五个二流子，今年政府号召改造，我就对他们解释，要好好转变，转变情形如下所述：

书兴旺——是一个赌博鬼，关中俗称“骨露匠”，没有老婆，是一个光棍汉，一年不生产，专靠赌博过活，今年政府要他转变，督促他开了2亩荒，种了11亩熟地，今秋打了6石粮食，自动地还交了5斗公粮，现在转变好了。

郭茂忠——也是个赌博鬼，和书兴旺是一对，今年他也种了五亩玉米，收得二石，种了六亩冬麦，他自己一个人，有吃用，没有救济。

王忠厚——是个懒汉，住的和我隔壁，我就要他和我打伙种，还给他借了一把镢头，每天我照料他上山生产，今年他种了5亩荞麦，能打一石七斗，3亩玉米，能打一石五斗，还种了15亩麦子，粪都是我给他的。

张福泰——是个烟杆子，有一妻，两个娃娃，还有一头驴，他不转变，我就把他夹在搭工班子内做活，把洋烟灯抓了交到区上，他没办法了，就种了十多亩秋田，30亩麦子。

陈锁元——是个浪家子，老财陈树生的侄儿，家里嫌他懒，把他赶出去另住下，给他分了100亩地，1头牛，10多石存粮，他弄完了，又偷起他本家了。我们把他叫到开荒班子里要他挖地，开始挖了几天，他绝食，他们总不让他，过了十多天，他看没有办法，就生产了。今年种了6亩谷子，12亩玉米，种麦24亩，能打七八石粮食，每天一明，我就去叫他上山生产。一个婆姨好遨娘家。

4.自卫工作：全行政村组织了一个普通自卫军排，分为三个班：共40个人。三个担架队15个人，另外又组织了一个基干班，10个人，经常地查夜，时间不定，有时天天查，有时几天不查，使坏人摸不住查的时间。今年七月环境紧张的时候，公家借了我们村32石粮，我们两天就送完了，组织了三个担架队，自卫军每天是在边境上放哨，八个人分两班，白日黑夜轮流放，如有一个不带路条的，就不让他走。

5.学校：有一处小学，30多个学生娃，白塬行政村有14个学生，教育的事情归乡长管，我不知道。

6.优抗工作：全行政村共有三家抗属，一家王玉财，家有两个劳动力，不要我们代耕帮工；一家苏德发，有一个半劳动力，地不多，也不要代耕帮工；只有买牛娃父亲是一只眼，母亲是一只手，不能好好劳动，我们给他代耕三十多亩地，到了种的时候，我们用搭工班子一起去，一晌就种完了，就是买牛娃在家也不如代耕种得快。到过年过节的时候，我们送些豆腐、菜肉等给他们慰劳，全年他们都没负担，公粮不出，义务劳动也没有，现在他们吃的比我的还好些。

7.移难民：全行政村今年共安置了15户难民。正月我回老家富平一次，宣传说，边区好，“难民三年不出公粮”，就来了五户，共14口人。没有窑，我在村里凑了五个窑给他们住；没有粮食，我先借出二斗，影响大家一共借二石八斗粮，暂时都有吃的了。后来难民阮光耀回去又叫来四户，曹元虎叫来五户，自动又来了二户，共45个人，粮又不够吃了。政府发来青苗贷款，老户都没给使用，买了九石粮，都借给难民了，我长四斗洋芋籽，也借给他们了。今年在变工的班子里，他们15户都参加了。今年难民能收70多石粮，借去的粮十一石八斗，今年只还二石八斗，其余九石今年不要他们还，他们更高兴。

（《解放日报》1943年12月8日）

二、模范的城壕村

（一）张振财领导的变工队

张振财说：华池县温台区四乡城壕村的人，1943年3月全部参加了变工组织。本村各户的人口、土地、牛犋、劳动力数目如下表：

户数	人口	男劳动力	女劳动力	犋	土地（亩）	驴	羊
9	50	10	9	7	772	18	290

本村男劳动力共有10人，有一人给县政府农场做工，参加变工的9人，妇女劳动力9人，7犋牛，全部参加，成立一个变工队，推我做队长。下分两个小组：第一组五家人，4犋牛，5个男劳动力，5个女劳动力。另一组4家人，3犋牛，4个男劳动力，4个女劳动力。共种熟地572亩，开荒200亩。

为什么不全村组织在一个小组呢？因为各家的地距离太远了，有达五里多的，要是编在一个组的话，就要花很多时间来回走路，并且在地少的人家，人去多了，有时不够大家一天的活，就会把时间浪费了，因此不采取一大组的办法。

从春耕起，就开始变工，单就第一组的情形来说：在耕地时，4犋牛，4个人同时耕一家的地，3月只耕上半天，一次能耕10亩地，平均一犋牛耕地二亩半。在去年未变工时，各人的牛犋单独耕，每次只能耕1.5到2亩，在变工中平均每犋牛一天可增加半亩。到四月里耕地紧张时，牛前后晌整天的耕，4犋牛在一搭，可耕地18亩。平均每一犋牛耕地四亩半，在去年未变工时只能耕三亩半到四亩。这一组共种熟地275亩，春耕时前后耕了3次，共可省100个牛工和人工。

在开荒时，没有变工，都是各人的牛揭自己的地，因为开荒最好的时间是在刚下过雨之后的三天内，要是变工的话，那就给先开的人占了便宜，后开的人吃了亏。1943年本组共开了110亩荒地。

在下种时，种高粱，4犋牛同时下地，6个人就够了，这就比往年可以省下两个人，因那时一犋牛非两个人不能下种，本组共种高粱50亩，可省人工12个，牛工6个。

种其他秋田时，4犋牛分成两起，上午4个人使唤两犋，下午仍是这4个人使唤另两犋牛，这样牛息人不息，一犋牛一天平均可种2.5亩地，这样的结果，一方面解决了劳动力缺乏的困难，因4犋牛、5个劳动力是没法下种的。同时提高了劳动强度，每一犋牛平均可增加四分之一的工，共种地220亩，可省人工88个，牛工44个。

在送粪时，5家5头驴变在一搭，只要两个人管就够了，而在从前，5个驴就要5个人赶，现在送一次粪就省下3个人工了。

锄草时，变工队更扩大了，五个婆姨全都参加，共10人。男女混合编，锄时各分数行，一直锄到顶，以便检查督促。10人平均每天可锄地25亩，每人平均锄地二亩半。在往年夫妇二人，一天只能锄三亩到四亩，现在变工，至少快了四分之一。1943年各种杂田平均锄三次，谷子都锄了四次，并且由于互相检查督促，1943年的地也比往年锄得好，一般都比往年多锄了一次。在本组275亩熟地和110亩新增荒地上，平均锄了三次的结果，变工较之个体劳动可省150多个工。

秋收时，男女10人同时参加收割，一天可收25亩，往年一人一天只能收2亩，现在一天能收2.5亩，加快了四分之一，在本组385亩庄稼的收割中，可省40多个工。

在往场上驮运时，5个驴变在一起，二人赶就够了，这样可省下3个人来背，减少了运送的时间。

打场时本组又分两个场来打，一个场两家变工，一个场三家变工，这样就快了，往年各打各的，每天夫妇二人只能打一场，现在一天能打两场三场，三天就省一个工。

本组从春耕到打场，除开荒外，一直都是变工到底的。在385亩耕地上，10个人，4犋牛，变工的结果，较之往年至少节省了牛工140个，人工380个（送粪、驮运、打场所省之工未计算在内），同时又解决了劳动力不够的困难。

由于变工的结果，在全村来说，节省了这许多的工，就增加了200亩耕地，普遍的多翻了一次，多锄了一次，增产了100石粮。

除农业生产变工外，还抽了6头驴子去运了两次盐，去运盐的人，工算在变工队内，地由大家种，这样就省出了人力来运盐而不误种地。

（二）模范的城壕村

华池温台区四乡的城壕村，是离华池县城25里、城壕川沟口的一个村子，它现在经济发展，农民们过着丰衣足食的生活，10年前（1936年以前），还没有革命的时候，谁也梦想不到这样好光景的，当时捐税繁重，土匪纵横，农村破产，比较起来，真是一个天上、一个地下，请看下表：

年代	户数	人口	牛	犋	耕地面积	收粮	负担占全部收入
1934	4	15	2	5	225亩	52石	47%
1943	9	50	7		772亩	251石	6%

这个村在革命前后的阶级成分变化如下表：

	张振财	张振兴	杨树林	张干兴	张子仁	张振高
1934	中农	贫农	贫农	贫农	贫农	富农
1943	中农	中农	富裕中农	富裕中农	中农	中农
	张满娃	董生才	张满军			
1934	豪绅	贫农	贫农			
1943	中农	中农	富裕中农			

最近三年来全村耕地面积、收获及负担比较如下表：

	耕地面积（单位亩）	收获（石）	公粮（石）
1941	527	不详	13
1942	557	167	8.3
1943	772	251	10（未定）

1943年城壕村的生产和工作成绩，有以下各项：

1.农业生产：全村的劳动力都参加了变工队，9个男劳动力，9个女劳动力，7犋牛，增开荒地200亩，共种地772亩，收粮251石。按男女18人计算，平均每人种地43亩，收粮14石。

全村1943年收入和支出概况如下：

收入方面：（1）农业收获大斗粗粮251石，折合小斗细粮188石。（2）运盐10驮，换回麦5石。（3）养羊290只，获利约29石。收入共约222石，另有长脚牲口七头，运盐九次，共60余驮，收入不详，未计算在内。

支出方面：吃粮每人每月以细粮一斗计，全村50人，共60石。穿衣以每人用三八布1.5匹，共75匹，每匹合细粮三斗六升，共合细粮27石。农业投资，包括农具及牲口草料等，共约28石，杂支12石，公粮10石，合作社入股4石，共计支出141石。收支相抵，全年余粮81石，够半年消费，耕二余一的标准，已经达到了。

2.积极参加动员工作，踊跃负担公粮公草。全年参加动员，如修路、运粮草、送信等，共人工355个，驴工304个。其中如通讯班工作，经常替区政府送信，变工队长兼通讯组长，是生产与动员联系起来的好办法，如果再和防奸自卫工作联系起来，就使生产和战斗动员连成一片。在公粮公草的交纳运送上，本村也能按期完成任务。

3.优待抗工属，种地23亩，帮人工61个、牛工24个。

4.响应政府号召，积极参加运盐，1943年除长脚户7头牲口运盐9次外，农户还抽调5头牲口，运盐2次，共计运回盐73驮，都赚了钱。

5.全村参加民办合作社，共入股金36000元。

6.改造二流子董生才，参加了生产，全村已没有一个二流子。

7.年年植树，1942年种活柳树40株，1943年种活桃树45株，桑树36株。

（《张振财和模范的城壕村》，《解放日报》，1944年1月3日）

三、延安县念庄变工队

延　直

刘县长领导的变工队，6户，6犋牛，12个劳动力，在一年生产中获得了很大的成绩。

变工开大段荒地，计划100垧，实开103垧（24天），种地215垧，收获粮食125.4石。地是锄了二次草，锄第一次草时，只费九天半。变工的6户比

1942年增加耕地103垧，1942年种112垧，几增加一倍，粮食收获也几增加一倍。假如说，没有变工的话，不会增加这样多的耕地与粮食。

变工开荒24天，锄草变工把地都锄二次，秋收除杂田外（因成熟迟早不一），全部变工收割。

这就是变工队的成绩。

现在来看一看变工中6户与全念庄其余各户生产的比较。

全庄24户（1943年增7户），全劳动力35，半劳动力3（1943年增加全劳动力8），人口98（1943年增加25人），耕牛16犋（新户增加3犋，老户增加2犋），开荒163垧（变工队开103垧），共种地502垧，收粗粮大斗283.4石，1942年种地339垧，收粗粮大石136.7石，即1943年比1942年增加146.7石，比1942年增加了107.3%，即增加了一倍以上。这是全庄生产的情形，假如把变工6户的劳动力、耕地、收获等和不变工户比较，我们可以看到有以下的区别：

变工	18户	23个全劳动力	3个半劳动力
	10犋牛	种地287垧（内荒地60垧）	收粮158.0石
变工	6户	12个全劳动力	6犋牛种地215垧（内荒地103垧）收粮125.4石

不以全村为100户，可以看出如下的比例来：

	户数	全劳动力	半劳动力	牛犋	开荒	种地	收粮
不变工	75	65.7	100	62.5	36.8	57. 2	55.7
变工	25	34.3		37.5	63.2	42.8	44.3
共计	100	100	100	100	100	100	100

从上表我们可以看出：在变工 6 户中，如以劳动力来说，占全部劳动力34.3%，种地收粮也应为全部耕地与收获的34.3%，但耕地为42.8%，即增加8.5%，粮食为44.3%，即增加10%。如以耕牛来说，占全部耕牛的37.5%，则耕地与收粮亦应为37.5%，但耕地为44.3%，即增加5.3%，收粮为44.3%，即增加6.8%。可以看到变工生产比不变工生产大得多。我们又从实际劳作的效果看，一个劳动力可以种多少地，一犋牛可以种多少地，一个劳动力可以打多少粮食，一犋牛可以打多少粮食，又可以得到下面的表：

	一个劳动力种地（垧）	一犋耕牛种地（垧）
不变工	11.6	28.7
变工	17.9	36.8
百分比	154.3	124.8（不变工为100）

	一个劳动力打粮（石）	一犋耕牛打粮（石）
不变工	6.45	15.8
变工	10.45	20.9
百分比	160	132.2（不变工为100）

从上表可以看出：变工一个劳动力种地，收获比不变工都多一半，变工牛犋种地收粮比不变工牛犋多三分之一左右。

（《解放日报》，1944年1月4日）

四、新正三区二乡别岭村唐将班子（节录）

《解放日报》编者按：新正三区二乡别岭村李长青领导的唐将班子，成绩很好。这篇文章是由李长青本人口述，由本报记者记录下来的。

（一）别岭村的情况：新正县三区二乡别岭村，是第一行政村，村主任王老三，离边界四五十里，有11户：李长青、王老三、胡占奎、孙至青、梁常青、李宝才、袁建有、郭桂星、郭桂山、孟庆和、史基，前八家是老户，后三家是移难民，史基、郭桂才是三原逃来的，孟庆和是河南难民。

10户有16个劳动力，都是三十岁以下的年青汉，妇女能劳动的有9个，3个妇女上山打土疙瘩，全村有45头牛，能使唤的有12犋，只有3户难民没有耕牛。全村共种六七顷地，多是租种地主的，租子减得彻底，地主不敢多要，种地最多的是郭桂星，种一顷二十亩，种地最少的是难民郭桂才和史基，共种三四十亩。袁建有从前是个二流子，今年改造过来了，还参加了班子。

邻村魏家窑，有12户，14个劳动力，开始也和别岭村的班子合在一起。

村里平川地开完了，后山荒地多，梢林大，落霜很早，不能种麦子。

（二）组织经过：今年二月初二，区上找乡长商量组织变工，乡长说，找李常青去，那就找到我。区上同志说：开荒、锄草、秋收，大家一块儿闹好不好？我说：有办法，我先找了王老三和胡占奎，叫把村里的人都集合起来，自已拿钱买酒买肉，请大家吃一顿，当众立好约：大家情愿在一达，守规矩，服从命令，谁要脾气，那可不行。

唐将班子组织起来了，魏家窑的人看见班子做活快，也参加了，全班子共有38个人，内有7个客工，由我当包头，王老三当领工，陈满堂当书班记工账。到锄草时，因不好领导，便分成两个组，我专领导别岭村的。

（三）组织规程：按老规程是：第一，包头吃空工，因为下雨误工时，包头要给客班吃饭；第二，不见太阳不上地；第三，大便随便几个人去都可以，一天休息五六次，叫“三息六烟”。我觉得旧规矩不好。

我们班子规定了新规程：

甲、不吃空工，下雨时能挖还是要挖，不能挖，客工在我家吃饭，吃点粮没多大意思。

乙、规定黎明就上地，天黑了才回家，当天不能挂号（请假），只准挂明天的号，因为怕难民家预备好饭，你不去，就糟蹋了。

丙、每天只歇两次，我有个表，休息两分钟，吸两锅烟，就开工。大便要一个人一个人去，因为缺一个人，一人带一镢头，还可以一线儿上去，人缺多了，就要留下一绺子。

丁、为了提高生产效率，划地计工和包工。班子里有急性的，有慢性的，有力气大的，有力气小的。我规定了挖二分地算一个工，把地划开，梢林少的易挖的，多拨点地，二分算一个工；梢林多的，一分算一个工。有力气的人可以多挖，多挣工，地划开了，谁不卖力气也看得清。有时也用包工，凭各自力气挖，实行包工时，大家只歇一次，喝点水，连烟都不吸。我们4个人，包了二亩半，一天开6分的有3个人，5分的有4个人，4分的有六七个人。锄地时，把王老三、陈满堂和我，插在中间和两头，一人管三四个人，不准乱工（不能跑到人家的地方锄）。这些办法，是学柳林的班子的，班子一年算一次大账，十天算一次小账，提防工差了，长下的工给钱，客工啥时要啥时给，本村住的人，在算大账时再给钱也可以。

戊、集体吃饭，老户三顿饭少不下，在谁家吃饭，谁家老少一齐做，家具不够到邻家借。三家难民，我预先向粮宽裕的老户借粮给他们。我在会上提议说：难民比咱们苦，不能瞧不起人。在难民家做活，天未明在自己家里吃一顿，中午在难民家里吃一顿，饭不好，也不好说怪话，晚上自己家里吃一顿，不愿意的，就到我家吃。大家同意了，只有3个客工，到我家里吃饭。

己、帮助难民牛犋，难民没有牛，我们带牛帮助揭地，以后他们只还人工，不还牛工（借牛，人同去），牛不在难民家里喂，如果是老户，又要喂牛，又要还牛工。

（四）困难与解决办法：七月，环境紧张，政府派了7个人去抬担架，这时正下连阴雨。他们问：庄稼谁锄呢？我说：有办法。我雇了7个客工，把他们的地都代锄了，过了10天，他们回来，见他们的地都锄了，我的地还没锄，很过意不去，就给我锄地，锄完了，全班去堡子湾做活，把给客工的钱又赚回了，这样战争动员也做了，还没误庄稼，没赔钱，班子里的人更齐心了。

（五）生产成绩：

甲、成绩：二月初二组成班子后，先打三天柴，从初五挖地，挖到三月初八，两村共挖荒地300亩。别岭村挖了180亩，挖地后抬粪，帮着把每家的圈都送完了。送了1万担粪（每担七八十斤），每家都上110担粪。以后撒种、锄草时，都锄了3次，第一次锄了28天，第二次加油，锄24天就完了，第三次锄10天，锄了4顷，有些地草长不大，没锄。以后开秋荒25亩，现在规定每家打两架柴（每架60捆，每捆80斤）。因为变工多种多锄，今年全村比去年多打了140石粮。

乙、竞赛：我们二乡有7个班子，我们班子在本乡是第一，比一乡的班子还好。开荒时，竞赛条件是：谁把班子领导的不搞坏，谁开得多，种得好，锄草时也锄得早，锄得好，在竞赛时，区上和乡长来看账、看工、量地。

有时还比赛骂，唱着骂，我们到堡子湾做活时，和堡子湾的班子赛过，第一天赛锄得快，一人一天锄二亩，太阳还有两竿，我们就锄完了。第二天赛骂，你骂过来，我骂过去，到第三天，他们声都哑了。

赛骂的好处，是少歇，一天只歇一次，有时连饭都不愿吃，“他们不回去，我们回去不是给人家骂下啦！”真是热闹，简直不觉得疲倦。

丙、那么，班子种一亩地省多少工？不用班子种一亩玉米，连锄收带打计：

每天开荒一分半	六个半工多一点
下种带打土疙瘩	二个工
锄 两次	二个工
收	一个工
共计	十一个半工

每用班子种一亩玉米，连锄收带打计：

14个人开荒32天，挖地180亩（没误过工，一人一天平均开荒4分），2.5个工。

下种带打土疙瘩	半个工多一点
锄两次	一个工
收	半个工
共计	四个半工多一点

比不用班子的一亩地要省7个工。我们的唐将班子，是长期的，一直到现在还不“散伙”，明年还是要变下去的。

（六）我们的班对拥政、拥军、优抗、备战工作的帮助：

甲、拥政：7月环境紧张，区政府工作忙，顾不来砍柴，我们班子打了400斤柴送给他们。

乙、拥军：7月环境紧张，驻军调动了，庄稼长得美，但要锄草，自动去了7个人帮锄，去了3天锄了2天，地草大，共锄了20亩。又动员了妇女帮助部队洗补衣服40件。

丙、优抗：村里抗属李平孙，有20亩地，代锄了；部队的人回家，我对班子的人说：送点东西去吧。他们问：送啥呢？我说：凭你的心。到时送了肉，送了菠菜等。

丁、备战：班子里有9个人是基干自卫军，平时生产，打仗时就是游击队。

戊、改造二流子袁建有：袁建有，24岁，抽大烟，嫖女人，乡政府对他说：“不改，要挂牌了。”他害怕了。我发动人们天天叫他二流子，他气了，要生产。他的拜把兄弟王老三、陈满堂便叫他参加班子。第一次，开半天荒，不愿干了。我和王老三、陈满堂又劝他，不生产，人家瞧不起。他力气小，我又向大家解释，同时又是按工记账，大家也没说什么。他有时爱串。环境紧张后，组织游击队，查户口，他也不敢嫖了。去年他种18亩熟地，打七石八斗，今年开荒地15亩，连秋荒有20亩，共打15石粮，比去年多打一倍。

（《解放日报》，1943年12月19日）

五、一个换工12年的全村换工班子

关中赤水一区二乡最近发现一全村长年变工生产的换工班子。该村变工生产已达12年之久，全村整年所有开荒、锄草、耕种、收割、打柴、运粪都搭在一起，集体耕作如同一家人。该村名叫纸房沟，是一个自然村，现住13家人，共52口，种地6顷多。男全劳动力12人，半劳动力4人，妇女能全劳动的6人，半劳动1人，放牛娃2个。全村有12头耕牛、4头驴、1头骡、1头马，有5家没牲口。十几年前，该村荒无人烟，民国二十年（1931）由山阳移来9户人家，开始辛勤的开拓着这片荒凉的山野。民国二十二年（1933）村民李世德领导全村成立换工班子，长年变工生产，12年来从未间断，遂使贫瘠的荒原变成了良田沃地。现在该村没有一个无事的闲汉，没有吃不饱穿不暖的人家。别村每亩地收获量多为二三斗，而该村每亩地总可收获三四斗之多。去年全村共打粗粮250余石。每年除耕种全村所有土地外，并经常外出揽工。现将该村变工生产情形扼要介绍如下：全村所有人力、畜力在揭地、安秋、种麦时都由包头统一计划、组织、分配和调动。开荒、锄麦、锄秋，全村起班子，挨家逐户地做工，不论有无畜力或劳动力多少，保证各家都能按时下种，麦地连种共揭三遍，秋地揭两遍。每家需用犁犋多少，由包头按具体情况分配。通常按地的大小，大块多去犁犋，小块少去。或按家庭大小而定，大家者去6犋牛，小家去3犋。地离得远的就多分配些牛犋，一上午或一天赶完。耕种的次序，亦按小家地少先做，一两天内做完小家后，再集中力量往大家子做工；吃饭好坏，大家都不讲究，但由包头注意调剂，尽力使其平衡，因之没有发生过吃饭不高兴的现象。种秋时一块搭种，以3犋牛在一块地上同时耕种，溜粪、丢籽、捉犁拐只需5人，可节省3人。斜坡地不能用犁揭，由人挖窝子，下种时一人挖，一人带两个笼斗，一边放粪，一边下籽，比其他各村挖地耕种可节省一个人工。种麦时男女老少一齐动手，该村9犋犁，4个耧，一边揭，一边耧，只换牲口不换人，去年全村二百余亩麦地，几天就种完。割麦、秋收时，按熟的迟早，全村集体收运。包头至各家地里巡视，看见谁家的麦子已黄，玉麦已熟，豆子急需赶收。晚上就召开村民会议，组织分配劳动力，第二日去集体运收。收时妇女也上地里搬玉麦、背谷穗。碾场时，三五家合作使用农具、牲口、场面，所有场里的活，摆、碾、翻、打、扬，都不分你我，打完了这家打那家，打场时多余的人就组织起来赶锄全村二遍秋地。有一次遇雨，邻近各村只管个人，互不相助，不少人家塌场，独纸房沟村从容收场，未遭雨害。秋收后，全村小伙子挨家逐户打柴，13家每年所需20万斤烧柴，每年冬季都准备齐全，从无缺柴事情发生。打柴结束，全村开始运粪，前年该村还没有骡、马，以人力担粪，采用“转节节”的办法，将路程分为数段，全村青年、老汉集体分段运送。老汉娃娃吆牲口，过于陡的山坡就由小伙子担，担的时候小伙子分在起头和山坡坡的地方就格外快。所有这些变工，除开荒、锄草、修埝按劳动多少记工外，揭地、收割、碾藏、运粪均不记工，不计较各家做活多少，以做完算数。开荒时老汉参加班子按5分记工。

（《解放日报》，1944年4月20日）

六、苗店子合作农场调查报告

丁冬放

（一）农户概况

苗店子自然村距离难民工厂及振华纸厂三五里，距西河口集市15里，家庭妇纺已有基础。它是延安到志丹的大路的中点，志丹粮食、猪羊与延安的日用品，经此流转，所以苗店子五乡合作社以捣生意为主。

居民36户，26户农业生产者，10户小手工业者。

26户农家中，除抗属二户代耕外，其余24户，使用长年雇佣劳动的富、中农6户（调份子4户，伙种1户，安庄稼1户）；缺少劳动力而必须雇短工者5户；没有牛、地者7户，其中3户（愿打柴纺线1户，打算自耕1户，出去打窑洞1户）不愿卖工，只有4户卖工；劳动力足用的中、贫农5户；1户是外庄暂住的乡指导员。（列表附后，见429页）

因此，雇佣劳动力的异常缺少，是这村的重要特点之一。

这村庄，就收入与支出来说，富农只有5家，而就使用雇佣劳动来说，进行富农经营的却有11家。因此，这村庄在农户富裕程度上，并非安塞最好的村庄，但富农经营方式，却占着农业生产的支配地位。这是另一方面的特点。

（二）组织过程

“组织起来”号召传到这里以后，首先有5家富农（赵盘成、赵盘荣、苗子英、魏生珠、张俊厚）最积极，他们希望从集体劳动中去解决雇佣劳动力缺乏的问题。他们起先商量变工队，但从他们的实际出发，在他们之间，变工是不合适的，因为劳动力太缺，即使变工也还缺少人的劳力。他们又是与本乡合作社有最直接关系的，其中3人是合作社的工作人员，他们有入股分红的经验。所以在变工商量难成之后，即产生一种形式上极“左”，内容上是食利的思想，即把各户所有土地、牲畜、人力（实际上有3人：赵、赵、魏，苗原本就是不从事农业生产的）一满交给合作社，折价作为股金，将来依分红生活。这种思想是富农思想与商业性的“合作社”思想的结合。

那么多的土地（5户共216垧），那么多的牛犋（7犋），折成股金是一个多么大的巨额，红利该是多么大的数字。他们商量的结果，认为小小的商业性的合作社是承受不了，因此，再次放弃了这个办法。

于是，另行商量，组织一个集体生产，集体地雇工，既可以省工少雇几个，就能解决问题，又可以依靠集体较易找到雇工，特别是区委和乡政府的许予帮助，使他们相信不仅可以解决雇工问题，而且可以减少义务负担（苗子英说：公粮与劳力动员都可以比个体农户少负担，个体农户也不会知道）。于是，他们发起一个集体生产的农场，他们自命为“集体农场”。这个农场之能组成，与区委及乡政府的鼓励有关。区委曾经在组织过程予以领导，他并在和我去调查时，一见面热情地说：“这可接近于‘社会主义（？）”。而乡政府在对一个请求农贷的雇农（现已参加农场）表示：“你应去参加农场，不能贷款。”（雇农刘玉祥对我说的）

经半个月的详细打算之后，终于正式组织起来（在3月1日牛犋与劳动力已大部集中）。其办法，可以集纳如下：

1.所有土地、牛犋、劳动力、农具、肥料都集合起来，统一支配使用。

2.牛及农具有死亡或损失时，由公共赔补，仍算原主私有。

3.所有的参加者与牛犋，为便于指挥使用，集中住宿，集中吃饭，集中喂料。

4.吃粮由有粮户借出，每犋牛家出3.5石，2袋洋芋（吃菜），草料亦分别借出，秋收归还，粮利加2斗（每石），本利由公堆上归还。

5.收粮按份子分配：牛一犋2份账，一犋地1份账（带粪），1犋牛2人使唤共打2份。一犋地收获总量算作5分，去均分。（主任采买只打7厘）

6.由合作社帮助捣生意赚钱，并拟组织小工厂织布，以便每人每年发单衣、棉衣各一套。

7.雇工可以以人份子来分粮，也可以按一犋地的2个调份子的二八分分粮，由雇工自择，唯调份子者则不发衣服及其他收益（如运盐权利）。

8.选主任、采买（2人不下地，作买卖活动）、工头各一人领导全农场。

9.各参加者的家庭，自己解决自己生活，拟母家纺线线，并每家分给川地二三垧种瓜菜，供该家庭自种自享，农场集体砍柴，分卖各家，折账。

三月三四号，由区委领导集会一次，商量修改与增补条款，集纳如下：

（1）关于份子问题：1犋打1分（不是1份）、每人打1分，好牛打一分八厘，较差者打一分七厘（最后在五号还打算将苗、郭两家牛犋再稍减，未确）。土地一犋地之规定：以15垧川、27垧山地为标准，川地多者比例增厘，山地多者不加厘。以全农场总计之分厘去分配全农场之收获物及其他收益。调份子者仍旧。

（2）雇工，不论“打份子”或调份子的，一律调给半垧或一垧川菜地（川菜地是统一调剂拨给的）。

截至3月5号，计参加农户有12家（有牛、地者7家，只有牛者1家，无牛、地者4家，大司付1人，调份子1人，打份子1人）。就现状说，尚缺劳动力5个，乡区政府正协助保证解决中。

问了每个参加者，他们都表示“一定能够做下去”，一定能够利大，秋收看到利大了将来未参加者一定都会来参加的。就各方面实际观察，就各家婆姨们的情绪，都是“解下的”。因此，是可能的。

（三）性质与特点

农民都把农场叫作“集体农场”，已经相当顺口了。

究竟是什么性质的东西呢?

（1）参加的农户12户，富农5户，中农3户（去年也需雇短工的），雇农4户。基本上是富农经营的经济样式。

（2）集体的雇主与各个雇工的关系，雇主与雇工，都是以二八分调份子为算计利益的标准的。他们之间的关系，因此基本上是雇佣关系，只在一定程度上带有变工的意味（有牛地者之间）。

（3）那需使短工的中富（郭、李）二家，他们在组织农场过程中，算利的标准，是以个体单独生产的收谷为标准的，他们从相信集体互助劳动为出发的（一个是党员，一个是乡文书），在利大已经昭著而中农参加日增的条件下，合作性质会日益增大其比重，而现在的办法，也许要有所变化的吧。

就目前来说，虽然基本上是雇佣关系为主，然而，它实有与旧的资本主义富农经济不同的特点，就目前事实来归纳，则有：

第一个特点，使用权与所有权的分离。在资本主义历史上，只有“租种农”的经营如此，即利润与地租的分裂的经营。那是由土地与资本所有分离所决定的。现在苗店子合作农场是把个体经济集合起来，相当实现了耕种的计划性，克服了零星分散的所有权所加于集体化的限制作用。现在苗店子农场在使用土地、规划作物种类与配备耕作时间上，都是比较个体小农与变工队的合理经营。一溜地整块种一类作物：麻子种成一溜，稻黍（玉米）种在一搭。分配农产品时，并不是那一人的土地所产物品归那一人，而是总的来分配，收得的东西不一定就是自己土地上所产出，而是以所有权的大小为分配量的标准而已。即是说，主要生产手段（土地、牛犋）所有权归自己，使用权归农场。这样一来，就与变工不同了。变工队由于使用权与所有权结合在一起，就发生了“抢墒”（种杂田时下种）、抢锄（怕雨后草大了）以及杂田零星多样不易变工等等的弱点，在变工时不能圆满解决，乃至“烂包”，而为合作农场所克服了。去年安塞东营村的抢锄，杨庄的抢墒使变工队烂包，各地杂田都不易变起，都是实例。

第二个特点，在私有财产发展过程中生长了公有财产。现在已经发生的，是集体住处，公共牛棚的建筑（虽然是简陋的），公用日用品农具的备置，正在筹划中的小型织布厂的某些用具，不久开始的公荒开垦等，都是公共财产，这种财产在个人退出时，是很难完全划分去私有的。这与一般合作社的公益金公积金所体现的资产相仿，只有全部解散时，才有可能瓜分（也不能全部）。

第三个特点，形成以农业为中心的综合性合作社的萌芽。苗店子农场，它为了解决各人家庭的生产而组织每家的妇纺。为解决农场发单棉衣而开办小型纺织厂（现在找到乡合作社运输员家属，织布妇女二人及机子二架），为了农场的活动资金而捣生意，放青时将耕畜去运盐以挣利。食粮由富农暂借，缺粮的人仍可吃上，缺牛料的牛也能喂上，这正是综合性合作社的自然形成。

第四个特点，个体的家庭经济生活与集体的农业生产相分离。这个特点值得继续研究，看将来实践过程中是否要加修改。现在苗店子农场的各户家庭的担水、碾米、喂牲口、种自家食用的瓜菜地都是家庭自理，参加农场的劳动力只有在一定限期内可以回家帮助。一般地由农场解决的是砍柴分卖给各家。妇女们还要纺线以供给家用，一到小工厂组成后，即为小工厂供给纱线。我曾从集体农业生产与家内生活的矛盾上向农民（参加者）提出问题：“家内婆姨怕吃不上水，吃不上米吧？”他们回答：“她们一向都是担水的，怎样自己吃不上？”我说：“每夜不回去住宿，婆姨要有意见了吧？”他们说：“有时可以回去。”一个农民还说：“也可以礼拜六好了！”总之在目前情况下，没有发生问题，据高加忠说："婆姨解下了。"——我想，作为一个普遍性的存在，这个特点还是值得加以研究改进的（集体喂牛易传染牛瘟的问题也是值得注意改进的）。

（四）分益比例

正因为这个农场，基本性质是富农经营，所以在组织与形成过程中，曾经过几度的改变分益的比例。

在最初的规定内（即牛二、地一、人一）是有利于富农不利于雇农的，这可以从下边两个例子看出：

（第一个例子）赵盘成家去年调份子的实况：2犋牛地，调份子3人，打粮36石，雇主实得24石，2个调份子合得12石。

赵盘成今年按牛二、地一、人一（2人）分益，则：

雇主将得24石，3个份子的共得12石，因为：2犋牛4份，地2份，人3份，则牛地共6份，实得$6\times\frac{36}{9}=24$石，3个分份子的实得12石。

从这两年比较上看，似乎是"公平"的，然而，不然！

（第二个例子）李春发家去年调份子的实况：

1犋牛地，自力1人，调份子1人，打粮23石：雇主实得十八石四斗，调份子的实得四石六斗。

李春发如按今年原定比例（二、二、一）则：雇主将实得18.25石，雇工实得4.75石。

从两年比较，似乎也是"公平"的，其实，也不然！

为什么说上述两个实例的计算是不公平呢？因为：

1.吃粮及草料，去年是主家独出，今年是公堆上合出，如以3石计，则雇工吃亏一石五斗，再加上雇主（例二的自力）吃粮一石五斗，则共亏了3石。

2.今年雇工可分得谷草约合9斗，食盐运输红利一次约3斗，共一石二斗，若以赵家来说，调份子改为今年份子比例，则雇工吃亏15－12＝3斗；若以李家计算，则雇工较去年吃亏30－12＝18斗。

由此可见，"牛二、地一、人一"比例分益是不公平的。至于："身钱"

等尚未算入。为此，在会议上（3月4日）改为牛一分八厘（差的还减），地一分，人一分，而以全农场产量算总分厘数去分配，才算比较公平合理些。

什么叫作“公平合理”呢？并不是没有剥削，而是以去年全村雇佣劳动的最主要的“调份子”的剥削程度为标准而已。

当苗店子五乡合作社代表苗子美到真武洞出席安塞县联社会议时，合作社主任曾在会上提出讨论过。会上大多数的主张，牛份子应以牛租子为标准。这是一种过“左”思想，这样一来，雇主将会不来参加农场了。因为雇主们从来并非以出租牛为生，而是以调份子为生的。这样算法，集体劳动还不及个体调份子了。地份子也是如此。

（五）其他农户不参加的原因

如前所述，苗店子农户26户中，除抗属代耕2户外，还只有12户参加，不参加者12户，就组织起来的百分比说刚够50%。为何？据调查：

（1）不相信集体化者4户（何文志、白万民、赵五、赵怀有）。

（2）有病不能重劳动，份子打大了农场不愿，打小了个人不愿，计有2户（赵贯桂、郭正富）。

（3）不愿劳动者2户（老曹山东人没劳动过，愿打柴纺线；姬乃俊自己有病，其弟因未娶老婆不满意，不愿努力）。

（4）没有去找。因劳动力有病，牛差（宋三）1家。乡指导员自耕未去找，他也未自动来（刘汉祥）1户。

从此可见，不愿来与不去找是最主要的两种原因。而这些农户是否可以组织起来呢？是可以的。据做农户计划时所谈，赵怀有、何文志、白万民一个变工组；宋子忠、宋三一个变工组；赵盘柱、赵五一个变工组。其余三户尚未回家，不详究竟。

从此可见，合作农场在村庄范围内，还是可以吸收更多的农户参加的。它一方面虽能克服变工队的若干弱点，然而，它在组织程度上较高，却不如变工队易于适应个体的小农。我想选择中农占优势的村庄加以试验（试验它的原则：“主要生产手段的所有权私有制与使用权集体化”，而不是照抄它的一切），还是可能有很大前途的，不妨部分试行于更多的地方。

（附录）苗店子全村农户概况表：

姓名	人口	土地		牛具	劳动力	雇佣劳动	参加农场者	备注
		川	山					
魏生珠	6	8	20	1	1	使长工一人	参　加	
赵盘成	17	32	37	2	0	使长工调份子三人	同	
赵盘荣	7	11	15	1	0	调份子二人	同	
苗子英	7	21	45	1	1.5	使短工	同	
张俊厚	7	14	20	2	1	调份子一人	同	
李春发	7	11	20	1	1	调份子一人	同	
郭凤成	6	5	12	0.5	1	使短工	同	
高加忠	4	佃　户		0.5	2	被雇	同	
尹玉如	7	安庄稼		0	1.5	给张家安	同	
宋　三	3	5	10	0.5	1	合伙种	未	
白万民	7			1	1	使短工	未	
宋志忠	5			0.5			未	代耕
赵　五	6	15	10	1	1		未	
赵怀有	2	6	10	1	1		未	
张凤高	5	6	16	1	2	与宋三伙种	未	
郭正富	4	3	8	1	2		未	
姬乃俊	6	9	16	1	2		未	
何文志	4			租来0.5	3	安张 伙子	未	
刘汉详	4	8	3	1	1		未	
李　三	4	3	7		2		未	
唐克青	5	9	10			代耕		
高金秀	1					揽工	参加	
老　韩	1				1	退伍军人	同	
老　贾	4				2		未	
赵盘柱	2	5	7		2		未	
刘正详							参加	

小手工业者在外，其中有农户新来。

（《解放日报》，1944年3月31日）

第五章

发展农业的几项政策和措施

农业方面的主要要求是增产粮食和棉花（副业另说）。按照目前粮食棉花的需要，并为争取部分粮食棉花出口，还要求我们动员农民群众增产20万担细粮及增产160万斤棉花。这个要求究竟有无希望呢？从1937年至1942年6年之间，估计约开荒300万亩，增产粗粮50万担，那么，可否在今后数年内，再从开荒及其他方法上增产粗粮40万担或细粮20万担呢？1939年至1942年之间，棉地已达9万余亩，棉花已达140万斤，那么，可否于今后数年内增加棉地10余万亩，增产棉花160万斤呢？

我们认为是完全可能的。

农民如能增产细粮20万担，那么，即使如1941年那样交出20万担公粮，农民还是只以增产部分交给公家，自己可保有相等于原来的全部收获量。至于棉花，即使将来要酌情收税，农民也可保有绝大部分的收获量，解决边区的纱布问题。

应该实行一些什么切实有效、而不是空洞夸张的政策才可达到上述要求呢？根据过去经验，下列八项政策是必须执行的：（一）减租减息；（二）增开荒地；（三）推广植棉；（四）不违农时；（五）调剂劳动力；（六）增加农贷；（七）提高技术；（八）实行累进税。

（毛泽东：《经济问题与财政问题》，

《毛泽东选集》东北书店版，第768页）

减租减息、增开荒地、推广植棉、不违农时、调剂劳动力、增加农贷、提高技术与准备实行累进税——这八项，就是我们在1943年可以做、必须做、并且会切实有效的农业政策。除累进税一项1943年是做准备工作或只在几县试办外，其余七项，应即全部实施。其中有许多在1942年冬季就要动手做，否则时间误过，就会变成空话。

上面这些，就是我们对于过去民营农业工作的总结与1943年的农业工作方针。

（毛泽东：《经济问题与财政问题》，
《毛泽东选集》东北书店版，第777—778页）

第一节　开垦荒地、扩大耕地面积

我们的第二项农业政策就是增开荒地。根据荒地多的地方农民认为深耕不如开荒的要求，我们应在一切有荒地的县、区、乡组织农民多开荒地，以期增产粮食。开荒除老户抛熟垦新所开者外，主要靠招集移民来开，移民条件现在是有的，各县应做很大的组织工作。各县应根据可能条件分别新户老户，规定具体任务。照延安县的办法，订立每家耕种计划。这种计划，应将开荒地、种熟地一概包括在内。1943年全边区增产粮食数目拟定为细粮8万担，从人民与军队、开荒与改良农作法各方面来完成它。

（毛泽东：《经济问题与财政问题》，
《毛泽东选集》，东北书店版，第769页）

一、开荒取得的成绩

首先在开荒方面，今年群众开荒计919089亩，超过103889亩，与原定计划815200亩相比，完成113%，如下表：

各县群众开荒统计表 （1939年12月）（单位：亩）

县别	延市	延安	安塞	甘泉	志丹	安定	延长	延川	固临	靖边	安边
计划数	500	70000	70000	43000	55000	25000	35000	30000	30000	55500	56000
完成数	1690	105693	69852	18081	66816	22500	42282	89625	32370	46779	78520
完成计划（%）	338	150	69.8	42	122	90.1	121	284	108	84.3	140

续表

县别	盐池	华池	曲子	环县	赤水	淳耀	新正	新宁	神府	总计
计划数	12000	100200	85000	85000	3000	29000	20000	9000	2000	815200
完成数	32930	84903	106599	93963	4622	7752	6811	7871		919089
完成计划（%）	275	84.7	125	111	154	26.7	34	87.5		113

对于已有耕地没有荒芜一垧。

（《1939年农业生产总结报告》，陕甘宁边区建设厅）

陕甘宁边区三十二年（1943）部队与各分区开荒比较

部队与分区	开荒面积（亩）
部队	206876
延属分区	341644.5
陇东分区	157315
关中分区	91998.8
三边分区	154189.5
绥德分区	18129
合计	970152.8

说明：1.其中在四个分区已根据工作总结改正，故与生产展览会发表之976224.5数字有出入。

2.是年秋开荒及机关开荒均未统计。

（《边区农业统计表（1940—1943）》，1944年）

陕甘宁边区四年来开荒面积比较

年份	开荒面积（亩）
二十九年（1940）	698989
三十年（1941）	481262
三十一年（1942）	354768
三十二年（1943）	763276.8

说明：1.上列数字根据建设厅历年统计，不包括机关、部队开荒数。

2.三十二年（1943）之数字根据各分区工作总结报告，但其中不包括秋开荒数目。原生产展览会发表之769384.5亩数字已修正了。

3.三十年（1941）、三十一年（1942）已发表之数字390087亩及281413亩，因当时统计不全现根据完全材料修正。

二十八年（1939）/1002774亩

三十三年（1944）/1054720亩

（《边区农业统计表（1940—1943）》，1944年）

增开荒地——边区地广人稀，除绥德分区外，其余各分区均有大量荒地可资开垦。开荒除组织老户大量进行外，次即为组织与吸收移难民来开荒。为了鼓励大家开荒，政府除规定公荒谁开归谁所有外，私荒如地主不开，他们即可自由开垦，并三年免交地租。因此，开荒自1939年以后，每年都新开了许多荒地；而1943年因移民增多及组织劳动互助的结果开荒更成为普遍的运动，原计划不过39万亩，实际上完成了97万余亩。历年开荒数目如下：

边区历年开荒亩数

1939年	1002744亩
1940年	698989亩
1941年	481262亩
1942年	354768亩
1943年	763276.8亩

附注：上列数字，不包括机关部队。1943年的，不包括秋开荒。

（《陕甘宁边区农业》，1945年文件）

今年全分区为了增产细粮，使群众生活富裕起来，曾计划号召群众开春荒60650亩。但经耕三个月中，客观条件的顺利与各级政府主观上积极领导，将群众的伟大生产力发挥起来，共计完成开春荒158841亩。（党、政、军各级机关部队开荒在外）比原计划超过98191亩。

各县开荒数目如下：（亩）

县名	原计划	完成	超过	超过倍数	备考
庆阳	877	21736	20859	24倍弱	
合水	2000	25354	14354	11倍强	
镇原	2070	17883	15813	7倍半强	
曲子	7000	22961	15961	2倍半弱	
环县	16563	30186	13623	近1倍	
华池	23140	40721	17581	近1倍	
合计	60650	158841	98191	1倍半强	

中间老户开荒152019亩，移民开荒3917亩，动员二流子开荒2905亩。

各县具体亩数如下：

	庆阳	合水	镇原	曲子	环县	华池	合计
老户	21579	23615.5	17083.5	21949	28690	39102	152019
移民	24	1530		537	703	1123	3917
二流子	133	208.5	799.5	475	793	499	2905
合计	21736	25354	17883	22961	30186	40721	158841

全分区去年开有秋荒：环县29293.5亩，曲子6853亩，华池9698.5亩，镇原2060亩，（不确）庆阳4164亩，合水2221.5亩，共计54281.5亩。加今年开春荒合计总数为213168.5亩，以分区原有土地2272480亩，加耕地88万，以每亩产细粮13.2升计，可产细粮二万五千五百七十五石三斗四升，这是我们今年全分区经济建设的主要一大成绩。

（《陇东分区1943年上半年经济建设工作总结报告》）

开荒：除春耕中完成与超过计划外，在百忙的夏秋之间，还开了30158亩，全年共计划114000亩，完成125486亩，超过11486亩（10月后3月及2月份数在外），在这一任务中，是克服了空前未有过的困难，特别机关工作人员及保安部队，无有利器（如无镢头）将手打烂流血者甚多，但终是继续不休完成任务，故影响了不少群众，用人力开荒很多，特别创造了劳动英雄316名（内有机关32名）。

（《环县政府经济建设工作报告》，1939年1月）

二、开荒经验

（一）优待政策——奖励开荒

凡移难民从事垦荒者，不论本人以自力耕种或以资本雇人耕种，均得享受下列各项之优待：

甲、经移民、难民自力开垦或雇人开垦之公地，其土地所有权归移民或难民，并由县政府发给登记证，此项开垦之公地三年免收公粮；经开垦之私荒，依照地权条例，三年免纳地租。三年后依照租佃条例办理，地主不得任意收回土地。

乙、移居垦区之移民、难民，如因种菜或种粮需少许熟地，得呈请区乡政府视可能情况，酌予调剂。

丙、移难民无力打窑洞，或在未打好窑洞之前，得由县政府就当地公私窑洞或房屋予以调剂暂住，待该移难民自行建有窑洞或房屋后归还之。

丁、凡移难民无力购买耕牛、农具、种籽，或缺乏粮食者，得由县政府呈请边区政府优先予以农贷之帮助。如农贷尚不足需要时，得由乡政府帮助向老户借贷，或发动老户互助解决之。

戊、移难民自移入边区居住耕种之日起，对于运输公盐、运输公粮、修公路等义务劳动，第一年全免，第二年第三年分别家庭经济状况酌减，如第二年第三年仍然生活困难者，得全免。

凡边区人民所享受之民主自由权利以及人权财权之保障等权利，移难民均与边区之老户同等享受之。

移难民在边区居住从事开荒之三年后，如因生活仍很困难无法负担公粮者，得继续减免。

（《陕甘宁边区优待移难民垦荒条例》，1943年3月1日）

（二）加强领导

主观上在领导方面加强了对这一工作的领导，这是完成与超过任务的主要因素。在这方面，我们做的工作是：

1.领导上把开荒工作当作主要工作去做，并纠正了干部轻视生产的思想。在2月间各县都召开区干部联席大会，庆阳县的乡长还参加了县的区长联席会议，将高干会的精神，传达到区乡干部中间去，使干部了解了生产第一的意义。在陇东农业生产占主要地位，而上半年农业生产以开荒增加耕地面积为主要工作，并对一些干部对生产没信心，对春荒不能开，与让群众自流生产的自由主义与尾巴主义做了必要纠正与批评。如环县2月间的县级干部大会有区长参加，进行了生产大动员，以整风的精神，检讨了对生产的错误思想。各区召开的乡长联席会议，只着重地进行生产思想的反省，对认为"老百姓谁个不会生产多打粮，何必公家多管闲事"的自流思想的干部，做了彻底批评，这样才引起了各乡干部对生产重视，对开荒重视，打破了认为不能开春荒的观点。（环县报告中说）如合水在四月间西华池召开的县区干部大会，做了一次干部对生产工作认识的测验，并在会议上纠正了一些干部以部分落后群众的意识，当为自己的意识向上级反映的"尾巴主义"思想。其他各县也都做了不少的对干部教育与批评，把干部轻视生产的思想大部分转变过来了。

2.领导深入，干部起模范。从分区级主要负责同志直至县区乡干部，都亲身到农村督促领导开荒，对干部中不正确的倾向，随时加以纠正。如环县陈县长亲到县区四乡领导开荒，合水王县长亲到三区组织变工队开荒，庆阳苏县长亲到新堡区领导督促春耕。又乡干部如镇原三岔何家岔乡文书，合水六区二乡文书陈第让，三十里铺五乡自卫军区长都亲自领导或一个乡或一个行政村的集体开荒。如环县环城区一乡文书黄治海，自己让荒地20亩给无荒的人开，自己又帮助牛工给董治国开荒三天，自己又亲自领导四村十一户农民的牛十一对开荒……举不胜举。这次突击开荒中县区干部大部参加了而且亲自领导检查开荒确实与否。领导上因为有如此的深入与干部起模范作用，才将开荒运动普遍地展开来。

3.动员得普遍，抓紧雨后时机。在乡村开村民会，宣传动员。宣传的口号是："今年公粮只征18万石"，开荒三年不出租，一年不征公粮……在群众中普遍的宣传起了很大作用，因而群众参加开荒的很普遍。如华池劳动力牛力四分之三参加了，其他各县亦在一半以上，各县开荒不但动员地主、商人、读书人开荒，而且连庙官、瞎子也自动地开荒了（庆阳三十里铺）。各县抓住这一雨后时机进行突击，老三县有二次至三次的，新三县大突击一次，华池县开荒成绩四分之三是突击期间得来的。

4.发动群众调剂与公家帮助解决群众开荒困难。各县在过去都反映着"有荒地的无人开，想开荒的无荒地"。专署为了抓紧时机开荒，便令各县提出"先开荒后认粮，与超界可以开荒"的口号。这一指示到了各县乡村，提高了群众开荒情绪。如镇原群众说："我们老早就等公家下命令着哩"，便引起群众抢着开荒地来。同时也对工作纠纷案件解决了不少。如合水解决了173件，庆阳解决了70多件，镇原四个区，统计开荒中解决了挡牛纠纷案34件。对农民群众移难民没耕牛农具籽种与吃的，公家先后发出农贷240万元，青苗贷款40万元，借出粮1600石，发救济粮380石，发动群众互相调剂借粮七十七石三斗五升，合水还借出籽种50石（这些详情，请看放农贷总结情况），使全分区因之多开荒6116亩，华池就因放农贷多开3186亩，环县多开了2630亩，又如华池因放给移民数万元农贷，在小风川的16户移民中各买了一头牛，铧一页，锄头一把，政府又给了救济粮7石，现已开荒500亩。

5.组织和调剂了劳动力。自合水盘马村创造集体开荒例子后，各县也都纷纷响应，进行集体开荒（只曲子没有）。如庆阳三十里铺五乡以行政村为单位开了两次，共动员牲口210头，镢锄头95把，两天开荒270亩。环县共组织集体小组17个，参加人232人，牛110对，开荒426亩。合水组织了38个集体开荒队，共参加人480名，牛585对，开荒1554亩。（其余详见县组织劳动力总结报告）

6.各县奖励了劳动英雄，特别是开荒劳动英雄，并发动了部分的竞赛（先奖励劳动英雄与发动竞赛的），对群众起了很大作用。

（《陇东分区1943年上半年经济建设工作总结报告》）

据子长县长谈，增加耕地面积原因是："第一，组织与发挥了农民集体劳动力量，仅涧玉岔一个区就组织了30个扎工队，参加人数300多。第二，全年放出农贷款188797元，增加耕牛370头，农具243件。第三，调剂了1247垧土地，使没有地与少地的人都有了土地种。第四，借给农民粮400石，草8万斤。第五，组织了235名二流子参加生产，共种地670垧”。

（《子长县长谈增加耕地面积的原因》，《解放日报》，1943年2月22日）

（三）延安县1942年8万亩的开荒计划是怎样完成的?

1．依靠移来难民的劳动力来开荒。

1940年至1942年的难民有25428人。5个人一个劳动力，有5086个劳动力。一个劳动力一年开10亩荒，计50860亩（开10亩是三年来难民开荒的平均数，1942年每个劳动力开的比这还多）。

2.依靠老户的劳动力、畜力来开荒，计29399亩。

老户的劳动力有10616个，平均一个劳动力开不上三分地就可以完成。

3.但组织劳动力是一件大工作。本年采取集体工方式推行集体劳动，如扎工变工，组织妇女、“二流子”参加生产。

共组织扎工487个。另外吸收4939个好劳动力参加集体劳动（变工），几乎占总劳动力的三分之一（今春统计全县劳动力15702个），即三个人中有一人参加集体劳动。

扎工就是由农村中好劳动力8—10个一组，设工头一人，开荒时给人家或自己开荒，锄地时给人家或自己锄地。工头有时参加劳动，就拿两个劳动日的工资；不劳动，拿一个劳动日的工资。参加扎工的有全为本村人，也有外来人或外村人与本村农民共同组织的。

组织二流子参加生产，农民十分高兴，可以鼓励农民劳动热忱的提高。

妇女参加生产，一年比一年多。特别是难民妇女，开荒有她们，锄草的更多。柳林区本年有39人，川口区三乡难民妇女没有镢头，跑到山里等别人累了休息的时候，拿了镢头开荒，人家休息过了把镢头还回，又等着。

4.依靠于每个农户的生产计划。1942年本县着重每一农户生产计划的制订，由本人家中商量好，本人同意订出的。政府印了统一的表格，里面包括开荒锄草等。计划订好，贴在每户的窑里，以后政府检查每户的生产计划时，即按此表进行。农户计划的制订，应按去年生产情形、今年可能扩大生产的条件及劳动力（人力牛力）多少来订，还得本人同意，更要有经常的检查督促工作。

5.农贷的结果，特别是对难民10万元的农具贷款。难民来时什么也没有，开荒却先要用“梢镢”刨去“梢”，才能用镢头开荒。农具贷款发给后解决了农具，难民开荒的热忱很高，6天可以开一垧。1942年农具贷款放迟了一个时期，早一天早开多少荒地（注意：勿违农时）。

6.春耕时，动员工作应尽量减少，让农民有时间去开荒，去生产。

7.政府对开荒工作抓得紧。开荒时间仅3个月，以100天计，一天要开800亩，需要1600个劳动力，占去全县劳动力十分之一。在4月19日前还只开了15000亩。距完成任务尚短得多，而时间已去了三分之二，所以下雨后从4月20日起突击开荒20天，在20天中完成总任务的50%以上。3月10日到4月19日前，开荒15000亩占总任务的18.7%，突击20天，开荒46442亩，占总任务的58%。

在突击中最好的为下列各区：

柳林区：突击时与19日前开荒数之比，为1294.4∶100。

姚店区：突击时与19日前开荒数之比，为1184.4∶100。

川口区：突击时与19日前开荒数之比，为432.1∶100。

县府对于开荒工作，前后开区长会二次检查，发了三次指示信，县府干部下区乡达三次之多。

区对乡工作的检查有的达七八次，至少有三次。乡对村的检查次数也不少。

领导上抓得紧，检查严，对于完成任务是有决定作用的。

（毛泽东：《经济问题与财政问题》，
《毛泽东选集》，东北书店版，第760—761页）

第二节 推广植棉

我们的第三项农业政策就是推广植棉。全边区需棉300万斤，如果平均每亩能收净花20斤，只需棉地15万亩。如果每亩只能收净花15斤，或者还要少，便需棉地20万亩。我们可照后一种估计准备棉地。但因新棉户缺乏经验与信心，纵然扩大植棉面积，收成必不见佳，故不宜在1943年一年内完成全部需棉数目，而以1943年增辟棉地5.6万亩，连前94000亩，共计55万亩，以期产花225万斤为适宜。种植此项面积的棉籽、棉地均无问题，但轧花设备很不够。以每架轧花机平均每日轧花60斤计，需轧花机300架，方能在半年内将300万斤花轧出来。1943年有225万斤花要轧，需机200余架。但现只有破旧轧花机约100架，每日能用的还不过50架。如以50架轧200万斤，需要两个整年。故解决轧花问题，是推广植棉政策中包含着的一个必不可少的部分。再则，目前边区农民尚不会榨棉油。200万斤棉花便有400万斤棉籽，每百斤可榨油12斤。如榨油能解决，则棉农收益增加，植棉积极性亦可增加了。根据如上要求，1943年政府关于推广植棉应做的工作有如下列：（一）实地分配有棉地的农户种足15万亩棉地，并帮助棉户准备棉种、肥料及种棉经验，有耕牛农具困难的给予贷款。（二）制造轧花机及轧花机零件，供给棉农，并帮助棉农修理旧机。同时组织棉农向外地购买轧花机，政府酌予贷款帮助。用这些办法解决轧花问题。（三）研究棉油榨法，使棉农能将400万斤棉籽榨出48万斤油来（每斤15元，值720万元）。（四）组织公私合营的棉业合作社，经营轧花、打包、销售及榨油等事业。（五）奖励优秀棉农，介绍种棉、轧花等优良经验，藉以增进棉农的积极性，提高棉产的数量与质量。

（毛泽东：《经济问题与财政问题》，
《毛泽东选集》，东北书店版，第770页）

边区政府关于推广棉麻的训令（节录）

根据边区中央局和边区政府关于开展边区经济建设，确实达到自给自足的指示，决定于民国三十年（1941）在边区各适宜种植棉麻的区域，大量推广种棉种麻，以增加边区的棉麻生产。因为棉麻是经济建设所不能缺少的原料，纺织要棉麻，造纸也要棉麻，棉油麻油又是吃饭点灯所不可少的，油渣可作饲料，又可作肥料，棉秆麻秆可作燃料，无一不是日常生活所迫切需要的。因为棉麻既与经济建设有这样大的关系，又有这样广泛的用途，所以必须大大地来推广。边区建设厅，并设立工业原料推广委员会，负责来指导和督率这一工作，并由政府拨出部分经费，来帮助推进这一事业。兹决定办法于后，望各专员及县长切实执行，并将执行情形报告为要。

一、推广种棉

甲、划定延长、延川、固临（临镇、金盆两区除外）、延安之甘谷驿、绥德（部分地区）、清涧（一部分地区）、吴堡（一部分地区）、安定（一部分地区）等八县为推广植棉区域，（其他各县亦可斟酌情形种植或试种），于1941年应种棉5万亩，并求得收净花至少50万斤，棉籽100万斤。

乙、各该县政府必须选定土壤和气候适合的区域，动员农户承受种植，同时为着便利指导和检查起见，应力求集中在较少的区域种植，不宜分散得太零乱，以免不好指导。

丙、为使农民自愿地、积极地响应种棉起见，各级政府应向群众做广泛的宣传动员，并解释农民中的误解，如认为“替公家种的”或是要便宜卖给公家的等。

丁、为便于动员及使农民敢于种棉起见，对于种棉的农户，政府作如下的帮助与保证：

1.愿种棉而无棉籽的，由建设厅贱价卖给或借给，收了新籽之后还。

2.如果一亩地收不到10斤棉花，由政府弥补损失；如果10斤棉花的价钱，少于种粮食收入的价钱，由政府赔偿；如果棉花卖不出去，由政府承买。

3.在三年以内，棉田免收农业税或救国公粮。

戊、种棉各政府于接此训令后，应立即进行以下工作：

1.动员群众选定种棉地区，登记种棉户数及亩数，并检查棉地。

2.准备种籽及肥料。

3.准备水井以便灌溉。

二、推广种麻

甲、边区各地均适合种麻，各县均有推广种麻的责任，但应着重推广延安、安塞、甘泉、固临（临镇、金盆两区）靖边、保安、鄜县、合水、庆阳各县为中心。

各县政府于接到训令后即实行以下准备工作：

1.宣传农民自动承受推广数目，并予以登记，经承认后应检查麻地；

2.准备麻籽及肥料。

丁、推广种麻之农户，如因麻及油价的收入，低于粮食的收入时，由政府弥补；如自愿种麻而确实无力购买麻种或无法调剂而取得麻种的，由建设厅酌量贷给之。

三、奖励

甲、农民种棉超过每亩收花10斤的，或是种麻优于一般农民的，由政府分别等第予以奖励。

乙、各级政府或群众团体，领导推广棉麻有功的予以分别奖励。

丙、各级政府工作人员中，如对推广棉麻奉行不力或是故违训令的，予以惩戒。

（《边区政府训令》，持字第378号 1940年12月11日）

一、为什么要推广植棉

（一）种棉花利最大

棉花和布的价钱越来越贵了，按延市的市价，棉花每斤4500元，等于一斗三升小米的价钱，三八布每匹二万多，等于六斗米的价钱。去年边区种的棉花遇上连阴天，收成不算好，但是全边区平均起来，每亩大概也能收十斤净花，延属和绥德分区不用说，陇东和关中分区减租的结果，也都很好。今年的棉田应当更推广，各地的干部应当拿当地和附近种棉花的实际例子和群众算算账，到底是种棉花有利，还是种别的庄稼有利。

按延安市的物价计算吧！一亩棉花平均收十斤，就等于一石三斗小米，若拿同样土地种别的庄稼，一亩川地不过收一二斗米，最多三斗米。种棉花的利比种粮食大五六倍至十倍。若是务育得好，打卡得法，有的棉农一亩能收棉花三十至五十斤，那么利就更大了，会比种别的庄稼利大几十倍。

（二）自种自纺自织，才能丰衣足食

一家农户若是不种棉花，完全靠卖了粮食买布穿，一年光穿布需要多少粮食呢？按五口之家，最少每年穿小布15丈计算，他需要卖二石六斗米才能够一年穿的（米每斗3500元，布每尺600元计），打下这些粮食，大约需要10垧山地的收获。若是他们自己种棉花，自己织成布，那么种一亩棉花收10斤，能织16丈布，就足够一家一年穿的了。一年可以省下二石六斗粮食。假若他家里没有人纺织，那么种二亩棉花收20斤，也就够换布的了。

种一亩棉花全年不过费六个至八个工，比种一亩粮食费工约多一倍，至于纺线织布多是妇女们抽空做的事。为了丰衣足食，为了改善我们的生活，凡是能种棉花的地方，大家都来自己种棉花，自己纺线自己织布吧。

政府提出号召，要家家能有余粮，做到“耕三余一”。若是种上几亩棉花一年就节省几石粮食，“耕三余一”很容易完成；若是不种棉花，不自己纺织，一年剩下的粮食都换了布穿，很难达到“耕三余一”和预防灾荒的目的。

（三）买布穿，不合算

边区农民最大的消费品，除了粮食而外就是布；在购买来的消费品中，布又是最大的一项。抗战几年来，粮食虽然涨了价，但是布和棉花涨得更快。边区因为棉花和布匹不能自给，农民群众几年来吃了很大的亏，我们按几年来的物价来算算账吧！

民国二十六年（1937）上半年的时候，延安市的小米每斗二元五，三八布每匹也是二元五，正好一斗小米可以换一匹三八布。二十七年（1938）底

米涨到三元二，布涨到五元，一斗五升六合米换一匹布。二十八年（1939）底一斗七升四合米才能换一匹布，二十九年（1940）又涨到二斗五升米，三十年（1941）因为米价涨的快，布价比起来跌了些，跌到每匹布二斗米，但三十一年（1942）底布又回涨到换二斗五升六合米，三十二年（1943）底涨到每匹换三斗五升米。按今年一月底物价，米每斗3500元、三八布每匹18000至25000元，要五斗至七斗多米才能换一匹布。

这个账很清楚，从前农民卖一斗米就能买一匹三八布，现在要卖六七斗米才能买一匹三八布，穿一匹布就要吃五六斗米的亏。若把全边区人民在粮食布匹交换上所吃的亏计算起来，数目一定是大得惊人。

若按棉花算起来，不种棉花吃亏就要更大了。二十六年（1937）的时候一斗小米可以换七斤半棉花（棉花每斤三角三分）今年一月底一斗小米还换不到十二两棉花。

这样算来，一家农户若是每年买四匹三八布，就等于每年白送人两三石细粮，这样的亏谁愿意吃呢？

（四）今年不种花，布价还要大

有人问：今年以后布和棉花的价钱是不是会便宜下来呢？据这几年的物价看来，布和棉花价钱上涨的趋势是不会变的。国民党区域去年对棉花统制和官价收买的结果，又加上棉花歉收，棉农受了很大打击，今年棉田面积的缩小是一定的。此外，国民党把河南、湖南棉区都丢了，80%的军需和一部分民需棉花都要靠陕西棉区，生产得少，用得多，棉花和布不但不会贱，而且一定会更贵。最近外面的棉花和布匹又暴涨起来就是证明。

我们边区若是今年种棉能完全自给，可能把棉花、布的比价维持住，若是不能自给，棉花、布恐怕还要上涨很多，农民群众吃的亏还要大几倍。

（五）争取布棉自给，稳定金融物价

再从全边区范围来看一看。边区从来最大的入境货就是布和棉花，去年要占入口货一半以上。过去边区不能自给，非从国民党区域买布买棉花不可。国民党则百般封锁，抬高价钱。边区人民不但在交换上吃了许多明亏，

另一方面因为国民党的封锁和经济破坏，使得边币波动和各种物价高涨，边区人民在这上边又吃了许多暗亏。若是边区的布和棉花全能自给，我们就不再受国民党的这层挟制。减去一大宗入境货后，边区的出入境贸易就可以平衡或出超了，这样金融不生波动，物价自然稳定，于边区经济和各阶层人民都有好处。由此看来，种棉织布这直接关系到边区每一个人的经济生活，是今天边区经济建设中的第一件大事。

（六）切实宣传，推广植棉

去年推广植棉，有的地方对农民群众的强迫摊派，落得群众不满，植棉也无效果，这是错误的办法。推广植棉本来是为群众打算，为他们谋利益，为什么要来强迫摊派呢？今年植棉一定要好好宣传解释，一定要群众自愿，绝不能强迫摊派。为此目的就要拿许多实际例子向他们反复说明，和他们细细算账，本文所写，只供参考，最好是举群众亲眼看到的事实，他们本人家庭和当地的物价来做例子。关中有的群众说本地地气凉，不能种棉花，结果有人种好了，政府就把各地的棉花送到各处流动展览，群众种棉信心大大提高，这个办法就很好。

去年有些棉田收获很小，大部是务育和打卡不好，所以区乡干部都要学会植棉技术，才能更好地领导植棉。关于许多技术问题，《怎样种棉花》的小册子和去年12月底《解放日报》都已经有了，希望好好参考。一年之计在于春，种棉的时候快到了，希望各地干部把推广植棉当作目前的中心工作之一，好好地宣传与发动农民种棉花，并随时在技术上帮助棉农解决困难，争取完成边区棉花布匹完全自给的任务。

（《自己种棉花，自己织布穿》，《解放日报》，1944年2月14日）

一亩棉花务好，可收皮花20斤，最好的糜谷，一亩以三斗五升细粮计算，每斗按今天的市价170元，共洋595元，若以现在市价每斤花60元，可得1200元。一般种棉花比较种糜谷，要多三分之二。种麦的收获与种糜谷的收获量相等。所以农民对于植棉的兴趣特别高，近年来农民生活改善，棉花收入是主要原因之一。

固临县各区妇女，大部分都会纺织的。把自己收到的棉花纺成线，拿到安河生产合作社去，好线卖一百六七十元，也是家庭副业中生产主要部分。

（王同文：《固临县的棉产》，《解放日报》，1943年2月25日）

种谷子与种棉收益比较

种棉（1垧地）		种谷子	
开支		开支	
牛工　1个	价值元1200元	牛工　1.5个	1200元
人工　20个	8000元	人工　12个	4800元
轧花工资	4200元		
合　　计	13400元	合　　计	6000元
收入		收入	
净花　30斤	45000元	米　5斗	9000元
棉籽　60斤	2100元	草　200斤	3000元
合计	47100元	合计	12000元
净利	33700元	净利	6000元

（《从边区生产展览会所见到的边区工农等各业发展情形》，1943年）

二、边区植棉发展概况

（一）推广情况

边区是有植棉基础的，还在民国以前，沿着黄河各县，都是种过棉花的区域，当时的植棉面积及产量虽无统计，但以民间轧花车的数量及纺织基础来估计，最盛时期（清末民初）的植棉面积当不下8万亩（完全汉花），皮花产量在60万斤左右，以当时的消费水平来说，可自给约三分之一。民国以来，因连年土匪扰乱，迭次大小干旱，植棉渐次减少；经民国十三年（1924）和十七年（1928）的旱灾，连棉籽也消耗殆尽，植棉与纺织全被破坏。后来又因洋布倾销，入口布棉便宜，纺织停顿，植棉无利，加以勒种鸦片等影响，植棉就未恢复，棉花布匹全靠输入。自土地革命后以至1938年期间，当时主要是提高粮食生产，保证粮食自给，对于植棉不暇提倡。自1939年，因为棉花的自给，在各方面都感到需要，因而党政便以提倡植棉作为发展农业生产任务之一，开始在东三县及延安一带试验。但当时因为没有棉籽，也缺乏植棉经验，干部和群众对于植棉都不太生兴趣，故1939年全边区植棉面积不过3767亩，产量亦低，收获的棉花，只能供1%的自给，可说是试验推广时期。从1939年以后，这时外面的棉区大都为日寇侵占，棉区缩小，以后又因外面对于棉花实行统制与限价等影响，棉产锐减，以及其他原因等，依靠输入更属困难，这就迫得边区只有努力推广，以求自给。经过几年来的积极推广，现在已经得到相当的成绩，下面是几年来植棉面积的统计：

1939年	3767亩
1940年	15177亩
1941年	39087亩
1942年	94405亩
1943年	150287亩

上面统计指出：植棉面积增加的速度很快，比1939年增加了约四十倍，超过了革命前的最盛时期几近一倍，收获的棉花已达170万斤以上，边区年需棉花约350万斤，已够自给半数。

边区植棉业的推广，主要是旧棉区恢复发展最快，例如固临、延长、延川、清涧、绥德、吴堡等县，从前仅有沿黄河或靠大川的地区植棉较普遍，靠西面或远离大川的地区，植棉的地区也就寥寥无几。但现在这些县份已经普遍到每一个区乡了，如延长三区四乡就是发展最快的典型。（见下表）

延长三区四乡二十个村庄植棉发展统计：

年别	户口数	植棉村数	植棉亩数	植棉户数	植棉户百分比
1940	191	3	9	3	1.57
1941	203	12	147	50	24.63
1942	207	18	732	163	78.74
1943	201	20	1183	188	93.60

（高自立：《边区植棉发展概况及今后推广方向》，1944年2月10日）

在民国以前，边区的东三县就有植棉基础，就当时民间的轧花车和纺车估计，植棉不下8万亩，产净花约60万斤，当时棉花可自给三分之一。民国以来，土匪和旱灾影响下，棉田减少了。民国十七八年（1928、1929），因为大旱，造成荒年，棉籽也消耗殆尽，棉产基础完全破坏。后来洋布倾销，种棉无利，棉田一直没有恢复。土地革命到1938年当中政府力量注意增产粮食，对于提倡种棉重视不够，1939年日本占领了棉区，而国民党区棉花又被统治，边区遂感觉输入棉花困难，因而提出植棉作为发展农业生产任务之一，首在东三县和延安一带试种。当时棉籽缺乏，干部群众植棉信心不高，棉田面积不过3767亩。1939年以后，日本和国民党重重封锁，棉花输入几乎断绝，边区棉花需要自给，政府乃大力提倡植棉，发放棉花贷款（如1943年放棉贷1430000元，占当时农贷40%）解决植棉困难（给群众设法调剂棉田），颁布奖励政策（植棉地三年不出公粮，奖励植棉劳动英雄），赔偿植棉损失等办法，因此棉田一天天扩大。

植棉面积统计

年份	1939年	1940年	1941年	1942年	1943年	1944年	1945年
亩数	3767	15177	39087	94405	150287	295778	300500

（《植棉问题》，1948年）

（二）存在问题

边区棉地面积，旧植棉区的沿河各县占了十三万余亩，至于新植棉区，陇东只种七百余亩，关中只作试种，三边试验也未做。在新推广植棉区中，延安县算是有成绩，但直至去年，还只种四千七百五十亩，所收的棉花还不够自给半数。因此，五年来植棉的发展是很不平衡的，小部分地区已经发展到自给还有很大的多余，大部分地区还未起自给作用。

为什么棉业推广有这样大的不平衡呢？原因是只注意沿河各县，而且主要是东三县的推广，没有做各个地区植棉自给的打算。因此，连年来的棉籽分配、植棉贷款、植棉指导等，几乎完全放在东三县，对于其他地区就很少照顾。在最初一二年为了取得推广经验，推广重心放在有基础的区域，是必要的，正确的，但已经试验成功，重心没有转移就不对了，这是造成发展不平衡的基本原因。

因为这个原因，所以东三县的棉花面积将近占了边区总面积的三分之二，产量占三分之二以上，以该三县的需求来说，一年的收获够三年以上的消费，并且因为植棉利大，还在向前发展，已经种的，都要多种，个别农户，植棉面积已达84亩，未种的都要种，已感劳动力和棉地不足，形成种棉不是为的保证自给，而是为的追逐利润；棉地逐年扩大，粮地逐年缩小，弄成粮食不够自给，向外县买粮交公粮，粮价亦特高。另一方面许多棉花要向外推销，现时虽因公家有计划地收买，尚不感棉价低落，但运输已发生困难，如果继续无计划地发展下去，棉花剩余，棉价低落，粮食缺乏，粮价高涨，从前因为有利，大家种棉，以后因为无利，大家又不种棉花了，这种倾向，是不得不预防的。

另一方面，关中、陇东因为植棉很少，棉花全靠输入，并且因为运输困难，沿河各县纵有多余棉花，很难供给到关中、陇东去，那里所需的棉花，必然还是靠友区输入，甚至要用粮食低价去交换，这是最不合算的，结果，所谓种棉已达到半自给，成了地区上一半自给、一半不自给的倾向，这种倾向如不纠正，则边区的棉花需求始终只是半自给的。因为边区是自足自给的小农经济，加以交通闭塞，运输落后，要想在农业生产上做某种大的分工是很困难的，不可能的，最合理的方法，是要求得各个分区，甚至各个县的植棉自给，这样则不仅不感交通运输困难，不会过于影响粮食生产，不会感觉棉地与劳动力的缺乏，而且达到植棉自给，亦能迅速完成。

再一个大的缺点，就是偏重推广棉地面积，对于深耕细作，以求产量的提高就很少注意，于是在产量上，较低的每亩不到十斤，平均不到十二斤，而较高的竟达五十斤，高低相差五倍之多。因此去年种棉十五万余亩，只收花一百七十余万斤，如果平均产量达二十斤，则去年的收获量就有三百万斤以上，如果再进一步做到每亩平均产量二十五斤，则边区只要种棉十六万亩，便够自给，而影响粮地的减少也就不大了，并且可以节省大批人力，在经济上是合算的。

（高自立：《边区植棉发展概况及今后推广方向》，1944年2月10日）

在棉花发生困难下提出了植棉，以求达到边区棉花的自给，然而开始将只注意到恢复旧棉区，如固临、延长、延川、清涧、绥德、吴堡等县发展很快，下面用延长三区四乡的典型材料来说明植棉情形：

年别	户数	植棉村数	植棉亩数	植棉户数	植棉户百分比
1940	191	3	9	3	1.57
1941	203	12	147	50	24.63
1942	207	18	732	163	78.74
1943	201	20	1183	188	93.53

上表是延长三区四乡20个村植棉发展统计。

因此旧棉区的沿河各县占了13万余亩，当时的新植棉区，陇东只种700余亩，关中只作试种，三边试验也未作，表现了开始的前五年中植棉的发展是很不平衡的，这由于只注意沿河各县所致，以至将棉籽分配，植棉贷款，植棉指导等几乎完全放在东三县上，对其他地区很少照顾。开始时作重点的推广，取得经验是必要的，经一二年的试验成功而没有转移重心就不对了。

当时东三县的棉花以需求来说，一年的收获够上三年以上的消费，植棉以追逐利润为目的，弄成粮食不够用，向外县买粮交公粮，将棉花到外县推销的情形。因公家有计划地收买，棉价尚不感低落，然而运输已发生困难，但关中、陇东则以低廉的粮价向国民党区换取棉花，这是很不合算的。同时在沿河各县虽棉田扩展很大，但棉产量低的不到10斤，较高的竟达50斤，相差5倍之多，鲜明地说明对要求产量的提高还少注意。

针对此，1944年政府提出了确定以分区为单位（三边例外）的自给发展方向，将推广的重心转移到新区，同时对东三县及个别乡区棉地面积已发展到足够程度的，停止扩大面积，实行精耕细作政策，务使掌握植棉技术，对必需扩大面积的区域，应做到与精耕细作并进，还应示范推广起指导作用。继续在新区实行棉地三年不出公粮，贷给棉种，发放棉贷，贯彻奖励政策。由此新植棉区面积扩大，如陇东在1943年植棉741.3亩，1944年扩大为5681亩，……关中的淳耀和赤水两县统计，1941年植棉为158亩，1945年增为11304.5亩。

（《植棉问题》，1948年）

旧棉区如绥德1945年植棉总结每亩平均产量10.5斤，1944年每亩产量不到7斤，歉收的原因，春寒多雨，下种不得法。米脂1945年……有一半是此种原因，此外，舍不得打卡、虫害等。……这说明植棉技术还没有普遍地掌握。新棉区如合水、板桥、王柱过去种了几十年棉花一样提不起兴趣。经政府1944年提出植棉发给棉种兴趣提高了。五乡雷建业由1944年种一亩到1946年种了八亩，并且用的地最好，上的粪最多，锄草打卡都很操心。可是还有很多人不懂植棉技术，如四乡贺家湾一个姓李的老乡，闷籽的时候倒在锅里，一直到煮熟，有的还不会打卡等。扩展棉田面积不成问题，但植棉的技术成为一个重要的工作。

1944年以前政府特别重视于棉花打卡的问题，因为打卡才可以有收棉花的保证，旧区大部懂得了打卡，1945年春寒，棉花没捉好苗，政府又特别提出注意下种闷籽，重视植棉技术，派干部下乡指导，区上并有专门负责指导群众植棉的干部，植棉运动确实造成热潮……

植棉运动造成热潮，这是领导上的重视，发生偏向能适时纠正，并由不同情况又分出重要、次要的提出技术问题，都收到了效果，群众虽还不能完全掌握，但大部懂得了植棉技术。至于在干部的思想上，开始对植棉没信心，后来认识到植棉的重要，并能做到宣传教育，指导群众植棉。如甘泉白县长，鄜县张县长耐心说服群众，高老汉将两垧蔓豆改种了棉花，这都说明只要领导重视，联系实际向群众进行宣传教育，在边区困难的自然条件下植棉也行得通的。

（《植棉问题》，1948年）

三、推广方向和政策、措施

（一）实行以分区为单位（三边例外）自给，把推广重心转到新植棉区

确定以分区为单位（三边例外）的自给发展方向，把推广的重心转到新植棉区去。因此陇东和关中两分区，应逐渐求得植棉自给，不要依靠边区内其他分区，或边区外的棉花输入，并且准备以后有部分棉花多余，利用驮盐的便利，供给定边、盐池的需要。绥德分区是纺织基础较强的，不但需要棉花自给，并且要有更多棉花织成土布出口，但绥德分区人口多，土地少，粮食不足，如植棉太多，就会妨碍粮食自给，故只能做适当的推广，顶好不要超

过八万亩，不足之数，依靠延川、延长多余的棉花来供给。延属分区，应向各个县求得植棉自给的方向发展，逐渐做到有相当多余，织成土布供给三边。但东三县植棉面积，已推广到相当程度了，劳动力和棉地都已发生困难，一般不应再推广面积，只在去年的面积上深耕细作，提高产量，以便有更多的剩余，用部分供给公家，部分供给绥德的不足。三边分区因未经过试验，不知能否植棉，只能先在吴旗、靖边两县试验，只要试验有相当的收获量，就应做适当的推广，以求得部分自给，不足之数，依靠陇东、关中和延属来供给。

总之，这一发展的新方向，是要求得各个分区直到各个县植棉自给为目的，改变了过去完全着重在沿河各县推广以及企图在自给自足的小农业经济，和交通闭塞、运输落后情况下，做农业上的分工的观点。

（高自立：《边区植棉发展概况及今后推广方向》，1944年2月10日）

（二）实行深耕细作，提高植棉技术

确定深耕细作政策。东三县及其他个别区乡棉地面积已发展到足够程度的，应停止扩大面积，完全实行深耕细作。在必须扩大面积的区域，应做到与深耕细作同时并进，以求得每亩产量达到20斤净花。深耕细作的办法，应包括以下各项：

1. 选择向阳川地、塬地或台地，不种背阴地，向阳的山地一般的也不推广。在东三县应检查原有棉地，凡是产量特低，不合种棉的土地，应改种其他庄稼，以免浪费人工肥料。

2. 选择良种。斯字棉经过了去年展览后，已证明是适合边区种植的良种，凡有斯字棉种或能找到的，均宜改种斯字棉。汉花虽然能种，但产量特低，一般不宜推广，只能继续试验。

3. 棉地入种前至少要翻两次，耱两次，每垧要上粪至少30袋，并在翻地前有部分粪送到地里，以便早翻入地内充分腐烂。

4. 至少锄五次，打卡五次，并要锄得合时，打得合时。种棉的农户应积极参加与组织变工扎工，以便取得劳动力帮助锄草，每个棉户的妇女、老汉和儿童，都要学会打卡。乡村长要组织会打卡的农民到各村教会不会打卡的农民，务必做到打卡好、收成高的要求。

5.学会泡种。棉籽壳厚，不泡种出芽很慢，赶不上雨后的湿气。下种先一日，棉籽要用将要烫手的热水泡过，次日捞起，拌土草木灰，即可下种。

6.提倡挑水种棉。棉花下种时，要地内有充足的水分才能着苗，着了苗就是比较耐旱的庄稼。但下种时，常常是缺雨水的，往往因此误了下种，补救的办法就是挑水下种，延川、延长许多农户得到丰收，就是用挑水浇地、适时下种得来的，各地值得学习。

7.推行倡导示范。在沿河各县，植棉已有广大农户响应，示范已不重要，但在关中、陇东以及延属其他各县，由机关酌量植棉，作为示范提倡，就有充分必要。甘泉白县长、鄜县张县长都在这一方面做出很好的成绩，起了很好的倡导示范作用。同时植棉又可保证自给，并且比种其他庄稼的利益又大，一举几得，又何乐而不为？

（高自立：《边区植棉发展概况及今后推广方向》，1944年2月10日）

1943年东三县棉田已发展到足够的程度，政府又提出了各分区自给的号召，由此发生的问题：植棉扩展到了新的地区，一般缺乏植棉知识和技术。为保障棉花更有收获的把握，对东三县的要求不再是增加棉田而是如何提高植棉技术和确定精耕细作的政策，其他地区如关中、陇东等地，除号召植棉外，同时强调植棉技术，打卡、泡种、选择棉田等，这样方能保证棉花的收成。

掌握植棉技术是很重要的，如1943年全边区每亩平均产量12斤，1944年10斤，1945年则降为5斤，这当然由于不适合植棉区扩大的原故，也可以说明植棉技术是一个重要的工作。至于棉田单位产量增加，确实是一个有关技术问题，安塞植棉英雄郭秉仁每垧能收120斤，一般棉户收32斤，就是这个原故。过去政府做了些教授群众植棉技术的工作，将其方法总结当供将来指导植棉的参考。

1.哪种气候、土壤适宜棉花生长

棉花适宜在温暖干燥的地方生长，所需要的土质是砂质壤土，生长季节长，有充分的阳光和适时的雨水，棉花就生长好了。棉花最怕连阴雨，尤其生长后期开花结实的时候，对于产量影响很大。雨多时，在生长期间徒长枝叶，开花的时候妨碍棉花受粉，收花的时候，容易让棉花腐烂。边区七、八月间多雨，正是棉花不需要雨的时候，对棉花的生长有很大影响。

至于棉花生长所需要的日月，有一百五十天左右的无霜期，就无问题了，也就是说谷雨以后，寒露以前，不下霜的地方可以种棉花。边区九年试种棉花的经验，凡是种冬麦的地方，除过靠山、森林、梢沟的荒地气候凉外，其他的地方大半可以种棉花。不过对适宜生长棉花的田地，还是应该选择的，据群众的经验，砂质黄土适宜种棉，粘黄土、胶土就比较差些，所以选择棉田的地位，以多受阳光的地方好，如河川地、阳山地、阳台地、南阳地最好，东阳地与西阳地次之，背山地最不适于种棉。

边区的棉区，根据气候决定，以黄河畔和关中鄜县的塬地为最适合。其次是延川无定河、洛河、马疽河沿岸的大川向阳地，只要打卡和耕作得法，还是可以种棉的。至于三边气候寒冷，种棉就成问题了。

2.怎样种棉花

（1）选种：俗话说："种瓜得瓜，种豆得豆。"这告诉了我们，假若你要有很好的收成，选种是必要的。怎么样选法，我们应该明了边区的棉种，同时要知道棉花是一种杂交的作物，选种要留意，避免混杂，因为混进一些坏的种子后，开花时杂交了，好的一种也会变坏的。

首先我们对种子的选择，要注意到棉籽丰满不丰满，发霉了没有，有没有虫害。选种时可将种子放在水缸内，有的可能浮漂出来，沉下去的就是饱满种籽，这样挑选后的种籽种下去，种子容易发芽，出苗整齐，生长也旺，收成一定好。其次棉种的选择同样也要注意的，应根据当地的情况选择所需要的棉种。边区有三种不同的棉花，把它的不同处写在下边大家好分别来选种。

①汉花：又叫笨花或土花，嫩苗的秆子是青色，叶子小，缺口深，分枝少，苞叶下面连着的，开黄花有红心，桃子小向下开，棉籽稍小，短毛白色，籽花4.5斤到5斤能捻净花一斤，绒头细长（长7分）拉力强，结实耐用。但是收量少，一垧地好花只能捻花二三十斤。不过它还有一种好处，就是比美国花和洋花早熟半个月，所以小川里不适宜于种美国花和洋花的地方，都能种汉花。

②美国花：也叫斯字棉，嫩苗的秆子是红色，叶子大，缺口浅，分枝多，苞叶底下是分开的，开白花，无红心，桃子大，向天开，棉籽上的短毛是灰白色（就是白籽），籽花二斤十二两到三斤，能捻净花一斤，绒头长

（长七八分）纤维细，容易拉断，适宜于纺细纱，套衣服被子不如汉花。每垧地捻花40斤到60斤，产量高，但成熟晚。这种花种得还不多，延川一带有少数种的。

③洋花：这也是美棉，可能是一种变种，嫩苗同斯字棉相似，所不同的叶子不及斯字棉大，桃嘴尖（斯字棉桃为较圆形），棉籽上短毛是绿色，绒头不如美棉，成熟比较美棉早，每垧地能捻皮花40斤至60斤。

以上各种不同棉种，可因地制宜的选种，黄河畔种斯字棉，大川暖地种洋花，小沟盆处种汉花。同时在选种时应注意早熟的花，摘棉株当中的花絮当花种，那样可以变成小日月棉种，渐渐适应边区风土，提高产量的。

（2）翻地：整地是很重要的，地翻得好苗儿容易出土，生长得也齐，要不然籽儿费得多，也不容易捉苗，影响将来的收获量。同时翻地的早晚，耱耙的时候要把握得当，才可以保住湿气的，如崔振公的地，谷雨后才翻的，棉苗出得不好；崔光清的地翻了两次，因为湿气大，没有种下去，也出得很坏。群众的经验，棉花地最好翻三次，秋天翻一次，惊蛰前后翻一次，谷雨前后要种棉时再翻一次，在翻地后施以耱耙，落雨后也要耱和耙，容易保着湿气，如果偷懒省工不耙不耱，谷雨前后没有下雨或下雨不够，就不能下种，这应注意的，假若劳力不够时，可以在开春后翻两次就行了。

（3）上粪："种地不要问，全靠地和粪"，这说明了要想棉花长得好，就非上粪不行。到底棉花生长需要哪些肥料呢？需要含氮、磷、钾三种元素的肥料，其中尤以含磷的肥料对棉花更为重要，因为多上磷肥，可以使棉花结桃多，成熟期提早，所以能上骨灰最好。生长初期需要含氮、钾的肥料，我们把氮肥和磷肥适当施下能提高棉花的产量。吕潮选的经验，骨灰比大粪还壮，他将骨头烧成骨灰，碾碎拌在马粪袋里，在种棉花的时候，每窝放了两大把，共上骨灰约三四十斤，结果八分地的棉花，收了21.5斤净花。一般每垧地下粪（多为牛马粪）10袋到20袋左右。下粪的方法如果是熟粪的话（沤过的）拌籽施下，粪没熟透在翻地时施下，免得烧籽。下了底粪以后，如果棉株生长还不好，继施以人粪尿作为追肥（边区习惯不施追肥，恐使棉株生长期增长，易招霜冻），浇过人粪尿后跟着就锄，以免肥料损失。施肥分量求适中，过多时枝叶繁茂结桃少，延迟成熟期。

（4）准备种籽：每垧地要种籽18斤到20斤，下种时预先泡种（1945年因气候不好，棉花大部没捉上苗，政府曾提出掌握下种技术闷籽）。至于泡种方法因气候不同，所施的泡种方法也不同，下种时天气温暖，临时有雨或墒好，有即刻发芽可能者用煎水泡籽容易发芽，若春雨缺乏墒接不上，可用冷水或温水泡，也有因墒不好，干种等雨的。将群众的泡种方法写在下边，特别对于煎水泡种要小心，免得把种籽烧坏。

①冷水泡：用冷水泡对时（24小时），取出滤干再将灰拌上下种。

②温水泡：将冷水烧到手可以插下去的温度将籽泡上，经一夜取出晒干，再拌灰即可下种。

③煎水浆：将水烧煎，倒入木槽或石槽内然后放下种籽，一面放一面用棒搅动，放完后要搅到水慢慢变凉，种籽湿透为止，把种籽弄出来拌灰即可下种。

④煎水浆冷水救：浆籽时一担煎水加半马勺或一勺冷水（此称之为救命水）其他如上法。种子拌灰可使种子上的细□溶解，发芽快，且对种籽分散，播种可以匀整。

（5）下种：什么时候播种，“过了四月八看花没疙瘩”，“谷雨前好种棉”，这都说明种棉花在谷雨前后最好。据1945年边区的经验，也要按着各地的气候来活运用，假若晚种时可用打卡多锄补救一下。不过庄稼下种要把握农时的，如崔光原同在一地种的棉花，十九种的不如十八种的出苗好，种花种早了受冻损伤苗儿，种晚了有疙瘩开不开收些坏花。

谷雨前后落雨立即下种，如雨小不饱更要在二三天内抢种，过时地干即不易出苗，立夏小满还不下雨要用浇水下种。

（6）下种的方法：下种与捉苗关系很大，下种深度二寸以上时苗就不易出来，一寸半最合适。可是因气候的不同，下种的深度也不同，春旱而天气温暖，下种深度在二到三寸，这样可以种在表土下湿土上，籽儿接着了墒，可以发芽。春寒多雨要种得浅一点为宜，受太阳照射湿度高容易发芽。天气旱有用挑水点种的，下种四五寸深，隔十天再刨去二寸使苗容易出土。至播种的距离，一般的老百姓都是隔一犁种一行，一步种一株非常方便，行子的宽窄和步子的大小，因不同棉种和肥瘠的土壤而有区别，瘠地较稀，汉花的行距一尺到一尺半，株距六寸到八寸，美棉和洋花行距一尺半到二尺，株距八寸到一尺二寸，所以种美棉犁也要隔得远些，步子小点。播种方法不同，对所需要的种子量也不同。下边是群众所用的三种下种方法：

①撒籽：翻地后将籽撒下再糖平。除非墒很好不易出苗的，因为复土深浅不一，浅者则掩住籽，深者二寸左右，不好处是费籽，出苗不齐，为最坏的一种下种法。

②溜籽：翻地时播种者随犁后隔一犁一溜，将籽顺犁沟一满溜下，溜后弄平，深度在一寸左右，深浅一致，每亩费籽五六斤。

③点籽：翻地时种者随犁后隔一犁点一犁，约一跷一播，随播随用脚踏，每窝籽四到八粒，点籽容易接住墒，出苗易，每亩需籽三四斤，深一寸到一寸半。

3.棉田管理

（1）棉花锄几遍。锄草不但减少杂草消耗水分养分，还能保持土壤水分蒸发。棉花最少要锄五次，等棉花种下十来天以后苗出齐的时候，第一次锄草和扎苗，每窝留下两三苗，再过十几天棉苗长出一二对尖叶时，第二次锄草和定苗，每窝留苗一棵，不要锄得太深，在苗根处培土，第三次在夏至跟前锄草，这时候草正旺盛，锄得比较深些，根旁留意不要伤损细根，第四次锄草在小暑左右或大暑跟前，随后每隔二十天半月或雨后能锄一次最好，最后一次锄草在桃子裂开的时候。锄地要选晴天，俗话说：“地湿有水不松花，天干到地就打卡。”

（2）打卡可以保证棉花收得好：边区生长季节短，要棉花收得好，收得有把握，就要打卡。一些群众见棉花长的旺舍不得打卡、摘头，所以收不到花。打卡可以阻止棉花专长枝叶，促它早长担子，早结棉桃，并且使得桃子早熟开花。打卡要选中午有太阳的时候，还留意不要伤了棉株用剪刀剪最好，打卡的办法如下：

①抹腿：在夏至跟前棉苗长到八九寸高时，就要把棉苗下面的两片胎叶同两三个芽子抹掉，这叫抹腿。因为下面几个叶子长大了多半是油条，不直接结桃子，早些抹去免得白费养分。

②剥油条：到小暑跟前棉苗长到一尺一二寸高，下面已结花苞时棉苗下

面还有油条就抹去，光留下上面的担子，力量集中，多长担子，多结花苞。

③打头：在大暑跟前棉苗一尺四五寸高，下面担子上花苞已开始开花时，就要打头，就是把棉苗的顶芽摘去，只留下面六七个担子，使得早开花早结桃子。但如果在地气凉的地方头伏就要打头，而且少留一两根担子。

④打拐枝与打拐头：在打头后七八天，担子旁边又长出来芽子，这些芽子叫作拐枝。它和油条一样，不直接长桃子，所以不要等长大就摘去，以后担子上每节长出来的拐枝也要摘去，使得多结桃子。拐枝摘去后十来天在原地方会长出新的拐枝来，所以每隔十天半月就要摘一次，到立秋以后，处暑跟前就要把担子的顶芽也摘去，只留下面成桃子，但长不大，也开不了，不如早些除去，使长大的桃子早裂开，小桃子赶快长大。

4.收花

“花见花四十八”，从开花到结桃再开花的时候得一个半月的样子，在白露跟前可以开始收花。不过收花时要注意的，不收没开开的花，因为湿气大容易发霉，绒头不好，同时要留意保持花的干净，不要带些碎叶到里边，如果到白露或霜降跟前，天要下霜的时候，还有不少桃子，可以把棉株拔下来或者将桃子摘下去，放在太阳下晒之，自然会裂开的。若霜打了的桃子，收的棉花品质差，绒头也软。

收花的方法，可以用一个布单束在腰上，两只手都可以摘，随即装进去，用篮子比较方便。棉花收到家里要晒干，可用嘴试咬籽儿，脆的话就干了，然后干燥贮藏。

5.虫害防治

防虫是很必要的，有时候棉苗儿长得很好，一旦遇了虫害影响收成很大。1945年五分之一的棉田有油汗。……既然如此应该防治它，把边区的几种虫害说明如下：

（1）油汗：是蚜虫，蚜虫形状像虱子，用嘴刺进棉苗嫩芽嫩叶里吸收养分，叶子卷曲枯萎，往往一片片的苗儿枯死。防治的方法：可用烟叶水、桃叶水、杏仁水、肥皂水、□花水，此外用草木灰或晒热的黄土洒在油汗的叶子上都可以防治。但是比较起来最有效的还是烟叶水，一斤烟叶20斤凉水或一斤烟梗10斤凉水，浸一天将烟叶水洒在有油汗的叶上，蚜虫就被杀死了。

（2）红铃子虫；原棉子的当结棉花时有红铃虫为害棉纤维就发育不好，棉花变成红色，成色减低，可将收回的棉花在阳光下晒，红铃虫怕热，跑出来时扫集一块弄死，还可将晒热的棉花放在一个密闭的箱内或室内，虫怕热爬在壁上可杀死它，如此反复数次就杀尽了。

（3）地老虎：又叫切根虫，形状如幼蚕，咬断棉花幼根，冬翻地把它冻死或者人捉它，在棉花地种几棵老麻子也可以防治。

结论：

边区棉花困难，在自给自足的方针下造成过植棉运动热潮，1938年到1946年植棉扩大得很快，一则由于领导重视，制定各种奖励植棉政策，同时棉花没有达到完全自给，加以政府适当的调剂，棉价始终维持着较高的价格，如绥德1945年一斤棉花可换30斤小米，即一亩棉花顶上6亩庄稼……

老棉区虽大部掌握了打卡、下种等技术，但还是应该重视的，因为这是收获的保证。今后植棉应特别重视的问题是肥料、病虫害及选种的问题，这样方能提高单位面积产量。

（《植棉问题》，1948年）

（三）贯彻奖励政策

继续贯彻奖励政策，新推广区棉地三年不征公粮，政府贷给棉种，发放棉贷，奖励植棉劳动英雄等，都是为的奖励推广，今后在新推广区仍须继续贯彻：

1.切实执行边府三年免征公粮的命令，但已种三年的棉地应征收公粮，以平均负担。

2.新种棉地区，放农贷时应注意放款给种棉的农户，但已经推广能自给的区域，则不必以植棉户为贷款对象。

3.新植棉农户所需的棉籽，仍须由政府有计划地采买或卖给农户或贷给农户。

4.对于植棉有优良成绩的农户，应予以奖励，以发挥他的优良经验，来提高其他农户。

（高自立：《边区植棉发展概况及今后推广方向》，1944年2月10日）

奖励棉农——建厅于1941年推广植棉办法中曾规定奖励种棉成绩优良之农民以示提倡，故本年即曾预算专款以供奖励之用。为了提高群众植棉热忱，第一步即进行奖励工作，去年所定奖励标准为每亩收生花15斤以上者即奖，但按诸实际情形执行颇为困难。各县土地气候条件不一，栽培技术亦有高下，如以每亩收花15斤以上者为标准，则以地区言，固临大多数当能得奖，绥德分区及试种各县则得奖者当少或不能得奖；以土地情况言，川地大多数能得奖，山地即难得奖，有失奖励意义。后又于延长负责干部会商结果，按照普遍，但不平均，处处要奖，每处奖励名额不必要多的原则下，重订得奖标准为：种得多、务得好（多耕多锄多打卡）每亩收量只做参考（在同一地理条件下与务得好有关）。因此各地标准不一，如固临一垧川地收花90—100斤，塬地70—80斤，山地30—40斤方够得奖标准，延长则川地虽亦为90—100斤，但塬地只要60—70斤，山地只要25—30斤即能得奖励，大体上采用先决定奖励中心区域后，再择优奖励数名的办法。

在各县进行奖励的情形首先是由乡村调查应该得奖的棉农，报告四科，经四科决定后，即行给奖。奖品多为农具（只吴堡奖了钱）如锄铧等。奖励分为三或四等不一。分三等者如延长、固临、延川头等奖锄铧各一（约值150元），乙等锄一（约100元），丙等铧一（固临、延长）或二（延川）（约30—50元）。分四等者如清涧，特等锄铧各一（只一名），甲等锄一，乙等铧二，丙等铧一。给奖多藉参议会、村民会或集市机会，延川并曾出红榜写明得奖者姓名、住址、得奖等第及为什么得奖等招贴于市集上，固临、清涧曾以县长名义致函得奖棉农加以鼓励。据报告，一般的均能于种棉前奖励，作用很好。如延川城区六乡扬家湾扬节生去年种棉一垧收花99斤，锄了五次，打卡五次得了一个丙奖，（两页铧）在开参议会时当众提出说：“我去年种了一垧棉花收了90斤，公家还给我发奖，今年一定要种上5垧花，因为种花比种什么都有利，没有籽向公家借，没有钱有棉贷款，征粮也不过征了一半，种得好还发奖。”延长一区郭其村阎凤海种棉花一垧，收了80斤，得了头奖很高兴，从今年更要好好种。群众都很羡慕也都要好好种，争取得奖。又如固临庆元区固临乡古卅村墨天桂，去年种棉15堆，收花330斤，奖了一个头奖，今年种了40堆，对一般群众影响很大，但因为宣传解释不够，调查难得确实。因沿河三县征粮时棉花本已调查过，此次也不愿实报，大都是按征粮时所报者，因是时征粮尚未结束，实报恐生麻烦。如延长三区余佛村冯思忠本种棉2垧，收花约200斤，但只报垧半，收花147斤。这种现象在沿河三县甚为普遍，故不易得确实情形，因此奖励恐难做到公平适当（不过不算没有因奖励不平发生问题）。再如清涧高杰区二乡区上干部调查，应奖棉农时谁也不愿报，都说："我不管你怎样，有奖没有奖，反正我不要"。使得给奖进行困难。再就是干部认识差或不负责任，如吴堡四区平均分配了奖金，延川中区的奖品有一家（冯存礼）至今未发清，原因是区上把锄用坏了。延长二、六两区至今未奖，奖品仍在区上。

本年共用奖励费16605.2元，奖出锄119，铧214及部分奖金（详情见下表）。

经费开支 （10月23日止）

	预算数	已支数	余款	备注
奖励费	2000000	1660520	339480	
运费补助	2000000	1027190	972810	
准备费	400000	122500	277500	购葵花子用
旅费办公	600000	448705	151295	
合计	5000000	3258915	1741085	

各县已支奖励费及运费补助费

	奖励费	运费补助	备注
延长	401000	15400	
固临	394600		
延川	532600		
清涧	139000	194000	
绥德	28320	300000	
吴堡	75000		所购葵花籽运费尚未报销。
子长	20000	44000	
延安		241990	
鄜县		100000	
安塞		131000	
合计	1660520	1027190	

去年（1941年）植棉约4万亩，根据棉籽量本年原计划128000—150000亩，现据各县报告（神府不在内）完成83344亩，计完成70%。但沿河三县数字据实地调查实欠确实，报告者较实种者一般较低，因沿河三县去年征粮时棉花收入之一半曾计入人民富力内征粮，故调查时老百姓或匿而不报或以多报少，统计因不能确实。如固临据报告为13797亩，但据实地调查，安太区第一次调查时为3185亩，第二次放青苗贷款时调查则为4143亩，较第一次增约30%，更乐区第一次调查时为3705亩，第二次则为4071亩，增约10%。但据检查仍尚有匿报者，如安太区北龙乡指导员李鸿章原种14垧，但第二次仍只报10垧，干部如此，群众更无论矣。又如北龙乡三行政后呼家山村李国良、呼如怀，阎富业三家每户种棉3垧，因不贷款，起初即未报告登记，而更乐区安河、巨林、张家各乡因不贷款未登记者更为普遍，故实际上当已完成20000亩。延川、延长亦有类此情形，如延川城区六乡扬有芳实种5垧，但调查时只报1垧，延川报告上完成27493.5亩，实际至少已完成30000亩，延长报告只完成22648.5亩，实际上已完成25000亩。据此计算本年共约完成94405亩，计完成80%（详见下表）。

1942年植棉面积及棉产估计

	1942年计划（亩）		1942年完成（亩）		估计每亩生花收量	总收量估计（斤）
	初定计划	最后决定	据报告完成数	实际上完成数		
延长	30000—35000	30000	22648.5	25000	15	375000
固临	30000—35000	25000	13797	20000	20	400000
延川	33000—38000	33000	27493.5	30000	15	450000
清涧	16000—18000	10000	8385	8385	10	83850
吴堡	3000—4000	3000	1752	1752	8	14016
绥德	8000—10000	8000	5895	5895	10	58950
子长	2000—2500	2000	813	813	10	8130
延安	1800—2500	1800	1092	1092	5	5460
鄜县	1400—1500	1400	1109	1109	5	5545
合水	200—300	200	156	156	5	780
庆阳	600—700	300	203	203	5	1015
神府	2000—2500	2000	未详	未详	—	—
合计	128000—150000	116700	83344	94405	15	1416075

（四）调剂棉籽

本年建厅规定原则上由老百姓自备棉籽，不足由农业局贷给，路远如需转运者，并规定每站每驮补助运费4元。农业局即在这一原则下，根据今年计划及所收棉籽（财厅拔来，新购旧存）统为分配调剂。棉籽大部存于延河三县，让三县种好不成问题，不足者为绥德分区及普通区各县，故沿河三县种籽除了一部分自用外，其他各县不足之数，概由沿河三县拨给，由各该县动员牲口，往指定仓库驮用，每站每驮由农业局按规定补路费4元。计由财厅拨来及新购（只汉花籽480斤）共约39万斤，旧存约4万斤，共计约43万斤，除拨用约22万斤外，存余约21万斤，共用运费、补助费10271.9元（棉籽拨领详细情形及运费补助详细数目见下表）。

1942年新棉籽（1941年收）收支状况

收入		付出			存余	
县别	数量（斤）	县别	拨出（斤）	实领（斤）	县别	数量（斤）
固临	195326.50	合水	1200	600	固临	149510.50
		庆阳	1800	1336		
		鄜县	3000	2602		
		延安	11000	9064.50		
		延长	6030	6030		
		清涧	40000	20830		
		固临	5353.50	5353.50		
关中分区	104				关中分区	104
绥德分区	19697	绥德分区	19697	19697		—
延川	122085	子长	10000	7613.50	延川	29662.50
		延川	107254	84212		
		安塞	600	600		
子长	178.50	子长	178.50	178.50		—
延长	52393	延长	52393	41469	延长	10924
农业局	480	延安	480	480		
总计	390267		258986	200066		190201

旧棉籽（1940年买）收支状况

县别	旧有数量（斤）	发出数量（斤）	存余数量（斤）	备注
延长	15270	14307	963	
甘泉	约6000	—	约6000	
延川	约20000	约9000	约11000	在庆元区
固临			2000	
总计			约20000	

贷种给农民的工作尚称顺利，本来老百姓因存有“公家棉籽怕不好，不能发芽”或“现在领了数，秋天收了花，不知要有什么灾害”的心理，对于领种曾有怀疑。但去年公家发的籽，不但发育良好，而且秋收后不仅没有什么特别的负担，并且连籽也没有收回，以事实打破了群众的怀疑，老百姓都后悔去年没有多种，故今年贷种老百姓大都放心，问题是怎样及时使棉籽贷至农民手里。今年贷种的方法，首先是各县按照计划将需补充之棉籽先驮往各区（如延川即利用动员牲口往瓦窑堡转运公盐之便驮送棉籽往禹居、永年、永胜各区）或按照计划指定各区驮籽仓库（如延长一区去城市或呼家川仓库，四、五区去赵家河仓库驮），然后由区乡政府介绍农民或棉贷小组组长往仓库领取，乡政府及仓库均有登记，以作以后收回棉籽之根据。据报告本年棉籽总算能及时发给农民，解决了农民的棉籽问题，但也存在着一些缺点。

（1）由于个别仓库收籽时检查不够，棉籽质量不好。如延长呼家川仓库的籽，一区群众不欢迎，宁愿领前年旧籽。延川南塬仓库的籽，子长驮去后发芽不良。子长扬家园子仓库的籽多为陈籽，几年不发芽。

（2）今年发籽时，四、五科或区政府与仓库的联系，一般尚好，但由于布置欠周，个别仓库与区上联系差，致影响发数。如清涧高区仓库到4月中籽犹未发出，因尚未接五科通知，直到20号才解决，为时已很仓促了。延长二区仓库亦有类似情形。

（3）绥德因路远不愿驮籽，说自己设法购买，要求拨款补助，后来由运费补助费内拨给3000元做购种之用，但由于区上认识不够或不负责任，未统一筹购，棉籽贷款平均发了钱，如崔家湾区每人发钱10—15元，且多发给贫农、雇农，但仓库存数又要群众用黑豆来换。

（4）清涧原计划赴安河驮籽4万，后因路远只驮2万多斤，说自己解决，结果不能尽量种（如新社区一个乡才驮了100多斤，西里坬的韩老汉说："花籽驮回来少了，多驮一些就能多种一些。"）又因驮籽运费乃系平均负担，故棉籽也平均分了（不管种不种）有一家只领几斤甚至几两者（折区二乡间沟峪每户分了2斤，都没有种，老君殿区一个区领了18斤，30户分，每户平均分不到10两），都是因为工作不够深入。

（五）植棉贷款

植棉贷款及棉花青苗贷款只放沿河三县，工作由银行各县办事处直接主持，农业局沿河三县派驻人员则从旁配合协助。总计沿河三县今年共放植棉贷款约100万元，棉花青苗贷款原定60万元，但因放款太迟未能放完，对于推动植棉起了很大作用，尤以种棉前所放之植棉贷款作用更大，因老百姓借款后不种恐银行追贷款也。

（《1942年植棉工作报告》，边府建设厅第一科文件）

四、正确解决几个实际问题

（一）棉花征粮问题

建厅为了奖励植棉起见，曾规定种棉者，棉田免征公粮三年，但去年沿河三县因公粮数目不能完成，为公平负担计，由参议会（各县）议定棉花算入副产，征收一半，对于农民植棉情绪曾发生相当影响。主要原因倒还不是因为棉花交了粮，问题是说，公家说话不算话（征粮工作团布置工作时就说棉花、羊子免征），而种棉多者粮食收入自少，棉花征粮势必出卖棉花，购入粮食。但入仓时期大家都要卖花购粮，有棉花卖不出，而粮食又买不到之感。因此，棉农有情愿直接交花或以钱折粮的要求。为了完成征粮任务又能顾及植棉政策起见，对于今年棉花征粮问题应有具体规定并严格执行。沿河三县棉花最高只征一半（实际上已比同一面积的粮食负担重）折价时应按当时市价并能直接收棉花或以钱折粮（最好还是折钱，因棉花品质标准不一，征收时恐有困难），而沿河三县以外各县仍请免征，如此既免临时变动有碍政府威信，一面也照顾了群众利益。

（二）贷款偿还问题

今年棉籽共贷出约22万斤，贷出时依照今年2月农自字三号命令执行，均言明秋后还籽不加利息。但为平衡预算计，建厅曾又要老百姓按照去年征粮折合，于秋后还粮之拟议。根据在下面了解，去年一元可购棉籽二至三斤，故用棉籽交粮有20至30元即可交粮一斗（60斤抵公粮一斗），比以粮交粮者省三分之二或一半（是时粮价一斗约60元），种棉的老百姓确得了很多利益，政府是受了不少损失，今年如欲借籽的农户按原有折合以粮还籽，把政府所受的损失，负担在今年缺籽借籽的农户身上，对于明年植棉情绪必有不良影响，因此提出请维持成命，仍以籽还籽，致预算不足之数，请设法追加预算或另设他法解决。

（三）存籽处置问题

本年存余棉籽约21万斤，为解决存籽及以后还来新籽利用问题并为老百姓棉籽找出路起见，提议先贷款2万元给固临生产社恢复安河油房，并将所存棉籽拨充原料。固临现存旧籽约15万斤，向油坊换油以12.5%计（即一斤籽换油2两），约可换油18750斤，每斤以20元计可收入375000元，不但可将存籽变成现款，且为油坊巩固了基础，解决了以后固临棉籽利用问题，待有成绩后再在延川、延长等地扶助群众筹设油坊。

（四）轧花问题

去年植棉仅约4万亩，轧花车即有不足之感，如固临安太区日夜开工，延川中区直至本年4月方始榨完等，足以证明今年若种植面积增加一倍以上，轧花车当更感不足。沿河三县轧花车据估计（详细调查结果未报来）百余架，完全能用者约50架，配制零件后能用者又约40架，所短零件主要为皮轴、大小杆上万铜码卡子等，应从速设法赶制分发各县，使全部轧车均能开动。如此虽尚不能够用（每车每日轧出生花60斤，以工作6个月计，每车每年可轧花万余斤，沿河三县估计产棉120万斤，共有轧车不过90余架），但如部分轧车日夜开工并辅以土车，亦尚可解决问题。至于绥德分区及其他各县则除清涧有轧花车数架外，他处均只有土车，好在产花不多，尚不至成多大问题。

（五）收花问题

去年征粮时，固临即有棉花不易出售之感，今年棉产增加，主要产棉之沿河三县棉花销售当成问题。沿河三县今年产棉约120万斤，自用估计30万至35万斤（每人平均约3斤），尚余85万至90万斤，银行贷款不过吸收5万至6万斤，至少尚可出售80万斤，如何收购免致流出边区以外，值得注意。

（《1942年植棉工作报告》，边府建设厅第一科文件）

附录：论延川县的棉花生产

辛兰亭

四年来的发展状况

根据本县区、乡政府的调查报告，本县最近四年来的植棉面积和棉花产量的增长，最低限度可以作如下的统计：

年度	植棉面积（亩）	棉花产量（斤）
1939	1000	12000
1940	3000	36000
1941	11046	132552
1942	27493.5	329922

注：产量以最低限度每亩产棉12斤作为平均数计算而成。

假如拿1939年作为基数，那么从上表可以看出：1940年产量比1939年增加了2倍，1941年增加了10倍，1942年增加了26倍。

本县的棉花生产为什么能如此飞速发展呢？这里除自然条件而外，主观上的努力也是很重要的。

保证棉农利益

延川县全县人口6万，平均每人每年消耗棉花2斤，全年需花共12万斤。照此计算，1939年、1940年延川全县棉花产量不够自给。1941年应当输出

12552斤，1942年应当输出209922斤。全县棉花供过于求，输出额过去是、现在仍然是在逐年扩张着。从前不仅交通运输不便，而且棉市由商人操纵，影响到延川县棉花，销路困难，价格降低，棉农于此吃亏不少。为着调整供求关系，维持棉花的一定价格，我们政府方面，除了一般地发展交通运输事业外，并曾采取大量吸收棉花的方针。因此有一个事实是很明显的：延川县棉花生产量虽大大提高，而棉花价格不仅没有跌落，而且有些上涨。另一个事实也是很明显的：根据年来物价指数变动计算，棉花价格不单是有些上涨，一般地还比粮价涨得稍快些。

这就是说，政府曾是，现在还是有计划地维持了棉花价格，使得农民植棉比种粮还更有利。

我们计算了一下，假如种一垧（合3亩）棉花，全年收净花（平均三分之二好花和三分之一坏花）最低限度36斤，每斤平均价60元，共2160元；棉籽最低限度72斤，计三斗半，每斗价60元，共180元；两共合计，全年收入2340元。如果种粮，全年平均收细粮4斗，每斗价160元，共640元；干草250斤，每斤价1元，共250元；两共合计，全年收入890元。植棉与种粮全年所获利益不及2.6∶1。种粮所获得利益仅够植棉所获利益的38%。

革命前，棉价常常低于粮价，植棉利益往往不及种粮可靠。所以当政府提倡植棉之初，农民仍有宁肯种粮不肯植棉的心理。要棉业发达就必须打破这种由于历史上的经济条件所造成的心理障碍。我们向棉农提出保证，即除了天灾造成损失外，如果植棉所获利益不及种粮所获之利益多，则相差部分全部由政府照价赔偿。正是政府的这一保证，使得棉农植棉信心大大提高，树立了棉业发展的初步基础，但除此而外，我们对植棉还采取奖励的办法，譬如减免公粮，奖励劳动英雄等等，对棉农生产也尽了刺激作用，自不必说。

总之，我们政府努力保证（并奖励）棉农植棉的利益，这就是延川县棉花生产能够获得飞速发展的第一个主观原因。

解决棉农的困难

我们政府提倡植棉时，在棉田的分配问题上又遇到了困难，有的农民已经失去了土地，有的虽有土地，但只宜种粮，不宜植棉。有的虽有棉田，但劳动力缺乏。有的棉田过多，照顾不下，只得将棉田种粮。所有这些，摆在我们的面前，如不及时解决，于植棉事业非常不利。为着解决这个困难，我们曾经采取了，而且仍然采取着公地调剂，私地交换等等的办法。

所谓公地调剂，即将公共棉田划出一部让与棉农种植，或取若干地租，或不取地租。所谓私地交换，即向群众提倡：有粮田而愿植棉的与有棉田而只种粮的土地对调；有棉田而缺乏劳力的与有劳动力而无棉田的伙种；棉田过多的拿棉田与粮田过多的交换，或将棉田出租；棉田缺乏或没有棉田的向棉田过多或有棉田而不植棉的承租。

这就是我们解决棉田分配问题所采取的具体办法。

然而，贫苦的棉农，虽有棉田，还往往缺乏籽种。内战时期，由于战争与反革命军队摧残了的缘故，农村经济衰落，加以气候不好棉花生产锐减，致大量棉田荒芜，大量的棉农失业，大量的棉籽被失落。如果解决了棉田问题而不同时解决籽种问题，则棉花生产仍只能限于地主富农的范围，还不能广泛吸引中农、贫农从事棉产。因此，每当春耕之前，如何及时地帮助贫苦农民解决棉籽的困难，这是一项不可或缺的紧要工作之一。

为着解决棉籽的困难，我们曾经采用，而且仍继续采用私有籽种调剂与政府发放的办法。我们鼓励农民拿粮食与棉籽互相交换；也鼓励农民将过多的棉籽向无棉籽的农户出借以至于出售。我们又从本地与外县收购大量棉籽发放给贫苦棉农。1940年发放了万余斤，1941年发放了40022斤，1942年发放了84212斤。政府有计划地发放棉籽，不仅对棉花生产之发展具有头等意义，而且也大大地提高了政府在群众中的威信。

有了棉田、种籽，还需要农具、耕牛、吃粮以及其他等等。一句话，还必须有“资本”。然而贫苦的棉农到哪里去找“资本”？他们向地主、富农、商人贷款么？而地主、富农、商人必定苛求重利贷出。我们对贫苦农民这一困难的帮助，最好的办法，自然是及时地向棉农发放棉花贷款。所谓棉花贷款，即春耕之前，政府贷给棉农一定数量的货币或农具，秋收后棉农拿棉花或棉纱折价向政府偿还。这样的棉花贷款，第一，对棉农有好处，棉农可以借此解决吃粮、工具等困难；第二，对政府有好处，政府可以借此获得大量的花纱以供应公营工厂原料之需要；第三，对棉市有好处，棉花价格可以由此得到稳定。

这样的棉花贷款，我们在1942年总共发放了301645元，在今年，征得边府建设厅同意，决定增发至100万元。

自然，这里面还有很多缺点。譬如发放棉籽问题，因调查不实，以致很多棉籽落入非棉户之手，被其浪费，少数棉户反而得不到。又譬如在发放棉贷当中，曾存在有两个弊端：第一，贷款手续太繁。依照银行规则，首先贷款人要向政府提出“申请书”；其次还有“连环保”、“三联收据”、“表格”……这结果使得棉农感到麻烦而不愿向政府贷款，宁愿向私人贷款。第二，部分区、乡干部不明了棉贷意义，一手将棉贷放出，另一手又将棉贷折公盐贷金收进。其结果，有一小部分棉花贷款仅仅从政府的一手转入另一手，贫苦棉农并未得到好处。所有这些缺点，此后必须纠正，若不纠正，对棉花生产事业是有妨碍的。

总之，我们政府尽力帮助贫苦农民解决了生产当中的一切困难，这就是延川县棉花生产之所以能够获得飞速发展的第二个主观原因。

劳动力问题

从1939年起，延川县棉田逐年扩大。今年边府给我们全年任务规定：1943年要扩大植棉面积为4万亩，即比1942年增加12500余亩。延川全县人口不过6万，全劳动力（青壮年）不过1万，1万个全劳动力，过去与现在除少数二流子还没有参加生产外，差不多已被全部分配于种粮、驮盐、植棉、手工业及其他副业部分。就是说，所有全劳动力早已分配完毕。如此，我们拿什么来逐年扩大植棉面积？拿什么来达到逐年扩张棉花生产的任务？

全延川县除1万个劳动力外，还实际存在有至少3万个半劳动力，即妇女和儿童。如果把3万个半劳动力发动起来，参加植棉，这就是很大的力量。延川境内尚有部分二流子未参加生产，并每年有部分移难民到来，把二流子和移难民组织到生产部门中去，也增加几百个全劳动力。我们过去这样做，但这部工作还没有做完，今后还要继续做下去。

总之，我们尽量发动能力，解决劳动力的困难，这就是延川县棉花生产之所以能够获得飞速发展的第三个主观原因。

生产知识的重要

根据棉农的经验，植棉地必须比较温暖，土地必须向阳。如果我们没有这一经验，叫农民在任何土地上去植棉，其结果会收获很少或甚至没有，浪费地力、籽种、劳动力和“资本”。就是说，在具备了生产所必需的籽种、工具等等的条件下，生产经验和生产知识便决定一切。

植棉是农作，但与其他农作比较，有下列特别应当注意的要点：

第一，要慎重选种。籽种有洋种和土种，洋种强，土种弱。无论洋种、土种，都要识别其色泽、状态。凡是有白泡的是死种，不能发苗；凡是有黑点的是坏种，大多数也不能发苗。

第二，要施行“浸种”“拌种”。在播种之前，将棉籽放进开水或温水，用木棒搅十余分钟，这就是“浸种”。次晨将棉籽放入草木灰，将其揉散，和以粪土，这就是“拌种”。凡种棉花而不经过“浸种”，则棉苗难发，发而不齐。不经过“拌种”则棉籽纠结成团，下种不匀。

第三，播种。播种方式，有所谓“拿粪花”“排粪花”“撒粪花”。牛犁后，每隔尺半播一撮棉籽，这是“拿粪花”，好处是发苗，省粪，省籽。先将籽种在棉田，然后犁过排平，这是“排粪花”，好处是省人力，坏处是不发苗，深浅不一。先将粪遍施棉田，次将棉籽不规则地撒上，最后以牛犁地，这是“撒粪花”，好处是养地，坏处是费肥料，费种子。这三种播种方式，以第一种为最合理，在缺乏劳动力的特殊情况下，可以采取第二种，但应当绝对避免采用第三种。

第四，锄草。当棉苗长到3寸高时，锄草一次，将棉苗每窝留下最强壮的两棵；6寸时再锄一次，将苗留下一棵。此后必须多锄草，要使棉田里不留一根野草。俗语说：“七次葫芦八次花”，又说：“棉花锄七次疙瘩如鸡蛋”。总之说明棉田锄草要勤，次数要多，才能使棉花长得大。

第五，要注意“打卡”“摘油条”。当棉株长大，棉花开花时，将棉顶去掉，谓之“打卡”，将旁芽去掉，谓之“摘油条”，免得徒长枝叶，促成棉桃早熟。无论“打卡”“摘油条”，都必须选择在中午太阳最强烈时，否则有碍棉花生长。

第六，要防除害虫。害虫有棉蚜（油汗）和红铃虫（棉桃和棉籽里的红虫）。棉蚜吃棉叶、棉苗；红铃吃棉绒或棉仁。如发现有上述害虫，必须早治。治棉蚜的办法是用烟水浸一下，治红铃的办法是太阳晒，最好是晒了之后闷在窑内，红铃怕热，就全逃避在壁上。

第七，要及时收获。棉花成熟后如遇雨水，便成黄花，质地既比较不坚固，又不暖和。为避免雨水，必须及时收获，很多棉农不注意这点，以致损失不小。

普通棉农，植棉收获每亩平均12—15斤，最多不过20斤。凡经营得法，收获常超过一倍。去年县政府植棉2垧，即6亩，平均每垧收百余斤，即每亩收30斤以上，超过普通棉产收获的一倍。但这还远不是最好的收获。

总结生产经验，改良作法，勤于经营，一句话，掌握生产经验和生产知识，在生产战线上，是归根结底具有最后的决定意义的。

我们政府的任务是什么？即把生产经验和生产知识，传播开去，到处宣传，并督导棉农照此种植，改良作法。我们不断地如此做，今后还必须继续地做下去。

总之，我们政府辅导棉农植棉，掌握生产指导知识，这就是延川县棉花生产之所以能够获得飞速发展的第四个主观原因。

前途

那么延川县棉花生产的前途怎样？为着继续发展棉花生产，今后应当努力的基本方向是什么？

全边区人口150万，平均每人每年消耗棉花2斤，全年需花300万斤。按照今年边区境内主要植棉地区扩大植棉面积计算，则棉花之供应量大致如下：

地区	植棉面积总数（单位：亩）	生产总量（单位：斤）
延属分区	112700	1352400
关中分区	180	2160
陇东分区	670	8040
三边分区	—	—
绥米分区	37000	444000
总计	150550	1806600

（注：生产量按最低限度每亩平均收净花12斤计算）

全边区棉花需要量为300万斤，供应量为1806600斤。即按供应现状，全边区尚不足1193500斤。再就陕省说，陕省原为棉花输出省份，但战后政府当局禁止百姓在我边区周围植棉，加以不合理的统制之故，棉花产量锐减，据中央社电讯，陕省二十七年（1928）全省产棉101万担，三十七年（1938）减低到37万担，即差不多跌落3倍。棉花在军需供应上占着重要的位置，棉花供应缺乏，有碍抗战不小。故需要继续生产不待说，这是第一。

其次，延川县全县耕地面积220756垧，即662268亩。革命前，延川植棉地区限于沿黄河之永远（延）区、中区、东阳区一带，现在植棉地区已扩大到城区及清延区之一部分，并且正在继续扩大到永坪区、永胜区、禹居区等地区。估计全县五分之一之耕地可植棉，全县棉田可达27594.5垧，亦即82783.5亩，即可比1943年植棉面积扩大一倍有余。这是第二。

最后，全县除全劳动力1万个外，还有3万个半劳动力，这3万个半劳动力现时尚未全部参加生产。再加全县仍有部分不生产的二流子，逐年仍能获得一部分从外县移来的难民。因此全县劳动力还可以继续增长。这是第三。

无论就销路说，就棉田说，就劳动力说，延川县棉花生产仍有条件可以而必须继续发展。只要条件利用得法，政府领导得法，我们相信延川县棉花生产事业的前途还是广大的。

今后努力的基本方向

但是根据以上三个条件看，其中自然以劳动力的供应比较困难。劳动力的配备尚赶不上全县各种生产的需要。就植棉论，除1943年4万亩棉田外，延川全县尚余棉田42783亩未植棉。

棉田除外，连已经垦殖的粮地在内，全县粮地达579485亩。再如果加上运输、工业及其他劳动力的耗费，全县劳动力的缺乏可以想见。因此，为着继续发展延川县的各种生产事业，也为着继续棉花生产，则如何改善现时劳动力的供应条件，如何积极解决劳动力供应的困难，就成为我们延川县政府今后最主要最基本的任务。

为着改善劳动力的供应条件，解决劳动力供应的困难，在基本上不能直接增长劳动力的条件下，最有效而实际的办法，自然只有把全县所有的劳动力组织起来。据群众的经验，一个人一天锄草2亩，三个人可锄7亩，五个人可锄13亩。有组织的集体劳动比无组织的分散劳动效果大。如果把劳动力组织起来，比方能提高五分之一劳动效能，则全县1万个全劳动力及3万个半劳动力，其效能可以提高到相等于2000个全劳动力和6000个半劳动力的劳动量。将半劳动力二比一折成全劳动力，全县可提高5000个全劳动力的劳动效能。从这一推算出发，可见当前提倡互助的和集体的劳动，是必要和正确的。

“把所有的劳动力组织起来！”

这就是我们延川县棉花生产事业（及一般的生产事业）中我们所应努力的基本方向。

（载《解放日报》，1943年2月19日）

第三节　调剂劳动力

我们的第五项农业政策是调剂劳动力。这里有奖励移民、劳动互助、动员妇女、动员“二流子”、着重优抗、生产放假、军队帮助等项办法，都是有助于劳动力的调剂的。

关于奖励移民，要靠政府和人民配合来做。其办法是：（一）由绥米警备区党政负责组织5000个劳动力的移民向直属各县开荒；但须在自愿原则下，并进行各方面的宣传组织工作。（二）政府准备部分粮食借给必须帮助的移民，另外酌予农具贷款，并切实实行免征三年公粮的优待办法。（三）发动老户帮助新户，如借粮、让熟地、借窑洞等；但此项借助应允许出借人享受利息，利率由双方自由决定。（四）组织基础好的农户吸收最穷苦的移民伙种。租率亦不应过于抵抑，使老户乐于接纳。（五）对外地移民，应经过和外地有关系的老户去号召。边境各县应有专人负责接待，替他们介绍至有荒地的地区去安插。例如近日有河南灾民600人至陇东，即应好生接待他们。

关于劳动互助。这就是说，在一村之内，或几村之间，不但每一农家孤立地自己替自己耕种土地，而且于农忙时实行相互帮助。例如以自愿的五家六家或七家八家为一组，有劳动力的出劳动力，有畜力的出畜力，多的出多，少的出少，轮流地并集体地替本组各家耕种、锄草、收割，秋后结账，一工抵一工，半工抵半工，多出的由少出的按农村工价补给工钱。这个办法叫作劳动互相，从前江西苏区普遍实行的劳动互助社或耕田队，就是用这个办法组织起来的。人口密集的乡村，还可集合多少互助组为一互助社，组有组长副组长，社有社长副社长，组与组之间还可互助调剂。在必要与可能时，社与社之间亦可有些调剂。这就是农民群众的劳动合作社，效力极大，不但可使劳动力缺乏的农家能够及时下种、及时锄草与及时收割，就是那些劳动力不缺的农家，也可因集体劳动而使耕种、锄草、收割更为有利。此种办法是完全有益无害的，我们应大大提倡。边区有些地方已经实行的变工，就是这种办法。各县应以大力组织劳动互助社，大大地发展农民的集体劳动。此外还有一种扎工，也为边区农民所欢迎，其法不是劳动互助，而是一种赶农忙的雇工组织，也是几个人或更多人为一组，向需要的人家受雇而集体地做工，一家做完再往他家，亦能调剂劳动力。各地对外来扎工应予以帮助，例如帮助找工做等。

关于动员妇女参加生产。边区妇女虽多小脚，但仍然是仅次于男子的广大的劳动力，她们可以参加各种辅助的农业劳动，如种菜、播种、锄草、喂牲、送饭、挑水、收割等，有些还能做主要劳动。她们过去已经相当普遍地参加了，今后还应广为宣传、劝告，发动她们的劳动热忱，借以增加农产。边区党的与群众的妇女组织领导机关的同志们，至今没有找到自己的工作方向，感觉无事可做。其实他们的第一个任务就应是研究与帮助边区妇女群众广泛地参加劳动生产的问题，使一切多少可以从事劳动的妇女都走上生产战线，和男子一同解决增加生产的大问题。边区还有很大一部分妇女没有放脚，大大妨碍劳动生产，应用宣传与强制两种办法，在数年之内，使她们放脚。今后无论何人，不许再为幼女包脚。

关于动员“二流子”参加生产。此事在过去数年已有显著成绩，各县在动员“二流子”参加生产后，“二流子”人数大大减少了。但是一切尚有

“二流子”的地方，必须在1943年用说服与强制两种方法全部动员他们加入生产战线。延安县动员“二流子”参加生产的经验，是布尔塞维克的好经验。动员“二流子”参加生产，不但增加了劳动力，而且消灭了坏人坏事，取得人民的拥护，巩固社会的安宁。

关于着重优抗。过去事实上是优工第一，优抗第二，这是很不正确的现象。现应倒过来，优抗变为第一，把人民的代耕制，首先认真地替那些缺乏劳动力的抗日军人家属（不分我友）耕种土地，其次才是替那些真正缺乏劳动力的党政工作人员的家属耕种土地。在劳动互助社（变工）组织成功的地方，可以委托互助社解决这个问题。

关于生产放假。这就是说，当农忙时，边区某些家境困难的党政工作人员，应每年允许他们回家二次，每次若干天，从事家庭生产。边区的小学、中学，农忙时必须停课，让学生及本地教员回家帮助生产，这也是调剂劳动力之一法。

关于军队帮助。当农忙时，边区军队一律就驻地附近替农民耕种若干天，锄草若干天，收割若干天，而不收受任何的报酬（吃自己饭），一则可以调剂劳动力，二则可以借此密切军民关系。军队的政治工作部门，应当计划这一工作。

所有上述七项调剂劳动力的办法，如果实行得好，对边区的农业生产是有很大帮助的。其中特别是劳动互助社的办法最为重要，应在全边区普遍实行起来。

（毛泽东：《经济问题与财政问题》，
《毛泽东选集》，东北书店版，第771—773页）

一、奖励移民

（一）奖励移民是边区经济建设中非常重要的一项政策

在陕甘边土地革命开展之后，打倒了封建军阀的黑暗统治，肃清了盘踞多年的土匪盗贼，这里人民才从数千年的黑暗社会里，见到了光明的天日。于是人民得以安居乐业，经济也逐渐地有了发展。但是因为反革命武装的“围剿”和骚扰，农村的经济和人口，又受到了相当的破坏。在民国十三年（1924）陕北的大旱灾后，从绥、米、榆、横一带曾有少数人民移往“南路”开荒安家的，有的则单纯在渡过灾荒后，就又回去老家，有的则开荒三二年稍有积蓄后，也搬回去了。所以，在延安十县的人口，总不能很快地增加。

国内和平统一后，1939年边区发动了生产运动，农村的经济才逐渐地开始繁荣，在土地缺少的绥、米、横、榆等地人民，为了就地耕种，于是贫苦农民就向延安、鄜、甘等有荒地的县份迁移，边区政府1940年3月就有优待移难民决定，1941年又有两次布告，1942年春又颁布优待条例。这时候延安县首先注意这一问题，所以在几年的开荒运动中，收到很大的成绩，全县人口增加一倍，户数增加一倍以上。可是全边区则尚在自流阶段。及至1942年边区高干会上，毛主席总结了边区的财经问题，在他作的《财政问题与经济问题》小册子中，指出了移民为农业政策之一后，在一年来的生产运动中，证明了移民问题在边区生产建设上是非常重要的一个问题。因为在边区境内，有的地方是有地无人种，有的地方又是有人缺地种，如果不把这种剩余的劳动力与剩余的土地结合起来，则边区农业更进一步的发展就是不可能的。在边区的五个分区内，绥德分区是土地缺少，劳动力剩余。其他延属、关中、陇东、三边四分区，则或多或少都有荒地没有开垦。譬如：绥德分区五县，只有耕地面积1209702垧，但人口即有512071人。每人平均有地两垧多些。再拿劳动力来说：据统计有106795个全劳动力；有34819个半劳动力；合计则有124209个全劳动力。每一个劳动力所有的土地，在吴、葭等县约有七八垧，在绥、米等县约有12垧。平均起来，一个劳动力只有九垧半土地。按边区的农作条件，农业技术论，一个全劳动力，至少可耕种15垧土地，再加上畜力的补助，即可耕种到30垧左右。以此推算，纯以人力论，绥德分区，即有三分之一约4万个劳动力是可以移出的。

至于土地剩余无人耕种的荒地，仅据1944年延属专署对延属一个分区的统计：延安县有荒地30万亩，甘泉县有35万亩，鄜县有80万亩，志丹有50万亩，安塞有10万亩，固临有5万亩，延长有8万亩，合计约为218万亩。以这些土地所需的劳动力来计算，还需要15万个劳动力才可以开完所有的荒地。

其他陇东、关中、三边各分区，因为没有荒地统计材料，这里不能说出具体的数字来，但一般地估计，荒地不会比延属分区少的。从上述的两个地区，两种情况来看，显然的，土地与劳动力的分布是很不平衡的，这种不平衡的现象，造成了土地与劳动力不能结合起来，同时也就使得边区的生产运动的大量开展受到障碍。因此，为了要解决这种不合理现象，必须开展边区的移民运动，在人多地少地区大量移出，在地多人少地区则大量吸收外来移难民，就成为边区经济建设上的一个重要问题了！

（《边区的移民工作》，中共中央西北局调查研究室编，1944年）

（二）移民政策和安置情况

陕甘宁边区移民垦殖暂行办法

1.组织移垦委员会（其条例另定之）掌理移民垦殖之一切事宜，其任务如下：

（1）制令调查登记公私荒地表。督饬各县登记其所用的公私荒地。

（2）调查各地人口及土地与劳力的情况，以及统一的筹划。

（3）划定招垦区。

（4）对垦区的治安的筹备。

（5）筹划经费来源及预算。

2.为了奖励移民垦殖，规定其优越待遇办法如下：

（1）凡移民之原有财产，得由公家负责保证任何人不得侵犯，一切管理权永属于该原主的。

（2）凡移民之运输旅费及一切之农事用具，公家得斟酌其实际情况补给其必需的数额。

（3）垦殖之移民，在初三年内，免征其一切劳役、税役。

3.举办移垦移送人民，以具有耕作能力之农民为之。

4.举办移垦接收人民，不论种族境界，凡具有第三条之条件能遵守边区法规者，概受同等待遇。

5.移民应享受的土地权利：

（1）凡公有土地，照例予以登记。

（2）凡移民垦殖之私人土地，由公家规定统一的租价，并保证其移民的永租权。

6.举办移民垦殖，应注意其教育及卫生等设备。

（1）劝励移民打破地域的封建观念，并辅助其一切建设，以求达到繁荣与发达垦区之目的。

（2）建立自治组织或保证入耕享受同等的政治教育及权利。

（3）加强卫生设备，保障移民的健康。

7.实行奖惩办法。

8.本办法自公布日施行。

（转录自《边区民政》第五章“土地行政”，可能是1940年文件）

陕甘宁边区优待移民难民垦荒条例

民国三十二年三月一日（1943年3月1日）

第一条　本条例为优待移民难民垦荒，发展农业，安定民生，增长抗战力量制定之。

第二条　凡因下列情形之一，移入边区或垦区居住从事垦荒者，均得称为移难民。

甲、边区外之人民，因在原地生活困难，或因天灾影响及其他原因无法生活，而自愿移入边区居住者；

乙、沦陷区的人民，因不堪敌人压迫，而逃入边区居住者；

丙、边区内地少人多区域之人民，因缺乏土地而自愿移入垦区，或经政府动员移入垦区从事开荒者。

第三条　前条所列移民难民，不分阶级职业、民族界限，一律得受本条例之优待。

第四条　凡移难民从事垦荒者，不论本人以自力耕种或以资本雇人耕种，均得享受下列各项之优待：

甲、经移民难民自力开垦或雇人开垦之公荒，其土地所有权概归移民或难民，并由县政府发给登记证，此项开垦之公荒三年免收公粮；经开垦之私荒，依照地权条例，三年免纳地租，三年后依照租佃条例办理，地主不得任意收回土地。

乙、移居垦区之移民难民，如因种菜或种料（粮），需少许熟地，得呈请区乡政府视可能情况，酌予调剂。

丙、移难民无力自行打窑洞，或在未打好窑洞之前，得由县政府就当地公私窑洞或房屋予以调剂暂住，待该移难民自行建有窑洞或房屋后归还之。

丁、凡移难民无力购买耕牛、农具、种籽，或缺乏食粮者，由县政府呈请边区政府优先予以农贷之帮助。如农贷尚不足需要时，得由乡政府帮助向老户借贷，或发动老户互助解决之。

戊、移难民自移入边区居住耕种之日起，对于运输公盐、运输公粮、修公路等义务劳动，第一年全免，第二年第三年分别根据家庭经济状况酌减，如第二年第三年仍然生活困难者，得全免。

第五条　凡边区以外移入边区之移难民，如暂时尚无基础从事开垦，须以安庄稼或以雇工为生活，而本人又不能约到雇主者，得呈请县、区乡政府介绍之，在未得到职业之前，如因经济困难，不能维持生活者，得请求县市政府酌量予以救济。

第六条　移难民有病确实无力医治者，得受公共医院免费医疗之优待。

第七条　凡边区人民所享有之民主自由权利以及人权财权之保障等权利，移难民均与边区之老户同等享受之。

第八条　移难民在边区居住从事开垦之三年后，如因生活仍很困难无法负担公粮者，得继续裁免。但不得为逃避负担又行他迁当移难民（有特殊困难者除外）。

第九条　如有老户欺压新户，或政府工作人员违反优待条例，强迫移难民负担者，移难民有随时向各级政府报告之权。各级政府接到此项控告后，应立即查明处理。

第十条　凡移入边区或垦区居住之移难民，须将自愿居住地址、职业、人口数量及要求优待各事项，报告当地政府，申请登记。该政府接到移难民之申请后，应即依照本条例之规定予以帮助和优待。

第十一条　凡移难民未移入边区或垦区前，因不熟悉情形，恐突然移入，难以找到适当居住地区者，得由该移民先派人或联合数户、数十户共同派人与各县政府接洽，待找到适当地区、窑洞、土地，再行迁移之。

第十二条　移民如需要政府帮助迁移路费者，须在边区找到老户担保，即可向担保人所在地之县政府请求发给迁移补助费。

第十三条　各县政府对于移居在该县之移难民，无论该移难民已否申请登记，均应加以调查登记，其应登记事项如下：

一、户主姓名、年龄、职业、原籍、现住地址、何时到达；

二、家属几口，其中全劳动力多寡，半劳动力多寡，不能劳动者多寡；

三、有什么农具或工具，各多寡；

四、政府已实行什么优待和帮助；

五、还有什么困难，准备怎样解决。

第十四条　各县区政府，应经常检查移难民工作，督促各乡政府经常派人按户检查本乡移难民移入后的生活情况，如有困难应即设法解决。

第十五条　各级政府检查移难民中如有特殊困难（如消费人口多生产人口少，无法维持生活，或因疾病死亡、天灾损失不能维持生活）者，应予以特殊之帮助。

第十六条　如移难民中，有不事生产之二流子，乡政府应予以更多的教育说服，必要时即予以强迫，务使其参加劳动。如移难民中，有特别积极从事生产者，应予以奖励。

第十七条　移居边区或垦区之移民难民，均有遵守边区政府法令、维护社会治安、协助政府反对一切破坏抗战团结、巩固边区的义务，如有假借移难民名义，企图混入边区实行破坏抗战团结，危害社会公共治安者，依法处理之。

第十八条　本府二十九年三月一日（1940年3月1日）公布之《陕甘宁边区优待外来难民和贫民之决定》，又三十年四月十日（1941年4月10日）公布之《陕甘宁边区政府布告》及附《优待难民办法》，又三十一年三月六日（1942年3月6日）公布《陕甘宁边区优待移民实施办法》，又三十一年四月五日（1942年4月5日）公布之《陕甘宁边区优待移民实施办法补充要项》等文告，即行作废。

第十九条　本条例自公布之日起施行之。

（《陕甘宁边区优待移民难民垦荒条例》，1943年3月1日）

奖励移民办法：一是发动地少人多地区（绥、米）的农民，到地多人少的地区（如延属）开荒，由政府发给路费，或动员老户帮助，1942、1943两年单绥德分区就移出1307户、6544人。二是安置外来难民，计1941年安置785户、2074人；1942年5056户、12431人；1943年9836户、30447人。其中劳动力1942年占移民中46%，1943年为60%。移难民开垦公荒，即取得土地所有权，三年免征公粮；开私荒则三年免交地租。第一年全部免除义务劳动，政府尽量帮助解决食住、耕牛、种籽、农具等困难，同时发动老户帮助新户。据不完全统计，1942、1943两年全边区共发救济粮4000余石，调剂住窑6240孔，熟地86766亩，农具9100件，耕牛1388头，种籽180多石。在发放农贷中，还指定一部分专为发给难移民的（占总额18%）。

同时发动老户帮助他们，开荒下种，仅关中分区二个县和一个区就达4000多亩。

（《边区经济情况简述》，西北局调查研究室，1948年2月19日）

奖励移民，是发展边区农业的重要政策之一。过去因移进移出，皆属自发性质，并且工作的进行也偏于政府单方面，因而成绩不很大。今年接受了高干会的决定："政府和人民配合起来做。"与双管齐下的办法：绥德分区组织移出5000个劳动力，欢送其南下，吸收外来移民地区，则发动与外边有关系的老户去号召，欢迎其移入。因之今年春耕前后，全边区就吸收了移难民8021户，计29030人，1159个劳动力，超过了以往任何一年的纪录。明年计划由绥德移入5000，由关中移入5000，办法是发动老户回去动员与劳动英雄就地宣传。到达后，政府必须好好安置他们，组织他们的生产，巩固他们的利益，如此就要坚决实行政府优待移难民的法令，反对老户欺侮新户的现象，这些现象今年还是时有所闻的。同时要注意清查假装难民混入边区的特务分子，以巩固移民，巩固边区。

（《1943年农业工作总结》，边府建设厅）

移难民的大批逃来边区，并能安居下来，首先因为边区人民与政府给他们解决了物质上的困难。根据我们不完整的统计，在1943年全边区（陇东，只华池一个县的统计）给移难民周济（借与救济）粮食三千九百七十七石四斗；周济熟地28922垧；周济窑洞4682孔；周济籽种

68石（只四个县的统计）；发放农贷洋3057825元，锨头634把。在解决移难民的困难中，由于党政的正确领导及边区广大群众对那些穷苦灾难民的同情，对移难民曾表现了很大的革命热情，如同宜耀的群众并出自己的住窑111孔给难民住，赤水群众则预先打好80个窑洞准备难民来，淳耀县老户给难民盖了300多间房子。尤其值得提出的，是新宁县芦宝梁的老百姓在大路旁边盖好草房给难民路过住，不使难民因投不起店而露宿。又如新正县的一、二两区，还周济给难民煮饭锅184口。至于对移难民的生产上，群众的帮助情绪更是热烈，如新宁县的群众，因为移难民初来没有生产基础，他们在春耕中组织了581个劳动力，在五天中，帮助移难民开荒1480亩，并播种了310亩。同宜耀的群众则费了2000多个牛工，900多个人工，帮助移难民种地1900多亩。新正县一区则用177个牛工，帮助移难民种地321亩，开荒117亩。对移难民的这些帮工，大部分是无报酬的友谊互助，即或有还工的，也占老户许多便宜，比如一般的人工换牛工，要三个人工，但对移难民他们只用两个人工。对移难民不仅是帮助能生产的好劳动者，而且对于移难民中的老弱残废都要帮助找到职业，如对不能做农业生产的妇女们，介绍她们到合作社领棉花纺线，固临临镇区给不能劳动的跛子找放牛生活，给盲人老太婆介绍给人家抱娃娃。像这样的生动例子，真是举不胜举。

在帮助移难民中我们又可以看到八路军对人民的爱护，驻固临县的八路军，他们安置了19户移难民，和移难民合伙种地，召开了难民与军队的联欢会。庆阳的八路军给初来难民送酒，送肉，军官们亲自和他们拉话，感激的难民60岁的老太婆说："从来没有见过这样的军队，八路军真是我们老百姓的军队！"并告诫他们的儿子说："你们到边区来，要好好地生产，不哩，怎样报答八路军的恩典呢？"从这里我们看到，边区的党、政、军、民，都是一致的帮助移难民的，这也就是1943年移难民大量涌进边区的原因之一。

边区的移民工作，从1940年起，开始有了注意，但是在1943年以前，只是局部地区注意移民，主要的还是自流状态。在1942年10月高干会后，移民工作，就从自流状态，进到了全边区各分区有计划、有组织的阶段了。这从下面的数字中，完全可以得到证明。据不精确的统计：1941年，边区移民共7855户，约20740人。1942年边区移民，为5056户，约12341人。到1943年，即为：（一）绥德分区：移出1836户，约4961人，全劳动力2293个，半劳动力473人，总计劳动力约为2529个。（二）延属分区：按七个县市的统计，安置了移难民3089户，约9414人，计3578个劳动力。仅延安县即为982户，3045人，约1133个劳动力。（三）关中分区：安置移难民4146户，12736人，约4593个劳动力。（四）陇东分区：安置移难民529户，2281人，约700百多个劳动力。（五）三边分区：安置移难民273户，1039人，约300个劳动力。总计全边区移出与移入共为9863户，约3万多人口，达到了1941、1942两年的移民数量。其中除绥德分区为边区内部人民移居外，其余移民，大部为大后方不堪生活的穷苦人民与敌占区的灾民。显然的，这个对边区的人口是有了很大的增加。在三年6万多移难民中有18300多个劳动力，一个劳动力平均以耕种20亩地计，即可扩大耕地面积366000亩，每亩以平均收二斗粗粮计，每年即可收粮食73200石。这个数目的估计，不论耕地数量与收获量上，都还是较低的估计。从这里看到，边区的耕地面积有了扩大，粮食生产量自然也有了增加。这一方面使地尽其利，荒山变为良田；另一方面使人尽其力，穷人变为富人。这种事绩，只有共产党领导下的政权才能做出来，除此，在全国的任何地方是不能做出来的，拿大批的灾难民逃来边区这个事实就可证明这一论据。

（《边区的移民工作》，中共中央西北局调查研究室编，1944年）

为发动人多地少地区的农民往地广人稀的地方进行开垦，由政府发给路费或发动老户互助，单绥德分区1942年就移出471户，计1483人，1943年又移出1836户、4961人。为安置外来难民，难民的住窑、吃粮、土地、农具、籽种等除由政府准备一部分粮食出借，拨给公荒，拨给农贷，解决农具问题外，其他则发动与组织老户互助解决。几年来安置移难民的数目如下：

1941年	7855户	20740人
1942年	5056户	12431人
1943年	8570户	30447人

附注：1943年数字已根据各分区1943年总结报告修正与生产展览会发表数字稍有出入。

1944年安置移民6813户，22197人（环县未统计在内）

（《陕甘宁边区农业》，1945年）

陕甘宁边区三年来安置移难民比较

年份 \ 项目	户数	人数
三十年（1941）	7855	20740
三十一年（1942）	5056	12431
三十二年（1943）	8570	30447

说明：1.本表系根据建设厅历年统计。

2.三十二年（1943）数字系根据各分区工作总结报告，特修正了生产展览会发表之8021户与29030人之数目。

陕甘宁边区各分区三十二年（1943）安置移难民统计

项目 \ 分别区	延属分区	关中分区	陇东分区	三边分区	合 计
户数	3900	3746	439	485	8570
人数	12294	14176	1745	2232	30447

说明：1.本表数字系根据各分区三十二年（1943）工作总结报告。

2.修正了生产展览会发表之8021与29030等数字。

（《边区农业统计表（1940—1943）》1944年）

绥德分区三十一年与三十二年（1942—1943）移民出地区之人户比较

项目 \ 年份	三十一年（1942）	三十二年（1943）
户数	471	无统计
人数	1483	5305
劳动力	688.5	3227
劳动力占移民人数比例（%）	46	60

（《边区农业统计表（1940—1943）》，1944年）

（三）移难民的来源和成分

在陕甘宁边区，是全国内真正实行了革命的三民主义的区域，在这里没有官僚资本，有的是党政军民的生产运动和扶助农民经济发展政策。也没有像大后方那样的封建地主的严重剥削，有的是减租减息、保障佃权的土地政策。所以边区的人民，都过着丰衣足食的生活，边区的农村，是在欣欣向荣地发展，而没有像大后方农村经济日渐破产的危机。因此，在这样的对照之下，外面的穷苦人民，都在向边区里奔赴。根据简单的统计，除绥德分区的移民因没有土地为政府动员迁移外，其余的移民，大部分是为天灾、人祸、剥削压榨、无法生活下逃来边区的。据一般的统计，因为水旱天灾，无法生活逃来的难民，9000余人，他们大部来自河南。住在关中分区者，共1737户，约5211人。住在鄜县者，共715户，约2078人。住在固临者，共136户，4600多人，其他延安、安塞、甘泉、志丹等县份，亦有一部分移来。

因不堪黑暗统治，苛捐杂税，拉夫绑票而移来边区者，亦9000余人。其中从大关中、汉中移来者2200多户，6000余人；来自甘肃而住于我新正、新宁及陇东各县者，500余户，1500余人；来自宁夏住于我三边一带者千余人；来自宜川方面而住于我固临者，153户，约595人；此外来自横山、榆林一带者，多住于延属及三边各县。另有来自山西、河北等沦陷区者，为数亦不少。

这些移难民的职业，绝大多数为农民。据新宁、赤水、淳耀、同宜耀四县统计，农民占全数移民93.6%，手工业工人占5%，商人占1%，士兵、学生占0.4%，另外有自甘宁来者，一部分农民兼经营商业。虽然没有全部的移民职业统计，但仅从这四个县的材料看，就可见其一斑了。同时，这些农民，绝大多数又是赤贫如洗的，他们到边区来，仅带一些破烂的行李和简单的农具，很少的带有少数牲畜。据延安县的统计，1943年的移民，885户中，带牛45头，驴21头，但这些移民大部分是边区内地的移民；只有来自宁夏、甘肃等地者，有的还带些牲畜，其中有些则为逃避大后方的残酷剥削，而逃来的。如移来我盐池县之99户中，带有白黑羊564只，牛13头，骆驼14头；移来庆阳县的51户，带有牛42头，并且随来就买地耕种；移来环县的117户，带有耕牛137头，驴150头，羊1411只。从这里又说明一个问题，就是不仅外面穷苦的人民向边区里移居，而且比较的小康之家，也因为没有民主自由的黑暗统治和贪官污吏的残酷剥削而有逃来边区的，所以，只要我们的移难民政策能彻底执行，边区的人口是会更快地增加起来。

（《边区的移民工作》，中共中央西北局调查研究室编，1914年）

（四）安置移难民的意义

由于边区生产运动的发展，党、政、军、民对移难民的帮助，所以到边区来的难民，经济很快就发展起来，在一年中间大部分都可以有吃粮了，在两三年后，就可以安置庄稼独立经营了。根据延安县柳林区157户移民的经济发展情形：从生产方面来看：第一年，一面开荒，一面安庄稼或打短工，卖柴，做手艺；第二年，就可以添置农具，喂牲畜，完全自己种地，不再打短工；第三年，就可以安牛犋，大量生产。从生活方面来看：第一年，一半靠借粮，一半靠自己劳动所得；第二年，只需少数周济粮，大多数可自给；第三年就可以完全自给自足。

下面是1943年6月间关于上述157户经济发展情况的调查表：（见下页表）。

从该表可以看出，只要经过三个年头，就可以从赤手空拳，发展到有土地、工具、牲畜、粮食。

表中所列，只是比较平常和一般的例子，而且，前三年还没有扎工、变工的办法，党、政、军、民间对于移难民工作的重视也还不如1943年。

到1943年，因为党、政特别号召安置移难民，同时对于移难民的帮助也更有计划，更加注意，所以移难民的发展，就比过去更快了。例如：

张书学，1942年冬由边区外移来鄜县张村驿区二乡寺峪村，家有四口人，全家靠他一人劳动。初到时，什么也没有，乡长劝他开荒，帮助他解决生产中的困难。原计划开10亩荒，结果开到20亩。种糜子12亩，可收四石八斗；谷子8亩，可收两石四斗；麻子2亩，可收4斗；共可收七石六斗。另外，他迟睡早起，在河边修了二亩五分水地，打了稻子三石五斗，做到了一家四口一年够吃够穿。

李志伦，一家五口，1943年春从河南逃难来志丹县。来时只带十几包针。本人上山背柴，女婿拿针下乡换些鸡蛋到市上卖，53岁的老婆和两个女儿收拾破布做鞋底，两个月后就积到5000元本钱，由李本人摆小摊。后来，他们有的弹棉花，有的纺线，有的摆小摊，有的做鞋袜，很快就赚得131000元，结果，从一无所有发展到买缸大小3口，铜盆2个，毡子3条，货箱一对，麦子、荞麦、小米都有了，而且做到3天吃荞面一次，10天吃白面和肉

延安县柳林区四乡一五七户移难民经济发展状况调查表

居住年数	年代	户数	人口			劳动力	牛犋	农具						耕地					安庄稼		调份子	收粮（单位：石）				牲畜					
			男	女	共计			梢镢	镢	锄	斧	口	犁铧	老荒	二荒	丢荒	熟地	共种	户数	垧数		自收	分得	共收	每平人均	牛	驴	骡马	羊	猪	鸡
一年	1943	41	91	50	141	57	1.5	3	39	28	12	9	1	134	4		18	156	11	161	1					5	4			3	10
二年	1942	37	89	53	142	45	0	2	28	22	7	12	0	55.5	1.5		18	75	15	169	2	52	45.25	97.25	0.685	7	7			1	12
	1943		87	51	138	45.5	3	4	48	38	11	41	5	95.5	11.5		102	209	9	102	1					7	4			12	17
三年	1941	56	131	82	213	67.5	1.5	6	38	36	11	21	2	97	6		18.5	121.5	13	169	16	79.7	80.3	160	0.751	7				3	4
	1942		132	85	217	68	7.5	10	57	56	31	61	10	123	27.5	2	151.5	302	15	173	5	176.9	50.3	227.2	1.047	22.5	10	1	17	16	45
	1943		126	83	209	70	16.5	15	77	65	40	62	21	141.5	36	6	310.5	488	15	136.5						43.5	8	2	41	29	165
四年	1940	23	57	35	92	27.5	2		27	17	9	12	2	39	14		12	65	3	38	3	50.7	12.1	62.8	0.683	7	4				8
	1941		58	36	94	28.5	4.5	3	36	21	13	18	7	59.5	13		75.5	148	5	83	4	87.8	23	110.8	1.178	13	4		5	5	42
	1942		55	34	89	31.5	7.5	6	43	32	21	32	10	51.5	14	2	165	228.5	2	39	1	127.3	12.2	139.5	1.867	21	7	1	9	9.5	29
	1943		57	32	89	32.5	10	8	49	35	24	34	11	71	8	3	220.5	296.5	2	8.5					1.576	23	7	1	19	12	89

菜一次。全家五口人各缝新棉衣一身，比有些老户还穿的整齐。

刘喜，1942年9月从河南逃难来安塞，全家六口：60多岁的老父、妻子、16岁的男孩、10岁左右两个女儿。他在秋冬两季，父子俩砍柴卖，不砍柴时编席子。结果到1943年春耕时，已打下了生活基础，政府借给他耕牛和贷款后，更刺激了他一家老小的生产热忱，结果，他春天开荒35垧多（牛开30垧，人开五六垧），种熟地6垧，共41垧。收到谷子九石五斗（15垧），糜子6石多（15垧，苗稀，没粪），荞麦一石五斗（四垧），蔓豆3石（三垧），玉米3斗（半垧），老麻2斗（半垧），小麻4斗，黑豆8斗（合种2垧），绿豆2斗，共收粗粮二十一石九斗，可供全家7口二十来月吃用。他在1943年秋又种了3垧秋麦，赶1944年夏即可收获。因此他不只做到丰衣足食，而且做到了耕二余一。因为他在1943年还有4口袋洋芋，150斤黄萝卜，100多条黄瓜，3斤辣子，370多颗蒜，我们没有计算进去。他的妻子和女子春天纺了10斤线净赚得5斤，冬天纺6斤又可净赚3斤。父子俩利用冬闲两个月可卖20次柴，约1600斤，以5元一斤可得8000元。还有他本人织下的囤圈一百多丈……这些也未算入。

在移难民中还有许多人很快的发展成为劳动英雄。例如：

马丕恩式的移民，他从1941年来延安。初来，男做工，女缝纫，没有种地。1942年正月才到边区政府农场，合作种地，只干了一年，便从一无所有，发展到当年得粮十四五石；去年又分将近20石，今年就不愿意再伙种，打算自己去开荒，以求既可得地，又可全得粮食收入。并做了边区的劳动英雄。

胡文贵式的难民，1942年11月底，才从老家湖北到关中淳耀县。冬天只靠打柴、烧木炭、女人打草鞋过光景。1943年2月开荒，得到政府帮他订了农户计划，发给借粮，推动他和别人比赛，并奖励他，结果，便开荒47亩，收苞谷10石，糜谷7石，洋芋3000多斤，豆子麻子1石多，菜800多斤，还同别人伙喂一口猪，赶过年可分三四十斤肉。缝了新被子、新衣服，刚刚一年，就从饥寒状态，做到了有吃有穿，而且有余粮；本人还被奖为关中分区难民劳动英雄并出席边区劳动英雄代表大会。

难民王向富，在大关中，十数年受尽凄惶，1942年冬天才冒险通过封锁来边区，在关中分区居住下来，有一妻，一母，初到是靠打柴过活。1943年春，夫妇二人开了24亩荒，另种6亩熟地，母亲纺线，结果收了13石谷子，二石四斗玉米，6斗糜子，2400斤洋芋，2500斤谷草，自己打了一面窑洞，编了5个囤子，挖一个洋芋窖，还帮别人打窑，做土砖，除了还一部分借粮外，可以吃到1944年麦收。一家人得到了温饱，并当选了劳动英雄，出席边区的劳动英雄代表大会。

难民陈长安，一家5口。只靠自己一个全劳动力，女人能顶半劳动。一路上，从河南讨饭、挨打来边区，1943年正月初，才到鄜县，得到党、政、民帮助，开了28亩荒，女人纺线。收到谷子二石二斗，糜子两石五斗，苞谷6斗多，麻子3斗多，荞麦3斗多，洋芋8袋，辣子20多斤，烟叶15斤，菜600斤。荞麦受了冻。把借粮还清，全家可吃到1944年8月。过节可以吃肉，老父可以吃白面馍。也成了延属分区出席边区劳动英雄大会代表。

上述胡、王、陈三英雄，都是从远处来，对于边区耕作的风习，还都是一边做一边学的。他们的困难比我们边区内部从北向南移的农民还要多。

其他如三边的打盐英雄高仲和，从榆林到边区20个月就发展成了拥有60万元财富（能买140石粗粮）的富户，更是发展最快的典型。

像这样的具体的典型的例子，真是不胜枚举，他们的生动事实，以前都有过介绍，所以就不再赘述了。

（《边区的移民工作》，中共中央西北局调查研究室编，1944年）

五年来迁入边区内地的移、难民，在10万人以上。他们有的是从沦陷区敌寇的压榨下逃出来的，有的是从后方灾区移来的，而多数是从绥德分区等地移到直属县的。边区政府对于这些难胞和贫民，一律优待，不但实行三年免交公粮，减少其他的劳动负担，并从各方面给予积极的扶助，使他们都能参加生产，安居乐业。因而虽然当他们来时是那样的贫苦，枵腹破衣，双手空空，到现在就是发达最慢的，也能饱食暖衣，变成了自耕农，至于那些发展快的，则上升为富农。这是移民工作的一种意义——救济了边区内外的移、难民。同时，移民工作还有另一种更重大的意义，就是增加了整个边区的劳动力，大大地促进了边区经济建设的发展，增强了抗战的力量。五年来边区共扩大了240多万亩耕地，其中有200万亩是靠移、难民的力量开荒增加的。今年全边区要增产细粮8万石，60%的任务，仍然是要依靠移、难民去完成。

虽然移民三年不出公粮等负担，但移民增加……劳动力也就增加了，粮食收获增大，经济发达，商业繁荣，大家的生活便会因之更为改善；而且三年之后，移民也要负担，大家的负担也减轻了。

……马丕恩父女，当一年前从米脂逃荒到延安时，除掩身之破衣外，一家六口只有半碗小米，半碗黑豆，两个破被卷和一只铁锅，余无长物。……一年劳动两年余粮，全家生活大为改善，并打下了以后的生产基础。马丕恩已于日前穿了新棉衣，“衣锦还乡”招乡亲移到延安开荒。……朱登明过去到延安时，是一个贫苦的难民，旧历年前赶着毛驴，驮了粮食，回到绥德的薛家坪，买回窑洞，典进六七垧地，重振家业。经过他的有效宣传，有500农民要“南下发财去”！延安县五年来增加了3万移民，大都是这样增加的；先来的移民发了财之后，影响他们的亲友也来了。

（《大量移民》，《解放日报》社论，1943年2月22日）

边区劳动英雄从此又多两名，而其特色则均为移来一年之难民，其中之一是一位17岁的女郎。两位英雄并为父女之关系。父名马丕恩，女名马杏儿。二人去年种地53垧，即159亩，因耕作得法——适时、勤锄、深耕、细密及全家配合劳动等关系，去年实收粗粮42石，如果不是遭了风灾的话，至少可净收粮食60余石。现每垧地平均打粮8斗，较该地其他庄户的平均收获量多收获四分之一。……现在全家生活均已有显著之改善：各人均已换制棉服一套，缝了四条新被，蓄余细粮9石，旧历年中馍、肉、豆腐式式齐备，俨然一中上之家（他们平常的生活是非常节俭的）。在这一年中，除新置衣服用具等不计外，记者曾为其折算，计共赚细粮9石稍弱，值现在市价13213元。据马丕恩本人谈：此项积粮足够全家两年食用有余。他已经有了更好的生产基础了。

（《马氏父女生产卓著，一年劳动积粮足够全家两年食用有余》，
《解放日报》，1943年2月11日）

旧历年届，下南路（指延安县等县）的人均纷纷返家。……他们赶着毛驴，带着粮食，或赶着山羊，兴奋地语记者：“南路荒地多，不像咱警区，

把沟洼地都种上了，还有人苦着没地种。”吉镇七乡的雷春林，托人自南路背回麦子给老母，并附信告诉他母亲：“南路有的吃麦子，吃好饭，政府又优待我们。”朱登明从延安县甘谷驿丰收回来，驮了粮，典进土地，由十年前的难民而变为现在的富户了。人们都羡慕他说：“下南路的人发财回来了！”有500贫民受他的影响，正准备下南路开荒。

（《警区贫民移垦内地丰收粮食回乡买地》，《解放日报》，1943年1月30日）

移难民经安置后，三年免征粮，公荒免收地租，私荒三年不收租，因而一年间即能建立巩固的家业，有吃有穿。如鄜县的陈长安一家五口人，1943年阴历正月才到鄜县，经政府安置老户帮助，一面做短工糊口，一面借得600元农贷，买镢头一把开荒，先后开荒28亩，收粮五石九斗，加上工资赚粮二石五斗，共收八石四斗，除还春天借粮一石二斗五升外，余粮够全家吃到第二年8月，在生产时期中所需要之粮已不用再向人家去借了。

（《陕甘宁边区农业》，1945年）

（五）基本经验

在过去，特别是去年的一年移民工作中，我们是积累了不少的经验，它对今后边区的移民工作，是有很大意义的。总括起来，全部移民工作中有三个基本问题：第一是移出问题，第二是安置问题；第三是巩固问题。这三个问题，如果解决得好，移民工作就会更有成绩。现就所有材料，把去年在这三个问题中的一些经验，加以简单的叙述，以供各地参考。

1.关于移出问题

边区今天的移民工作，主要是两个来源，一个是边区内部人口稠密，土地缺少的地区（如绥德分区），往地广人稀的地区移；一个是边区以外大后方或敌占区无法生活下去的穷苦人民的自动移来边区。这两个移民来源，根据去年的经验，外部移来边区的移民多于边区内部的移民。但是由于道路的遥远，和反动派对边区的军事封锁等等，外边穷苦的人民，虽然愿意逃来边区，是有许多困难的，甚至有许多逃到边区境上的难民，而为反动派的武装阻止，不让到边区来，同时外来移民我们也很难加以计划，所以我们今年的移民工作努力的重心主要的还是边区内部移民问题。因此，这里着重叙述内部移民问题。

第一，我们做移民工作的干部，在思想上要认识移民工作对边区经济建设上的重要，加强自觉的工作，克服例行公事的偏向，并要艰苦耐烦，不能马马虎虎。在去年警备区的移民工作中，有些干部为了省事，为了在数目字上“完成任务”，有的把二流子动员南下开荒；有的硬要全家移走，有的对不愿意登记移走的硬要登记，发生强迫命令；有的不要公家路费，而硬要发他路费；有些想移出的人，因为有困难不能解决，因而不能移走，也不想法解决……由于这些原因，引起许多不好的现象，如有的群众说：“你不要动员我移，我不是二流子。”有的又说：“公家发路费，下去一定是当兵。”结果就影响到愿意移的也不敢移，使组织动员在有些地方起了相反的作用。因此，今后的移民工作，对实际做这一工作的干部，必须使他认识移民工作的重要性，灵活地、耐烦地去宣传解释，调查研究，切实地解决移出的各种困难问题，反对马马虎虎、粗枝大叶的做法。

第二，要打破移民群众的保守观念和守旧意识。据边区第一届劳动英雄大会上劳动英雄的谈话，许多穷苦农民不愿意移出的原因：有的是担心死后不得归祖坟；有的是怕出了门没有五亲六眷；有的妇女们又怕“坐不成娘家”。在他们的思想里，有一套逻辑，就是“好出门，不如歹在家”，“人离乡贱，物离乡贵”等。对于这种思想的克服，我们必须拿移民发财的实际例子给他们宣传解释，“哪里不是鸡叫狗咬，哪里不是黄土埋人”，使他们了解移走不但不会当兵，不会受人排斥，而且能够得到政府和群众的帮助，把光景过得更好。绥德分区曾把马丕恩到延安翻身的故事，画成连环画到警区广为宣传，得到了很大的成绩，如葭县城关区二乡原计划移8个劳动力南下，结果经此宣传后，就移了31个劳动力南下。这证明用移民发展的实际例子给群众宣传，会有很大作用。

第三，是利用一切可能利用的社会关系去号召移民，去年关中分区的移民工作，充分地利用了移民号召移民的办法，冯云鹏是关中的移民，他就号召到170多家，其他还有很多。绥德分区则利用干部党员的关系去组织动员，西川老君店的乔如治同志组织了25人南下开荒。绥德田庄吴荣邦同志组织了6人南下。葭县古木区干部五天组织了50人，乌镇高熙云天天劝说移民，也得到很好地成绩。这些都是干部党员组织移民的很好例子。此外绥德还利用当地有威信的士绅关系去组织移民，如士绅刘捷三、杜立亭组织十多户移民难下。这些都说明了，只要把所有可能利用的亲戚、朋友、老乡、同族等等一切社会关系动员起来，是可以起很大作用的。

第四，是解决移民的移走困难。有的想移，没有路费；有的想移，带不动家眷；有的想移，还有点东西牵挂。这种种困难，在动员移走之前，必须都给他们设法解决，如没路费的，政府应帮借路费；带不动家眷的，政府设法安置暂时不移，或设法帮助带走；有少量土地的，与人出租或伙种等等。反正一切阻碍他移走的困难，我们应尽量设法给他解决，解决这些困难之后，动员移走就比较顺利了。这里涉及的问题，还有在动身后的落脚问题，这是移民十分关心的问题，应很好地妥为解决，使接受移民地区能及时地照护他们，使他们很快有个安落之处。这个问题，下面再详细来说。

第五，是移的对象和时间问题。根据绥德郝家桥的移民经验，主要的应该向没有土地的雇贫农户去动员，因为他们没有土地，就不能进行生产，因此，他们的经济也无法发展，住上几十年，还是没有土地，你如果很好地解说移到南路保证有地种，他们就会愿意移出。以现在警区的移民成分说，大部分是雇贫农阶层，除雇贫农外，其他阶层当然也应加紧动员。至于移的时间，最好是春冬两季，因为在春季是开荒的时节，移来就可以进行生产，冬季则农事已毕，移到那里可以准备来年生产。有些农户在秋季地锄完后，可要他们抽空移到有荒地的地区开秋荒，等到第二年移来的时候就有了些准备基础。所以开始移民，不一定要他全家都移，可先把劳动力移走开荒种地，打下粮食，为了就食，自然也就可以移走了。

第六，最后，在移民工作上，各地还应大量地开展冯云鹏、马丕恩运动，组织各地的老移民去号召新移民（开展冯云鹏、马丕恩的移民办法，在《解放日报》边区生产运动栏，另有专文论及，这里不再重述）。

2.关于安置问题

这个问题是移民中紧接的第二个问题，也是动员移民的关键问题，许多移民在动员移走的时候怕出门没有地方安插，反而不如固守在穷家里。所以在移民工作中，接收移民的地区，必须有准备地解决安置问题，最好是移出地区与接受地区，事先有所联系，移多少？移到那里？事先就准备妥当，使移民一来就有地方安插。这个工作愈做得好，对移民的影响就愈大，移民工作也就更容易做。现在的警区与延属分区最好能建立这种联系。根据劳动英雄的谈话，他们说在有很多荒地的地方，建立移民新村、新乡的办法是比较好的，因为在这个移民新村里都是新来户，他们自己都是所谓“出门人”，也就没有土籍与客籍的关系。关中分区冯云鹏建立的孟家湾等十几个村子，都是安置了移难民，据说他们都很团结，彼此也就没有排斥的现象。

其次，就是解决移难民的食住困难和生产困难，各地接受移难民的地区，必须预先进行准备工作。关中去年移民工作的成绩，他们在这方面是尽了很大的努力，如动员老户给移民打窑洞，在人烟稀少的大路上盖房子给移民住宿等，都是很好的范例。在解决吃粮问题上，除政府借贷一部分公粮外，大部分是要依靠在群众中周济解决的，许多移难民都是发动老户和亲戚朋友安置的，如同宜耀一区的263户移难民，亲戚、朋友、老乡等关系安置的就有119户；二区的165户，经亲戚、朋友、老乡等安置的就有88户；三区的146户，经亲戚、朋友、老乡等安置的就有96户。这里说明了移难民的安置，主要的还应放在广大群众方面，如果单依靠政府救济解决，那是困难的，也是不可能的。

再次，是组织移难民生产的问题。这是更艰难、更不易解决然而又是最中心的一个问题。根据去年的移难民生活调查，绝大多数是没有生产条件的（耕牛、农具、籽种）。比较好的也只是带有一二个镢头，其余都是赤手空拳一无所有。尤其是从大后方、沦陷区逃来的难民，更是穷苦，群众说他们是“两个肩膀抬一个嘴”，一点也不错。因此，我们安置后，就要组织他们生产，去年关中各县，有些地方把移难民组织在唐将班子或扎变工队中，有的地方老户帮助他们开荒，进行周济互助。有长余的农具、籽种、土地，挪一部分给难民帮助，发扬了边区人民的互助友爱精神。退伍军人劳动英雄杨朝臣，把政府奖给他的一头牛，借给难民使用。模范党员申长林，把自己的多年熟地、川地周济移民种。这种对移难民的模范例子，是值得全边区的移民地区大大提倡的。如果没有老户热心的帮助，移难民进行生产是非常困难甚至是不可能的。

3.关于巩固问题

在上述移出、安置两个问题解决之后，最后还有巩固移难民问题。延属分区在1943年、1944年冬春之际，都曾发生过移难民搬走的现象。如延安县在1943年搬走1000多户，4850多人，约1300多个劳动力，其他安塞、甘泉、延川等县也或多或少都发生搬走的现象。据调查所得材料，有的是从甲区搬到乙区，甲县搬到乙县，是在边区内部的迁移性质，这是大多数，有的是搬出边区回到老家去了，这是少数；有的则搬走一二月之后，又搬回来了。考其原因，大约有以下的几个问题。

（1）破坏分子的造谣惑众，煽动人心，使社会不宁。这些破坏分子利用了政府的某些动员工作及某些干部的工作缺点，来进行捣乱。如去年冬春之交，正是征粮与精兵简政两大工作在区乡实行的时候，特务破坏分子即造谣说："今年负担大得很，征了公粮还运盐，后来还要附征5元钱"，"精兵简政"就是"征兵简政"，"八路军又要扩兵了"等等。同时个别地方，我们区乡干部口里也是这样说。所以老百姓就信以为真，移难民就害怕起来了，于是搬家的现象就发生了！因此，在巩固移难民工作中，必须要提高群众的政治警觉性，随时揭破破坏边区的各种谣言，以安定移难民长期住下去的打算和信心。

（2）对优待移难民政策的执行不彻底。过去许多地区，对移来不足三年的难民，就征收负担，因之，使移难民对政府的政策法令发生怀疑，以为优待移民的条例是一个样子，引起了他们的迁移现象。如延安川口区的难民乡，安塞四区的三乡，在1942年征收了移难民公粮后，立即引起了搬家现象。后来经政府发现纠正，把征收了的公粮退回之后，移难民不仅不搬走住下了，而且安塞的一户难民又回横山老家把全家的人口也都搬来了。从这些具体事例中，我们看出政府的优待移难民政策是非常正确的，必须教育各地党政干部坚决地执行。

（3）新户与老户的关系问题。这个问题主要的是老户排挤新户问题。有些老户，认为移难民来了对他们没有利，反而政府天天动员帮助移难民。因此，就多方为难移难民，"眉高眼低"盛气凌人，使这些离乡背井的出门人，就发生"人离乡贱"的思想来，就不愿住下去了。如安塞三区一乡的老户朱士成强迫移民退还他的窑洞，逼得移民周士明没有窑住而要搬走，后经政府发觉说服才解决了。还有本来有荒地的老户，不给移难民开，本来有长余粮的不给移难民借，使移难民不能维持下去。或者在政府某些义务动员时，某些老户假籍“民主”的名词给移难民加负担，结果使移难民负担不起，迫其搬家。这种种现象的发生，主要的是由于历史上农民的封建宗法的排外思想，认为移难民来了于他们是不利的。因此，不打破这种落后思想是不行的。在安置移难民的村庄，我们应提倡团结互助，睦邻和里的友爱精神，向老户进行解释说服工作，向他们解说“在家不与人方便，出门哪有方便人”的固有道理，互相帮助，共同发展，说明排挤外来人的现象是不好的。同时，我们提议在安置移难民的区乡，在议定村民公约的时候，应该加进有关新老户关系的内容，或者由政府规定一种新老户的关系规程，并进行教育。

（4）是关于地权与佃权的问题，这也是移难民搬走的一个原因。据调查去年延安乌羊区搬走的251户中，有107户是因没有土地种的，他们原来种的地，有的是租来的被地主收回去了，有的是安伙种的被老户辞退了，有的种公家地而没有给他登记土地所有权证。这样一来，移难民就不能进行再生产，就不得不搬走了。这个问题的解决，首先应在安置移难民的时候，尽量往有公荒地的区域安置，以免发生佃权问题。其次，对移难民开过公家的荒地，政府应根据移难民条例，尽早地给他们登记土地，因为农民们如果私有了土地耕种，那就不容易迁移了，这是个体小农的特点。至由移难民租种者户的土地，应该执行边区土地租佃条例，保障移难民的佃权。如果能对上述几个问题加以经常注意和适当解决，移难民基本上就会巩固起来的。

上述移出、安置及巩固，是移民工作中不可分割的三个问题，三者缺一不可，如果把这三者适当地联系地加以解决，则移民工作就会得到更大的开展。同时在这三方面问题当中，贯穿有两个斗争：一个是反特务破坏的斗争，一个是与各种落后思想的斗争。把这两个斗争很好地进行下去，又是移出、安置与巩固移民工作中很重要的关键问题。这是今后应加注意的。

（《边区的移民工作》，中共中央西北局调查研究室编，1944年）

（六）延安县的移民工作

1.延安县如何解决难民参加生产问题

（1）历年来延安难民增加统计表（数目字是每年增加的，延安市不在内）：

年份	1938	1939	1940	1941	1942	共计
户数	249	533	1137	5040	1050	8009
人口	1200	1976	6090	14207	6231	29704

与1937年人口比较：

	1937年	五年增	百分比
户数	7703	8009	103.9%
人口	32705	29704	90.8%

换句话说，户数增一倍以上，人数将增一倍。

移来难民主要住在川口区、柳林区、金盆区、姚店区，这些地方荒地很多。

（2）移民来后，政府替他们解决生产困难的统计：

项目	调剂土地（亩）	粮食（担）	籽种（担）	农具（件）	耕牛（头）
1940	10220	669.90	40.18	424	979
1941	3451	495.00	8.20	2133	82
1942	6335	458.48	47.37	427	212
共计	20006	1623.38	95.75	3484	1273

（注：①1942年还给难民调剂洋芋13555斤，调剂牛工273个。②农具是铧、镢、锄三种）

（3）解决难民生产困难的办法：

第一，土地是很多的，我们提出公荒谁开归谁；私荒本人不开，让难民开，三年不出租子，以资鼓励。

第二，住窑的问题。开始是住旧窑破窑。以后再有人来，因为多是找亲戚朋友、社会关系来的，来时住在亲友窑中，住下就打窑。还有是头一年先来一人，把窑打下，第二年搬家眷来住。

第三，吃粮在农民中进行调剂。今年提出春前借一斗，秋后还一斗三升，有三分的利，鼓励老户借粮，政府保证归还。另一办法是：发动老户与难民调分子、安庄稼、揽工，条件由双方自愿订定。让老户主家剥削一些没有什么问题，因为难民初来什么也没有，虽然被剥削，但不会使他们饿肚子。

本年统计：

调份子	359户
揽工	184户
安庄稼	466户
共计	1009户

这些户的吃粮，依靠主家解决。但调份子只能解决自己吃粮，安庄稼的、揽工的，则除自己外，还可解决家人吃粮，这样的有650户，一户以3人计，共1950人，加上调分子359人，共2309人，都是依靠主家解决吃粮的。假如要政府救济的话，一人一年5斗，需粮1154.5担，是多大的数目！所以安庄稼、调份子、揽工，条件由主伙双方自由决定，可以解决很大的问题。不但吃粮问题解决，扩大生产增加了粮食，每户以一个劳动力计，共有1009个劳动力，一个劳动力打二担粮，可以增粮2018担之巨。除消费外，尚可余863.5担，到第二年，这些人就可以自己从事生产了。

第四，籽种、土地，都是发动农民给难民调剂。籽种秋后归还，土地出租子，政府保证。

第五，举办难民农具贷款，解决开荒工具，收效很大。假使各方面问题（吃粮、农具等）配合不好，会耽误开荒。所以抓紧时间，迅速解决各种问题是必要的，迟一天少开多少荒地。

第六，对难民的负担问题。坚决执行边府优待难民的决定，三年中没有负担，相反地，政府还给解决各种困难。今年县、区、乡政府干部节省粮10担，用以拨给难民。中区三乡解决难民吃粮，各种动员工作尽可能少负担。

（4）难民为什么要来延安?

①我们真正解决了难民的困难，特别是1940年解决难民的吃粮，把影响扩大了。单是川口一区，就给难民调剂了300担粮，这样难民在1941年就来得多了。

②政府的号召力固然大，但是难民自己将所得实惠告诉自己亲友及其他社会关系，来得更大。我们在来的难民中找拿有绥德分区所发难民证的很少，原因是怕在那里拿了安家钱、证明书，下来不自由，或变成公家人，宁

愿自己找关系找钱来。

（5）对今后移来难民的意见：

①发动难民利用社会关系去找人来。

②县、区政府认真替他们解决困难。

③边区政府拨一部分粮款帮助他们，秋后归还。

④坚决执行优待难民决定。

（毛泽东：《经济问题与财政问题》，
《毛泽东选集》，东北书店版，第761—765页）

2.一支生产劳动军在延安

（1）延安县在1937年的户口是7703户，人口是33705人，可是在1942年户口增加到16446户，人口增加到64292人，里面极大多数是从延安县以外移来的。全县五年增加户口8473户中就有8009户是移难民，占增加户口的91.6%。而人口五年中共增加31587人，其中就有29704人是移难民，占增加人口的94.3%。这就是说，在延安县说来，移难民是增加人口的主要原因。如何安置这样多的人口从事生产事业，的确是一件很大的事情。下面是历年移难民增加统计表，数目字是每年增加的：

年份	户数	人数	劳动力
1938	249	1200	140
1939	533	1976	395
1940	1137	6090	1218
1941	5040	14207	2841
1942	1050	6231	1246
共计	8009	29704	5840

（2）在每年移来那样大的人口，我们用了极大的努力与各种办法来解决他们住的窑洞、吃的粮食、生产用的农具、籽种、肥料。一般说来，难民的劳动力是很强的，延安县荒地很多，他们一来就安置在有荒地的地区，从事垦荒耕种。在这种情形下，几乎成了一个规律：就是移难民来时很穷，什么也没有，第一年打下经济基础，第二年进行生产，就变成富裕的了，第三年第四年变成中农、富裕中农或富农了。所以在绥德榆林一带，民间有这样的话流传："下南路发财去"，"吃干饭，生活过得

美”。事实也是如此。这里举出一些移难民在数年中经济发展的几个例子。大家知道的劳动英雄吴满有、马杏儿，就是移难民，在努力生产中发展起来的。此外还如：

杨和福，45岁，三口人，1939年1月从米脂来。来时只本人一人，一无所有，妻子留在老家。本人来后给杨红旺调份子（二八份子），秋收后，分得粮食10.5石（30斤斗），洋芋200余斤。7月将妻及儿子接来，住在马市沟李家渠。1940年因去年分有粮食，买一头牛，开始自己种地，开荒36亩，打18石粮食，由雇农变成自耕农。1941年又买耕牛一头，除种原地外，又开荒24亩，共种60亩地，收粮22.5石。3月给儿子订婚，12月完婚，但8月妻死，花费多，卖了一头牛。自己被选为村长。1942年种地，2个劳动力，使用单牛一头，收粮42石，出公粮3.5石，公盐165斤（合洋1360元），本人不当村长，担负该乡合作社主任，入合作社股金375元，现在家内已打下了经济基础，可以饱食暖衣了。

刘海秀，年23岁，榆林人，全家男7女5，共12口人，其中老2，小3，中年7，有劳动力3。1941年1月单身来延安，给人家调份子，是年分粮10.5石。11月全家搬来，12月盖房子数间。1942年本人给人家调份子，家人开荒18亩，种熟地18亩，共36亩，收粮30石，借农具贷款110元，买农具开荒。入合作社股金120元。今年准备2个劳动力种地，一个参加合作社工作。

黄文有，米脂清家寺人，全家4人，男2女2，1个劳动力。1941年12月来延安，带驴一头，1942年开荒18亩，收粮7.4石，无负担。借农贷110元，并借食粮1石，现担任农贷组组长，今年准备扩大生产。

杜长惠，年45五岁，横山潘庄人，全家8口，4男，4女，劳动力3。听说延安优待难民，1941年2月就来延安。借农贷700元，买耕牛一条（800元），借吃粮二石三斗，当年收获粮食10石，无负担。1942年又增开荒12亩，共种42亩，收粮22.5石，全家生活舒畅了。

李玉明，横山人，年30岁，全家人口11名，男5女6，劳动力2。1941年3月来此，借农贷500元，买牛一头（700元），开荒30亩，收粮22.5石。1942年又增开荒12亩，共种42亩，收粮37.5石，家庭经济发展了。

从这些例子中说明了什么问题呢?

第一，移难民的劳动热忱是很高的，是生产中一支强有力的队伍，只要好好组织生产，可以得到很好的成绩。

第二，难民来，不但在起初几年中不负担义务劳役，公粮公盐也减免，并且享受了民主的权利。自己选村长，自己管理自己，参加了社会公益事业的活动，如合作社。不分阶级、民族同等享受优待与公民权利。

第三，政府是尽量帮助解决生产中困难问题，如土地食粮，农具贷款等，以便利他们充分发展生产。初来时很贫困，二三年后光景好起来了。

（3）我们在安置难民上做了些什么工作？按移难民上最主要的困难，就是粮食和农具。这些移来的人民中，绝大多数是雇农、贫农、揽工的，所以有的来时除了一些破烂不堪的行李，一些锅碗外，什么也没有。好点的带了一二把农具，当然也有很富的，这是个别的事情。因此：

首先是要解决移难民耕种的土地。我们划定川口、柳林、金盆三个区，为本县移民区，特在川口区马市沟里划一新民乡，即今的三乡。这些地区荒地很多，又肥沃，森林野产很多，只要移难民有劳动力开荒，所开的荒地，地权归垦荒者所有，政府并给以土地所有权证。初来的难民，除垦荒外，还要种些熟地，熟地由政府代为调剂租种。开的私荒地，地权归原有者，但有永租权，政府并规定，初三年不出租，以鼓励移民垦荒种地。至于先来难民除尽自己劳动力开的荒地外，假如把某一块荒地占为已有，这是不容许的，应让另外的移民开垦。对于私荒，所有者不开，劝其让给移难民开垦。有时政府代为拨给移难民垦荒。但所有权仍归原主。土地问题就在这样的办法下解决。

其次，粮食。移来的人民中，90%以上都没有吃粮，这是一个大问题。假如不解决食粮，会沦为游民，不从事生产，给社会治安增加许多困难。我们用了许多办法，解决他们在生产中的食粮，使其安心垦荒。一个办法是全县从老户中借粮，调剂给难民吃。1940年到1942年三年中，调剂食粮达1623.38石。为了鼓励老户借粮给新户，在1942年提出春前借1斗，秋后还一斗三升，有三分的利，并且政府保障归还。第二个办法是号召老户给移难民安庄稼，调份子，雇揽工，条件由双方决定。让老户剥削一些。没有什么问题，因为难民初来什么也没有，虽然被剥削，但不会饿肚子，同时他们的劳动力用以扩大了生产，增加了粮。再一个办法是，政府拨一部分救济粮。1942年县区乡干部节食10担粮，拨给难民吃。这些办法中，主要的一个原则，就是以群众的力量来解决移难民的食粮。假如由政府来解决也可以，但政府没有这样多的粮食。政府在极端困难下，仍每年拨粮帮助难民。

第三，是耕种用的农具。边府在1940年拨了2.5万元作为移民费解决农具困难。1941、1942年，举办农具贷款数10万元，收效很大。一般说，移难民开荒要镢头（铧还不需要），只要有了镢头，移难民开荒的热忱很高，往往天黑还不休息。再一个办法就是发动老户借用。在马市川沟难民中，有这样生动的故事，一个妇女丈夫在外做工去了，她在荒山上等别人开荒累了，休息吃一袋烟时，马上借来掏地，人家休息过了，还人家镢头，又等着。

第四，调剂籽种。难民特别需要洋芋籽，早收，产量多，可以当粮食吃，垦区恰恰缺乏洋芋籽。我们在老户中进行调剂，1942年调剂洋芋籽13555斤。

第五，来时住窑问题。开始是整理破烂庄子的旧窑，住满了，在先来户中，拨给一部分。移难民有劳动力，自己打窑，窑打下，头年粮食收下，于是把家眷搬来住。

下面是1940年到1942年三年中解决移难民生产困难统计：

调剂熟地	20006亩
粮食	1623.38石
籽种	95.75石
洋芋籽	13555斤（1942年的）
调剂耕牛	1273头
调剂牛工（个）	273
农具	3484
1942年调份子	359户
安庄稼	466户
揽工	184户
共计	1009户

（4）这里举出川口区新民三乡的安置移难民的情形：

在1939年，马市川沟里的庄子，就到李家渠，往后就是荒山野兽出没之所。从边府1939年划该区为移民垦荒区后，到今天四年中，从过去11个庄子，发展到去年的48个。最近划了6个庄子给金盆区，尚有42个庄子。

下面的几个表，就是其发展的情形：

逐年人口增加统计表

年份	户口	人口
1938年前	71	240
1939年	3	7
1940年	45	190
1941年	245	1223
1942年	204	561
共计	568	2221

移难民的籍贯统计表

榆林	176	625
横山	180	693
米脂	175	513
绥德	60	147
葭县	16	49
外省	14	26
其他	47	141
	668	2194

注：外省是山西、河南、河北、湖南5省（1942年9月调查）。

逐年劳动力增加统计表

年份	劳动力
1938	80
1939	2
1940	45
1941	390.5
1942	229.5
共计	747

1942年生产的情形统计表

行政村	一	二	三	四	五	六	合计
开荒（亩）	639	2346	2037	1641	826	1386	8875
收粮（石）	199	606	711	615.4	376.7	465.3	2973.4
牛（头）	38	39	49	28	12	25	191
羊（只）	15	135	135	59		18	362
驴（头）	9	16	14	5	6	7	57
猪（头）	50	80	100		60	110	400
马（匹）	1			4			5
蜂（窝）	5				11	3	19

今天我们可以说，在该乡已经是富裕的乡了。全乡经济发展了，担负了公粮公盐，人民生活已经改善。在去年春天时，我们县府负责同志去解决他们吃粮时，他们有的吃粗糠、吃榆树叶，政府很迅速地立即拨粮食数10石。秋收后复去该乡时，家家条囤装满了粮食，政府干部去，招待吃馍吃肉，虽未完全丰衣足食，也达到了小康之家。经济发展了，人民自动组织一个消费合作社，成立在安家寺，集中股金五六万元，供给该乡人民火柴布匹等。在延安市，市场出卖粮食，大都是该乡的人民。他们出卖粮食，买布匹、买食盐……光景是一天天好起来。

政府给该乡移难民解决了些什么问题？主要是食粮。在四年中共调剂食粮达500余石，农贷款50余万元。土地很多，只要有力量开，要开多少就有多少。县区级干部经常到那里解决问题。

在这里，我们应该举行自我批评的是：1942年征收救国公粮时，农村干部没有很好执行优待难民政策，以致有来一年的、二年的都或多或少征了些公粮。县府检查出后，认为违犯政策，立派负责干部前去解决，调整减少。有200余户减征或免征，公粮减少37石余。经这样一来，移难民对政府的信任提高。在我们执行移民政策中，不可避免的有缺点，我们是随时注意纠正与克服的。

（5）数年中，我们安置移难民，遇到许多困难，我们也想法克服了。可以说，对安置移难民工作，在干部中、人民中有了认识，有了经验。今年的生产计划中，我们有把握地安置1万移难民，从事生产。我们的计划是：

金盆区、柳林区及川口区、姚店区、延河以南半个区，划为本县垦殖区，可吸收移难民10000人，估计有2000劳动力，每劳动力开荒9亩，共计开荒18000亩，可增粮食3600石。移民垦荒办法：

第一，举办难民农具贷款450000元，以解决垦荒工具，可买镢头2000把，锄头1000把。

第二，解决食粮。2000劳动力春耕3个月，一月一劳动力吃一斗五，三个月四斗五升，共需900石，其余8000人吃粮，每人抵半个劳动力，吃粮二斗二升五，共需1800石。以上共计2700石，由政府在农民中互相调剂，秋收后归还。政府另拨粮一部分接济之。

第三，优待移难民，保证三年不出公粮。

现在根据不完全的材料，移来的人民很多。据金盆区负责同志谈，今年来的比去年来的还多。当然这是我们所欢迎的，但也要我们区乡政府立即妥当迅速地来解决他们各种困难。我们现在已经进行了许多工作。

我们不怕来的人多，愈多愈好，我们只怪历史上给延安县遗留的人口太少了，给我们发展生产许多困难。假如在二三年后，延安人口达到10万人口以上，那我们的工作，将是另一番现象了。固然，新移来的人民，给政府、给当地人民一些困难，但终究是有好处的。现在我们来算一算账吧！估计每一个劳动力，每年增加细粮3石，历年增加食粮如下表：

年份	劳动力（人）	增加粮食（石）
1938年	140	320
1939年	535	1605
1940年	1753	5259
1941年	4594	13782
1942年	5840	17520
共　计	12863	38586

上表每年劳动力，是当年增加与上年增加的劳动力共起来算的。粮食增加38586石，是相当可观的。而这仅仅是最低限度的估计，一个劳动力有的可以达到年打10石粮的。假如人口增加，劳动力增加，劳动效能提高，我们不单可以自给（现在已经自给），缴纳公粮，在不久的将来，还可以有粮输

出。我们一定要这样做，而且一定能做好的。

（吴永力：《一支生产劳动军在延安——延安县的移难民》，《解放日报》1943年2月22日）

二、动员妇女参加生产劳动

（一）妇女工作方针

在日益接近胜利而又日益艰苦的各抗日根据地，战斗、生产、教育是当前的三大要务，而广大的农村妇女能够和应该特别努力参加的就是生产，广大妇女的努力生产，与壮丁上前线同样是战斗的光荣的任务。而提高妇女的政治地位、文化水平、改善生活，以达到解放的道路，亦须从经济丰裕与经济独立入手。多生产，多积蓄，妇女及其家庭的生活都过得好，这不仅对根据地的经济建设起重大的作用，而且依此物质条件，她们也就能逐渐挣脱封建的压迫了，这就是在整个群众工作中广大农村妇女的特殊利益的中心所在，也就是各抗日根据地妇女工作的新方向。

为实现上述方针……（1）各地妇委妇救要以研究组织农村妇女个体与集体的生产为首要工作，深入村庄，教育帮助与解决农村妇女参加生产战线中的困难，农村妇女生产工作的好坏，是测量妇女工作的尺度；（2）农村妇女能纺织、能养蚕、能种地、能煮饭、能喂猪、能理家……应按照各地具体情形来做计划，但她们的生产计划，一定要和她们家庭的计划结合起来，不可出现没有实际内容的缺点，要动员妇女实实在在参加到广大群众的生产中去；（3）根据妇女群众的需要进行组织，纠正过去有名无实的组织方式，以生产合作及各种生产方式（如纺织小组等）去组织她们，这些组织应该成为妇救妇联的基本组织，而不是办一些有名无实的空团体、空机关；（4）尽量减少对农村妇女不必要的动员，减少开会，爱惜她们的人力物力，使她们有更大力量从事生产；（5）妨碍妇女身体健康致影响生产的，如小脚及不注意卫生等，应当鼓励妇女改革之；（6）对于妇女文化的政治的教育，应通过生产力式去进行……（7）妇女干部要消除轻视经济、生产工作的错误观点，必须了解生产不仅是各根据地最重要的政治任务之一，而且妇女工作者要密切与巩固和农村群众的联系，只有从深入农村中去组织妇女生产、解决其生产困难、增加其经济利益着手。要做到此点，妇女工作者本身必须学得农村经济知识，了解妇女生产内容，才能真正成为农村群众生产的组织者与领导者……

（《中共中央关于各抗日根据地目前妇女工作方针的决定》，《解放日报》，1943年2月26日）

动员妇女参加生产，重心放在发展妇纺，过去边区除少数县份有些妇女会纺织外，大多数地区的妇女是不会纺织的，1943年全边区有137000妇女参加了纺织，1944年妇纺增为152000余人，织妇60000人。绥德分区妇纺更有飞跃的发展。许多地区几乎家家户户都闻纺纱织布之声。

（《边区经济情况简述》，西北局调查研究室，1948年2月19日）

（二）妇女参加生产的典型

二乡是延安县东南的一条深沟，方圆40里，大小22个村庄，居民300余户，十分之七八是米脂、横山、榆林十五六年前移来的难民，十分之二三是近数年的移民，延安老户仅一姓。

丛林盖天的梢沟里，梢一天天少了，群众生活日渐丰裕，特别1942年来，全乡200余户妇女都学会了纺花，更是家家足食丰衣，现出一番新气象，女人心目中，也正展开着新的眼界。

1.妇纺——延安八百妇纺的策源

二乡原来没有一家纺织妇女，老户尚家有一挂睡了二十多年的纺车，新移民中，虽有能纺织的妇女还缺乏纺织的条件，而布、线天天涨价，人们穿衣服主要靠卖柴、草、粮食。（附二表）

布价比较表：

年份	斜布每尺价	洋布每尺价	土布每尺寸
1937	1毛至2毛	8分至1.5毛	5分至8分
1938	2毛至4毛	1.5毛至3毛	1毛
1939	4毛至6毛	3毛至4毛	2毛
1940	6毛至3元	5毛至2元	5毛
1941	3元至10元	2元至7元	1元至2元
1942	10元至45元	7元至30元	3元至12元

穿衣简况例表：

上户：孙丕模，75岁，二十四年起，未换棉袄，常披烂皮袄，棉裤夏衣年年换，靠柴草及粮食。

中上户：余起应，47岁，1945年未换棉袄，常披烂皮袄，棉裤夏衣年年换，靠柴草及小部分粮食。

中下户：高马驹，26岁，一年四条单裤，冬改棉裤，一年一衫，一袄常烂，靠柴草换布。

下户：孙丕尚，22岁，一年三条单裤冬改棉裤，一单衫，一背心，一棉袄常烂，唯一靠卖柴。

以上诸人皆家中之主，虽常换衣服，因为种地，砍背柴草，经常破烂，妇女娃娃更差，娃娃夏天多赤身。

很早二乡妇联会已组织了纺织小组，但从未起过作用。1940年川口高峁湾成立了纺织工厂，从二乡拨了妇女去学工人，因为出于勉强，所以终未学成。1941年5月，南区合作社在南庄河成立了纺织社，以纺一斤赚一斤来号召，宣传妇女纺线，而农村谁也不纺，理由提出的是："太笨学不会""没工夫""纺几根线能赚几个钱"，实际上所怕的是："学会了要拨去住工厂吧""学会了固定要纺，忙闲都交线，怎么能行""赚几个钱老婆没有了岂不倒霉"。恰巧，那年来的难民石匠李国泰的婆姨会纺线，刘主任劝她纺了，合作社大司务李正喜的老婆也纺了。

他们纺一斤花赚一斤花，交线子又不定期，特别是刘主任回一次南庄河总看他们一次，奖励他们6块钱或8块钱，这消息传在农村，被妇女们羡慕了。合作社又用另一个办法，即专门找对农村熟悉的人背上纺车、棉花到农村去劝纺，又用了二乡妇联会一个干部周清莲去教，于是农村慢慢纺开了，

1941年底有了五十几个妇纺。

1942年工合在南区召开了纺纱妇女大会，说明大会上要奖赏，二乡就有8个妇女相约参加了大会，头奖40元，二奖25元，三奖15元，二乡就得了将近800元的奖，没有参加大会得了奖的，把钱都给送到家中了。这次奖赏在农村起了很大作用。

合作社更想了各式各样的办法：

（1）纺纱妇女可以探买布（欠账），探用钱，先穿了布或先用了钱，折成应纺花的数目，以后按数交线子，还有人探钱买农具耕牛（补助）的，只要妇女来说了纺线，都给探了去，许多丈夫劝婆姨纺线好探钱使用。

（2）领花，领车，交线子不要手续，工厂用周清莲为干部（不脱离生产住南庄河本村），凡来的妇女她认识是本乡庄户人即可无条件地领去，外乡人要在附近村中讨保，以免骗棉花工具。周清莲24岁，过去因为离婚和多说话，群众看她不起，但近二年纺花纺毛积极，生活过得好，转变了群众的印象，大多数认为她已经成了“过光景”的婆姨。

最先领花的男子多，以后一因农忙、二因男人不懂花的好坏，常受婆姨抱怨，于是大部分由婆姨来领花。合作社从来不嫌她们噜苏，任她们挑去挑来，她们五里路翻山跳沟或跑一二十里路来领花，交线，换布。南庄河每天就有三三两两成群结队来的婆姨女子。

（3）纺纱妇女买布打折扣，比市价低三分之一，一斤线换宽面土洋布4尺，合作社存放着各式各样的布迎合群众的需要，这样，几乎全数妇女都把赚的花再纺成线交在合作社换布穿，或是把布拿到远些的地方换猪、羊、粮食等。

（4）根据市价不断自动提高纺线的工资，使妇女们心悦诚服，提高积极性，去年工资表：

1月份每斤花工资45元，

2、3月份每斤50元，

4月份每斤55元，

5月份60元，

7、8月份70元，

9、10、11月份100元，

12月份130元。

（5）奖励加速速度，提高质量，合作社采用奖励办法，一月内能纺5斤线者，工资照发外，奖励毛巾一条，不少妇女为争取5斤线，鸡叫起，半夜睡，没事不出门，出门时不是拿线砣捻线，就拿着拐子拐线。

去年七月，适时地提出了提高质量的问题。上线每斤花交7两线，中线每斤交8两，下线每斤交10两，开始顾不得质量，纺成毛绳也是照样收，质量提高后，因为花也不大好的关系，二等线占多数。

（6）有亏合作社吃，有便宜妇女们占。合作社依照刘主任的原则："不怕赔钱，只要老百姓能赚钱。"如马塔，新来难民王杰力婆姨领了2斤花被火烧了，再不敢到合作社来，以后合作社知道了，叫了她来，不要赔那2斤花，再领回去花纺，王家很感谢，以后在百忙中赶纺了20斤线。

各种办法使妇纺得到了顺利开展，妇女对纺线除了嫌花不好外，再"没有一点意见"，220个妇女家庭里，增加了一批很大的财富。根据1942年结账，合作社赚了153000元，除过伙食、工资、灯炭、文具、杂支、奖励、优待、招待、草料外，尚亏空6000元，而800妇纺，纺花1万斤，除过折头，群众可赚4500斤，每斤以百元平均计可赚450000元。而二乡有220挂车，纺的较其他乡早，退一步以四分之一计，可赚11万余元，以三分之一计，可赚15万元。兹将梢园子梁、南庄河、庙河10家之统计列于下：

村名	户数	纺车	1942年纺花数
梢园子梁	39户	40挂	805斤（内有个别手捻线的及一户3挂车的）
南庄河	38户	38挂	815斤
庙河十家	10户	6挂	100斤

共计87家，不纺花者10家，纺车84四挂、纺线1720斤，赚860斤，以折60斤计约800斤，平均100元计，共赚洋80000元（此外还纺了500斤毛除外），再看个别家庭的获得：

南庄河李家，母女二人纺110斤，除前年纺的帮助买牛外，去年买镢头2把，穿十几丈土洋布，尚存布一二十丈有余，帮助吃米，得奖80元，6块毛巾，2块大毛巾，2丈长裹腿一副。

梢园子梁白三婆姨，60斤线，穿5丈大匹布，用大秤8斤棉花，尚存布，得奖手巾4块，裹腿一副。

在马塔蔡家娶媳妇时，全村的客人都穿得满新，全是纺线换工厂的布。妇女们过去想自己赚些钱，主要靠喂猪做针线，都需花费本钱，而纺纱不花本钱只出力气，无本有利，妇女们万分欢迎。

妇纺最盛的时节是3、4、5月，6、7、8、9月到农忙时，逐渐减少，十月完全没人纺，11、12月妇女们也都忙于公粮、冬藏、年饭没大事。正月是闲月，十五以后渐渐开工。

就在这成群来往的婆姨中，经常流传着吴满有、马杏儿、李国泰家的事，这就自然而然从他们切身经验中教育了他们，不住地加紧生产。合作社的人物同时被妇女们熟悉了，特别是刘主任，他奖励了谁，劝说了谁，还准备帮助虎头峁丁家一架织布机……妇女们都熟悉，他自然而然成了群众的领袖，会计尉先生是一位稍有学识的人，旧历新年，远近几个村的门对子差不多全是他写的。在二乡农村里，说妇联会，抗救会，甚至于边区下来的，都不一定很“吃得开”，而合作社的却很受欢迎。

2.家事及农作

二乡，婆姨们比纺织还重要的是家事和农作。

全家人的茶饭、针线、抚育娃娃、滚碾子、推磨，抚育瓜菜，上山送饭，收麦收秋，喂鸡、猪，农忙时喂牛，喂驴，春天还要照料羊羔，有本事有空闲的妇女，还上山掏地、点籽、拘粪、打土疙瘩、锄地、样样都做，交公粮的冬腊月，一直照碾子到粮驮在牛背上。在山里，他们绝大多数是半劳动力，在家中，他们却是一天不闲的全劳动力，下面是三个村子妇女参加劳动的一般情况表：（1942年）

村名	康家圪崂	梢园子梁	南庄河	合计
户数	18户	39户	38户	95户
妇数	22人	53人	39人	114人
茶饭针线	22人	53人	39人	114人
带小儿劳动	11人	26人	26人	63人
喂牲畜	18人	35人	31人	84人
送饭点籽收割瓜菜	16人	49人	37人	102人
拘粪打土锄地	5人	4人	4人	13人

村从这个统计中，我们可以看见百分之百妇女做饭做针线，55%的是奶儿子并料理家事，74%喂鸡、猪，照料牲畜，89%参加地里的生产、抚育瓜菜、玉米、摘豆荚、割荞麦，抢田、收秋、送饭，个别的还要砍柴担水，11%的妇女参加打土疙瘩、点籽、作粪、锄地、背庄稼，个别的还有掏地刨梢的。

劳动英雄吴满有在二乡信仰高，妇女们常提他，也常提劳动英雄四个字，几乎各村都有劳动英雄人物，特录出几个如下：

小疙瘩村：王丕福婆姨，47岁，婆姨比男人受苦好，掏、种、打土疙瘩、锄、担水、砍柴，男人二流子，家有一犋牛，种12垧地。

杨桥畔：周丕秀婆姨，40余岁，掏地、打土疙瘩、喂牲口、照野猪、砍柴砍椽、拦羊、担水，男人劳动也好，只是去年婆姨养育奶儿，有些影响，但仍打粮20余石，出公粮3石。

梢园子梁：马望人婆姨，30余岁，夫妇安人家庄稼10垧，（有一乳儿）打土疙瘩、抐粪、锄、收、砍柴、担水外，纺花10斤。

李生望婆姨，38岁，送饭、抚育瓜菜，收秋，前两年掏地、刨梢、盘毛草，能背起一大袋洋芋，背庄稼，去年纺线30斤。

康家圪塄：刘德生婆姨，30岁，夫妇种地12垧，男人常出门驮盐，掏、种、锄、收，以她为主，喂牲畜外，尚带4个娃娃，外纺5斤线。

南庄河：康富财婆姨，32岁，种地40垧，男人除出力外，不会料理，家事以她为主，雇2长工，她除育2儿（一吃奶）外，喂3头猪，20只鸡、2条狗，照料牛、驴，做碾磨、瓜菜，去年抽空纺线8斤，去年出公粮9石整，照碾子一冬月，直到公粮入仓，村里公认她有眼力有本事。

做饭、做针线、碾磨、喂猪、打狗等事，是农村妇女生活中的必要事项，也是妇女生产工作之一种。

从以上各材料看来，妇女在家庭中，是针线茶饭、儿女、瓜菜、年肉、鸡蛋，各项中的主力，农业畜牧中的助手。初来的难民家事务比较简单，少有牲口，因此，妇女们大部分时间要花费在开荒、刨梢、点子、抐粪、背庄稼中，一定时间内，她们是上山的全劳动力。过几年后，由于家庭经济上升，家事日繁，她们逐渐成为山上的半劳动力。任何一个家庭的光景好坏，妇女能否劳动、刻苦、节省、会料理，都是重要决定因素之一。

二乡除尚家老户外，全是难民、移民，大都有劳动习惯，由于奖励劳动英雄，便提高了劳动情绪。尚家是古财主，四个柳拐子，柴都买着烧，今年婆姨却纺了三十几斤线子。

由于妇女们积极劳动，二乡一般的家庭生活还丰裕，去年全乡负担公粮537石，除几个二流子家庭较穷困及去年才移来的难民生活较差外，绝大多数光景好，年茶饭直吃了一正月，一部分还可吃过2月。

3.新的气象和要求

二乡除了可以看见男女勤劳，一般的丰衣足食外，还有几个显著的现象：

（1）绝大多数家庭和睦，努力生产。“三人一条心，黄土变成金”“婆姨汉一条心，沙土变黄金”，许多人懂得这个道理，门对上很多写着“土内长白玉，地下生黄金”。只有二流子常打婆姨，二流子婆姨（女二流子）才挨打，个别男人又傻又笨，婆姨有要离婚的。庙河雷老婆，虐待难民送来的13岁的儿媳，引起了公愤，要在三八会上批评她。因为忙，婆姨们闲串少了，于是吵架也少了，村里大致是融合的。

（2）劳动好，纺纱好，料理家事好的婆姨，到处受人尊敬。大家意见多相同，这些好婆姨由她们对于生产，对于边区的看法，她们最恨二流子，认为对用力劝不回头的顽固二流子简直可以杀一些个。

（3）二流子在村里是名誉扫地的，他们的婆姨劳动好的却很受尊敬，她们常想办法劝男人，甚至悄悄找办工作的人，希望他们对自己的男人下茬抓（用厉害办法），另外自己积极生产，偷蓄粮食在邻家。

（4）女二流子同样引起人们的公愤，纠正甚至于污辱。在生产热潮和大家的劝告督促下，有些也改正了。

（5）小脚婆姨吃不开。二乡女娃已都不缠足，二十几岁的多是大脚或半大脚，中年妇女多半是萝卜脚，三寸金莲的很吃不开。如梢园子梁李水海老婆小脚三寸，大家笑说：“那小脚格宁宁，站也站不稳，还上山。”

妇女们的要求最显著的是要儿女、问媳妇。媳妇难问，买卖婚姻太倒鬼，娃娃活不成，一些人为没后代发愁，要抚育别人的娃娃。如李国泰婆姨就因生娃、病娃、死娃误了三个月的生产。马塔一婆姨一年两头生娃，已生

9个都难产不活，不但误生产，简直要送命。

因此，妇女要求知道生产抚育娃娃的办法或者帮助她找个娃抚育，出钱买，粮换都好。其次离延安三四十里能和医院、医务所、保健药社建立个关系才好。

妇女对认字还没有要求，因为算账关系，“如能自己记下算清更好”的思想开始萌芽，许多妇女对识字、有才学是羡慕的。

从二乡的材料，我们得出如下的认识：

（1）妇女们在生产上的力量，绝不限于旧日制定的“烧锅煮饭，缝衣补烂，养儿刨蛋”，她们还可以参加更多的工作。由于劳动英雄的奖励，她们对于劳动生产，已经逐渐有了新的认识和努力，了解到：“既可家庭丰裕，又可帮助抗战，帮助边区。”

（2）必须有妇女参加劳动，家庭光景才能好，必须广大地发展妇纺，工厂才可以织大量的布，边区建设才能成功，妇女工作必须引导妇女参加生产，提高生产情绪，克服生产中的阻碍，才能得到妇女拥护，男人赞成。

（3）妇联过去的工作，是有很大缺点，没有真正了解群众需要，掌握她们的情绪，做合乎她们利益的事，致不能和他们建立密切而巩固的联系，虽曾有妇女纺织组及生产组，但都是从主观从形式出发。

（4）今后边妇联的工作，主要的是研究与组织广大的妇女群众参加生产，帮助她们解决生产中的困难；其次，多为群众服务，根据具体条件教她们养娃娃，注意卫生，减少疾病，教她们算术等，总之，就是为妇女群众谋利益，只有这样，才会有成绩。

（赵烽：《延安县柳林区二乡的妇女生产》，
《解放日报》，1943年3月8日）

三、动员二流子参加生产

给社会游民分子以耕种土地，取得职业与参加教育的机会，纠正公务人员及各业人民中对游民分子加以歧视的不良习惯，对会门组织实行争取与团结教育的政策。

（《陕甘宁边区施政纲领》，1941年5月1日）

（一）改造二流子的工作概况及其成绩

改造二流子，是边区社会政策之一，是发展边区经济、改变旧社会传染给人的堕落品性、保障劳动人民淳良风俗的一个重要步骤。陕甘宁边区自从民主政权建立以来，产生二流子的社会基础就基本上消灭了，同时，改造二流子的社会条件也具备了，而且这些残存的二流子，也已经不与旧社会中的流氓相同了。

在旧社会里，一方面是上层阶级不劳而食的寄生生活，他们鄙视劳动，贪污腐化，投机取巧，欺骗谲诈；一方面是广大群众被剥夺了生存条件而流离失所，无衣无食，加之烟酒嫖赌等不良风习的传染，于是社会上便产生一种流氓阶层。这些人受了旧统治阶级寄生生活的影响脱离生产，以军阀土劣为首脑和依靠，本身生活是胡嫖乱赌，吸大烟不务正业，对人是拐骗窃盗，欺善助恶，他们大多数是黑暗社会制度下的牺牲品，反转来又成为社会上的蠹虫和祸害。以前延安的民谣说："延安府，柳根水，十有九个洋烟鬼"，正是说明了革命前流氓之多（其中一部分为恶较小者，可称之为游民）。根据延安市的调查，1937年前全市人口不到3000，而流氓地痞就将近500，占人口数的16%，延安县的材料则1937年人口为3万左右，流氓地痞数字为1692人，占人口比率的5%。如果以延安县流氓比率数来推算全边区，则140余万人口中二流子占7万左右，即从低估计，说革命前全边区有3万流氓分子，当不为过。

自从边区革命政权建立以后，旧的恶劣势力被推翻，大部分地区的农民分得了土地，其他地区的农民也得到了减租减息的利益，农工商业都有了显著的发展，这就使得广大群众获得了生产的条件。在新社会里，恶旧的势力和习俗基本上消灭了，或者大大地削弱了，禁赌禁烟禁娼提倡生产的实行，建立了淳朴的社会风习，在整个社会上消除了流氓地痞存在和活动的依托。在这样的情况下面，旧日的流氓急骤地改正和减少，新的很少再产生了，同时其表现、性质和对于社会的影响也与从前迥然不同了。人们称旧社会的为流氓，称今日的为二流子，这种称呼的不同，正表现了两者含义是有区别的。旧社会里的流氓主要是敲诈勒索、拐骗抢劫，以及帮助土劣欺压良善，而新社会里今日残存的二流子，虽然妨碍生产损害社会，但与旧日的流氓已大不相同，他们不过好吃懒做，“飘风浪荡”，顶多是串门子，挑拨是非，偷驴盗谷而已。新社会中二流子的存在，已不是社会制度的产物，而是旧日寄生意识的残余。所以今日改造二流子工作，正是整个新民主主义革命的一部分，这是人民的意识的改造。

边区自1937年革命政权巩固以后，人民的各种重负释去了，生产发展，人心振奋，旧日的3万多流氓分子极大部分是自觉的变成了好的劳动者，所以截至去年年初的统计，全边区已只有二流子9554人，有三分之二已变成了好公民，同时这9000余人之中，还有一大部分是多少也从事一些劳动的所谓半二流子。

边区改造二流子工作进行得最早的为延安和华池，他们在1939年边区党政提倡发展生产以来，即开始进行了改造二流子参加生产的工作，以后，以延安、华池两县改造二流子的初步经验，边区党政也提出了改造二流子参加生产的号召，但还没有发动为全边区改造二流子的运动，经过前年年底高干会议以后，为了把边区生产运动提到新的更加发展的阶段，改造二流子参加生产的工作，在边区也有了广泛的发展，造成了普遍的群众运动。因此在去年一年之间，年初统计的9554名二流子，到年底已经改造了5587名，即改造了58.8%。各分区去年改造二流子的数目如下：

分区	原有二流子数	改造数延属分区
延属分区	2653	1987
绥德分区	4033	1626
三边分区	1120	880
陇东分区	1122	700
关中分区	626	394
共计	9554	5587

改造二流子参加生产（不同于慈善事业和罚役）达到最后在整个社会上消除二流子，这在中国历史上是空前的，是只有在边区这样新民主主义社会

里才能做到的奇迹。

去年改造二流子的作用和成绩是很明显的：

第一，是把这5500多个不劳动的为非作歹的寄生虫，改造成了新社会上的好公民。由于他们的改造，就大大消除了赌博、吸烟、串门子、招野汉、偷窃财物、好吃懒做、挑拨是非、宣传迷信、敲诈钱财种种旧社会上残余的不良现象，同时这些二流子不务正业，生活无着落，有的加入了汉奸特务组织，有的则成为汉奸特务所常利用的对象，所以改造他们也正是锄奸自卫的一个前提和条件。这些二流子改造以后摆脱了饥寒贫困走向丰衣足食，对于边区党政表现了无限的感激。延川刘兴胜转变以后对乡长说："今年亏得乡长帮助我们，若不是，我们一家人现在还是挨饥受冻，哪里还能像今天一样吃干的穿新的？盼望乡长以后经常来督促我们的生产，我们一家人，永远也忘不了政府的好处。"鄜县转变了的二流子关有才说："新政权改造了我"，并且到处向人宣传："边区政府为人民把心操尽了，教人民过好日子，我明年要多开些荒。"像这样感激政府的话，是记述不尽的。

第二，特别重要的是这些人的转变，对于边区经济的发展起了很大的作用。安塞杨树枝，前年种了18亩地，自下种以后就不管了，除4亩锄过一次，其余的全部荒芜，才打2石多粮，吃了两三个月；去年转变以后，种了60余亩，收粮十四石八斗，分养羊分得15只，还赚了9000余元的工资。延川王大，去年转变后共种地十三垧半，共打粮食七石四斗，而前年则只打粮食一石三斗，另外去年植棉收花三百一十斤，值小米二十一石七斗，该县城市区转变的43个二流子，去年光种地就种了939亩，约可打粮124石，比前年能多收粮食84石，如果说每人每年粮食消耗一石五斗，则这43个转变的二流子所生产的粮食，就够56个人的食用。陇东分区转变的732个二流子开了2990亩荒地，平均每人开荒四亩八分。甘泉132个转变了的二流子开荒605亩，平均每人开荒四亩六分。延安金盆区22个二流子开荒275亩，平均10亩多。全边区已转变的二流子生产数字虽无总的统计，但估计如至少每人生产一石五斗细粮，则5500余改造了的二流子便可生产8300余石细粮，供给万把人食用是不成问题的。

第三，二流子的改造更加激励了群众的生产情绪和对政府拥护的热忱。

一般群众对于二流子嫖赌偷窃，搬弄是非，本极厌恶，他们在好好生产人面前又常说“你们生产了，吃的穿的反不如我”，或说“你们多生产就得多出负担，我不生产一点也不要负担”这类风凉话，所以群众认二流子为农村之害，对于政府改造二流子工作极为拥护，延川城市区的群众看到刘兴胜的转变，就说：“政府的办法真正好，要不是今年抓紧二流子生产的话，刘兴胜这些人到现在一定还是一个穷光蛋和混鬼呢！”正因为如此，所以群众都自愿地积极帮助二流子改造。连二流子都生产了——这就更提高了群众的生产情绪，许多人都说：“二流子生产得美了，咱要不好好劳动，就要被二流子赶过去了！”

这就是去年改造二流子的几项重要作用和成绩。

（《边区二流子的改造》，中共中央西北局调查研究室编，1944年）

改造二流子的方法：是把旧社会遗留下来那些游手好闲、不事生产的人，加以教育和改造，帮助他们生产的条件，替他们订生产计划，经常督促检查，使他们转到生产上来。据1943年初统计，全边区9554名二流子，到年底改造了58.8%。由此增产细粮达8000石（300斤一石，以下均同）。有许多改造后的二流子，不仅同普通农民一样勤于劳动，而且生产积极，被群众选为劳动英雄，如三边的刘生海，甘泉丁有仁，就是证明。

（《边区经济情况简述》，西北局调查研究室，1948年2月19日）

（二）改造二流子工作的基本经验

根据各地材料反映，在去年一年改造二流子工作当中，约有以下几项主要的办法和经验，是可作今后参考的。

1.深入调查每个二流子的具体情况，并且确当地分清二流子、半二流子和非二流子的界限。

在今天，二流子的名词在农村中已成为众所反恶的头衔，所以在判定谁是二流子时，一方面不能让真二流子漏过，另方面又不能冤屈好人。去年个别地区在确定谁是二流子时，也曾发生有偏向，如延市西区侯家沟李秀珍，种6垧地，不做坏事，也无不良嗜好，每年出二三斗公粮，因为原来是延安城里人，没受苦习惯，种地打不下粮，生活过不了，去年将牛卖了，侯家沟都是好受苦人，大家便“推举”他是二流子，这就未免把二流子的界限定得太宽了，而且是强凑数。再如赤水一位乡文书把一位靠出租土地并也雇人耕作的地主列为二流子，也是不适当的。这是犯了单纯以不参加生产来定二流子界限的毛病。但特别发生得多的偏向，是把那些积极从事生产，但又染有不良嗜好的，兼作巫神吹手的，或嫖赌浪荡的人列为二流子，这又犯了不问其在生产中的地位，而单纯由其行动来定二流子限界的毛病。关于二流子、半二流子与非二流子的区别，我们认为应按以下的标准，比较确当，并希望大家考虑和研究：

（1）完全无正当职业而靠不良行为（如偷人、嫁汉、招赌博、贩卖违禁品、拐骗、做巫神、当师婆、胡挖乱抓，只要能作为生活手段，汉奸特务也干……）维持生活者为二流子。

（2）有正当职业，又兼靠不良行为为生活手段者为半二流子。

（3）至于完全靠正当职业为生活手段，但染有不良嗜好或不良习气者（如本人有不良嗜好，但不靠卖违禁品为生活，要赌博但不靠招赌生活，积极生产但又大吃大喝等），不算作二流子，而应算作有不良嗜好或有二流子习气的公民。

这就是说，应以对生产的关系，即生活来源为区分二流子、半二流子与非二流子的主要标准。

以延安乌阳区六个典型人物来看：

（1）刘老汉：40多岁，吹鼓手，土医生，全不劳动，单身汉。

（2）庞俊业老婆：30多岁，种地10多垧，自己不劳动，常串门子，说是弄非，打街骂舍，庄上人都不和她好。

（3）何拐儿：29岁，不劳动，好偷卖公粮，坐过禁闭。

（4）史玉亮：40多岁，劳动很好，夏天务庄稼，冬天挖炭，下雪天也挖，因有不良嗜好不顾家。

（5）白三茂：48岁，光身汉，跟上好人学好，跟上坏人学坏，爱赌，但不经常。夏天做短工，冬天挖炭，赚一个花一个。

（6）赵怀亮：不务正业，不事生产，24岁，穿得漂漂亮亮的，好串门子，常和婆姨们嘻嘻哈哈，唱个小调，爱说是非，见山说山，见水说水。

就按这六个人说，一个人一个样儿，庞俊业老婆和何拐儿，全不劳动，又都为非做歹，当然是二流子，史玉亮和白三茂虽也有不良嗜好，做坏事，但是劳动很好，就不能说是二流子，只能说不是好公民。刘老汉有点职业，事不多，却不劳动，可以算半二流子。至于赵怀亮虽不做什么坏事，但是游手好闲，不事生产，却可归入二流子之内。可见区分二流子要依据每人实际条件，不可一概而论。

对于每个二流子都必须把他们的详细情况调查清楚，一方面可以根据每人的情况帮助他们改正，知道改造时从哪里入手，另方面也好使二流子承认自己的错误。如延安县蟠龙区有一个叫姜五成的二流子曾责问乡村干部说："你有什么理由说我是二流子，我一年还出点公粮，还逢集卖饭？"后经乡村干部仔细问他，又访问附近的亲邻，收集了他平日搬弄是非，做投机买卖，造谣生事，不好好生产等项事实，然后把话和他拉开，他不但承认自己是二流子，而且还自动要求政府帮他改正。又如延市东关女二流子向××，向日招引闲汉，当政府把她编入二流子小组进行改造时，她气极狡辩，并把她丈夫引到区上讲理，经区上干部耐心而又直率地一项项指出她的事迹以后，她才承认了。这都是说，如果没有把二流子的事迹调查清楚，不说服他们认清自己的毛病所在，那是无法帮助他们改造的。

2.党政的领导教育与群众的监督帮助结合。

去年各地党政对于改造二流子工作是抓得紧的。区乡干部都来劝导二流子好好生产，帮助他们定计划，并常常检查帮助，对那些习性较深的也曾实行了强制的办法，但去年改造二流子辉煌成绩的获得，乃特别是由于党政领导与群众监督的结合。对于党政宣传改造二流子，群众是极端赞成的，他们起来，热烈地参加了这一工作。去年曾有过这样的许多事例：鄜县张村驿一个嗜好很大的二流子，他的孙子一见他时就跪在他跟前劝他戒绝嗜好，直到他答应才站起来。延安姚店区二流子谢明旺，老婆劝他改正他不听，老婆就回了娘家，要和他离婚。赤水二流子何二的老婆，看见他做坏事，就到政府去报告。清涧城区二流子王玉凡的7岁儿子哭着不让别人把王玉凡叫二流子，也不让带二流子布条，使得王玉凡受了很大的感动。这些妻劝夫子劝父的事迹真足以使人感动。许多乡村在村民公约和生产计划上都订下了改造二流子一条。清涧许多乡村的《村民公约》上，更进一步规定对二流子实行“经济封锁”，使之无法活动，然后规劝改正。如城区一个二流子，偷卖家里的口袋，到处卖不出去，有一次一个人答应买他的口袋，他很高兴，可是买口袋的人，把口袋送还他老婆，要他回家取钱，这样的“经济封锁”就逼得这个二流子参加了生产。赤水的小学生见了年长的二流子就问：“二流子爷爷，你的生产计划完成了吗？”去年依靠群众力量来改造二流子尤为成功之处就是农村有威望人士和劳动英雄们对二流子的劝导帮助。由于他们对二流子了解得清楚，住得近，容易劝导和监督，他们就自动的，或者受了政府委托给二流子做保人，帮助二流子改正，在他们的帮助下面，无数二流子很快地转变了，如像申长林就帮助了两个二流子转变了，杨朝臣帮助了六个二流子转变。不难想象，如果没有广大群众的积极参加，只是党政干部去做，去年改造二流子工作是不会有这样大成绩的。

3.劝说感化与强制处罚结合。

在劝说感化上一方面是对于个别二流子的，这除了个别谈话规劝外，还有的使他们去受劳动英雄的感化，如像举行边区劳动英雄大会时，延安市政府曾找了五个二流子参加旁听，大会上对于这五个二流子与劳动英雄一样招待，献旗、请酒、开晚会等，他们都一样地去参加，起先这五个二流子以为政府要编他们去生产，但经过了会议，看到了劳动英雄们的荣耀，受到了劳动英雄们的教育，他们感动了，在劳动英雄们面前，他们宣布了自己的生产计划，在大会上，他们自动宣布：“如果再不改正，就不算是个活人了。”另方面是以反对二流子为内容的社会教育的实施。在去年春耕动员当中，各处干部都宣传了改造二流子的意义。奖励劳动英雄大会上，带红花的劳动英雄昂坐主席台上，挂白条的著名二流子则低头立在劳动英雄身旁，这种显著的对照是最有力的社会教育。在各地的民间小调、童谣和秧歌剧中，都装进了激动二流子转变的内容。定边县又曾发动二流子反省运动。提出“二流子有什么坏处”和“为什么要当二流子”等问题，要二流子进行反省。赤水曾发动二流子竞赛。延安市曾为二流子制定纪律和公约：①不染不良嗜好；②不串门子；③不招闲人；④不挑拨是非；⑤要有正当职业；⑥如有违反，罚工。该市各个乡村都将二流子名单和这个公约在村民大会上宣布了，并将二流子编成小组，以便管理领导和他们互相监督，并指定乡村干部或党员当小组长，也有的由二流子自选组长，负责检查转变情形，转变好的给以奖励，不转变的，小组批评，这就使得二流子无法再逍遥浪荡。在边区劳动英雄大会期间，延安市又召集了63个没有转变的二流子，开了五天大会，党政干部苦口婆心地劝导他们，又请了由二流子转变过来的著名劳动英雄刘生海去讲话，五个参加了劳动英雄代表大会的二流子也做了报告，如王万春就曾说："人家是耕二余一丰衣足食，人人尊敬的劳动英雄，咱们是一天吃不上一顿人人讨厌的二流子。我们是有志气的人，我们要用劳动赎回我们的名誉，不能做到耕二余一也要做到耕三余一。现在我们头上有太阳啦，毛主席替我们想办法，过好日子，这是穷人的福气，共产党把我们扶起来，就不要自己再倒下去。"这样的话正是代表二流子受到感动从内心中吐出的真情实话，在这样的五天大会当中，到会的二流子都制订了自己转变的计划，从前那些应付政府不想改变的二流子，在会上也坦白地讲出了自己的心意，说此后要真正改悔。改造最好的典型是西区的赵银娃。赵银娃原是西区老户赵阁老的后代，今年40岁，有婆姨和三个小孩，劳动力很强，因为失去了土地，没兴趣劳动，就偷糜子盗谷子，搞到钱就吃几天，没钱时孩子饿得哭，他也东转西转不管，是到会人公认最难改变的一个。全区老百姓也说："政府改造二流子，如果能把赵银娃改变过来，那就真有本事。"但他自开会回去就实行他的计划，在会上原说是在腊月砍2000斤柴的，因为他起早贪黑的干，16天工夫，就砍了2000来斤，而且还在继续砍，准备超过计划。他家都说无法改变的二流子也居然有了改变。此外环县、定边、清涧、新宁、延安等许多县份对转变的二流子实行了奖励，在他们之中产生了不少刘生海式的劳动英雄，光新宁县就奖励了25个转变的二流子。

像以上这些劝导感化的办法，对于激励二流子转变，都起了很大的作用。

但是有些老二流子，习性太深，很难改造，所以劝导之外，也须适当地实行强制和处罚。

绥德设有戒烟所，教育二流子戒烟和生产，定边专为二流子设立了毛织工厂，甘泉、葭县将不生产的二流子集中到县或区政府去生产，编成二流子生产队，由县或区上干部亲任组长。延安姚店区五乡二流子罗兴银经过三次劝说仍不改正，后来在甘谷驿集市上挂了二流子牌就转变了。许多县区将二流子编成变、扎工队，如淳耀崔家塬9个二流子组成了一个送粪班子，因为创造了接力送粪办法，他们以8个工就将需要23个工送的20车粪送完了，效率提高了三倍。又如延安县乌阳区集中了18个二流子编成扎工队，由刘区长亲任功德主，由好劳动的老村长高福有任队长，在劳动中，二流子们转变了，不仅每人往年荒芜的地去年都锄了两三遍，而且由于劳动认真，各村群众还争出较高的工资，抢着拉他们去锄草。在两个半月多的劳动之后，就有14个二流子表现了真心转变。在更多的县区里则举行劳动英雄大会时给那些著名的二流子带白布条、挂木牌。靖边则派二流子修坝，清涧罚二流子扫街，并把他们编成二流子队，哪个转变了，就可以退去，延安叫女二流子洗衣服，新正则预先确定二流子负担公粮数目逼其生产。所有这些强制和处罚的办法，只不过施行于少数最顽劣者，并促使别的二流子警惕，其目的仍在教育，并与教育感化兼并施行。不过也有少数地方单纯使用处罚办法而未先进行多方的劝导，或者处罚过多，或者采取了过火的戴高帽子游街，硬给家门上挂二流子牌等形式，对不生产而未违法的也个别有加以拘禁的，这都是偏向。今后应加注意。

4.为二流子解决生产上的困难。

许多二流子虽已表示愿意转变，但因为一向生活浪荡，大多早已失掉了土地，或者缺乏工具、牛力、籽种等生产条件，家中又无粮食，找职业则没有门路，若不帮他们解决这些困难，转变还是不容易的。如清涧石咀驿区三乡赵家沟的两个二流子，穷得什么也没有，为了改造他们，村长帮助他们找掌柜去揽工，并发动群众调剂10垧土地给他们种。环县东区一乡二流子赵彦岐，政府给他调剂了土地、农具、籽种，有牛的人家又和他变工，他的生产热忱便提高了，种了50多亩地。延安市南区政府在有转变的50个二流子中代13个人找到了泥工，给13个人借资本摆摊做小买卖，给一个人调剂了土地，女二流子17人则发给纺车使其纺纱。至于政府发动群众及群众自动给予二流子的物质帮助，更是无法胜数。申长林帮助两个二流子6斗米，杨朝臣给张月华、张炳仁帮了一整春天的牛工，这是很大的帮助。

深入调查每个二流子的情况，确当地分清二流子、半二流子和非二流子的界限；党政的领导教育与群众监督帮助的结合；感化教育与强制处罚并施，以及对于决心转变的二流子给以物质上的帮助，这就是去年改造二流子工作中的几项主要经验与办法。但不是说我们在工作中没有缺点，譬如说有些地区或者把二流子的范围定得太宽了，或者只有干部的监督而缺乏群众的发动，或者强制处罚多而少耐心的劝说教育，或者只帮助二流子定了生产计划而缺乏经常的检查和帮助，还有是各县区乡间对于二流子逃藏还缺乏互相监督通报的制度……所有这些都是缺点，是今后所应更加改进的。

（《边区二流子的改造》，中共中央西北局调查研究室，1944年）

（三）改进工作的方向

改造二流子仍是边区的一项重要工作，今年这一工作，可分为改造尚存的二流子与巩固已开始转变的二流子两方面。

边区尚存的二流子仍在4000之谱，这些人是比较去年已开始转变的二流子恶习更深的人，改造他们，必须把我们的工作更加提高一步。第一，就不光是确定谁是二流子（确定时要慎重又不让一个二流子漏掉），而且要深入了解他们每个人的情况，弄清他们毛病的所在与从何处着手改造。第二，就不仅是一般地号召二流子转变与一般地劝说他们转变，而要更耐心地用开大会个别谈话种种方法劝导与感化，使其从思想上认识到务正的好处，自觉自动地转变。第三，就不仅在开始时规劝他们，与帮助他们制订生产计划，而且要帮助他们解决生产中的困难，时时检查督促批评鼓励。第四，发动二流子参加一定的劳动互助组织是必要的。在劳动互助组织中，劳动情绪高，又有相当的纪律限制，能够促进二流子的改造，防止他们偷懒，对于那些特别难于改造者也可强制其组织扎工队或参加工厂。第五，特别重要的是要更广泛地发动群众的力量，一方面利用各种宣传形式在农村中进行改造二流子的社会教育，另方面要特别发动地方上有威望的人士，劳动英雄和已转变的二流子，配合党政互相协助地进行这一工作，务使每一二流子都有专人经常教育督促。最后，某些处罚的办法，如挂二流子条、罚苦役等等，适当地对特别顽固者使用之是可以的，但给家门上挂二流子牌、游街、拘押等过甚的方式以少采用或不采用为宜。

边府计划今年要改造尚存二流子的90%，各级党政应努力使之完成。

去年已经改造了的二流子，或者由于恶劣习性并未从心里消除，或者由于遇到一些新的困难和不幸又灰心失望，今年他们又回复二流子生活不是没有可能的。所以巩固已改造的二流子是很重要的工作。今年，对于这些已改造的二流子应进行普遍地检查，了解他们去年的情况，帮助他们制订今年的生产计划，鼓励他们参加劳动互助组织，特别是对于他们继续发展生产中的一些困难如土地、食粮、工具、牛犋等等要帮助他们解决，对于去年改造得好的，在群众面前给以奖励，号召较差者向他们看齐……对于这些人的帮助应不止在春季生产动员时候，也应是一年的经常工作，直至他们建立起必要的家务和养成持久的劳动热忱为止。今年各地的工作应保证已开始转变的二流子没有一个再回到旧日的堕落生活。

此外，防止新的二流子产生也是重要的。现在边区产生二流子的社会基础基本上消灭了，在发展生产大运动中，边区面貌，但是旧社会堕落意识的残余并不是一朝一夕所能消除的，因而产生个别新二流子不是不可能的，随时发现随时纠正，这也是各级党政所要作的一项重要工作。

（《边区二流子的改造》，中共西北中央局调查研究室编，1944年）

（四）延安县动员二流子参加生产的经验

1.统计表：

项目＼年份	1937	1938	1939	1940	1941	1942
原有“二流子”数	1929	1246	543	359	184	145
参加生产人数	299	578	120	175	126	40
未参加生产人数	1330	668	423	184	58	105

说明：

（1）盘龙区某巫神，将三山刀打成镢头，向群众说：再不骗人，从此努力下苦。

（2）川口区三乡李家渠惠三、高武二人，今春每人分配开荒6亩，完成而且超过2亩。四乡田家圪塄杨应成，分配开荒6亩，完成9亩。

（3）柳林区今年纠正7人，参加生产。乌羊区查出12人，斗争后，有9人参加生产。丰富区8人，姚店区甘谷驿8人组成两个组，到张家沟开荒。

（4）丰富区三乡南义沟白粉玉，1936年前是神官，1941年有一头牛，雇一人，有羊200只，当村长，出公粮10.2担，公盐200斤，公草500斤，今年增加一头牛，一个调分子，扩大生产，现在光景好了。

（5）盘龙区“二流子”，因政府动员他们参加生产，他们说：今年事情不对，公家将咱这批人抓得太紧了。如四乡李家砭李德金，过去吃洋烟，今年开荒6亩，烟也丢掉。全区有27个“二流子”，写保条好好生产，结果有20个很好。

（6）牡丹区刘家坪某（忘记名字），政府动员他参加生产后，光景过好了，以后遇见工作人员去，他就好好招待，说：“政府叫咱好好生产是对的。”该区曹玉成，过去是个“二流子”，不种地，也不砍柴，不管冬夏，披着个捉襟见肘的烂棉袄，蜷缩在冷炕上，每天吃上二钱洋烟，婆姨娃在饥寒交迫中啼哭着。革命后，在政府的教育下，现在他是四乡的生产主任，人人称赞他工作有办法，劳动英雄。并且他对“二流子”抓得很紧，逼着他们做生产计划，五天上山检查一次。刘拐，阎凤和在他督促下，今年每人种了8垧多地。

（注：1942年“二流子”增加的原因，是1941年金盆湾从固临县划归本县管理，该区统计有43个“二流子”，以及其他的一些原因）

2.我们动员的办法：

（1）是宣传教育说服，叫他们好好生产，粮食打下，光景好。

（2）由政府给以一定的生产任务，如开荒（上面的例子），按时检查，并在农村中指定专人监督他们生产。

（3）发动群众向他们做斗争，迫得他们参加生产。今年盘龙三乡金盆河与云山寺两庄，发动生产竞赛。在这个情形下，金盆河庄的“二流子”常德功，被全庄人斗争的上山开荒，开了3亩荒地，正准备种地15亩。

（4）组织在集体劳动中。将“二流子”集中区上，组成开荒组，烟戒掉了回去。开的荒、种的地，谁的归谁。

（5）政府给“二流子”解决了生产方面的一些困难。

3.结果：

群众是非常欢迎政府叫“二流子”生产。因为“二流子”成天不劳动，不出公粮，每逢有动员工作还说怪话，群众死反对。在“二流子”本身来说，在生产有实际成效后，他们知道政府是为了他们好的，上面的例子说明了这一点。个别顽固不改的，也有政府动员时跑走了，又回来，仍然参加一些轻便的生产。本县没有“二流子”变成土匪的。

（毛泽东：《经济问题与财政问题》，
《毛泽东选集》，东北书店版，第765—767页）

第四节 提高农业技术

一、毛泽东同志论提高农业技术

我们的第七项农业政策就是提高农业技术。这里说的提高技术，是说从边区现有的农业技术与农民生产知识出发，依可能办到的事项从事研究，以便帮助农民对于粮棉各项主要生产事业有所改良，达到增产目的。某些改良是完全可能的，我们已有了相当的经验，对这方面缺乏信心，缺乏热情是不对的。但夸大改良可能性，以为边区可以实行现代化的大规模农业技术，则是没有根据的。

在这方面有些什么东西是我们应该做的呢？我们认为下列各项是应该做的：（一）兴修有效的水利。举靖边为例。靖边只长城区杨桥畔一地即有2500亩地可以修成水地，他们已修5000亩，1943年还要再修。据靖边同志说：旱地一亩只能收1斗细粮，但水地一亩年种庄稼三次：先种春麦，收8斗，合细粮4斗；次种黑豆，收4斗，合细粮2斗；次种萝卜，收2000斤，每斤价3毛，值600元，按每斗细粮价150元计，合细粮4斗，三项共合细粮一担，正当旱地收获的10倍。故靖边农民常自豪地说：“先种麦子插黑豆，黑豆林里带萝卜。”修水地的重要问题是地权分配问题，动员民力问题，组织领导问题与壕坝工程问题，四者有一不当，即不能成功。1942年靖边同志领导农民在把兔湾、杨桥畔等地方打了6个坝，依坝作壕，引水灌地。他们事先替地主与农民按三七分地、四六分地或对半分地解决了地权问题，发动了群众的积极性。据靖边同志说："只要解决地权问题，农民是容易号召的。如我们修十处水地，除原有农民200余户外，新号召来的有百余户，其中有从友区来的30多户。"又说："修水地，政府贷款固然重要，但主要的要靠组织民力，吸收游资。靖边1942年兴修5000亩水地，共用工28560个，平均每亩地用工5.7个。共用款858000元，其中公家贷款210000元，吸收游资648000元。当然这个游资绝大部分是老百姓以工贷款的。"关于组织领导，靖边同志说："我们对兴修水地的领导，采取下列两种办法：一种是就地物色好的农民三人至五人组织水利委员会，负责调剂劳动力与调剂劳动工具等。但其中常因地权问题、水利使用问题等难解决，障碍水利工程之进行，故尚须有第二种办法，即政府派干部协助领导，解决群众中的争执问题。县府除水利局外，另外派了三个干部分管十处工程的领导。"靖边同志们还决定于1943年继续在杨桥畔修4000亩水地。但因该地原来只有居民60户，1942年移来40余户，共计百余户，劳动力还成大问题。故决定于1943年招来移民100户，如已开始打窑洞，准备住的地方。"对于处理这100户移民是一个大工作，因为他们多是从横山来的，多是难民，故还需相当的代价，才可完成。若移民到达，加上当地人力，1943年再修4000亩是不成问题的。"此外，靖边同志还修了一种水漫地。所谓水漫地，"就是处在三面高山一面天沟之间的大块平地，有的二三千亩，有的二三百亩。此种土地，土质很好，但上面堆着沙砾，妨碍禾苗，并使土质变坏。"修这种水漫地的办法，"就是沿天沟一面畔上打起很坚固的坝，栽上沙柳与宁条子（冬天可供羊吃），使常年从山上流下来的山水，不叫从天沟流去，全漫在地上，泥质既厚，肥料又多，又富水分，极宜庄稼，并使地面年年扩大，把山沟都漫成平滩，生产面积也扩大了。"这种水漫地比旱地收成多到一倍以上，"如旱地一垧（边区延安一带每垧三亩，靖边一带每垧五亩）打粗粮1担，水漫地就可以打2担或3担"。这种水漫地的修筑，是靖边同志在1942年春耕动员时才发现的，故还只在两处地方试修，修了1000亩。他们准备于1943年在好几处地方同时修筑，共计面积13000余亩。据说"全县共可修筑水漫地5万至6万亩"。我们详举靖边这一实例，证明兴修水利并不是没有希望，在有些地方是有修水利的条件的，特别是靖边同志这种认真努力实事求是的精神，值得各县效法。各县水利情况虽不会与靖边相同，但依靠党和政府的领导与人民的努力，在真正有利的条件下，也可开发若干水利事业。政府于1943年应拨出200万元，在靖边之杨桥畔，鄜县之葫芦河等处进行水利贷款。（二）推广优良品种。有了优良品种，即不增加劳动力、肥料，也可获得较多的收成。例如光华农场已经试验成功了的狼尾谷，产量高，不怕虫蚀、鸟啄，随地可种，他们的洋芋产量也较普通为高，应向农民提倡种植。先在每县各择一二个区令一部分农民试种，如觉土壤、气候适宜，即可普遍推广，以期增产。（三）鼓励从事秋开荒、秋翻地。因为秋开荒、秋翻地，可以减少虫害，可以促使土壤风化，又可保持水分，增加来年的收成。（四）在劳动互助社组织推广之后，鼓励农民多锄一二次草。锄草的作用不但在于去草助苗，而且在于蓄水耐旱。如多锄一二次，即使施肥不多，亦可增加收获量。（五）由建厅及五个专署筹划，在1943年夏冬两季，五区分别举行五个展览会。根据边区两次农展经验，改善农展布置，介绍与奖励农民模范成绩，推广吴满有式的勤劳与得法的农业生产运动。1943年各区农展，要有军队及机关学校农业生产成绩的参加，借以鼓励军队及机关学校的农业生产，并达军民联合之目的。（六）《解放日报》、《边区群众报》，1943年应大大提倡吴满有式的生产运动，使在五个区域内产生很多的吴满有。（七）边区的小学及中学应设农业常识课，并应编制包含边区实际农业常识的冬学课本，以达改良农业增加农产的目的。（八）建厅应召集专家，着手研究从梢山流出的柳根水，加以科学的处理，以免人民吃了成“拐子”。这个问题如能解决，则靠近梢山的许多沃野可以诱人耕种，变成大量的良田。

（毛泽东：《经济问题与财政问题》，
《毛泽东选集》，东北书店版，第774—777页）

二、发展边区的水利事业

（一）边区的水利情况

以我们今天落后的农村经济，一般的农业生产，当然不能够脱离自然条件的限制。但是有些地方因为地形、土质、气候的适宜，技术和工具的比较进步，虽然他们也有"靠天吃饭"的危险，但因为他们有这些较优的条件，尚有较多幸运的机会。我们的边区，既处于西北大陆气候和山岳地带，又是地广人稀，所有农业生产大部沿用着相当原始的简陋技术和工具，所以这里每年收获的丰歉，几乎完全决定于雨量的多少，这说明了这个地方"靠天吃饭"是格外危险的。

边区农业生产最困难的条件，就是雨量稀少，寒期较长，冬季的气候要比江、淮、沿海流域延长一月至两月之久。并且除了旧历六、七月间所谓三伏天的气候，雨量较多外，其余各季，尤其是春季，是经常苦旱的。因此，所有农作物，既因春寒，播种较迟，又因苦旱，不易出苗，即幸而得苗，在雨季之前也不能盘根错节，发展大科，直到三伏天的雨季，才得欣欣向荣，发枝长节，然而三十日的暑期转瞬过去了。寒期长，雨量少，可以说是危害边区农作物最主要的两个自然条件。例如棉花种植，棉花必须在三伏天的暑热气候中结成棉朵，秋来才能收得好花（当然五谷大都靠暑伏气候结实），但在边区内因为上述两种自然条件限制，春末才能下种，即使侥幸得苗，在雨季之前，亦不得长成大棵，直至雨季中，棵长成了，但又误了棉朵的最好时光，正在结果未成的当儿，寒季到来，就只能收获到一点不成熟的坏棉花。其他农作物，类此者颇多。总之，都受了雨季前不得培苗长棵的阻碍。

……

我们只有一种办法……这种办法，一句话，就是用群众的力量，建设水利。道理很浅显，因为农作物在雨季之前，如能得到水利的灌溉，虽然播种稍迟，仍可以在雨季之前培苗长棵，雨季降临的时候，就不会失去暑热时期开花结实的必须气候，自然也就没有"花鲜叶嫩恨霜早"的慨叹。这样，则小麦、高粱、大豆、棉花、薯芋之类的种植，自然就都适宜于我们的边区了。

（郭子化：《延安生产运动中的水利问题》，

《解放日报》，1943年3月19日）

修水地，由于财力人力的缺乏以及边区人民对修水地的信心还差，没有完成今年（1939年，编者）1万亩的计划。今年完成5493.2亩，为原计划46.5%，如下表：

各县修水地统计表（亩）　（1939.7）

县别	延市	延安	安塞	甘泉	志丹	安定	延长	延川	固临	靖边
计划数		1500	1000	530	800		900	1000		600
完成数		428.5	289.0	240.0	719.5	30.0	180.0	1908.0	410	181.5
百分比（%）		28.6	28.9	45.3	90		20	190.8		30.2

续表

县别	定边	盐池	华池	曲子	环县	赤水	淳耀	新正	新宁	神府	总计
计划数			1500		500	1000		1000		1500	11830
完成数		72	170.6		378.1				25	450	5493.2
百分比（%）			11.4		75.6					30	46.5

上表仅系1939年上半年的统计，在8月到12月由建设厅直接在延安桃庄兴修桃庄现代化的渠，灌溉面积达1500亩，设计入上面则共修达7000亩，完成计划58%。

（《1939年农业生产总结报告》，陕甘宁边区建设厅农牧科）

陕甘宁边区四年来水地面积比较

年份	水地面积（亩）
二十九年（1940）	23558
三十年（1941）	25615
三十一年（1942）	27572
三十二年（1943）	41109

说明：1.本表系根据建设厅历年统计。

2.三十二年数字系根据本年新修水地加上三十一年数字，统计可能不全。

（《边区农业统计表（1940—1943）》，1944年）

边区地处西北，雨少风多，常遭荒旱，所谓“三年一小旱，十年一大旱”。农业经济大半要靠天吃饭，水利事业，素极贫乏，可是，边区境内的小河、小溪，尚属很多，每一河、溪的两岸，都拥有相当面积的平地，可以修筑渠、堤，引水灌溉，变成比山地多收一倍至五倍粮食的水田。自然在现时条件下，我们还不能一下搞出许多大规模的水利工程，然而在改良农作、提高产量，大家动手、丰衣足食的生产运动中，边区各地，已出现了很多小型的水利事业。

边区现有的水利事业，就其性质来讲，可分为引水灌溉及水土保持两类。在引水灌溉类中，又可分为流水灌溉与井水灌溉（绥德分区沿黄河岸一带的揭杆水也属于此类）两种：在水土保持类中，现时各地采用的又可分为水漫地与修埝地（绥德分区特别是吴堡县的打坝堰，亦包括在内）两种。此外绥德分区的打水窖，亦为水土保持的一种方式，它只能起辅助的作用，因之暂不列成类型，但也应该加以提倡。

（《边区的水利事业》，中共中央西北局调查研究室编，1944年2月15日）

（二）边区的水利类型

1.水漫地

水漫地是三边分区特有的一种从改造自然的方法上，来达到改良农作和增加粮食产量的农作改良事业。它是利用天雨，收容山洪冲下来的泥土淤漫、沉淀而成，所以在性质上讲来，又属于水土保持类型范围内的一种。这种水漫地由于收容水漫的方法不同，又可分为如下四种：

（1）在三面高山，一面天沟中间，夹有铺着沙土或红胶泥土或碱土，不宜庄稼生长的大块平地。在这块平地上，加以一定的人为力量，使常年从山上流下来的山水，不让它从天沟流出，全漫在平地上，使泥质淤厚，水分加多，变成极宜庄稼的肥沃平地，就成为水漫地。这种地形，三边叫作“涧地”。绥德分区、延属分区叫作“掀地”，因之三边在涧地地形上修成的水漫地，都属于这一种，但因情况的不同，又可分为四种修筑方法：

其一：在涧沟平地靠山的山根下，根据山洪水力的大小，决定打起一定高、厚的坝墙，使水从坝墙外边流出去，坝墙与平地间，通以一定的水闸口；或是在山根下挖以一定宽、深（也决定于山水的大小）的壕沟，引山洪顺沟流去（用水口沟通平地），以防在不用水时（如庄稼小时）的冲毁。在平地上，分段打起畦棱，在沟口打以坝墙，用水时从水口引水入平地，分段淤漫。

……

其二：在涧沟的大水渠上，分段打以坝墙，坝墙与山脚间，隔以一定距离，在沟口打以通达山脚的坝墙，这样使山水淤漫上段后，再从分段坝墙的两端空间处流入下段淤漫，目的在减弱山水的冲打力量，使坝墙容易稳住而淤漫成功。这种方法，适用于平地中间只有一条大水渠的地方……

其三：涧沟平地上分段打以坝墙，坝墙的一端不靠山脚，使山水绕过坝墙，经空隙流入下段淤漫，沟口打一两边通达山脚的总坝墙，以减弱山水的冲击力量，而易成功……

其四：涧沟水渠乱插的地形，只能在沟口打一个总坝墙，阻水不能外流，而淤漫沟中，但这样的坝墙，必须要非常结实，不然常常会被水冲坍的。

（2）由山口流出去的洪水，消逝在大块的沙滩或碱滩上，冲毁沙滩或碱滩，甚至酿成巨害者，但一经施以人力，引水淤漫后，即成为极宜庄稼的平地，如定边城南业已修筑的滩池水漫地，便属于这一种。

（3）在靖边杨桥畔的部分地方，把镇靖河的混泥水，引入沙滩或碱滩，使泥水沉淀后，把沙滩或碱滩，变成极宜庄稼的地方。所谓"水漫碱，括金板"，它既做淤漫，又兼灌溉，二者合一兼施，这是水漫地的第三种形式。

（4）在靖边还有从15到20度的斜坡上，择定适当的地点，掏上一个土棱子，将山水坝住，年久之后，即成为肥沃的台地，既不费工，又可漫水。这种形式目前盛行于镇靖区六乡（已修成一千多亩）及新城区的上庙界一带，那里的人，叫它做"筐子地"，这是水漫地的第四种形式。

能够修筑水漫地的地方，要以定边为最多。据这次参加边区劳动英雄大会的定边劳动英雄贺保元、李让等同志谈：定边南乡东起砖井堡、梁家圈，西至红柳沟村，长百里左右，南至南山坡坬地起，到定边浅南沙窝子边止：

最宽处有60里，最狭处有25里、平均以30里宽计算，则有3000平方里，162万亩地的面积，可以修筑水漫地。其中有一部分为沙砾堆积的不毛之区，一部分为半沙半红胶泥土区，一部分则为硬性的红胶泥土，总之都不宜于庄稼。可是它可以收容六个沟口的山水来漫地，如东南山油房涧口来的山水，从砖井西部梁家圈、彭家滩、田家圈等四五个大村庄的地上漫起，再达到城下东园子一带；正南山乾沟口山水，可以从暗门庄、丁家寨子、蔡家圈、王来滩、辛家圈、张家大坑等处漫起；西南山卜家撑山水，可从板窑村、大沟门村、石家圈、义儿庄子、蔡家圈等处漫起，水大时，可以漫到赵儿庄子；西南山井沟山水，从马家圈、耿家圈、白儿庄子、白家寨子等处漫起；唐家窑子山水，从红柳沟、李家圈、郑家沟萧沟等处漫起；安家沟的山水，从红沟向大巨滩、小巨滩、项家圈、黄儿庄子等处漫起。如此六处交流，即漫成功。其中以乾沟口、油房涧的水量为最大，卜家撑、井沟的次之，唐家窑、安家沟的再次之。

其次，靖边的杨桥畔一带，估计可以修筑几万亩水漫地，其他各区乡数百亩数十亩的零星小块合起来，还可修筑1万亩以上。此外定边的磨坊掌附近有一块平地，可修数千亩；而吴旗县的某些地方，据说也可以修筑一些，但吴旗县迄今尚未做过尝试。

根据上述估计，三边分区可修水漫地的面积，当在170万亩之谱，假定果能悉数修成的话，每亩平均以收细粮四斗五升计，共可收细粮765000石（18桶斗，下同），每人每年平均消费细粮以一石五斗计，则可供51万人口一年的消费，即是说一年的收获，可供三边现有137000人吃三年零八个月。同时水漫地的粮食，质量又特别饱满；譬如平常地收的一斗糜子，可碾6升米，水漫地的一斗则可碾六升半。做成饭又色黄味香；再如麻子吧，平常的一斗可榨油6斤，水漫地的一斗可榨油六斤半。水漫地还有许多好处，如耐旱、耐雨、耐风、省粪（因山上的牲畜粪被水冲入，因之漫土一尺厚，可种五年好庄稼，漫土三四寸厚，可种三年好庄稼）等。因此，这种修水漫地的工作，应当在三边分区大大地提倡。

过去由于很多原因没有兴修水漫地，前年高干会后，三边党政在领导上开始注意了这件事。据建设厅现有的材料，截至去年年底，在靖边的镇靖区、镇罗区及杨桥畔一带，已修成水漫地2万亩，每亩平均收细粮3斗，共可收细粮6000石，假定说这两万亩完全是由原来的山地改修而成，而该山地原来每亩可收细粮一斗五升，则原来每年只收细粮3000石，现在由于修成水漫地后，年可增产细粮3000石。其次，定边城南地带，去春业已组织了修坝委员会，在乾沟口一带，兴工修坝，坝长1700多步，分上下两段，分两期完成，上段长1200步，因临近沟口，决定修双墙，墙高五尺，墙根宽五尺到二丈五尺，水渠中挖壕400步，宽一丈五尺，深4尺，约共需工3000个，4月初动工，至5月底完成，下段长约二里，决定秋后动工，年底完成，现在共已完成4万多亩，其中有3万亩去年业已种植，估计每亩年收细粮三斗五升，则可收细粮10500石。这3万亩水漫地，是由原来每亩可收二斗细粮的痔地漫成，原则来仅可收细粮6000石，现在把原来的3万亩痔地变成水漫地后，去年已即可增产细粮4500石，如果把165000亩的地形悉数漫好后，更可扩大耕地面积3万多亩。即以上述两项计，去年水漫地上就共可增产细粮7500石，可供五千人一年的吃用（每人的一石五斗计）。换句话说：等于每一个三边人民，去年平均多收得五升五合细粮。

一般来说：靖边和定边党政，在领导上业已注意了修筑水漫地的工作，并且获得成绩，这是完全正确的。但据现有的材料看来，还没有发动所有群众，在各个能修筑的大小地方，到处自动地修筑起来，在群众中造成一种修水漫地运动，30亩也好，50亩也好，甚至三亩五亩也好，都是必要的，如此集零成整，便会得到更大的收获。我们希望三边党政今年更应该注意及此。

其实根据上述四种修筑水漫地的地形来看，特别是第二种（涧地）及第四种（筐子地）地形，边区各地还可以找到很多，特别是筐子地的地形，随处皆是，筐子地与埝地、坝堰地，实际上是一件东西的多样名称，因之深望各地区的负责领导同志应该加以详细的调查，广泛地提倡，把修水漫地、修埝地、打坝堰的工作，造成一种广泛的群众运动。

2.修埝地

“修埝地”是关中分区首先倡导的一种改良土质、增产粮食的水土保持事业，它是凭借着人为的力量，改造与改变自然地形，使已耕地中的泥土与肥料不被山洪冲跑，把山洪泥土用人力打成的坝稜阻止，而容积与沉淀在原来耕地的较低处。这样就可把这个地方变成很肥沃的一块小型平地，这就叫作埝地。因之埝地有两种形式：一种是平地，就是在原来较平的地方兴修起来的；另一种是梯田，是在坡度较高的地方兴修起来的。同时所谓埝地，不是一下子全部水都可以淤漫到，而是逐渐扩大的。譬如："赤水县的义仓英雄张清益，有16亩地，南面低，北面高，要把南面修高，中腰再堵一个土牛（即土稜子），使水先能漫到14亩，逐渐走入全部漫到。"这是赤水的同志给修埝地所举的例证解释。

修埝地，目前特别盛行于赤水县，其原因是：

（1）赤水县人口稠密，全县共27000多人，只有耕地面积22万亩，每人平均8.15亩（强），普通每亩地的收获为一斗五升，每人年约可收粗粮一石二斗二升二合五勺，折成细粮则甚感生活上的困迫，因之人们都有改良农作、提高产量的要求，于是修埝地就出现了，所谓"多修一亩埝，顶置一亩田"，"拾粪不如垫圈，垫圈不如修埝"。因为埝地的收获量，一般地要高过普通地的一倍以上，譬如赤水去年的麦子，每亩只收一斗到一斗五升，而埝地每亩的收获都在3斗以上。1939年至1941年底业已修成埝地4000多亩，这样前年即可多产粮600石。1942年10月份以前又修成3260亩，合计共修成7260亩，每亩以多产细粮一斗五升计，去年即可多产细粮1089石。

（2）赤水的地形，多系南面低北面高的平源地，每年6、7月间，天下大雨，到处都发洪水，常被冲毁田野庄稼人畜与房屋，即拿冲毁田地来说，不仅减少了耕地面积，同时土与肥料，也都被冲去，即使不被冲坏的田地，也要大减其收获量，因之为要避免水灾，也要求用修埝地的办法来做预防。

关中分区把修埝地工作，业已向所属各县推行，这是必要的和完全正确的。各县去年都做出了修埝地的发展计划。现在尚未见到正式总结报告，但仅以春耕时间修成的数目计算，计赤水510亩，新宁37亩，淳耀274亩，新正119.3亩，东区410.3亩，合计修成1350.6亩，再加上赤水1942年以前修成的7260亩，共为8610.6亩。这些埝地，去年都已种植了庄稼，每亩平均以收细粮三斗计，共可收细粮2583.18石。这些埝地，都是由原来每亩收粮一斗五升的耕地修成，即是说这些耕地原来仅可收现在的一半粮1291.59石，剩余的一半1291.59石，即为修埝地后增收的产量。何况埝地的收获量，每亩还不止3斗。譬如赤水罗廷枝去年的2亩埝地高粱收2.3石，每亩比普通地多收细粮三斗以上（以对半折细粮计）。

关中的经验证明修埝地是增产粮食的一种有效办法，这个办法，在边区各地都可以提倡。绥德分区，特别是吴堡县的“打坝堰”，实际上也就是修埝地，其差别只是“打坝堰”的范围较小罢了。因之绥德分区应把“打坝堰”的办法更为扩大与提倡，使其普遍到全分区去。这种“修埝地”、“打坝堰”的地形，在延属分区、陇东分区的各地，到处都有，因之延属与陇东亦应加以提倡，把修埝地工作，普遍与推广到全边区去，是完全必要的和可能的。

3.流水灌溉

根据现有的材料，边区各地的水利工程，实质上是修坝、修壕、修退水闸等三部分。所谓坝，类似堤，其作用在于阻拦河水，使之不流入旧河道，而流入灌溉的水渠，坝的大小，决定于水力的大小。兹举靖边为例：杨桥畔最大的坝高3丈，宽5丈，上下成梯形，坝底宽达10丈。这个坝是用石头筑成，工程较大，另外胡家湾的坝，是用树木筑成的，工程较小，但前者比后者坚固耐久，因之按其构成原料与方法上说，又可分石坝与木坝两种。修坝的目的，在于储水灌田，因之坝与田间必须有壕，以沟通水路，壕的宽狭深浅也是决定于需水量的多少，必要时得修两个壕，但水是流动不息的，水田并不经常需要那么些水，因之又必须修退水闸，当用水的时候，把闸堵塞积水灌溉，当不用水时则拨开塞口，使水外流，免生“决坝”与遭灾（如山洪暴发时），这样的“退水闸”，普通每隔二三丈远修一个，水闸的出口量，仍决定于水的大小，但退水的通道，必须比壕还底，否则虽有退水闸，也还是退不出去。退水闸最好用石头筑成。

根据我们手边现有的材料，边区各地水利建设的发展情形及其在增产粮食上所起的作用，简述如下：

（1）三边分区的自流水灌溉水利，主要是靖边杨桥畔水利。远在民国七八年（1918、1919）时，即开始集股兴修，用木柴筑坝，树椿堵塞而成，并修10里水渠，400多亩，意图迫引河水灌溉，不料每当河水暴发，即被冲毁，年修三四次、四五次，也不能幸免其被冲毁的厄运，当时费洋4万多元。民国十七年（1928）大旱，士绅樊幼樵等，从华洋义赈会领赈款3000元，以工代赈，修成3丈高、5丈宽，上下成梯形的砖坝，这比木坝自然坚固多了。其坝因内战关系，未能补修。待至国内和平后，边区政府为了发展杨桥畔水利，于民国二十八年（1939）吸收当地人民，组织了水利委员会，以后并成立了靖边水利建设局，动员当地人民修成水地100多亩，二十九年（1940）又修成250多亩。以后改渠（原渠沿河5里长，常被冲毁，现改渠位）补坝，完成于去年夏季。据建设厅材料，渠长5里，水量有每秒一立方米，每小时可灌田60亩，一昼夜可灌田1440亩；以七天灌水一次，可灌田10080亩。据当地农民说：水田一年可种麦子、黑豆，并捎种萝卜三种，种麦每亩可收一石，秋底还可收黑豆三四斗，和萝卜十多袋（八九百斤）。前年先修成一部分水田，除收夏田外，秋季还收糜子一石。总之，每亩即以收细粮一石计，共可增收细粮10080石。

（2）绥德分区：清涧县折家坪镇，原有水地200多亩，在十年前曾种过老蓝，折镇百十户人家，全靠此项收入过活。前年秋，山洪暴发，许多土壕与石洞均被冲坏，渠长10里，工程浩大，资力有限，不易修理。去年政府在该村召开村民大会，成立了水利委员会，另选出3个管壕人和6个组长，动工修筑很快就完成了，每亩年收以细粮计，200亩去年增收细粮100石。

（3）关中分区：最有成绩的是同宜耀，全县去年共修成水地272.1亩。其中尤以柳林区二乡为最好，全乡共修成170亩，渠长2里，由该区房区长亲自设计领导，并组织了共35个人的两个唐将班子，集中修渠，半月完成。此外赤水修成5亩，新宁12亩，淳耀十亩，新正99亩，合计全分区共完成398.1亩，每亩以增收细粮2斗计，可增收细粮79.62石。

（4）延属分区：全分区的水地，以裴庄渠灌溉的面积为最大。据1943年春天统计，能放水的1072.5亩，每亩以增收细粮三斗计，年可增收细粮321.75石。该渠位于延安城西20里左右，于1939年8月1日测量兴工，1940年4月底告竣。计完成长70米之碎石坝一座，6公里干渠一道，可灌田约1500亩，不幸于6月30日，山洪暴发，水头高约一丈二尺，渠坝全被冲毁，因此同年10月再度动工，改修进水口，1941年4月19日告成。这次所修的进水口没有筑坝，将进水口处1000米的干渠，降低8分米，去掉裴庄、枣林处的跌水一处，这样进水处的干渠，比河底低4分米，以平常河水深二分米计，河水可自流入干渠深6分米之水，水量与过去一样。这次的进水口又利用原来水闸右旁一低小石赤凿成高1.5米，宽1米，长3米之暗洞，暗洞前后，共凿成三十余米之明洞，水由明洞经过暗洞引入干渠，暗洞两端，各设木闸门一处，暗洞顶是自然生成的石盖，可以避免水冲坍。为了避免沿途山水泄入渠内，在裴庄一段暗渠上，设渡水暗洞三处，渠旁山水，都集中于该三处渡过干渠，流入大河。因之至今还能放水灌溉，这可以说由于三次毁坍，换来了三种智慧。其次是子长县的子长渠，于1942年6月22日动工，1943年5月告竣。渠长5.3公里，内石渠1.5公里，8米2孔渡槽一座，3米渡槽一座，1米3孔渡槽二座，2米渡槽1座，8分米渡槽二座，退水12处，由瓦窑堡东15里吴家坪起水，循背砭下流过蒿皮子沟，灌贺家沟坪背滩地800亩（占全坪三分之二），比原计划少灌地500亩，但开支180万元，超过原计划100万元，年可增收细粮160石。同时杨家园子，又修成300亩，每亩可增收细粮2斗，年可增收细粮60石。此外鄜县去年共修成水地1097亩，每亩以增产水稻一石计，年可增收水稻1097石，全县去年集中在张村驿、直罗、双龙三个区上修。延川文安驿修成67亩，甘泉修成100亩，延安修成80亩，安塞修成31亩等等，总计全分区去年修成民间小型水地1738亩。据该分区专署报告“可增产粮1275.2石”，折细粮当为637.6石，每亩平均增收细粮3.67斗（弱），总计全分区现有水地2969.5亩，去年可增收细粮1119.35石。

据现有材料统计，全边区去年共有水地13647.6亩，共可增收细粮13647.6石，可供9098人一年的食用（每人平均年以1.5石计）。

边区境内，可修水田的地方是很多的，例如葫芦河沿岸，据建设厅派人初步试测，修两条渠道，可灌溉5500亩水田，每亩水田可收稻子二石，合可收稻子11000石。安定杨家园子阳川，可修1200亩水田。清涧的折家坪川，绥德的沿无定河、怀宁河两岸，延川的永坪川，陇东分区所属合水的古城川、县城川，庆阳的新铺川，华池的城壕川等处，都可修成数千亩或数百亩水田。可是由于缺乏提倡和具体领导，至今还没有什么成就。有些地方，则因兴修失败，暂时停滞起来。自然有些地方——譬如无定河——目下不能修筑大型水利工程，但可发动群众修筑民间小型水利，是非常必要的。

在过去兴办水利事业中，把大部精力注意到比较大型的水利建设上去了。如靖边的杨桥畔、子长的子长渠、绥德的绥惠渠、延市的裴庄渠、安塞的新乐渠等。修筑这些水利，当然是对的，但对民间小型水利的提倡，却还不够，没有把修筑水利在群众中造成一种运动，这是值得提出来的一个问题。民间各种小型水利，一般都能继续灌溉，但大型水利除杨桥畔及子长渠外，基本上都告失败了。譬如：绥惠渠、新乐渠，现在有渠不能放水，劳而无功。裴庄渠于1940年4月底工程告竣，6月30日的山洪一冲而垮，25000多元的工程开支及数千个人工（连新乐的支付在内），化为乌有，只得改弦更张，又花费了1000多个人工，才修成现在的裴庄水渠。即拿算作成功的子长渠论，修渠时，虽曾几次变换工程式样，甚至拆了重修，但水渠一经放水，东冲西坍，五次放水，历时半月，才算放通。这些大型水利失败的具体原因，我们没有研究过，但设想恐难免犯些主观主义、教条主义的毛病。不调查研究当地具体情形，又不接受和吸收群众的意见与历史经验，其结果自然要碰壁。子长县政府在一个简短的《为兴修杨家园子水利工程总结报告》上，曾说：“……这证明在技术上，应虚心地研究经验，并吸收群众的一些点滴经验，对完成工程上，是有帮助的。”这种检讨是对的。但我们手边的其他十几种材料，都没有检讨出这个问题。有很多材料上，却归罪于边区的经济困难和山洪太大，要自然负责。而工程师们的缺点和错误，检讨的并不严格，有的则用“错误虽有，但由于经济困难，只能如此”的精神检讨，这显然是不正确的，不能从失败中取得应有的经验。我们希望对于过去水利建设中，每一失败的经验，都应加以正确地检讨，这不是说因为用新法修筑大型水利工程失败，便不相信新法修筑的效能，而是说要把新法的内容与当地具体条件及民间的历史经验，融会贯通起来，使之真正科学化，更切合于边区具体的实际情况，则对于今后水利事业的发展，是有帮助的。

4.井水灌溉

井水灌溉的水田，多用于种植蔬菜等东西，因之也就多见之于城市附近，或大道两旁，专用于种植五谷等物的井水灌溉水田，尚不多见。原因是打水井非易，面灌溉的面积亦不大，普遍一个井，灌溉一二十亩地，就不算少了，而最大的原因，还是由于没有大量地提倡。井水灌溉的收获量，固然较低于自流水的灌溉，然而比之旱地的收获则常多一倍以上，如果能像劳动英雄阎开增的七分五厘井水灌溉的水田那样经营的话，其收益更大。阎开增的七分五厘水地，他自己讲“要顶十垧山地的收益”。去年他种麻一分二厘，长了一丈一尺五寸高，曾作为边区展览会农业展览品之一，共剥麻30斤，麻质细而白，每斤市价可卖边洋1280元，共可卖洋38400。种芫荽籽4厘，收了一石，市价可卖边洋2400元。收菜籽一斗二升，每升市价400元，可卖边洋4800元。其余五分三厘地种大麦收了1石，按市价可卖洋12800元以上。这些都是第一楂，合可卖边洋58400元。立秋三日打了麻，夏至割了麦，芫荽子不出三伏就收拾了，接着种二楂，计种白菜2分，收800斤，可卖边洋12800元。秋芫荽五分五厘，可卖洋12000元。合第一楂收益共洋83200元，按小米1斗市价洋3200元，则可换入小米二石六斗，即等于七分五厘地收小米二石六斗。去年该处的山地，每垧收粗谷四斗至五斗，即以5斗计，每亩应为一斗七升（一垧为3亩），以最高出米标准八升计，每亩折收细粮为一斗三升六合。这就是说七分五厘水田的收获量，即等于25亩（8垧多）山地收获量。阎开增的经验证明，井水灌溉的水田比山地要多收一倍以上。

修自流水地，常常需要许多人的合力或合资，有时常因壕长数里，道经别人的土地，产生许多掣肘，但打水井却没有这些纠缠，比较容易建设，因之，应当大大地提倡。譬如靖边九里滩，在杨桥畔北10里，杨桥畔水坝修成后，镇靖河上游水位提高，沿河两岸昔日的庄稼田，一变而为出碱田，不能种植，现在九里滩一带人民要求在石底子（杨桥畔上10里处），再筑水坝，但张家畔的群众又怕害及他们现在种植的川地，而坚决反对。这个问题，应当如何解决呢？最适当的办法便是发动九里滩群众打水井，因为杨桥畔水坝的成功，迫使镇靖河上游地下的水位提高，九里滩最低处，现在下凿四五尺深即可出水，如下凿一丈深的井，即可蓄有5尺深的水，这样就可使一万多亩的碱田，又变成可种植的水田，每亩收细粮5斗计，年可增收细粮5000石。

还有很多的地形，或因自然条件的限制，或因水渠沿途的地权纠葛，或因面积有限，不便修筑自流水田的地方，可以大量地发动群众打水井，譬如绥德分区沿黄河一带，群众早已自发地打成水井不少，延安各机关近两年来亦打成水井不少，如果领导上注意提倡与推动，则水井灌溉事业是可以在许多地方发展起来的。

（《边区的水利事业》，中共中央西北局调查研究室，1944年2月15日）

（三）水利建设中各类问题的解决

在修筑水利过程中，不论是修水漫地、埝地或自流水地，都曾碰到很多的纠缠问题，兹依问题的性质，分为如下各类，并将各地解决的办法，介绍如下：

第一是地权问题。发生问题的根源，主要是由于土地（包括荒地在内）属于地主，形成“有地无人修，有人无地修”的畸形现象。解决的办法，一般地是在双方兼顾、提高农民的积极性、有利于修筑水利的原则下，依据各种不同的情况，而采用各种不同的办法解决的。在靖边的杨桥畔是用修筑水利工程的劳动力、费用，由农民负担（政府自然必须给农民若干帮助），修成后，水地地权实行地主、农民的共同再分配。地权分配的标准，基本上依照工程大小，同时参照当地工资的高低决定。杨桥畔坝的工程很大，劳动力难找，工资较贵，共耗费4000余工，因之参加兴修的农民，得地权十分之七，地主坐享其利，得十分之三；又如柏树湾，工程较小，劳动力易找，工资较低，决定地权由地主、农民对半分，此外并鼓励与说服地主，亦参加工程建筑的劳动，那么在分配水地时，地主除依地权分得一定数量外，还可以按劳动力与农民同样地分得应得的水地。清涧折家坪，则用保持原有地权的原则，“各户所派劳动力，按其所有水地多少来分配，有地而无劳动力者，得雇人参加”。赤水修埝地，有些因地主无力，则用地主与佃户双方负担修埝费用，土地由佃户种，地主在一定的期间，适当的减租。此外，有一种地权的纠缠，一下子不容易弄清楚，则用“先修地，后解决地权，谁修的谁先种，待地权问题解决后，再作经营权的处理”。譬如张村驿就是这样。

第二是劳动力问题。产生问题的主要原因有二：其一是像靖边杨桥畔的情况：杨桥畔1941年春，只有52户，50个劳动力的居民，以后陆续由横山、榆林等地迁移来了一些，现在共计有人口五百多，120个劳动力，已修成水田1万多亩，每个劳动力平均可经营到80多亩水田，已达到水田过剩，耕种不来的地步，如再要继续兴修，则成为不可能的事情。虽然靖边同志曾设法打土窑，向横、榆一带吸收难民，把县境内别处的居户，也设法迁移，但问题尚未解决。因之给杨桥畔移民，就成为很重要很急需的一件事。其二是“有人无地修，有地无人修”的矛盾问题，这个矛盾，各地区都有，解决的办法，亦因地制宜。但概括起来，约有如下几种：（1）修或漫谁的地，谁出工，地多的多出，地少的少出；（2）有地无劳动力者，以地换工（三边）；（3）有地无劳动力者，出工钱雇工；（4）免租或减租几年，找人代修；（5）实行变工（如赤水修埝地）和扎工（如淳耀柳林区二乡，组织了两个唐将班子，共35个劳动力，15天修成水地170亩）。

第三是水量的分配问题。靖边镇靖区二乡鱼沟壕因为争水漫，前曾在榆林打过官司，未得解决。之后听水性去冲，以致杨生瑞家，三年未收到一棵庄稼，土地也被冲开一条沟。前年第一次雨很小，张生江起了私心，把水全部引入他地，事后防备不周，一场大猛雨，把庄稼全部冲掉，水坝亦遭冲垮。去年经政府与群众公议，筑了一条公共水坝，水经过谁的地，只许拨一部分水，不许独霸，免再遭灾，并举出两个公正人士，负责拨水，这是一种办法。其次，同区城市乡头道沟杨生华的30亩水漫地，租给七家佃户去修，打起水坝后，低的地方变为清水坑，得利早而大，高的地方则相反，因之种高处地的佃户，就不参加打坝，后来打破原有的租佃范围，把地纵拉成7份，每人都有高的也有低的，利益均沾，于是七家人就一齐动手修成了水漫地，这又是一种形式。这两种问题，在关中修埝地上，亦都碰到，其解决办法，亦多相同于此，因之这里不再赘述了。

第四是封建势力的阻碍问题。其一是在定边城南的彭家滩，有一个叫作“雅尔堂”的集团，参加“雅尔堂”的人，就不让坝水流出“雅尔堂”土地范围以外。梁家圈则又有一个叫“庙尔堂”的集团，他们没有灌溉坝水的权利，该村虽然在民国十九年（1930）水漫过一次，那还是自流来的，这两种宗法性的封建组织，显然妨碍着农村生产的发展，它要求我们必须打破这种组织，以推进农业生产的发展，因之去年4月动工修坝时政府即决定宣布这两种组织没有作用，规定坝修好之后，首先就漫梁家圈的地，彭家滩的地因前年已经漫过，去年可以不须先漫。这一决定，对于梁家圈的农民，是非常有利的一件事，大家纷纷议论说："现在政府真好，过去我们梁家圈的人出钱还漫不到，现在不出钱，反而可以先漫，这是多么一件好事啊！"同时在增加产量上说，也是非常有利的。其二是个别土劣的作怪：如靖边水脑沙有5000多亩荒沙地，因民国十八年（1929）使用华洋义赈会洋5000元没有偿还，绅士樊幼樵就威胁农民说："此款还不了，人家向我要，此地留下抵偿赈济款好了"。因之谁也不敢修这块地，1942年政府决定以5000亩公地做抵偿，谁修此地，每亩公家给借20元至40元的贷款，修成后，20%归公有，供移民及机关部队耕种（去年政府与某团的农场就设在这里），得到了人民的一致赞扬与拥护。

（《边区的水利事业》，中共中央西北局调查研究室，1944年2月15日）

（四）对边区发展水利事业的意见

根据上述一些情况，今后要发展边区水利事业，应注意下面几点：

1.首先必须提高干部对修水利的重视，使干部认识到靠天吃饭的危险，而修水利是备荒、防旱的最有效办法，只有如此，才能够顺利地开展水利工作。即以修埝地来说，譬如赤水一区五乡卜兴绪同志，他懂得了修埝地的好处，由区府返乡后，便找陈得财与村长张五等人，再三再四地给解释说："多修一亩埝，顶置一亩田""水漫一亩田，顶上三次粪"的道理，鼓励他们发起并团结别人修埝地，不久就组织起24个人的集体修埝小组开始修筑，第二天发现了人数多，小组大，不易集中，人事关系不睦，工作制度也未建立等缺点，晚间又召开全体会议，分为两组，并调剂了人事关系，定出了工作制度，提出了向高塬村的竞赛挑战，结果7天中修成埝地70多亩，超过原定计划4倍（原计划7天修19亩），并对高塬村小组，起了很大的推动作用。再看一乡适得其反，乡长于贵林同志，对修埝没有信心，他说："一乡不能修埝地，水大修不得！"他没有为修埝地花过一点儿脑筋与时间，向群众只说了一句："要大家修埝地！"到检查工作时，才忙着做统计，结果100亩的计划，只完成22亩。从这个对照中，可以看出干部的领导作用是很大的。

2.修筑水利的方针，应该由小而大，并应普遍提倡与发扬民间小型水利事业，这不仅是过去某些大型水渠的失败教训，同时也正是适合目前边区实际情况的办法，也是适合于目前群众的兴趣与要求的办法。赤水五乡60多岁的老农蒙志明道破了这一方针的全部实情，他说："修埝地和瞎子吃蜂蜜一样，尝着这味道的人，谁都愿意修埝，我过去不修埝地，吃了大亏，今年的16亩埝地，每亩能打二斗是足足有余的！"因之在蒙家村讨论对高塬村陈得财的挑战会议上，蒙志明说："我是老汉，也要参加修埝，他提出34亩，我们就修50亩。"其后达到了这个任务。靖边镇靖区二乡张玉珍1940年尝试修的6垧水漫地，1941年打粮十七石四斗，每亩约收二石九斗，将达普通地收获的十倍，因之去年他除自己又修了40亩外，并自动领导榆沟渠八家农民修成水漫地200多亩，这些典型的例子应向群众中广为传播，并展开这一运动。

3.在修筑水利的技术上，要多多地向群众学习，吸收群众的经验。譬如赤水一区去年7月间发动修埝时，事先吸收了几个有经验的老百姓，组织修埝委员会，发挥他们的良好经验，也丰富了我们指导的知识。如他们说："要修好埝，先要'堵土牛''折腰花''修闸水'，把水堵住后，再修牛上坡和牛吃水形埝地，在水入口处先挖水壕，使水能够来到目的地，先回头一转，水就流得慢了，没有大的猛力，不易冲开地，远处要起土，近处要打好，防水冲坏地。"又说："一年修埝，十年保护，因之天下雨时，有埝地的人，要冒雨去埝地里，引水入地，防止冲开地。"这些都是很好的经验，再如杨树畔有一条12里长的水路，其中有石路120步，及高五丈多的一块沙堆，据一般估计需洋60万元，才能修好，但一位横山移来的难民石工张仲成，却以55000元包了去。他运用水力打水路的方法，竟然出人意料之外地竣工，受到了靖边水利英雄的头衔与奖励。这证明在群众中蓄藏着许多修水利的知识，需要我们去学习的，只有好好地吸收他们的经验并加以综合，水利才能够修得好。同时各地区，还应该互相学习，必要与可能时，可以组织些干部及群众到一定的地方去参观与学习经验，譬如说：环县可派人去三边学习怎样修水漫地，延属分区可派人到关中学习怎样修埝地，绥德分区把吴堡的挑水窑、拨水沟、打水坝，大加提倡，去年光葭县便挑成1万多个"水窖"，这种推广办法，是很正确的，值得各分区学习的。

4.在全边区来说，我们已有了生产、消费、运输、信用等等业已成功了的合作事业，畜牧合作，也在三边开始试行，这些事业，一经采用合作的办法，就能大大地发展起来，关于水利也不会例外。要使水利得到大大地发展，我们想也必须采用合作的办法，因为在许多情形下面，要修筑一个水利工程靠少数人力是办不到的，但如果实行合作，结合多数人的力量，那情形就不同，因此创办水利合作事业，应当成为今天边区合作运动的重要一项。

5.在边区生产展览会上曾被展览过的那几种水车，也可以设法提倡试用的，譬如，在较大河流——如无定河、洛河等——的两岸，目前不便筑水利工程灌溉禾苗，则可设法安置很多的水车，吸水灌溉，这些水车的作用，较自流水的作用，固然低能，但在雨水缺乏的年份，则其作用是十分重大的。

（《边区的水利事业》，中共中央西北局调查研究室，1944年2月15日）

三、改良农作方法

（一）改进农作方法是农业增产的重要途径

边区的耕作方法，除了绥德分区比较好些，其余各个分区，尤其三边和延属，作法均是异常粗放，比较之下，其收成相差至二三倍之远。要达到耕二余一的增产任务，普遍提高耕作技术，求得面积上产量的提高，是完成增产任务的最重要办法。今年由于各县对生产认识的进步，以及劳动合作的发展，因而在提高耕作技术上，亦有部分的成绩，主要是锄草次数的增多，积肥的注意，再就是三边和关中两分区对于修水漫地，发展灌溉，修埝地、捡畔地，有了较多的成绩。但一般来说，提高耕作技术，还没有成为普遍热烈的群众运动，因而亦就没有获得应有的增产成绩。明年提出了在原有耕地上利用改进作法增产细粮10万石，边区有1300余万亩已耕地，只要每亩产量提高一斤，便可超过任务。这个任务的完成，只要多锄一次草，或是多耕一次地，或是多上一驮粪便可完成，如果在耕作各方面加以改进，则产量便可倍增，耕二余一的任务，明年便可超额完成。因此，在提高耕作技术上应该是求得好好务作，多多打粮，把提高耕作技术作为增产的主要办法，贯彻到每一农户中去。下年评判劳动英雄时，以谁的作法最好，粮最多，为第一个标准。评判各县谁领导农业生产最好，也以谁提倡改进作法最好为第一个标准。

（《1943年农业工作总结》，可能是边区政府文件）

耕作方法与收获量比较

项别	绥德劳动英雄刘培尚耕作法	一般的耕作法
耕地深度	镢挖1尺，牛耕7寸	镢挖7寸，牛耕5寸
耕地次数	未种前耕1次，种时耕2次	种时耕1次
种 籽		撒种
施 肥	1垧地上粪50袋	1垧地上粪10袋
锄草次数	锄4次 第一次 扎苗 第二次 拔苗 第三次 锄草松土 第四次 同上	锄2次 第一次 拔苗 第二次 锄草松土
收获量	谷子1垧 收粗粮2石，草800斤	谷子1垧 收粗粮8斗，草300斤

说明：本表系根据绥德分区生产展览会材料 绥德每垧地合3亩。

（《边区农业统计表（1940—1943）》，1944年）

提倡精耕细作——增加粮食生产的办法。除掉继续开荒增加耕地面积外，就是提倡改进农作法与改良耕地、在改进作法方面，如提倡多耕、细耕、多施肥、多锄草、选良种、防病虫害等。在耕地改良方面如兴修水利、水漫地、埝地等。此项工作几年来都有相当成绩，尤其是1943年中，因彻底调整了租佃关系，农民愿意在土地上增加资金劳力；又因普遍地组织了劳动互助，人力上也有了条件，因此耕作方法一般有所改进。如延属分区过去对于施肥注意较差，现在则注意了，延安市上每天都可以看到很多人捡粪。锄地次数平均加多了一次。狼尾谷籽、美国洋芋种、斯字棉籽已开始推广。而绥德分区普遍地进行了溜崖、腰崖、掏畔、抢畔、拨水沟、打水窖等，三边分区的水漫地已修成的计57000亩，关中分区的埝地修成的计3921亩，而修成的水利，全边区计共12598亩。

（《陕甘宁边区农业》，1945年文件）

增加粮食产量，做到“耕三余一”或“耕二余一”的有效办法有两个：第一个办法是扩大耕地面积（主要的是开荒）；第二个办法就是改良农作法（包括耕地、施肥、锄草、选种、修改地形等）。可是第一个办法只能在有荒地的地区实行，第二个办法却在全边区各地都行得通，所以改良农作法，应当是实现党的备荒号召的主要办法之一。目前全边区共有耕地1250万亩，如果用改良农作方法，做到每亩增产细粮一升，那么全边区可增产细粮12.5万石，可供83400人一年食用（每人一年以一石五斗计）。至于能否达到农作改良的愿望，则决定于以下两点：（1）土地有无增产的可能；（2）有无加诸土地（劳动对象）创造劳动价值（细粮）的劳动力量。关于第一点，我们只举几个简单的例子来证明；葭县店镇犇牛沟张慕贞的7垧地（每垧3亩），去年每垧上干粪8袋（600多斤），人粪四担，再加深耕细锄，每垧比别人多收细粮一斗；安塞陈家㧟安义元的庄稼，去年比前年，每垧地多上粪二袋（共上十六袋），多锄草一次，平均比别人的地多收粮5升；而劳动英雄杨朝臣的荒地也上粪，去年每垧收粮一石四斗，比别人的地多收到2倍。这些事实说明：边区大部分土地，只要从现有的耕作法上提高一步，粮食产量就可以增加，而增加的数量，则决定于农作改良的程度。关于第二点，在变工、扎工等劳动互助组织实行后，一般估计可在原有条件下节省出四分之一到三分之一剩余劳动时间，作为改良农作法之用（有荒地地方当然还以扩大耕地面积为主）。因此，在边区目前条件下，改良农作法的问题，不仅成为必要，而且已是完全可能的了。

（《边区改良农作问题》，中共中央西北局调查研究室，1944年）

（二）改良农作方法的具体措施

1.关于深耕

深耕的第一个要求便是多耕：清涧新舍区辛家沟，去年的庄稼，每垧地平均比别的村子多收五升细粮，其原因之一，便是全部耕地，前年都曾秋翻过一次；盐池劳动英雄张贺兴的秋地，秋、春两季，都空翻一次，因之每垧地比别人的多收粗粮一斗；华池劳动英雄王万魁去年的高粱、糜子地空翻过三次，豆类地空翻了两次，才使每亩的收获量，比前年提高了五升多。据此证明，今后的耕地，不但要在春耕前，先空耕一两次，特别应当提倡秋翻地，广泛宣传秋翻地的如下好处：（1）可以积肥，即将作物的叶茎翻入土内沤成肥料；（2）可以灭虫；（3）使来年春耕时土松易犁；（4）可以更多地吸收秋雨与冬雪的水分；（5）来年土松，容易出苗；（6）耐寒。这便是群众中所谓“你有粮食仓，我有秋翻地”的评价根据。

深耕的第二个要求，是犁得深：定边张成仁、延长杜雄、贺福来三位劳动英雄，去年犁地都深到七寸。张成仁的荒地，也开到三四寸深，杨朝臣的荒地，有时掏到一尺深；贺福来的麦地年年要翻起生土，去年每垧平均比别人的多二三斗；绥德张家圪塄的农民除把土疙瘩打碎，让生土晒太阳（去“阴气”），使变成熟土（如贺福来的麦地，都在初伏翻过，到种麦时已晒了两三个月）以外，还多多上粪，据他们的经验：生土第一年多上粪后，宜种荞麦、蔓青、老麻子；第二年可不上粪，种什么庄稼都可以，所以他们说：“生土好比年轻娃，又能吸雨又劲大！”以往群众多怕翻起生土不宜庄稼，因而不敢深耕，这一点今后应当宣传纠正。

深耕的第三个要求，是细耕、细磨、细打。细耕的标准，应如刘玉厚所说：“不要留下空板凳”，就是说土都要翻过，不要留下没翻过的生土梁，壕要直，宽窄要匀，距离要适中。这里还应当发扬绥德分区的细磨细打办法：他们耕毕还用铁齿耙（齿长四寸）耙过，用镢头把土块打碎，埋在土里的土块也挖出来打碎。新正县过去不大注意细耕，但去年该县三区三乡的罗新发，每步宽的地耕了十犁（别人只耕八犁），因而去年他的麦子单独地没有被冻坏，每亩地反比别人的多收一斗，割麦后还接种“六十天糜子”（一种日月小的糜子），糜子收毕又种麦，比别人的麦地多种了一茬糜子。延长贺福来，曲子孙万福，也都很注意细耕。

要达到上述要求，领导上必须注意农时的适当掌握，目前已有一些地方的农民说：“春天地消得迟，哪有那么多工夫！”其实不然，绥德分区的秋田占总耕地面积的三分之二到四分之三，还能够做到细耕、多耕；陇东、关中二分区的麦地占总耕地面积的40%至70%，还可以做到空翻两次。这证明了只要抓紧农时，上述要求是一定可以达到的。

在深耕问题上，绥德分区应着重注意耕得深，要翻起生土来，应当普遍提倡用牛耕地。其他分区应着重注意多耕与细耕。

（《边区改良农作问题》，中共中央西北局调查研究室编，1944年）

2.关于施肥和积粪

去年在“多施肥”的号召下，各地群众给耕地上的粪，比以前大大增多了。如淳耀一区有500亩地，以前从未上过粪，去年每亩平均上了12驮；该区另有195亩地，每亩比往年多上了5驮粪，全区共种麦10449.5亩，其中每亩上粪25至30驮者，即有2014亩，占麦地总面积的19%强。镇原劳动英雄安兆田的60亩麦子，每亩平均上粪15驮，另有11亩糜子，也是每亩平均上了15驮，比往年多上了一倍。环县劳动英雄雅生华，去年的糜子，每亩上粪六驮半，荞麦上10驮，谷子上20驮，麦子上10驮至15驮，洋芋上10驮，平均比往年多上了一倍多。定边劳动英雄刘兴太，去年每垧（5亩）荞麦，上粪约2000斤，洋芋1垧，约上1800斤，糜子一垧约600斤。植棉英雄郭秉仁的棉地，每亩平均上粪五六千斤。另外，新正县的少数地方，去年还给麦子上了浮粪；赤水在“少烧一袋粪，多收一升粮”的号召下，全县去年9万亩秋田中，有7万亩平均每亩上粪两车半，而往年秋田上粪的，至多只有50%，而去年却将达80%了。

另一方面，去年各地对积粪也更加注意了。如赤水四区八乡报川村的赵某，从来不垫圈，前年圈稀得把牛娃子溺死；该乡又有个胡建海，前年一年只垫了20次圈，现在他俩差不多两天垫一次圈。新正县有些群众，甚至不再将牲口放野，反而关在圈里，割草来喂。绥德劳动英雄刘培润，自己不喂牲口，但他去年拾到80多袋粪，全上在他的一垧半地上。以往除绥德分区各县农户都安厕所外，其他分区的农户，多不大注意修厕所，如延川县去年以前，安厕所的农户，四家中只有一家，但去年该县号召修厕所的结果，全县共修成厕所3160处。此外各地还想出很多造肥办法，特别是绥德分区，如：（1）用刺藜沤粪，一背（约80斤）刺藜可顶一袋粪；（2）将各种动物骨头烧成灰，在碾子上碾成灰末；（3）用烂草沤粪；（4）收拾旧窑皮土及炕皮土做肥料（这条关中也有）；（5）将杀猪宰羊时留下的脏水用作肥料等；此外三边分区提倡掩埋动物尸体做肥料的办法，亦很适用。还有一些地方在地上挖沟，盖以柴草，再把土放在上面燃烧成灰土作为肥料。

今年的积粪运动，除了广泛提倡“天天垫圈”、“人人拾粪”外，延川县修厕所的办法，应当推行到延属其他各县，以及关、陇、三边各地，尽可能做到每户有一个厕所，此外还要建立尿站，据延川同志的研究，一个5个人的厕所，一年的积粪，可上7垧地，每垧地可增收细粮一斗，那么一个厕所的粪，每年可使我们增产细粮7斗，一个尿站的积肥，可肥田10垧，每垧可多收细粮1斗。如果每县今年能增修1000所厕所，100个尿站，则仅此一举，今年即可以增产不少细粮。绥德分区除须提倡在大路上修“驴毛厕”外，应特别注意人造肥的推行，并酌量试用代用肥，如黑豆、稠煤油、老麻油等。此外，在三边、关、陇等地，多用粪来烧炕煮饭，这种旧习俗，是妨害积肥的，因而值得引起我们的注意。目前最好的解决办法，据三边的经验，只有推广植树运动（如盐池等县已组织打沙蒿、植沙柳），增加燃料的来源，逐渐改变烧粪的旧习俗。此外为了广泛地开展积肥运动，各地今年应当学习赤水、吴堡的办法，选举积粪英雄、拾粪英雄（如去年赤水曾选出积粪英雄任启德、李兴时，吴堡曾选出拾粪英雄白升莱），来鼓励积肥运动。

（《边区改良农作问题》，中共中央西北局调查研究室，1944年）

3.关于锄草

“锄钩有水”这是农民对于锄草功效的评语。去年由于各地党政普遍号召多锄草与发动组织变扎工队，各地农民锄草次数都增加了，如绥德张家圪塄全村所有秋田都锄过四次，有的还锄过六次；陇东庆阳过去高粱、玉米、麻子、黑豆等最多锄两次，糜子、燕麦、苦荞各锄一次，还有完全不锄的，去年则完全不同了，兹举几个典型农户的锄草次数如下：

		赤城六乡二村吕致发	庆阳市三乡三村肖森	新堡区一乡一村金天贵	驿马关四乡五村文海邦
高粱	亩数	4	8	12	5
	锄数	3	2	3	2
玉米	亩数	2	0	8	0
	锄数	3	0	3	0
黑豆	亩数	0	8	5	18
	锄数	0	2	3	3
洋芋	亩数	1	2	4	4
	锄数	3	3	3	2

续表

		赤城六乡二村吕致发	庆阳市三乡三村肖森	新堡区一乡一村金天贵	驿马关四乡五村文海邦
谷子	亩数	5	3	9	30
	锄数	5	3	3	2
糜子	亩数	3	7	7	40
	锄数	3	1	2	2
蔓豆	亩数	3	6	16	0
	锄数	3	2	2	0
胡麻	亩数	1	0	6	2
	锄数	1	0	2	1

曲子县264711亩秋田中，锄三次的有45132亩（占17%），锄二次的68620亩（占25.9%），锄一次的124931亩（占47.2%），未锄的26028亩（占9.9%）。镇源县62047亩谷地中，锄四次的有874亩，占1.4%，锄三次的有15300亩，占25%弱，9270亩高粱地中，锄四次的248亩，占3%弱；锄三次的2380亩，占26%弱，而前年谷子与高粱没一亩锄过四次的。延安县因为吸收了60%以上的全劳动力参加变扎工，做到川地锄草三次，山地锄二次。吴旗24000亩麦子和10万亩荞麦，都锄了一次，10万亩糜子锄了二次，6万亩谷子和12万亩杂田都锄了三次。赤水一区的谷子、高粱、玉米都锄过三次，有的还锄四次，如蒲家川蒲天英的6亩高粱，5亩玉米，13亩谷子都锄了四次，杨家川杨显荣的谷子在古历六月底，就已锄过了四次。总之，去年各地秋田锄草次数，平均要比往年多一次以上。至于麦子，淳耀县36605.2亩麦地中，有28088.2亩，都锄过一次，占77%弱，庆阳、合水、镇原的麦地十之五六都锄过一次，而延长劳动英雄贺福来的麦地，去年“打遍地皮”的锄了一次，收获量比别人多一二斗（当然还有其他原因）。

今年的锄草，绥德分区应当提倡细锄、多锄，所谓“七次谷子八次瓜，九次麻子十圪抓”，应当注意应时锄，所谓“糜搜两耳谷搜针”，要锄得干净，锄毕都围上松土。其他分区的谷子、高粱，应当普遍锄到三次以上，糜子豆类应当锄二次以上，麦地也要锄过一次，要保证庄稼地里没有草，锄第二次时，一定要给庄稼根上围上土堆。为了奖励多锄和锄得好，应当学习绥德郝家桥的办法。他们去年推选了两位锄草英雄——王德祥和郝光盛，他俩在锄草中的优点：第一是快，快到别人跟不上；第二是细致，他们锄过的地，不仅没有一根草留下，而且锄过的土像新铺的一层肥土似的，又松又平，他们的模范作用，曾掀起了全村与全县的锄草热潮。

（《边区改良农作问题》，中共中央西北局调查研究室编，1944年）

4.关于修改地形

修水地、水漫地、埝地等都属于修改地形的范围内，也是改良农作法的一种方式，但已有另文详述，因此这里只提出以下几种：

（1）修埝地——目前盛行于关中分区，淳耀去年修成碱地603亩，新宁修成926亩，同宜耀修成8333亩，共计修成9862亩，每亩增收细粮一升，因而去年共增收了将近100石的细粮。这一工作除关中需继续提倡外，其他分区今年亦可推行，因为可修埝地的地形，各处都有，修成功的埝地即为梯田，不但平坦好耕锄，还容易吸收与储藏雨量，可以多打粮食。

（2）溜崖、拍畔——溜崖是把接连耕地崖上的浮土与杂草掏下来，垫在耕地里面，这样不但可以免使草籽落在耕地里繁殖起来，而且可以利用崖上经阳光晒熟的浮土作肥土。拍畔是把耕地的沟畔或靠大路的边沿，打起较高的土棱，这样，第一，可以保持耕地面积，不致因坍塌而减缩；第二，可使耕地内的泥土与肥料，不曾被山洪冲跑；第三，可以隔断耕地外边野草的向内繁殖。溜崖、拍畔，盛行于绥德分区，去年延安中区六乡的耕地也全部拍了畔，四分之三溜了崖，今年延属各县，应当普遍推行，关、陇、三边各地，也应逐渐提倡。

（3）拨水壕，打水窨，打坝堰——这是绥德分区，特别是吴堡群众多年来采用的办法，因为那里山地多，或是凸出的坡、坬、梁地，或是凹下的沟渠，每遇大雨，凹处的耕地，常被冲为深渠或深沟，不仅泥土和肥料被冲掉，地也没法耕作了。因此当地农民想出如下的办法：（甲）拨水壕：即在凸出的坡地上，拨成一道或几道斜形的水沟，使山水不致闯入凹渠内；（乙）打坝堰，即在凹渠里，打起一层一层的小横堤，挡住上流来的泥水，因此它不但保留了原有的泥土和肥料，而且可使上面流下的泥土，淤漫成梯田样的小型平地，这种平地的产量，比原来山地的收获量高出一倍以上；（丙）打水窨，一种是打在有了坝堰的凹渠里，在坝堰上首的渠道上，视山水冲击力的大小，打下几个盛水的窖穴，来减小山水的冲击力，保持坝堰的巩固，另一种是打在大路与耕地的接壤处，除让它收容大路上的山水，使不致冲毁耕地外，并使随水漂下的粪土，停积在田地里。绥德分区提倡上述办法后，很有成效，例如绥德张家圪埗的耕地，都打了水窖，拨了水壕，做了一些坝堰。葭县去年打成水窖一万多个，延安中区六乡，去年也打成了很多。这种办法费力小而功效大，各地区今年都应该广泛推行。

（《边区改良农作问题》，中共中央西北局调查研究室编，1944年）

5.应特别提出的几个问题

（1）去年的农作改良是得到很多成绩的，这里还要指明：成绩最大而且最显著的，特别表现在植棉工作上，因为棉花耕作法的改良，贯穿着从耕地到收花的全部过程，例如延长劳动英雄王生贵的植棉，去年的棉地曾多秋翻一次，多深耕够一寸，四垧地上比前年多上了一百袋粪（共上了二百袋），前年是把棉籽搅在粪里上“抓粪”，去年则先将大部分粪，均匀地铺在地面，然后把地翻过。去年比前年多锄和多打卡两次。在选籽上，前年还种大部分白籽花，去年都改种了绿籽洋花，结果四垧地，共收净花六百斤，每亩平均收净花五十斤。延川劳动英雄杨正兴的棉花，去年比前年多秋耕一次，多磨一次，每垧多上粪三十多袋，锄和打卡也多过三四次，棉籽没有让潮湿过，结果四垧棉花，比前年多收净花一百多斤（前年收二百斤）。郭秉仁和杜雄的棉花的种植法，也都经大大的改良。去年植棉方法的改良，主要由于党政的号召深入了群众，以及布置、检查、督促工作做得具体有效。所以各地应将去年在这方面的经验，加以总结与发扬，以期在今年收得更大的效果。

（2）但去年在选种工作上做得最不够（虽然朝臣获得一些成绩以及绥德分区、淳耀等处提倡过），这正如淳耀县来的报告上所指出的一样：“还停留在干部的口头上。”因之选种问题，应当引起今年更大的注意。光华农场的狼尾谷，去年虽然未普遍推行各地，但经去年劳动英雄大会及生产展览会的提倡与奖励，今年谅能普及各地，但是产麦地区如关中、陇东等地（那里农民种谷主要只是为了解决牲口吃草问题。因而只要求草长得大，而不注意谷种）的麦种选择问题，尚待解决。因为麦子的种类很多（白麦、红麦、秃麦、长芒麦、小黄麦……），何种地适种何种麦？如何防止麦子受冻？

（陇东麦常年受冻）这些问题，尚需光华农场与产麦地区的同志，进行具体的研究。

（3）去年我们对于作物病害的原因与防治方法尚注意与研究得不够。例如谷子有“漏心病”、“马牙病”（即“白发病”），麦子有“黄疸”和“黑疸”（农谚所谓：“黄疸收一半，黑疸连根烂！”）等病，还没有找出防治的办法。同时对虫害亦需特别注意研究，创造锄灭和防止它的办法。害虫的种类很多，其中以蛀虫算是谷子的大害（前年延安十三万亩谷被“蛀”了五万三千多亩，每亩平均以少收细粮二升计[①]），还有油汗（蚜虫）、路虎、毛毛虫、蝼蛄、排黄牛牛等多种。如果我们今年仅做到深耕细作多上粪，但对作物的病害、虫害没有进行防范和及时的医治扑灭，那么深耕细作会白费了力气，所以需要像防疫似的加以注意，并要创造防治的有效办法。

（4）去年农作法的改良，各地干部的领导作用是很大的，但一般说来，好些地方在这方面出的力气还比较差，特别是对农作改良的各方面仔细研究的工作，做得更差，因此今年的工作，要求各地干部，必须在农作改良上多下功夫，多向群众做耐心的宣传教育工作，转变某些群众的保守思想，利用去年的实例来启发、开导他们；另一方面还要多向群众学习，随时吸收群众的新经验、新创造加以科学的分析与总结，给以发扬与推广——只有这样，今年的农作法改进才会收到更大的成绩。（注一）蛀虫只能将着风处的谷子蛀死，却不能将一块地里全部谷子都蛀死。

（《边区改良农作问题》，中共中央西北局调查研究室编，1944年）

附录

光华农场过去工作总结

（从内容看可能是1944年文件）

民国二十九年（1940）中共中央鉴于身体很弱而工作繁忙的干部及病号、婴儿很需要牛奶来营养，遂筹划开办一个牧场，来供给牛羊奶。3月间开始筹办，决定杜甫川做场址。租用川地200亩，另由政府拨给山地100亩。

---

① 共少收一千多石。

当时除供给牛羊奶外，附带进行一部分研究工作。三十年（1941），边区农业学校之农业试验场场址不适合试验，同时又以集中技术人员力量起见遂合并于光华农场，改为农业试验场。三十一年（1942）工合苗圃又拨归本场领导。

本场分农艺、畜牧兽医和园艺三部门，工合苗圃则附设于园艺组。三十一年（1942）因经费需要自给一部分，至三十三年（1944）除奶牛羊经费外，余则自给。后在延安设第一分场，种地150亩，在安塞设第二分场，种地200多亩。各分场都是山地，以生产为主要目的，并兼繁殖本场的优良种子。

本场自改为农业试验场后，就以配合全边区农业经济建设，改良边区农业技术为目的。具体任务如下：

1.选育优良品种。

2.改良栽培法及饲养管理法。

3.制造牛瘟血清及疫苗。

4.繁殖优良品种、蔬菜籽种及树苗。

5.供给病号、婴儿及工作繁重身体弱的干部牛羊奶。

工作种类及成效：

一、农艺：以粟糜、小麦、洋芋为主。

（一）试验方面

粟：选出优良品种叫狼尾谷，产量每亩六斗七升，比边区较好的干捞饭高出10%，杆坚硬，抗粟螟强，小穗毛长，雀不吃、草大，每亩443斤，比干捞饭高24%。

玉蜀黍：选出金黄后玉米（刘少奇同志引来的），亩产一石五斗，比本地玉米高一倍以上。

马铃薯：选出彭县黄皮及美国白皮（u，s，D，A，113）。彭县洋芋黄皮成熟迟，但产量高，每亩产1462斤，比本地紫皮高出34.9%。美国白皮产量高，每亩1371斤，成熟比彭县洋芋早，收后尚可种秋菜，质佳，不涩口，且收获时正值缺粮，一般农民每采食玉米穗子，故为推广种植美国白皮，可调青黄不接时的粮食，同时可节省杂粮（玉米），以便于贮藏。因玉米较洋芋易于贮藏，同时7月间又是蔬菜缺乏时期，所以可解决蔬菜缺乏问题。

棉：于延安试种，经两年之试验，进行研究，摘心摘芽等管理工作，已有初步结果，三十二年（1943）已每亩平均收皮花8斤。

大豆：选出良种有老黑豆一种，产量高，比一般丰产之楂架高出9.1%，而耐旱粒子大。

黑麦：引进黑麦一种，在不能种冬麦之小川地试种，结果生长很好，宜于在不能种冬麦之过冷地区推广。

烟叶：选出美国黄金烟及古巴雪茄烟，产量比本地烟高，品质优良。本年预计收籽30至50斤，能种3000至5000亩。

甜菜：经三年试种已有良好结果，用粗放之方法制糖每百斤可产糖12斤粗砂糖，今年已收籽种×石×斗，可种300至400亩。

落花生：选出红皮花生一种，产量比本地花生高20%。

蓝：试种蓼蓝和菘蓝，结果很好，在边区各地凡霜期在7月中旬至翌年5月中旬的，都可种植，如准备留种的，则晚霜期需在4月下旬以前。政府现已大量推广。至于制蓝方法尚待研究。

苜蓿：边区沿大路旁地区牧地缺乏，政府大量推广苜蓿。但延属分区一带各县以前少有种过苜蓿，同时与三边分区、绥德分区等苜蓿产地气候不同，所以种植方法和种植时间急需研究。本场经过三年试验结果，以春季播种最为适宜，因秋季带有暴雨，秋播幼苗易被水冲埋。种法以“踩种”较好，同时与黑豆间种，对地之利用最为经济。

（二）推广方面：狼尾谷已推广两年，共推广17县，合10180亩，据绥德各县所得结果，产量约比一般高出10%强，各县推广亩数如下：

子长/200亩	志丹/400亩	延安/4200亩
甘泉/120″	米脂/480″	安塞/1200″
绥德/640″	延市/80″	延川/200″
庆阳/80″	吴堡/480″	新正/40″
延长/240″	子洲/520″	鄜县/200″
清涧/600″	葭县/480″	

洋芋本年初次推广，彭县洋芋推广对象是老百姓，美国白皮则暂以机关部队学校的生产农场为对象。

老黑豆及西班牙红皮花生亦是本年初次推广，面积不大。以上两项共推广799亩。

二、园艺：

（一）试验站：

蔬菜：计从本地选出良种五种：露八分萝卜、白扁豆、三边茴子白、红萝卜及灯笼红小瓜。试种外来新种28种，内共有167品种，经几年的试验，已确定宜于边区种植的共有17种新种，如洋□、石刀柏、生菜、青豆、青菜、甜玉米、番茄、苔菜、雪里红、芥蓝、茼蒿、冬瓜、苦瓜、丝瓜、小糖瓜、红菜头、洋芹菜，并有优良品种包心白菜、关中卷心白、粉色番茄、平头甘蓝、结球玻璃生菜、三月青大芥菜、缩面南瓜、甘露西瓜、黄金梨瓜、四季菜豆、法国菜豆等。

果树：计引进新果种一种，名草莓。另甜葡萄品种两种，梨品种三种，苹果品种三种，来时因品种名单遗失，故现在尚未知是哪一品种。

另外，建立一果树园，约30亩面积，梨及苹果树212株，桃58株，枣151株，核桃127株。

花卉：共试种花卉71种，现已有34种认为适宜于本地气候栽培，并已推广。

苗圃：民国二十八年（1939），边区农业学校农业试验场开办时，即设立苗圃一处，面积约6亩，繁殖胡桃、柳及白达树等苗。二十九年（1940）光华农场设立时亦辟有苗圃一处，面积约3亩，繁殖洋槐、中槐、柳等苗。至三十年（1941）两场的苗圃合并成一较大的苗圃，迁至杜甫川口，面积12亩，定名为“工合苗圃”，经费由“工合补助”，除繁殖一般树苗外，并进行研究及繁殖工业用树苗。三十一年（1942）秋大水灾时，“工合苗圃”全部园地冲刷净尽，除合并前者育成之树苗已造植外，其余全部损失，园地变为河道不能再用。三十二年（1943）重新由木场内划出耕地一段辟为苗圃，又育苗木（能移植及推广的）共2.5万株，大部分为洋槐，胡桃及柳树。

（二）推广方面：推广各种优良菜种，以各县及各机关生产农场为据点，计共推广41种，1435亩，大部在延安附近各机关。已推广至各分区的有缩面南瓜、牛腿莴苣、四季菜豆、白入旁有蔓菜豆、法国无蔓促成菜豆、黄金后番茄、大红番茄、白甜玉米、黄金梨瓜、灯笼红小瓜等九种。个别县有推广洋葱、甘露西瓜、十角丝瓜、冬瓜等。至于树苗方面，主要是在延安附近，共计推广2.5万株。

三、畜牧兽医：

最初本场畜牧兽医工作着重育种方面进行一些马、牛，驴、羊等的育种工作，三十二年（1943）以后，因感目前边区发展畜牧之首要问题是减少牲畜之死亡，遂改变工作方针，以大部分力量来研究家庭疾病，停止马、牛和驴的育种工作。

（一）畜牧方面：

1.绵羊育种工作。本场二十九年（1940）始即有美利诺羊（累进种）200只，经九年来研究，认为目前美利诺羊不宜于边区牧养，遂于三十二年（1943）全部淘汰。原因如下：①美利诺羊是平原羊，而边区草场大部是山坡斜地；②地广人稀，饲养管理极其粗放，美利诺羊不适宜。

滩羊纯种繁殖。二十九年（1940）始，即进行驯化和观察，经数年研究，即确定滩羊虽是平原羊，但如经一短期驯化亦很适宜，并认为在目前它是改良边区绵羊的唯一适合羊种。现在本场有滩羊100只饲养于第一分场，专作繁殖，二十九年（1940）始，准备推广。滩羊是毛肉兼用种之一，毛细长，约六寸，有弯曲，毛产量高，在一般粗放牧养下，全年可剪毛二斤半（母羊），而本地羊毛粗短，且只有一斤半（母羊）。同时，羊毛弯曲多，美观轻暖，耐穿，毛经久不粘在一起。体型大，母羊平均约60斤，比本地羊重10斤，肉质佳，经驯化后亦适于山地放牧。三十一年（1942）曾进行示范推广，将延安柳林区，志丹县城区，全部把公羊调换为滩羊公羊，计共184只。现在已有第一代，毛皮比本地羊好，生长快，羔皮几与纯种滩羊同，产毛量尚无确定数字，需待此后剪毛方可统计。

黑紫羔羊纯种繁殖。现有羊8只。

2.河南奶羊累进育种。以河南奶羊改良本地山羊，提高奶量。现有第一代累进种19只（母羊），第二代累进种10只（母羊）。第一代的饲养管理都和本地羊一样粗放牧羊，产奶量平均一斤半，而本地羊则仅12两。同时，第一代一部分产羔2只，本地羊则仅1只。第二代现在还未产奶。

3.牛羊奶供给方面。现有奶牛25头，公牛1头，产奶的牛12头。三十（1941）、三十一（1942）两年，每日平均产奶100磅。三十二（1943）、三十三（1944）两年每日平均产奶170磅。每头最高产奶量为40磅。奶羊共25只，产奶的7只，最高产奶量为每头八磅。

（二）兽医方面：

边区牧畜每年死亡很多，据三十一（1942）、三十二（1943）两年统计即有7500余头耕牛（小牛未统计在内）染牛瘟病而死。牲畜的大量死亡，对发展畜牧业起了很大的障碍。在边区引起牲畜大量死亡的疾病有牛瘟（牛骆驼），驴驹肚泻（拉稀），马和骡之鼻疽（流鼻）、疥癣（瘙），羊之疥癣（疙瘩疥）、羊痘及胸膜肺炎（肝肺烂），猪霍乱等。驴驹肚泻本非传染病，但死亡率很高，且极普遍，人烟稀少之地，如梢沟里，驴驹每因此病而死亡，遂致老百姓认为梢沟里不能养活驴驹（人烟较稠地区亦有发生，但不普遍）故此病为发展驴之一大障碍。羊之疥癣病在边区死亡率特高，盖因冬春不加饲养，羊只本已衰弱，再染疥癣，便易病死。常有一群羊，无一幸免。现将本场研究已有结果分述如下：

1.牛瘟血清及疫苗之制造。三十二年三月（1943年3月）进行试验，因仪器药物缺乏，工作进行极感困难，后以各种办法克服，如没柠檬酸钠，则利用玻璃棒来捣打血液，便不凝固，没有自动注射器，则利用手压灌肠器来代替等，卒于5月试制完毕，结果很好。6月开始制造，至去年年底，已制出高免疫血清45680CC，疫苗48240CC，直到现在（约一年的时间，因有一时期血毒断种，迫得停制）已共制出高度免疫血清158230CC，疫苗104.115CC，治疗病牛103头，免疫犍牛3019头，扑灭了甘泉、鄜县、延安、延市、新宁及关中中心区等地牛瘟。在制造过程中，因仪器不足，消毒手续不够完全，所制疫苗不能久贮，现在继续克服中。

2.驴驹肚泻。经二年来的研究，用石灰青油乳剂治疗有特效。这方面初在附近地区推行，得显著效果。现正在推行中。

3.羊疥癣。本场用3%烟茎水防治（绵羊每七天洗一次，共洗三次，山羊每三天洗一次，共洗四五次），证明有效，此法简便易行，药物随时可得，且极安全，已在推行中。

4.马、骡、驴之疥癣（瘙）。本地治法，先将毛剪去，用豆粉浆烧红，或老麻油烧涂之，将病畜牵系于烈日下，晒至皮肤发烫为度，此法对病畜身体有碍。本场试用10%烟茎水洗擦（先将毛剪去）三天一次，继续三四次而生效。

5.骆驼疥癣（瘙）。本地治法先将毛剪去，用柏油或石油渣涂于患处，将病畜牵至烈日下，晒至发烫为止。但以10%烟茎水洗擦较安全。

工作经验。五年来的工作大体可分为两个阶段：1940—1942年为第一个时期，1943年到现在为第二时期。在第一时期可以说是没有工作中心，因为缺乏经验……所以五花八门，各种作物都进行过一次以上的试验，在畜牧方面，马、驴、牛、羊都进行育种工作，园艺方面则进行十几次试验，除小部分有记录得出结果外，其他的无结果，并且各种试验，是按各人的兴趣以定去留。农艺方面，谷糜育种工作多着重在分类方面，大部分时间都花在分类工作上。但从1943年始，已有极大的变动，如畜牧除羊之育种工作继续外，其余的一概停止，而把大部分时间和力量放在研究牛瘟血清、疫苗的制造。农艺则放弃谷糜品种分类工作。园艺除试种和繁殖良种外，其余试验都不进行。这一个大变动，使本工作有了中心，更向前进了一步，并得到了更多的成绩。

第五节　开展劳动英雄和模范工作者运动

一、劳动英雄和模范工作者运动的意义

劳模运动是边区生产和各项建设工作的组织形式和工作方法，也是创造典型和推广典型的运动。

发展生产建设工作，是可以利用各种不同形式的组织和工作方法的，而劳模运动仅是其中的一种，而且是新的、比较有效的一种。因为各种生产建设工作，是为了人民的，而各种方法又都是由人民在实际工作中创造出来

的，我们要将群众中创造出来的宝贵经验，再推广到群众中去，这就是“从群众中来，到群众中去”和走群众路线，劳模运动就是一个具体的表现。

怎样去提高各项生产建设工作的劳动效率，用最少的人力和时间完成较大的任务，这是一个很重要的问题，我们所说的劳模运动，就是针对这问题提出来的方法之一，利用这种组织形式和工作方法来推动各种生产建设工作前进一步。边区过去将近十年的经验，证明了这是有效的。当然这种方法之外还有其他方法。不过我们应当明确认识的就是，劳模运动不是一个行政机构，但也不是一个漫无组织的孤立英雄或模范工作者，或者单独地为表扬一个劳英而表扬。不把表扬奖励看作是组织群众生产的一个方法，脱离群众而孤立的看劳动英雄都是不对的，因为仅仅是表扬一个人或奖励一个人，这是没有意义的，无论奖励劳动英雄或模范工作者，目的在使他们（劳模）能在群众中间起作用，能组织起一个群众性的运动，并且在生产建设工作中起一定程度的提高作用，所以劳模运动是推动生产建设工作的组织形式和工作方法。

劳模运动是思想上的革命——纠正“劳动下贱”为“劳动光荣”和纠正“穷是命里注定”为“劳动致富”。

在中国广大的劳动人民中间，由于几千年阶级剥削压迫，普遍地存在着“劳动下贱”和“穷是命里注定”的不正确和宿命的想法。无论在工厂中的工人、农村中的贫雇农、部队的战士等，都或多或少地存在着这种思想当然是一个社会问题，但是我们不能不注意到由于这种思想所造成的后果，就是在劳动和工作中不能积极地创造，最明显的是阻碍了生产的发展，对自己能创造一切的劳动力失去了信心，因此就认为天生就的穷命，一辈子也不会抬头，虽然终生辛苦，最后还落得吃不饱穿不暖，这不怪别的，只怪自己生就的穷命，无论用什么方法也转不过来的。虽然在农村中流行着“十年河东转河西，别笑穷人穿破衣”的歌谣，这本质上说还是一种宿命的思想，并没有觉悟到，因为有剥削的存在，才造成终生劳碌终生受苦的现象。像这些思想的发生，在封建社会中是必然的，但当封建剥削制度基本打垮、消灭了的社会中，必须予以纠正。提出劳模运动，就是针对这些思想，根本使它消灭，表扬奖励好劳动，使人民在思想中认识到劳动并不是下贱的事，只要好好劳动，也可以致富发家的。

正在进行或已经基本上消灭了封建剥削制度的地区，表扬及奖励劳动英雄是一种思想上的革命，是纠正在旧社会里存在的不正确的劳动观念，而建立新社会的新劳动观念。

（《陕甘宁边区劳模运动》，系1945年以后写的文件）

边区今年把发展生产规定为第一个任务。要增加我们的生产力，依靠着两个因素的提高：技术和劳动。要发展生产，一方面必须努力改进生产技术，这是没有问题的。但我们是处在落后的农村里，物质条件有种种困难，我们改进技术的速度，因此不能不是比较迟缓的，有限制的。在这样的情形下要发展生产，不能不多多依靠劳动效率的加强，不能不依靠劳动群众的积极性的增高，就是技术本身，也必须与劳动热情相结合，才成为活的力量。几个月来生产运动的经验已经证明，劳动者的积极性的提高（通过□□、竞赛、宣传等等方法），和劳动力的有效的组织（用变工扎工等办法）对于我们的生产力的发展，可以说起着主要作用。要很好地提高劳动者的积极性，有效地组织劳动力，就必须改造我们劳动的人……

（《建立新的劳动观点》，《解放日报》社论，1943年4月7日）

其次，在这次劳动英雄代表大会上再没有那么明显地显示出劳动群众的真正智慧和创造能力。我们的世界和它的历史是劳动群众创造的，我们发展生产，如果离开广大群众是不可想象的，因此，我们领导生产，必须是依靠群众，组织群众，发扬群众的积极性和创造力，把发展生产变成一个广大的群众运动。这个方向，现在也是比任何时候更加证明其正确了。边区的劳动群众，在党的号召之下，做出了许多惊人的事迹。例如：陈德发、石明德，组织了像吴家枣园、马家沟、白塬村那样全村的变工队，提高了几乎一倍的生产力，开拓了边区农业生产的无限前途。刘建章在多年的摸索中间，创造了南区合作社式的生产、消费、运输、信用等综合性的合作社，建立了全边区合作运动的新方向。冯云鹏以一个人的努力，安置了一百七十多户难民，又发明了许多巩固难民、了解难民的办法。张清益创造了每村共同开荒，设立义仓，推动了全关中分区的义仓运动。杨朝臣、申长林、孙万福、张振财、刘玉厚、贺保元、马海旺等人，根据现有技术基础和当地条件，创造了许多切合实际的改良农作、兴修水利的办法，大大提高了粮食产量。阎开增、冯光琪创造了把生产与防奸相结合的方向，创造了许多与破坏分子斗争的办法，粉碎了特务机关的暴动阴谋，保证了群众生产运动的发展和它应得的果实。妇女中的郭凤英、刘老太婆等，积极纺织与参加农业生产，推动了附近妇女的劳动，指出了边区妇女运动的正确方向。我们的部队生产，更是世界上的奇迹。他们把打仗与生产结合，表示出他们真正是人民的和革命的军队。部队中的张治国、李位、胡青山、郝树才、武生华等人，创造了开荒挖甘草等的新纪录，推动了全军的劳动热潮，他们又是打仗的军队，又是劳动的军队；这样的军队，在中国历史上是从来不曾有过的。工厂中的赵占魁、袁光华等，不断提高劳动标准，推动了全边区的赵占魁运动。机关中的黄立德、佟玉新等，创造了许多种菜与节省的办法，大大推动了各机关的自给和节省运动。盐工中的高仲和、李文焕，发明了打盐的新方法，提高了食盐产量。以上这些不胜枚举的事迹，或者需要艰巨的组织工作，或者需要个人的创造能力；然而它们却都是由这些动手动脚的劳动者自己做出来的。这些活生生的事实，充分说明那些轻视群众力量，缺乏群众观点，不虚心向群众学习的同志，是完全错了。领导者的责任，是在于把这些劳动人民的创造，吸收与综合起来，加以发扬，加以推广，把它变成广大的群众运动。今年边区生产成绩的获得，就是由于我们采取了这种方法的结果。这种方法，这种观点，是我们在任何工作上所必须采取的。过去有的同志曾以为经济建设只是少数财政、供给、贸易机关人员的任务，少数“专家”的任务，不须依靠群众，不须组织群众，不须发扬群众的创造力和积极性，不须设法造成群众的生产运动，现在完全证明是错误的了。

（《边区劳动英雄代表大会给我们指出了什么？》，
《解放日报》社论，1943年12月26日）

二、边区劳动英雄和模范工作者运动发展经过

（一）发展过程

边区生产的发展及其他各项工作的进步，是同劳动英雄和模范工作者运动不能分开的，劳动英雄和模范工作者运动是边区发展生产和各项建设工作的一种新的组织形式和工作方法，这种组织形式与工作方法的产生与推广曾经过三个时期。

1.1938年政府开始奖励与宣传生产模范，刺激了一部分群众的生产情绪，但未进行组织生产运动。

2.1942年生产发展，劳动英雄不断涌现，工厂中发现了赵占魁，农村中发现了吴满有，军队中发现了李位，机关中发现了黄立德，合作社中发现了刘建章。政府把他们当作了典型，在群众里宣传推广，组织群众生产运动，收到很大效果。

3.1943年冬季的边区劳动英雄大会，集中地表现并发扬了劳动英雄在生产运动中的重大作用，他们回到农村、工厂、机关部队又起了很大影响，因此去年之内，劳动英雄运动有进一步的推广，同时又涌现出许多模范工作者，有些地方并开始了模范工作者运动。为适应这种发展趋势，政府决定召开全面的劳动英雄和模范工作者大会，又决定劳动英雄和模范工作者由群众选举产生，以代替过去由政府选拔的办法。自此劳动英雄和模范工作者运动进入更加完备的阶段。

（刘景范：《更加推广劳动英雄和模范工作者的运动》，1945年1月13日在边区劳动英雄和模范工作者代表大会上的总结报告）

（二）劳动英雄模范工作者运动的特点

（1）运动全面展开：劳动英雄与模范工作者运动，从农村、工厂、部队、机关的生产运动，推广到文化、政治、军事及其他各项建设方面。

（2）英雄大量产生，从各行各业中产生了大批的英雄和模范。七十二行，行行有英雄。

（3）由个人英雄走向集体模范，模范村、模范班、排、连及工厂机关中的模范单位，相继出现。

（4）经过劳动英雄及模范工作者宣传、推广、选举运动，把广泛群众吸引到运动中来，群众对此运动的认识有进步，并开始积极参加运动。

（5）由于选举运动，劳动英雄和模范工作者的标准和质量，也逐渐提高和进步了。

（6）领导更加自觉，领导干部经过几年来实际考验，更加自觉认识劳动英雄和模范工作者运动是有效的组织形式和工作方法，并积极领导之，此对运动展开有很大意义。这些特点说明劳动英雄和模范工作者运动已进入领导与群众相结合的全面发展阶段，但其发展是不平衡的，有大有小，有迟有早，有好有坏，不应等量齐观。

（刘景范：《更加推广劳动英雄和模范工作者的运动》，1945年1月13日在边区劳动英雄和模范工作者代表大会上的总结报告）

三、劳模的作用

我们在农村中把散漫的农民逐渐组织起来，发展生产增强文教，推行防奸自卫，实行民间调解，推广社会福利事业及模范村庄的创造；在工厂中产品质量的提高，产质的增加及工业上的许多发明和创造；在部队中的大生产运动、大练兵运动、文化运动、拥爱运动、尊爱运动的收获及模范班、排、连的创造；在机关中发展生产、实行节约、改进作风、建立制度、加强团结及提高效率等，所有这些方面近年来都收到了很大的成绩。这些成绩都是领导与群众共同努力的结果，同时也是劳动英雄与模范工作者运动的产物。正如毛主席这次在大会上给我们明确指出的，劳动英雄及模范工作者，在这些运动中起了带头作用、骨干作用和桥梁作用。

（一）带头作用

劳动英雄和模范工作者的带头作用，在去年的生产运动和各项工作中是很显明的。他们创造了超过一般人的劳动标准和工作标准，影响和推动其他群众向他们学习，向他们看齐，把高的标准逐渐普及，把低的标准逐渐提高，使生产和工作不断进步。石明德当了劳动英雄，附近几个村子的群众就纷纷说："石明德能当状元，我们为什么就不能呢？""石明德能干好，咱也能干好。"于是就有许多群众和石明德比赛，结果这几个村子里的生产和工作就提高了一步。

（二）骨干作用

劳动英雄和模范工作者，不但在生产和工作中起带头作用，同时又在群众中起骨干作用。在变工队中、在乡村中、在连队中、在工厂和机关中，这种骨干正在逐渐形成，他们成为团结群众的核心。有了这个核心，生产和各项工作就能不断地改进和发展，没有劳动英雄和模范工作者做骨干，就不会有模范班、排、连和模范单位的创造，就不会有模范变工队的创造。城壕村不仅有张振财，且有"四张"形成的骨干。白塬村不仅有石明德，他周围还有若干积极分子围绕着，前年是两个，去年增加到九个。每一个地方的劳动英雄和模范工作者，只要他们和群众密切联系着，群众信仰他，他就成为这一种核心，成了领袖。他去推动群众，组织群众和领导群众，把各种为群众的工作发展起来，在这些工作中又从群众中培养出积极分子。积极分子不断地涌现，生产和各项工作就不断地进步，这些积极分子就成为我们新民主主义建设干部的无穷的后备和源泉。

（三）桥梁作用

劳动英雄和模范工作者，又是把领导和群众相结合的桥梁。因为他们是群众中的骨干，又在群众中起带头作用，他们把群众的意见向领导集中，又把领导的方针贯彻到群众中去。他们到延安开会，就把群众的意见带上来，他们开会回去，就把领导的意见传下去，使领导与群众更好地结合起来。这种桥梁作用，在过去的生产及各项运动中，也是被进一步发挥和阐明了。许多劳动英雄和模范工作者，向领导提出意见，成为当地领导的"高级顾问"，许多劳动英雄和模范工作者创造了新的经验，成为当地领导的重要参考。

由此可见劳动英雄和模范工作者运动就是改进工作，培养干部和联系群众的运动，是边区生产和各项工作发展的重要力量，是典型示范，推动群众，突破一点，影响全局，把一般号召与具体领导相结合，把领导骨干与广大群众相结合的最好方法。

但是对劳动英雄和模范工作者这些作用，不可估计不足，也不可要求过高。估计不足，就不会认真地领导这个运动去推进我们的生产和各项工作，要求过高，就会发生许多偏差，增加劳动英雄和模范工作者的困难，阻碍运动自然而然的发展。这两个方面都是由于对这个运动的意义与效果缺乏恰当的认识，都会影响运动的正常发展，都是应当纠正的。

（刘景范：《更加推广劳动英雄和模范工作者的运动》，
1945年1月13日在边区劳动英雄和模范工作者代表大会上的总结报告）

四、应注意的几个问题

劳动英雄和模范工作者运动，其实质就是创造典型和推广典型的运动，其中包括许多具体工作。在这些具体工作问题上，过去有好的经验，也有不少缺点。发扬优点，纠正缺点，才能把劳动英雄和模范工作者运动继续推向前进，主要的问题如下：

（一）要展开劳动英雄和模范工作者运动，首先要在群众中培养和选择好的典型。在群众中产生了好的劳动英雄和模范工作者，就能在群众中起好的作用，影响群众向其学习，把好的典型逐渐推广；如果劳动英雄和模范工作者选得不适当，就在群众中不起作用，甚至起坏作用，阻碍运动的发展。群众所喜欢的不但是生产好、工作好，而又能公私兼顾和对待群众好的人。凡是合乎这种标准的英雄和模范，群众欢迎，作用也大，否则不受群众欢迎，作用也就不大，甚至起坏作用。要选出这种英雄和模范，最好是经过领导与群众相结合的民主选举。去年的经验，凡是有准备，有宣传，有酝酿，并真正发动群众，认真选举出来的英雄，一般的比较好，在群众中作用也大。但有些地方，因受时间的限制，缺乏准备，缺乏宣传，缺乏酝酿，加以领导上马虎，群众认识也不足，结果就不能产生好的典型，运动不能深入群众，这是今后应该注意的。

（二）有了好的劳动英雄和模范工作者，还要在群众中将其英雄模范事迹及具体经验传开来，引起大家学习，推动大家进步。这种宣传工作，去年有些地方做得很好。他们把英雄模范的事迹经过奖励、登报、演戏、闹秧歌、开大会、小型展览会，互相参观以及请英雄及模范工作者讲话等适合当地群众的形式，去扩大宣传，不仅起了宣传作用，而且起了组织作用，使许多群众照着这些英雄模范的办法来加强或改进自己的生产或工作。但也有缺点，就是有些地方对于英雄和模范工作者的成绩过于夸大，引起群众的不信与不满，认为是假的，效果不好，今后应当改正的。

（三）除了宣传英雄模范事迹外，在条件许可、时机成熟的情况下，依自愿的原则，用订立计划、发动竞赛（个人与个人、集体与集体两种形式）、互相检查、按期总结等办法，去推广典型，改进工作，也是有作用的。在工厂、机关和部队中，采用这些办法更容易发生效果；在农村中，如在本村本乡，群众自愿，组织得好，实行“竞赛不出乡，计划要实行的原则”也有效果（过去隔区，隔县，甚至隔分区竞赛一般没有效果，今后应改正）。但组织这种推广典型的工作，要很谨慎，要完全按照群众的需要与自愿去进行，绝不可勉强从事，否则容易出毛病。过去有许多地方曾犯了毛病，第一，订出计划和发动竞赛不是群众自愿参加，而是强制参加；第二，计划和竞赛的标准订得太高，无法完成；第三，只订计划和发动竞赛不加检查，不做总结，有头无尾，流于形式主义。这些教训今后应引以为戒。

（四）现在在农村劳动英雄中（其他方面也有类似情形），普遍发生的困难问题是英雄任务多，开会多，拜访多，管饭多，其结果使英雄误工很多，开支很大，使其本身生产搞不好，以至家庭失和，邻里讥笑；同时因为能力小，任务大，担不起来，失掉威信。这主要的要由领导上负责。领导上还没有照顾到这些英雄还不是干部，他们有家庭负担，他们的生产是以私为主的，把他们当干部使用，就使英雄发生困难，甚至灰心，又使群众怕当英雄，把当英雄看成负担，甚至不愿当英雄，影响运动开展。今后各地领导干部，应切实负责纠正这类弊病，对英雄们的困难要切实加以解决。

（五）由于运动的开展，英雄和模范工作者必须努力学习和提高自己，领导上对于他们的教育和培养，同样非常重要。一般英雄和模范，最初只是某一方面突出，并不是全面都好，一旦把他们当作典型，在群众中宣传推广，群众对其要求必然逐渐提高，加以许多英雄和模范一经奖励，容易发生骄傲自大的毛病，因此英雄和模范工作者如不努力学习，力求进步，领导上如不下功夫培养教育，逐渐提高他们就不能巩固这些英雄和模范，就不能更有力地推进运动。今后领导上应经常注意教育英雄们：（1）对自己不骄傲，不自满，不夸大成绩，不隐瞒缺点，自我批评，力求进步，争取永远当英雄。（2）对其他英雄应互相尊敬，互相学习，不要互相嫉妒或互相轻视。（3）对上应尊重领导，辅助领导，不脱离领导。（4）对下应爱护群众，联系群众，不脱离群众。务必使劳动英雄和模范工作者从这四方面去努力学习，步步提高。

（六）把英雄模范工作者、领导及群众三个方面很好地联系起来，是推动英雄模范运动向前发展的一个大问题。现在有些地方发生三者脱节现象，领导看不起英雄，不理英雄，甚至与英雄对立；同时也有英雄看不起领导（指对区乡干部），代替领导甚至与领导对立。这应从两方面纠正，主要应领导负责。另外一方面也有英雄与群众互相脱节的现象，英雄看不起群众，强制群众，命令群众，以至与群众对立；同时也有群众看不起英雄，不服英雄，对英雄要求过高，以至和英雄对立。这也应从两方面来纠正，主要应由英雄负责。为了纠正这种互相脱节现象，应当向三方面分别说通互相不应脱节和互相必须结合的道理。向领导干部说明，领导脱离英雄和积极分子，就等于在群众中失掉依靠，就会脱离群众。因此领导必须依靠英雄和积极分子并和广大群众联系起来，只有这条道路才能使领导和群众相结合，才能实现领导的一切方针和计划。向英雄模范说明，英雄脱离领导就不能把自己事办好，英雄如脱离群众，更不能把自己事办好。这是英雄所以成英雄不可少的两个条件，因此，英雄必须尊重领导和团结群众，没有这两条道路，就不能算英雄。对群众说明，英雄就是代表群众的，英雄的事业就是群众的事业，有了英雄，群众事业就有了目标和骨干，就可以办得更好，对群众更有利益。因此群众都应尊重英雄，爱护英雄和学习英雄，并且努力向英雄看齐。

（七）逐步提高，向集体模范发展

1.向集体模范发展

今后两三年内，我们边区内的主要任务，仍是发展生产，努力增产粮食，达到有一年余粮，以备荒年；努力扩大植棉和纺织，达到穿布完全自给；努力提高产量和改进质量，达到工业必需品完全能够自己解决；同时在发展生产的基础上，推进文化卫生，减少疾病死亡，加强练兵习武，准备反攻力量，这就是今后英雄模范运动的主要目标。在此目标下，继续展开各行各业的英雄与模范运动，并进一步从个人英雄向集体模范发展。

2.怎样创造模范村

农村中应向一切有创造、有经验、有成绩的劳动英雄学习，学习他们的劳动精神、劳动方法和劳动者的品质，来提高自己的劳动效能。应向延安的吴家枣园，淳耀的白塬村，安塞的马家沟，绥德的王家坪和郝家桥，华池的城壕村，定边的贺家圈学习。这些村庄的变工扎工组织得好，粮食打得多，普遍有余粮。这些村庄发展了纺织，穿布能够完全自给或自给一部。这些村庄改造了二流子，其中有荒地的还安置了难民。这些村庄开始普及卫生走向人财两旺。注重教育，发动大家识字，其他如调解纠纷、拥军优抗、除奸自卫、互相团结等方面，这些村庄也都做得比较好，可以说是全边区的模范村。

他们何以能达到这些成绩呢？除了客观的原因外就是由：

（1）领导干部、劳动英雄和全村群众密切结合，上下一致，团结互助，大家一条心来推动生产和各项工作，乡村干部的正确领导，劳动英雄的积极作用和全体群众的集体创造，下面模范村就出现了。

（2）办事不从主观愿望出发，而从实际情况出发，一步一步，一件一件来做，在这种实事求是的精神下面，许多工作就有效地办起来了。

（3）根据群众需要与自愿，不强迫群众，不命令群众，一切事经过群众民主讨论，群众不赞成的事，暂时不办，等到群众觉悟和赞成之后再办，在这种群众路线之下，群众的积极性和创造性就被发扬起来了。

（4）他们创造了许多关于变工种地、建立义仓、卫生识字、纺织合作、拥军优抗、除奸自卫、纠纷调解等办法，这些办法都是适合当地环境的好办法。

（5）发扬自我批评的精神，做错了向群众承认错误努力改正，使自己受到了教育，使大家互相团结，使工作不断改进。

这些模范村所创造的和发扬的这些好的经验，好的作风和方法，是值得推广的，值得其他村学习，来改进和提高自己的工作，使自己也能达到模范地位。

（刘景范：《更加推广劳动英雄和范状工作者的运动》，1945年1月13日在边区劳动英雄和模范工作者代表大会上的总结报告）

3.关于创造模范村的几个问题

（1）为什么创造模范村：模范村应是一般乡村群众生产的榜样，在质量上一定要求得比一般乡村强、精、有突出的地方，不应贪多凑数目。怎样的村庄才可以作为创造模范的对象？①选择交通比较方便人口比较集中规模比较大的村庄。因为人口集中，就便于组织；村庄大集中力量可以搞好，较多的人家对生产上所起的作用大，也就对其他乡村的影响推动作用要大。但如这村是在一个很偏僻的拐沟里，那即使已搞得很好，对外响影也不会很大的，因为人们很少到那里去，很少知道和看到他们的活动；因为领导不方便，同时本村不能及时接受一些新的东西（如劳动英雄在各地创造的新方法）。所以交通方便，也是应注意的一个问题。②这个村庄一定要有能团结群众，在群众中有威信，忠实积极的干部，这是很重要的一个问题。因为他们和群众关系最密切，最熟悉群众的情绪和了解其情况，有生产经验，党的号召经过他们就很容易为群众接受，有他们走在前面，群众就能很快地动起来。各项生产政策在执行中应采取哪些实际办法，群众有什么困难、怎样解决？这些问题有他们都能及时解决。如甘泉三区顾应红领导杨庄窠生产，并宣传小孩子以压岁钱向民办社入股；四区甄士英领导群众创办义仓、创办民办社都可证明这一点。③这个村庄最好有党的组织，行政工作基础也较好。这样一方面工作易于推行，同时在创造模范村工作中也就创造了领导生产的模范，支部或小组的工作，不仅学到了一般生产工作的经验，也学到了如何组织支部领导生产的经验。④这个村庄经济较发展，特别应是革命后翻了身的农户集中的村庄。因为生产基础较好，生产发展就较易。如尽是二流子“爬墙鬼”集中的村庄（如四区麻子街）则很困难；但不是一定要单纯。⑤

最好这个村庄离乡区机关较近，领导方便。

（2）怎样创造模范村：第一，要了解情况。第二，弄通思想，首先是本村干部的思想。除一般道理外应注意一个问题的深刻解释：发展生产是为了备战备荒，是为了“减轻民负”，而不是为了多征公粮。模范是要光景过得好，有余粮，生产比别人强，不是多出公粮、多负担等等。第三，选择干部。这个村子虽有较强的干部，但他本身究竟有什么特点（优点缺点），必须很好研究，总结出来，帮助其纠正，将他的优点向群众宣传，使群众更拥护他，同时应将这样的干部配备到最负责的工作岗位上去（如村主任生产小组长等）。第四，按家计划。在做计划时应在家庭会议上由全家商量做出，这样才能使每人了解他的生产责任，只有经过这样一种方法，才能将男女老幼一齐动员起来。第五，组织起来。在组织时要切忌形式主义，注意解决群众的困难。第六，建立领导核心推动生产。在生产运动中很多积极分子会涌现出来的，如甄家湾妇纺组长刘树仁老婆、变工队长徐制业、难民主任张应才等。发现他们后就注意教育他们，给他们工作，并将他们团结在负责干部的周围，成为负责干部的助手。最好以村的“生产委员会”为本村领导核心，集体领导本村生产、研究解决本村生产中的问题。一般地说这个领导核心都是自然形成的，只是帮助加以组织分工。如三区杨庄窠顾应红同志周围就经常团结着刘成详、张聚海、杜发高等积极分子的。第七，在生产中一定有很多困难的，这些困难要及时地切实地解决。第八，应做到该村比一般乡村在生产上有一两点特别突出的地方（如四区甄家湾的义仓、一区阎家沟的纺妇全体参加农业劳动等），抓住中心使它更发展。第九，互相交流经验。应将该村创造过程中的行动经验及时反映（最好在党报上反映），并能及时接受其他模范村的经验。第十，订出生产纪律。进行了宣传动员，也组织起来了，但如不订纪律，不及时纠正偏向，以后这些组织就很难巩固，就可能垮台。因此在各种组织建立起来后，就要根据实际情况，订出各种纪律和规则（如干部公约、村民公约、二流子公约、义仓规约、民办社章程等），在党的小组会上研究，在村民大会上讨论宣布通过以后，不断在各种会议上（干部会、村民会、变工队会）按“公约”“规则”，鼓励好的，批评坏的，解决问题，这样对一些落后分子有了约束，对大家则是最实际的思想教育。

（3）怎样把模范村坚持下去：模范乡村创造起来了，坚持下去就是一个非常重要的问题。过去创造模范乡模范村的失败，对我们的基本教训是：一方面是过去我们对模范村的认识上有毛病（啥都模范），另一方面是领导上没有持久性。①怎样坚持和巩固？A.把生产的领导工作放在乡级干部身上（村上如组织生产委员会就把工作放在委员身上），锻炼他们的领导能力。区级干部主要的是帮助他们工作，不要形成代替和包办。B.加强领导核心。在思想教育上，要纠正他们个人的错误和缺点，对的或好的地方要发扬奖励，使他们时时刻刻为工作为群众着想，说到什么地方能够做到什么地方。在生产知识教育上，我们要给他们读报纸听，经常地把各地劳动英雄工作经验、办法及创造模范乡模范村的办法经验介绍给他们。C.吸收群众里边最积极生产和对生产有办法的人到生产委员会里来，使核心加强和不断涌进新的力量。D.领导者要为群众解决困难和在群众中提高他们的威信。E.执行干部公约，并使干部能真正地遵守和执行公约，这样也可加强他们的责任心。②教育群众和团结群众，把模范村坚持下去：A.加强对群众的生产的思想教育，使他们认识和了解到政府发动生产与他们私人利益的关系问题，使他们认识到模范乡与他们的切身利益。B.加强群众生产知识的教育，如在选种、锄耘、施肥等改良农作法。C.加强群众的纪律教育，就是坚决保证群众执行其所定的各种公约。③县区乡党政要照顾和加强领导模范乡和模范村。照顾上要多注意给模范乡或模范村解决困难。在领导上，区委及乡支部要重视模范村的领导，区委书记和区长应直接领导之。多给模范村的干部计划并经常检查和指示他们的工作。县上领导机关在一定的时间内（每隔三两月）召开各区模范乡模范村的干部会（如模范乡长、村长、支部书记、劳动英雄等），使大家交换经验，研究问题，克服困难。

（陈铭：《关于创造模范村的几个问题——介绍甘泉的点滴经验》，《解放日报》，1944年5月14日）

五、劳动英雄代表大会及其影响

（一）大会的重要性

陕甘宁边区第一届劳动英雄代表大会于本月十六日闭幕了。这是继去年高干会以来最成功的一次会议。在二十天的会议中，从各个生产战线上选拔出来的积极分子的代表，总结与交换了他们丰富的生产经验，制定了明年大规模发展生产的方针和办法，发动了热烈的革命竞赛，然后带着倍增的信心回到他们原来的生产岗位上去。经过这次大会之后，我们有充分根据来期望明年边区一定会在生产战线上取得更多更巨大的胜利。这次大会将成为边区经济发展的重要里程碑。这些在大会通过的宣言里也可以充分看到了。

（《边区劳动英雄代表大会给我们指出了什么？》，

《解放日报》社论，1943年12月26日）

（二）大会的号召

今年的生产虽是很有成绩，可是我们不要忘了“年年防荒旱，夜夜防盗贼”这句俗话。为了应付战争，防备灾旱，我们明年更要加劲生产，更要多打一些粮食。政府提出“耕三余一”的任务，我们号召全边区老百姓加倍努力，做到“耕二余一”，就是说，咱们种两年庄稼，要长余下一年吃的粮食，好来有力量消灭日本鬼子和对付反动派的袭击，好来防备跌下年成。

我们在二十天大会商议的结果，觉得要办到这个任务，必须实行毛主席的号召，大家“组织起来”！必须做到：

第一，普遍发展变工、扎工。全边区的农村都要向淳耀县的白塬村学习，他们把全村72户男女老少和牲口都组织起来长年变工，结果节省出3000个人工和驴工，每家比去年多打了一石粮食。都要向延安的吴家枣园学习，他们把全村18户的人力都组织起来长年变工，结果多打了120石粮食。都要向安塞的马家沟学习，他们组织了全村的人力、牲口变工，开荒任务超过一倍。

第二，实行移民政策，增加新的劳动力。全边区的老百姓都要向赤水的冯云鹏学习，他今年安置了174户共600多个难民，帮助他们解决了一切困难，建立了14个自然村。都要向鄜县的徐克瑞、延安的马丕恩学习，徐克瑞一个人从绥德号召了50多户移民搬到鄜县。新来的移民难民都要努力生产，向赤水县的王向富、胡文贵学习，他们移来一年，就做到打粮一二十石，有吃有穿。都要向盐池的高仲和学习，他移来一年，打盐2500百驮，折合粮食130石，做到丰衣足食。

第三，明年要把全边区的二流子都改造成好人，一面由政府督促，一面由群众劝说。我们号召全边区的二流子，都要向盐池的刘生海学习，他过去是个二流子，没吃没穿，老婆也要离婚，自从前年春上转变之后，努力生产，到现在已经有9个牲口，打了20多石粮食，被选举为参加边区劳动英雄大会的劳动英雄，并且帮助两个二流子转变过来。

第四，发动能劳动的妇女参加农业生产。我们号召全边区的劳动妇女都向米脂的郭凤英学习，她和男人一样，她能种庄稼，又会纺织。

第五，多开荒地，深耕细作，增修水利，发展副业。全边区的老百姓都要向绥德的刘玉厚、刘培润，安塞的杨朝臣，延安的申长林，曲子的孙万福学习，他们多积粪，多上粪，多种，多锄，溜崖，盘畔，早起晚回，辛勤劳动，多打粮食。都要向志丹的马海旺学习，他自已利用空闲修好20多亩水地，又推动全村修成60亩水地。都要向清涧的白德学习，他一个村喂了几百头猪，开了4个粉房，还发展了其他副业。

第六，多种棉花，发动妇女纺线。凡是能种棉花的地方的老百姓，都要多种棉花，都要向吴堡的郭秉仁学习，他今年种了一亩地的棉花，收了44斤净花，还收了3斗芝麻，1000斤萝卜、蔓菁，并推动全村平均每家种棉花一亩。全边区的纺织妇女，都要向绥德的刘老太太学习，她除了自己努力纺线之外，还组织了180多户妇女纺线。都要向绥德安锦城学习，他组织了附近60里内的妇女纺线，一共赚了200多石米。

第七，办好合作社。全边区的合作社，都要向延安县的刘主任学习，他办的南区合作社，给老百姓谋了几千万元的利益，老百姓人人喜欢。都要向淳耀的田荣贵学习，他在四个月内从一个乡的合作社发展成一个县的合作社，从1万元股金，发展到800万元股金，为老百姓谋了许多利益。

第八，组织运输队，多运盐出口。盐是咱们边区的重要的出产，要繁荣边区，就要大量运盐。全边区的运输队，都要向延安县的刘永祥学习，他在南区合作社帮助下，利用公盐代金，组织了700多头牲口的公私合作运输队，运回食盐18000驮。不但省下老百姓去驮盐，而且凡是出公盐代金的人，都能分到很多红利。

第九，我们一面努力发展生产，一面还要节省粮食、储存粮食、多种洋芋，拿洋芋代替粮食，少制酒，少造糖，不要糟蹋粮食，遵守政府法令，不准粮食出口。并要学习关中劳动英雄张清益的办法，到处发起义仓运动，救济困难，防备荒年。

（《陕甘宁边区第一届劳动英雄代表大会宣言》，1943年12月16日，载《解放日报》，1943年12月17日）

（三）大会的推动作用

1.这个方针与任务（即备战备荒，耕三余一两年完成——编者）首先由参加延安边区劳动英雄大会的各县劳动英雄回来直接宣扬给各地群众，如环县生产劳动英雄回到环县城，拿上旗子满街道巷跑地给人宣传他参加劳动英雄大会的光荣，展览会的展品丰富，生产是公事情。有人说他疯了。其他各县劳动英雄也一样，见人就说：他们怎样开劳动英雄会，毛主席怎样招待，大家要好好生产。从此我们的任务与办法就在群众中传播开了，刺激每个劳动人民努力准备生产。紧随着我们即指示各县局单位召开劳动英雄模范生产者、各乡村群众、学校模范学生等代表大会，传达边区劳动英雄大会的精神，讨论耕二余一的计划与组织起来的具体实施，并检讨过去大家的劳动经验及生产成绩，一时在各县开展了生产运动。计除环县外，其他各县在后一时期内，都开了这样会议，到会的代表每乡都有（开各县劳动英雄大会的情况另有专文报告，此处不赘述），这些代表的情绪高涨极了，而且也真正地认识到政府领导生产是为他们自己，因之他们在开始还不敢讲实话，开着开着自己感动了心灵，讲起老实话来，而且自己给自己定起计划来。如合水县劳动英雄大会到会代表70余人，就做了农户计划53人，耕一余三的1个，耕二余一的35个，耕三余一的11个，自动创造模范村的有5个，而且互相大挑战，并有的还向分区劳动英雄张振财、孙万福们竞赛生产（挑战的条件另外）。曲子劳动英雄大会，大家向二流子斗争，使二流子别狗子上了讲台不得下来，待转变下决心才停止了。五个县共计到会代表有200多人（确数后报）。这些积极分子是政府团结群众的新生力量。

2.劳动英雄大活动进行宣传动员。首先是孙万福老人，跑来分区给分区各机关人员大会讲话，于三八五旅旅部全体人员讲话，进行生产动员，除此他还应环县邀请，去参加他们的劳动英雄大会。有他的流利讲话，有他的农作法改革，更提高了到会英雄与参加大会的县级一般同志的生产热忱。他对他村创造模范村也已具体实施起来，边区劳动英雄会奖他2万元，他做纺车，供全村妇女纺织用，把全村41家农户组织起来变工，只有两家尚未参加（因为一是□人，一是爱小便宜，大家不乐意和他们在一块）。华池张振财比以前更积极了，鸡叫起担粪、背柴，把行政村的劳动力都组织起来，选他为变工队大队长，他还把他村的妇女组织起来纺线子，大家都说他要挣死。乡村开会，区上开会，都请他讲话，号召他们生产，他把经验讲给大家，大家非常感动，县上的干部有些却不敌他人。华池温台区三乡李湖在正月十八日晚，召集了全堡子的老百姓开会讨论生产问题，他说："咱们要响应毛主席的号召，耕二余一，把变工队组织起来！"他的意见大家都同意，当天晚上就把变工队组织起来了，全村的生产计划也都定出来了。全村共13户，全劳动力男14名，女16名，半劳力男的8名，女的4名，有18个男子参加变工队，牛一对，锄草收割女的全参加，平常由两个老汉领导四个娃子放全村的牛和羊，大家选李湖，姚生五为正副队长，下面分两个组，选李得才，李怀福为小组长，计划：古二月初一前大家背柴，三月初一前做筐子、送粪、合绳、开荒，计划在田壥子集体开荒250亩、种树163株。还有华池□□上高塬□□□自动组织拾粪组，发动群众拾粪。曲子街女劳动英雄刘玉兰，组织七个妇女纺线，已教会一个，并把她的儿和女教会纺线。她还组织了个男人变工种地组，她也参加。庆阳县劳动英雄王仓，组织三个变工小组，自己亲自领导。

3.人民的生产热忱给提高了。这明显表现在集肥送粪上。自庆阳起至曲子百数十里大道上，粪和土都被扫集成堆，准备给地里上。拾粪在庆阳市、曲子市机关人和群众无形中起了拾粪竞赛热潮，争得抢占公共厕所，天不明就起来。分区拾粪还有女同志参加，她们不嫌臭，而且在大街上抬上粪走，起初还羞羞答答，以后就不以为意。拾粪的人多了，粪就拾不下了。还有公营商店的同志，也拾起粪来。曲子市拾粪的比拉粪的还多，起得太早拾得拾不下时，把石块拾在筐里还不知道，有的挖老百姓厕所，有时把百姓的妇女惊骇得不敢到厕所去。曲子何明孝（县委组织部长），一人就拾了100多担，劳动英雄龚得贵自己拾的用不了，送政府20余担。赵生英同志两个男女小孩，也拾了有60多担。庆阳五里坡的群众说："因为训练自卫军，把他们拾粪时间耽误了。"环县南关有姓李的一家人，父子二人打赌竞赛拾粪。再曲子市南岭区和镇原县的群众不出正月就送起粪来。再表现就是群众发动生产竞赛。如华池元城区第一乡一村和五村的群众自己联合订了生产竞赛，其条件是：

（1）全村的男全劳力保证百分之百的组织到变工队中去。（2）全村现有12头短脚牲口，保证发展成运输合作社。（3）保证女人不穿高底小脚鞋。（4）保证全村熟地60%括过墙垅。（5）保证全村没有一个东游西荡的二流子，并保证全村没有一个外来的坏人、闲人隐藏，若犯了其罪，政府处罚，保证全村没有一个人使用法币，且要提高边币信用。五村应战并补充条件：（1）在括墙垅方面保证百分之百的熟地括过；（2）保证全村发展合作运输队五个牲口；（3）扩大民众合作社股金40万元，若完不成，干部到山里砍柴扩大完成。再表现为订农户计划，实现耕二余一的口号正在开展着，据统计，现知道300多户人家订了计划，其中最明切的是华池白马区四个订得比较彻底，详情如下：

全乡125户，达到耕一余一的有42户，耕二余一的有53户，耕二余一年半的6户，耕三余一的10户，耕一恰够一年吃的2户，耕一余四的3户。

看这个例子就可知道，备荒、耕二余一成了群众的口号了，大部分群众了解耕二余一是怕遭年馑的，因之就要好好劳动，自己定好自己的计划，以求实现。如庆阳东河湾有一75岁的老翁本已手扶拐棍而行，但他要种一亩棉花作收入，并且说："我年老不能劳动，种这一亩地是没问题，公家叫老百姓种一年吃二年，这是完全为老百姓，怕饿肚子，是对着哩。你看万专员夫妇两人还拾粪，我还能不劳动一下吗！”再表现为种棉花。华池原想种100亩，但在群众中动员后能种700亩。庆阳三十里铺一个小商人，准备改行专种棉花20亩。太河川的张道师，也要种棉花2亩，并要到处给人宣传种棉（这是因为种棉收入太大了，三十里铺区一乡张明，一人种了三分地，收净花20斤，值洋6万元，值小米2石）。

4.毛主席的“组织起来”开始在群众中实施起来。华池县柔远区五乡组织了变工队26个组，参加人数有110人，牛93对。再如张振财把全行政村的劳动力都组织起来变工，扎工背柴，李湖村全部都组织起来，集体背柴，赶出牛就把烧柴准备好了。孙万福组织了全村变工，有39户，共130人，女60个、男70个，开始送粪，曲子市也有了变工队，还有女的参加，庆阳市东河湾有了变工队。

（《陇东群众生产动员工作初步检讨》，1944年3月25日二科长联席会上总结）

（四）关于召开劳动英雄模范工作者大会及生产展览大会的决定

1.召集边区劳动英雄模范工作者大会及边区生产展览大会的意义

去年是边区生产运动大发展的一年。与此相适应，我们在去冬召开了劳动英雄大会与生产展览大会。这两个大会，在边区建设上起了推动的作用。在劳动英雄大会上有180个从生产运动涌现出来的劳动英雄出席，他们交流了生产经验，显示出劳动人民的团结和进步，改变了某些人贱视劳动的心理，劳动英雄受到尊敬和奖励，鼓舞了他们的生产情绪。生产展览大会则把一年生产的全貌和成果，用实物、表格、数字、图画等形式表示出来，成为最生动的生产经验总结和生产知识的教育。在两个大会的精神传播和劳动英雄们的积极推动之下，今年的生产运动已表现出进一步发展的趋势。劳动力组织起来的，在许多地方，超过去年一倍至三倍；开荒超过100万亩；植棉达到30万亩；合作社有空前发展，实现民办公助和以生产为主的方针；工业生产有新发展，并提出全面自给的奋斗目标；特别是军队的生产运动蓬勃展开，全体指战员为完成10万石细粮而奋斗，军队又实行广大群众性的练兵运动，军队政治工作亦有了大的改进。同时，与生产运动相辅而行的，又掀起了群众性的文化运动和卫生运动；而司法、行政、金融、贸易、税务等各方面的建设，也都有所改进，并有许多新的创造。这一切都指明，不仅边区生产运动进一步发展了，而且在生产运动发展的基础上，又展开了政治、军事、文化、卫生、司法等全面性的建设运动。在这全面性的建设运动中，从各方面产生出更多的劳动英雄和模范工作者。这种新的情况，要求我们在今年召开比较去年更全面的劳动英雄、模范工作者大会和生产及各项工作展览大会，借以团结所有的劳动人民和各阶层各部门的工作人员，全面地检阅我们的建设事业，总结各项建设工作的经验，发扬创造精神，以便更加推进和提高今后边区的建设事业。因此，决定今冬与二届参议会第二次大会同时，召开边区劳动英雄模范工作者大会和边区生产及各项工作的展览大会。

2.关于劳动英雄及模范工作者大会讨论事项

在今年劳动英雄、模范工作者大会上，我们提议应当讨论全边区全面的建设问题，应包括政治、经济、文化、军事等各方面。关于政治的，其最要者，为如何进一步团结全边区各阶层人民，推广民主和三三制，特别是如何增强乡级民主的实施。关于经济的，其最要者，为如何于预期内，完成每家余一年粮；如何于预期内，达到布、铁等工业必需品完成自给；如何推广植树，于五年至十年内做到每户至少种树百株；如何做到每家都设厕所积肥料；如何推广水利建设，以防荒旱；如何改造和推广合作社以组织广大人民的经济文化生活等。关于文化的，其最要者，为如何在数年内，做到每人至少识1000字，以消灭文盲；如何实现每区一个医务所或卫生合作社，每乡一个医生，以与疾病做斗争。关于军事的，其最要者，为如何进一步加强自卫军，以准备反攻力量；如何进一步改进拥军优抗工作，以巩固部队；如何进一步加强整军工作，以增强主力军的战斗力量等。这些问题，我们希望全边区劳动英雄，各界人民和各方面工作干部都做充分的准备和讨论，以便在开会时能根据各项具体情况，提出具体意见及实施方案。

召集办法：

（1）边区劳动英雄及模范工作者大会为边区各项建设工作的代表会议。去年劳动英雄大会上，曾发现有个别不能担当劳动英雄称号的分子，或是临时拉人来参加，这是不对的。因此，应首先确定此次大会的参加者是边区各项建设事业中的积极组织者与各种政策的彻底执行者，而在人民大众中有威望、有信仰、为人民大众所公认的英雄与模范人物。

（2）今冬边区劳动英雄及模范工作者大会的名额，定为450名，现按目前边区建设情况，在各项建设事业所占人数的比重上，规定如下：农业20%弱；工业13.3%；文化16%弱；军事10.2%；合作运输8.4%；财政金融贸易8.4%；卫生保育6.6%；行政10.6%；保安3.6%；司法2.7%。

（3）在450名代表名额中，群众与机关部队两者在各项建设事业中的人数比例为：

农业：群众75.5%（68名）

部队机关24.5%（22名）

工业：群众31.5%（19名）

部队机关68.5%（41名）

文化：群众58%（42名）

部队机关42%（30名）

军事：群众56%（26名）

部队机关44%（20名）

合作运输：群众68%（26名）

部队机关32%（12名）

财政金融贸易：群众、机关合共38名

卫生保育：群众、机关、部队合共30名

行政：机关、部队、群众合共49名。其中一般行政、机要、文书工作的模范人员35名，模范通讯员、通讯工人及伙夫、马夫、勤务等为14名。

保安：群众、机关合共16名

司法：群众、机关合共12名

按各分区、各系统分配则是：

延属分区：93名（包括分区所辖部队机关）

绥德分区：71名（同前）

陇东分区：63名（同前）

关中分区：55名（同前）

三边分区：52名（同前）

中直军直系统：23名（包括所属学校、工厂、警卫团等）

联司系统：48名（包括不属分区管辖之直属各旅）

边区系统：46名（包括党政民机关、延大、公营工厂、保卫团等）

（4）上项劳动英雄与模范工作者，从工、农、兵、学、商各事业部门召开全体人员会议选举。选举办法：以各分区为单位，不属分区管辖之部队、机关以延安党、政、军三大系统为单位，召开各单位劳动英雄与模范工作者会议，按规定各项劳动英雄及模范工作者之名额及标准（标准另行公布）选举出席全边区劳动英雄及模范工作者代表大会之代表。在此项选举之前，须由各大单位所属各小单位选举代表出席各大单位之会议。各大小单位之选举，必须严格遵守各项劳动英雄与模范工作者的标准，慎重从事，宁缺毋滥。各阶层各党派的人都有选举及被选举权利。

3.关于边区生产及各项工作的展览会内容

今年的展览会，以生产为第一位，但不是单纯的生产展览，而是边区全面建设工作的展览，应包括生产、财政、贸易、金融、文化、卫生、司法、行政、军事及人民生活等项。

办法：

鉴于去年生产展览会计划与组织性之不足、展览品缺乏中心、缺乏条理、场面过大及竞尚珍奇等缺点，今冬的展览会必须：

（1）各分区以及党政军各系统，应组织筹备会，指定专人负责，八月上旬定出调查统计与实物征集的具体计划，发动各事业机关及各项建设中劳动英雄与模范工作者做热烈地讨论，吸收他们参加调查征集工作。同时，边区政府即应组织总筹备会，统一领导，分工筹备。

（2）此项展览会是对边区各项建设事业中的政策实施做检讨和评判的一种场所，要有明确的中心，每件展品均须以表现政策及其实施结果为目的。如农业上劳动力的组织，农作法的改进；工业上产品质量的提高；文化与卫生上群众性秧歌戏剧的创造，民办学校的介绍，群众识字运动与医药卫生运动在群众中的开展；军事上练兵的进度与民兵的组织；合作社的民办公助、生产为主、自由入股、按期分红等情形；金融贸易上的保护经济发展政策；司法上的着重民间调解等。不论实物、材料、图表，都必须是典型的，并且有好的和坏的两种典型，以资比较，又要能说明边区各项建设事业的历史发展过程。切忌现象罗列及专尚珍奇的偏向。

（3）展览布置，必须精干、明确、朴素、实际。并要避免展品的堆积与重复现象，分部（各建设部门如工业、农业、金融、贸易、政治、军事、文化、卫生等）分类（每一建设部门中之种类，如工业中的纺织业、矿业、化学业等）展览，讲究组织与艺术的结合，以达生动具体，使观众一目了然。

4.会期

边区劳动英雄模范工作者大会与生产及各项建设工作展览大会，准备在12月1日开幕。各分区，各系统，务于秋收后11月内召开各大小单位的展览会，同时召开各大小单位的劳动英雄与模范工作者大会，选举出席边区劳动英雄及模范工作者大会之代表，于11月30日前到达延安。至两种大会的详细计划与布置，另指定筹备委员会主持之。

（《关于召开劳动英雄模范工作者大会及生产展览大会的决定》——1944年7月18日陕甘宁边区参议会常驻议会第十一次政府委员会第五次联席会议）

六、开展吴满有运动

（一）吴满有是边区农民的方向

模范农民劳动英雄吴满有，在政府发展农业生产的号召下，计划扩大自己今年的生产：增加耕地面积41%（开荒25垧），并且准备更进一步改进农作，发展副业（见8日本报）。吴满有这种响应政府号召，努力生产，周密计划的精神，是值得大家学习的；他的方向，就是今年边区全体农民的方向。

吴满有过去曾经是个难民，他到延安来的时候，卖过女儿，帮人家受苦，啃树皮，吃糠粃。到了今日，他过着丰衣足食的生活，并且成为人人所敬爱的劳动英雄。所以如此，一方面是由于政府的帮助，革命的好处；另一方面亦由于他的勤快和懂得庄稼的道理。他经常说，分得了土地而不努力耕种，“那我吴满有岂不还是十几年前的吴满有——卖了女儿混不饱的吴满有!？”

现在，就让我们来研究一下吴满有的成功历史。

“你们要想庄稼和我的一样好，大家就向我学吧，我没有什么秘诀，就是肯劳动。”这是吴满有自己说的话（见去年10月29日本报）。这真是至理名言。据吴满有庄子上的农民说：吴满有起身比谁都早，睡觉比谁都迟，天还没有亮，他就喂牛上山，天已黑了，才从地里回来；冬天没啥事做的时候，勤于拣粪；庄稼出了苗的时候，有的农人怕上山，不锄草，或者最多锄一次，他却至少锄两次……他这种勤快的精神，已经起了很大的影响。吴满有说：“全村的人和全乡的人的眼睛，现在都向着我，我们一家人鸡叫起身的习惯，已变做全村人的习惯了，庄子上的二流子已经没有了。”（见9日本报特写）

吴满有不仅是勤快，“肯劳动”，而且他的庄稼经营得法。他对于熟地是深耕，多施肥。别的农户一般都是镢土5寸深，他却至少7寸深；去年每垧地下粪7袋，今年下粪10袋。有荒地的地方，多开荒多种地是增产的上策，吴满有去年开荒12垧，今年要新开荒25垧。他的谷子锄草三次，糜子锄草两次；大块土疙瘩，都要打得粉碎，毫不马虎；耕地下种都很适时，不早也不晚，譬如谷子要在谷雨前、糜子要在芒种前下种完毕。他又曾经营副业。他的羊和牛养得最好，经常对拦羊娃讲一些畜牧知识，譬如栏圈平时潮湿一块就得垫好一块，每日要吃饱草，喝饱水，草要扎得短，筛得净，不让有砂土和鸡毛，放出外边不让在潮湿地下卧，免得生病……因为会养羊养牛，肥料也就比人家多。除开发展牧畜之外，还广植果木树，种柳树编筐子。今年还准备试种一亩棉花。

吴满有不仅勤快，会经营，而且会计划，样样都想得很周到，这在一般农民中是难能可贵的。我们看，8日本报发表他所拟订的今年生产计划，内容是多么具体，多么周密。整个计划有中心，本年要多收粮食十余石；劳动力与耕牛的配备，都很恰当，连弟媳妇与儿媳妇的工作也照顾到了；时间抓得特别紧，如“旧历七月放青时，抽三头牛到张家畔驮盐一次”。这样的计划是既有眼光，又合乎实际的。

因为吴满有有这些优点，所以他的收成一年比一年好，平时每垧地比别人多打粮六分之一，今年的光景当然会比去年更好。

吴满有不但是种庄稼的模范，并且还是一个模范的公民。他庄上的人说他公粮出得重了一些，他却说，“八路军保卫咱们的边区，人家在前方流血，我们不过只多流些汗，亏你还好说重。”他经常帮助他庄子上的难民，借粮借钱借镢头给他们。他是乡上的优抗主任，他自己原是抗属，却辞了公家的优待，对本乡其他抗属，照顾得非常周到。全乡的人没有一个不说他好。吴满有办事公正，关心抗战，关心公家的事情，对生产事业有正确的认识，这也是值得大家向他学习的。我们希望吴满有的政治认识能更向前进步，能更有效地号召全边区农民起来为了抗战积极生产。

吴满有的一生，他的肯劳动，有办法，各方面起模范作用，是我们今天发展生产运动中最好的榜样。（其他如延安的卯克呼，甘泉的杜发福，在当地也是很好的例子）

我们认为，各地政府应大规模地发展吴满有式的劳动英雄，帮助他们，奖励他们，这对于生产运动的向前发展有很大影响。去年延安县的春耕运动，由于吴满有被选为劳动英雄，每区每乡都因而增加了开荒的数目，都互相竞赛，加紧耕垦。吴满有本村去年开荒数目就超过原计划50%以上，本乡的农民，都提出了口号：“向吴满有看齐！”因之该乡去年多开了荒地180垧。

我们今年的春耕口号，就是要大家“向吴满有看齐！”像建设厅高厅长那样关心吴满有的生产，并帮助他做出具体计划，是值得我们各级党政干部效法的。过去某些人以为“老百姓自己会生产，不用公家麻达”的想法，是错误的，为了使农民们的生产力更提高一步，各地政府（主要是区乡级）都应该帮助每个农户订出生产计划，提高其生产信心，适当配合与调剂劳动力、土地、耕牛、农具、种籽、食粮等等。

吴满有的榜样，证明不仅已有生产基础的农民，可以进一步扩大生产，实现繁荣的生活，而且今天还比较贫苦的农民和移民难民，在政府帮助之下，经过自己的积极劳动，也可以达到丰衣足食的目的。这不仅改善了农民自己的生活，而且对于边区经济，对于抗战，都有很大的贡献。

当此春耕运动快要开始的时候，我们号召全边区的农民们，努力学习吴满有，展开伟大的吴满有运动。

（《开展吴满有运动》，《解放日报》社论，1943年1月11日）

编辑同志：

1月11日贵报社论《开展吴满有运动》上说："吴满有这种响应政府号召，努力生产、周密计划的精神，是值得大家学习的，他的方向，就是今年边区全体农民的方向。"并指出吴满有的方向是："肯劳动、会经营、会计划、公民模范。"的确，吴满有的肯劳动、有办法，各方面起模范作用，确是值得大家学习的。但这里所指出的仅是吴满有的公民品质、劳动态度与经营技术，而不是他的经济本质。根据1月8日贵报《劳动英雄吴满有计划今年扩大生产》一文所载，吴满有的经济状况是：（1）耕地：本年新开荒地25垧，连去年已耕地60垧，合共为85垧。（2）耕畜：现有一犋双牛不够用，本年再买一头，连小牛共有4头，此外有马1匹驴1头。（3）劳动力：家庭劳动力3个（吴满有及其二弟和大儿），准备本年雇长工两名，雇拦羊和牛马的娃3名，雇零工150天。如上所述，吴满有是一个富农，而且他的经济是建立在自己劳动与雇佣劳动的基础上的。因此，这里就有两个问题：

第一个问题是：所谓农民的方向，是否可以不管其经济性质，而仅仅是指他的公民品质、劳动态度与经营技术？

第二个问题是：如果农民的方向，基本上决定于其经济性质，那么，能不能把富农的方向（吴满有的方向）当作今年边区全体农民的方向？

以上两个问题，请研究答复。这两个问题不搞清楚，吴满有运动便无法开展。敬礼！

赵长远

二月二日

长远同志：

你2月2日给本报编辑部的来信，关于本报1月11日社论《开展吴满有运动》的意见，是一个很重要而牵涉很广的问题，值得大家共同研究和讨论。因此，我们就把你的来信和我们的意见，一起在报上公布，以便提供大家讨论与研究。

我们所以把吴满有称为劳动英雄，并说“他的方向，就是今年边区全体农民的方向”，是包含经济的和政治的两方面意义的。在经济上吴满有是努力劳动和发展生产的模范，而在边区条件下，只要努力劳动，也必能发展生产。吴满有由于自己勤苦的劳动，所以由一个贫苦的农民，逐渐发展为今日经营85垧土地兼喂4头牛及1马1驴的富农，并以此种勤劳态度影响了全村全乡农民，“吴满有一家人鸡叫起身的习惯，变成了全村人民的习惯，庄子上的二流子也没有了。”（见本报社论）在政治上吴满有是拥护革命和公私兼顾的模范，他拥护边区政府的法令和共产党的号召，多出公粮并认真进行优抗工作，由于他努力增加生产，不仅改善了自己全家生活，而且能保证政府抗战的需要，所以他是一个模范的公民。要发展边区的生产以支持前方抗战并推进民主建设，就必须大大地提倡吴满有这种勤劳的和革命的精神，必须把这种勤劳的和革命的精神灌输到全边区每一农民的经济政治生活中去，才能完成发展边区生产的任务。正是在这种意义上，我们推崇吴满有，并号召全边区农民向他看齐。

不错，吴满有现在是一个富农，吴满有最近时期的经济“是建立在自己劳动与雇佣劳动的基础上的”，其雇佣劳动的部分，是有剥削关系存在的。没有问题，吴满有式的经济发展是资本主义性的发展。然而这又有什么奇怪和可怕呢？谁不晓得，现时我们是处在民主革命阶段，民主革命就是要反对帝国主义的压迫剥削和封建的压迫剥削，就是为了扫清资本主义发展的道路。而边区正是因为经过了反封建革命，扫除了资本主义发展的障碍，所以才有吴满有式的富农经济的发展。这种发展，正是边区革命后必然的产物。除了边区这一类地方，全国其他地方就很难找到吴满有这种样式的经济发展，因为在全国其他地方的农民，他们虽然可以和吴满有一样地勤苦劳动，然而他们却还很难和吴满有一样摆脱残余的封建束缚，所以他们不能像吴满有这样的顺利迅速发展为富农。这种富农经济虽是剥削雇佣劳动的，但比之未经土地分配区域的地主经济，却是进了一步，比起未经减租减息区域的地主经济，更是一个进步。没有这一步，就不能准备革命更进一步发展的条件。中国革命能否越过这一步呢？显然是不能的：超资本主义的发展，不是民粹主义的幻想就是叶青之流的反动欺骗，是违背马列主义基本观点的。因此，吴满有式的这类经济的发展，是必然的，也是必要的。这就是新民主主义内容的一个方面。

什么是新民主主义经济呢？就是“实行孙中山先生‘耕者有其田’的口号，扫除农村中的封建关系，但不是建立社会主义的农业，而是变为农民的私产。农村中的富农经济，也是允许其存在的。”（毛泽东：《新民主主义论》）。由此可见，新民主主义的经济，只是扫除农村中的封建关系，还不能铲除一切剥削。富农经济是允许其存在并成为新民主主义经济中的一个组成部分的。至于对富农的政策，中央在关于抗日根据地土地政策的决定中也讲得非常明白：“富农的生产方式是带有资本主义性质的，富农是农村中的资产阶级，是抗日与生产的一个不可缺少的力量。小资产阶级、民族资产阶级与富农，不但有抗日要求，而且有民主要求。故党的政策，不是削弱资本主义与资产阶级，不是削弱富农阶级与富农生产，而是在适当地改善工人生活的条件之下，同时奖励资本主义生产与联合资产阶级，奖励富农生产与联合富农。”因此，对吴满有式的富农经济，应当把它看成为今天边区应时而生的经济之一部分。就是说，它与边区新民主主义经济的性质和目前边区大量发展生产的经济政策，不但不相违背，而且恰好正相吻合。今天边区经济的情况，显然需要发展这种经济，需要产生更多的吴满有。我们号召全边区的农民向吴满有看齐，虽然主要是指学习他的劳动精神及公民模范，但是只要全边区的农民，真的向他学习，那就一定会有更多的（当然只会是一部分）中农贫农甚至雇农沿着吴满有的道路发展而为富农中农。如像最近发现的延安的申长林、关中的李学义、安塞的杨朝臣等，都是沿着吴满有的道路发展起来的。这对于边区经济的发展和革命的发展，都是有利无害的。

必须指出，这种新民主主义下的资本主义与旧资本主义是不同的。在政治上，旧资本主义的政权乃是资产阶级专政的政权，它专为资产阶级谋利，而对于无产阶级和小资产阶级就是一种桎梏。而新民主主义的政权，却是无产阶级农民小资产阶级与其他革命阶级的联合专政，它照顾各阶级的利益，它不允许资产阶级或地主的一阶级一集团的垄断。在经济上，新民主主义同时还有为旧资本主义所不曾有过的新式国家经济。这种国家经济，有足够的力量来抵制资本主义的过分剥削，来支配将来经济发展的方向。在社会政策上，新民主主义实行劳动保护政策，经过此种政策，就可以限制富农对雇农的剥削，使雇农利益可以得到一定的保障。因此，在新民主主义下发展资本主义，就可以避免旧资本主义不合理的过度剥削，而使各阶级的利益得到适当的调剂与保证。

还须指出：当我们把吴满有当作富农看待的时候，是有一种新的含义的。就是说，吴满有是新民主主义政权下一种新型的富农，他与旧式的富农，在本质上是有区别的。因为吴满有之所以成为今日的吴满有，是从得到革命利益而发展起来的。他曾经是因受半封建社会的压迫，吃树皮，吃糠粃，逃到边区参加革命斗争的难民。他的弟弟过去和现在都是八路军的战士，他自己又是一个模范的抗属。因此，他在经济上虽然是富农，但在政治上却是共产党员，他对革命是坚决拥护的。由此可见，在新民主主义政权下，可以有两种富农，即革命的富农与普通的富农，而吴满有则是属于前者。我们自然提倡前者，希望其数目加多，但对后者亦仍应加以帮助并鼓励其发展，这才完全符合于党的政策。

我们在边区提倡吴满有式的富农经济，是不是就不保护雇农利益呢？绝不是的。前面说过，我们对于富农与雇农的争议，采取兼顾的政策，既不因拥护雇农而打倒富农，更不因鼓励富农而不拥护雇农。大家都晓得，边区雇农都有自己的工会组织，有集会结社言论等自由，得到政府的劳动保护，在参加政权工作上也和边区其他阶级处于完全平等的地位。就在经济方面，边区的雇农也有很大的发展可能。实际上，在边区已分配土地区域，原有的雇农大部分已上升为贫农，一部分上升为中农，个别的甚至上升为富农了。这些地方现有的雇农，大部分是外来的难民。为了安置难民与发展生产，富农的雇佣劳动就是完全必要的。这些雇农，只要劳动，在经过一二年劳动，把生活稳定下来后，就可以得到政府的帮助，取得土地耕种。因此，边区虽然奖励富农的生产，对于雇农的保护，却是完全没有放松的。

过去有不少的同志，对党所提出的反对党内资本主义思想的口号发生误解，他们以为在党内反对这种资本主义思想，就是不要在社会上发展资本主义经济，这是完全错误的。我们所谓反对资本主义思想，只是指党内说的，而且只是从政治上说的。党外资本主义思想，是必然要发展的，亦需要发展，其理由上面已经说过了。党员既是人民中的一部分，发展资本主义生产既是党的政策，则事实上有一部分党员在经济上的资本主义活动无疑问的也会发展，我们对于这一部分党员（主要在农民中）这种资本主义的经济活动，例如吴满有等，我们不应禁止，而且要反对党内的民粹主义思想以及各种各样的安于贫穷，以贫穷为光荣的糊涂思想的残余。但是同时我们必须用大力来反对党员在政治上由无产阶级变为资产阶级。可以想象得到，一定会有一小部分落后的党员由于在经济上资本主义的发展而在政治上堕落蜕化的。应该把这些人清洗出党（如果犯法的还要送法院），同时更应该加强党的教育工作，尽量防止这些人的发生。

在边区这种资本主义经济发展的情况下，必然会影响党的社会基础也发生某些变化。如果说在未分配土地区域，觉悟的雇农贫农是党的主要基础，那么，在已分配土地的区域，因多数勤劳的雇农贫农已升为中农，这种中农就成为党的主要基础。而一部分革命后上升起来但仍忠实于党与革命的富农，如像吴满有、申长林等，也应当看作是好的党员。

明白了以上各节，对于吴满有的方向是边区全体农民的方向，就再用不着怀疑了。总而言之，这种方向，就是要全边区农民都能努力劳动发展生产，使雇农升为贫农，贫农升为中农，中农升为富农，虽然不会有多数农民升为富农，但会比现在有更多的农民上升却是无问题的，是必然的，必要的，对边区经济发展与革命发展有利无害的。自然，努力劳动而因某些客观原因未能上升的，也还是合于吴满有的方向。但是那些自甘落后的懒汉，就决不合于吴满有的方向，决不合于边区农民的方向，也决不合于政府与党的方向。

在旧的资本主义下，农民的分化是小部分上升为中农富农，而大部分却下降为贫农雇农和城市无产者。但在边区新民主主义的条件下，情形却是两样。边区农民只有一天一天上升为中农或富农，一天一天向丰衣足食的路上走，而绝少有下降的。这是说明边区经济的优越性与政治的革命性。因此，边区发展经济的道路，是可以看为未来中国经济健全发展的样本。

编辑部复 3月10日

（《关于吴满有的方向》，《解放日报》，1943年3月15日）

（二）吴满有和其他劳动英雄的介绍（节录）

吴满有和吴家枣园

1.劳动英雄吴满有。

（1）革命前后的吴满有。

吴满有，这是人人都熟悉的边区第一名农民劳动英雄的名字。他住在延安县柳林区二乡的吴家枣园。他是一个经过土地革命地区受到革命好处的农民典型。土地革命以前，他没有土地，也没有牛犋，租进了20垧土地，每年出一大石租子，租进了一犋牛，每年出一石六斗细米（大斗）的牛租。那时家里只他一个人能劳动，每年打六七大石粮食，去过地租、牛租还有捐税之外，年年不够吃的。他常常砍柴到城里卖，勉强度着饿不死的生活。

1935年冬天闹了革命，他分了一架山地，有70多垧。从此老吴翻了身，打的粮食年年增加。1938年他已经有了1对牛，1头驴，50只羊，1匹马了。这年种了30垧地，打了25小石粮食（以下粮食都按小斗计算，即30斤斗），还雇了一个拦羊娃。到1942年，他的牲畜增加到5头牛，1头驴，200只羊，2匹马。除了老吴自己以外，一个兄弟和大儿子都能劳动了，另外还雇了一个长工，一个拦羊娃和半个拦牛娃。这年种了77垧地，打了42石粮食。老吴这时是吃不愁穿不愁，他已经变成一个富裕农民了。关于吴满有的身世，故事和历史，在我们边区已经有了许多文章、纪事、诗歌、戏剧和小册子，我们这里不想多说了。下面只说他1943年生产的情形。

（2）吴满有1943年的生产成绩。

春天，建设厅高厅长帮助吴满有做了一个生产计划，并且在《解放日报》发表了。下面就是这个计划的原文：

早在订计划之前，旧历正月里老吴就整顿好了农具，犁绳，砍柴，锄草，摅粪，动上手了。春耕期间劳动力是这样使用的：吴满有本人和他兄弟、大儿子3个劳动力，还雇了2个月工，各做了两个月。另外他又把30垧地安庄稼安出去。旧历二月二十五日本村成立了变工队，吴满有家里连安庄稼的伙子共4个人参加了变工，他自己和另一个月工长期用2犋牛耕地，种耕田。此外，拉了四乡王志明的扎工开了4天荒地（14个人的工）。在农忙时还用了一些短工。

原来计划开荒20垧，后来因为组织了变工，开得非常快，又拉了4天扎工，所以一共开了32垧荒地，超过计划的12垧。原来耕地77垧，新开荒地32垧，一共是109垧（安庄稼的32垧在内），种了42垧谷子，22垧糜子，25垧老麦，20垧杂田。

二月初五就开始耕上地，杂田翻过两次，上粪的熟地50多垧（麦地在内），每垧上粪12袋。耕地约深6寸，因为牛犋好，比一般老百姓能深耕一寸。今年吴满有4头牛（2犋）都是犍牛，两个最好，两个差些。土疙瘩都打过了，除了荒地和二茬地之外都拨了水壕。今年春虽增开了三十多垧荒地，因为劳动力能适当调剂，熟地都按时节种上了，没丢熟地。

旧历五月初六开始锄草，2个月工都满了，又雇1个长工。这时开荒的变工队转变成锄草的变工队，吴满有全家的劳动力都参加了变工。另外还拉了四天扎工，共50个工。计谷子锄了二次，小部分锄了三次，糜子锄了两次，以上共用工约180个。杂田、瓜菜、麦地共用工约120个。到七月十五日锄完，地没有荒的。

秋收还是变工队收的，半个多月就都割倒了，吴满有今年的收获是老麦3石，谷子42石，糜子18石，杂粮十四石七斗五升，以上共计八十石七斗五升，此外收谷草约4900斤，洋芋3500斤。老麦因为春天下雪受了冻，只打了3石，不然可以收15石到20石。和1942年的收获比较：1942年收了42石，1943年多打了38石多，增加了约90%，这中间还因为麦子歉收，不然可以打到100石以上。

从春天，他喂了两只小猪，现在都喂肥了，每头可以卖三四万元以上，准备自己杀吃一只，卖一只。去年养的200只羊春天闹羊瘟，死了185只，现在只有20多只了。计划种棉花一亩，因为没找到棉籽未种。原计划抽3头牛运一次盐，后来本乡自己成立了一个运输队，队长□□□，加入了南区运输合作社，吴满有拿一头驴作价1万元入股，听说已经运了12次盐，每一元股本可以分到八九元的红利，原计划入股南区合作社2000元，结果入了2万元。

1943年的公粮，吴满有春天做生产计划时已确定为12石，无论收获多少不再增减。1943年收的80多石粮食除掉公粮以外是够两年多吃的。至于穿布和一切零用，因为家离延安市近，谷草容易卖，卖谷草的钱就足够了。1944年春天还要雇一个长工，有卖一口猪的钱差不多够长工的工钱了。

在这次劳动英雄代表大会到会的代表中间，吴满有仍旧是开荒地最多、增加粮食最多的一位劳动英雄。据他自己说他1943年生产成功的原因第一是成立了全村的变工，很好地组织了劳动力，第二是多开了30多垧荒地，每垧荒地平均就多收一石多粮食。这在延安县南区还有荒地可开的条件下，以开荒为主而以深耕细作为副的办法完全是对的。

（3）吴满有1944年的生产计划。

在劳动英雄代表大会开会的时候，吴满有又重新制订了他1944年的生产计划（对于1943年11月29日解放日报上发表的计划，有许多更改的地方），下面是他口述的计划：

（1）原有耕地109垧，1944年再开40垧，耕地共扩大到149垧。自己种119垧，安庄稼出去30垧。计种：谷子70垧，糜子24垧，麦子25垧，黑豆7垧，高粱2垧，玉米8垧，蔓豆2垧，洋芋3垧，荞麦4垧，老小麻子3垧，瓜菜1垧。

1944年计划打粮120石（比1943年增加40石）。

（2）人力配备仍照1943年，自己3个劳动力，雇1个长工，1个拦羊娃半个拦牛娃，安1个伙子。还是照旧2犋牛。1944年人力和牛犋要全参加本村的变工队。春天早早就要成立一个扎工队开荒，夏天就转变成锄草的扎工队。家里现在有三个婆姨，两个做饭、养猪、喂牲口、抚育娃娃，一个纺线。

（3）除谷子地外都翻两次，30垧地要新拨水壕，除荒地和二茬地外，都上粪，每垧上20袋。锄草荒地二次，熟地三次。

（4）拿一部分时间领导全村的变工队和全乡的生产工作，帮助自卫军干部整训自卫军，清查户口。1944年将拿出五石粮食帮助本村新来的移难民。入股南区合作社2万元。在运输队再加入一头骡子长年运盐（连原有共两头牲口）。

2.生产战线上的模范村。

吴满有1943年生产的成绩，不但在于他自己一家的生产有极大的发展，尤其在于他领导了他本村——吴家枣园——的全村变工，使全村每家都多打了粮食，都丰衣足食，把吴家枣园变成“劳动模范村”。下面就是根据吴满有谈话写成的吴家枣园变工队的介绍。

（1）吴家枣园的情况。

吴家枣园（延安县柳林区二乡）这在土地革命以前是一个只有四五户人家的荒僻穷苦的小村子，现在成了全边区闻名、发展最快的模范村了。今年全村一共有18家农户，其中土地革命以前的老户4户，1938年移来2户，1939年移来1户，1940年移来1户，1941年移来4户，1942年移来4户，1943年移来2户。1943年有人口58人，全劳动力18人，5个半老汉，3个六七十岁的老汉，能劳动的妇女13人。全村雇进长工6个半（拦牛、拦羊娃娃不计在内），向外安庄稼两家，一家是吴满有，一家是孙兆魁。

现有八犋牛，1942年是6犋。

1942年的耕地是263垧，全是山地，没有川地和水地，是年全村的收获是一百四十一石五斗。全村开荒40垧上下。

上述农户除老户外有7户是绥、米、榆林一带人，6户是河南人，1户是延安市迁来的。

除4户老户外都没分下土地，但是不论开公荒或是种老户的地都不出租子。

（2）变工队的成立。

自从县上和区上号召全县各农村都成立变工队后，吴家枣园于旧历二月二十五日召集了全村村民大会，有区委书记和鲁艺下乡工作的一个同志参加，商量成立本村的变工。大家都同意变起来做得快，又能赶急。有几家新户提出一搭变他们的饭食不好，大家说吃得好些坏些没有关系，而且可以把新户编在一起。李应和贺光法没有老镢，由吴满有向南区合作社借两把，新户的赵忠也不够，办法是由本村的老户中互相调剂着使用。

再一个是编组的办法，大家商量的结果，最好是几家老户编成一组，河南山东的移民编成一组，从上面下来的（即榆、横一带）新户编成一组。这样有几种好处，第一因为都是同乡或是亲戚感情更接近些，第二是家庭景况相似，在吃饭好坏上不发生问题，第三是种地的习惯和技术都差不多。这样编成的三组计：

第一组，组长是吴满有的伙子张成法，组员是吴满有家3个劳动力，孙兆魁家3个劳动力，程秀英家两个劳动力和李全晴，全组共10个人。

第二组，组长贾克明，组员张有才、贾水中、王成祥、王成占、高守俊、扬明山，全组共7人，他们全是上边下来的难民。

第三组，组长李应，组员是李应的侄儿子，贺光法家两个劳动力，张林，全组共5个人。这一组都是河南人，而且大半是光棍汉，家里没有人做饭，变工时每天有一个人早回家去做饭。

以上共计22个人，各组的组长都是选举的，总组长是吴满有，负责检查各组和解决各组发生的问题。

全村牛犋都没参加变工，捉牛耕地的人，大半是不能开荒的半老汉，另外有几家没有参加变工的。徐玉光因只一人劳动，又有一犋牛，未参加。郭明海本人会木匠手艺，常到延安市做木活，家里婆姨又死了，不能参加。徐应元、李三成、刘玉英都因为老了，不能参加。以上不参加变工的共五口。

（3）变工开荒、锄草与秋收。

变工是组织起来了，但是大家对变工和开荒还是没有信心。今年全村计划开荒71垧，有的你一言我一语地说："怎能开下这么多荒地来，还不是哄哄上头。"村子附近好开的荒地都已经开完了，剩下的都是茅草地，几尺长的草根，难开得厉害。1942年全村开了40垧荒地，大家觉得已经用尽了一切力量，今年（指1943年）绝开不了70多垧。"变起来开得快。"这个大家都解下了，但是这样大规模的集体开荒，他们都没做过，能发挥多大效能大家也想不到。

开始大家开荒还不习惯，但是人一多，有说有笑，一大片荒地，不多时就开完了，后来越开越有劲，速度在开荒快结束的时候更加快起来了。变工有什么好处呢？据吴满有说："变起工来，每逢开到自己的地的时候，早就操上心了，起得早，回得晚，歇得少，掏起地来头也不抬，大家都并排掏地，谁也不能落在后边，只好跟上一样掏。第二天轮到另一个人，也是一样，人家给自己掏地出了力，赶到给人家掏也不能不出力。"所以变工的结果越到后来劳动强度越增加，工作时间也越长，劳动效率也越高。再就是

“人多红火，做起来不觉得太熬，若是单个人看见这么多难开的荒地，早就开不下去了。变起工来，开过一天就要给人家还工，不能任自己自由自在，愿开不开。”

因为变工省下了许多不必要的时间浪费，例如单个人劳动的时候，常因为买点东西进趟城，就耽误了一天的时间，变工之后，凡是买东西，进城办事都交给不参加开荒的半老汉集合起来一下子办好。

第一组孙兆魁的两个劳动力比较弱，开荒开不过人家，大家提出意见不要他。吴满有提议把他两个作成八成工，他们不同意退出去了，锄草的时期才又把他们编到第三组。

这样变工开荒的结果，不但完成了71垧的任务，而且超过了一倍，一共开了141垧荒地，这中间曾拉了四乡王志明的扎工（14个人）开了11天荒，但是荒地绝大部分还是变工队开的。连吴满有都说：“想不到变工的好处这么大！”

开荒最多的是第一组，第二组次之，第三组的河南人不会刨梢，后来教了一下，也开得差不多了。

开荒最多的农户是吴满有，共开32垧，他次是孙兆魁，开了15垧，贾克明开了13垧。凡是参加变工队，除一家因病只开2垧外，其余最少的也开了四五垧。

开荒一直开到四月，一些熟地也是变工种上的，从成立到锄草，变工队一直没有散。

春天闹传染病，病倒了十几个人，不然开的荒地还会多些。

5月初锄上草，变工还是三个组，春上捉牛的几个人也分别参加了，一直锄到7月16日。中间曾拉了村外四天扎工。吴满有说：“应当先给谁家锄，大家商议后由组长分派，谁家的地草大先给谁锄，总要使每个人都不吃亏，变工锄得又快又赶急，谁都有利。锄草期间变工上没发生过问题。”

全村的杂田都锄了三次，糜谷地锄了两次，荒的地一垧也没有，比去年未变工锄得好得多。村里的瓜菜、洋芋地，大部分是妇女们锄的，人锄上草村里没有一个闲。

7月15日，锄罢草到秋收，工散了几天，因为种麦的户要翻地，有些新户要砍柴到城里卖好换些穿的。秋收时变工组立刻又成立起来，还是三个组，全村的妇女娃娃都上了山，半个月的光景就把庄稼都割倒了，往年吊吊搭搭一个月也割不完。秋收动员比较容易，因为庄稼熟了，谁也不愿意丢在山上，不过变工收比往年快多了。

（4）变工生产的收获。

吴满有在来延安参加劳动英雄代表大会之前，曾在本村合计了一下全村的收获，一共是二百五十六石七斗五升。这个数目是根据各户自己报告的，其中免不了还有隐瞒，实际数字据吴满有估计应当在300石以上。1942年全村的收获是一百四十一石五斗，若与1943年的数字比较，1943年增产粮食一百十五石二斗五升，增产了80%多。

为什么1943年能有这么大的收获？以1943年的劳动力和1942年比较，1943年只增加了4个劳动力和2犋牛，这当然不是增产粮食的主要原因。1943年的天年也不比往年好，夏田的麦子受了冻没有收。据吴满有说，增加粮食的主要原因是由于成立全村的变工队，全村开了140多垧荒地。

1942年全村的公粮是二十六石九斗五，1943年是27石。折成粗粮也不过50石。这就是说，1943年增产粮食的一半就够交纳全村的公粮负担，其余则完全为农民自己所有了。除缴纳公粮外全村的粮食据吴满有估计够两年吃的。此外，增产的谷草全村估计为1.7万斤，值当时市价25万元，至于各种副业收入还都没计算。

据吴满有说："今年（指1943年）这一年，村里的气象和往年大不同了。'要知仓里的粮，先看场上的穰'"，村里到处堆的是柴草，家家都有了粮食。老百姓欢喜得厉害。有的人说："变工队这个办法真好，毛主席真替我们想的到。"村里的贾克明是1942年才从榆林逃下来的难民，1943年开荒13垧，共种地19垧，自己报收粮15石（据吴满有说实际恐怕有二三十石），1943年秋天就用3万元买了2头牛，1944年就自己安犋牛了。

全村的农民都真正了解了变工的好处，了解了政府号召变工是为了老百姓的利益，都纷纷找吴满有要他明年（指1944年）还领导变工。吴满有说："这一下子明年的变工更好领导了。"

（5）吴家枣园1944年的计划。

在边区劳动英雄大会开会的时候，吴满有提出了吴家枣园全村变工队下面的计划：

①变工组织：1943年本村只有人力参加变工，1944年响应毛主席的号召要把全村的全劳动力、半劳动力和牛犋都组织在变工组里。开罢会回去我就召集全村开会，每户订出自己的生产计划，把变工组织好，要吸收新移来的劳动力参加。正月里全村要把一年烧的柴砍好，草铡好，碾下四个月吃的粮，农具都顿整好，刨梢20垧。1944年要比1943年更早动手开荒。

保证全年变工不散，团结互助。

1944年春上我要组织一个扎工队，锄草的时候就转变成锄工。

全村人人劳动，能劳动的妇女参加农业劳动。

②移民：1944年将号召10户移难民到本村，增加10个劳动力。帮助他们把窑洞打下，帮助10把老镢，其他各种农具由本村调剂，借给他们10石吃粮，1石籽种，拨给10垧熟地种瓜菜，以上皆由本村自己解决。

③除熟地404垧全种上外，要开荒150垧，1944年全村产粮要达到400石（今年二百五十六石七斗五）。

④原有8犋牛增加到10犋，全参加变工。

⑤耕作：150垧以上的地上粪，提倡全村每家安一个厕所，发动半劳动力拾粪。提倡每家都溜崖、盘畔、拨水沟、砍梢沟、打土疙瘩。谷子种“小黄谷”和“红□限”。糜子种“黄硬糜”。全村锄草保证不荒一垧地，糜谷锄2次，杂田3次。

⑥其他：种棉花4亩，苜蓿10亩。喂大猪24头（今年18只），增加6头牛，2头驴，100只鸡，30只羊子，20只羊羔，全村养10窝蜂。

纺妇扩大到12人（现8人）。

种桃60株，杏30株，桑10株。

⑦自卫与防奸：变工组要积极参加自卫军与防奸工作，清查户口，每个人都积极保卫边区，保卫自己劳动的果实。

× × ×

吴家枣园在全边区的农村中说来，在发展生产上，并没有什么特殊有利的条件，只是由于吴满有的积极领导，造成了全村的劳动开荒的热潮，成立了全村的变工队，组织了全村的劳动力，立刻就收到这么大的成效，变成了全边区开荒最多，增产粮食最多的第一个模范村。它证明全边区农村绝大多数都可以变成吴家枣园。吴满有还不以1943年的成绩为满足，他准备更进一步组织全村的牛犋都参加变工，又准备把全二乡的村子都变成吴家枣园。我们相信他会有更大的成功，并且相信1944年边区会有无数的“吴家枣园”出现。

3.吴满有要把二乡创造成模范乡。

在边区第一届劳动英雄代表大会期间，毛主席号召劳动英雄“组织起来”，高岗同志号召每个劳动英雄要领导好一个村或一个乡，成为团结和推动一个乡一个村群众生产的核心。吴满有首先响应了这一号召，要把吴家枣园的生产经验推广到全柳林区二乡，把二乡变成模范乡。吴满有和区乡干部研讨了二乡的生产情况，提出了生产计划。他又在大会上提出创造模范乡模范村的提案，得到了全体劳动英雄代表的热烈响应，每人都要把他们住的村乡变成模范村乡，展开了全边区蓬勃的模范村乡运动。

（吴满有所提出的延安县柳林区二乡生产状况和1944年生产计划的原文已在12月11日本报头版发表）

（《吴满有和吴家枣园》，《解放日报》，1944年1月1日）

刘玉厚与郝家桥

1.劳动英雄刘玉厚

刘玉厚同志，是绥德县沙滩坪区一乡郝家桥村人，年36岁，不识字，全家现有13口人。他父亲与伯叔父们分家时，只分到瘠地15垧（每垧为3亩），沟地3垧；当时家5口人，不久母死，父亲为办继母及贩卖年货赔了本，欠债130多串。刘玉厚在12岁上就开始学耕地，15岁上，便随父鸡一叫就起身到距20里路远的砚池，背干草贩卖，一次背80斤，往返40里路，回家来才得吃早饭，饭后再去城里把草卖掉，回家来再吃晚饭，这样几年才把欠债还清。16岁起，就年年租地种，冬天给人家“打短工”，闲下空子，便去炭窑里拾炭卖，同时贩粮食，砍柴烧。1938年加入共产党。1940年春，绥德县政权成立时，刘玉厚就在村中群众的推举下，选任为村主任，他是多么地兴奋啊！他经常告诉村里人说：“过去咱们等望着红军来，现在八路军来了，咱们就该拥护他！”第一年，他就担任了征收公粮任务，他首先交了2斗，推动大家踊跃交粮，最后的尾数，他又增交了5升，影响大家完成了任务。1942年，如果按照累进率计算，他只需交三斗五升，而刘玉厚就交了4斗。去年春上500元的运盐代金，他背干草进城卖了几回，就一次交完了。七月时局紧张时，他除了号召大家起来武装自卫外，又以一斗五升麦子，作为军粮，而全村的紧张动员18石麦子，也在他影响下胜利完成了。他理解到：“现在我们有毛主席领导下的党，比以前强大了，有老百姓自己的政府，自己的军队，就该好好拥护他！”

还是在刘玉厚没有被发现为劳动英雄以前，他已经是郝家桥减租会的检查委员，他积极地担负起了群众给他的任务。他号召郝家桥的共产党员要贯彻实现党的政策，于是，在他家里开会，大家一起商讨，进行调查，并领导群众减租斗争，结果前年全村减去了租100石多的租子，租佃户们的生活改善了，有的典买进了土地，有的娶进了新媳妇，有的换上了新棉袄，有的不会青黄不接了。

郝进理的5垧地被地主家无故抽回了，刘玉厚就发动了减租会，要了回来。

早在去年夏收以前，刘玉厚就觉得前年的活租和伙种混作四六分不合理，他特地到政府询问：“今年怎样分交活租租子？”当他知道三七分的分法后，就回到村上传开了。虽然他自己61垧耕地中，只有一垧活租地，但他知道村里被地主欺骗、把活租混作伙种的租子却有不少，因此他非常关心活租的分法，他说：“在今年秋收后，要着实操心把减租搞彻底！”

去年夏收后，郝家桥的一个寡妇刘英珍的两垧出租地，租户要减租，就影响了寡妇的生活。刘玉厚根据政府的法令，提出了公道的意见，劝租户少减一些，并且还照顾了刘英珍三分之一的麦秸。

刘玉厚同志，不仅注意减租工作的贯彻进行，同时还关心与帮助穷人的生活，譬如：去年夏天锄草时，村里郝玉秀老汉的脚疮溃烂不得动弹，家又穷，如果不锄草，地就荒了。有人提出了这件以后，刘玉厚就首先捐出了一升麦子救济他，全村在他影响下共捐出了二斗一升五粮食。春耕时，穷汉马双泉的地耕不及了，刘玉厚就把他的耕牛义务借给马双泉用了四次，刘玉厚还经常督促他好好劳动，叫他耕得深，多锄几次草，双泉在刘玉厚的积极帮助和督促下，也大大地提高了生产热情。刘玉厚在去年绥德地委奖励为劳动英雄后，更坚决地拥护党的号召，更加努力生产运动，他说："咱什么也不懂，就懂得劳动，党号召咱努力生产，那是容易的事呵！"因之，他以后不仅自己努力生产，而且特别注意帮助与推动大家努力生产，使郝家桥更成为全边区闻名的模范村。

2.组织变工队

1943年春天，刘玉厚向绥德全分区提出挑战，比赛生产，这消息传遍了分区的每个角落，到处展开了生产运动中的竞赛。

当时，郝家桥的人们，还对变工生产抱着怀疑态度，刘玉厚首先就和他的两个弟弟，以及堂弟刘崇厚，妹夫王敬修，五个人组成了一个变工队，这个变工队成了郝家桥组织变工的先声。这个变工队，在一年的生产过程中，没有发生过问题，在送粪的时候，刘玉厚兄弟三人，只去了一人、一牛、一驴，刘崇厚、王敬修各去1人、2驴，10天送粪251袋。在耕地的时候，都是先耕自己的地，以后再帮助别人耕，刘玉厚的牛给王敬修耕地10天，王敬修的驴给刘玉厚送粪10天。刘玉厚去年共种地61垧，除14垧谷子地没有上粪外、其余47垧，共上粪600袋，每垧平均为13袋，5人共种地87垧，耕了86天。在锄草的时候，以人为单位轮流着锄，5天一轮，一人锄一天，赶夏至四天（古历六月二十六日），刘玉厚的苗子，除了两垧半谷子外（因种得迟，苗子小），均已锄毕第一次，并有7垧锄了第二遍，以后六天内，除把两垧半糜子锄了第一次外，其余6.5垧都锄了第二次，而一垧云瓜，半垧棉花则锄了第三次，这六天内，刘玉厚还因故误了三个半工，实在他只锄了二个半工。共计他们去年的谷子锄了五次，高粱、豆子等锄了四次，糜子锄了三次。其所以能如此，就是因为变工的缘故，譬如送饭，原来三家在三个地方劳作，要三个人送，现在五个人在一起做活，有一个人送饭就行了，不变工锄头次草2垧地要二个半工，变工有二个工就行，省五分之一的人工。锄三次时，不变工一天锄一垧，变工可锄一垧半，可省三分之一的人工。割麦时，16垧麦子变工割了19天，不变工时要22天。过去的谷子都是撒种，去年刘玉厚安种了4垧，王敬修安种了2垧。前年的谷子只锄了三四次，每垧收3斗多，去年锄了5次，每垧可收5斗。

3.努力生产，有吃有穿

由于刘玉厚一贯地积极生产，三年来他的家庭生活改善了，他替他的二弟及大儿子娶进来两个媳妇，买进来两头驴子（死了），前年并以边洋30元典进来4垧土地。去年又为三弟定了亲。

一方面，刘玉厚的土地都是下地；另一方面，去年又被冰雹打坏了30垧多庄稼，估计在总收获量内，要减少约三分之一的收成，因之去年14垧谷子，收5.5石（18桶斗，下同），每垧平均收谷子3.93斗（弱）；麦子12垧，收4石，平均每垧3.33斗；高粱10垧，收3.5石，每垧平均3.5斗；黑豆13垧，收5.5石，平均每垧收5.77斗；连糜子、豆子、芝麻、老麻子、荞麦等等，去年共收粮二十六石六斗，除交租子和公粮外，还有十九石九六五升。全家11口人，每人平均可收获粮一石八斗一升五合弱。除正粮外，又收2400斤洋芋，800多斤萝卜，400多斤南瓜。女人们纺线35斤，织布10匹，喂5只鸡，植树19枝。此外还到西川拉石炭5000斤，贩卖出去赚得1500斤石炭，供冬季烧用。还换进7只绵羊，5只山羊。去年开粉坊一个，喂了头母猪，3头肥猪，7头猪娃子。刘玉厚已经是有吃、有穿、有烧、有用的小康人家了。

4.模范的郝家桥

郝家桥是绥德县沙滩坪区第一乡第二行村，全村长四里、宽一里，包括刘家渠（刘玉厚住此）、庙沟、杨坪上、峦峦等五个自然村。全村共有120户，677人。郝家桥有坚强的党的组织，在生产运动及其他各项工作中起了很大的作用。

去年2月7日，郝家桥开了村民大会，这个会把全村男女老少的生产热情大大提高了。

就在这个会议上，首先讨论和订出各农户全年的生产计划，并订出全村的生产计划，接着又订出十条村民公约，作为完成生产任务的保证。村民公约如下：

（1）全村人民，互相勉励，做到男耕女织，没有一个二流子，懒婆姨，好吃懒做。

（2）学习刘玉厚早起、晚睡，努力生产，仿效王德祥把庄稼务好，多打粮食。

（3）组织人工变驴工、驴工变人工，做到大家劳动互助、全村亲密团结。

（4）要按时耕种，牢记深耕细作，要有草就锄，定必多锄匀锄。

（5）全村妇女都要纺花、织布，做到全村人民自纺、自织、自穿。

（6）所有租户，都要按政府减租规定交租，不准多交，如有投机取巧、捣乱旁人土地者，一律送交减租保地会议处。

（7）以前如有不务正业的人，以及游手好闲之徒，要帮助生产，如经劝解不改者，由村民大会商议处理。

（8）要防止吸烟、耍赌，如以后发生这种事情时，送交乡政府法办。

（9）禁止牛羊牲口践踏青苗、庄稼，如有损害人家庄稼者，应按情形轻重、多少赔偿之。

（10）上列各条，全村人民必须遵照履行，要做到大家饱、暖、全村模范。

最后，在这个村动员大会上，通过了全村向别处的竞赛挑战，不久就得到了很多有力的回应，除崔家桥、义合区、合卯村应战外，又有沙滩坪区、张家沟、新店区、鱼池沟等处，先后起来应战。

5.春耕

郝家桥在去年古历正月十五日的雨水节，当土地尚未解冻的时候，便开始准备春耕工作，如摅粪、送粪、整修农具等，到古历二月初一时，就开始在阳山地里种豌豆，翻硬地。

在春耕中他们特别重视牛，譬如王德祥吧，和别人合喂一头牛，总是不肯轻易去掉的。他的经验是好牛每日能耕一垧地，驴只能三日耕2垧，牛可以耕得深到七八寸，驴只能耕三四寸深，同时牛的力大，能持久，走得匀。耕过地的壕子下面是平的；驴力小，不能持久，走起来一蹦一蹦，耕过的壕子下面有重合，阻碍庄稼根的铺张。

同时，格外讲究耕地法，再以王德祥为例，他对耕地不讲究快，他从四十年的耕地经验得出一句话叫："慢工出好活"，有一套与众不同的做法，他把耩子执得端端的，一条线似的向前走，一铧一铧地摆过去，犁壕子匀称而端正，牛耕不到的小块或低洼之地，都用镢头掏有七八寸深，土块打得非常细碎，在适当的地带拉了水路、溜了崖、锄了地坪，因之虽是山地，也不会遭水瞎庄稼，与柴、草赘地，行政村主任在生产动员会上曾说："谁要想在王德祥的崖上去砍柴、拦羊，是连一根草也找不到的。"这确实是实情，而王德祥的这种细密耕地法，可以做成郝家桥去年耕作法的代表。他们对"不违农时"这一点是普遍做到了的，去年特别注意下种时间的把握。关于施肥，全村各户都完成了"除谷子地外，每垧至少上十二口袋粪"的计划。

6.锄草

去年的雨水很多，入夏时又逢喜雨，因之去年的锄草任务是特别急需，因之在锄草动员的村民大会上，通过："谷子地锄草五次，别的庄稼锄四次，棉田不带打卡锄七次，云瓜锄十次"的计划。并通过了锄草的时间配比：第一次在夏至、小暑之间，见苗不久，所谓"糜锄两耳谷搜针"；第二次在大暑间，苗长约在五寸时；第三次在立秋间，苗长约一尺时；第四次、五次在处暑至秋分之间，庄稼也开始结果的时候，所谓："立秋一十八，百草绣穗。"至于锄法：第一次是深锄，按庄稼的大小与类别有的是粗锄，有的是细锄；第二次是深锄，并给以结实的土；第三次、第四次都是浅锄，只把杂草锄净与松松土壤就得了。这个会上并发动了个人与个人、小组与小组，变工队与变工队、本村与外村的竞赛运动。

在这个热烈的动员下，锄草达到：谷子锄五次的有264.5垧，四次的96垧，三次的19垧，共379.5垧；黑豆锄五次的67.5垧，四次的305.5垧，三次的66.5垧，共439.5垧；高粱锄五次的62垧，四次的243垧，三次的33.5垧，共338.5垧；糜子锄五次的4.9垧，四次的37.5垧，三次的33.9垧，共76.3垧；棉田共87.5亩，不带打卡都锄了七次以上，其他共165.5垧，各锄五次到七次，而一般勤快的农民，把第一次锄草分作粗细两次锄，所以严格地说来，锄五次草的农民，实际上是锄了六次。

在锄草过程中，又涌现了两位锄草英雄，一位就是前面说过的王德祥，已五十多岁了，另一位叫郝光盛，已快四十岁了。他们所以成为锄草英雄、就是因为他们锄得快、锄得细、锄后地无锄痕、土如□□。

他们的共同经验是："锄到谷子，打卡到的棉花。"他们说："若锄一次的谷子，打的颗粒小而不圆，米蒂上面有一个小坑锄了三次以后的谷子，一垧地如再多锄一次，即可多收粗粮5升，为什么呢？因为锄一遍还能松土，土不松，吸不进地里的湿气和地面上的潮气（如露水），有雨也难润饱，因而就不易耐旱，庄稼就自然长不好。"

7.夏收

郝家桥在收夏快到的时候，也像春耕、锄草时一样，预先开了一个动员大会，做出来收夏计划。在他们有计划、有步骤的行动下，226垧的豌豆，50垧小麦，131垧阳地老麦，赶古历五月底就收完了。98垧东背地老麦，赶小暑就收完了。71.5垧西背地老麦，赶古历六月十五日，也就割完了。

打场是郝家桥妇女的习惯工作，碾场有牲口，只要庄稼一上场，一切场、碾、滚、捶打、腾泻、簸扬等等，都是妇女们大家动手完成的，这也就是动员会上分配给她们的任务，因之没有因为打场，而妨碍锄草和翻麦地的时间。

翻麦地是郝家桥大家都特别担心的事，所谓"一年的庄稼二年办"，因为去年的麦地翻不好，一定要减少今年的麦子收成，因之他们在村民大会上，也曾做了具体的计划与分配，其结果是，当时计全村有6头牛，每牛翻二次的有5垧，合为30垧；有耕地驴三五头，每驴耕3垧，合为105垧，以上翻二次的计为135垧，占全部麦地的38.4%。其余翻一次的为215.5垧，占61.6%，这就是说翻两次的超过原来计划的11%（原计划200.5垧），翻一次的比原计划减少了7%（原计划150垧），所以能如此，也是由于实行全村变工的结果。"就收就翻"就是他们当时一致努力的口号。

8.春耕夏耘中的变工

郝家桥的变工耕作，已有长久的历史，去年在刘玉厚等号召下得到很大的发展，他们是按原来的议员小组为单位组织的，春耕时的组织总计变工户数49户，人数56人，分为20个小组。

在锄草时变工组织，比春耕时更发展了，共80户，124人，26个小组。

如果把春耕时的变工指数作为100，则锄草时的变工组数，就发展了130%，变工户数，就发展了163.2%，变工人数，就发展了221.4%。

这些变工队的组织大致都有这两个特点：其一，是土地大多在同一个山头上；其二，是参加变工者都是同族、亲戚或情感关系较好者。如郭永亮队五户在同一山头上的76垧，而不在同一山头上的只有6垧。又如王国庭队九户，在同一山头的115垧，而不在同一山头上的只有2.8垧，并且他们大都是同族或亲戚关系的结合。此外，并实行以下办法：

（1）如果一个队中的土地不是完全都在一个山头上，而有一部分在别个山头上，不够全队去搞一个工时，就把一个队临时分成几个小组去锄，譬如阳山上一个组，背山上一个组，以减少因为跑路而误工。

（2）每天出发之先，大家都临时商议一下一天的计划。

（3）各自吃各自家的饭，地近时回去吃，地远时派一个人回去取来地里吃。

（4）欠工都补还了（有的用牛工兑还）。

去年的变工确实比往年普遍多，但并不是没有缺点，譬如：（1）春上的变工都为临时的活变，多系为了牲口的调剂，还没有大规模的发展。（2）在所谓“收秋没老小，一人一镰刀！”的意识迁就下，收秋时实质上等于没有实行变工，因之赶把庄稼收完后，地已冻了，没有进行秋翻地。（3）没有注意到土地小而分散的特点，变工人数太多了，倒反困难更多，因之像锄草时组织成的郭永亮、王国庭二大队，后来也不得不分为几个小变工队。（4）还有有牲口、有劳动力的十户中农，没有参加变工。

9.去年全村生产总结

（1）农业生产：由于去年的农作法，比往年细法的多，从溜崖、掏畔、腰崖、拍畔上，即增加了耕地面积十三垧又二堆（六堆为一垧），挖水窖426个，拨水沟590个，打水坝511条。减少了夏季暴雨的冲毁损失。安种谷子143.5垧，减少了虫蛀的损失。因之全村2126垧耕地，共收粮1063石（副业收入在外），每垧平均收获5斗，除交租子约120石，公粮35石外，尚有粮908石，全村共677人，每人平均有粮1.29石弱。

（2）纺织业：全村有女劳动力135人，都会纺线，连十三四岁的女孩子也都会纺，所以全村会纺织的有199人。每人各有纺车一架，其中有织妇64人，织布机48架，去年共纺线2000多斤，除织布自穿外，还给合作社交了1080斤，得工资米38石，每个纺妇，平均得工资米一斗九升一合弱。

其他工作也都好：

（1）减租：由于减租工作的彻底执行，去年少交租120多石，本村的两户地主，退出多收去的租子4.31石，合二宗为124.31石，这就是说，郝家桥全村，去年比往年少支出了粮食124.31石，全村108户租种地的贫农，每户平均可得粮1.15石强。

（2）武装自卫：在去年7月，自卫军整顿了，共有自卫军×××人，齐备了应有的武装，实行了盘查放哨，并订立了武装自卫公约，连妇女、娃娃，也都分配了任务。此外，又预交了五石五斗麦子的军粮，930斤麦秸的马草，准备自卫战争的供给。

（3）防奸工作：防奸工作在郝家桥也展开过，由刘玉厚同志组织的劝导小组，挽救了本村的失足分子刘永光及全乡的8个失足分子。

（4）拥军：去年帮助八路军缝了220多套棉军衣，并给附近驻军借了很多用具及用物。

（5）移民：本村去年共移了8个劳动力，到延属分区种庄稼，并给移民借给了路费、帮助移民家属的生产。

（6）改造了3个二流子，现在都很好的生产了。

10.为创造模范乡而奋斗

今年刘玉厚同志，要运用去年的生产经验，协同党政把他所住的沙滩坪一乡，创造成模范乡。

沙滩坪区一乡现状和去年生产实绩：

该乡在绥德城西，离城5里路，就是第一行政村马家沟，全乡在这道沟里，长35里，郝家桥在本乡的中间，乡政府设在郝家桥。全乡共有5个行政村，16个自然村，共565户，2493人，全劳动力536人，土地7663垧，牲畜有牛18头，连边府奖给郝家桥的一头牛共19头，驴152头，羊947只，猪239头，母猪5头，猪娃80头。

去年共收粗粮3831石（平均每垧5斗左右）；植棉203亩，收净花1400斤

（都是山地棉花，每垧平均7斤）；纺纱7410斤，内有给合作社纺3200斤，赚小米工资112石。现有纺妇500人（去年发展43人），纺车487架（去年增加43架）；有织妇166人（去年发展30人），织布873匹，土机116架（去年增加2架）。

去年参加长年变工的共有152人（临时变工未计算）；全乡16个二流子，已改造了10个；移民劳动力15个南下开荒，全乡共开粉坊10处，喂猪92头，推绿豆49石，产粉条3920斤，这些粉坊大多是在冬季推到次年春耕时就停止了。

去年春上，地委习书记到郝家桥，为了解决纺妇纺纱困难，特帮助在马家沟创立合作社一处，从4月到12月共9个月内，纺了8000斤纱，发出小米工资二百二十六石六斗六升，又买了一架轧花机，低价给群众柠花1200斤，替群众省了7万多元，并低价给群众弹花110斤，合作社全年获净利61万元；最近并成立运输队，有7头毛驴（内有群众朋帮5头）。

今年全乡生产计划，完成耕三余一，争取耕二余一。

每垧地增加细粮2升，全乡要收获粗粮4900石（除增产2升外，以平均每垧6斗计算），除去平均每人全年消耗一石五斗粗粮，共3700石，又牲口消费95石，交租子300石，公粮合粗粮260石外，还有余粮540石，并加上纺织收入工资米合粗粮384石，开粉坊获利合粗粮400石，共有余粮1324石，这样，就可达到耕三余——3972石了，如果在农业上如植棉或其他副业上更加努力生产，也可以达到耕二余一，完成自卫备荒的任务。

要达到上面的任务，必须做到下面的办法：

（1）普遍组织变工队，继续巩固现有的长年的变工队，今年保证300个劳动力参加长年变工，并特别注意变工队的领导。锄草时要做到80%劳动力参加变工，变工后省下的工，要进一步改进农作法，变工队长和组长，要负责调剂人力畜力，保证各村庄稼按时耕种、锄草和收割，真正做到劳动互助，不说吃亏便宜的话。改造现有的6个二流子，把他们编进变工队中参加生产。

（2）改进农作法。学习王德祥的好作务，山地锄草三次的占一半，锄四次的占一半，一般秋田普遍春翻一次，棉田按各地保证翻二次，发动腰崖拍畔，达到每200垧山地扩大耕地面积一垧，全乡增地38垧。此外如溜崖、掏畔，修小块水利等也要进行。发动秋翻地385垧，在霜降以前翻过，并且要耙过一次。全乡试种狼尾谷50垧，由劳动英雄、变工队长、组长等先种，秋收后完全留种，明年就可以大部分种狼尾谷了。此外如防虫，拾粪、积肥等方面，也要积极地向郝家桥看齐。又全乡种洋芋1240亩，平均每人种5分地，作为防荒、节省粮食的准备。为增加粪土，提高产量起见，全乡增设粉房2处，共12处，喂母猪12头，下猪娃230头，喂肥猪125头，全年推粉2万斤，可得猪粪1700布袋，粉房得利可有200万元。

（3）植棉。共700亩，每亩收花10斤，共7000斤，保证沿沟平阳地都植棉。

（4）纺线。全年纺纱9650斤，半数自用外，给合作社纺可得工资米193石；要发展纺妇36人，增加纺车36架。全年纺布210匹，除自穿以外，可出卖155匹，要发展织妇20人，增加布机5架。

（5）合作社。扩充股金500万元，开粉房一处，由群众集股，开染坊一处。全年纺织18000斤，保证70%是特等纱，30%是上等纱。付出工资米780石，奖励成绩优良的纺妇。发展运输、运盐、煤油等日用品。增设轧花机一架，布机两架，设铁炉打农具，并向外买铧1000页廉价卖给群众，以及帮助解决生产原料困难。

此外还有发展牲畜、植树、移民、提高文化、建立义仓、彻底减租、防奸自卫、拥军优抗等项，内容除任务数目不同外，大致和郝家桥差不多，所以不重复了。

另，模范乡的乡民公约。

（1）全乡人民都组织起来，大家参加变工队，创造模范乡，做到耕三余一，争取耕二余一。

（2）学习刘玉厚努力生产、按时耕作，早起晚回、多打粮食，学习王德祥的深耕细作。

（3）在农会领导下，彻底实行政府减租法令，不多交租子，不挖别人的土地，旧约要重换，旧欠要勾销。

（4）全乡妇女都组织起来，参加纺织小组，纺细纱，织好布，做到大家有衣穿。

（5）全乡拦羊娃娃都组织起来，参加拦羊变工队，省下工助家庭农业劳动，把羊拦肥，不糟蹋庄稼。

（6）多栽树，多喂猪，多养蚕，多养鸡，发展副业生产。

（7）不赌博、不抽烟、不偷人，保证没有一个二流子。

（8）肃清汉奸特务，清查户口，不包藏坏人。

（9）参加自卫军站岗防哨，盘查行人，保卫家乡，保卫边区。

（10）拥护八路军，优待抗属，帮助抗属发展生产。

（《刘玉厚与郝家桥》，《解放日报》，1944年2月21日）

模范党员和劳动英雄申长林

1.参加革命英勇斗争。

申长林同志，今年五十岁，原籍米脂驼河岸人，是一辈子侍候人的雇工的儿子，十一岁上给人家放羊，十三岁时，就给一家石姓当雇工，一年赚得八吊青铜钱，十九岁时，就已成为一个会“领工、捉桨”、“提篓下籽”的做庄稼能手了。

申长林同志的揽工生活，一直过到二十四。当时他思想上起了一个变化，他想：“揽一辈子工，熬下去，总是给人家赚家产。”于是就决意不揽工了，心想找些地给自己种。然而在地少人多的米脂，是没有达到这种愿望的可能的。后来听到别人说延安荒地多，便抛弃了十年做雇工的家乡，毅然来到延安蟠龙区雷家川马家沟村，就在这里经过千辛万苦创立起自己的家务，一直到现在。

当时的蟠龙，是在旧社会豪绅地主黑暗的统治之下，也是一年青人坠落的泥坑，赌博、抢窃、洋烟，什么都有，但找土地种，却为难事，“荒山遍野，物各有主”，何况申长林同志还是一个人生地生的外路人呢？可是生活总得想个办法维持——再揽工吗？他又不甘心，不得已，听信了巫神的劝说，便当了巫神的“法马”；同时赌场里边也常有他的位置。不幸民国十七年（1928）陕北大荒，老家不能住了，一家7口人，经过45天的跋涉与求乞到蟠龙，找到了申长林同志，可是囊空如洗的申长林，一向自顾不暇，又怎能够维持突然增加的七口人的负担呢？申长林同志虽然想尽了许多方法，但总未免掉被冻、饿夺取了父亲的生命。

好容易到了1934年，蟠龙一带闹起革命，给他分到了土地40垧和一些牛羊，申长林同志即体验到革命对他的利益是无限的，他觉悟到："尔个的世事，要大家平等里！"他把从六年来（1929年到1934年）包租耕种110垧山地收入的剩余（100多石粮食）先后欢送当时的红军吃了76石，又互济了贫民20多石；并在1935年的春天，率领着2个弟弟，参加了赤卫军，配合刘志丹同志、高岗同志指挥下的正规红军参加了打蟠龙寨、打兴龙寨的英勇战斗，此后安塞延安的苏区比较巩固了。申长林同志和全家人才开始了他们新的真正为人的生活了，从此申长林同志对革命的认识更进了一步，他同革命工作人员们的多方接触后，又懂得了很多革命的道理，于是在1936年春天，经过当时那里区委书记的介绍，兴奋地参加了共产党的组织。

2.努力生产足食有余。

申长林同志，从革命以来，一贯地努力生产，年年有成绩，因之他的家庭经济也就逐年向上发展着，这从他历年的公粮负担上看得很清楚，兹列表如下：

年代	全村公粮负担数（石）	申长林同志的负担数（石）	申负占村负的比率
1939	11.8	5.5	47（弱）
1940	19.4	12.0	62（弱）
1941	22.9	13.8	60（强）
1942	22.5	12.5	56（弱）
1943	8.0	4.0	50

公粮负担数目的逐年增加，有力地表现了申长林同志家庭经济的逐年上升，因为公粮负担的数目，是从每个人全年收入的总平均数上，用百分比率计算出来的，去年申长林同志的种植及收入情况如下表：

秋粮种植种类	垧数	共收入（石）	每垧平均收入（石）
熟地谷子	21.0	16.8	0.8
开荒地谷子	6.0	6.0	1.0
糜子	8.0	5.6	0.7
玉麦	3.0	3.6	1.2
高粱	2.0	1.6	0.8
黑豆	6.0	4.8	0.8
老麻子	1.5	1.5	1.0
小麻子	1.5	1.5	1.0
荞麦	2.0	2.0	1.0
杂豆	1.0	1.0	1.0
共计	52.0	44.4	0.85强

附：土地每垧合3亩，收入兴平均收入，都以18桶面为单位。

除上表所列外，申长林同志还种麦子21垧，收麦十五石六斗，每垧平均收入七斗四升（强）；种洋芋2垧，估计可收45袋（谈话时洋芋尚未刨出）；种瓜、菜地一垧，收南瓜200多个（每个平均都在10斤以上），番瓜50多个，白菜、蔓青等足够全年吃用。又安伙子种地30垧，可分得粮9石多。

申长林同志种庄稼一般都比别人能够多收粮食，原因何在？拿农谚上的“只要苦受到，土地不瞒人”一句话可以说明一切。申长林同志去年给雇半个长工，一个放羊的，他自己和两个兄弟，合起来共有三个半劳动力（他和放羊的顶一个），使着两头牛，地除荒地外，都翻过两次后才下种，每垧地平均上粪14袋（每袋80到100斤），庄稼都锄过三次，瓜、菜地种锄得更多些。据申长林同志谈，前年粮食吃到接上去年的粮后，还余粮6石，去年的收入，吃到接上今年的新粮，又可以余粮10石。合计前、去两年已有余粮16石。

在牧畜方面，去年发展羊羔子67只，现共有羊178只，驴2头，鸡15只，去年10月间买得瘦猪1头，30多斤，还有小猪娃子1头。

此外捎驴到张家畔驮盐两次，驮回5斗盐。种桃树30株。卖了5条羊绒毡，入洋9900元，两条羊毛毡，入洋3600元，剩下两条羊绒毡，一条羊毛毡，自己用了。申长林同志的老婆，又打成长一丈二尺，宽九尺的高粱秆子皮席二张，做了纺车一个，后来因搞不到棉花，只纺得一点够全家缝衣裳用的线。

3.对人公道对己模范。

撇开别的方面不讲，这里只讲申长林同志在负担的一方面，也够得上“对人公道，对己模范”这个光荣的称呼了。自1939年起至1943年止的五年中，马家沟全村的公粮负担，为八十四石六斗，而申长林同志一个人的负担，即为四十七石八斗，占全村总负担数的56%以上。再以公盐来说：1941年，马家沟全村负担公盐900斤，申长林同志一个人出了450斤，占总负担数的50%；1942年全村为1325斤，申长林同志出了595斤，占总数的45%弱；1943年全村负担1160斤，申长林同志出了520斤，占总数的44%弱。而申长林同志的财富，并没有占到全马家沟的一半，比如去年全村19户，种地300垧，而申长林同志仅种76垧，即连伙种出去的30垧加进去，也只有106垧，仅占全村所有的三分之一。全村共有劳动力二十七个半，申长林同志连雇工算上才只有三个半，全村共有大小牛28头，申长林同志则只有四头，全村去年收粮180石，申长林同志只收入60石，还占三分之一。那么申长林同志为什么士反乐于负担呢？他的理解是这样子的，他说：“公粮越多出越好，正表现是自己扩大了，公家要的个底有限。”也曾有人问过：“老申：你觉得负担重不重？”他的答复是：“咳！公家困难！人民都出呵！只要把公家维持住，咱就自然维持住了，咱就这么一个主意。”

1940年征收公粮的办法是：召开村民大会，自动报数，申长林同志是先打先锋的。1942年在征粮会议上，他自报愿出13石，可是评议会认为太多了，评定他只出了十二石五斗。“大家出，剩下三斗、五斗我出着！”这是他对于每次分配负担数时的态度。前年征粮时，有些人——譬如任存德——相信了特务的“以后打得多，出得多”的造谣，就卖牛卖驴破坏自己的生产，而申长林同志却相反，他一方面买牲口、雇长工（四弟回米脂了）积极扩大生产，另一方面则向人解释说：“为了抗战，为了革命，出点负担是应该的；负担到底是少数，生产发展，总是自己拿进的多！”

4.安置移民爱惜雇工。

去年在青黄不接的时候，有19户移难民和贫民，向申长林同志借粮，他慨然允纳，共计借出去谷子三石五斗八升，糜子三斗九升，荞麦二斗四升，麦子二斗一升。他对这些人的借粮采取什么态度呢？他说："借一斗，还一斗，不还也不要紧，只要大家努力生产。"因之像徐俊才、刘成德，虽然前年的借粮尚未还，而去年仍旧是需要多少，借给多少，并没有表现出一点难为。去年他原计划安置2户移民，结果安置了3户，移民没有地种，他把自己仅有的3垧川地及30垧熟地，无代价地让出去，自己却颠倒以一石五斗租子，向外庄租入熟地27垧，以补耕种的不足，他更注意优待移民的政策与法令，去年村上的干部要给移民分配麦征和公盐负担，他不同意，并把实况立即向上级报告，得到了纠正，给他的伙子及雇工分下的5斤公盐，他都代交了，没有要他们的丝毫补还。

申长林同志对待伙子及雇工完全和旧型的富农不同。他把他的伙子与雇工看作是自己人，关心他们的生活与工作。譬如对伙子吧，牛不要伙子喂，草不要伙子铡，让零块的土地给伙子不出种，牛料只按伙子种的正地一垧收一升半。因之去年三家伙子，除过各人的消费外，吴古明可尽得八斗九升，马福修得二石四斗，张有福得二石二斗六升。

去年雇的长工马六，是伙子马福修的弟弟，年工资是4100元。按习俗是"工半钱半，工满钱足"，这就是说：做了一半时间的工只能取工钱的一半，一年做满了，工钱才能都取到。但申长林同志则不是这样子，远在4、5月间就把马六全年的工钱拿出来，代买成一石九斗麦子。可是不幸马六从4月起，一直病到8月，按习俗马六要给申长林同志雇工来顶，可是申长林同志，不但没有要马六雇工顶，还常送面给马六吃，送钱买药，到年底超支了一千多元的工资，没有要马六偿还，反给了马六装被子2斤羊绒，一双鞋子，使马六虽然病了一年，还能够给他母亲拿回去3斗多麦子供过年用。另外还以年工2100元，雇一个放羊娃，名叫五儿，把工资也给他早早买成9斗麦子，除工资外，也给了2斤羊绒、一双鞋子。雇工们的衣服破烂了，都由申长林同志家里的女人帮为缝补，因之马六非常感激地说："天下不容易找到这样子的好掌柜。"五儿说："好掌柜的，雨雪天都是他自己放羊去反叫我在家闲着。”是的，申长林同志确实是个好掌柜的，这除了共产党领导的新民主主义的边区外，任何地方都是找不到的。

5.响应号召组织变工。

去春申长林同志在县上受奖回去的第一天，乘着村上的人都来看奖品的当儿，就向他们宣传变、扎工的好处，希望村上的人都组织起变、扎工种庄稼。可是有的人说：“人数太多了，误工大！”有的人说：“搞不在一起。”申长林同志就向他们说：“人数不一定，多少都可以，各自找对象，自然就搞得一起来了。”隔了几天后，8个变工组就组成了，全村19户，只有景三与景占元两个“二流打瓜”的人没有参加，刘福银和外村他丈人变工了，其余都互相变起来了，结果开了29.5垧荒地，超过原来计划9.5垧。

锄草时，组织了10个人的一个朋工扎工队，两个变工队，参加者一队8个人，一队3个人。扎工队的功德主是刘福友（老户、富裕中农），工头徐俊才（新户、刘的伙子），管账刘兆子。

变工队实在是从三种关系上组织起来的。一种是亲戚关系，譬如景二和张三，是丈人和女婿，申长明和伍中福等三人，是姑表弟兄等。再一种是掌柜与伙子的关系，譬如刘福友和徐俊才，刘生旺和李二等（作者注：这种变工中是否有掌柜的剥削伙子的不平等变工，谈时忘了详问这点）。第三种是每人各有一个牛，需要凑合才能耕种者，譬如景二和刘福旺，景占海与郭生才等，就是这样。因之他们在实行变工中互相关系都很好，都没有发生什么问题。扎工队却相反，经常发生问题，譬如，第一次是农工的一个新户，没有粮食吃，申长林同志给借了几斗，才能够继续着。第二次是功德主开不出工钱来，大家嚷着要散，申长林同志就把工钱垫出去，才未解散。以后问题还不断发生，譬如，一次给徐俊才家锄地，因饭做少了，大家没吃饱，又一次因下雨，应该收工，而未收工，使大家不高兴。反正问题不断发生着，而每一次的问题，都是由申长林同志去解决的。假定离开申长林同志的话，扎工队一定不会搞到底的。从组织变扎工中还表现了一个特点，就是参加变工队的都是从上边来的移民，而参加扎工队的都是本地老户，本身都有一些土地种着，其中只有一个农工。总之，全村川地，去年有三分之二都锄了二次，三分之一锄了三次。

收秋时，没有组织变、扎工，其原因是：所谓“收秋没老小，一人一镰刀”。因之人口多少不一，便难变起来。同时有些人封建意识很厉害，感觉自家的女人和别家的男人在一起不方便，但本地老户家的女人，以前很少上地去，去年则都上山了。

6.帮助别人发展生产。

去春申长林同志在县上受奖回去的第三天，就召开了村民大会，报告了他的受奖经过，特别是当他把去年的扩大生产计划报告之后，确实引起了一千多个到会者的兴趣与回响：“老申虽然负担出得多，但他这二年的光景，确实比以前好多了！”一个常海明，在当场就说：“以后要向申长林学习，不要怕公家要得多，只要咱们生产得多，交公的到底是一少部分，还是自给自家的多，能过好光景！”而十里以外的二流子刘生贵，专意跑来探问申长林，并做忏悔道：“以前太胡日鬼了，以后要下决心种庄稼，过日月！”

小组长通知在去年惊蛰节那天的上午召开党的小组会议，申长林同志自然按时到了会场，可是情景不同以前了。以前人数总不能够到齐，这次连一个缺席的也没有；以前总是申长林同志在开会地点上等候着别人好久，这次反被别人等候了他好久。就是会议过程中的情景，也是焕然一新，没有像从前有过的那些现象，比如打瞌睡的、谈闲话的、吊儿郎当的等，大家都在聚精会神地听着申长林同志的每一句发言，互相研究着各个人的生产计划。在这个会议上，申长林同志批评了爱好赌博的个别党员，也批评了轻信特务造谣说“收得多，要得多”而懈怠了自己生产的个别党员，因之赶下午申长林同志“出牛”的时候，党员及非党员的共有六七犋牛，同时“出”了。（作者注：陕北把每年第一次耕种地时，叫作“出牛”，并烧以香表，习惯多在古历二月二日，取其所谓“龙抬头”也。）

村里有个刘德银，原是延安市人，过去当邮差，现在当二流子着，大家要给他挂二流子牌，他不高兴，申长林同志便找他谈：“只要你好动弹，二流子牌还能在你身上生下根吗！”庄稼他确实不会种，可是他决心学习。没吃的，申长林同志借给了3斗粮，他真的转变了。去年种了7垧庄稼，打了5石粮，秋收后买了一头驴，出了2700元价，他说："明年要好好地耕庄稼！"还有一个景三，鸦片烟鬼，会编筐子，不种一点儿地，婆娘的死活他不管，有钱就躲下专抽烟，没钱了就编筐子卖，申长林同志找他谈，他不改，区上要处罚他，他慌了，又找申长林同志说，他"改呀"！因之没受处罚，没吃的，申长林同志也给借了3斗粮，去年开了1垧荒地，种了2垧熟地，收粮一石七八斗，现在洋烟瘾虽断了，但二流子气还是没有决心改，申长林同志计划，今年还要给他下功夫。

村上的妇女，过去都不会纺线，缝衣服的线都是手捻，申长林同志在去春县上受奖回去不久，便召开全村的妇女会议，给她们讲纺花、织布的好处。其中有景占元的婆姨，刚在娘家那里学会纺线；徐俊才的婆姨，是上边下来的，会纺会织，于是就把她俩选成教师，给大家教，去年共教会了六个婆姨，每人有一架纺车，纺了棉花20斤。因为合作社领不到棉花，因之不能大量发展，申长林同志计划，今年还要她们学，要她们都学会，并计划帮她们向外买棉花纺，去年已买过3斤。

7.今年计划扩大家务。

在去年边区第一届劳动英雄大会上，申长林同志计划，今年要把他的家务再加扩大，他做出了今年生产计划。

（《模范党员和劳动英雄申长林同志》，《解放日报》，1944年1月28日）

马丕恩和马杏儿父女

嘉奖马丕恩为边区劳动英雄，马杏儿为边区妇女劳动英雄

陕甘宁边区政府命令

战字第　665　号

中华民国三十二年二月　日

各专员县市长：

据本府生产委员会报告："本会南场伙计马丕恩，是米脂人，去年四十六岁，有四十多岁的一个老婆，十七岁的女儿，十五岁的男孩子，还有两个不能劳动的小孩，共六口人。去年春由米脂逃荒来的，到农场时只有六

个光人，除掩身的破衣服外并无一点铺盖行李的。与本会农场订立合同安做庄稼，约定种地45垧，吃了借粮6石（小斗粗粮），又新开荒地6垧，共53垧地，秋收后因他安种锄耨收割，都比别人要适时而好，所以秋收他比一般人都多，如不遭风灾的话，54垧地要收60余石粮食，现在收50石的样子，除还借粮及秋收时吃用而外，现余粮16石，大猪2头，小猪5头，这些猪都是他老婆伙喂农场的猪所长余的，现在他将秋收的草菜及2头大猪卖的数千元，将全家衣服换新外，又买了被子毡毯等，还长有15石多粮，2000余元的猪，他准备今年不吃借粮，儿子不揽工多种地。

他的劳动精神，是全年老婆女孩都参加，开春就将男孩给农场揽工放羊，全年工资700元，他的计划是一则口脱出去，少吃借粮，一则赚的工资留锄草时雇人用，女孩与老婆都会耕会种，特别是他的女子名叫马杏儿，开荒时脱光脚片，与他父亲一样开荒，鸡叫上山，晚上才回（老婆送饭），锄草时与成年之劳动不休息，男子一样，扎工锄草，其余的人休息，她就去寻水，她秋收时与她父亲收背庄稼都是鸡叫到晚的。农场除开总结会时大会表扬外，另给数斗粮作奖励。以上情形特报告，拟请政府调查予以奖励表扬，以鼓励其他的农户，特别是妇女。”等情。

查马丕恩、马杏儿父女，早起晚眠，努力生产，经一年之勤劳，一家六口由赤贫之难民，一跃而为自耕农，堪称努力生产改善生活之模范，本府决定嘉奖马丕恩为边区劳动英雄，马杏儿为边区妇女劳动英雄，并令建设厅会同延安县府予以物质奖励，除分令外，希各专县府将马丕恩、马杏儿父女生产事迹普遍宣传以资效法，并应特别号召各地妇女学习马杏儿之模范，仰即遵办为要。此令。

主席　林

副主席李

（《陕甘宁边区政府为“嘉奖马丕恩为边区劳动英雄，马杏儿为边区妇女劳动英雄”给各专、县、市的命令》，1943年2月）

马丕恩

提起他的名字，是不会有人感到生疏的。他是去年经政府特别奖励过的劳动英雄。此后生产情绪倍增，今年将给别人拦羊的十五六岁的儿子，也叫回自己家里，借以扩大生产。去年马丕恩与马杏儿两人共种地55垧。今春整个开荒和春耕期间，马杏儿都病着，直至锄草时才好。所以，虽增加了一个孩子，如就其实际劳动力说，是不如去年了。但今年种地数比去年增多20垧。在地增加了，劳动力减少的情况下，因马丕恩劳动特别有步骤及与别人变工，亲自领导变工队的结果，所以他耕作仍很细致。未雇一个短工，未荒芜一分地，而且下种、锄草、收割都能先别人10天完毕。春耕时，他上午种地，下午牛歇下，人去开荒。4月20左右，杂粮——玉米、蔓豆就已下种了。以后集中力量开荒10天，共6垧。5月20左右，全部谷物均下种，先别人十余天完毕。之后，帮他女婿开荒5垧，并供给他粮食，凑家具。

今年共打粮46石。其中谷子30垧，可打28石。平均每垧打9斗，超过一般产景十分之八。副业收入：分得白菜萝卜共3000斤，谷草1500斤，马杏儿病中纺线5斤得6000元，另外还养猪3头。去年打粮50石，今年比去年多种20垧，打46石粮食，总的收获量比去年相对减少了，这由于天灾所致，并不是精力未至。如种荞麦10垧，开花时冻坏了，原可打4石现只打4斗，损失十分之九。七八垧大小麻子，每垧也只能打一二斗。他对公家的东西，和自己的一样爱护，伙养的一头牛，喂得特别胖。这也没有什么秘诀，因他草铡得细，土摔得净，喂的遍数多，每遍添的分量少，牛肯吃。牛吃剩下的谷草屑，他都不舍得丢掉，拌上料，又去喂，这样牛可喂肥，节省很多。所以，他的牛最胖。不间断地耕地一年，没有乏过。

马丕恩今年粮食与菜蔬的收获，除吃穿外，还有剩余，如以五人计，全年开支：吃盐36斤，需2000元，火柴三包需1500元，补充冬夏衣布10丈，需2万元，棉花3斤需6000元，共需29500元（均以目前市价计算）。这笔需要，单从副业收入中开支，也有余。今年的2头小猪，到明年6月至少可卖1万元。谷草1500斤，可卖3万元，共4万元。除上述开支外，尚余10150元，还可再行补充衣食零用，平时也可多吃些油和肉了。另外，分的3000斤菜，还未计入，如以目前市价每斤15元计算，则可得45000元，今年分粮二十四石四斗，五口人全年吃10石，还可余十四石四斗。这样，马丕恩在自己的辛勤劳动，和新民主主义政权的帮助之下，经过两年的时间，不但能由一无所有而变成丰衣足食，安居乐业，而且有余资扩大生产，改变自己的经济地位了。所以他明年的生产计划是：（1）改伙种为自种。开荒20垧，租种熟地20垧。荒地全种谷子可收20石，熟地打算再种谷子4垧，可打二石八斗，玉米4垧，可收4石，麦子2垧，可收1石，麻子2垧，可收1石，荞麦5垧，可收二石五，蔓豆1垧，可收1石，共可收粮三十二石五斗。此外，尚计划种洋芋1垧，谷草1垧。为完成上述任务，计划买牛1头，现每头牛4万余元，由卖粮食中可筹措1万元，余3万元另设法解决。（2）打窑三孔，两孔大的住人，一孔小的圈牛，打窑可不雇人，工具也可自己购置。（3）喂猪，马丕恩老婆明年除处理家务外，继续喂猪，伙养的母猪，明年下两窝猪娃，至少可下10头，自己可分5头，留下1头过年吃，4头出卖。（4）明年6月卖猪后向南区合作社入股1万元。

上述计划如能全部实现（计划并不大），马丕恩可由佃农一跃而为自耕农，并逐渐提高自己的经济地位。

（胡明：《几位劳动英雄的介绍》，《解放日报》，1943年12月4日）

植棉英雄郭秉仁

郭秉仁今年六十三岁，但看样子还是很结实和健壮的，他是吴堡县二区一乡的郭家庄子人，十九岁和二十岁上，曾作过雇工两年，以后改学手艺，泥水匠、石匠、木匠都做过。全家现在九口人，二儿在该县保安队上当战士，因之，他又是一位抗日军人家属。

他曾连受三年奖。

1940年吴堡县新政权成立后，老郭便响应了政府的植棉号召，开始种棉花。当时不会种，结果收获太少，还比不上种庄稼好。可是他总不甘心，他想："一辈子要学什么，就学会了什么，现在连个种棉花也学不会，真太气人了。"于是就找会植棉的人去问，学了一些办法。第二年（1941年）又种了3堆棉花（约1.8亩），收净花40斤，受政府奖励洋20元，他很高兴。1942年就种了6堆（约3亩），收净优80斤，又受政府奖励锄头一把，□一个，手巾四条。这一来把老郭的热情更提高了。他说："人家都说门神移了不捉鬼，我从来就不相信，现在更不相信了！我要学什么，还是一样地能学会什么。"因之，1943年他就种了2塔棉花（约4亩）可惜一塔是枣林地，红胶泥土，被30多株枣树把棉"胁"坏了。但另一塔是已种过三年的老棉地，又是南阳，黄土地，离家很近，只有20多步远，所以收了净花110斤，还收了芝麻3斗，萝卜、蔓菁1000多斤，并在去年劝说全村30户人家，种棉15亩多，每家平均种到半亩，使郭家庄子成为普遍植棉的村子。于是，他以植棉英雄的资格，被选为出席边区劳动英雄大会的绥德分区劳动英雄之一，并受到大会的奖励。

按吴堡的土地产量，每垧地不种棉花，只收到芝麻3斗，萝卜、蔓菁1000多斤的数量，已是不可多得，而郭秉仁在这些收获外，还能收净花110斤，这的确是一件惊人的事迹。然而这是经过政府专人调查和群众大会上大家证明的事实。那么究竟老郭是怎样得到这个成绩的呢？

第一是翻地：

清明后一天，他就把棉地掏了一次，掏够一尺深，随即把土疙瘩打的碎碎的，平平的，共费了12个工，过了10天光景，用驴翻了一次，耕有7寸深，共费2个人工，2个驴工。

第二是上粪：

在正二月间，老郭就利用空闲，给二塔棉地里，送人粪30担，每担再拌入2担土，计共90担；又上羊粪100担；合计190担（顶100大口袋），约15200斤，每塔为95担，约7600斤（每亩约32担，2533斤）。在翻地前，先扬开粪的十分之四，翻过去把粪都翻入地里，剩下的十分之六，留待下种时用，计约费工10天。

第三是入种：

谷雨时下种，花籽是从山西买来的混杂籽，其中白籽、灰籽多，绿籽少，二塔地共用了棉籽4斗（50多斤），又捎种萝卜、蔓菁，用籽2合。入种时，头一天早上把棉籽用“破开水”（即一盆开水内，搀上一瓢冷水）泡进去，用棍子搅，搅到伸入指头不太烧时就停止搅，让它泡着去（但每隔约半个钟头时，再搅一阵，目的是为了使水容易渗入棉籽）。黄昏时候，用筛子将棉籽捞出来，放在盆上，将棉籽中的水控干，第二天早上即下种。下种时一个人跟着耕过的壕沟点籽，每隔一尺五寸距离，点一下（20多颗籽），走一步，用脚把棉籽踩入土内（这样易出苗并耐旱），另一个人即跟着点种人的脚踪上粪，年一脚踪上一大把粪，如此连耕地的一共三个人，一头驴，种了一天，即费人工三个，驴工一个。

第四是分苗与锄草：

种下去十多天后，棉苗就出来了，出来五六天后，就开始分苗（即锄第一次）。每株留二三苗（以防死苗子），费了两个工；又过了十多天，第二次分苗（即锄第二次），每株只留一苗，并略微给苗子围上点土（以防被风吹摆死），费了四个工；七八天后锄第三次，围土有茶杯子大，费了三个工；快到夏至时，锄第四次，围土有饭碗大，费了三个工；小暑时，锄第五次，围土有一小盆子大，费了三个工；再过半月锄第六次，少围一些土，费了两个工；到花疙瘩快要开裂时，锄第七次，这次锄得很浅，怕伤根，也曾稍微围了些土，费了两个工。以上共计锄草七次，费了十九个工。

第五是打卡：

苗出土二三十天的时候，大概长有五六片叶子了，就把离土最近的那两片胎叶和门条、胡条（即油条）都打掉，费了三个工；夏至后，入伏前（苗出来够两个月了）打去顶心，留担条，每株留四、五、六条不等（担条子往出长，油条斜向上长），费两个工；因为苗子出得不齐，有大有小，因之顶心计分三次才打完；除上次外，第二、三次都在伏里打的，计费四个工。再过半个月，第四次打卡，这时担条上也生出来油条，就得把担条上的油条和“脚芽芽”（即叶、茎腋间生出的小芽子）全打掉，费了六个工；以后，约隔半个月就第六次打卡，又隔半个月第七次打卡，每次各费两个工，计共打卡七次，费工十九天。

第六是收获：

1塔老棉地，有4000多株，每株平均结花疙瘩10个，共有疙瘩4万多个。平均120个疙瘩，可收籽花一斤，共收籽花330斤，拧成净花110斤（籽花3斤可拧净花1斤）。每亩平均收净花55斤。另一塔枣林地，有1600多株，每株平均结花疙瘩4个，约结6400多个，每160个花疙瘩，可收籽花1斤，共收籽花120斤，拧成净花40多斤。

此外二塔花地中，尚捎收芝麻6斗，一塔老花地中，尚捎收萝卜、蔓菁等1000多斤（顶粮3斗），1塔枣林地，收干枣2担（顶粮5斗）。

为什么1塔老棉地，去年比前年多收30斤净花呢？原因有三点：（1）前年每垧上粪5口袋，去年上了10口袋；（2）前年全用驴翻2次，去年用人挖一次后，又用驴翻一次，挖的比驴耕的深二三寸；（3）前年只打卡5次，去年打卡7次。

（《植棉英雄郭秉仁》，《解放日报》，1944年1月15日）

农业畜牧英雄贺保元

（一）受穷受苦二十余年

贺保元，定边二区四乡贺家圈人。祖籍神木。光绪末年，因旱灾逃难到三边。初给人家揽工五年，年年顾不了一家人的吃穿，后来改变办法，租地种，一来租不到好地，二来又没有牛和粪，仍然年年不够吃用。好容易，后来东积西凑买到一头牛，可是“官家”摊款、派粮，要草，又上门来了。那时，4元钱一石粮，“官价”只发1元，连送粮时人和牲口来往的盘费也不够。草连一个“官价”也没有，因此还得贴路费。摊款一来更凶，不是绳拴棒打，就是管押拷比；三元五元摊款，十来元都交不清；交多交少，团丁衙役先收了鞋袜差费，不顶正数，自己没钱没势，苦死苦活，有冤也是没处伸。年年要欠租欠粮欠债。这样的光景，整整过了二十大几年；到1935年，光粮就欠人家7石，还欠人家白洋25元。

（二）红军来后把身翻

从前，豪绅地主们说红军共产党不好，老百娃却暗里说好，到底怎样他也摸不清。1936年4月，红军打开定边，有钱人害怕都跑了，他也把家中老小送在山沟里躲藏，只自己一个人留在家里看风色。

后来他亲眼看到了红军，听过了红军讲的话，并得到了红军帮助，使他废除了欠租欠债，分到了土地、粮食，于是才真正知道红军是为穷人谋利益的，从此就开始发展他自己的耕作和畜牧，以至全家人大翻身。

从1936年下半年起，他种的地就比往年多起来了。1937年买了一对牛，一头驴，种30多垧地，收粮40余石，余粮22石。1938年又添买一头牛，种地50多垧，收粮70石。1939年种地60多垧，遭了旱灾，还收粮将近60石。这年，又将前后存粮，拿出一部分买了120只羊，开始以农业兼营畜牧业。1940年有了两对牛，两头驴，种地70多垧，收粮80来石，余粮将近30石的样子。1941年，大旱，只收10多石粮；这年，卖地的人很多，他将历年余粮拿出，买地300多亩。天旱没草，好多人家的羊，因饿而死，他却挖了12车甘草秧子，去喂羊，每车1000多斤，光甘草秧就挖了一万二三千斤，还到五六十里以外去挖沙蒿，都拿来喂羊，所以在旱灾年月，他的羊没有饿死过。1942年，种地90垧，收粮98石，除一家化销外，卖去20来石余粮，又买进100多只羊。1943年种地550亩，得粮112石。现在的财产，计有土地700多亩，羊248只，马1匹，牛4头，驴3头，粮百余石，全家十口人，够吃穿用三年有余。

（三）发展畜牧有经验

他从1939年才有羊120只，四年来，除了卖和宰的吃，现在还有248只，比原有羊数增加一倍还要多些。他喂的羊所以不死且能繁殖得快，是因为有一套很丰富的养羊经验，据谈，有下列数端最为重要，特述如下：

1.他养羊，以养母羊为主。他的187只绵羊中，只有7只羯羊，21只“骚胡”，其余159只都是母羊。不能繁殖的羯羊占全数不过3%。61只山羊中，只有3只羯羊，占全数不到5%，而母羊便有57只，占全数95%的样子。

2.他对公羊母羊的配备很恰当。按一般畜牧经验，山羊每60只母羊，配一只“骚胡”，绵羊最多20只或30只配一只“骚胡”，他的七八只就配一只，这样，公羊精力充足，也就不会因交配过多而乏病乏死。同时，羊羔也很壮健，容易养成，也容易养。公羊母羊的供需相称后，可以保证一年“走羔”一次，这样母羊也不会因产羔过多而乏病乏死。养羊的人，也可以省许多麻烦。因为，不论公羊或母羊，其交配过多或生产过多，都须要额外多准备草料，格外设法喂养，不然，在青黄不接时，很容易生病或死掉。他的绵羊是在六月至九月间“走羔”，赶11月或腊月下羔；这时母羊正膘厚奶足，所生的羊羔，只要20天就成了二毛羔，而且是冬皮。（三边二毛羔冬皮最值钱。）山羊在九月十月“走羔”，清明以后下羔，有了青草，对于大羊小羔都好。绵羊混圈拦，山羊隔圈拦，节制羊的交配，保持了羊的健康。

3.他的羊圈很宽畅。俗话说：“肥羊出在大圈里。”他的羊圈，本可容400只羊，但他只圈248只。而且，羊圈的位置设在干燥、向阳的所在。圈分两部，有明、有暗，羊可随天气变化，卧于明圈或暗圈。圈棚、圈墙，都垫二尺多厚的沙蒿柴，天下大雪，羊也不冷。

4.他的拦羊人不常换，拦羊人的技术，关系于羊的健康、繁殖很大。好的拦羊人，有他一套管理羊的办法。这套办法还要羊也习惯，才能收效。拦羊人如果常调换，羊不知道人的脾气，人也不知道羊的习性，羊就很难吃好。羊的繁殖和健康，除了主家有好羊圈外，主要决定于拦羊人是否能将羊拦饱、饮好，以及起卧走路都照顾得好。无论怎样不在行的牧者，只要三年不换，时刻指教，日积月累，他便能摸着养羊的规律了。

5.有了好的拦羊人，还要待遇得好，并随时检查他的拦羊法是否有毛病，如有毛病就及早纠正。有些人，认为拦羊人，不算重要受苦人，在日常生活及工钱上打小算盘，甚至平时虐待拦羊人；这种人，他自己认为自己似乎能干利害，其实，他是个大傻瓜，因为，他怎样对待拦羊人，拦羊人就怎样去对待羊群去了，所以，算起总账来，还是他自己吃了亏，因此，对拦羊的是不能虐待的。他在拦羊人午间不回来时，就给带干粮，家中吃好了饭，拦羊人不在时，就给他留下，工价随一般工价涨落而定，不打小算盘。拦羊人家中如有意外需费，他也酌量照顾。总而言之，要尽情尽理对待他，使他能安心拦羊，不愿轻易离开自己，这样，他就肯尽心尽力照顾羊。同时，很好待遇拦羊人之后，还要时刻督促和检查他按时晾场，按时放羊或回来；问他羊的数目有无短少，今天在哪里拦了，明天预备到哪里去拦，母羊是否有羔，羊羔是否有奶吃，哪些羊好，哪些不好，原因安在；羊若有病，是否处理，如何处理；羊若有丢失，如何丢的，如何去找，如何找到，为何找不到等一切有关羊群的事情；以及是否吃了别人庄稼之类可以引起自己与邻居村人发生纠纷的事情；遇有必须纠正的地方，应立即为之说明白，督促他改正。这样主雇关系也好，羊群的健康和发展也好，自己因羊的出入所引起和邻居间的纠纷问题也能迅速妥善解决。

6.三边冬春之即，常有大雪，雪后，羊没吃的，厚雪甚至连续几天还消化不完，所以，往往要饿死羊。因此，养羊的人家，一定要提早防备；在秋天，挪出一些时间来，收集树叶、割野草，收积庄稼的草、叶、秋、秸、豆壳之类，储存起来，以备雪后喂羊。此外还有人在夏末之际专门种一种青燕麦，到秋天长好，把它割存起来，每亩可收千斤左右，这东西喂羊最好，既可做草，又可当料。秋天谁家存的草料多，雪后谁家的羊就不会死，而且来年羊的精神也好，繁殖也能照常。

除了给羊准备雪后的草料之外，还要给冬天生下的羊羔，或生羔后精神不好的母羊，或夏秋没有吃好的羊，额外准备一些草或料，督促牧者，及时分别需要去喂，有时甚至要将料磨碎，煮熟，个别的去喂。这样才能使个别精神不健壮的羊，恢复健康并减少疾病。这些贺保元都能很细心地做好。

7.经常督促牧者，不让自己的羊群和有病的羊群接近，走过病羊的路，自己的羊不走，病羊放过的草场，自己的羊群不去放。在春天，为了预防羊群生病，及早灌药或薰。若发现自己的羊要有病，立即隔离，并设法治疗，不使病疫发展和传染。

（四）组织变工搞生产

1943年5月，政府号召组织变工队，他就召集全自然村开村民大会，在会上他向全村人详细说明变工队可以使家家庄稼务好的道理，大家就选他当队长，选贺保才当班长。全村12个全劳动力，9个半劳动力，7个婆姨，组织起来。连腿上生疮的贺某，也参加了变工，让他在家给大家做饭送饭，大家给他耕锄。还有些不能参加劳动的娃娃，也组织了变工，要他们留在家里，大的照看小的去玩耍。

锄地时，他本人在前边领头，班长贺保才在后边押后，随时一边锄，一边就检查每个人的工作，对那些不会耕的立刻就教，锄不净的立刻就批评，一天平均一个人锄到二亩至三亩半，全村280垧地，共用50天就锄完了，有的庄稼还锄到两三次。

在变工中谁要调皮捣蛋，先解释，不听就开会批评，再不听就罚他多锄一个或二三个工。结果，除一个青年因锄不净解释一次外，没人犯规。

秋收时，仍然变工，不过，把妇女们另组织了一下，使她们去收割门边和近处的，男子们收割离家远的。

赶九月初四五，全村的庄稼，连收带打，都完场了。

变工时，有人工多的，别人还给他牛工或给他工资，按他本人的需要去做。三个人工，给他还一个牛工，给钱是一个人一天120元。

1942年，没有变工，在锄草和秋收时请了很多短工，结果，地还是有的锄了，有的没锄。收秋后，有的当时完场，有的拖到冬天和第二年春天，丢了粮食很多。全村种220垧地，只收196石粮。

1943年，因为变了工，全村加了一犋牛，三个劳动力，多种了60垧地，完全没请短工，庄稼比往年多锄了一次，收割完场也早，比邻村更早完五天，全村打粮308石，平均每垧地比1942年多打一斗半粮，全村280垧地，比1942年多收42石。

仅依他个人论，1942年只种400亩地，花了1000元工资，结果才打八十九石六斗粮，1943年种550亩，没有花一个工资，却打粮112石。这就是说，变工使他省了工资，还多得二十二石四斗粮。

（五）优抗拥军是模范

1943年他自己的两对牛给四乡的抗属代耕了8亩地；夏天和秋天，又领导本村变工队帮助抗属锄草、秋收共20个工。过年过节，他自动号召本村的人给抗属送馍、送菜、送肉，使抗属在年节日的生活和其他人一样快乐和满足。

1943年拥军运动时，他除了和一般人一样进行拥军工作外，还独自给军队送大肥羊一只，并送了许多洋芋、蔓菁。

他的家在大路旁，常有下乡或去县的党政军工作人员往来经过，他一家老小，总是自动地招呼这些过往的人员到家中去吃饭、喝水、住宿，有时每天甚至要招待三四个人，但不要他们开钱或给粮。1942年的救国公粮，按评议，他应出八石五斗，但他自愿出了11石，推动三个村公粮很快交完。1943年公盐代金，应出2000元，但他又自愿出了2800百元，而且交的最早最快。他觉得，革命以前的反动政权，当他一家无衣无食的时候还向他勒索，不管他的死活，现在新政权帮助他翻身，脱离穷苦，发展了大家务，因此，现在出10石粮比那时出一斗粮还容易而且高兴。

（六）帮助移难民发展

难民王彦，1942年冬从宁夏逃来，一家五口，什么都没有，他首先无利借给他2斗吃粮，安置他一家人住在自己村内。过了年又向乡政府给他借到3000元农贷，把自己的地租给他6垧，不收租子，又将本村李姓地也给他租到6垧，又帮助他草800斤，粮5斗，种籽2斗，另又活动村中田姓，贺姓两家帮他四斗粮。到1943年秋天，王彦收粮14石，还借粮二石五斗，还存十一石五斗粮，一家人可以不缺吃用，加上他本人冬天给人补鞋，大儿子给人拦羊挣的钱，连1944年的吃饭穿衣也没问题了。

还有1942年冬从一区搬来的两家，过去在本村揽过工，贺保元曾经每家借给3斗吃粮，并把自己的地无租租给这两家15垧，又发动村中别人借给这两家每家4斗吃粮，还租到5垧地。又发动变工队，帮助他们耕地，和他们变工，发动村中五对牛给这两家各耕一天，另外又使他们以人工变别人牛工，各耕8垧地。这两家，1943年每家收粮14石，也走到丰衣足食的路上了。

（七）提倡运盐纺毛线

1943年放青时候，他把一头毛驴交给长脚户代赶，放青运盐三次，他给那位脚户还人工和牛工种地，结果运三次私盐，换得三个四八布，解决了家中一部分穿布问题，别人看到运盐有利可图，就都学他的办法运起来了。

秋天，因为要提倡全村妇女纺羊毛，但村中没有纺车，也没有木料，于是，他将大家的钱凑集起来，自己专门走城里把木料买了运回，并请了木匠，做好8架纺车，给全村要学纺毛的妇女全部解决了没有纺车的困难问题。于是纺毛事业在他们的村子里也发展起来了。

（《农业畜牧英雄贺保元》，《解放日报》，1944年1月25日）

水利英雄马海旺

（1）马海旺是一位老革命家

马海旺今年六十四岁，原籍横山康渠人，光绪十八年（1892），横山大兵荒，全家（父、母、妻、弟、妹和他自己共六人），逃迁于现住的志丹县后仓沟。那时马才十五岁，到志丹后，即给人家拦羊，年赚工资一万二千文，十七岁时即与他父合力开荒并租地种了十几垧（每垧为三亩）。以后年年开荒及“过粮买地”（买地不交现价，以认高额田赋代价），到1935年时，已有地五百多垧，自己种不完，以低租额租给别人种。内战时，马海旺任乡团总，但他却同情革命，对刘志丹同志的革命工作给了很多方便与帮助。譬如他曾帮刘志丹同志从延安买过三次武器，第一次买得马拐枪一支、八音子手枪一支；第二次买得六十粒冲锋子弹，十二排子长枪子弹；第三次买得长枪子弹七八排。并利用当时吕家沟保安团的修械厂，给刘志丹同志修理坏枪三十多支。而当1933年红二团南下失败，刘志丹等同志返回陕北，到马海旺家，又得他的周旋与帮助甚大。因之马海旺可以说是一位老革命家。

他没有念过书，现在稍识字，可以记写普通账目。全家现在有四口人（妻、子、媳和他），去年种川地六垧，山地五六十垧，水地十二亩，雇一个调份子的，按二八分粮，雇一个拦羊娃，年给工资一石谷子，一个拦牛娃，工资洋一千三百元，收糜、谷等秋粮十一大石（一大石等于十八桶斗的二石七斗），稻子四大石三斗，前年有羊六十只，去年春上因害了“肺烂病”，一下子死了二十多只，现在还有三十多只羊，一头大牛，四头小牛，两个猪。

1940年开生产展览会时，他得过铜质奖章一枚。1941年选为县议员。现选任乡的仲裁员，办事很公正。去年五月间被选为劳动英雄，这次以水利劳动英雄的资格，参加了边区第一届劳动英雄代表大会，并受到奖励。

(2）学会了打坝修水地

民国十九年（1930）时，他从一位叫作赵八子的四川人那里，学得了修水利的技术，回去后，即在后仓沟马头山下面的一条梢沟里，开始修水地。那梢沟满年四季有一条小流水，沟口上有十多亩的一块平地，平地处顺沟往上走，约有半里路处，沟面较窄，地势又高些，他就在那里动工打坝。为了减弱洪水的冲力，地坝修成斜形的，使洪水可以顺坝墙根流出去，不至于冲塌坝墙。坝的上端脚下留一水口，这就是引水入园，做灌溉的水入口处。用木板做活塞，用水时把木板取起，水即流入，不用水时，把木板放下去，堵塞住水口，水即停入。因之即使山洪偶尔暴发，也不会侵入园子里来。

坝是这样子修成的：墙根用四五个人才能够抬得动的大石条垒起，垒到离水面有一尺多高后，上边就用土打，每上四五寸厚的一层土，就用石杵子打得结结实实，再上一层土，再打一次，如此反复打起来的一道墙，土里边曾夹入些柴、草根，待一二年后，柴草长了起来，根尺多。因为开头就打得结实，所以直到现在墙还是好好的。在坝墙的旁面，又修了一条水沟，七八尺宽，五六尺深，因之普通的山洪水，水沟都可以容得住，不会冲打坝墙。

坝修好后，便是修地了。水地要修平，不然不能灌溉，因之高处的土就用车子推到低处垫起来，可是地的坡度很大，只得分成梯形的三段修，每段的外塄上，用土垫平后，还用铁铣打起一尺多高的土塄子，以资挡住灌溉的水，然后把地都掏翻过，再磨平，不平的地方，仍把高处的土，又往低处移。但因目力不能看得很平，因之就用水测量，俗话说："人平不如水平。"测量的办法是把水放入地内。用农具或木棍子到处试探，水深处，地即低，水浅处，地即高。如没有特别过高或过低处时，便把牛套上用磨拉平，此后就把它分成许多小畦子。

为了修水地，十九年（1930）时曾用一元多洋买了两把镢头，一元五角洋买了二把钉耙，八角洋买了二把小铁铣，请了一个木匠打了一张木耙，花了二元多洋，这一年只修了一亩半，一方面因为四月里才开始修，另一方面是受了打坝的耽搁。二十年（1931）雇用了十九个工（每天工资洋二角），又接上修成三亩多水地，二十二年（1933）用五十多个工，又修成二亩多，二十三年（1934）又修成二亩。其后革命闹起来了，马海旺的生产更有劲了，水地修得更多了。二十六年（1937）在离旧水地一里路远的另一个地方，又打起一道墙（打法与前同），修成水地四亩，二十七年（1938）又修成五亩，历年计共修成水地十八亩多。因为自己人少种不过来，故从二十七年起，每年只种二十亩，剩下的都租给别人种了。

马海旺把水地修好后，就种稻。稻子不和别的庄稼一样，到处都种，而是先在一处种好苗子，再分开去栽的，因之在十九年时只种了两小畦子，用籽五升——因为初种，不懂得用多少才适当，总想宁叫多些，不要说不够了。据以后的经验，一亩地有一大升籽就够了——做种籽的稻子先用筛子把里边的稗子筛掉，然后用一个盆放进水，把稻子倒进去泡（漂在水上面的不好的籽都要捞掉），让它在水里泡了四天以后，倒出来把籽装在筐子里。筐子底里衬了草和麻布，为避免把籽漏出去，上边盖上旧衣服，放在做饭窑的炕上，让它生芽，炕经常保持着一定程度的温暖。炕上放三天后，稻子就裂开口，生出一分到二分长的芽子来了，这时就开始种，不敢让再长了，如果再长长时，一方面容易被折伤芽子，另一方面稻子失了重心，种在地里，芽子就不会朝上，长不出来。下种籽的水地畦子，长、宽都有四五尺，四周围起土塄子，把石头、树根、草根都弄净，土疙瘩打碎，放进二三寸深的水来（这个苗畦子是在稻子地附近的）。下种之前，把水搅得浑浑，成为泥糊子水，然后把泡好的稻子籽，密密匀匀地撒下去，稻籽沉在水里，水里的泥土澄下去，便盖在稻子的上面，这样稻子就生根，长芽出来了。另外在下种畦子的上一层地里，修好一个盛水的池子来澄沉清水，让太阳晒热。当种籽下种三四天后，择一晴日，把种籽畦里的水全部放掉，让太阳晒，吸收点暖气，芽子更容易长出土来，到日落时，就把被太阳晒热的清水池里的水，给种籽的畦子里放入二三寸深，以后天天都是这样子搞一次。凡遇没有太阳的雨天、阴天，或者天气很冷的时候，就把水放深一些——四五寸或五六寸——因为水深了，就是水面上冻上了冰，水底下还是较温暖的。十九年下种是在谷雨的时候，陕北的天气，这时还是很冷的，因之不这样保护，刚出土的嫩芽子，一定会被冻死的。种籽种进去二十多天以后，苗子出来已有二三寸高，就可不害怕了，因为一方面苗子已大了些，另一方面天气也暖和了起来，这时每隔五六天晒一次，每次有时连晒三四天，虽然苗子要经过朝、夕冷气的侵刺，但也不受什么损失。在三十天左右时，曾把鸡、鸽粪晒干碾成碎末，薄薄地撒在畦子里，这叫作“畦芽”，一次嫌长得慢，又上了一次就长得更快了些。

苗子在畦子里长上四十天左右就可以栽了，他是在三十八天上栽的，这也要看务养得好坏来决定迟早，务养得好，苗子长得大，就可以早栽，反之就要迟栽，但最多也不能迟过四十五天，所谓“稻离母，四十五”。根据他十几年的经验，下种总是在谷雨前后适当，所谓“谷雨前十日不早，后十日不迟”，而栽稻的时间，总是在芒种前后较适当。十九年时五升种籽的苗子固然用不完，但以后年年他总是多种一点，他说：“这并没有害处，长下些苗子就算了，近几年长出的都别人拿去栽了。但假定短下呢？那就弄坏了。”在培苗的过程中，马海旺确实费了很大的辛勤，一方面因为稻苗非常娇养——怕冷怕冻，又怕野鸭子吃——因之除上述那样子晒太阳、催芽外，还专门搭了一个草棚子，棚子上吊着一个铃子，铃子和人住的地方，用绳子连起来，夜里不时地把铃子摇一摇，野鸭就被吓跑了。

栽苗的时候，首先就要拔苗，拔苗是把稻苗子一丛一丛地连泥拔起来，用野草叶子一丛捆成一把，放到水里把根子上的泥洗掉，就送到稻地里去栽了。栽秧的时候，请了几个人帮忙，没有赚工钱，只是一天要给吃五餐好饭，一天就栽完了（熟练手一天可栽三亩）。栽的方法，人是向后退着走，每隔六七寸远栽一丛，一丛有五六苗、六七苗不等。

稻子地里从栽上苗子到收割，经常要有一二寸深的水，水再深了稻子就不肯滋生，每月换二三次的水，换水的办法是：首先把水都放掉，让太阳晒两三天，把地皮晒得稍干了些，并现出些小裂缝来，就把地里的草锄掉，大草用手拔起，挽成小捆捆，然后用脚踩入泥里，让他沤烂，顶粪用，小草用脚出力踩入泥里，就不会生出来了，这也就是锄草的办法。这样换一次水，即锄一次草，使稻子没有草荒。

“白露不勾头，割的喂老牛”，这就是说稻子到了白露的时候，就要把头勾下来，否则就不会有收成了。马海旺种的稻子，赶白露前十天，就把头勾下来了，这时就把水放掉，让太阳晒着去，等到秋分前后，就开始收割了。一亩半稻子，一天就割倒了，倒后把稻草背到场上铺开，铺平，用牛在上面不停止地来回地踏，稻子就都被踏了下来，收起来，在风地里扬净，便成净稻子。他在民国二十年（1931）收稻子五石九斗四升（种4.5亩），二十二年（1933）收稻子八石一斗，稻草2100斤（种6.5亩），二十三年（1934）收稻子九石四斗五升（种8.5亩），二十六年（1937）收稻子十八石九斗（这年收成最好），二十七年（1938）以后，年年都是种12亩地的稻子，去年收稻子十一石六斗一升。

（3）推动别人修水地

从1941年开始，马海旺开始注意帮助别人修水利的工作，他经常向大家宣传修水利的好处，在他的技术指导或精神鼓励下，计有瓦子川的刘让、张二汉、李庆旺等三家，共修成水地3亩，窑沟河的刘林华、高水清等修成2亩，孙家沟抗属李木匠修成一亩。石猴子沟原修成四亩半，因为坝没有打牢，前年被水冲坍了。在外乡的秦家沟、腰子川等地，他也指导修成水地很多。总共在他指导帮助下，共修成水地六七十亩。今年他计划再修水地2亩，因为越往上修，崖越高，土又成了夹石子土，因之今年修的这块地，每亩总得要30多个工才成。

（《水利英雄马海旺》，《解放日报》，1944年1月18日）

张清益创办义仓

（1）张清益是一个模范共产党员

张清益同志住在关中分区新正县三区一乡雷庄村，自幼就是受过许多波折的人。父亲不务正业，好吸洋烟，欠了一大堆债，在他十一岁的时候就死了！遗下母亲和一个八岁的妹妹，没有办法，寄居在一个堂兄的家里过活，这时候张清益同志就过着为人鞭策而出卖劳动的雇工生活。到了十四岁的时候，他的堂兄想把他已为人家许聘的妹妹悔婚再卖，名义上是为了要给他聘定家室，但遭张清益同志拒绝了，从此就和堂兄闹得不适合而离开他家了。当时的光景更加难以维持，他就一面挑卖一些青果之类的东西急救燃眉，一面到附近的尚家塔开荒种地。

1933年关中革命运动开展了，张清益同志除自己祖遗的七亩地外，革命又给他分配了30亩，这样就打下了他翻身的基础，在新的社会站起来了，光景就一天一天地向上发展了。因为他是受过旧社会残酷压迫剥削的人，对革命抱着无限忠心，因此，在当年就被全乡群众选举为乡苏维埃主席。在任乡苏维埃主席的工作中，他一贯的忠实、积极、勇敢，在敌人的多次“围剿”中，他从不动摇、消极，始终不屈不挠为革命工作。在这样的锻炼之下，他于1935年参加了中国共产党。

记得在1936年“白军”“围剿”关中苏区的时候，红军暂时退到山里，进行游击活动，张清益同志所领导的乡被敌人占领了，许多人都动摇、逃跑了，唯张清益同志坚定不移，坚持工作阵地。虽然“白军”多次地诘问他“游击队在哪里？有没有老共？”而他始终灵活应付，没有说出一句与革命不利的话来。这时候张清益同志的工作形式是要改变了，乡主席的合法权利变为非法的了，于是他就改变方法，利用合法形式，在村里办了一个保立学校，聘请一位自己的同志当教员，他当保学管理员，以掩护工作活动，常常在夜里的时候给山里的红军游击队送饭送粮食。有一次，有我们的四个秘密工作同志到他村里工作来了，不料突然来了十几个“白军”，在白天里这四个同志眼看不能逃脱，有被拿住的危险，张清益同志立即就把他们掩藏起来，没有被“白军”搜着。当“白军”临走的时候还告诉清益同志说：“现在红军一个也没有了，你们好好过日子！”他自己想，这些都是骗人的鬼话，没有红军怎能过好日子？并且在我跟前还藏着四个红军，怎能说一个也没有呢？

他这样的坚持了半年工作之后，革命又高涨了，他的乡又为红军收复了，张清益同志即担任了支部书记，以后又任区苏维埃主席、土地委员、文化委员等工作，在这些工作岗位上，他始终是积极负责的。因此，在他附近一带的群众，都给他送了一个绰号，叫“革命老先生”！从这个称号里我们可以看出，张清益同志在群众中是有崇高威信的，他乡里发生的大小事情，都要他来评断，乡政府工作有了困难，也要来请示他，每逢过年过节的时候，人家总是给他送不少的礼物。虽然这样，但是张清益同志从没有表示出一点骄傲的样子来！下面的一个事实，可以证明他那种布尔塞维克党员的模范行动。

在1941年征收公粮的时候，他出外到别村征粮去了，回来时本村人给他分配了5斗公粮，他说："分配得不适合"，人家以为给分配得多了，问他原因，他说："我和张延荣的地亩种得一样多，为什么人家6斗，我出5斗呢？"大家给他解释说："村里人都见你今年的麦子冻死了，要你少出一点，并不是我们要'观念'。"他不听，自动加了2斗，这时正是全村还有一石公粮没有分配开，由于他的这个模范行动，感动大家都自动地多出1斗或2斗，1石公粮马上就分配完了！

像这样的事迹，在张清益同志身上是说不胜说的。

（2）张清益同志怎样创办义仓

张清益同志因为他自己亲身遭受过许多痛苦，所以他时常为着穷人着想。在民国十八年（1929），陕西遭着大饥荒的时候，他看见许多穷人饿死的饿死，分散的分散，看了令人非常凄惨。这时候他想：我们为什么不在好年头积蓄一点粮食防备灾荒呢？从这时起，这个念头就在他脑子里打算着。但是他又想：在这样的旧社会，虽然这是好事，但也会为豪绅地主官僚们所破坏，是很困难办到的，因此他终于没有提出这个问题来。在去年政府号召大家多开荒、多生产的口号下，他就想着：防备年荒的事，在今天是可以办到的了，可是他还不知道这就叫作"义仓"。后来他把这个事情告诉了他的堂兄，他的堂兄才对他说：这种积蓄食粮防备年荒的储蓄，叫作"义仓"，从此，他才知道这个名词。在去年春上布置开荒的时候，他就想要创办义仓。在这个念头下，他就跑到县委那里去讨论这件事，看准不准他这个办法。当时县委书记史梓铭同志给了他极大的鼓励和赞扬，要他回去好好地创办。回去之后，他立即召集了党的小组会来讨论，不料有两个同志反对，说他是自找麻烦，经过再三再四地解释之后，大家才同意了。接着他就召集村民大会讨论通过这个办义仓的决议，因为在党内会议意见讨论一致了，在村民大会上也就很顺利地通过了，当即决定全村开义仓田20亩，所有15岁以上、50岁以下的劳动力，每人规定全年给义仓出5天工。到了3月，全村的32个劳动力就开了25亩义仓田，全部种了糜子，全年开荒、锄草、收打共花了200多个工，收得4石义仓粮。

张清益同志的创办义仓运动，像烈火一样地燃烧了全关中，由村而乡，由乡而区而县的在一两月中间就普遍展开了。从此张清益同志的名字也就传遍了全关中，他的积极性更加提高了，在新正县的长舌头集市上请他演说过三次，每次他总向群众说："开义田积义粮，是为了防备荒年，救济我们自己的。虽然，我们在边区里有吃有穿，如果有了长余粮食，岂不更好吗？大家不要怕没有多的粮食，常言'羊毛虽小，积众成毡'，如果各村都有义仓，那不就有很多的粮食了吗？"我们看，他的这些道理，是说得多么恳切，多么中肯呢。在他的这样积极推动之下，在他本乡里建立了5处义仓，开了65亩义田，共收了十二石五斗义粮，在他的三区里建立了23处义仓，开了400多亩荒，收获了多少粮食，尚未统计清楚。

张清益不只是一个宣传家，而且是一个组织家。

他对义仓的生产和管理，都有一套很合实际的办法，当开荒耕种的时候，他在乡上组织了一个义仓生产委员会，领导耕种义田，所收粮食全归义仓所有。秋收后即组织义仓管理委员会，管理义仓粮食，规定管理办法五项：

（1）各村义仓借粮，须经管理委员会通过，在村民大会上批准，方得借出。

（2）借粮时间，规定为每年四五月青黄不接之际，秋收后不借出。

（3）参加开义田者，借粮一斗，加利一升，不参加开义田者，借粮一斗，加利三升。

（4）丰年借粮，本利秋收一并归还，歉年还本欠利，荒年本利缓交，俟年头转好交还。

（5）不务正业，吃烟耍赌，不事生产者，不给借粮。

（《张清益创办义仓》，《解放日报》，1944年1月14日）

妇女农业劳动英雄郭凤英

1943年3月，郭凤英的劳动事迹像喜事一样地从区上传到县上，在县的劳动英雄大会上被选为全县唯一的农业女劳动英雄。那一天郭凤英骑着奖给她的白马，兴高采烈地回到村里。10月，她又被选为警区代表，出席陕甘宁边区劳动英雄代表大会。她到了延安，见到了毛主席，听到了毛主席的讲话。她实在高兴结实了。

她是米脂县桃镇六乡郭家沟人，今年三十五岁了。她十五岁的时候，嫁给了本乡叶家圪培的张清明。她丈夫和她过了许多年穷苦的日月，不幸于1932年便死了，只落下三垧地、五升小米和一斗黑豆，九岁和七岁的两个娃娃，没牲口，没劳动力，两张小脸成天淌着泪水喊“肚子饿”，那时日子真不是好熬的。

但郭凤英是一个坚强的妇女，她丢了裹脚布，用棉花嵌进脚趾，解放了小脚，带了两个娃娃上山劳动。开始时，她不会务庄稼。刚学种瓜时，瓜条埋在地里又刨开，蔓子不知道怎样压法，黑豆苗留了三回才有个样子，一堆地要锄上两天。但她看人家怎样种法，做着学着。那一年亲戚送了她三斗米，一天三顿是苦菜、苔棠，大儿吃稠的，自己和小儿吃稀的，度着这样凄凉的日子直到第二年春天。

第二年，经过一年的劳动，打了3石粗粮。这时大儿也能帮助打柴、点籽、拿粪了。这年一家三口吃了五六斗米，收夏时也吃到了杂面、白面，过年时还买了3升软米，5升麦子，3斤猪肉。春夏天苦重时，也常吃洋芋丸子，菜豆角角和面，像过去那样挨饿的日子没有了。

1935年郭凤英单独担负了8垧地的全部劳动。这年冬里有了余粮，她卖掉了一石三斗米和两窠鸡娃，用24元票洋抽回了男人典出去的2垧地。到1937年又用120元抽回了十多年前她公公典出去的3垧地。她丈夫在世时，也没有存过抽回这5垧地的想望，人们也想不到在她一个妇女手里会把地抽回的。

从此，郭凤英更勤劳了，1937年冬一满没睡好觉，鸡叫了便追起孩子同到村上去拾粪，每天都要拾满一筐才回来，赶春天就积下了五十袋粪，八垧地隔年替换着上，均拉一垧地上十多袋粪，本庄的普通庄户都赶不上她。立春以后，天不明就往地里送粪，五里远的送两次，二里远的送三次。不送粪便担水、劈柴、撒粪，做罢工才回来做饭，饭到锅里又忙着撕棉花，捻线子，一时也不肯休息。她时常赶饭熟要撕出锅口大的一片花。吃罢饭二儿出去拾柴拾粪，她自己便填渠、拍畔、搂草。路过她地的人都说，郭凤英的地畔拍得齐整整的，比个好劳动的后生还强。

这一年，她出了30斤干草，雇人种了3垧地，自己和人变工种了3垧高粱，人家的牛替她耕了3个前垧，她给人家变了6天工。5月初谷子锄上头遍，劳动更重了，天不亮便到地里，大儿子把饭送到地里，多热的天也没有息过晌午。赶天黑，在分苗时，能锄两堆地，夏耘时能锄3堆。下雨天打畔，仍和往常一样上山，锄草时，遇到人家或自己不凑手，也常常和人家变工，村里人说："郭凤英的劳动满顶上一个好劳动人，和她变工不吃亏。"

从收割到打场，她没求过人，80斤一袋的洋芋她能背得起，一次可背五六捆麦子。庄稼背到场里，她有计划地干一样打一样，打罢了场还要滚碾子推磨，人家婆姨汉两个人的事，她一个人都办了。10月里庄稼停当，她还纺了3斤棉花，缝了3件新衣服，这一年便不愁吃不愁穿了。

1938年郭凤英给大儿取了媳妇。这时她的劳动技术已经很熟练，翻地、锄草、溜崖、打土疙瘩全学会了。日子也过得比较好了。偏偏在1939年上郭凤英病了一年，治病，应酬门户，把几年来积下的米粮用了个净尽，地也荒了。1940年春天一家人饿得没办法。这年年成又不好，郭凤英在本村打了50来天短工，除自己糊口外，还赚了5块钱和几升米，加上自己种的菜白葫芦，混过了一冬。

她又挣扎了二年，到了1941年，八路军把万恶的何绍南从警区赶跑了，从此世事变了样，她只用80元边币便赎回了1939年自己典出去的3垧地。到现在提起这件事，她还兴奋地说："若不是把何绍南赶跑了，这3垧地怕永远回不到自己手里了。"这以后她的劳动热情更高了，她没日没夜地劳动着。两年来田地发展到了10垧，苦菜、苜棠再也不吃了，还买了3条新毡，换了新门窗，去年在她的勤锄细作下，共收了五石九斗四升粮食，250个瓜，16袋洋芋，过着很不差的生活。

十二年来郭凤英受尽了辛苦，自赶跑了何绍南后，她翻了身，在政府的帮助下，加上她自己的勤劳，得到了发展。

今天她成为全边区人民所敬仰的一位女劳动英雄，在陕甘宁边区第一届劳动英雄代表大会上她说道："我1932年上男人就死了，十几年来就靠我这双手，白天黑夜地劳动，解决了全家的生活，公公临死时把地都典了，只丢下3垧地，现在我把所有的地都赎回来，又买了几垧，大小子已能揽工了，二小子也能拦羊了，加上政府的帮助和我自己的劳动，光景已经过得不差了。"她在听了毛主席的讲话后，激动地说道："边区没有毛主席，咱郭凤英再受苦也没有今天，毛主席光为咱们受苦人打算啦。"

郭凤英是边区所有劳动妇女的榜样，全边区劳动妇女都应当向她学习，向她看齐。

（《妇女农业劳动英雄郭凤英》，《解放日报》，1944年1月6日）

难民劳动英雄陈长安

（1）老家里活不得

陈长安，河南尉氏县人，1943年37岁，一家5口人，老爹74岁，还有妻子和两个小孩，男孩6岁，女孩3岁。陈长安说："老家里官庭压迫人，把老百姓弄得没办法，龟孙子们要得可利害啦！一亩地要出军麦二斗五升，每月还要出3升豌豆，30干草，买个牛得出30元钱的'槽头税'，杀一头猪要出5元捐，羊要出3元，没有钱打得死去活来，卖儿卖女也得出。年成也怪得很，两年不收。1942年夏田旱了，'秋'被虫吃了。大家都吃'麦青'，麦青没了，找树叶，挖草根。老的、女的、小孩死的天天有，大家都逃荒，朝西跑。人一走，门便被保长用纸条封住，变成保长的了。……"

陈长安在老家里种五亩自地，又租种庙会地25亩，"会地"要出租子，一石二八分，打下东西人家拿8斗，自己只能剩2斗，地也不能好好种，每个月要出两三次差，平常总要10多天，种下的东西还不够交租，捐款又来了。

人不能等着叫饿死，便商量逃荒走吧！村上一共走了15户。陈长安把5亩地磕头作揖卖给本村一家好户，得了100元法币，推上一个小车，带着3床被子，大小两口锅，把老爹推在小车上，离开家乡朝西边来，家门空空的也不管了。

就是逃荒，官家还不让。可是没办法，眼看着要饿死，挡也挡不住。陈长安一家和村上的15户拿了难民证，挤爬上了难民车。

（2）一路上讨饭挨打

难民车上人多，吃不饱，有的根本没有吃的。坐在车上又不断地摇荡，老人、女人、小孩受不住，死得可多啦！沿途车上路上丢掉的不知多少。

1942年腊月半到了潼关。一下车警察就打，抓住了陈长安喝道："干什么的！"说他是游民，要往局里拉。老爹上去哀告了半天，才算放了。就在潼关碰见了一个老乡，他是登封人，回家去搬东西，他兄弟俩在边区发了财，便给陈长安说："边区好，饿得要命的人，到边区都有活路。"于是陈长安便和15户同乡朝边区来了。

（3）到边区大家照顾

正月初三走到边区的边上，陈长安问一个放牛的小孩，是不是"红区"？小孩说："是的，离交道还有十里。"难民们心里真是说不出的舒服。

边区的人看得起穷人，到谁门上要，一下就够一天吃。给的都是黄馍馍、枣糕。最感动陈长安的，是他老婆到一家门上要吃的，另一家也拿出东西来，说是难民应该救济，不等要就给穷人东西吃，这在外面是听也听不到的事。

1943年旧历正月初五到了鄜县，县长、王部长给难民讲话，说道："欢迎你们来，这边给你们解决困难，吃的住的都替你们想办法，好好种地，就有好日子过。"又写信介绍他们到大昇号区，区上把他们安置到一乡和三乡。陈长安到了三乡二行政村岔口村，村干部便来看陈长安，给找了两间房子，发了一斗小米，有一个侯先生给了一口锅。二月初丁家借给了一斗五升谷，村里人都说缺什么就开口，家具随便用人家的，还叫先用，从没有说过不字，区秘书还是个负责人，反把半新棉袄脱给陈长安穿，你看多抬举。别的难民也都一一安置了。

（4）早起晚睡开荒种地

政府对陈长安说："荒你尽管开，开下都是你的。"陈长安想：啥都给安置了，干不好，人家笑话，他便发誓好好干。

二月初雪化了，就下手开荒，先后开了28亩生荒，种了8亩背坡地糜子，7亩阳坡地谷子，3亩川地玉米、2亩河边地麻子，4亩沟台地种了白菜、萝卜和南瓜，剩下的种荞麦。

他天不明就起床，天晚得黑洞洞才从地里回家。又参加变工队得工钱3000元，合8斗粮，帮人割麦六天得2000元，合2斗糜子，又给丁家做了两个月工，得了一石五斗粮。他老婆也生产，所有的28亩地都是她锄的，又养了5锅盖子蚕，抽出5两丝，麦天拾了2斗麦子，今冬还从工厂领了4斤棉花，他老婆一天能纺五两头等线，到年底能纺十斤，可挣出五斤棉花来。

陈长安很会务庄稼，他种地有讲究，开荒挖一镢头深正好，再深了生土上来，苗发黄不好好长，挖地要三尖形的掏三镢头，迈大步，地踩不紧，把土块翻个身，草都死了。他会烧山粪，他的办法是：挖上一个坑，坑里挖上几个十字壕，前边留一个口，坑里土弄虚，上面放各种草，草周围放一二尺厚的土，封起来，留两个烟囱，烧四天，等出黑烟就好了，六七天后，连土灰搅，洒水，堆起来，发一下就能用，这粪能顶坑粪，肯发苗，什么地都能上，上荞麦地最好。陈长安对锄草也有办法，他说："伏天多锄地，强似春天犁几犁"，又说："七餐萝卜八餐瓜，白菜锄两次，再锄了伤叶烂心。"他还会种棉花，今年便计划种几亩棉花。

（5）一年劳动翻了身

1943年一年的勤劳，陈长安丰收了，谷子收了二石二斗，糜子收了两石5斗，又收了玉米6斗多，麻子3斗多，荞麦3斗多，洋芋8担，辣子20斤，烟叶15斤，菜600斤，把从春天到收秋时借人家的粮统统还过，余粮还够老小5口人吃到第二年8月，接上新粮吃。

在老家吃"麦青"，脸吃得又青又肿，但现在吃得美了，早晨糜子面馍，中午小米干饭，晚上南瓜洋芋稀饭，老婆拾的二斗麦给老爹做馍馍吃。

八月十五过节，割了2斤羊肉，吃了一顿饺子，还吃了一顿面条。

十月里陈长安被选为难民劳动英雄，因为他挖地多，打粮多，赚钱多，吃苦耐劳，认识边区好。县长和他拉话，说劳动英雄很光荣，他自己也觉得光荣，人人看得起。陈长安又到延安出席全边区劳动英雄代表大会，见到了毛主席，毛主席还和他们拉家常话。

这一来陈长安更积极了，他决定1944年要更努力地干一番，赶上吴满有。他明年计划：租一犋牛，买个大犁，种熟地28亩，再开50亩生荒，栽15棵桑树。熟地种15亩玉米带豆子，5亩蔓豆，4亩棉花，4亩菜，生荒地种15亩谷子，20亩糜子，15亩荞麦。熟地锄三次，生荒地锄二次，每亩地上足粪，组织一个10个人的扎工队，叫村中家里较好又有威信的陈长有当队长，把全村3户难民、5户老户共九个全劳动力、6犋牛都组织起来。赶集跟会，推选一个人把大家要做的事情都做了，可节省时间，每户按二天轮流，大家送饭，“人多不怯力气重”，“人心同一起，黄土变成金”，这是陈长安说的道理。

（6）边区是我的家

陈长安说：“边区帮助我，给吃的，救了我，叫我生活好了，啥地方黄土不养人，这里毛主席是当家的，管得好，叫穷人有办法，这就是我的家。外边受压迫，不能吃、不能喝，那地方真不好活，我还想啥家。”

（《难民劳动英雄陈长安》，《解放日报》，1944年1月5日）

第六节　制订农户计划

一、制订农户计划是领导农业生产的好方法

为了便利领导与检查群众的生产，实行了在春耕前帮助每个农户订立生

产计划的办法。这种办法不但可以把上面的一般计划变成群众自己的计划，使群众的生产计划与领导上紧密结合，来保证完成整个计划，而且可以在订立计划中，了解群众生产中的困难，给以适当的帮助，如缺乏耕牛农具的贷给农贷，劳力不足的为之组织变工等来提高群众生产热忱，坚定他们完成计划的信心，把生产向前推进一步。例如合水县一个乡，区上原计划开荒650亩，乡上干部最初都认为不易完成，追做了农户计划后，总计可以开荒1347亩，干部信心大大提高。证明一般计划，一经与按户计划相结合，就有了完成的保证，甚至可以大大地超过。

（《陕甘宁边区农业》，1945年）

二、农户计划的意义与要求

为了改造旧社会遗留下来的散漫，落后的个体农业生产，使之逐步计划化和组织起来，把政府领导生产的一般方针经常贯彻到农家的生产实践中去（这些方针是根据抵抗和调剂天然灾害加强人民与阶级敌人战争的实力，即是从大自然中社会上增强人民大众的生命力而订出的），充实新民主主义的群众实力，给将来阶段社会主义建设打下巩固的基础。边区“农户计划”就在这样的革命建设的新情况下产生，而成为农业上组织起来的形式之一。

具体地说，制订农户计划则有下列几个要完成的任务：（1）在发展生产中的积极农民（如劳动英雄）有了计划，就有了斗争目标和明确的工作中心，不致东抓抓西抓抓地乱抓一气，才能充分发挥积极提高的效能，并影响其他农家，使他们的生产也走上计划化。（2）给二流子订计划，作为二流子本身的斗争目标，和改造者的检查尺度使改造工作具体化、条理化，增进效能。（3）有些不会打算盘的农户，生产和开支都没有计划，有甚吃甚，顾前不顾后，家庭分工不适当，不懂得想法子多方面生产和“细水长流”过日子，“所谓穿不穷、吃不穷、不会打算一世穷！”引导这些农户订计划，可以改造为很兴旺的家庭。（4）有些农户，早种的地里上了粪，晚种的地里就没有粪了，种了谷子没了糜子地，种了瓜儿没了□地，要锄揭的时候忙着砍柴烧，冬闲季节却让柴在山上，粪在路上谁也不管。要是预先订了计划，把一年中间的可能情况都掌握了，按路路走自然就避免了这些毛病。（5）地方行政或具体领导群众生产的农会，可以通过农户计划，具体明确地掌握生产情况，才能更好地经常在群众既有基础上，不断改进和提高，上级领导则通过这些干部机关的报告、汇报去掌握全面情况，订出或改正更合理、更有实践意义的方针策略和命运。

（《农户计划》，大约是1946年写的）

三、边区历年大生产运动中的农户计划工作

1940年时，陇东分区党政同志，在领导生产运动中，发现订农户计划是推动生产的一个好办法，经《解放日报》介绍后，引起干部一部分的注意。在1942年2月，边区颁布《春耕运动的办法》中即指出：由“县府派工作人员会同村长，帮助人民按户订生产计划，照计划完成任务”。在各县认为这是个新工作，只有在个别农户或个别地方试办，订的农户计划少，作用不大，毛病也不多，这也可以说是尝试时期。

1943年春耕开始时，各县以建厅给当时劳动英雄吴满有订的计划为范例，普遍进行，如安塞、固临、定边、盐池、靖边、华池等县普遍给农户订计划，其他各县，则只给部分农户订计划，平均订了计划的人家约占全边区农户总数之30%。至1944年范围更扩大，□□至80%，并给市镇小商贩小手工业者也订了计划，在其中出现了好的方法，召开家庭民主讨论商订计划。但是另一方面，为了完成耕三余一或耕二余一的任务，形式主义与强迫命令的偏向，以找家长谈话，登记填表为主要方式，内容千篇一律，包罗万象，这个偏向未能及时纠正，使工作受了很大的不良影响。

1945年根据1944年各地冬训班上检讨出的缺点，确定根据群众自愿，具体选择对象，缩小范围的原则来给农户订计划，着重给二流子、劳动英雄、各村干部及不会打算的农户订计划，并发扬了家庭民主会商的精神，克服了包罗万象（填表形式）形式主义偏向，订出了20%的计划也是大进步。但相反的因为误解了群众自愿原则，放松领导与说服教育工作，流为等待、自由放任的又一严重偏向。

（《农户计划》，大约是1944年写的）

四、做农户计划的经验

（一）边区今年农业生产的成绩（如开荒近百万亩、植棉十五万亩等等），是由党和政府的具体领导与发动了广大群众的生产积极性得来的。这首先表现在对农户的按户计划上面。过去对群众的生产，虽然在某些地区做了按户计划，但是一般的没有把它重视，因此它对农业生产所起的推动作用也就不大。去年高干会后，边区各地对农民生产都实行了按户计划的领导方法。依现在检查结果，证明按户计划的领导方法，对领导散漫的农村生产，是一个非常具体有效的办法。因为按户计划，可以作为上面一般计划的可靠基础；可以把上面一般计划，变成群众自己的计划；可以把群众计划和领导者的计划结合起来，可以成为检查生产的根据，可以增强干部完成生产任务的信心。尤其值得指出的：它可以把散漫的农村生产，给予一定程度上的组织性与计划性。

（二）有了按户计划，同时又要有上面的一般计划与之配合，否则按户计划就会失掉了生产中心，而不能完成整个的生产任务。因此，在一个地区里的一年生产任务，上面（县、区、乡）必须根据当地的一般农业调查情形，确定几条本年应做的生产任务（如开多少荒、增多少粮等等）。按户计划，即要根据这个生产任务的中心，去做每一农户的计划，使之具体化。如果认为有了按户计划，就不要上面的一般计划，是不对的；反之，只有上面一般的计划而没有各农户的具体计划，也是不对的。必须把这两种计划互相结合起来，才能是完整的具体的生产计划，二者是互为因果，不可缺一的。

（三）按户计划方法，今年边区是采取了两种方式的，一种是全县普遍的逐户计划（如安塞、鄜县等），一种是选择一个区，一个乡，或几个典型的农户做计划（二流子或积极生产的好庄户）。这两种办法各地采用不一，根据检查经验：第一种办法在干部力量够用的条件下，应该普遍地逐户去计划，因为它对农业生产是起推动作用的。第二种办法在干部不足（在边区主要因乡级干部不识字）和没有经验的条件下，开始采取找典型做计划的办法，也是可以的。摸到一些经验之后，再把它普遍化起来。同时即使普遍地按户计划，也应该从典型着手，先找到几个劳动英雄，和生产积极分子的家庭去做，借此来推动影响其他农户，这种办法也是为了过渡到普遍的按户计划上去。

（四）负责进行按户计划的干部，最好是懂得一点农业知识并和群众有联系的干部，不然就会做不好。在做计划之前，应给农民解释清楚按户计划的意义是为农民打算，增加农民的收入，使他们生活过得更好。否则农民就会怀疑你是为了征收公粮或者摊派负担来做计划的，而一切特务分子更要尽力造谣破坏。如果农民有了这种疑心，本来他种十垧地，当你做计划时他反而给你报了八垧。这样不但没有提高生产，相反的还隐瞒了生产，这是应当注意的。其次在做计划的时候，最好以家庭为单位，吸收全家男女参加意见，先要农民自己提出他们的生产任务，然后经过做计划的人，根据调查情形，和他们土地、劳动力等条件去决定，一般地说我们做的计划应比农户提的任务高一点，但也不能过高。而所有农户计划的内容，又必须得到农民的同意，不能是单方面的强迫写成。否则就不能起实际作用。

（五）按户计划的时间，最好是在春耕之前，就要做好，如果做得迟了，就会失掉作用。按户计划的范围，应根据每一地区的农业情况，拟订一个主要的计划项目，制成一个统一的两联表格，然后按照表格逐户计划，但不是照表格样样去做，而要看每家农户的具体生产条件。订好之后，一联由农户贴在壁上，以便照上生产，一联存区乡政府，以便根据检查。至于检查的时间，一般的至少每一个农作气节里，应检查一次（如春耕、夏耘等），如果是二流子的农户，那就要不时地检查才行，不然，按户计划就会落空的。

（六）在按户计划工作中，同时可以发动农户间的竞赛运动。今年边区的生产竞赛热潮，是从吴满有的生产计划发表之后，发动起来的。这种配合的工作方式，要求党和政府适时地提出口号来，这一方面是由农户计划发动了竞赛运动，另一方面又是由竞赛运动而推广了按户计划。

在按户计划中，同时又可以调查农户的许多问题，随着可以帮助农户解决土地、耕牛、农具、籽种、减租等许多问题。如果政府发放农贷，它又可以作为放款的根据。

（七）按户计划要防止两个偏向：一个是粗枝大叶的用命令式的强迫去订农户计划的做法，这种做法是不能深入农户的；另一个是迁就农民，自流主义，农民说多少，就订多少，强调自愿原则，迁就守旧观念的偏向。这两种偏向都是在做农户计划时可能发生的问题，是应当注意的。

（《介绍陕甘宁边区做农户计划的经验》，《解放日报》1943年）

制订农户计划中的一些问题

根据已有经验，应注意下列问题，才能订好农户计划

（一）思想准备——宣教说服工作要做好。要使干部和群众了解为什么要订农户计划，并给农户以酝酿考虑的适当时间。首先教大家认识这一工作，是为了帮助群众组织生产和提高生产，是新民主主义的生产教育方式之一。认真发动考虑酝酿，让他们自己家庭民主商订初步计划，帮助制订计划的干部，再根据当前的政策精神加以补充或修正，使订出的计划和群众生产有机地联系起来，进一步为群众生产的指针。

过去有些地方干部，没有掌握这一点，往往事到临头一把抓，农户没有考虑机会，甚至连目的都不知道，发生误会使计划失去真实和可实践性，而

失其作用。曾经有些干部和群众，认为订农户计划是公家的例行公事，或认为是管闲事，他们认为自己的事自己会办，用不着公家操心；也有认为订计划是为了调查财富，准备负担的；也有认为是单纯地刺激生产；甚至有把它当作空头公事，认为它单纯地追求“做”到“耕三余一”（即纸面订到耕三余一，而不管做到否）。基于这些思想，强迫、应付、包办、自流等偏向就都来了。

（二）计划要有重心，过去有些地区的农户计划，往往带着一般化的偏向，不问各户生产重心是农是工或商，一律订成一个以农业为主、以工商为副的计划，形成计划失去可实践性的又一根源。所以订计划时，特别要注意这一点。订盐工计划就以熬盐为中心，铁匠以打铁为中心，具体这一家的主要生产是什么，不能把捎带些的手工业者订成农业计划，也不能把捎带在农闲做些手工业的人家订成工商本位的计划。

此外在一月内各种业务的计划中，也要有重心，不用样样都计划，以致千头万绪，使本无计划习惯的农户，感到无从入手。而应该着重订出，或特别重要的就够了（前者如新进的优良作物，后者如谷子等）。农作法的提高和其他技术的推广也不宜平铺地去订，例如张三有水地可修，或有坝可打，并有足够劳力，就不妨以修水利、打坝堰为中心，详细订出计划并具体订出解决主要困难的切实办法。副业也要按照各户具体情况，有的以纺织为中心，有的以运输为中心，不要一般化的罗列第一纺织、第二刨药、第三……的公式化。

（三）订计划的方式家庭会议比较适当，发扬家庭民主为基本精神，用拉家常的办法，争取大家出主意想办法，大家保证计划的实现。例如子洲裴区裴家湾的农民张绕元，是一个积极生产的好劳动人，但因不会计划家务，每年生产，只够衣食。1945年该区干部给他去订计划时，发现他家生产不能组织得很好的原因，是家庭分工不得当，就通过家庭会议首先计划重新分工，把拦羊的弟弟（二十多岁）和种地的父亲（五十多岁）对调了各人的工作，把乱忙在抱娃娃做饭圈子的妈妈和两个媳妇，明确分工为妈妈哄娃娃做饭，两个媳妇全力纺织，白天纺的归公，晚上纺的归个人，根据分工，计划本年农副业生产。结果全家劳动强度大大提高，当年多开了一垧坡荒，庄稼除麦子外都锄了三次，谷子洋芋锄了四次（过去连三次都锄不到），虽因天年不好而歉收还比往年收得多。两嫂嫂纺了三十多斤线，又给各自纺了五六斤，全家做到衣食有余（耕三余一），张绕元本人对组织和计划生产的认识加强，参加变工队，努力生产，当年即被选为劳动英雄。

但过去还有很多执行干部不懂考虑方式方法，一进门就嚷着要统计生产（根据原生产基础订计划），老乡以为公家又来要粮草、要劳动、要牲口，不是敷衍应付，就压低数目字打埋伏，还有些干部把各户家长叫来订计划，家里的人根本不知道，胡乱说一下，写在纸上就算完成任务，这种不深入不细心，不民主的主观主义方法，订出的农户计划，不但没有组织教育、促进生产的积极作用，反使群众发生反感，丧失政府领导人民生产的威信。

（四）农户计划用不着统一的表格，有了这个公式反使计划一般化，无中心无力量。但计划的纸张字迹则要求整齐恭整，不要用洋码数字，不然人民看不懂计划，就不会关心甚至不管计划，形成计划脱离实践的严重偏向。例如庆阳市五乡梁文秀家1945年的生产计划，订好后，人们问他计划订了些甚？他说："谁知道文书给写的啥计划？"分门别类，第一项，开荒若干天；第二项修水利多少……的公式化表格化计划，在今日边区的生产水准上，是没有意义和脱离实践的。认字不多以至目不识丁的农民，要求我们给写出字迹清楚、形式整齐、眉目分清的计划。

（五）订计划时可以酝酿变工队的组织并及时集体制订变工计划，订出分工、纪律、换工使用、配工还工、吃饭制度、农副结合、文化活动等规则。根据过去领导生产的经验，变工搞得差，各户的生产可能搞得更差。因此，家庭个体的生产计划应力求联系变工计划，农业中心内容的计划化，则是变工合作组织与团结起来的中心关键之一。变工合作的组织领导方式，则是新民主主义农业生产中的主导形式。应该一方面通过农户计划，使变工合作更趋具体化与巩固化，反过来通过变工合作去进一步提高各个农户的经济发展。

（六）订计划之后，必须要经常地检查，不然就会形成春紧秋松的无形放弃现象。检查督促的适当进行，也有助于发现问题、研究问题和解决问题。检查的办法——（1）经常拉谈执行计划的问题，事先多问他准备如何进行工作，事后则询问完成的情况，前者是一种提醒，后者是一种检查，个别不老实的农户或二流子，要注意侧面检查。（2）检查计划，应着重在中心项目上。完成了就在计划上划红圈，未完成的划上一个黑×，年度终了时拿这符号做总结，比较具体。同时，这些红黑成败的符号，对农户起一种鼓励、刺激、反省、检讨的作用。户与户之间起一种比较竞赛和相互批评、学习、研究的作用。（3）以乡为单位，组织乡村干部、当地劳英或积极分子的检查队或检查小组，规定检查日或检查周集体挨户检查，检查完毕可召开村民大会，一方面拿检查的事实宣传农户计划，一方面奖励好典型，批评坏典型、进行生产教育。（4）以村为单位，把订了计划的人家组织一个或几个互助组，经常做互相督促、检查、观察、学习、批评、竞赛等活动。（5）以改造二流子为目的的计划，都应特约或指定一两个专人经常帮助、督促、检查和反应情况。

（七）领导上如何布置和掌握农户计划。领导上布置农户计划工作，一方面不可太一般化，要具体分配各种注意的内容，才能做到生产方针和农户生产结合，一方面不可太啰唆，太包罗万象的表格化，使具体执行中感到不自由与拘束。兹摘录一个县政府比较好的典型做参考。

1946年安塞县政府布置全县生产计划，规定四项中心任务：（1）大量增产粮食。（2）开展植棉和纺织运动。（3）植树护林和推广种桑。（4）发展畜牧和改进畜种。这些任务，县上不仅未曾给各区乡不分轻重地分配下去，为了从实际出发，为了订出的计划有实现的保证，就让各区乡按照本区本乡的不同情况和具体条件提出本单位的初步计划，综合起来就是全县的计划数目。例如植棉一项，是由各区自己根据可植棉地面积多少提出本年推广亩数，像一区地当延河大川，川台地和沙质地多计划植棉1500亩，六区全是山地居西北早霜区域，只计划了30亩，七区红沙梁占多少，一亩都不订。综合全县棉田4245亩，虽未达到县7000亩的原计划，却是实际可行的。四项任务中除了普遍提出增产粮食外，各区都有偏重的项目。如一、三、四各区偏重植棉，六、七两区偏重畜牧等。这些东西提出和布置开之后，又提出一些完成任务的办法。如选对象订农户计划，组织变工扎工、改造二流子等，避开了：（1）开荒若干亩。（2）组织劳动力百分之几。（3）发展畜牧业若干……条文平铺式的老格，不再是每户发给一张表格，照样填写，而是按照本户具体情况，订不同的计划，使上级的大方针和群众生产实践结合连成一气。

（《农户计划》，大约是1946年写的）

附录

怎样订农户生产计划

王　正

民国三十二年三月十一日（1943年3月11日）《解放日报》

延川各区干部联席会，……关于怎样订农户生产计划，……发生这样几种不同意见：第一种认为订计划不顶事，……第二种意见每家都可以订出家庭生产计划。第三种意见认为不帮助农户订出家庭计划，是对生产任务消极放任的态度，普遍每家都订计划，又有点主观主义倾向，因此只订二流子的生产计划，或半二流子和一些生产最好者的计划，并要解决他们的困难，用他们做榜样来影响与推动一般群众的生产热潮。

我们认为第三种意见很适合，……订出一个家庭生产计划，就要能有保证地完成，就是要使群众按照计划去做，就是说计划一定要实现。但我们农村干部的力量又有一定限度，因此决定必须先给二流子订出今年的生产计划，同时生产积极者也要订出计划，这样可以提高群众的生产热忱，向着生产最好的学习，由个别的典型使成为一般的生产运动。

到底怎样定法呢？……我们订计划有一定的对象，干部应采取谈家常话商量的态度，一定要使群众先了解清楚订计划的意思，是为了帮助他们的光景过得更好，然后才能调查家中实在情形：如人口、土地、牲畜、开支、负担、收获量、劳动力以及生产工具等真实情形。以此作根据，切实订出每户计划，并一定取得农户自己的同意。

计划订出后……实行定期检查，指定专人负责检查，……及时检查……一定要抓得紧，督促检查，使不误农时。